Géza G. Xeravits, Peter Porzig
Einführung in die Qumranliteratur

Géza G. Xeravits, Peter Porzig
Einführung in die Qumranliteratur

Die Handschriften vom Toten Meer

DE GRUYTER

ISBN 978-3-11-034975-7
e-ISBN (PDF) 978-3-11-035126-2
e-ISBN (EPUB) 978-3-11-038756-8

Library of Congress Cataloging-in-Publication Data
A CIP catalog record for this book has been applied for at the Library of Congress.

Bibliografische Information der Deutschen Nationalbibliothek
Die Deutsche Nationalbibliothek verzeichnet diese Publikation in der Deutschen
Nationalbibliografie; detaillierte bibliografische Daten sind im Internet
über http://dnb.dnb.de abrufbar.

© 2015 Walter de Gruyter GmbH, Berlin/Boston
Fotonachweis: Außenaufnahme Höhle Q4, © Géza G. Xeravits; Ausschnitt 4Q166,
Courtesy of The Leon Levy Dead Sea Scrolls Digital Library; IAA, photo: Shai Halevi.
Printing: Hubert & Co. GmbH & Co. KG, Göttingen
♾ Printed on acid-free paper
Printed in Germany

www.degruyter.com

Vorwort

Die Geschichte dieser „Einführung in die Qumranliteratur" reicht bis in das Jahr 2008 zurück, in dem Professor Géza Xeravits (*Sapientia Szerzetesi Hittudományi Főiskola*, Budapest u. *Selye János Egyetem*, Komárno/Slowakei) die ungarische „Einführung in die nichtbiblische Literatur der Schriftrollen vom Toten Meer"[1] veröffentlichte, die für dieses Buch die Grundlage bildete. Nach etwa einem Jahrzehnt Lehrtätigkeit im Fach der „Early Jewish Literature" an verschiedenen ungarischen Hochschulen war ihm schnell klar, dass mit dem unmittelbar bevorstehenden Abschluss der offiziellen kritischen Ausgabe aller Qumranschriften (in der Serie *Discoveries in the Judaean Desert*) die bisherigen Lehrbücher als überholt gelten würden. Dieser Umstand bewog ihn, das kleine Buch zu verfassen und es seinen Studenten an die Hand zu geben. Ziel war es, ihnen einen umfassenden Überblick über die Qumranschriften zu vermitteln, aber auch eine kurze und möglichst ausgewogene Einführung in die Probleme der Forschung zu geben, die sich in einer schnell wachsenden Anzahl von Publikationen zeigte. Im Jahr 2010 schließlich machte ein Zuschuss es möglich, eine erste deutsche Übersetzung in Angriff zu nehmen.

Deren Überarbeitung oblag nun, angeregt vom Verlag de Gruyter in Berlin, Dr. Peter Porzig (*Georg-August-Universität*, Göttingen). Er hat die Übersetzung in mancherlei Hinsicht überarbeitet, auf den aktuellen Stand der Forschung – wo möglich, auch der deutschen – gebracht (die Literaturproduktion ist seit 2008 kaum weniger „explodiert") und an einigen Stellen auch um die eine oder andere Passage ergänzt, insbesondere um die Kapitel zu den biblischen Handschriften, die im ungarischen Original nicht vorgesehen waren. Dabei flossen auch Erfahrungen aus mehrfachen Lehraufträgen der Theologischen Fakultät Göttingen ein, die der „Einführung in die Qumranschriften" dienen sollten.

So soll also auch diese deutsche Neufassung vor allem für Studentinnen und Studenten bestimmt sein, die sich ein wenig genauer mit den Handschriften vom Toten Meer beschäftigen und sich in der Forschung ein erstes Mal orientieren möchten. Vor allem anderen soll sie aber die Freude vermitteln, die diese Literatur bereitet. Der Titel „Ein*führung* in die Qumranliteratur" trägt der Tatsache Rechnung, dass das Buch die Ansprüche an eine wissenschaftliche „Einleitung" im engeren Sinne des Wortes (vgl. die Einleitungen ins Alte Testament) nicht erfüllen kann (schon aufgrund des beschränkten Umfangs) und möchte. Wenn sich

---

[1] Géza G. Xeravits, Könyvtár a pusztában. Bevezetés a holt-tengeri tekercsek nem-bibliai irodalmába (Deuterocanonica 3), Budapest 2008.

diese Einführung durch etwas auszeichnet, so ist es neben der den Bearbeiter immer wieder beeindruckenden Weitsicht des ungarischen Verfassers bei der Auswahl der Schwerpunkte (und der Positionen) vor allem die Tatsache, dass bei der Behandlung der Schriften möglichst *von diesen selbst* ausgegangen wird, d.h. möglichst ohne eine zugrundeliegende „Gesamtthese" über die Gemeinschaft von Qumran – um, bei aller (ganz unbestrittenen) Notwendigkeit einer solchen übergreifenden Hypothese, den Blick nicht nur auf die Einheitlichkeit, sondern vor allem auch auf die Vielfalt des Materials nicht von vornherein zu verstellen.

Neben vielen hier Ungenannten möchten die Autoren vor allem dem Verlag de Gruyter danken, allen voran den Herren Dr. Albrecht Döhnert und Stefan Selbmann, die den Entstehungs- und Publikationsprozess dieser deutschen Ausgabe nicht nur initiiert, sondern auch stets wohlwollend und hilfreich begleitet haben. Außerdem gilt unser Dank Herrn Florian Ruppenstein für seine Hilfe in allen technischen Belangen.

Budapest/Göttingen, im Februar 2015 *Géza G. Xeravits*
Peter Porzig

Vorbemerkungen

Für die Abkürzungen wurde verwendet: Internationales Abkürzungsverzeichnis für Theologie und Grenzgebiete. IATG³. Zeitschriften, Serien, Lexika, Quellenwerke mit bibliographischen Angaben (= International Glossary of Abbreviations for Theology and Related Subjects; hg. v. Siegfried M. SCHWERTNER, Berlin ³2014. – Weitere verwendete Abkürzungen sind in der Literaturliste in Kapitel 1 zu finden.

Für diejenigen Leser, die der alten Sprachen nicht mächtig sind oder denen unvokalisierte semitische Texte möglicherweise nicht geläufig sind, wurden die griechischen, hebräischen und aramäischen Begriffe in den allermeisten Fällen zusätzlich in Umschrift und in deutscher Übersetzung wiedergegeben.

Die *Umschrift* des Griechischen dürfte selbsterklärend sein; das System für das Hebräische und Aramäische folgt dem der Zeitschrift für die Alttestamentliche Wissenschaft (ZAW; mit kleinen Modifikationen).

Für die *Aussprache* gilt dort, wo sie von der deutschen abweicht:

- ʾ = „Knacklaut" („glottal stop"; im Deutschen nicht angezeigt; wie vor dem *a* in „Spiegelˈei")
- $\underline{b}$ = stimmhaftes *w* (wie in „*w*ürzen")
- *z* = stimmhaftes *s* (wie in „*s*ieden")
- $\d{h}$ = hartes, stimmloses *ch* (wie in „ma*ch*!")
- $\underline{k}$ = weicheres, stimmloses *ch* (wie in in „Bau*ch*", meist wie $\d{h}$)
- *s* = stimmloses *s* (wie in „Ta*ss*e")
- ʿ = wie oben ʾ, aber tiefer im Rachen gebildet (oft einfach stumm)
- $\underline{p}$ = *f* (wie in „*f*assen")
- $\d{s}$ = *tz* (wie in „erhi*tz*en")
- *q* = „kehliges", am Gaumensegel gebildetes *k* (meist wie einfaches *k*)
- ś = stimmloses *s* (wie in „e*ss*en")
- š = *sch* (wie in „abwa*sch*en")

Die deutschen *Übersetzungen* folgen zumeist den gängigen deutschen Ausgaben von Eduard LOHSE bzw. Annette STEUDEL (LOHSE I u. II) oder Johann MAIER (MAIER I–III), z.T. mit kleineren oder größeren Änderungen, oder sie wurden für diese Einführung neu erstellt. Bei allen Übersetzungen steht dabei im Vordergrund, die Inhalte möglichst verständlich, ja, hier und da lieber sinngemäß wiederzugeben, als eine philologisch akribisch genaue und „wasserdichte" Textausgabe zu veranstalten.

Auch die (stark vereinfachte) Angabe von *textkritischen Zeichen*, Ergänzungen, schwer lesbaren Zeichen und dem häufigen *vacat* soll dem Charakter einer Einführung Rechnung tragen, nicht dem einer Edition – die diese Einführung weder bieten kann noch möchte! Auch hier haben Lesbarkeit und (hoffentlich!) Verständlichkeit oberste Priorität.

Inhalt

1	Einleitung: Das Korpus der Handschriften von Qumran —— 1	
1.1	Orte und Anzahl der Funde —— 4	
1.2	Der Charakter der Texte. Definitionen —— 7	
1.2.1	„Biblische" und „nichtbiblische" Handschriften. Eine Problemanzeige —— 7	
1.2.2	„Genuine" und „nichtgenuine" Qumranschriften („*sectarian*" – „*non-sectarian*") —— 10	
1.3	Gattungen und Genres. Zur Anlage dieser Einführung —— 12	
1.4	Wichtige Literatur zur Arbeit mit den Qumranschriften —— 14	
1.5	Zur Nomenklatur —— 17	
1.6	Zur Wiedergabe des Textes in kritischen Editionen —— 19	
1.7	Zur Datierung der Handschriften —— 20	
1.8	Die materielle Rekonstruktion von Schriftrollen („STEGEMANN-Methode") —— 21	
2	„Biblische" Handschriften —— 23	
2.1	Handschriften biblischer Bücher —— 24	
2.1.1	Bücher der Hebräischen Bibel. Zur Textgeschichte —— 24	
2.1.2	Tefillin und Mesusot —— 27	
2.1.3	Targumim —— 28	
2.2	Apokryphen / Deuterokanonische Schriften —— 30	
2.3	*Reworked Pentateuch*, autoritative Schriften und biblischer Kanon —— 31	
2.3.1	Die sogenannten „*Reworked Pentateuch*"-Texte (4QRP) —— 32	
2.3.2	Die Frage nach der Autorität der Schriften und der Prozess der Kanonbildung —— 35	
	Problemanzeige anhand ausgewählter Beispiele —— 40	
3	Parabiblische Texte (*Parabiblical Texts*) —— 48	
3.1	Auf der Tora basierende parabiblische Texte —— 49	
3.1.1	Die Henochliteratur (1–3 Henoch, Buch der Giganten) —— 49	
3.1.1.1	Das (äthiopische) erste Henochbuch (1 Henoch; 4QEn^{a-g}, 4QEnastr^{a-d}) —— 52	
3.1.1.2	Das „Buch der Giganten" (vgl. 1QEnGiants^{a-b} ar, 2QEnGiants^{a-f}, 6QpapGiants) —— 57	

3.1.2	Das Jubiläenbuch (1QJub^{a-b}; 2QJub^{a-b}; 3QJub; 4QJub^{a-h}; 4QJub^i?, 11QJub) —— **59**	
3.1.3	Die sog. „Pseudo-Jubiläen"-Fragmente (4QpsJub$^{a-b, c?}$; Mas 1j) —— **63**	
3.1.4	Weitere Pseudepigraphen unter Namen von Erzvätern (1QapGen ar, 1QNoah ar, 4QBirth of Noah^{a-c} ar) —— **65**	
3.1.5	Mose- und Josua-Apokrypha (1QWords of Moses, 1QapocrMoses$^{b?}$, 2QapocrMoses?, 4QapocrMoses$^{a,b?,c?}$, 4QapocrMoses A, 4QapocrPent B, 4QapocrJosh^{a-b}) —— **69**	
3.1.6	Die Tempelrolle (11QT = 11Q19–20, 11Q21?, 4Q524?) —— **73**	
3.2	Auf Prophetenbüchern basierende parabiblische Texte (4QpsEzek, 4QApocrJer) —— **80**	
3.2.1	Das „Pseudo-Ezechiel"-Material (4QpsEzek: 4Q385a–c, 4Q386, 4Q488, 4Q391) —— **81**	
3.2.2	Das Pseudo-Jeremia-Material (4QApocryphon of Jeremiah C; 4Q385a, 4Q387, 4Q387a, 4Q388a, 4Q389–390) —— **83**	
3.2.3	Das Pseudo-Daniel-Material (4QpsDan) und der „Gottessohn-Text" (4Q246 = 4QapocrDan ar) —— **85**	
3.3	Die Testamentenliteratur —— **90**	
3.3.1	Die Testamente der zwölf Patriarchen (TestXII; Levi, Amram, Kehat) —— **91**	
3.3.1.1	Das aramäische Levi-Dokument (Aramaic Levi Document, ALD) —— **93**	
3.3.1.2	Das Testament Kehats und die Visionen Amrams —— **95**	
3.3.1.3	Das „Levi-Apokryphon" (4QapocrLevi^{a-b} ar; 4Q540–541) —— **98**	
3.3.2	Weitere Testamente (Naphtali, Juda, Joseph) —— **100**	
4	**Exegetische Texte —— 101**	
4.1	Zur Hermeneutik der Qumrangemeinschaft —— **102**	
4.1.1	Pescher als Gattung —— **103**	
4.1.2	Pescher als Interpretationsmethode —— **106**	
4.2	Einzelne exegetische Werke der Qumrangemeinschaft —— **108**	
4.2.1	Die kontinuierlichen Pescharim **108**	
4.2.2	Die thematischen Pescharim / Midraschim —— **110**	
4.2.3	Weitere Kommentare —— **111**	
4.2.4	Sonstige thematische Kommentare (4Q175f.: *Testimonia*, *Tanḥumim*) —— **112**	

4.3	Historische Hinweise in den kontinuierlichen Pescharim —— 113
4.3.1	Ein möglicher Ausgangspunkt: Pescher Nahum (4Q169) —— 115
4.3.2	Aus den Jesaja-Pescharim —— 118
4.3.3	Hinweise auf die Pharisäer —— 120
4.3.4	Zusammenfassung: Zeitgeschichte in den Pescharim —— 122
4.4	Exegese und Eschatologie —— 122
4.4.1	Die letzte Phase der Geschichte (’aḥ°rît ha-yāmîm) —— 123
4.4.2	„Messianische" Schriftauslegung in der Qumran-gemeinschaft —— 124
4.4.2.1	Der erste Jesaja-Pescher aus Höhle 4 (4QpIsa^a = 4Q161) —— 125
4.4.2.2	Der Midrasch zur Eschatologie: 4QMidrEschat^{a,b} (olim 4QFlorilegium = 4Q174 und 4QCatena A = 4Q177) —— 127
4.4.2.3	4QTestimonia (4QTest = 4Q175) —— 129
4.4.2.4	Ein Genesis-Kommentar (4QCommentary on Genesis, 4QCommGen A = 4Q252) —— 130
4.4.2.5	Der Melchisedek-Midrasch (11QMelch = 1Q13) —— 134
4.4.3	„Von Messiassen und anderen Gestalten". Eschatologische Figuren in der Qumranliteratur —— 137

5	Ordnungen und Rechtstexte —— 140
5.1	Gemeinschaftsordnungen (1QS, 1QSa, CD / 4QD) —— 141
5.1.1	Die Gemeinschaftsregel (S = 1QS / 4QS = Særæk ha-Yaḥad) —— 142
5.1.2	Der nicht-eschatologische Teil der Gemeinderegel (1QSa) —— 152
5.1.3	Die Damaskusschrift (D, CD, 4QD) —— 154
5.2	Halachische Texte —— 163
5.2.1	Miqṣāt Ma^{ca}śê ha-Tôrāh – „Einige Werke der Tora" (4QMMT = 4Q394–4Q399) —— 164
5.2.2	Weitere halachische Werke —— 172

6	Kalendertexte —— 174
6.1	Die Bedeutung der Kalender und ihre Problematik —— 174
6.2	Die Kalendertexte aus Qumran —— 178
6.2.1	Kalender und Mischmarot —— 179
6.2.2	Kalendarische Erweiterungen 4QMMT^a und in 4QS^e —— 181
6.2.3	Kalendarische Hinweise in größeren Werken —— 183

7	**Liturgische und poetische Texte —— 184**	
7.1	Liturgische Texte —— 184	
7.1.1	„Tägliche Gebete" (4QpapPrQuot/Daily Prayers = 4Q503) —— 184	
7.1.2	„Worte der Himmelskörper" (DibHam, *Diḇrê ha-Meʾorôt*/Words of the Luminaries = 4Q504, 4Q505?, 4Q506) —— 187	
7.1.3	Festgebete und Gebete für gelegentliche Anlässe (PrFêtes, Festival Prayers = 1Q34, 1Q34bis, 4Q505?, 4Q507–4Q509) —— 190	
7.1.4	Reinigungsrituale (Ritual of Purification A u. B = 4Q414, 4Q512) —— 191	
7.1.5	Exorzismen und Dämonenaustreibungen (Incantation = 4Q444; Shir/Songs of the Sage = 4Q510–4Q511; Magical Booklet A/ Exorcism = 4Q560; Apocryphal Psalms/„A Liturgy for Healing the Stricken" = 11Q11 Vf.) —— 193	
7.1.6	Die „Sabbatopferlieder" (Songs of the Sabbath Sacrifice, *Šîrôt ʿÔlat ha-Šabbāt*, ShirShabb; 4Q400–4Q407, 11Q17, [Mas1k]) —— 195	
7.1.7	Segens- und Fluchworte (*Beraḵôt*/Berakhot; Blessings [and Curses] 4Q286–4Q290, 4Q280?) —— 200	
7.2	Poetische Texte nichtliturgischer Art —— 204	
7.2.1	Psalmentexte —— 204	
7.2.1.1	Die Psalmenhandschriften, insb. 11QPs^a und Sonderüberlieferungen —— 204	
7.2.1.2	Die nicht-kanonischen Psalmen (Non-canonical Psalms, 4Q380–4Q381) —— 206	
7.2.1.3	„Werke Gottes" und „Bekenntnis der Gemeinschaft" (4QWorks of God, 4Q392; 4QCommunal Confession, 4Q393) —— 208	
7.2.2	Die sog. „Barkhi nafshi" (*bāraḵî napšî*)-Texte (4Q434–4Q438) —— 209	
7.2.3	Die Hodajot: Danksagung der Gemeinde (*Hôdāyôt*, 1QH, 4QH) —— 211	
8	**Weisheitstexte —— 217**	
8.1	Biblische Weisheit —— 218	
8.1.1	Proto- und deuterokanonische Weisheitsbücher (Altes Testament und Apokryphen) —— 218	
8.1.2	Die große Psalmenrolle (11Q5 = 11QPs^a) —— 219	

8.2	Nichtbiblische Weisheitsschriften —— 223	
8.2.1	[4Q]Instruction (*Mûsār le-Mebîn*, „Unterweisung für den Einsichtigen"; 1Q26, 4Q415–418a, 4Q418c, 4Q423) —— 223	
8.2.2	4Q Buch der Geheimnisse („4Q[Book of]Mysteries"; 1Q27, 4Q299–301) —— 231	
8.2.3	4QBeatitudes („Seligpreisungen"; 4Q525) und 4QSapiential Work („Weisheitswerk"; 4Q185) —— 234	
8.2.4	The Evil Seductress (4Q184), „Die böse Verführerin" („Wiles of the Wicked Woman", „Die Verlockungen der boshaften Frau") —— 238	
8.3	Schluss und Ausblick —— 241	
9	**Historische Texte** —— 242	
9.1	„Historische Texte" aus Qumran (4Q248; 4Q331–33; 4Q468e–f; 4Q578) —— 242	
9.2	„Erzählungen" historischer Art (*Historical Tales*) —— 245	
9.2.1	Das Buch Tobit (4Q196–4Q200) —— 245	
9.2.2	Geschichten vom persischen Hof (4QJews at the Persian Court ar [*olim* Proto-Esther[a–f] ar]; 4Q550a–e) —— 248	
9.2.3	Das Gebet des Nabonid (4Q242 = 4QPrNab ar) —— 250	
9.3	Die Qumrangemeinschaft und die Dynastie der Hasmonäer —— 253	
9.3.1	Historische Einleitung —— 253	
9.3.2	Die Zeitgeschichte im Licht der Schriftinterpretation —— 255	
9.3.3	Eine Lobrede auf Jonatan (4QApocryphal Psalm and Prayer, 4Q448) —— 257	
9.3.4	Eine Liste von Falschpropheten (4QList of False Prophets ar; 4Q339) —— 261	
9.3.5	Ein hoffnungsvoller Beginn? – 4QMMT —— 262	
9.3.6	Zusammenfassung: Theologie und Geschichte in den Texten aus Qumran —— 264	
10	**Eschatologische und apokalyptische Texte** —— 265	
10.1	Eschatologisch – apokalyptisch: Definitionen —— 265	
10.1.1	Eschatologisch / Eschatologie —— 265	
10.1.2	„Apokalyptisch" / Apokalyptik —— 267	
10.1.3	Eschatologie und Apokalyptik in den Texten aus Qumran —— 270	

10.2	Eschatologische und apokalyptische Qumranschriften —— 271	
10.2.1	Die Worte des Engels Michael (Words of Michael ar, Paroles de Michel ar, 4Q529 u. 6Q23) —— 271	
10.2.2	Das Neue Jerusalem (1Q32, 2Q24, 4Q554, 4Q554a, 4Q555, 5Q15, 11Q18) —— 273	
10.2.3	Die Kriegsregel (1Q[Særæk ha-]Milḥāmāh, 1QM, 4QM, M) —— 276	
10.2.4	Der Kriegsregel verwandte Texte (Sefær ha-Milḥāmāh) —— 282	
10.3	Die der Gemeinschaftsregel beigegebenen Texte (1QSa, 1QSb) —— 284	
10.3.1	Die Gemeinderegel (Særæk ha-ʿEdāh, 1QSa = 1Q28a) —— 285	
10.3.2	Die Segensregel (Særæk ha-Bᵉrākôt, 1QSb = 1Q28b) —— 287	
10.4	Die „messianische Apokalypse" (4Q521 = 4QMessianic Apocalypse) —— 289	
10.5	Weitere eschatologische Werke (4Q215a, 4Q475, 4Q462) —— 294	
10.5.1	Ein Text über die „Zeit der Gerechtigkeit" (4QTime of Righteousness = 4Q215a) —— 295	
10.5.2	Die „erneuerte Erde" (4QRenewed Earth = 4Q475) —— 296	
10.5.3	Ein eschatologischer Erzähltext (4QNarrative C = 4Q462) —— 296	

Anhang: Liste der Qumranhandschriften —— 298

1 Einleitung:
Das Korpus der Handschriften von Qumran

Literatur: Florentino GARCÍA MARTÍNEZ / Adam S. VAN DER WOUDE, A „Groningen" Hypothesis of Qumran Origins and Early History, RdQ 14/56 (1990) 521–41. ▪ Norman GOLB, The Problem of Origin and Identification of the Dead Sea Scrolls, PAPS 124 (1980) 1–4. ▪ DERS., Les manuscrits de la Mer Morte. Une nouvelle approche du problème de leur origine, Annales (1985) 1133–49. ▪ DERS., The Dead Sea Scrolls. A New Perspective, American Scholar 58 (1989) 177–207. ▪ DERS., Hypothesis of Jerusalem Origin of DSS – Synopsis, in: Mogilany 1989; Part 1 (hg.v. Z.J. KAPERA), Kraków 1993, 53–57. ▪ DERS., Who Wrote the Dead Sea Scrolls?, New York 1995. ▪ Lester L. GRABBE, Rez. von GOLB 1995, DSD 4 (1997) 124–28. ▪ Jodi MAGNESS, Art. Pottery, in: EDSS 2 (2000), 681–86. ▪ DIES., The Archaeology of Qumran and the Dead Sea Scrolls (StDSSRL), Grand Rapids/Mich. 2002. ▪ Emanuel TOV, The Scribes of the Texts Found in the Judaean Desert, in: The Quest for Context and Meaning (FS J.A. SANDERS, hg.v. C.A. EVANS u. Sh. TALMON, BIS 28), Leiden 1997, 131–52. ▪ DERS., Scribal Practices Reflected in the Texts from the Judean Desert, in: DSSFY 1 (1998/99), 403–29. ▪ DERS., Further Evidence for the Existence of a Qumran Scribal School, in: DSSFYD (2000), 199–216. ▪ DERS., Scribal Practices and Approaches Reflected in the Texts Found in the Judean Desert (StTDJ 54), Leiden 2004.

Die Handschriften aus Qumran repräsentieren ein breites Spektrum unterschiedlichster Inhalte und verschiedenster Textgattungen. Auf der anderen Seite gehören sie jedoch, vermutlich schon aufgrund der Umstände, unter denen sie gefunden wurden, in gewisser Weise zusammen. Deswegen sprach und spricht man in der Qumranforschung gern von einer „Bibliothek" (Entsprechend lautete der Titel der ungarischen Vorgängerin dieser Einführung von Géza G. XERAVITS denn auch *Könyvtár a pusztában* [sprich etwa: *kønjvtár o pústābon*], „Bibliothek in der Wüste"). Vielleicht am konsequentesten war dieser Gedanke von dem Göttinger Neutestamentler und Qumranexperten Hartmut STEGEMANN (1933–2005) in ein Bild der Gemeinschaft vom Toten Meer umgesetzt worden, der auch die archäologischen Hinterlassenschaften aus Qumran (arab. *Ḫirbet Qumrān*, hebr. חרבת קומראן) in diesem Sinne interpretierte. In seinen späteren Jahren sprach er eher von einer Art Verlagsbetrieb oder einem „publishing house". Diese kleine Änderung deutet neben einem zweifelsfreien Fortschritt der Forschungen STEGEMANNS zweierlei an: Die Verwendung des Begriffs „Bibliothek", so zutreffend dieser zunächst erscheinen mag, unterliegt immer der Gefahr einer allzu engen Analogiebildung zu einem modernen Bibliotheksbetrieb, dessen Züge sicherlich nicht alle auf die damalige Zeit zurückprojiziert werden können. Unser heutiger Umgang mit Literatur dürfte nicht einfach dem damaligen entsprechen. Darüber hinaus waren antike Bibliotheken baulich und auch im Hinblick auf die Inhalte deutlich von den Befunden aus Qumran unterschieden. Zu guter Letzt kommt hinzu, dass inzwischen nicht mehr von vornherein davon ausgegangen werden kann, dass die archäologischen Reste der Siedlung Qumran direkt mit den gefundenen Texten in einem Zusammenhang stehen, wie das aber lange Zeit üblich war.

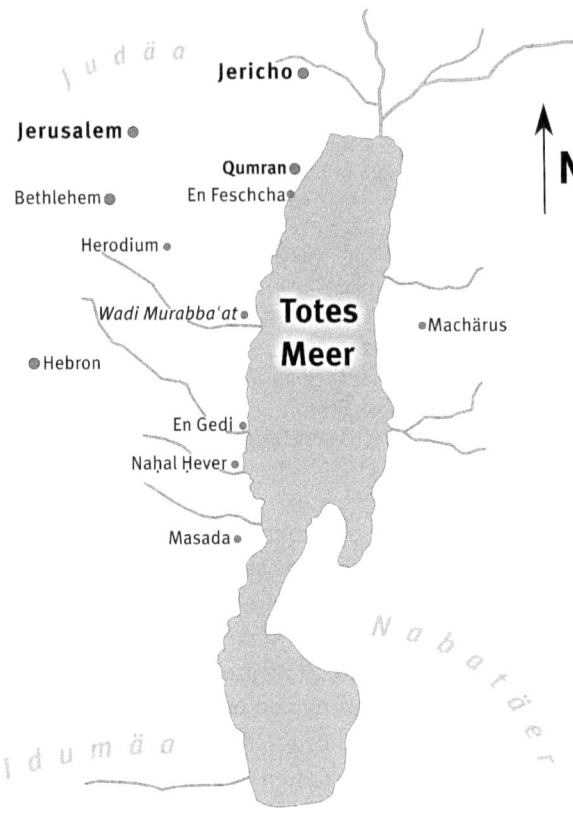

Karte 1: Das Tote Meer

In den 80er- und 90er-Jahren des letzten Jahrhunderts wurde beides, die Zusammengehörigkeit der gefundenen Schriften untereinander, aber auch die von Schriften und Archäologie, bestritten. Mit dieser Bestreitung verbindet sich unter anderem der Name Norman GOLB, Professor der Jüdischen Geschichte und Kultur am renommierten *Oriental Institute* der Universität Chicago. Er bestritt, dass die Ruinen von Qumran überhaupt mit einer frühen jüdischen Religionsgemeinschaft zu tun gehabt hätten. Seiner Meinung nach seien sie Reste einer militärischen Befestigung. Dann hätten aber die Texte aus den Höhlen der Umgebung mit der Anlage überhaupt nichts zu tun! Entsprechend vertritt GOLB die Meinung, dass die Rollen Reste verschiedener Jerusalemer Bibliotheken seien, die (so auch die übliche These) aus Furcht vor den sich nähernden römischen Truppen im jüdischen Aufstand 70 n.Chr. versteckt worden seien. Ersteres ist freilich aus verschiedenen Gründen unwahrscheinlich (s. dazu gleich).

Eine in archäologischen Fragen ähnliche Position hat in jüngster Zeit der israelische Archäologe Yizhar HIRSCHFELD (*Hebrew University*, Jerusalem) vertreten, im deutschsprachigen Raum kommt ihm der (aus Deutschland stammende) Archäologe und Neutestamentler Jürgen ZANGENBERG (Universität Leiden) nahe. Hirschfeld hat mit seinem Buch *Qumran in Context* (2004; weniger nüchtern der Titel der deutschen Übersetzung: „Qumran: Die ganze Wahrheit" [2006]) ein differenziertes Bild der archäologischen Befunde in Qumran im Kontext der umliegenden Grabungsstätten am Toten Meer („in context") geliefert, nach dem die Ruinen einer militärischen

Anlage, in der Periode vom 2. Jh. v. bis 70 n.Chr. jedoch eher ein Landsitz im Sinne einer römischen *villa rustica* gewesen sind als die Unterkunft einer Religionsgemeinschaft. Er hat, unabhängig davon, wie man seine Ergebnisse und Interpretationen im Einzelnen bewertet, der Forschung noch einmal vor Augen geführt, dass es zwar gewisse Wahrscheinlichkeiten für einen Zusammenhang von Siedlung und Schriften gibt, jedoch keinesfalls einen definitiven Beweis. Was die Schriften angeht, so vermutet auch Hirschfeld, es habe sich um einen Teil der Jerusalemer Tempelbibliothek gehandelt. Schon wegen des Inhalts der Schriften ist das überaus unwahrscheinlich, denn sie verstehen sich in vielen Teilen gerade als *Alternative* zum Tempelgottesdienst, oder doch jedenfalls als *Oppositionsliteratur* gegen die damaligen Verhältnisse am Tempel.

Es bleibt festzuhalten: *a)* Die gefundenen Texte weisen bei allen Verschiedenheiten dennoch gemeinsame Züge auf. Insbesondere was die sogenannten „genuinen" Qumrantexte (zum Begriff s.u.) angeht, erscheint es möglich, gewisse Rückschlüsse auf eine gemeinsame theologische Anschauung hinter den Einzeltexten zu ziehen. Diese Anschauung ist weder die eines „Mainstream"-Judentums (das es wohl nie gegeben hat), noch einfach als der Realität entflohene „Sektenliteratur" zu kennzeichnen, sondern spiegelt, wie Dokumente wie etwa 4QMMT zeigen (s.u.), deutlich auf der Linie etwa einer strengen Toraobservanz liegend, eine unter anderen Positionen einer jüdischen Gruppenbildung wieder. Sie unterscheidet sich, um ein Beispiel zu geben, offenbar deutlich

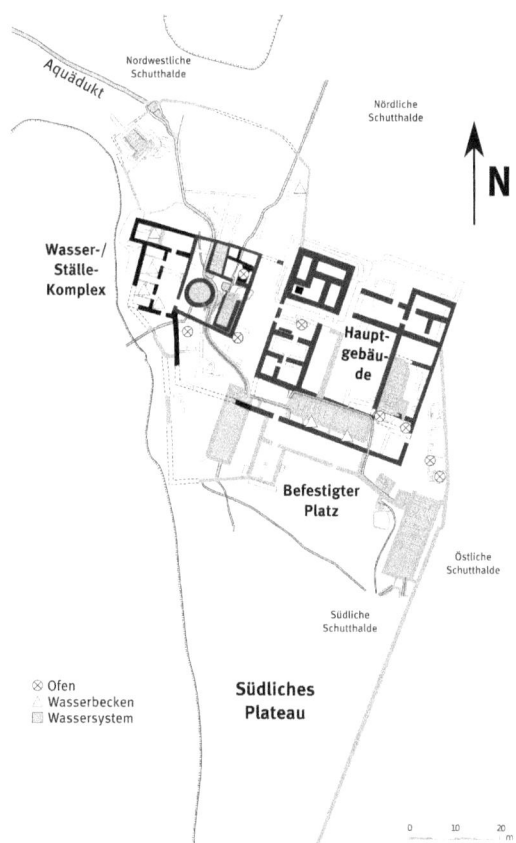

Karte 2: Die Qumransiedlung

von dem, was wir als Lehre der Pharisäer zur gleichen Zeit rekonstruieren können. Für eine *Gruppenüberlieferung* einer Strömung im damaligen Judentum spricht außerdem, dass die Werke aus Qumran sich zum Teil regelrecht gegenseitig zitieren können.

b) In Qumran wurden praktisch keine „profanen" Texte gefunden, anders als an den anderen Fundstellen in der judäischen Wüste (etwa im *Wādī* [*al-*]*Murabbaʿāt*/*Naḥal* [o. *Wādī ad-*] *Darğa* oder in *Naḥal Ḥever* [*Ḥæbær*]). Das spricht dafür, dass es sich um Literatur einer *religiösen* Gruppe handelt.

c) Paläographische Untersuchungen der Handschriften zeigen, dass es sich wahrscheinlich nicht nur um gesammelte Handschriften unterschiedlicher Herkunft, sondern in der Masse um *vor Ort erstellte Abschriften* von Schriften handelt. Autographen sind nur sehr selten und ausnahmsweise zu finden (erwogen z.B. für 4QTestimonia). Das Schriftbild ist einigermaßen homogen, was für eine bestimmte Schreibertradition sprechen könnte. Mitunter findet man in verschiedenen Höhlen Texte desselben Schreibers (vgl. z.B. die Handschriften der Gemeinschaftsregel 1QS (s. den Hinweis 5.1), 4QSam[c] und 4QTestimonia oder 1QpHab und 11QT[b]).

Über die Verbindung von archäologischen und textlichen Funden kann man, wie erwähnt, unterschiedlicher Meinung sein. Die wissenschaftliche Redlichkeit gebietet es jedoch – heute noch dringender als bisher –, die beiden Gebiete – was beileibe nicht immer geschieht – *zunächst* getrennt, je *für sich*, zu behandeln, bevor anschließend, in einem zweiten Schritt, die Ergebnisse beider Bereiche zueinander in Beziehung gesetzt werden können.

1.1 Orte und Anzahl der Funde

Insgesamt hat man in elf Höhlen in der näheren und etwas weiteren Umgebung der Qumransiedlung Handschriften gefunden. Sie sind nach der Reihenfolge ihrer Entdeckung (zwischen 1948 und 1956) nummeriert: 1Q, 2Q, 3Q, 4Q usw. Die Lage der Höhlen ist Karte 3 zu entnehmen. Die Zahl der Fragmente, die den jeweiligen Handschriften zugerechnet werden können, ist ungleich höher, sie dürfte bei über 15.000–20.000 liegen.

Insgesamt wurden ca. 900 Texte gefunden, davon ca. 238 (26,4 %) „biblische", ca. 520 (57,8 %) „nichtbiblische" und ca. 128 (14,2 %) nicht identifizierbare Handschriften (zur Terminologie s.u. 1.2):

Höhle	Biblische Handschriften ca.	Nichtbiblische Handschriften ca.	Nicht identifizierte Handschriften ca.	Gesamt ca.
1Q	ca. 16	ca. 29	ca. 30	ca. 75
2Q	ca. 18	ca. 8	ca. 7	ca. 33
3Q	3	ca. 7	ca. 5	ca. 15
4Q	ca. 170	ca. 440	ca. 40	ca. 650
5Q	ca. 8	ca. 7	ca. 10	ca. 25
6Q	ca. 7	ca. 14	ca. 10	ca. 31
7Q	2	–	ca. 17	ca. 19
8Q	4	–	1	ca. 5
9Q	–	1	–	1
10Q	–	1	–	1
11Q	ca. 10	ca. 13	ca. 8	ca. 31
Gesamt	ca. 238	ca. 520	ca. 128	**ca. 900**

Dank der archäologischen Ausgrabungen der 1950-er und 1960-er Jahre – und nicht zuletzt dank der Unterstützung der ortskundigen Beduinen – kamen auch andernorts Textfragmente ans Licht. Zu den wichtigsten gehören die in den Ruinen von Masada (gr. Μασάδα/-δά , aus hebr. מצדה, $m^e ṣādāh$, „(Berg-) Festung") gefundenen, der jüdischen Festung aus der Zeit des Herodes, der legendären Festungsanlage des ersten jüdischen Krieges. Man fand Fragmente von sieben biblischen und weiteren, z.T. aus Qumran bekannten nichtbiblische Texten (darunter Reste der hebräischen Urfassung des Sirachbuchs und die sogenannten Sabbatopferlieder, 4QShirShabb).

Das etwa 20 Kilometer südlich von Qumran liegende *Wādī [al-]Murabbaʿāt/ Naḥal* (o. *Wādī ad-*) *Darǧa* war der Fundort von mehr als 170 Dokumenten, die vom 7. Jh. v.Chr. bis ins frühe Mittelalter datierbar sind, darunter Verträge, autographische Bar-Kochba-Briefe aus der Zeit des Aufstands und außerdem eine Rolle mit den Kleinen Propheten.

Zwischen En Gedi und Masada liegt schließlich das *Naḥal Ḥever* (Ḥæbær), das ebenfalls biblische Textfragmente (darunter eine auf Griechisch verfasste Rolle mit den Kleinen Propheten) barg. Bedeutend ist das ebenfalls dort gefundene nichtreligiöse Material, das wertvolle Informationen zur regionalen Wirtschaftsgeschichte im 1. u. 2. Jh. n.Chr. liefert, darunter die 35-teilige Brief- und Dokumentensammlung einer Frau namens Babatha (aram. בבתא, gr. Βαβαθα; „Babatha-Archiv").

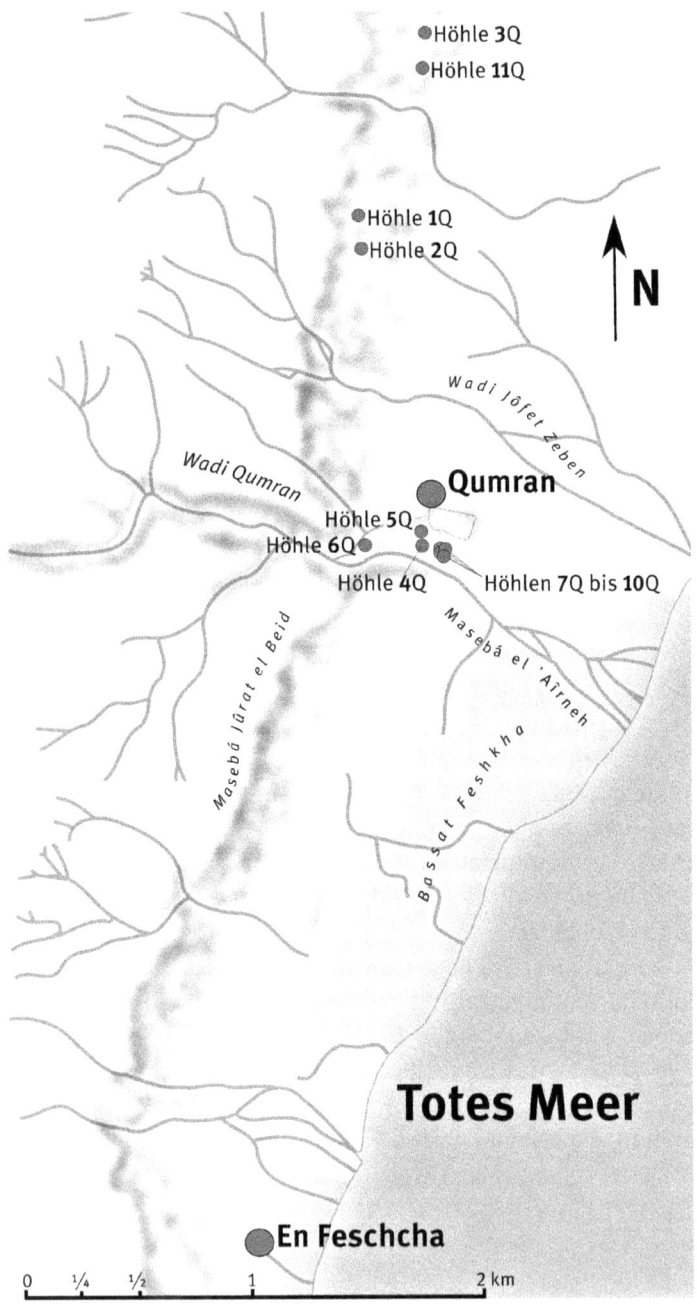

Karte 3: Die Lage der Qumranhöhlen, in denen Schriftrollen gefunden wurden.

1.2 Der Charakter der Texte. Definitionen

Das Korpus der Schriften aus Qumran ist äußerst vielfältig. Neben Werken, die später in den (sich zur Zeit der Qumranschriften noch herausbildenden, vgl. 1.2.1) Kanon der Hebräischen Bibel (und damit des Alten Testaments) eingegangen sind („Biblische" Handschriften) fand sich auch eine Vielzahl von Apokryphen und Pseudepigraphen (z.T. schon vorher bekannt, mitunter in anderen Sprachen). Innerhalb dieser „nichtbiblischen" Handschriften fallen einige besonders auf, die im Folgenden „genuine Qumranschriften" genannt werden: Texte, die einen speziellen Charakter tragen, weil sie offensichtlich in einer bestimmten Gemeinschaft entstanden oder doch zumindest von dieser bearbeitet worden sind. Sie zeichnen sich durch eine ganz eigene Vorstellungswelt und eine besondere Sprache aus, die es ermöglicht, sie von den anderen Schriften zu unterscheiden – je nach Ausprägung besser oder schlechter (s. 1.2.2).

1.2.1 „Biblische" und „nichtbiblische" Handschriften. Eine Problemanzeige

Literatur: *Zu den „biblischen" Handschriften:* Joseph A. FITZMYER, The Dead Sea Scrolls and Christian Origins (StDSSRL), Grand Rapids/Mich. 2000, 131–235. ▪ Florentino GARCÍA MARTÍNEZ/ Julio TREBOLLE BARRERA, The People of the Dead Sea Scrolls. Their Writings, Beliefs and Practices, Leiden 1995. ▪ George W.E. NICKELSBURG, Jewish Literature Between the Bible and the Mishnah. A Historical and Literary Introduction, Minneapolis/Minn. 2005.
Zur Kanonfrage: The Canon Debate (hg.v. Lee Martin MCDONALD u. James A. SANDERS), Peabody/Mass. 2004. ▪ Qumran und der biblische Kanon (hg.v. Michael BECKER u. Jörg FREY; BThSt 92), Neukirchen-Vluyn 2009.
James A. SANDERS, Cave 11 Surprises and the Question of Canon, in: New Directions in Biblical Archaeology (hg.v. D.N. FREEDMAN u. J.C. GREENFIELD), Garden City/N.Y. 1971, 113–30.
▪ Shemaryahu TALMON, Was the Book of Esther Known at Qumran?, DSD 2 (1995) 249–67.
▪ Molly M. ZAHN, Rethinking Rewritten Scripture. Composition and Exegesis in the 4QReworked Pentateuch Manuscripts (StTDJ 95), Leiden 2011. ▪ DIES., Talking About Rewritten Texts. Some Reflections on Terminology, in: Changes in Scripture (hg.v. H. VON WEISSENBERG u.a.; BZAW 419), Berlin 2011, 93–120. – Vgl. vor allem die Literatur zu 2.3.2.

Wir wissen nicht genau, wie die Mitglieder der Qumrangemeinschaft die unterschiedlichen Texte gehandhabt haben. Aufgrund des erhaltenen Materials ist anzunehmen, dass bestimmte Texte, die als von Gott offenbarte Botschaften angesehen wurden (um Missverständnisse zu vermeiden, spricht man meistens von autoritativen Schriften), anders behandelt wurden als die übrige Literatur.

Spricht man von biblischen und nichtbiblischen Texten, so geht man bereits einen Schritt weiter. Denn diese Unterscheidung setzt bereits voraus, dass eine

Gruppe von autoritativen Texten existiert, als solche anerkannt ist (also ein „Kanon" von Schriften; s. dazu u. 1.3.2) und mit dem späteren biblischen Kanon identisch ist (eben eine „Bibel"). Das dürfte zur Abfassungszeit der Qumranschriften noch nicht der Fall gewesen sein.

Ein „Kanon" zeichnet sich sowohl durch seinen *Umfang* (d.h. welche Schriften sind enthalten?), als auch durch seinen *Inhalt* (d.h. den Wortlaut der einzelnen Schriften) aus. Die Bildung eines hebräischen Kanons scheint in Qumran in beiderlei Hinsicht noch nicht abgeschlossen zu sein: Das zeigt sich auf der einen Seite u.a. darin, dass jenseits des späteren Kanons auch andere Schriften autoritativ sein konnten, so dass man aus ihnen zitieren konnte (etwa die Tempelrolle, vielleicht 1. Henoch, sehr wahrscheinlich das Jubiläenbuch, vgl. CD XVI; 4Q228). Auf der anderen Seite zeigen sowohl die sogenannten „Reworked Pentateuch"-Texte (vgl. die Beiträge von Molly ZAHN) als auch das sonst nicht ungewöhnliche Nebeneinander verschiedener Textfassungen ein und desselben Buchs, dass der Wortlaut durchaus noch fließend war (z.B. die Samaritanische Textform oder das Buch Jeremia, das in der kürzeren, der Septuaginta zugrundeliegenden Fassung und auch in der längeren masoretischen Fassung gefunden wurde). Mit anderen Worten: der Prozess der Kanonisierung war noch keineswegs abgeschlossen – wenn man denn überhaupt von „dem" Kanon oder „der" Kanonisierung sprechen kann, da ja, wie schon an den samaritanischen Schriften zu sehen ist, unterschiedliche Gruppen auch unterschiedliche *canones* heiliger Schriften haben konnten. Eine genaue Grenzziehung ist nicht möglich. Man hüte sich also, gedanklich davon auszugehen, dass der heute kanonisch gewordene Text der Hebräischen Bibel damals bereits vorgelegen hat! – Wann der Vorgang abgeschlossen war, ist schwer zu sagen, gewöhnlich geht man davon aus, dass um 100 n.Chr. der Umfang mehr oder weniger feststand. Einen fixen Punkt (so wie es lange Zeit die „Synode von Jamnia" war), gibt es in diesem „Gerinnungsprozess" nicht (s.u. 1.3.2 zur Kanonisierung).

Selbst innerhalb der christlichen Kirchen (etwa der evangelischen, der katholischen und der äthiopischen) bestehen bekanntlich Unterschiede, welche die Zahl und Reihenfolge der kanonischen Bücher betreffen. Der jüdische und der evangelische Kanon entsprechen der Hebräischen Bibel (in der Form des Masoretischen Textes; BHK³, BHS, BHQ), der katholische und der orthodoxe Kanon enthalten darüber hinaus Texte der Septuaginta (LXX), d.h. der alexandrinischen griechischen Übersetzung des Alten Testament (sog. Apokryphen). Als Besonderheit sei auf den Kanon der äthiopischen und der syrischen Kirche hingewiesen: Zum äthiopischen Kanon gehören nämlich auch die Bücher Henoch und der Jubiläen, während das syrische Alte Testament statt 150 (masoretischen) 151 bzw. 155 Psalmen enthält (sog. „syrische Psalmen").

Interessant ist in diesem Zusammenhang auch ein kleines Fragment der Höhle 7 mit dem griechischen Text der Verse 43–44 des Briefes Jeremias/*Epistula Ieremiou* (7Q2). Das ist deshalb bemerkenswert, weil die Forschung heute fast immer davon ausgeht, dass dieser Brief ursprünglich in einer semitischen Sprache verfasst war. Dass man trotzdem Spuren der griechischen Übersetzung in Qumran findet, kann vielleicht als Zeichen der positiven Bewertung des übersetzten Werkes in Qumran gedeutet werden (DJD III, 143).

Eine „berühmte" Variante: Jesaja 8,11 (11QJes[a] VIII,4)

Bereits bei kleinsten Abweichungen einer Handschrift in Qumran kann man sich fragen, ob hinter diesen nicht möglicherweise das Interesse einer Gruppe, wenn nicht gar der Qumrangemeinschaft steht. Eine gewisse Berühmtheit hat hierbei die Stelle Jesaja 8,11 erlangt (vgl. dazu KRATZ 2011, 184–86). Im Masoretischen Text lautet sie:

> [11]Denn so sprach JHWH zu mir, als die (d.h. seine) Hand (mich) packte und er *mich* davon *abbrachte*, auf dem Weg dieses Volkes zu gehen, indem er sagte: ...

Die hebräische Verbform „und (als) er mich davon abbrachte" (ויסרני, w^eyiss^erenî) kann unterschiedlich übersetzt werden.

Genauer: ויסרני ist mehrdeutig und kann von verschiedenen Wurzeln abgeleitet werden (Perf. oder Impf. Qal oder Perf. Pi'el von יסר, yāsar, „unterweisen", oder Impf. Hif'il von סור, sûr, „abwenden, entfernen"); dementsprechend: „da wird er mich unterweisen/warnen" (wîsārānî/w^eyiss^eranî) o. „und (als) er mich unterwies/warnte" (w^eyiss^erenî, so die Masoreten und Luther); oder, wie oben übersetzt, „und (als) er mich davon abbrachte" (wîsîrenî).

In der großen Jesajahandschrift aus Höhle 1 von Qumran (1QJes[a], Kol. VIII) herrscht an dieser Stelle Eindeutigkeit – noch dazu mit einem wichtigen Unterschied:

> [4]Denn so sprach JHWH zu mir, als die (d.h. seine) Hand (mich) packte und er *uns* davon *abbrachte*, auf dem Weg dieses Volkes zu gehen, indem er sagte: ...

Hier in der Qumranhandschrift muss die Formulierung so übersetzt werden, dass jemand davon *abgebracht* wird, auf dem Weg des übrigen Volkes zu wandeln. Doch ist damit nicht mehr der Prophet Jesaja (Suffix der 1. Pers. c.sg.) gemeint, sondern eine „Wir"-Gruppe (1. Pers. c.pl.) in Konsonanten: statt ויסרני, wysrny, nun יסירנו, ysyrny/y^esirenû. Wahrscheinlich handelt es sich um eine absichtliche Textänderung (so mit guten Argumenten KRATZ 2000) und nicht um einen Schreibfehler. Ob diese Änderung *in der Qumrangemeinschaft* vorgenommen wurde oder ob diese den Text bereits so vorgefunden hat, lässt sich freilich nicht mehr klären. Dafür sprechen die Verwendung der so theologisch „stimmigeren" Stelle auch in anderen Qumranschriften, dagegen ist immerhin zu bedenken, dass solch punktuelle tendenziöse Textänderungen sich in den sonstigen Bibelhandschriften von Qumran nicht gefunden haben.

1.2.2 „Genuine" und „nichtgenuine" Qumranschriften („*sectarian*" – „*non-sectarian*")

Literatur: Devorah DIMANT, Qumran Sectarian Literature, in: Jewish Writings of the Second Temple Period (hg.v. M.E. STONE; CRINT II/2), Assen/Philadelphia/Pa. 1984, 483–550. ▪ DIES., History, Ideology and Bible Interpretation in the Dead Sea Scrolls. Collected Studies (FAT 90), Tübingen 2014. ▪ DIES., The Qumran Manuscripts. Content and Significance (1995), in: DIES., Collected Studies (s.o.), 28–56. ▪ DIES., The Vocabulary of the Qumran Sectarian Texts (2011), in: DIES., Collected Studies (s.o.), 57–100 ▪ DIES., Sectarian and Nonsectarian Texts from Qumran. The Pertinence and Use of a Taxonomy (2009), in: DIES., Collected Studies (s.o.), 101–11. ▪ Florentino GARCÍA MARTÍNEZ, ¿Sectario, no-sectario, o qué? Problemas de una taxonomía correcta de los textos qumránicos, RdQ 23/91 (2008) 383–94. ▪ Corrado MARTONE, Sectarian Variant Readings and Sectarian Texts in the Qumran Corpus and Beyond. Reflections on an Elusive Concept, in: Ricercare la sapienza di tutti gli antichi (FS G.L. PRATO; hg.v. M. MILANI u.a.; RivBib.S 56), Bologna 2013, 393–400. ▪ Carol A. NEWSOM, „Sectually Explicit" Literature from Qumran, in: The Hebrew Bible and Its Interpreters (hg.v. W.H. PROPP u.a.), Winona Lake/Ind. 1990, 167–87. ▪ Lawrence H. SCHIFFMAN, Reclaiming the Dead Sea Scrolls. The History of Judaism, the Background of Christianity, the Lost Library of Qumran, Philadelphia/Pa. 1994. ▪ Hartmut STEGEMANN, Die Bedeutung der Qumranfunde für die Erforschung der Apokalyptik, in: Apocalypticism in the Mediterranean World and the Near East (hg.v. D. HELLHOLM), Tübingen 1983. ▪ Eibert J.C. TIGCHELAAR, Classification of the Dead Sea Scrolls and the Case of *Apocryphon of Jeremiah C*, JSJ 43 (2012) 519–50.

Die Systematisierung der immensen Menge des nichtbiblischen Stoffes der Bibliothek von Qumran könnte als eine uferlose Aufgabe erscheinen. Es handelt sich dabei aber insofern um eine wichtige Entscheidung, als die Rekonstruktion der Gruppe derer, die die Texte überliefert haben, daran hängt. Noch stärker als bei der Frage nach der Autorität von Schriften geht es hier freilich um die anzulegenden *Kriterien*.

Meistens geht man vom Sprachgebrauch aus (doch vgl. die Anfragen von TIGCHELAAR 2012) und stellt fest, dass eine Gruppe von Schriften sich durch bestimmte Formulierungen (z.B. „Söhne der Finsternis"/„des Lichts") und Vorstellungen (z.B. vom „Ende der Tage") als zusammengehörend erweist – und sich dadurch zugleich von den übrigen unterscheidet (sog. *sectarian texts* oder genuine Qumranschriften, d.h. Produkte der Qumrangemeinschaft selbst; im Gegensatz zu den *non-sectarian texts* oder nicht- bzw. vorqumranischen Texten, all den Büchern also, die zwar in der Gemeinschaft überliefert und kopiert, aber mutmaßlich nicht von ihr verfasst wurden). Vor allem die Frage nach den gemeinsamen Vorstellungen ist dabei natürlich nur schwer objektiv zu beantworten. (Weist etwa die Einschränkung einer Verheißung auf eine bestimmte Gruppe schon auf eine Herkunft aus der *Qumran*gemeinschaft? Oder wurde der Text vielleicht wegen der Einschränkung, die die Autoren machen, überhaupt erst in das

Korpus der Qumranschriften aufgenommen?) Komplizierter wird die Frage noch, wenn man auf mögliche „qumranische" Überarbeitungen „nichtqumranischer" Texte stößt. Eine solche Bearbeitung könnte z.B. in der Kriegsregel 1QM vorliegen (s.u.). Die Übergänge sind mit einer einfachen Alternative (*sectarian/non-sectarian*) also kaum adäquat zu erfassen (doch vgl. im Folgenden DIMANT; anders z.B. NEWSOM 1990; GARCÍA MARTÍNEZ 2008).

Von Devorah DIMANT stammt eine praktische, wenngleich ein wenig starr wirkende Einteilung der gefundenen Werke (vgl. DIMANT 1995 [2014] Appendix, Tabelle 1). Nach ihr sind die genuinen Qumranschriften solche, die
1. die *Praxis* und die *organisatorische Ordnung* einer bestimmten Gemeinschaft widerspiegeln (etwa die Gemeinschaftsregel 1QS [s.5.1] ; Damaskusschrift CD);
2. Hinweise zur *Geschichte dieser Gemeinschaft* und auf die *gegenwärtige Situation* der Gemeinschaft enthalten (etwa Kol. 1 der Damaskusschrift CD I; die Pescharim);
3. die *theologischen und metaphysischen Anschauungen* dieser Gemeinschaft widerspiegeln (etwa die Hodajot 1QH[a]; Kriegsregel 1QM); sowie die, die
4. sich durch eine *einzigartige Bibelauslegung* auszeichnen, mit deren Hilfe die Schriften interpretiert werden, die Grundlage der Gemeinschaft sind (vor allem die Pescharim; thematische Midraschim; Kommentare).

Doch selbst beim Anlegen solcher vermeintlich eindeutigen Kriterien ergibt sich etwa bei DIMANT eine Gruppe mit „Intermediary Texts" – „with Affinity to sectarian Ideas but without explicit sectarian Terminology and Concerns" (Jubiläen, Pseudo-Jubiläen, Tempelrolle, Josua-Apokryphon, Apokryphon Jeremias C).

Einen ähnlichen Standpunkt vertritt Hartmut STEGEMANN (1983), der als genuine Qumranschriften die Werke anerkennt, in denen erstens die Figur des *„Lehrers der Gerechtigkeit"* eine Rolle spielt, oder die zweitens die *Gemeinschaftsordnung* von Qumran kennen, oder die drittens durch *formale und terminologische Beziehungen* mit solchen Texten *notwendigerweise in Verbindung* gebracht werden *müssen*.

Eine wichtige Unterscheidung stammt von Carol NEWSOM (1990). Ihrer Meinung nach ist die Einordnung einer Schrift als genuin qumranisch / *sectarian* (von NEWSOM dort „sectually explicit" genannt) auf drei verschiedene Weisen möglich:
1. Eine genuine Qumranschrift ist eine Schrift, die von einem Mitglied der Gemeinschaft *verfasst* wurde („*Authorship*"). In diesem Sinn wird der Begriff hier verwendet.
2. Die Art und Weise, wie eine Schrift (unabhängig von der Frage nach dem oder den Verfassern) in der Qumrangemeinschaft gelesen wurde („*Use [and Readership]*"), macht sie zu einem „sectarian text". Nach dieser Definition wären zusätzlich auch ausgewählte bzw. „adoptierte" Schriften enthalten.

3. Genuine Qumranschriften könnten auch anhand ihre rhetorischen Funktion („*Rhetorical Purpose* [o. *Function*]") bestimmt werden, d.h. es wären solche Schriften gemeint, deren Interesse dem Selbstverständnis der Gemeinschaft gilt (ihrer Struktur, der Trennungsgeschichte von den anderen Gruppen, und/oder Texte, die die charakteristischen Lehren der Gruppe in einer bewusst polemischen Art entfalten). Hier könnte der Fall eintreten, dass ein von einem Gemeinschaftsmitglied verfasster Text auch einmal *nicht* zu den „genuinen Schriften" gehören könnte.

Diese Aspekte gilt es ebenfalls zu bedenken. Deutlich ist jedenfalls, dass es Schriften gibt, die in verschiedener Weise enger oder lockerer zusammenhängen, zusammen also eine Art „Cluster" bilden, und die aufgrund verschiedener Überlegungen der Gemeinschaft zugeschrieben werden können. Doch liegt es in der Natur eines derartigen Clusters, dass seine Grenze nicht einfach durch „objektive" Kriterien eindeutig bestimmt werden können, sondern dazu ein bestimmtes Maß Subjektivität oder „Willkür" nötig ist. (Man stelle sich vor, jemand wolle z.B. die Stadtgrenze Berlins auf solch „objektive" Weise festlegen. Seine Grenze fände wohl kaum allgemeine Anerkennung – und dennoch weiß jeder, dass das Stadtgebiet existiert und wo es liegt. Für das einzelne Haus fällt eine Aussage über die Zugehörigkeit zum Stadtgebiet ungleich schwerer.) Wie auch immer man den Umfang dieser Schriften bestimmt und zu welchem Ergebnis man dabei kommt: Sicher ist, dass auch die „nicht-genuinen" Qumranschriften – letztlich ja auch die Bibel – grundsätzlich das Denken und die Theologie der Gemeinschaft beeinflusst haben (Henochliteratur, Jubiläenbuch etc.). Die *spezifische* Sichtweise der Gemeinschaft ist hingegen nur an den genuinen Texten sicher erkennbar, die andererseits freilich mit den übrigen Schriften korreliert werden muss.

1.3 Gattungen und Genres. Zur Anlage dieser Einführung

Literatur: George J. BROOKE, Genre Theory, Rewritten Bible and Pesher, DSD 17 (2010) 361–86.
▪ Hindy NAJMAN / Eibert J.C. TIGCHELAAR, A Preparatory Study of Nomenclature and Text Designation in the Dead Sea Scrolls, RdQ 26/103 (2014) 305–25. ▪ DIES., The Idea of Biblical Genre. From Discourse to Constellation, in: Prayer and Poetry in the Dead Sea Scrolls and Related Literature (FS E. SCHULLER; hg.v. J. PENNER u.a.; StTDJ 98), Leiden 2012, 307–21. ▪ John STRUGNELL, Moses-Pseudepigrapha at Qumran. 4Q375, 4Q376, and Similar Works, in: Archaeology and History in the Dead Sea Scrolls (Gedenkschrift Y. YADIN, hg.v. L.H. SCHIFFMAN), Sheffield 1990, 221–56. ▪ Emanuel TOV, The *Discoveries in the Judaean Desert* Series. History and System of Presentation, in: DJD XXXIX (2002), 1–25, insb. 10–12. ▪ DERS., Revised Lists of the Texts from the Judaean Desert, Leiden 2010. ▪ Molly M. ZAHN, Genre and Rewritten Scripture. A Reassessment, JBL 131 (2012) 271–88.

Bereits ein erster Blick in das Inhaltsverzeichnis dieser Einführung zeigt, dass die ca. 900 Qumranschriften allen Bedenken zum Trotz in verschiedene Gruppen aufgeteilt wurden, zunächst in „biblische" (Kap. 1) und „nichtbiblische" Texte (alle übrigen Kapitel), dann in „parabiblische", „exegetische", „gesetzliche", „kalendarische", „poetische und liturgische", „weisheitliche", „historische", „eschatologische und apokalyptische" Texte. Der Kenner bemerkt schon hier, dass diese Einteilung der von Armin LANGE und Ulrike MITTMANN-RICHERT in *DJD XXXIX (Indices and an Introduction to the Discoveries in the Judaean Desert Series)* vorgenommenen entspricht.

Eine solche Klassifizierung erschien den Autoren nützlich, um zuerst einmal überhaupt eine Übersicht über das Material zu erlangen; außerdem, um auch den Einstieg in die offizielle Editionsreihe zu erleichtern. Auf der anderen Seite bereitet diese (wie grundsätzlich wohl jede) Einteilung nicht wenige Probleme, denn auch hier sind die Grenzen natürlich fließend. (Ein liturgischer Text kann weisheitliche Elemente beinhalten, Gebetstexte sind oft durch exegetisch gewonnene Vorstellungen geprägt, usw.) Eigentlich eine Selbstverständlichkeit, gerät diese Einsicht dennoch gern aus den Augen und kann die Deutung der einzelnen Texte weitgehend beeinflussen. Die Verwandtschaft unterschiedlicher Texte zeigt sich in der Regel an anderen Merkmalen als (nur) an der übergeordneten „Gattung" oder dem „Genre".

Es ist daher seit einigen Jahren immer wieder darauf hingewiesen worden, dass sich bereits in der Benennung der einzelnen Schriften Urteile widerspiegeln, die ihrerseits die Auslegung beeinflussen können (vgl. dazu am Beispiel der DJD-Edition NAJMAN/TIGCHELAAR 2014). Florentino GARCÍA MARTÍNEZ hat daher vorgeschlagen, von „Clustern" von Texten zu sprechen, die eine ähnliche Herkunft aufweisen (GARCÍA MARTÍNEZ 2008). Eine „Lösung" all dieser Probleme ist nicht in Sicht. Wie immer man die Sache im Weiteren handhabt, so ist es doch am wichtigsten, ein Bewusstsein für die Probleme zu entwickeln und sich dieser Probleme im Umgang mit den Texten und der Literatur stets bewusst zu sein. Es ginge der Qumranforschung wie jeder Wissenschaft viel verloren, wenn sie sich nicht immer wieder aufs Neue von ihrem Gegenstand bestimmen ließe, natürlich nicht nur sprachlich, sondern vor allem inhaltlich. So sollen vor allem die jeweiligen Texte selbst mit ihren jeweiligen Eigenheiten im Mittelpunkt dieser Einführung stehen – weswegen möglichst oft Textabschnitte zitiert und erläutert werden –, weniger Fragen, die von außen an sie herangetragen werden. Aus diesem Grund findet sich auch kein Kapitel zum Lebensbild der Qumrangemeinschaft o.ä. Selbst das Skizzieren eines solchen Bildes setzt bereits so viele Entscheidungen voraus, die sich nur anhand der gefundenen Texte treffen lassen, dass es der Realität, die hinter den Texten steht, vermutlich niemals völlig gerecht werden kann.

Das Ziel dieses Buches ist deshalb zugleich ein sehr einfaches und ein anspruchsvolles: Es möchte, möglichst unabhängig von umfassendem Vorwissen, einen ersten Eindruck und einen Überblick über die Qumrantexte vermitteln, auf der anderen Seite dazu anregen, sich näher und tiefergehender mit ihnen zu beschäftigen – mit dem Ziel, sich schließlich ein eigenes Bild von den Texten, der sich in ihnen spiegelnden Denkweise und nicht zuletzt auch ihrer Verfasser machen zu können. Wenn die Erkenntnis, dass dieses neue, eigene Bild immer wieder von der Sache her zu verbessern oder auch zu revidieren ist, am Ende der Lektüre des Buches und der Texte stünde, wäre das zweitwichtigste Ziel erreicht. Das wichtigste ist, die Freude zu vermitteln, die der Umgang mit der Qumranliteratur macht.

1.4 Wichtige Literatur zur Arbeit mit den Qumranschriften

Textausgaben, z.T. mit Übersetzungen: Am wichtigsten: Discoveries in the Judaean Desert (of Jordan) (= **DJD**), 40 Bde., Oxford 1955– (s. Liste auf *orion.mscc.huji.ac.il/resources/djd.shtml*).
Elisha QIMRON, מגילות מדבר יהודה. החיבורים העבריים (The Dead Sea Scrolls. The Hebrew Writings), 3 Bde., Jerusalem 2010/13/15 (hebr.; z.T. eigene Textrekonstruktionen, deshalb hier nicht immer genannt). ▪ The Dead Sea Scrolls. Hebrew, Aramaic, and Greek Texts with English Translations (The Princeton Theological Seminary Dead Sea Scrolls Project (hg.v. James H. CHARLESWORTH u.a.), 10 Bde., Tübingen 1994– (= **PTSDSSP**; bisher erschienen: Bd. 1 [Rule of the Community and Related Documents, 1994], Bd. 2 [Damascus Document, War Scroll, and Related Documents], Bd. 3 [Damascus Document Fragmemts, Some Works of the Torah, and Related Documents, 2006], Bd. 4A [Pseudepigraphic and Non-Masoretic Psalms and Prayers, 1997], Bd. 4B [Angelic liturgy. Songs of the Sabbath Sacrifice, 1999], Bd. 6B [Pesharim, Other Commentaries, and Related Documents, 2002], Bd. 7 [Temple Scroll and Related Documents, 2011]). ▪ The Dead Sea Scrolls Reader (= **DSSR**; hg.v. Donald W. PARRY u. Emanuel TOV), 6 Bde., Leiden 2004–2005. ▪ The Dead Sea Scrolls Reader. Second, revised and enhanced edition, (= **DSSR²**; hg.v. Donald W. PARRY u. Emanuel TOV with Geraldine I. CLEMENTS), 2 Bde., Leiden 2014. ▪ The Dead Sea Scrolls Study Edition (= **DSSSE**; hg.v. Florentino GARCÍA MARTÍNEZ u. Eibert J.C. TIGCHELAAR), 2 Bde., Leiden 1997 (Nachdrucke). ▪ A Preliminary Edition of the Unpublished Dead Sea Scrolls. The Hebrew and Aramaic Texts from Cave Four (rekonstruiert u. hg.v. Ben Zion WACHOLDER u. Martin G. ABEGG), 4 Bde., Washington/D.C. 1991-1996. ▪ Robert H. EISENMAN/James M. ROBINSON, A Facsimile Edition of the Dead Sea Scrolls, 2 Bde., Washington/D.C. 1991. ▪ Eleazar L. SUKENIK, The Dead Sea Scrolls of the Hebrew University, Jerusalem 1956 (= **DSSHU**; 1QSb, 1QM, 1QH). ▪ Géza VERMÈS, The Complete Dead Sea Scrolls in English. Translated with an Introduction (Penguin Classics), ⁷2011.
Die Texte aus Qumran. Hebräisch und deutsch (hg.v. Eduard LOHSE), Darmstadt ²1971 u.ö. (= **LOHSE I**; mit masoret. Punktation). ▪ Die Texte aus Qumran. Hebräisch/aramäisch und deutsch (hg.v. Annette STEUDEL), Darmstadt 2001. (= **LOHSE II**; mit masoret. Punktation). ▪ Johann MAIER, Die Qumran-Essener: Die Texte vom Toten Meer (UTB 1862/1863/1916), 3 Bde., München 1995/1995/1996. (= **MAIER I–III**; nur Übersetzung). – Eine gut lesbare Übersetzung bieten auch Michael O. WISE/Martin G. ABEGG, Jr./Edward C. COOK, Die Schriftrollen

von Qumran. Übersetzung und Kommentar (hg.v. A. LÄPPLE), Gütersloh 1997 u.ö. Es handelt sich jedoch leider um eine Tochterübersetzung aus dem Amerikanischen, so dass das Werk für Einzelfragen nicht empfohlen werden kann. (Die amerikanische Übersetzung ist durchaus seriös: DIES., The Dead Sea Scrolls. A New Translation, San Francisco/Calif. 1996.)
Joseph A. FITZMYER / Daniel J. HARRINGTON, A Manual of Palestinian Aramaic Texts, Rom 1978.
Klaus BEYER, Die aramäischen Texte vom Toten Meer, 3 Bde., Göttingen (Bd. 1, 1984 [²1993], Ergänzungsband, 1994, Bd. 2, 2004; = **ATTM I / ATTM.E / ATTM II**).
In den Angaben zu den einzelnen Schriften sind die Ausgaben, die die Schriften in Reihenfolge der gängigen Nummern abdrucken, etwa MAIER I–III oder der DSSR aus Platzgründen *nicht angegeben*.

Bibliographien (chronologisch)**:** Christoph BURCHARD, Bibliographie zu den Handschriften vom Toten Meer, 2 Bde., Berlin 1957/1965 (Bd. 1. Nr. 1–1556, BZAW 76; Bd. 2. Nr. 1557–4459, BZAW 89), Berlin 1957/1965. ▪ William S. LASOR (u.a.), Bibliography of the Dead Sea Scrolls. 1948–1957, Pasadena/Ca. 1958. ▪ Michael YIZHAR, Bibliography of Hebrew Publications on the Dead Sea Scrolls 1948–1964 (HThSt 23), Cambridge/Mass. 1967. ▪ Bastiaan JONGELING, A Classified Bibliography of the Finds in the Desert of Judah. 1958–1969 (StTDJ 7), Leiden 1971. ▪ Craig KOESTER, A Qumran Bibliography. 1974–1984, BThB 15 (1985) 110–20. ▪ Florentino GARCÍA MARTÍNEZ / Donald W. PARRY, A Bibliography of the Finds in the Desert of Judah, 1970–95, Leiden 1996. ▪ Avital PINNICK, The Orion Center Bibliography of the Dead Sea Scrolls. 1995–2000 (StTDJ 41), Leiden 2001. ▪ Ruth A. CLEMENTS / Nadav SHARON, The Orion Center Bibliography of the Dead Sea Scrolls and Associated Literature. 2000–2006 (StTDJ 71), Leiden 2007. ▪ Revue de Qumrân (s.u., regelmäßige Aktualisierungen). ▪ Online (monatlich aktualisiert): *orion-bibliography.huji.ac.il.*

Konkordanzen u. Arbeitshilfen: Martin G. ABEGG Jr. u.a., The Dead Sea Scrolls Concordance, 3 Bde., Leiden 2003– (Bd. 1. The Non-Biblical Texts from Qumran, 2 Teilbde, 2003; Bd. 2. The Biblical Texts from the Judaean Desert, 2 Teilbde., 2010). ▪ Daneben: James H. CHARLESWORTH u.a., Graphic Concordance to the Dead Sea Scrolls (PTSDSSP), Tübingen / Louisville/Ky. 1991. – Der Vollständigkeit halber sei genannt: A Preliminary Concordance to the Hebrew and Aramaic Fragments from Qumran Caves II–X. Including Especially the Unpublished Material from Cave IV. Printed from a Card Index Prepared by Raymond E. BROWN, S.S. u.a. Prepared and Arranged for Printing by H.-P. RICHTER. Editorum in usum, 5 Bde., Göttingen 1988 (Privatdruck).
Karl Georg KUHN [/ H. STEGEMANN], Rückläufiges hebräisches Wörterbuch, Göttingen 1958.
▪ Ruth SANDER / Kerstin MAYERHOFER, Retrograde Hebrew and Aramaic Dictionary (JAJ.S 1), Göttingen 2010.
Armin LANGE / Matthias WEIGOLD, Biblical Quotations and Allusions in Second Temple Jewish Literature (JAJ.S 5), Göttingen 2011. ▪ David L. WASHBURN, A Catalog of Biblical Passages in the Dead Sea Scrolls, Leiden 2002 (Nachdrucke).

Elektronische Ausgaben: BibleWorks, LLC (Norfolk, Va.), Module für BIBLEWORKS 9 (store.bibleworks.com/modules.html). ▪ Logos Bible Software (Bellingham, Wash.), Module für LOGOS 6 (*www.logos.com/product/guide/dead-sea-scrolls*). ▪ Oaktree Software, Inc. (Altamonte Springs, Fla.), Module für ACCORDANCE 11 (*www.accordancebible.com/store/Hebrew-Add-on-Bundles*). ▪ Emanuel TOV (Hg.), The Dead Sea Scrolls Electronic Library, Leiden 2006 (*www.brill.com/dead-sea-scrolls-electronic-library-0*).

Monographiereihen speziell zu den Qumranschriften: Companion to the Qumran Scrolls (**CQS**), Sheffield / London. ▪ Eerdmans Commentaries on the Dead Sea Scrolls. hg.v. Martin G. ABEGG u. Peter W. FLINT, Grand Rapids/Mich. (**ECDSS**; bisher erschienen: James R. DAVILA,

Liturgical Works, 2000; John KAMPEN, Wisdom Literature, 2011). ▪ Studies on the Dead Sea Scrolls and Related Literature (**StDSSRL**) – hg.v. P.W. FLINT, M.G. ABEGG Jr. u. F. GARCÍA MARTÍNEZ. ▪ Studies on the Texts of the Desert of Judah (**StTDJ**). Hgg. G.J. BROOKE, E.J.C. TIGCHELAAR, J. BEN-DOV, A. SCHOFIELD, Leiden.

Zeitschriften speziell zu den Qumranschriften: Das Fachorgan: Revue de Qumrân (**RdQ**) – hg.v. J.-S. REY, C. MARTONE, G.J. BROOKE u. A. STEUDEL; seit 1958. Dead Sea Discoveries (**DSD**) – hg.v. C. HEMPEL, M. GOFF u. M. POPOVIĆ; seit 1994. ▪ מגילות. מחקרים במגילות מדבר יהודה [Meghillot. Studies in the Dead Sea Scrolls (hebr.)] (= **Meg**) – hg.v. (bis 2013: D. DIMANT, M. BAR-ASHER) M. KISTER u. J. BEN-DOV; seit 2003. ▪ The Qumran Chronicle (**QC**) – hg.v. Zdzisław Jan KAPERA; seit 1990. – Außerdem viele Zeitschriften zum Alten Testament und dem frühen Judentum.

Nachschlagewerke und Allgemeines:

Übergreifendes zu Sprache u. Theologie: Theologisches Wörterbuch zu den Qumrantexten (hg.v. Heinz-Josef FABRY u. Ulrich DAHMEN), 3 Bde., Stuttgart 2011–. (= **ThWQ**; bisher erschienen: Bd. 1. חתם – אב, 2011; Bd. 2. סתר – טהר, 2013). Hebrew in the Second Temple Period. The Hebrew of the Dead Sea Scrolls and of Other Contemporary Sources (hg.v. Steven E. FASSBERG u.a.; StTDJ 108), Leiden 2013. ▪ Takamitsu MURAOKA, A Grammar of Qumran Aramaic (ANES.S 38), Leuven 2011. ▪ Elisha QIMRON, (ג"תשנ :שנייה מהדורה) תש"ן ,שבע באר ,המקראית הארמית דקדוק. [The Grammar of the Hebrew Language of the Dead Sea Scrolls], Diss. Jerusalem 1976 (hebr.) ▪ DERS., The Hebrew of the Dead Sea Scrolls (HSS 29), Atlanta/Ga. 1986. ▪ Eric D. REYMOND, Qumran Hebrew. An Overview of Orthography, Phonology, and Morphology (Resources for Biblical Study 76), Atlanta/Ga. 2013.

> An der *Akademie der Wissenschaften zu Göttingen* wird derzeit ein philologisches Wörterbuch zu den nichtbiblischen Texten vom Toten Meer erarbeitet, das voraussichtlich ab 2015 erscheinen wird (*www.qwb.adw-goettingen.gwdg.de*). Bis dahin hilfreich:

The Dictionary of Classical Hebrew (hg.v. David J.A. CLINES), 8 Bde., Sheffield 1993–2011. (**DCH**; Handausgabe von DEMS., The Concise Dictionary of Classical Hebrew, Sheffield 2009).

Armin LANGE, Handbuch der Textfunde vom Toten Meer. Band 1: Die Handschriften biblischer Bücher von Qumran und den anderen Fundorten, Tübingen 2009.

Enzyklopädien: The Eerdmans Dictionary of Early Judaism (hg.v. John J. COLLINS u. Daniel C. HARLOW), Grand Rapids/Mich. 2010. ▪ Encyclopedia of the Dead Sea Scrolls (hg.v. Lawrence H. SCHIFFMAN u.a.), 2 Bde., Oxford 2000 (= **EDSS** 1/2). ▪ The Oxford Handbook of the Dead Sea Scrolls (hg.v. Timothy H. LIM), Oxford 2010.

Jubiläumsbände: The Dead Sea Scrolls after Fifty Years. A Comprehensive Assessment (hg.v. Peter W. FLINT u. James C. VANDERKAM), 2 Bde., Leiden 1998/1999 (= **DSSFY** 1/2). ▪ The Dead Sea Scrolls at Fifty (hg.v. Robert A. KUGLER u. Eileen SCHULLER; Early Judaism and Its Literature), Atlanta/Ga. 1999. ▪ The Dead Sea Scrolls Fifty Years after Their Discovery. Proceedings of the Jerusalem Congress (hg.v. Lawrence W. SCHIFFMAN u.a.), Jerusalem 2000 (= **DSSFYD**). The Dead Sea Scrolls at 60. Scholarly Contributions of New York University Faculty and Alumni (hg.v. Lawrence H. SCHIFFMAN u.a.; StTDJ 89), Leiden 2010.

Praktische Einführungen: Joseph A. FITZMYER, The Dead Sea Scrolls. Major Publications and Tools for Study (Resources for Biblical Study), Missoula/Minn. 1975/1977, Rev. Ed. Atlanta/Ga. 1990; aktualisierte Neuausgabe: DERS., A Guide to the Dead Sea Scrolls and

Related Literature (StDSSRL), Rev. & Exp. Ed., Grand Rapids/Mich. 2008 ▪ Hartmut STEGEMANN, Die Essener, Qumran, Johannes der Täufer und Jesus (Herder Spektrum 5881), Freiburg i.Br. 1993, ⁴1994 (zuletzt ¹⁰2007). ▪ James C. VANDERKAM, Einführung in die Qumranforschung (UTB 1998), Göttingen 1998. ▪ DERS., The Dead Sea Scrolls Today, Grand Rapids/Mich. 1994; ²2010.
Companion to the Qumran Scrolls (**CQS**, s.o., erschienen: Daniel K. FALK, The Parabiblical Texts, London 2007. ▸ Philip ALEXANDER, Mystical Texts, London 2006. ▸ Sarianna METSO, The Serekh Texts, London 2006. ▸ Jonathan G. CAMPBELL, The Exegetical Texts, London 2004. ▸ Jean DUHAIME, The War Texts, London 2004. ▸ Hannah K. HARRINGTON, The Purity Texts, London 2004. ▸ Timothy H. LIM, Pesharim, London 2002. ▸ Charlotte HEMPEL, The Damascus Texts, Sheffield 2000. ▸ Sidnie WHITE CRAWFORD, The Temple Scroll and Related Texts, Sheffield 2000).

Zur Fund- und Forschungsgeschichte: The Dead Sea Scrolls in Scholarly Perspective. A History of Research (hg.v. Devorah DIMANT; StTDJ 99), Leiden 2012. ▪ Weston W. FIELDS, The Dead Sea Scrolls. A Short History, Leiden 2006. ▪ DERS., The Dead Sea Scrolls. A Full History, Bd. 1. 1947–1960, Leiden 2009.

1.5 Zur Nomenklatur

Die Benennung einer Handschrift vom Toten Meer bzw. einer Stelle darin erfolgt anhand von fünf Angaben: *a)* Material, *b)* Fundort, *c)* Titel der Schrift (oder Nummer), *d)* eine Bezeichnung für unterschiedliche Kopien desselben Werks und *e)* die Sprache, in der die Schrift verfasst wurde.

a) Das Material ist normalerweise Leder (nicht bezeichnet), seltener Papyrus (*pap*), ein Ostrakon (*ostr*), Kupfer (*cu*; nur 3Q15). Beschriftetes Holz (lat. *lignum*: *lign*) oder Pergament (*perg*) wurden in Qumran nicht gefunden.

b) Die Herkunft wird für Texte aus Qumran mit der Nummer der Höhle (*1–11*) und folgendem *Q* angegeben, etwa *4Q*. Weitere Fundorte: Masada (*Mas*), Wadi Murabbaʿat (*Mur*), Naḥal Ḥever/Wadi Ḥabra (*Ḥev*), Wadi Sdeir/Naḥal David (*Sdeir*), Naḥal Ṣeʾelim/Wadi Seiyal (*Se*), Khirbet [el-]Mird/Hyrkania (*Mird*).

c) Der Titel der Schrift, sehr oft in abgekürzter Form: *Gen*, *Ex*, usw. (meist englische Bezeichnungen). Ist die verwendete Schrift Althebräisch, wird dies mit vorangehendem „paläo" (*paleo*) gekennzeichnet, z.B. *paleoLev* = Kopie des Levitikusbuchs in paläohebräischer Schrift. Phylakterien/Tefillin erhalten *Phyl*, Mesusot *Mez* als Titel. Handelt es sich um einen Kommentar in „Pescher"-Form, so wird vor das Buch, das kommentiert wird, ein *p* gesetzt (*pHab* = Pescher zum Buch Habakuk), bei Targumim *tg* (*tgLev* = Targum zum Levitikusbuch). Bei der Testamentenliteratur wird meist mit *T* abgekürzt: *TLevi* = *Testamentum Levi*. Apokrypha benennt man mit vorangehendem *ap* (manchmal *apocr*): *apGen* = Genesis-Apokryphon. Mitunter werden *Pr* oder *Or* für Gebet (*prayer*, lat. *oratio*), *ps* für gr. ψευδής (*pseudés*, „falsch, lügnerisch") u.ä. verwendet.

d) Wurden von einem Werk mehrere Höhlen an einer Stelle gefunden, werden sie durch hochgestellte Kleinbuchstaben nach dem Titel bezeichnet, z.B. *4QD^c* = 3. Kopie der Damaskusschrift aus Höhle 4.

Alternativ kann statt der Punkte *c)* und *d)* auch die *Nummer* des Textes stehen, die in der offiziellen Ausgabe (*Discoveries in the Judaean Desert*, DJD) angegeben ist. Dann erfolgt keine weitere Angabe außer ggf. der genauen Stelle.

e) Hebräisch wird als Sprache meist nicht angegeben (mitunter *hebr*), Aramäisch (*ar*, selten *aram*), Arabisch (*arab*), Griechisch (*gr*), Lateinisch (*lat*), Nabatäisch (*nab*), Christl.-Palästinisches Arabisch (*cpa*). Nicht alle diese Sprachen kommen in Qumran vor.

Die genaue Fundstelle wird wie folgt angegeben: Ist eine Rolle gut erhalten, wird die Kolumne und, durch Komma getrennt, die Zeile angegeben: *1QM XIII,2* = Kriegsregel (*Milhamah*), 13. Kolumne, *2.* Zeile. Ist die Kolumnenzählung sicher (d.h. absolut), werden *große* römische, bei relativen Kolumnenangaben, etwa auf Fragmenten, *kleine* römische Zahlen verwendet. Fragmente sind durch den Kleinbuchstaben *f* und die Nummer des Fragments gekennzeichnet (*f2* = Fragment *2*; *f2i* = erste Kolumne auf Fragment *2*), hier können auch Fragmentkombinationen angegeben sein (*f1+2* = die Kombination aus den Fragmenten *1* und *2*; *f1–3,5* = 5. Zeile auf der Kombination aus den Fragmenten *1*, *2* und *3*).

ℹ️ Ein letztes Beispiel: *4QpIsa^c f4–7ii,2–4* (= *4Q163 f4–7ii,2–4*):

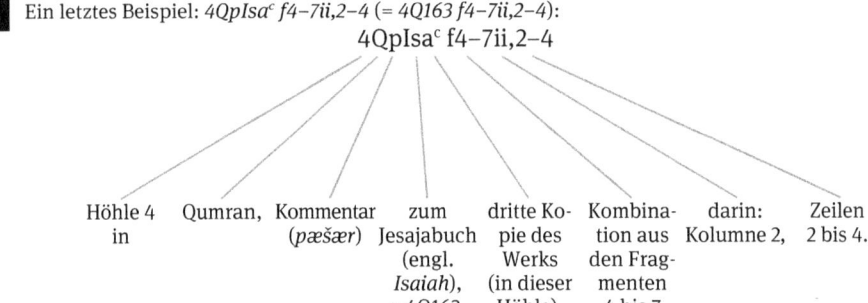

Zeilen *2* bis *4* in Kolumne *2* auf der Kombination aus den Fragmenten *4* bis *7* (d.h. relativ: *ii*) die zum 3. Exemplar (^c) des Jesaja-Kommentars (engl. *Isaiah*; genauer: Jesaja-Peschers [*p*]) aus Höhle 4 von Qumran (d.h. *4Q163*) gehört. Eigentlich handelt es sich dabei übrigens um Papyrusfragmente (*pap*), so dass es ganz korrekt und vollständig *pap4QpIsa^c f4–7ii,2–4* heißen müsste.

❓ **Wie finde ich eine bestimmte Stelle in den Qumranschriften?**

Nach allem bisher Gesagten sollte es ohne große Mühe möglich sein, eine bestimmte Stelle in den Qumranschriften zu finden: Zuerst wird dazu die Fundstelle nach dem o.a. System „entschlüsselt". Anschließend ist der Ort der Veröffentlichung (meistens in der Reihe DJD) anhand der Liste im Anhang zu bestimmen (alternativ mit den Listen in DJD XXXIX oder der Study Edition = DSSSE). Achtung: Manche Bezeichnungen und Zählungen haben sich im Lauf der Zeit geändert, solche Fälle sind aber zum größten Teil in DJD XXXIX aufgeführt (meist mit *olim*, lat. „einstmals, früher") oder in dieser Einführung genannt. Am angegebenen Ort liegt der Text dann in einer zitierbaren Edition vor. Weitere Literatur findet sich dann in der Edition selbst, einer der genannten Bibliographien oder, am einfachsten und aktuellsten, in der Online-Bibliographie des *Orion Center for the Study of the Dead Sea Scrolls and Associated Literature* der Hebräischen Universität Jerusalem (orion.huji.ac.il bzw. orion-bibliography.huji.ac.il).

1.6 Zur Wiedergabe des Textes in kritischen Editionen

Um die kritischen Textausgaben verstehen zu können, sollte eigentlich stets eine erklärende Passage, sozusagen eine „Legende", in der jeweiligen Ausgabe zu finden sein (Leider ist das nicht immer der Fall). Als gängiges System wird im Folgenden das in den neueren Bänden der *Discoveries in the Judaean Desert* und dem *Dead Sea Scrolls Reader* verwendete zugrunde gelegt, das sich freilich über die Jahre hier und da verändert hat. Viele Ausgaben verwenden dieses oder zumindest ähnliche Systeme.

r/v *recto/verso*	Vorder- und Rückseite von Dokumenten oder Fragmenten heißen (lat.) *recto* (*r*) und *verso* (*v*); etwa f1r = Vorderseite des Fragments 1.
top margin/ *bottom margin*	Oberer und unterer Rand eines Fragments sind mit *top* bzw. *bottom margin* gekennzeichnet.
0 1 2 ...	Die Textzeilen werden, mit *1* beginnend, durchnummeriert, es sei denn, dass vorher noch Zeilen anzunehmen sind. Die erste lesbare Zeile auf einem Fragment etwa kann ja zugleich z.B. die dritte Zeile der rekonstruierten Kolumne sein. (Aufgrund späterer Erkenntnisse kann sich die Zählung verschieben, dann findet man mitunter auch Zeilennummern wie *0, 00, 01* etc.)
א	Sicher zu lesende Buchstaben (*certain letters*) erhalten keine Auszeichnung.
א̇	Über sehr wahrscheinlich zu lesenden Buchstaben (*probable letters*), steht ein geschlossener *Circellus* (lat. „kleiner Kreis").
א̊ (selten א̣)	Bei unsicheren Lesungen (*possible letters*) wird ein offener *Circellus* („Kringel") über den Buchstaben gesetzt
○ / ■	Sind nur noch (nicht mehr lesbare) Spuren eines Buchstabens sichtbar, wird eines der beiden angegebenen Zeichen (in mittlerer Zeilenhöhe) verwendet. Zwischen den beiden gibt es keinen Bedeutungsunterschied.
כֿודכה כֵודכה 1a	Ergänzungen oberhalb einer Zeile (*supralinear*), unterhalb (*infralinear*; gelegentlich) oder (sehr selten) am Rand (*marginal*) derselben werden entsprechend hoch- oder tiefgestellt. Handelt es sich um längere Passage oder ganze Zeilen, so bekommt die vorhergehende Zeile den Kleinbuchstaben „a": Zeile *1a* steht also für die supralinearen Ergänzungen in Zeile *2* (!) oder infralineare Passagen in Zeile *1*.
{א} {{א}} א̷ א̣	Vom *Schreiber* auf dem Leder *getilgte* Buchstaben werden in geschweifte Klammern gesetzt (früher oft in doppelte; einfache kennzeichneten dann Änderungen des Herausgebers), durchgestrichene ebenfalls durchgestrichen. Manchmal geschieht das Tilgen durch über und/oder unter den betreffenden

	Buchstaben gesetzte Punkte. Dies kann genauso oder durch die geschweiften Klammern wiedergegeben werden.
ז֗/ז׳ ם֗/ם׳	Bei manchen Schreibern lassen sich *Yôd* und *Wāw*, manchmal auch finales und mediales *Mem* nicht voneinander unterscheiden. Dafür wird, um nicht jedes Mal eine Anmerkung machen oder eine Alternativlesung angeben zu müssen, ein kleiner Querstrich (*Makron*) über den jeweiligen Buchstaben gesetzt. (שׂים etwa könnte שִׂים oder שׂוּם gelesen werden, der Herausgeber tendiert jedoch zum י.)
⟨א⟩ ⟪א⟫	Korrektur des Herausgebers: Vom Schreiber ausgelassene (aber vom Herausgeber ergänzte) und „überflüssige" Buchstaben stehen üblicherweise in (manchmal doppelten) Winkelklammern.
vac/ *vacat*/ ///	Leerräume/Einrückungen, also *unbeschriebene Zeilenabschnitte* werden üblicherweise *vacat* (lat. „es fehlt", „es ist leer") genannt. Man spricht bei Leerzeilen deswegen auch von „*Vacat*-Zeilen". Diese werden mitgezählt. Ein *vacat* kann auch durch oberflächliche Beschädigungen oder Tilgungen entstehen, was mitunter durch /// angezeigt ist. Nicht mit einer *lacuna* zu verwechseln!
[ ] [כב]ודכה *evtl.* [. . . .] [...]	Eine *lacuna* (lat. „Lücke", weggefallene Buchstaben) zeigt an, dass Buchstaben weggefallen sind. (Nicht mit einem *vacat* zu verwechseln!) Stehen innerhalb der eckigen Klammern Buchstaben, so sind diese vom Herausgeber mehr o. weniger frei ergänzt (aber nicht im Original erhalten!!). – Evtl. ist mit einer bestimmten Anzahl von Punkten die geschätzte Anzahl fehlender Buchstaben (und -abstände; engl. *letter spaces*) wiedergegeben (im Beispiel: 4), oft stehen aber auch drei Punkte für eine *lacuna* unbestimmter Länge.
( )	Zufügungen in der Übersetzung o. Auslassungen in einem Bezugstext/Zitat stehen in runden Klammern. Kann auch für unsichere oder alternative Ergänzungen verwendet werden.

1.7 Zur Datierung der Handschriften

Literatur: Frank M. CROSS, The Development of Jewish Scripts, in: The Bible and the Ancient Near East (FS W.F. ALBRIGHT; hg.v. G.E. WRIGHT), Garden City/N.Y. 1961, 133–202 = DERS., Leaves from an Epigrapher's Notebook. Collected Papers in Hebrew and West Semitic Palaeography and Epigraphy (HSS 51), Winona Lake/Ind. 2003, 3–43). ▪ Ada YARDENI, The Book of Hebrew Script. History, Palaeography, Script Styles, Calligraphy & Design, London 2002. ▪ DIES., Understanding the Alphabet of the Dead Sea Scrolls. Development. Chronology. Dating, Jerusalem 2014.

Man kann die antiken Lederhandschriften mit Hilfe zweier verschiedener Methoden datieren.

Zum einen steht dafür die naturwissenschaftlich seit langem bewährte ^{14}C-*Methode* zur Verfügung, bei der das Alter organischen Materials anhand seines Gehalts an ^{14}C (ein Kohlenstoffisotop) bestimmt werden kann. Die Methode ist leider destruktiv und nicht sehr exakt (etwa ±50 Jahre oder mehr). Bereits geringste

Verunreinigungen des Probenmaterials machen das Ergebnis zudem bereits unbrauchbar. Immerhin kann man anhand dieser Methode jedoch beweisen, dass der Zeitraum, in dem die Qumranschriften entstanden, zwischen dem 3. Jh. v.Chr. und dem 1.Jh. n.Chr. gelegen hat

Unter den unterschiedlichen Handschriften selbst kann (neben inhaltlichen Hinweisen) die Methode der *paläographischen Datierung* verwendet werden (William F. ALBRIGHT, Solomon A. BIRNBAUM, Nahman AVIGAD, für Qumran grundlegend: Frank Moore CROSS 1961). Sie beruht auf einer genauen Analyse der Formen der einzelnen Buchstaben und geht davon aus, dass diese sich durch die Jahrzehnte und Jahrhunderte allmählich verändert hat (vgl., wenn auch anders gelagert, etwa Sütterlin und lateinische Ausgangsschrift). Mit Hilfe dieser Methode ist es möglich, eine Handschrift mit einiger Sicherheit einer von drei Perioden zuzuordnen, nämlich der *archaischen* (ca. 250–150 v.Chr.), der *hasmonäischen* (ca. 150 –30 v.Chr.) oder auch der *herodianischen* (ca. 30 v.–70 n.Chr.), mit einer Sicherheit von, grob geschätzt, ±20 Jahren). Erfahrene Experten (wie Frank CROSS oder Émile PUECH) sind in der Lage, genauere Datierungen vornehmen, die jedoch auch immer als ungefähre Angaben verstanden werden sollten (vgl., auch zur ersten Einführung, YARDENI 2014). Darüber hinaus werden die Schriftformen in *Formale*, *Semiformale* und *Kursive* („laufende" Schrift) sowie *Semikursive* eingeteilt.

1.8 Die materielle Rekonstruktion von Schriftrollen („STEGEMANN-Methode")

Literatur: Hartmut STEGEMANN, How to Connect the Dead Sea Scrolls Fragments, in: Bible Review 4,1 (1988) 24–29.43 = Understanding the Dead Sea Scrolls (hg.v. H. SHANKS), New York 1992, 245–55.309f. ▪ DERS., Methods for the Reconstruction of Scrolls from Scattered Fragments, in: Archaeology and History in the Dead Sea Scrolls (hg.v. L. SCHIFFMAN, JSP.S 8), Sheffield 1990, 189–221. ▪ Annette STEUDEL, Der Midrasch zur Eschatologie aus der Qumrangemeinde (4QMidrEschat[a.b]; StTDJ 13), Leiden 1994. ▪ DIES., Assembling and Reconstructing Manuscripts, in: DSSFY 1 (1998/99) 516–34.

Nach Vorarbeiten Józef Tadeusz MILIKs hat vor allem Hartmut STEGEMANN (Göttingen) eine Methode zur Rekonstruktion von Schriftrollen aus erhaltenen Fragmenten entwickelt und zu einer gewissen Perfektion gebracht, die deshalb nach ihm benannt wurde. Sie ist heute weitgehend anerkannt. Hier ist nicht der Ort, die gesamte Methode darzustellen (und leider auch nicht der Platz dazu) – nicht zuletzt deswegen, weil sie ganz wesentlich aus der Praxis lebt und möglichst viel Erfahrung im Umgang mit den Fragmenten und Rollen sowie eine kompetente praktisch-methodische Einführung erfordert. Sie ist in STEGEMANN 1990 (und

1988/92) sowie STEUDEL 1998/99 in den Grundzügen dargestellt und etwa in STEUDEL 1994 beispielhaft durchgeführt.

Der vielleicht größte Vorteil der Methode besteht darin, dass hier so lange wie möglich nur mit rein „physikalischen", objektiven Eigenschaften und Daten der Fragmente (ähnlichen Bruch- und Verfallsspuren, Nahträndern, der Lederbeschaffenheit etc.) gearbeitet wird (die sich in großem Maße aus der Form einer Schriftrolle ergeben), so dass nicht die subjektive Interpretation des Auslegers die Anordnung bestimmt. Solch eine Rekonstruktion hat natürlich auch Grenzen. Sie kann deshalb nicht für alle Schriften durchgeführt werden – und ist das auch noch nicht für alle die, bei denen wahrscheinlich ist, dass sie rekonstruierbar sind. Die fast genau identische, aber voneinander unabhängige Rekonstruktion der Hodajot aus Höhle 1 (1QH^a) durch Hartmut STEGEMANN und Émile PUECH zeigt die Leistungsfähigkeit der Methode (gegenüber der vorhergehenden Anordnung der Fragmente durch Eleasar L. SUKENIK; s.u. 7.2.3).

2 „Biblische" Handschriften

Textausgaben und Hilfsmittel: DJD XII; XV–XVII, XXXII/1–2 (VERSCHIEDENE Herausgeber; vgl. auch die Liste im Anhang). ▪ The Biblical Qumran Scrolls. Transcriptions and Textual Variants (hg.v. E. ULRICH; VT.S 134), Leiden 2010. ▪ Armin LANGE, Handbuch, 2009. ▪ Neue Texte u. Ausgaben: *http://orion.mscc.huji.ac.il/resources/NewlyPublishedTexts.shtml*.
Literatur: Die Textfunde vom Toten Meer und der Text der hebräischen Bibel (hg.v. Hermann LICHTENBERGER u.a.), Neukirchen-Vluyn 2000.
Uwe BECKER, Exegese des Alten Testaments. Ein Methoden- und Arbeitsbuch (UTB 2664), Tübingen ³2011. ▪ Frank M. CROSS, The Evolution of a Theory of Local Texts, in: Qumran and the History of the Biblical Text (hg.v. DEMS. u. Sh. TALMON), Cambridge/Mass. 1976, 306–20. ▪ Alexander A. FISCHER, Der Text des Alten Testaments. Neubearbeitung der Einführung in die Biblia Hebraica von Ernst Würthwein, Stuttgart 2009. ▪ Eva JAIN, Psalmen oder Psalter? Materielle Rekonstruktion und inhaltliche Untersuchung der Psalmenhandschriften aus der Wüste Juda (StTDJ 109), Leiden 2014. ▪ Reinhard G. KRATZ, Das Alte Testament und die Texte vom Toten Meer, ZAW 125 (2013) 198–213. ▪ Emanuel TOV, Textual Criticism of the Hebrew Bible, Minneapolis ³2012 (deutsche Übers. von ²1992 von H.-J. FABRY: E. TOV, Der Text der hebräischen Bibel. Handbuch der Textkritik, Stuttgart 1997). ▪ DERS., The Biblical Texts from the Judaean Desert. An Overview and Analysis of the Published Texts, in: The Bible as Book. The Hebrew Bible and the Judaean Desert Discoveries (hg.v. DEMS. u. E.D. HERBERT), London 2002, 237–59. ▪ Eugene ULRICH, The Dead Sea Scrolls and the Hebrew Scriptural Texts, in: The Bible and the Dead Sea Scrolls (hg.v. J.H. CHARLESWORTH), 3 Bde. Band 1: Scripture and the Scrolls, Waco/Tex. 2006, 77–99. ▪ DERS., The Dead Sea Scrolls and the Origins of the Bible (StDSSRL), Grand Rapids/Mich. 1999. ▪ Ernst WÜRTHWEIN, Der Text des Alten Testaments. Eine Einführung in die Biblia Hebraica, Stuttgart ⁵1988.

Ein nicht unwesentlicher Teil –knapp ein Viertel (wobei die genauen Zahlen stark von der Zählweise abhängen) – der Handschriften vom Toten Meer besteht aus Texten, die, mehr oder weniger in der Form, in der sie gefunden wurden, Eingang in den Kanon der hebräischen Bibel und von da aus auch in das Alte Testament gefunden haben (zur Bezeichnung als „Bibelhandschriften" o.ä. siehe o. 1.2.1).

Dabei lassen sich mehrere Gruppen unterscheiden: neben den Handschriften, die ein ganzes biblisches Buch (oder mehrere Bücher) enthalten, sind *Tefillin* (תפילין, *tᵉpîllîn*, Gebetsriemen, Phylakterien, vgl. Dtn 6,8; Sg. Tefillah) und *Mesusot* zu erwähnen (מזוזות, *mᵉzûzôt*, Türpfosten, d.h. kleine Schrift-„Kapseln" am Türeingang, vgl. Dtn 6,9; Sg. Mesusah), die bestimmte Passagen der Hebräischen Bibel enthalten. Dazu kommen die z.T. freieren aramäischen Übersetzungen, die Targume oder Targumim (תרגומים, *targûmîm*, Übersetzungen o. Erklärungen; Sg. Targum).

Auch zu den biblischen Handschriften können die sogenannten *Spätschriften des Alten Testaments*, also die apokryphen (deuterokanonischen) Schriften gezählt werden (s.u. 2.2), die nicht in der Hebräischen Bibel enthalten sind, wohl aber in der katholischen Tradition kanonisch wurden. Es sind dies die Bücher

Judit, Weisheit Salomos (*Sapientia Salomonis*), Tobit (LUTHER: Tobias), Jesus Sirach (*Ben Sira, Ecclesiasticus*, „der Sirazide"), Baruch u. Brief des Jeremia (*Epistula Ieremiae*), 1. und 2. Makkabäer, Zusätze zu Ester und zu Daniel (in evangelischen Ausgaben auch das Gebet des Manasse [*Oratio Manasse*]). Hinzu kommen noch 3. und 4. Esra, 3. und 4. Makkabäer, (das Gebet des Manasse,) der sogenannte Ps 151 (Septuaginta), die Psalmen Salomos sowie das Jubiläenbuch (früher gern „Kleine Genesis" genannt).

Auf Fragen der Entstehung des biblischen Schriftenkanons wird immer wieder einzugehen sein, einen kurzen Überblick liefert 2.3, einige Beispieltexte werden im Anschluss daran gegeben.

2.1 Handschriften biblischer Bücher

Textausgaben und Übersetzungen: DJD (s. Liste im Anhang). ▪ Martin ABEGG/Peter FLINT/Eugene ULRICH, The Dead Sea Scrolls Bible. The Oldest Known Bible, San Francisco/Calif. 1999 (ND 2002 u.ö.). ▪ Eugene ULRICH, The Biblical Qumran Scrolls (s.o.), 2010.
Literatur: (s.o.).

2.1.1 Bücher der Hebräischen Bibel. Zur Textgeschichte

Handschriftlicher Befund
Quantitativ stellt sich die Situation der (je nach Zählung) ca. 206 Handschriften biblischer Bücher aus den Höhlen von Qumran folgendermaßen dar (die Zahlen in Klammern bezeichnen die griechischen Handschriften):

Kanonteil		Bibl. Buch	Anzahl der Handschriften	Gesamtanzahl
תורה *Tôrāh* Tora		Genesis	19	86 (+5)
		Exodus	17 (+ 1)	
		Levitikus	13 (+ 2)	
		Numeri	7 (+ 1)	
		Deuteronomium	30 (+ 1)	
נביאים *N°bî'îm* Propheten	ראשונים *ri'šônîm* Vordere	Josua	2	12
		Richter	3	
		Samuel	4	
		Könige	3	
	אחרונים *'aḥ°rônîm* Hintere	Jesaja	21	42
		Jeremia	6	
		Ezechiel	6	
		Kleine Propheten*	9	

Kanonteil		Bibl. Buch	Anzahl der Handschriften	Gesamtanzahl	
		Psalmen	36**		
		Sprüche	2	42	
		Hiob	4		
		Ruth	4		
כתובים	מגילות	Hoheslied	4		42
Kᵉṯûḇîm	Mᵉḡillôṯ	Qohelet	2	14	(davon
Schriften	„(Fest-)Rollen"	Klagelieder	4		36** Pss!)
		(Esther)	(–)***		
		Daniel	8		
		Esra-Nehemia	1	10	
		Chronik	1		

* Zur Zählung der Handschriften der Kleinen Propheten vgl. Russell E. FULLER, DJD XVI, 251. 4Q78 f35 ist demnach vermutlich als eigenständige Handschrift zu werten.
** Dies ist die konventionelle Zahl. „Es kann aber nicht mehr von einer Größe von ca. vierzig Psalmen- resp. Psalterhandschriften ausgegangen werden. [...] Viele Handschriften wurden auf geringster Textbasis als Psalmenhandschrift klassifiziert. Sie unterscheiden sich kaum von den bislang als unidentifiziert geltenden Psalmentext enthaltenden Handschriften aus DJD XXXIII [immerhin 29 Mss.]. Es bleibt damit verborgen, ob es sich bei all diesen Handschriften um Reste von *Psalter*handschriften oder Psalmen*sammlungen* gehandelt hat oder einfach um Reste von Handschriften, die *einen* Psalm oder Psalmen*vers* zitierten." (JAIN 2014, 300, dort ohne Hervorhebungen) Dennoch „kann, wie bisher, gelten, dass die Psalmen eine der am meisten rezipierten Textgruppe des Alten Testaments in Qumran waren." (ebd.)
*** Dass das Estherbuch nicht in der Liste vertreten ist, mag Zufall sein. Da es sich um die Legende zum jüdischen Purimfest handelt, das in den Texten ebenfalls nicht erwähnt ist, kann man ebenso einen theologischen Hintergrund vermuten.

Das *Deuteronomium, Jesaja, Psalmen* (mit Einschränkungen; s.o.) und Handschriften von anderen Teilen der Tora (Genesis, Exodus, Levitikus, Numeri) sind am häufigsten vertreten – ähnlich der Häufigkeit, in der sie auch im Neuen Testament zitiert werden. In ihnen spiegeln sich offenbar die Schwerpunkte der Gemeinschaft wider, die die jeweiligen Texte überliefert hat – die Qumrangruppe auf der einen, die frühen Christen auf der anderen Seite.

Die biblischen Texte sind am leichtesten greifbar in der Ausgabe von Eugene ULRICH (The Biblical Qumran Scrolls, 2010), die mit geringen Abweichungen den vorherigen Einzeleditionen, vor allem in der offiziellen Ausgabe *Discoveries in the Judaean Desert*, folgt. Unbedingt hinzuzunehmen ist jetzt das „Handbuch der Textfunde vom Toten Meer", Bd. 1, von Armin LANGE (2009). In vorbildlich gründlicher Weise werden darin die wichtigsten Charakteristika wie auch Probleme aller „Handschriften biblischer Bücher von Qumran und den anderen Fundorten" besprochen, dazu die allgemeinen Diskussionspunkte vorgestellt und wertvolle

Literaturhinweise gegeben. Deswegen kann sich diese Einführung in die Qumrantexte bei diesen Handschriften sehr kurz fassen, für alles Weitere sei hier ein- für allemal auf das „Handbuch" verwiesen.

LANGE teilt die Handschriften nach seinem eigenen Modell in sieben Kategorien („Texttypen") ein: 20 „semimasoretische" (d.h. dem Masoretischen Text [MT] nahestehende Texte, aber doch keine eigentlichen „Vertreter" der [proto-] masoretischen) sowie 7 „protomasoretische", dazu 2 „präsamaritanische" und 11 dem MT und dem Samaritanischen Pentateuch gleich nahestehende Handschriften, 4 der Vorlage der Septuaginta nahestehende, 47 „eigenständige" (*non-aligned*) und 83 „texttypologisch nicht klassifizierbare" Handschriften stehen neben einer Gruppe von 35 Handschriften, deren „biblischer" Charakter nicht sicher fassbar ist (und einer falsch identifizierten Handschrift in kryptischer Schrift [4Qpap cryptA Lev^b = 4Q249j]). Pate stand dabei ausdrücklich *Emanuel Tov*, der seit dem Ende der 1970er Jahre eine ähnliche Einteilung der „*textual variety*" in vier Gruppen entwickelt hat: 57 „protomasoretische" (später auch: „protorabbinische"), 5 „präsamaritanische", 7 der Vorlage der Septuaginta „nahestehende" und 56 „eigenständige" Handschriften bilden je eine Gruppe, wobei sich die „protomasoretischen" noch in einen „inneren", 2 Handschriften umfassenden, und einen „äußeren" Kreis aufteilen lassen (für eine genaue Erläuterung der verschiedenen Bezeichnungen vgl. LANGE 2011, 1–32).

LANGE selbst weist darauf hin, dass derartige Raster oder Schemata anachronistisch sind, verwendet sie aber dennoch „aus heuristischen Gründen". Die weitere Forschung mag zeigen, ob sich nicht – ohne sogleich einen Bezug auf den biblischen Kanon herzustellen – das Material als solches anhand interner Kriterien sinnvoll ordnet, oder ob man es dabei belassen sollte, die einzelnen Handschriften je für sich zu behandeln, ohne sie einem „Texttyp" zuzuordnen.

Ähnlich verfährt *Eugene ULRICH*, der davon ausgeht, dass es weder Hinweise auf die Bevorzugung eines „Standardtexts" noch auf irgendein Problem mit der textlichen Vielfalt gibt. Offenbar bestand in damaliger Zeit kein Grund, einen einzigen Texttyp zu bevorzugen. Im Gegenteil: Die unterschiedlichen „Ausgaben" („*literary editions*") der Schriften (Qumran, Neues Testament, etc.) haben die spätere Entwicklung der Texttypen im Mittelalter überhaupt erst ermöglicht. Eine Tendenz in Richtung auf einen späteren Kanon („canon-in-process") leugnet ULRICH freilich ebenfalls nicht, dabei habe die Torah den Anfang gemacht (vgl. ULRICH 1999 und 2006).

Wie bereits anhand der getroffenen Auswahl leicht zu erkennen ist, folgt die Einteilung der Handschriften in den meisten Fällen schon bei (oder mit) der Benennung der einzelnen Gruppen oder „Texttypen" der im Hintergrund stehenden textgeschichtlichen Hypothese des jeweiligen Verfassers. Bei der Charakterisierung einer Handschrift ist deshalb besondere Vorsicht geboten, weswegen in diesem Buch auf Bezeichnungen wie „protomasoretisch", „protorabbinisch" oder dergleichen weitgehend zu verzichten versucht wird.

Für alle Fragen zur Textkritik sei ausdrücklich auf das Methodenbuch von Uwe BECKER (2011) hingewiesen, insbesondere zur praktischen Durchführung und den grundsätzlichen Fragestellungen.

Der Vollständigkeit halber sei hier noch das einflussreiche Modell von (William Foxwell ALBRIGHT und dann vor allem) *Frank Moore CROSS* (1976, auch „*Theory of Local Texts*") genannt.

Cross geht davon aus, dass die drei Haupttextformen der hebräischen Bibel, genauer: des Pentateuchs: MT, Samaritanischer Pentateuch (Sam. Pent.) und (die Vorlage der) Septuaginta (LXX), in verschiedenen geographischen Räumen entstanden seien. Sehr grob gesagt: In Palästina habe sich der dortige Text durch exilische Vermittlung in Babylon (d.h. ab dem 6. Jh. v.Chr.), zum jetzigen MT entwickelt, wohingegen der palästinische Text sich dort wesentlich im Sam. Pent. erhalten habe. Die Septuaginta hingegen habe einen Text ins Griechische übersetzt, der dem Sam. Pent. sehr nahestand (ab dem 3. Jh. v.Chr.), wie sich anhand von Übereinstimmungen mit dem Sam. Pent. gegen MT zeigen lasse. In *Qumran* schließlich fänden sich Vertreter aller drei Fassungen (MT, Sam. Pent., LXX-Vorlage), die demnach wieder in Palästina zusammengeführt worden wären und von denen sich der MT mehr oder weniger durchgesetzt habe. Diese vergleichsweise spekulative Theorie lebt jedoch bei aller Anschaulichkeit von manch unüberprüfbarer Voraussetzung und lässt sich mit dem handschriftlichen Befund nach heutigem Wissensstand kaum ohne Modifikationen vereinbaren.

2.1.2 Tefillin und Mesusot

Textausgaben, Übersetzungen, Kommentare: DJD I,72-76 (1Q13; Barthélemy). ▪ DJD VI, 48-79.80-85 (4Q128-148.149-155; de Vaux / Milik). ▪ DJD III, 111. (5Q8; Milik). ▪ DJD III,149-57.158-61 (8Q3.4; Baillet). ▪ Karl Georg Kuhn, Phylakterien aus Höhle 4 von Qumran (AHAW.PH 1957/1), Heidelberg 1957. ▪ Yigael Yadin, Tefillin from Qumran (XQPhyl 1-4), Jerusalem 1969 (Englische Übers. von ErIs 9 [1969] 60-85); dazu Maurice Baillet, Tefillin from Qumran (XQphyl 1-4). À propos d'une édition récente, RdQ 7/27 (1970) 403-15.
Literatur: Yonatan Adler, The Content and Order of the Scriptural Passages in Tefillin. A Reexamination of the Early Rabbinic Sources in Light of the Evidence from the Judean Desert, in: Halakhah in Light of Epigraphy (hg.v. A.I. Baumgarten u.a.; JAJ.S 3), Göttingen 2011, 205-29. ▪ David Nahman, תפילין ומזוזות בקומראן. Tefillin and Mezuzot at Qumran, in: מגילות קומראן: מבואות ומחקרים (The Qumran Scrolls and Their World; hg.v. M. Kister; Between Bible and Mishnah), Jerusalem 1998, 143-55. ▪ Emanuel Tov, Tefillin of Different Origin from Qumran?, in: ...אור ליעקב: מחקרים במקרא ובמגילות מדבר יהודה (A Light for Jacob, FS J.Sh. Licht; hg.v. Y. Hoffman u.a.), Jerusalem 1997, 45*-54*.

Handschriftlicher Befund

Handschrift	paläogr. Datierung ca.	enthaltene Texte
1QPhyl = 1Q13	nicht datiert	
4QPhyl A-U = 4Q128-148	200 v.-50 n.Chr.	Ex 12(4×).13(12×). 20 Dtn 5(10×).6(9×).10(5×).11(10×).32(1×)
5QPhyl = 5Q8	nicht datiert	4Q147-148 nicht entzifferbar
8QPhyl = 8Q3	1-100 n.Chr.	5Q8 nicht geöffnet
XQPhyl A-D = XQ1-4	100-50 v.Chr. (Yadin)	
4QMez A = 4Q149	200-1 v.Chr.	
4QMez B = 4Q150	20-50 n.Chr.	Ex 13(2×).20;
4QMez C = 4Q151	50-1 v.Chr.	Dtn 5(2×).6(2×).10(3×).11(2×)
4QMez D = 4Q152	100-1 v.Chr.	

Handschrift	paläogr. Datierung ca.	enthaltene Texte
4QMez E = 4Q153	nicht datiert	
4QMez F = 4Q154	100–50 v.Chr.	
4QMez G = 4Q155	nicht datiert	
8QMez = 8Q4	30 v.–68 n.Chr.	

Einführende Bemerkungen
Insgesamt fanden sich in den Höhlen bei Qumran 29 Tefillin und 8 Mesusot (zu den Begriffen s.o.). Ihr Wortlaut weicht z.t. vom kanonisch gewordenen Text ab, dabei stimmen die Varianten teilweise mit Textformen, die von anderswo bekannt sind, überein. Zumeist handelt es sich (s.o.) um eine Auswahl aus den Abschnitten Ex 12,43–13,16; Dtn 5,1–6,9; Dtn 10,12–11,21 und Dtn 32 (zur Anordnung vgl. YADIN 1969; ADLER 2011). Allen gemeinsam ist, dass sie zurückgehen auf die Vorschrift des berühmten „Höre, Israel!" (שמע ישראל, šᵉmaʿ Yiśrāʾel) Dtn 6,4–9:

> ⁴Höre, Israel: JHWH ist unser Gott, JHWH allein! ⁵Und du sollst JHWH, deinen Gott, lieben von ganzem Herzen, von ganzer Seele und mit all deiner Kraft. ⁶Und diese Worte, die ich dir heute gebiete, sollen auf deinem Herzen sein, ⁷und sollst sie deinen Kindern einschärfen und davon reden, wenn du in deinem Hause sitzt, wenn du auf dem Weg gehst, wenn du dich niederlegst und wenn du aufstehst. ⁸Und du sollst sie zum Zeichen auf deine Hand binden, und sie sollen zu Merkzeichen zwischen deinen Augen sein, ⁹und du sollst sie auf die Türpfosten (מזוזת, mᵉzûzot) deines Hauses und in deine Tore schreiben.

2.1.3 Targumim

Textausgaben, Übersetzungen, Kommentare: DJD VI,86–89 (MILIK; 4Q156); XXIII,79–180 (GARCÍA MARTÍNEZ / TIGCHELAAR / VAN DER WOUDE; 11Q10). ▪ ATTM 278–98. ▪ ATTM.E 133. ▪ ATTM II,171f.
Literatur: Andreas ANGERSTORFER, Überlegungen zu Sprache und Sitz im Leben des Toratargums 4QtgLev (4Q156), sein Verhältnis zu Targum Onkelos, BN 55 (1990) 18–35. ▪ Joseph A. FITZMYER, The Targum of Leviticus from Qumran Cave 4, Maarav 1 (1978) 5–21. ▪ DERS., Some Observations on the Targum of Job from Qumran Cave 11, CBQ 36 (1973) 503–24. ▪ Bernd JANOWSKI, Sündenvergebung „um Hiobs Willen". Fürbitte und Vergebung in 11QtgJob 38 2f. und Hi 42 9f. Lxx, ZNW 73 (1982) 241–80. ▪ Takamitsu MURAOKA, The Aramaic of the Old Targum of Job from Qumran Cave XI, JJS 25 (1974) 425–43. ▪ Michael SOKOLOFF, The Targum to Job from Qumran Cave XI (Bar-Ilan Studies in Near Eastern Languages and Culture), Ramat Gan 1974. ▪ Loren T. STUCKENBRUCK, Bibliography on 4QTgLev (4Q156), JSP 10 (1992) 53–55. ▪ DERS. / David Noel FREEDMAN, The Fragments of a Targum to Leviticus in Qumran Cave 4 (4Q156). A Linguistic Comparison and Assessment, in: Targum and Scripture (In Memory of E.G. CLARKE; hg.v. P.V.M. FLESHER), Leiden 2002, 79–95.

Handschriftlicher Befund

Handschrift	paläogr. Datierung ca.	zugrundeliegender Text
4QtgLev = 4Q156	125–75 v.Chr.	Lev 16,12–15.18–21
4QtgHi = 4Q157	1–50 n.Chr.	Hi 3,5–9; 4,16–5,4
11QtgHi = 11Q10	um 50 n.Chr. (*inkonsistent*)	Teile von Hi 17,4–42,12

Einführende Bemerkungen

Zu zwei Büchern sind in Qumran aramäische Übersetzungen erhalten, eine zum Levitikus- und zwei zum Hiobbuch (möglicherweise repräsentieren diese beide ein einziges Werk, was aber aufgrund des geringen Umfanges von 4Q157 = 4QtgHi – 31 Wörter – weder veri-, noch falsifizierbar ist). Einer der beiden Hiob-„Targume" gehört sogar zu den wenigen in größerem Umfang erhalten Qumranhandschriften (11Q10 = 11QtgHi/Job; enthält Reste sämtlicher Kapitel von Hi 17 bis 42; zusammen ca. 15% des bibl. Hiobbuchs; vgl. Lange 2009, 453–55). Die Bezeichnung „Targumim" ist eigentlich irreführend, hat sich jedoch in der Qumranforschung durchgesetzt. Es handelt sich jedoch im Gegensatz zu den bekannten „rabbinischen" Targumim (T. Neophyti, T. Pseudo-Jonathan sowie T. Onkelos und T. Jonathan), die man als „Paraphrase" der biblischen Bücher mit midraschartigen bzw. haggadischen Erweiterungen charakterisieren könnte, um dem hebräischen Bibeltext vergleichsweise nahestehende „Übersetzungen" der zugrundeliegenden Bücher ins Aramäische (für Hiob s. etwa Fitzmyer 1974).

Für 11QtgHi sind zwei Besonderheiten zu notieren: 1. Hi 42 bietet einen anderen Text als den bekannten: Statt Hi 42,3 („Wer ist es, der den Ratschluss verheimlicht ohne Erkenntnis? ...") steht Hi 40,5 („Einmal habe ich geredet und werde nicht antworten ...") und in V. 9–11 liegt eine kürzere Variante als der Masoretische Text (MT) vor (vgl. Sokoloff 1974, Janowski 1982). – 2. Der Text von 11QtgHi weist eine „entmythologisierende" Tendenz auf. Ein Beispiel: Heißt es in der Gottesrede im MT von Hi 38,4–7:

> ⁴Wo warst du, als ich die Erde gründete? ... ⁶Worauf sind ihre Sockel eingesenkt? Oder wer hat ihren Eckstein gelegt, ⁷als die Morgensterne miteinander jubelten und alle Söhne Gottes jauchzten?

So findet sich in 11QtgHi XXX,2–5 eine abweichende, weniger anstößige Form:

> ²Wo warst du, als ich die Erde gemacht habe? ... Oder ⁴worauf sind ihre Fundamente befestigt? Oder wer hat ihren Eckstein aufgestellt, als ⁵die Morgensterne miteinander strahlten und alle Engel Gottes miteinander (vor Freude) schr[ie]n?

Zur textkritischen Einordnung und allgemein zu frühen Targumim vgl. wiederum Lange 2009, 454–64.

Für die Entstehung des Hiobtargums hat MURAOKA (1974) aufgrund sprachlicher Beobachtungen die Zeit zwischen 250 und 150 v.Chr., als Herkunftsort Mesopotamien angenommen. Das ist vielleicht mehr, als man wissen kann. Dennoch dürfte man mit dem 2. Jh. v.Chr. nicht ganz falsch liegen.

2.2 Apokryphen / Deuterokanonische Schriften

Textausgaben und Übersetzungen: Qumrantexte: DJD III (BAILLET; 7Q2). Zu den übrigen Schriften vgl. die entsprechenden Abschnitte in dieser Einführung.
Apokryphen allgemein: Die Apokryphen und Pseudepigraphen des Alten Testaments (hg.v. Emil KAUTZSCH), 2 Bde., Tübingen 1900 (**APAT**; Nachdrucke) ▪ The Apocrypha and Pseudepigrapha of the Old Testament in English (hg.v. Robert H. CHARLES), 2 Bde., Oxford 1913 (**APOT**; Nachdrucke). ▪ Jüdische Schriften aus hellenistisch-römischer Zeit (JSHRZ; hg.v. Werner G. KÜMMEL, später v. Hermann LICHTENBERGER), 5 Bde., Gütersloh 1973ff. (Bd. 1: Historische und legendarische Erzählungen; Bd. 2: Unterweisung in erzählender Form; Bd. 3: Unterweisung in lehrhafter Form; Bd. 4: Poetische Schriften; Bd. 5: Apokalypsen; Bd. 6: Supplementa). ▪ The Old Testament Pseudepigrapha (hg.v. James H. CHARLESWORTH), 2 Bde., London 1983/1985 (**OTP**; zahlreiche Nachdrucke. Dazu hilfreich: Steve DELAMARTER, A Scripture Index to Charlesworth's Old Testament Pseudepigrapha, London 2002.) ▪ Jüdische Schriften aus hellenistisch-römischer Zeit. Neue Folge (JSHRZ.NF; begründet von W.G. KÜMMEL, hg.v. H. LICHTENBERGER), bisher 2 Bde., Gütersloh 2005ff. (Bd. 1: Apokalypsen und Testamente; Bd. 2: Weisheitliche, magische und legendarische Erzählungen).
Literatur: Deuterocanonical Additions of the Old Testament Books. Selected Studies (hg.v. Géza G. XERAVITS u. József ZSENGELLÉR; Deuterocanonical and Cognate Literature Studies 5), Berlin 2010. ▪ The Apocrypha (hg.v. Martin GOODMAN u.a.; The Oxford Bible Commentary), Oxford 2012.
Otto KAISER, Die alttestamentlichen Apokryphen. Eine Einleitung in Grundzügen, Gütersloh 2000. ▪ Erich ZENGER, Einleitung in das Alte Testament (hg.v. C. FREVEL; Kohlhammer Studienbücher 1,1), Stuttgart ⁸2012. ▪ Rudolf SMEND, Die deuterokanonischen Schriften („Apokryphen"), in: Walter DIETRICH u.a., Die Entstehung des Alten Testaments (ThW 1), Neuausgabe, Gütersloh 2014, 43–52. – Außerdem sind die Einleitungskapitel zu den jeweiligen Schriften in JSHRZ bzw. JSHRZ.NF (s.o.) heranzuziehen.

Zu den *Apokryphen* (gr. ἀπόκρυφος, *apókryphos*, „verborgen") oder „deuterokanonischen" Schriften gehören nach evangelischen Verständnis die Schriften, die in der Septuaginta und Vulgata zusätzlich zu den hebräischen Schriften enthalten sind, d.h. *Judit, Weisheit Salomos* (*Sapientia Salomonis*), *Tobit/Tobias, Jesus Sirach/Ben Sira, Baruch* u. *Brief des Jeremia* (*Epistula Ieremiae*), *1.* und *2. Makkabäer,* die *Zusätze zu Esther* und *Daniel* sowie das *Gebet des Manasse.* Bis auf letzteres sind diese Schriften hingegen unter der Bezeichnung „deuterokanonische Bücher" im katholischen Kanon enthalten. Darüber hinaus gibt es auch dort noch Apokryphen, das *3.* und *4. Buch Esra, 3.* und *4. Makkabäer, Ps 151,* die *Psalmen Salomos* und das *Buch der Jubiläen.*

In Qumran haben sich Fragmente des Tobitbuchs (4Q196–200), des Sirachbuchs (2Q18 = 2QSir, 11Q5 = 11QPs^a XI,11–XX,1) des griechischen Briefes Jeremias (7Q2 = 7QpapEpJer gr) erhalten, dazu Reste von Ps 151 (11Q5 = 11QPs^a XXVIII,3–14) und mehrere Handschriften des Jubiläenbuchs (1Q17–18 = 1QJub^{a-b}, 2Q19–20 = 2QJub^{a-b}, 3Q5 = 3QJub, 4Q176a = 4QJub^j? [+XQ5a], 4Q216–224 = 4QJub^{a-h}, 4Q482 = 4QJub^i?, 11Q12 = 11QJub; vgl. 4Q225–227, 4Q228, 4Q483?).

Da die Apokryphen im Allgemeinen – wie auch die biblischen Bücher – in den Einleitungen ins Alte Testament oder in eigenen Werken behandelt werden, geht diese Einführung nur auf Fragen der in Qumran gefundenen Texte, vor allem Psalm 151 und das Jubiläenbuch, ein. Für einführende Fragen zu den anderen Schriften ist eines der angegebenen Werke zu konsultieren. Hier sei besonders auf die von Erich ZENGER begründete (ZENGER u.a. ^{8}2012) sowie auf die von Otto KAISER (2000) hingewiesen, für Weiteres auf die jeweiligen Einleitungen in der Reihe „Jüdische Schriften aus hellenistisch-römischer Zeit" (JSHRZ/JSHRZ.NF).

Der Begriff der *Pseudepigraphen* (gr. ψευδής, *pseudés*, „falsch, unecht"; ἐπιγραφή, *epigraphé*, „Inschrift, Titel") bezeichnet dem Wortsinn nach Werke mit „falscher Überschrift", d.h. diese Schriften geben vor, von bekannten Gestalten bzw. Autoritäten des Alten Testaments oder der Geschichte Israels geschrieben worden zu sein. Meist werden damit nur außerkanonische Schriften bezeichnet, auf die das Kriterium zutrifft, auch wenn manche alttestamentlichen Bücher ebenfalls als pseudepigraph charakterisiert werden könnten. Die Abgrenzung zu apokryphen Schriften und zu solchen, die im Kanon anderer Kirchen, etwa der äthiopischen, aufgenommen wurden, ist dabei oft nicht eindeutig. Die in Qumran gefundenen Pseudepigraphen werden in dieser Einführung unter dem jeweiligen Punkt behandelt.

2.3 *Reworked Pentateuch*, autoritative Schriften und biblischer Kanon

Nicht von ungefähr kommen die sogenannten „Reworked Pentateuch"-Texte („Überarbeitete-Pentateuch"-Texte) am Ende der „biblischen" und damit – auch wenn es sich in Gliederungsziffern nicht ausdrücken lässt –, zugleich am Beginn der „nichtbiblischen" Texte aus Qumran zu stehen. Dass sie sich an einer Übergangsposition befinden, zeigt sich auch daran, dass einer der bekannten Herausgeber dieser Texte, Emanuel TOV, einen seiner neueren Aufsätze dazu „From 4QReworked Pentateuch to 4QPentateuch (?)" überschrieben hat: Deutet sich in der Bezeichnung als „*reworked*" (so in DJD XIII von 1994) zunächst an, dass diese Texte sich von den Bibelhandschriften im engeren Sinne deutlich unterscheiden, so zeigte doch der weitere Verlauf der Forschung an diesen Texten, das das Maß und die Techniken dieses *reworking* sich teilweise kaum von denen der „herkömmlichen" unterschiedlichen Textfassungen biblischen Bücher unterscheiden. Die Frage nach der Unterscheidung von „Überarbeitung" und „ursprünglicher Fassung" ist zugleich die nach einem feststehenden, „kanonischen" Text. Dieser „kanonische" Text unterscheidet sich ja prinzipiell nicht von einem „überarbeiteten", mit der einzigen Ausnahme, dass für jenen willkürlich festgelegt wurde, er dürfe nicht mehr verändert werden. Gern legt man den späteren Masoretischen Text als Maßstab an, doch ist keineswegs ausgemacht, dass dessen Kanonizität in Qumran bereits gegeben war. Die Frage nach der Autorität von Schriften und deren Kanon ist deshalb das Thema des zweiten Punktes, dem einige Beispiele beigegeben sind, um das Gesagte zu verdeutlichen.

2.3.1 Die sogenannten „*Reworked Pentateuch*"-Texte (4QRP)

Textausgaben und Übersetzungen: DJD V, 1–6 (John Marco ALLEGRO; 4Q158; dazu John STRUGNELL, Notes en marge du volume V des „Discoveries in the Judaean Desert of Jordan", RdQ 7/26 [1970] 163–276, 168–75); DJD XIII, 187–351 (Emanuel TOV/Sidnie WHITE [CRAWFORD]; 4Q364–367). ▪ Für 4Q158: Molly Marie ZAHN, Rethinking Rewritten Scripture. Composition and Exegesis in the 4QReworked Pentateuch Manuscripts (StTDJ 95), Leiden 2011.
Literatur: George John BROOKE, 4Q158: Reworked Pentateuch[a] or Reworked Pentateuch A?, DSD 8 (2001) 219–41. ▪ Sidnie White CRAWFORD, Rewriting Scripture in Second Temple Times (SDSSRL), Grand Rapids/Mich. 2008. ▪ Daniel Keith FALK, The Parabiblical Texts (CQS 8), New York/N.Y. 2007, 107–19. ▪ Andrew B. PERRIN, The Variants of 4Q (Reworked) Pentateuch. A Comprehensive List of the Textual Variants in 4Q158, 4Q364–7 in Biblical Sequence, JJS 63 (2012) 127–57. ▪ Jacobus Theodorus Antonius Gerardus Maria (Jacques) VAN RUITEN, Primaeval History Interpreted. The Rewriting of Genesis 1–11 in the Book of Jubilees (JSJ.S 66), Leiden 2000. ▪ Judith E. SANDERSON, An Exodus Scroll from Qumran. 4QpaleoExod[m] and the Samaritan Tradition (HSS 30), Atlanta/Ga. 1986. ▪ Michael SEGAL, 4QReworked Pentateuch or 4QPentateuch?, in: DSSFYD (2000), 391–99. ▪ Emanuel TOV, From 4QReworked Pentateuch to 4QPentateuch (?), in: Authoritative Scriptures in Ancient Judaism (hg.v. Mladen POPOVIĆ; JSJ.S 141), Leiden 2010, 73–91. ▪ Molly Marie ZAHN, The Problem of Characterizing the 4QReworked Pentateuch Manuscripts: Bible, Rewritten Bible, or None of the Above?, DSD 15 (2008) 315–39. ▪ DIES., Rethinking Rewritten Scripture (s.o.).

Handschriftlicher Befund

Handschrift	paläogr. Datierung ca.	enthaltener biblischer Text
4QRP[a] = 4Q158 (*olim* Biblical Paraphrase o.ä.)	50–1 v.Chr. (vgl. STRUGNELL 1970)	**Gen 32**,25–33; **47**,29–30?; **Ex 4**,27f.+*add.*; **24**,4–6+*add.*; **19**,17–23; **20**,12–17; **20**,19–**21**,25 (z.T. Sam.); **21**,32–**22**,13; **30**,32–34; **21**,4.16–22
4QRP[b] = 4Q364	40–10 v.Chr.	**Gen 25**,18–21; **26**,7f.39/41?; *add.*+**28**,6; **29**,32/33?; **30**,8–14.26–36+*add.*; **31**,47–53; **32**,18–20.26–30; **34**,2?; **35**,28; **37**,7f.; **38**,14–21; **44**,30–**45**,1; **45**,21–

Handschrift	paläogr. Datierung ca.	enthaltener biblischer Text
4QRP^c = 4Q365	40–10 v.Chr.	27; **48**,14f.?; **Ex 21**,14–22; **24**,12–14.18+*add.*; **25**,1f.; **26**,1.33–35; **Num 14**,16–20; **20**,17f.; **33**,31–49; **Dtn 1**,1–6.17–33.45f.; **2**,8–14+?; **2**,30–**3**,2; **3**,18–23; **9**,6f.12–18.22–24.25?.27–29; **10**,1–4.6f.10–13; **10**,22–**11**,2; **11**,6–9.23f.; **14**,24–26 **Gen 21**,9f.; **Ex 8**,13–19; **9**,9–12; **10**,19?–20; **14**,10.12–21; **15**,16–21+*add.*+22–26; **17**,3–5; **18**,13–16; **26**,34–36; **28**,16–20; **29**,20–22; **30**,37–**31**,2; **35**,2–5; **36**,32–38; **37**,29–**38**,7; **39**,1–16.17–19; **Lev 11**,1–3.17–25.32f.39–46; **13**,6–8.15–19.51f.; **16**,16f.?; **18**,25–29; **23**,42–**24**,2+*add.*; **25**,7–9; **26**,17–32; **27**,34?; **Num 1**,1–5; **3**,26–30; **4**,49–49; **7**,1.78–80; **8**,11f.; **9**,15–**10**,4; **13**,11–25.28–30; **15**,26–29; **17**,20–24; **27**,11; **36**,1f.; **Dtn 2**,24/36?; **19**,20–20,1
4QRP^d = 4Q366	40–10 v.Chr.	**Ex 21**,35–**22**,5; **Lev 24**,20–22 ?; **25**,39–43; **Num 29**,14–25; **29**,32–**30**,1; **Dtn 14**,13–21
4QRP^e = 4Q367	125–50 v.Chr.	**Lev 11**,47–**13**,1; **15**,14f.; **19**,1–4.9–15; *add.*?+**20**,13; **27**,30–34

Einführende Bemerkungen

In der Kategorie „Reworked Pentateuch" sind verschiedene Texte zusammengefasst, deren Gemeinsamkeit vor allem darin besteht, dass sie Texte aus den ersten fünf Büchern der Bibel enthalten, die aber in einer bearbeiteten Form vorliegen. Die Bearbeitungen der fünf genannten Schriften (4Q158, 4Q364–4Q367) scheinen hier und da die Tempelrolle (11QT) und Passagen aus dem Jubiläenbuch vorauszusetzen, mit welchen sie parallel gegen den Masoretischen Text gehen. Zum anderen ähneln sie offenbar dem samaritanischen Pentateuch (siehe insb. 4Q158).

Was die Art der Bearbeitungen angeht, so lassen sich diese zunächst ganz logisch anhand dreier Grundkategorien, Zusätze, Auslassungen und Änderungen, beschreiben. Weiter differenziert etwa Molly ZAHN ihn ihrer Dissertation zu 4Q158 (im Anschluss an Judith SANDERSON und Jacques VAN RUITEN; vgl. ZAHN 2011, 17–19):

A Hinzufügungen	A.1 Hinzufügen neuen Materials	
	A.2 Hinzufügen anderweitigen Materials (in Form einer Vorwegnahme oder Wiederholung)	
B Auslassungen	–	
C Änderungen	C.1 Kleinere Änderungen (z.B. Austausch eines Worts / einer Form)	
	C.2 Umstellen von Text (d.h. Verschiebung)	
	C.3 Paraphrasieren (eigentlich eine Kombination von A–C)	
	C.4 Ersetzen von Text mit anderweitigem Material	

Diese Techniken können natürlich unterschiedlich häufig verwendet werden (ZAHN: *frequently, rarely, not at all*) und eine unterschiedliche Textmenge betreffen (ZAHN: *large* = eine oder mehr Zeilen, *moderate* = drei Worte bis zu einer Zeile, oder *minor* = ein oder zwei Worte). – Was zunächst banal klingen mag, erweist sich im Sinne einer präzisen Beschreibung des Materials dennoch als hilfreich.

Bei einer genaueren Untersuchung der einzelnen Texte zeigt sich, dass 4Q158 (4QRP^a) sich von den anderen Handschriften recht deutlich unterscheidet. Innerhalb dieser Vierergruppe (4Q364–67 = 4QRP^{b-e}) wiederum stehen 4Q364 und 4Q365 auf der einen Seite sowie 4Q366 und 4Q367 auf der anderen Seite einander näher; erstere enthalten sicher größere Hinzufügungen, letztere vertreten genauer den späteren biblischen Text (SEGAL 2000: 4Q364–365 „biblical texts" nach Art des Sam. Pent.; 4Q366 Pentateuchhandschrift; 4Q367 Levitikus-Exzerpt).

Vor allem 4Q158 zeichnet sich durch viele Umstellungen und exegetische Überarbeitungen, „contains a number of exegetical phenomena not found in 4Q364-5", insgesamt durch einen „freer approach to the biblical text used as its source" (SEGAL 2000, 398f.) aus (SEGAL 2000, BROOKE 2001), so dass George BROOKE statt von 4QRP^{a-e} von 4QRP A–E, d.h. fünf unterschiedlichen Werken, reden möchte. Dass es sich um fünf Kopien *ein und desselben* Werks handelt, ist ganz unwahrscheinlich. Sollte ein solches Werk gar den gesamten Pentateuch umfasst haben, wären die jeweiligen Rollen nicht weniger als ca. 22–27 Meter lang (TOV/ WHITE 187–92) und damit erheblich länger als alle bekannten erhaltenen Schriftrollen (1QIsa^a: 7,34 m; 11QT^a: ca. 8,75 m [rekonstr.]).

Die Diskussion drehte sich lange darum, inwiefern man von „biblischen" oder „nichtbiblischen" Texten reden könne, was also „noch" biblisch ist bzw. was „schon" außerbiblisch zu nennen ist. Als Ergebnis zeigt sich vor allem, dass der Übergang, ganz unabhängig von der fragwürdigen und anachronistischen Terminologie, ein *fließender* war. Man tut gut daran, die jeweiligen Handschriften als solche zu charakterisieren und nicht vorschnell in (gar künstliche) Kategorien einzuteilen. Molly M. ZAHN bringt es in ihrem 2008 erschienenen Aufsatz zu den RP-Texten mit dem treffenden Untertitel „Bible, Rewritten Bible, or None of the Above?" wahrscheinlich richtig auf den Punkt (339):

> We may never be able to base firm conclusions regarding the state of the text of the Pentateuch upon the 4QRP texts, or to decide once and for all whether they are "biblical manuscripts," but we will continue to be tantalized by the range of possibilities they afford.

Welches Ansehen die Werke schließlich in der Qumrangemeinschaft genossen haben (autoritativ oder nicht?), wissen wir nicht (anders S. WHITE CRAWFORD, die meint, die Texte seien als „inner-biblical commentary" verstanden worden). Jedenfalls weisen die Texte keinerlei Kennzeichen der Theologie oder des Sprachgebrauchs der genuinen Qumrantexte auf. Es ist gut vorstellbar, dass sie ursprünglich ins 2. Jh. v.Chr. datieren.

2.3.2 Die Frage nach der Autorität der Schriften und der Prozess der Kanonbildung

Zur Kanonfrage: The Canon Debate (hg.v. Lee Martin MCDONALD u. James A. SANDERS), Peabody/Mass. 2004. ▪ Qumran und der biblische Kanon (hg.v. Michael BECKER u. Jörg FREY; BThSt 92), Neukirchen-Vluyn 2009. ▪ Kanonisierung – die hebräische Bibel im Werden (hg.v. Georg STEINS u.a.; BThSt 110), Neukirchen-Vluyn 2010. ▪ Authoritative Scriptures in Ancient Judaism (hg.v. Mladen POPOVIĆ; JSJ.S 141), Leiden 2010.
Peter W. FLINT, Scriptures in the Dead Sea Scrolls. The Evidence from Qumran, in: Emanuel: Studies in Hebrew Bible, Septuagint, and Dead Sea Scrolls (FS E. TOV, hg.v. Sh.M. PAUL u.a.; VT.S 94), Leiden 2003, 269–304. ▪ Reinhard G. KRATZ, Mose und die Propheten. Zur Interpretation von 4QMMT C, in: From 4QMMT to Resurrection (FS É. PUECH, hg.v. F. GARCÍA MARTÍNEZ u.a., StTDJ 61), Leiden 2006, 151–76. ▪ Timothy H. LIM, The Formation of the Jewish Canon (The Anchor Yale Reference Library), New Haven/Conn. 2013. ▪ Hindy NAJMAN, The Vitality of Scripture Within and Beyond the „Canon", JSJ 43 (2012) 497–518. ▪ Peter SCHÄFER, Die sogenannte Synode von Jabne, Jud. 31 (1975) 54–64.116–24 (Ndr. in: DERS., Studien zur Geschichte und Theologie des rabbinischen Judentums [AGJU 15], Leiden 1978, 45–64).
▪ Rudolf SMEND, Das Alte Testament, in: Walter DIETRICH u.a., Die Entstehung des Alten Testaments (ThW 1), Neuausgabe, Gütersloh 2014, 17–42. ▪ Günter STEMBERGER, Die sogenannte „Synode von Jabne" und das frühe Christentum, Kairos 19 (1977) 14–21. ▪ Annette STEUDEL, Die Rezeption autoritativer Texte in Qumran, in: Qumran und der biblische Kanon (s.o.), 2009, 89–100. ▪ Eibert J.C. TIGCHELAAR, Wie haben die Qumrantexte unsere Sicht des kanonischen Prozesses verändert?, in: Qumran und der biblische Kanon (s.o.), 2009, 65–87. ▪ Eugene ULRICH, The Notion and Definition of Canon, in: The Canon Debate (s.o.) 21–35. ▪ DERS., The Non-Attestation of a Tripartite Canon in 4QMMT, CBQ 65 (2003) 202–14.
▪ DERS., Art. The Jewish Scriptures. Text, Versions, Canons, in: Eerdmans Dictionary of Early Judaism (hg.v. J.J. COLLINS u.a.), Grand Rapids/Mich. 2010, 97–119. ▪ James C. VANDERKAM, The Dead Sea Scrolls Today, Grand Rapids/Mi. ²2010. ▪ Markus WITTE, Der „Kanon" heiliger Schriften des antiken Judentums im Spiegel des Buches Ben Sira / Jesus Sirach, in: Kanon in Konstruktion und Dekonstruktion (hg.v. E.-M. BECKER u. S. SCHOLZ), Berlin 2012. ▪ Molly M. ZAHN, Rethinking Rewritten Scripture. Composition and Exegesis in the 4QReworked Pentateuch Manuscripts (StTDJ 95), Leiden 2011. ▪ DIES., Talking About Rewritten Texts. Some Reflections on Terminology, in: Changes in Scripture (hg.v. H. VON WEISSENBERG u.a.; BZAW 419), Berlin 2011, 93–120. S. außerdem oben 1.2.1.

Der sogenannte „Kanon" (gr. κανών, *kanṓn*, „Maßstab, Richtschnur"; vgl. hebr. Ez 40,3 קנה, *qānæh*, „Messrute") der Hebräischen Bibel (und damit der alttestamentliche Kanon) ist von zwei Seiten her zu definieren: er bezeichnet zum einen das *Korpus* der für eine Gruppe autoritativen Schriften (d.h. also gewissermaßen eine Liste von „Büchern" – hier: Tora, Propheten, Schriften) als auch, damit einhergehend, deren unveränderbaren, eben „kanonischen" *Wortlaut* als allgemeine Grundlage (Fixierung der Textform, hier entsprechend z.B. der Masoretische Text; vgl. dazu SMEND 2014, 26–30). Auch wenn manche Forscher beides voneinander trennen (etwa ULRICH 2002: das Buch und nicht seine Textform ist kanonisch), ist doch zu bemerken, dass diese Aspekte Hand in Hand gehen. Der Kanon bildet somit das Ergebnis eines komplizierten und lange andauernden Prozesses, dessen Ursprünge und Abschluss, aber auch dessen Verlauf kaum immer klar und zumeist umstritten sind (vgl., auch für das klassische Bild, SMEND 2014). Dabei ist die Terminologie nicht immer ganz eindeutig: ULRICH unterscheidet z.B. *canon, authoritative work, book of scripture, textual form, canonical process, collection of authoritative scriptures* und *Bible* (2004, 29f.).

Die Funde von Qumran bieten wichtige Erkenntnisse, ja, einen einzigartigen Einblick in diesen Prozess – einer Momentaufnahme vergleichbar –, der aber das Verständnis der Vorgänge keineswegs immer vereinfacht. Im Rahmen dieser Einführung können nur die allerwichtigsten Punkte angerissen werden; für die genauere Beschäftigung mit dem Thema sei die angegebene Literatur empfohlen, etwa der Aufsatz von Eibert TIGCHELAAR aus dem Jahr 2009.

Frühe Bezeugungen eines jüdischen Schriftenkanons
Ein einschneidendes Ereignis der jüdischen Geschichte hat auch auf die Frage nach der Kanonbildung Einfluss: „Die Zerstörung Jerusalems im Jahre 70 und das endgültige Erlöschen des Tempelkultes gaben diesen [*scil.* heiligen] Schriften und ihrer Auslegung eine neue, dem bisherigen Zustand gegenüber noch wesentlich gesteigerte grundlegende Bedeutung" (SMEND 2014, 22f.).

Bis zu den Funden von Qumran waren die bekanntesten frühen Bezeugungen eines Kanons (d.h. vor 70 n.Chr.) *a)* Ben Sira (Prolog u. „Lob der Väter"), *b)* 2Makk 2,13–15, *c)* Philo (*De vita contemplativa* 25); wegen der Datierung bleiben Esr 9f./Neh 8f. sowie Lk 11,49–51; 24,44; Josephus, *C.Ap.* I,37–43 (vgl. ebd. I 8,41; *Ant.Jud.* XIII,311–13; *Bell.Jud.* VI, 286.300–309); 4Esr 14,22–48; *mYad* 3,2–5; 4,6 und *bBB* 14b–15a (cf. *bMeg* 7a; *bShab* 13b.30b.100a, *bHag* 13a; *bMen* 45a) außer Betracht. Zu den drei erstgenannten kommt nun möglicherweise ein weiterer hinzu: *d)* 4QMMT C 9f. (zum Folgenden vgl. VANDERKAM 2010, 178–86).

a) Das Sirachbuch, etwa 180 v.Chr. entstanden und um 130 v.Chr. ins Griechische übersetzt, beschreibt sich selbst als eine Art „Kompendium" dessen, was man in religiösen Dingen wissen sollte. Es gibt darin mehrere Hinweise auf den Kanon: erstens das sogenannte „Lob der Väter" (Sir 44–50), das offenbar anhand der Reihenfolge Tora, Josua, Richter, Samuel, Könige, dann Jeremia, Ezechiel, Zwölfprophetenbuch, Esra/Nehemia große Gestalten der Geschichte Israels entlanggeht. Jesaja wird mitunter herangezogen, vielleicht auch Parallelen der Chronik, nicht jedoch die „Schriften". Im Prolog zum Buch (in den Bibelausgaben meist nicht abgedruckt) ist dreimal von Gesetz (ὁ νόμος, *ho nómos*), Prophet(i)en (οἱ προφῆται, *hoi prophḗtai* o. αἱ προφητεῖαι, *hai prophēteíai*) und „den anderen (Büchern)" (τὰ ἄλλα [βιβλία], *tá álla [biblía]*) oder „dem Rest der Bücher" (τὰ λοιπὰ τῶν βιβλίων, *tá loipá tṓn biblíōn*) die Rede. Das könnte auf einen dreiteiligen Kanon hinweisen, wobei der dritte Teil nicht genau festgelegt wäre (und damit etwa der Zitierung im Buch selbst entspräche).

b) Der Beleg aus dem 2. Makkabäerbuch (2,13–15; um 100 v.Chr.) ist überaus unsicher; hier sind τὰ περὶ τῶν βασιλέων βιβλία καὶ προφητῶν καὶ τὰ τοῦ Δαυιδ καὶ ἐπιστολὰς βασιλέων (*tá perí tṓn basiléōn biblía kaí prophētṓn kaí tá toú David kaí epistolás basiléōn*, „die Bücher über die Könige und Propheten, auch die von David und die Briefe der Könige") erwähnt, die man gern mit vorderen und hinteren Propheten, dem Psalter und Esra (das Briefe enthält) identifiziert. Sicher ist das keinesfalls.

c) In Philos Schrift „Vom beschaulichen Leben" (*De vita contemplativa*; 1. Drittel des 1. Jh.s n.Chr.) wird in den Häusern der ägyptischen „Therapeuten" („[Gottes-] Verehrer") ein besonderer Raum („Monasterion") derart beschrieben, dass man dort weder Essen noch Trinken, sondern nur νόμους καὶ λόγια θεσπισθέντα διὰ προφητῶν καὶ ὕμνους καὶ τὰ ἄλλα οἷς ἐπιστήμη καὶ εὐσέβεια συναύξονται καὶ τελειοῦνται (*nómous kaí lógia thespisthénta diá prophētṓn kaí hýmnous kaí tá álla hoís epistḗmē kaí eusébeia synaúxontai kaí teleioúntai*; „Gesetze und durch Propheten weitergegebene Worte und Psalmen und das andere, was Wissen und Frömmigkeit vermehr und vollendet") mit hineinnimmt (*De vita contemplativa* 25). Das klingt dem Sirachbefund sehr ähnlich.

d) Der Befund in 4QMMT C ist, anders als es die Ausgabe DJD XVII vermuten lässt, kaum eindeutig. Dort heißt es lt. den Herausgebern:

> ⁹... [... und auch] ¹⁰haben wir dir geschrieben, dass du Einsicht gewinnen sollst (hebr. בִּין, *bîn* Hif.) ins Buch des Mose, [und] in die Büch[er der Pr]opheten und in *Dāwî[d ...]*

Der Text ist jedoch ein aus mehreren Einzelhandschriften zusammengestellter *Composite Text*. In den Einzelhandschriften sind nie alle wiedergegebenen Buchstaben komplett erhalten (s. auch KRATZ 2010). Im Falle des „David" am Ende von Z. 10 sind selbst dann nur ein *Bêt*, ein *Dālæt* und ein *Wāw* zu erkennen (also *bᵉ-Dāw[...]* oder *bᵉ-dô[...]*), das folgende *Yôd* ist bereits sehr unsicher, das abschließende *Dālæt* ohnehin zu ergänzen: [... ד]בדוי. Es wäre also durchaus möglich, dass dort einmal ein anderes Wort gestanden hat (ein wahllos herausgegriffenes Beispiel: [... רות]בדו, *be-dôrôt*, „Generationen", so wie in der folgenden Zeile erwähnt). Im folgenden Text werden nur das Buch des Mose und die Propheten wieder erwähnt, kein dritter Abschnitt. Vieles spricht also für das, was ULRICH 2003 in seinem Aufsatztitel prägnant als „The Non-Attestation of a Tripartite Canon in 4QMMT" bezeichnet hat (vgl. auch u. 5.2.1 zu 4QMMT).

Kanon und autoritative Schriften

Doch wie lässt sich feststellen, ob ein Buch eine besondere Kanonizität, Autorität oder Bedeutung für die Qumrangemeinschaft hatte? Nach FLINT (und ULRICH) gibt es verschiedene Kriterien, die zwar nicht unbedingt einzeln, aber in ihrer Gesamtheit eine Aussage erlauben. Genannt werden (vgl. FLINT 2003; TIGCHELAAR 2009):
1. Aussagen, die auf einen „Schriftstatus" hinweisen („Wie er gesagt hat" o.ä.; z.B. CD III,20–IV,2)
2. Berufung auf Prophetie (z.B. *David's Compositions*: „durch Prophetie")
3. Implizite Ansprüche auf göttliche Autorität (z.B. Jubiläen: himmlische Tafeln; Tempelrolle in 1. Person Singular)
4. „Davidische" Autorschaft (z.B. Psalmenüberschriften)
5. Anzahl der Manuskripte (z.B. 21 Jesajahandschriften)
6. Übersetzungen (z.B. Targumim und griechische Fassungen von Ex–Dtn und Zwölfprophetenbuch)
7. Pescharim und Kommentare
8. Als Autorität zitierte Bücher oder Anspielungen darauf (in anderen Schriften)
9. Abhängigkeit voneinander (z.B. dürfte das Jubiläenbuch als „Reworking" seine Grundlage, die Genesis, als autoritativ betrachtet haben)

In den genuinen Hauptschriften aus Qumran (CD, 1QS, 1QM, 4QFlor, 4QTest, 11QMelch) werden an später biblischen Schriften ausdrücklich *zitiert* (zum Teil sogar als Wort *Gottes* und nicht des Propheten o.ä.) – und dürften deshalb eine besondere Autorität besessen haben: alle Bücher der *Tora* (Genesis bis Deuteronomium), aus den *Vorderen Propheten* Josua und Samuel, aus den *Hinteren Propheten* Jesaja, Ezechiel, Hosea, Joel, Amos, Micha, Nahum, Sacharja und Maleachi, aus den *Schriften* schließlich Psalmen, Proverbien und Daniel. Dazu gehören auch die Bücher, die Gegenstand einer Pescher-Auslegung wurden, also Jesaja, Psalmen, Hosea, Micha, Zephanja, Nahum und Habakuk. Für die nicht zitierten oder kommentierten Bücher lässt sich keine Aussage machen. Auffällig ist das Fehlen Jeremias, von dem neben dem Buch doch auch „pseudo"-prophetisches Material erhalten ist.

Zu diesen „biblischen" Büchern kommen, wie die Diskussion zeigt, zusätzlich in Frage (das Folgende nach VANDERKAM 2010): *a)* das Jubiläenbuch, *b)* das 1. Henochbuch und *c)* die Tempelrolle.

a) Das *Jubiläenbuch* ist in 14 o. 15 Abschriften (etwa so viele wie Exodus- oder Levitikushandschriften) in Qumran gefunden worden – eine vergleichsweise hohe Zahl (s.o. Kriterium 5). Es versteht seinen Inhalt als göttliche Offenbarung, direkt bzw. mittels eines Engels von himmlischen Tafeln diktiert (Jub 1; Krit. 3). Das Jubiläenbuch wird als Autorität mit seinem antiken Namen zitiert (CD XVI,2–4; Krit. 8), wahrscheinlich wird auch *daraus* zitiert (4Q228; Krit. 1). Sogenannte

„Pseudo-Jubiläen-Texte" (4Q225–227) deuten darauf hin, dass es autoritativen Charakter trug (Krit. 9). Die Belege:

> CD XVI,2–4: ²...Und die genaue Bestimmung ihrer Zeiten hinsichtlich der Blindheit ³Israels für alles dieses, siehe, das ist genau dargelegt (מדוקדק, *m^edûqdāq*: in Z. 2 gerade für die Tora des Mose verwendet!) im „Buch der Einteilungen der Zeiten ⁴nach ihren Jubiläen und ihren (Jahr-) Wochen". ...
> 4Q228 f1,9f.: ⁹[...] ... Denn *so steht geschrieben* (כי כן כתוב, *kî ken kātûb*) in „den Einteilung^en" (in Z. 1?, 4 u. 7 sind noch „Einteilungen der Zeiten" sowie „Einteilung seiner/dessen Zeit" [Sg.] erwähnt) ¹⁰[...] ...

b) Das *1. Henochbuch* ist, zählt man seine unterschiedlichen Einzel-„Bücher" zusammen (Wächterbuch, astronomischer Henoch, Visionen und Brief Henochs sowie das „Buch der Giganten"), mit nicht weniger als 20 Exemplaren in Qumran vertreten (Krit. 5), allerdings auffälligerweise nur in aramäischer Sprache (was gegen eine Anerkennung als „heilige Schrift" sprechen könnte). Es gibt sich überall als direkte oder indirekte Gottesoffenbarung (Krit. 3). Zwar wird das Buch nirgends direkt zitiert, aber seine Inhalte (Wächterbuch: die gefallenen Engel, Giganten und die Flut; astron. Henoch: Kalender) spiegeln sich in vielen Qumranschriften wider. Nicht zuletzt wurde es vom Autor des neutestamentlichen Judasbriefs, also wohl einem Teil der frühen Christenheit, offenbar für kanonisch (Jud 14f.) gehalten.

c) Mit der *Tempelrolle* (11QT) verhält es sich anders. Sie ist nur in 2 o. 3 Kopien erhalten, wird nirgends sicher explizit zitiert (wenngleich ihre Inhalte in verschiedenen Schriften eine Rolle spielen). Ihr Inhalt entspricht in vielem der biblischen Offenbarung (Ex 19–Num 10; Dtn), die dortige göttliche Autorität wird aber noch zusätzlich verstärkt, indem die Vorschriften in der 1. Person Singular quasi direkt von Gott kommen. Ein Beispiel:

> Dtn 17,14–15a: ¹⁴Wenn du in das Land kommst, das *dir JHWH, dein Gott, geben wird*, und es einnimmst und darin wohnst und dann sagst: Ich will einen König über mich setzen, wie ihn alle Völker um mich her haben, ¹⁵so sollst du den zum König über dich setzen, den JHWH, dein Gott, erwählen wird.
> 11QT^a LVI,12–14: ¹²Wenn du in das Land kommst, das *ich dir geben werde*, und es einnimmst und ¹³darin wohnst und dann sagst: Ich will einen König über mich setzen, wie ihn alle Völker um mich her haben, ¹⁴so sollst du den zum König über dich setzen, den *ich erwählen werde*.

Ist ein Kanon von Schriften vorhanden, ergibt sich von selbst das Bestreben, auch den *Text zu fixieren*, um ihn vor Veränderung zu bewahren. (Schon jüngere Partien des Alten Testaments enthalten ja die Forderung, „Nichts sollt ihr hinzufügen zu dem Wort, das ich euch gebiete, und nichts sollt ihr davon wegnehmen"

[Dtn 4,2, sog. „Kanonformel"]). Zu dieser Fixierung lässt sich „nach Qumran" kaum mehr sagen als „vor Qumran": verschiedene Textformen haben offensichtlich nebeneinander existiert, wie sich anhand der *Reworked-Pentateuch*-Texte sehen lässt, aber auch anhand des Jeremiabuches, das sowohl in seiner masoretischen Textfassung als auch in der Tradition, der die um etwa 1/3 kürzere Septuagintafassung entstammen dürfte (nur 4QJer[b]), nebeneinander überliefert werden konnten. Auch das pseudo-Jeremia und -Ezechiel-Material dürfte kaum anders als vom Propheten stammend interpretiert worden sein. Zwar fand der Text langsam zu einer festen Form, doch ist diese bzw. eine Festlegung auf eine bestimmte Form in den Qumranhandschriften offenbar noch nicht erreicht. Eine immer wieder gern ins Spiel gebrachte „Synode" (oder gar ein „Konzil") im rabbinischen Zentrum der Jahre 70 bis ca. 130 n.Chr., *Yaḇnæh*/Jamnia, südlich des heutigen Tel Aviv, hat es wahrscheinlich nie gegeben, jedenfalls lässt sich aus den Quellen nicht mehr erschließen, dass es dort zu einer Entscheidung in der Frage der Kanonisierung gekommen wäre (SCHÄFER 1975; STEMBERGER 1977). Vielmehr dürfte der Prozess sich, ähnlich wie im frühen Christentum, noch einige Zeit hingezogen haben, wenngleich die entscheidenden Weichen in der Zeit zwischen Tempelzerstörung (70 n.Chr.) und Bar-Kochba-Aufstand (132–135 n.Chr.) gestellt worden sein dürften.

Problemanzeige anhand ausgewählter Beispiele

Es folgen noch vier Beispiele, die die Probleme der Textüberlieferung illustrieren mögen: Die Handschrift des Richterbuchs 4QRi[a]/4QJudg[a], die Samuelhandschrift 4QSam[a], ein Ausschnitt aus dem „Reworked Pentateuch" 4Q364 (4QRP[b]) sowie ein kleiner Ausschnitt aus dem ebenfalls dazugezählten Werk 4Q158 (4QRP[a]).

A. Ein Beispiel aus dem Richterbuch (Ri 6 nach 4QRi[a])

Literatur: Natalio FERNÁNDEZ MARCOS, The Hebrew and Greek Texts of Judges, in: The Earliest Text of the Hebrew Bible (hg.v. A. SCHENKER u.a.; SBL Septuagint and Cognate Studies 52), Leiden 2003, 1–16. ▪ Richard S. HESS, The Dead Sea Scrolls and Higher Criticism of the Hebrew Bible. The Case of 4QJudg[a], in: The Scrolls and the Scriptures. Qumran Fifty Years After (hg.v. S.E. PORTER u. C.E. EVANS, JSP.S 26), Sheffield 1997, 122–28. ▪ Emanuel TOV, Textual Criticism (s.o.) 313f. ▪ Julio TREBOLLE BARRERA, DJD XIV, 161–64. ▪ Eugene C. ULRICH, Deuteronomistically Inspired Scribal Insertions into the Developing Biblical Texts, in: Houses Full of All Good Things (Gedenkschrift T. VEIJOLA, hg.v. J. PAKKALA u. M. NISSINEN, PFES 95), Helsinki/Göttingen 2008, 489–506. ▪ Julius WELLHAUSEN, Composition des Hexateuchs und der historischen Bücher des Alten Testaments, Berlin [3]1899, 208–301 (= Friedrich BLEEK,

Einleitung in das Alte Testament, hg.v. J. BLEEK u. A. KAMPHAUSEN, 4. Aufl. bearbeitet von Julius WELLHAUSEN, Berlin ⁴1878, 181–267).

Der folgende Abschnitt aus Ri 6 (4QRiᵃ = 4Q49 f1,1–9, *kursiv* gesetzt) wurde, wo er nicht erhalten ist (dort unterstrichen), nach dem Masoretischen Text ergänzt (gepunktet unterstrichen):

> ¹Und die Israeliten taten, was böse war in den Augen JHWHs. Da gab JHWH sie in die Hand Midians, sieben Jahre lang. ²Und die Hand Midians war stark gegen Israel. Zum Schutz vor den Midianitern hatten sich die Israeliten die Schlupflöcher gemacht, | *die in den Bergen sind, und die Höhlen und Zufluchtsorte.* ³*Und wenn Israel gesät hatte, zogen Midian und Amalek und* | *die aus dem Osten herauf. Und sie* zogen herauf gegen sie, ⁴*belagerten sie und vernichteten den Ertrag des Landes bis dorthin, wo man nach Gaza kommt, und sie ließen in Israel nichts* | *zum Leben übrig, auch kein Schaf, kein Rind und keinen Esel.* ⁵*Wenn sie mit ihren Herden und Zelten heranzogen, kamen sie so zahlreich wie Heuschrecken. Sie* (Mas. Text: Sie und ihre Kamele) *waren zahllos, und sie kamen ins Land, um es zu verwüsten.* ⁶*So wurde Israel durch* | *Midian* | *sehr geschwächt,* | *und die Israeliten schrien zu JHWH.* |
>
> ⁷Und als die Israeliten zu JHWH schrien wegen Midian, ⁸sandte JHWH einen Mann, einen Propheten zu den Israeliten, und er sprach zu ihnen: So spricht JHWH, der Gott Israels: Ich habe euch heraufgebracht aus Ägypten und euch herausgeführt aus dem Sklavenhaus. ⁹Und ich habe euch gerettet aus der Hand der Ägypter und aus der Hand aller, die euch quälten, und ich habe sie vor euch vertrieben, und ihr Land habe ich euch gegeben. ¹⁰Und ich habe zu euch gesprochen: Ich bin JHWH, euer Gott. Ihr sollt die Götter der Amoriter, in deren Land ihr wohnt, nicht fürchten. Ihr aber habt nicht auf meine Stimme gehört.
>
> ¹¹*Und der Bote JHWHs kam und setzte sich unter die Terebinthe, die* | *in Ofra stand und Joasch, dem Abi-Esriten, gehörte;* | *sein Sohn Gideon aber drosch Weizen in der Kelter, um ihn vor Midian in Sicherheit zu bringen.* | ¹²*Da erschien ihm der Bote JHWHs und sprach zu ihm: JHWH ist mit dir, tüchtiger Krieger!* ¹³*Und Gideon sprach zu ihm: Mein Herr! Wenn Gott* (Mas. Text: JHWH) *mit uns ist, weshalb ist uns all das widerfahren? Und wo sind all seine Wunder,* | *von denen uns unsere Vorfahren erzählt haben, als sie sprachen:* | Hat JHWH uns nicht aus Ägypten heraufgeführt? Nun aber hat JHWH uns verworfen und in die Hand Midians gegeben.

Während der Text des Fragments sich in den Richterbuch-Versen 2–6 und 11–13 problemlos zum Masoretischen Text (MT) ergänzen lässt (mit nur minimalen Abweichungen), können die Verse 7–10 darin keine Parallele haben (Z. 5: Übergang von V. 6 direkt zu V. 11). Ein mechanischer Grund oder ein Versehen sind nicht überzeugend zu erklären. In einer Fülle von Anspielungen, nicht zuletzt an die Einleitung des Dekalogs, zitiert dieser Prophetenauftritt wörtlich 1Sam 10,18 (Samuels Rede in Mizpa) und den Bundesschluss in Sichem, Josua 24,14f. (Ägypten, das „Haus der Knechtschaft", das „vor euch vertreiben" und die „Götter der Amoriter, in deren Land ihr wohnt"). Ein Prophet ist überdies (abgesehen von Debora, Ri 4) nicht eben typisch für das Richterbuch.

Schon Julius WELLHAUSEN zog daraus seine Schlüsse – *nota bene* natürlich noch ohne jegliche Kenntnis der Qumrantexte:

> „[W]ährend in v. 7-10 das Unglück bloss als Kehrseite des sündigen Abfalls betrachtet und den Israeliten selber zur Last gelegt wird, wird es dagegen v. 11 ss. (v. 13) lediglich dem Jahve zum Vorwurf gemacht. In der früheren Gestalt des Richterbuches scheint die *Sünde* als Ursache der Kalamität noch nicht hervorgehoben" (WELLHAUSEN 1878, 186= 1899, 214). Wenn man so will, antwortet der Prophet in V. 7-10 auf die Frage Gideons in V. 13: „Wenn denn JHWH mit uns ist, weshalb ist uns all das widerfahren?"

Literarisch verknüpft der Verfasser seinen Einschub mit dem Material, das direkt davor stand („Die Israeliten schrien zu JHWH" – „Es geschah, als die Israeliten zu JHWH schrien"), bietet dann das „Neue" – in unübersehbar enger Anknüpfung an bestehende Texte – und erklärt oder besser ergänzt genau das, was Gideon (und der Leser) nicht wissen, nämlich dass Israel *schuldig* ist – und damit den *Grund*, warum es unter Midian leiden muss. Wann der Zusatz erfolgte, ist unklar: vom ersten Bearbeiter des Richterbuchs bis zur Zeit der Handschrift (Mitte / Ende des 1. Jh.s v.Chr.) ist prinzipiell alles möglich.

Dass hier die Arbeit am Text mit Händen zu greifen ist, braucht kaum betont zu werden (so auch TREBOLLE BARRERA, DJD XIV, 1995, 162; ULRICH 2008). Doch auch wenn man mit einem Exzerpt, also einer Kürzung des MT zur Fassung von 4QRi[a] ausgeht (HESS 1997, vgl. auch FERNÁNDEZ MARCOS 2003), bleibt das Fragment ein Beleg für die Richtigkeit der literarkritischen Methode; man könnte auch sagen, ein Beleg dafür, wie damalige Adressaten ihren Text lasen: Auch ihnen wäre er als andersartig (und für ein Exzerpt entbehrlich) erschienen, d.h. die theologisch andersartige Ausrichtung der Verse 7-10 dürfte auch den Damaligen – ganz gleich, ob sie die Verse strichen oder hinzufügten – kaum entgangen sein. Etwas anderes zu behaupten, wäre freilich überaus anmaßend – so aber zeigt es, dass der literar-/redaktionskritische Zugang seine Berechtigung *aus den Texten selbst* bezieht.

Ein Zweites lässt sich wahrnehmen: handelt es sich vom Qumranfragment aus gesehen um textkritische Evidenz, so war es bis zur Entdeckung desselben Thema einer literarkritische Hypothese. Man sieht: *Der Übergang von der Text- zur Literarkritik ist ein fließender*. Ähnliches lässt sich im nächsten Beispiel beobachten.

B. Versehen oder Absicht? Nahasch und die Ammoniter (1Sam 10f. nach 4QSam[a])

Literatur: DJD XVII (CROSS / PARRY / SALEY / ULRICH), 65–67. ▪ Critique textuelle de l'Ancien Testament, Bd. 1 (hg.v. Dominique BARTHÉLEMY; OBO 50,1), Fribourg/Göttingen 1982, 166–72. ▪ Frank M. CROSS, The Ammonite Oppression of the Tribes of Gad and and Reuben. Missing Verses from 1 Samuel 11 Found in 4QSamuel[a], in: The Hebrew and Greek Texts of Samuel (hg.v. E. TOV), Jerusalem 1980, 105–19 (= History, Historiography and Interpretation [hg.v.

H. TADMOR u. M. WEINFELD], Jerusalem 1983, 148–58). ▪ Reinhard G. KRATZ, Das Alte Testament und die Texte vom Toten Meer, ZAW 125 (2013) 198–213. ▪ Armin LANGE, Handbuch (s.o.), insb. 215–20. ▪ Reinhard MÜLLER / Juha PAKKALA / R. Bas TER HAAR ROMENY, Evidence of Editing. Growth and Change of Texts in the Hebrew Bible (SBL Resources for Biblical Study 75), Atlanta/Ga. 2014, 79–100. ▪ Alexander ROFÉ, The Acts of Nahash According to 4QSamᵃ," IEJ 32 (1982) 129–33. ▪ DERS., Midrashic Traits in 4Q51 (So-Called 4QSamᵃ), in: Archaeology of the Books of Samuel. The Entangling of the Textual and Literary History (hg.v. P. HUGO u. A. SCHENKER; VT.S 132), Leiden 2010, 75–88. ▪ Eugene ULRICH, The Qumran Text of Samuel and Josephus (HSM 19), Missoula/Mont. 1978. ▪ Emanuel TOV, Textual Criticism (s.o.), 2012, 311–13.

Das Kapitel 1. Samuel 11 weist in der Fassung von 4QSamᵃ (= 4Q51) X,6–19 direkt vor 1Sam 10,27b/11,1 ein Plus auf, in dem von einem Feldzug des ammonitischen Königs Nahasch gegen die Gaditer und die Rubeniter die Rede ist, deren rechte Augen ausgestochen werden. Anschließend wendet sich Nahasch unter Androhung der gleichen Grausamkeit Jabesch-Gilead zu (Text aufgrund besserer Lesungen u. Ergänzungen nach CROSS 1980; in 4QSamᵃ zusätzlicher Text *kursiv*, masoretischer Paralleltext unterstrichen, nachgetragene interlineare Passage [vom gleichen Schreiber wie der übrige Text] ᵒᶜʰᵍᵉˢᵗᵉˡˡᵗ; emendierter Text g̤ep̤ṳn̤k̤t̤e̤t̤ ụṇṭẹṛṣṭṛịc̣ḥẹṇ).

> ¹⁰,²⁷/ˣ,⁴ᵇ*Aber einige Söhne der* Bosheit/Belials sp[rachen: Was soll] der [uns helfen? ˣ,⁵*Und sie] verachteten ihn und brachten ihm kein Geschenk.*
>
> ˣ,⁶[*Und Nah*]*asch, der König der Söhne Ammon, bedrängte die Söhne Gad und die Söhne Ruben mit Gewalt, und er stach ihnen a*[*llen*] ˣ,⁷*das rechte {Au}ge aus, und er brachte Schrec*[*ken und Furcht*] *über* [*I*]*srael. Und nicht einer blieb übrig von den Söhnen Israel, die jen*[*seits* ˣ,⁸*des Jordans (lebten), d*]*em Naha*[*sch, der König*] *der Söhne* [*A*]*mmon, nic*[*ht*] *jedes rechte Auge* [*aus*]*gestochen hätte, außer siebentausend Mann.* ˣ,⁹ᵃ[*Und sie flohen vor*] *den Söhnen Ammon und sie kamen nach* [*J*]*abe*[*sch*]-*Gilead.*
> ˣ,⁸·¹/¹⁰,²⁷ᵇ Und es geschah n̤ạc̣ḥ̤ ̤ẹṭẉạ ̤ẹịṇẹṃ ̤Ṃọṇạṭ, 11,1 da zog herauf Nahasch, der Ammoniter, und belagerte Jabesch[-Gilead]. ˣ,⁹ᵇUnd alle Männer von Jabesch sprachen zu Nahasch ˣ,¹⁰[dem Ammoniter: Schließ einen Bund] mit [uns, so wollen wir dir untertan sein. ¹¹,²Aber] Nahasch [, der Ammoniter, antwortete ih]nen: [Das soll der Bund sein, den ich mit euch schl]ießen will, [dass ich euch allen das rechte Auge ausstche und bringe damit Schmach über ganz Israel. ¹¹,³Da sprachen zu ihm die Ältesten von Jabesch: Gib uns sieben Tage, dass wir Boten in das ganze Gebiet Israels senden; ist dann niemand da, der uns rette, so wollen wir zu dir hinausgehen. ¹¹,⁴Da kamen die Boten nach Gibea Sauls und sagten diese Worte vor den Ohren des Volks. Da erhob das ganze Volk seine Stimme und weinte.]

Von der gleichen Episode berichtet auch Josephus in seinen *Antiquitates Judaicae* (Jos. Ant. VI, 68–70.71), die hier wohl auf dieses oder ein ähnliches hebräisches Original zurückgehen (Übers. von 69–71: LANGE 2009, 219):

> [⁶⁸]Einen Monat später aber bildete der Krieg gegen Nachasch, den König der Ammoniter, den Beginn seines [*scil.* Sauls] allgemeinen Ansehens. Jener hatte den Judäern nämlich viel

> Unheil zugefügt, die jenseits des Jordanflusses wohnten, indem er mit einer großen und kriegerischen Streitmacht gegen sie einmarschiert war. [69]Er (*scil.* Nachasch) unterwarf ihre Städte der Sklaverei, indem er sie damals mit Macht und Gewalt bezwang und durch Klugheit und Verstand schwächte, damit sie nicht wieder abtrünnig werden und seiner Skalverei [sic] entfliehen konnten: Er ließ nämlich denen, die sich ihm auf Gnade oder Ungnade ergeben hatten oder kriegsgefangen in seine Gewalt gelangt waren, das rechte Auge ausstechen. [70]Dies aber tat er, um sie zum Kriege untauglich zu machen, da das linke Auge ja durch den Schild verdeckt wurde. [71]Als der König der Ammoniter auf diese Weise gegen diejenigen jenseits des Jordans gewütet hatte [Aufnahme von [68]], führte er sein Heer auch gegen diejenigen, die Gileaditer genannt werden.

Man kann diesen Befund natürlich textkritisch auswerten und vor allem mechanisch argumentieren (ULRICH 1978; CROSS 1983 u. in DJD XVII; vgl. LANGE 2009, 219f.; TOV 2011): Der längere Text ist der ursprüngliche; im MT sind hingegen Teile durch Versehen fortgefallen (für die alte griechische Textfassung muss angenommen, dass der Überschuss bei der Angleichung an den MT in LXX[B] weggelassen wurde [ULRICH 1978]).

Dafür werden zunächst inhaltliche Gründe angeführt (Tov 2011, 312f.):
a) Die Brutalität Nahaschs kommt in MT völlig überraschend und ohne Begründung.
b) In MT wird der Titel „Nahasch, der König der Ammoniter" eigenartigerweise nicht verwendet, in 4QSam[a] hingegen findet sich diese sonst so geläufige „biblische" Einführung.
c) Der Halbvers 1Sam 10,27b „aber er tat, als hörte er's nicht" ist schwer, wenn nicht sogar unverständlich, wohingegen „und es geschah nach etwa einem Monat" gut in den Kontext von 4QSam[a] passt.
d) Der Text hat bekanntlich eine Parallele bei Josephus, der auch andernorts einen Text vorauszusetzen scheint, der 4QSam[a] sehr nahesteht.
An den Argumenten *a–c* ist problematisch, dass sie auch Gründe dafür darstellen könnten, dass der Text an dieser Stelle nachträglich ergänzt worden wäre (*weil die Brutalität so überraschend kam etc.*). Argument *d* beweist für die Textgeschichte nichts, sondern lediglich über die Vorlagen des Josephus.

So muss man also eine rein mechanische Erklärung ins Feld führen, eine versehentliche Textauslassung. Der Grund für die Auslassung allerdings, so müssen auch CROSS u.a. konzedieren, sei „not immediately transparent" (DJD XVII,66). Den Prozess hat man sich in etwa folgendermaßen vorzustellen:
1. Der Schreiber sprang versehentlich von „Jabesch-Gilead" im zusätzlichen Text (Z. 9) zu dem von 1Sam 11,1, was den Nachtrag zwischen den Zeilen 8 und 9 (s.o. [hochgestellt]) notwendig gemacht hat.
2. Das – eher unverständliche masoretische „aber er tat, als hörte er's nicht" (ויהי כמחריש, *way[e]hî k[e]maḥ[a]rîš*) ist vermutlich durch Textverderbnis aus einem ursprünglichen (im Qumrantext erhaltenen) „Und es geschah nach etwa einem Monat" (ויהי כמו חדש, *way[e]hî k[e]mô ḥodæš*) entstanden (beachte die Nähe des Konsonantentextes und 1Sam 11,1 in der Septuaginta (καὶ ἐγενήθη ὡς μετὰ μῆνα, *kaí egenḗthē hōs metá mḗna*, „und es geschah nach etwa einem Monat").
3. Bei Josephus Ant. VI,68 beginnt auch der zusätzliche Absatz mit μηνὶ δ' ὕστερον, *mēní d'hýsteron*, d.h. „einen Monat danach aber". Nimmt man nun an, dass einmal sowohl Kap. 11 (V. 1,

jetzt 10,27b) als auch der zusätzliche Text mit der Zeitangabe „und es geschah nach etwa einem Monat" begonnen haben, könnte dem Abschreiber hier dasselbe passiert sein wie oben in 1., also eine *Haplographie* („Einfachschreibung", in diesem Falle eines ganzen Absatzes).
4. Dabei verdarb auch der Text von 1Sam 10,27b ויהי כמחריש, *way^ehî k^emaḥ^arîš*, „aber er tat, als hörte er's nicht".

Zu dieser überaus unglücklich erscheinenden Verkettung von Unglücksfällen kommt erschwerend die Tatsache hinzu, dass der anzunehmende „älteste" Text nicht in einer Handschrift belegt ist, sondern rein hypothetisch bleibt.

Doch kann auch literar- bzw. redaktionsgeschichtlich argumentiert werden. Das führt freilich zum umgekehrten Ergebnis, nämlich dem, dass der kürzere Text der ursprünglichere ist und es sich bei dem „Plus" der Qumranfassung um eine Fortschreibung handelt (ROFÉ 1982 u. 2010; KRATZ 2013; Wiedergabe der meisten Argumente in MÜLLER / PAKKALA / TER HAAR ROMENY 2014, vgl.o. zu a–c).

a) Die Formulierungen des Zusatzes stammen aus dem näheren und weiteren Kontext (1Sam 11,2.11; Ri 4,3; Num 32,2ff.; 1Kön 18,19; ROFÉ 1982/2010 erkennt darin eine midraschartige Erweiterung im Sinn einer „Verdopplung" der grausamen Taten des Übeltäters Nahasch). Der Leser erfährt im Grunde nichts substantiell Neues.
b) Das Ende des Zusatzes („und sie kamen nach Jabesch-Gilead") leitet zurück zur (auch in diesem Fall für ursprünglich gehaltenen Einleitung des Kapitels (^{10,27b}Und es geschah ‚nach etwa einem Monat', ^{11,1}da zog herauf Nahasch, der Ammoniter, und belagerte Jabesch-Gilead.")
c) Der Titel „König der Ammoniter"spricht für eine nachträgliche Angleichung an den Kontext.
d) Entscheidend scheint die von KRATZ 2013 mitgeteilte Beobachtung zu sein (202f.):
Der Stelle Ri 21,8–14 nach muss Jabesch-Gilead nämlich „zur Zeit Sauls menschenleer gewesen sein. Um sie wieder mit Israeliten zu bevölkern und damit dem Feldzug des Nachasch sowie dem Hilfegesuch an Saul in I Sam 11 einen Anlass zu geben, wird in dem Zusatz von 4QSam^a die Episode erfunden, wonach Jabesch von den Flüchtlingen aus den ostjordanischen Stämmen Gad und Ruben (Num 32; Jos 22) aufgesucht wird, bevor Nachasch die Stadt belagert und die Einwohner Saul zu Hilfe rufen."

Für diese Lösung spricht nicht zuletzt auch die Entstehungsgeschichte des Kapitels 1Sam 11 (vgl. KRATZ 2013, 203):

Wenn nicht alles täuscht, setzt sich [...] die Literargeschichte von I Sam 11, die im masoretischen Textbestand zu erkennen ist, nahtlos in 4QSam^a fort. Text- und Literarkritik im biblischen Buch und in der Handschrift von Qumran kommen zu ähnlichen Ergebnissen und beleuchten sich gegenseitig.

C. (Wenig) Neues vom Sinai (Ex 24,18/25,1 nach 4Q364 = 4QRPᵃ f15)

Literatur: Michael SEGAL, 4QReworked Pentateuch or 4QPentateuch?, in: DSSFYD (2000), 391–99.

Das kleine Fragment 4Q364 f15 enthält den folgenden Text (Ergänzungen nach MT gepunktet unterstrichen, vorhandene Parallelen unterstrichen, Zusätze *kursiv* gesetzt):

^{Z.1}[... ^{Ex 24,18}Da ging] Mose mi[t]t[e]n [in die Wolke hinein] ^{Z.2}[und stieg den Berg hinauf. Und Mose war auf dem Berg] vierzig Tage und vier[zig] ^{Z.3}[Nächte. (vacat)] *er hat ihn erkennen lassen bezüglich allem* [...]. ^{Z.4}[...] *er hat gemacht zu (der) Zeit ihm?/mir? ein Heiligtum?/eine Versammlung?* [...] ^{Z.5/Ex 25,1}[Und JHWH redete zu Mose] und sprach: ²Sage den Isra[eliten ...]

Zeilen 3–4 finden keine Entsprechung in der biblischen Parallele. Die Position der Einfügung könnte freilich nicht besser gewählt werden: Nach Ex 24,18 geht Mose – auf dem Berg Sinai – in die Wolke hinein, ab Ex 25,1 verkündet JHWH ihm seine Gebote zu Lade und Sinaiheiligtum (gewöhnlich der Priesterschrift zugerechnet). Dazwischen ist der Ort für besonders wichtige Vorschriften oder Offenbarungen an Mose, die noch vor den restlichen Gesetzen zu finden sind. Viel lässt sich den fragmentarischen Zeilen dazu leider nicht entnehmen, aber doch so viel, dass „ihm" (doch wohl Mose) etwas „kundgetan" (ידע, *yādaʿ Hipʿîl*, „erkennen lassen") wird. Eine interessante Parallele dazu bietet das Jubiläenbuch (s.u.), das an der gleichen Stelle seinen Platz findet (Jub 1,4ff.): „Und Mose war auf dem Berg vierzig Tage und vierzig Nächte (vgl. 4Q365 f15, 2f.), während JHWH ihm die Einteilungen der Zeiten (vgl. Z. 4!) für die Tora und das Zeugnis kundtat (wohl ebenfalls ידע, *yādaʿ Hipʿîl*)." Hier sieht man nicht nur ausgezeichnet, wie der Bibeltext sich literarisch entwickelt, sondern zugleich, wie daraus parabiblische Literatur entsteht, die von anderen Offenbarungsinhalten weiß – die den biblischen Text um neue Aspekte ergänzen, die aber aus Sicht der Verfasser die bereits bekannten Offenbarungen lediglich explizieren und auslegen wollen, diesen aber keineswegs widersprechen (vgl. auch SEGAL 2000, 393f.).

D. Explizierter Segen (Gen 32 nach 4Q158 f1–2)

Literatur: Michael SEGAL, Biblical Exegesis in 4Q158. Techniques and Genre, Textus 19 (1998) 45–62. ▪ Molly M. ZAHN. Building Textual Bridges. Towards an Understanding of 4Q158 (4QReworked Pentateuch A), in: The Mermaid and the Partridge (hg.v. G. BROOKE u.a., StTDJ 96), Leiden 2011, 13–32 (=2011a). ▪ DIES., Rethinking Rewritten Scripture (s.o.; = 2011b), 25–74.

Ein besonders schönes Beispiel für „Explikation" und „Auslegung" bietet die „Pentateuch-Paraphrase" 4Q158, zu der Michael Segal (1998) die entscheidenden Hinweise gegeben hat. In f1–2, Z. 3–10 heißt es dort, zunächst parallel zu Gen 32,25–30 (Paralleltext zu Gen 32,25–30.31 unterstrichen, Überschuss in 4Q158 f1–2,7–10 *kursiviert*, Anschlüsse in **Fettdruck**):

^{Gen 32,25}... ^{f1–2,3}[Und J]ak[ob] bl[ieb a]llein zurück. Da rang [ein Mann mit ihm, bis die Morgenröte anbrach. ^{Gen 32,26}Und als er sah, dass er ihn nicht überwältigen konnte, berührte er sein Hüftgelenk, und das Hüft-] ^{f1–2,4}[gelenk Jako]b[s wurde verrenkt], während er mit ihm rang. [Und] er packte ihn ^{Gen 32,27}und sagte zu [ihm: „Lass mich los, denn die Morgenröte bricht an!" Er aber sagte: „Ich lasse dich nicht, du segnest mich denn." ^{f1–2,5}[„...] zu mir." ^{Gen 32,28}Und er sprach zu ihm: „Wie heißt du?" [Er sagte] zu ihm: [„Jakob." ^{Gen 32,29}Da sagte er: „Du sollst nicht mehr Jakob heißen, sondern Israel; denn du hast mit Gott gekämpft] ^{f1–2,6}[und] m[it] Menschen, und hast gewonnen." ^{Gen 32,29}Und J[a]kob fragte [und] spra[ch: Sa]ge doch, wi[e heißt du? Er aber sprach: Warum fragst du, wie ich heiße?] ^{f1–2,7}[**Und er segne**]**te ihn dort.**
Und er sprach zu ihm: „JH[WH] möge dich fruchtbar machen [... und er möge] dich [zahlreich werden lassen ...] ^{f1–2,8}*[Erk]enntnis und Einsicht, und er möge dich aus aller Gewalttat erretten. Und [...]* ^{f1–2,9}*bis auf den heutigen Tag und für ewige Generationen!"* [...] ^{f1–2,10}*Und er ging seines Weges,* **als er ihn dort gesegnet hatte.**
^{Gen 32,31}Und [Jakob] nan[nte die Stätte Pniël, denn (er sagte:) „Ich habe Gott von Angesicht zu Angesicht gesehen, und doch wurde mein Leben gerettet!"]

Über die Segenshandlung am Beginn von Z.7 (Gen 32,29; „und er segnete ihn dort"), die am Ende des Stückes (Z. 10) wieder aufgenommen wird („als er ihn dort gesegnet hatte"), wird der Genesistext um den Wortlaut des Segens ergänzt bzw. fortgeschrieben. Der nun explizierte Segen besteht aus einer Collage anderer Segensworte („fruchtbar sein und sich mehren", vgl. Gen 35,11 [dort der Namenswechsel!]; 28,3, vgl. 17,20; „Erkenntnis und Einsicht" sprechen für ein spätbiblisch-weisheitliches Milieu; ein „Erretten aus Gewalttat" erinnert an Ps 18,49 oder Ps 140,2.5 sowie natürlich der Angst vor Esau Gen 32,12; vgl. Segal 1998, folgend Zahn 2011a u. b). Die Passage ist offensichtlich eine nachgetragene Explikation. Ein literarkritische Indiziensammler wäre demnach vermutlich schnell zu demselben Ergebnis gekommen, auch wenn ihm Gen 32 neben 4Q158 nicht vorgelegen hätte.

3 Parabiblische Texte (*Parabiblical Texts*)

Literatur: Qumran und der biblische Kanon (hg.v. M. BECKER u. J. FREY; BThS 92), Neukirchen-Vluyn 2009. ▪ Pseudepigraphic Perspectives. The Apocrypha and Pseudepigrapha in Light of the Dead Sea Scrolls (hg.v. E.G. CHAZON u. M.E. STONE; StTDJ 31), Leiden 1999. ▪ The Canon Debate (hg.v. L.M. MCDONALD u. J.A. SANDERS), Peabody/Mass. 2002. Moshe J. BERNSTEIN, Pseudepigraphy in the Qumran Scrolls. Categories and Functions, in: StTDJ 31 (s.o.), 1999, 1–26. ▪ Daniel K. FALK, The Parabiblical Texts (CQS 8), London 2007 ▪ Armin LANGE, The Parabiblical Literature of the Qumran Library and the Canonical History of the Hebrew Bible, in: Emanuel. Studies in Hebrew Bible, Septuagint and Dead Sea Scrolls (FS E. Tov; hg.v. Sh.M. PAUL u.a.; VT.S 94), Leiden 2003, 305–21. ▪ Lawrence H. SCHIFFMAN, The Temple Scroll and the Halakhic Pseudepigrapha of the Second Temple Period, in: StTDJ 31 (s.o.), 1999, 121–31. ▪ Michael E. STONE, The Dead Sea Scrolls and the Pseudepigrapha, DSD 3 (1996) 270–95. ▪ DERS., The Axis of History at Qumran, in: StTDJ 31 (s.o.), 1999, 133–49. ▪ Emanuel TOV, From 4QReworked Pentateuch to 4QPentateuch (?), in: Authoritative Scriptures in Ancient Judaism (hg.v. M. POPOVIĆ; JSJ.S 141), Leiden 2010, 73–91. ▪ James C. VANDERKAM, Authoritative Literature in the Dead Sea Scrolls, DSD 5 (1998) 382–402. ▪ Molly M. ZAHN, Genre and Rewritten Scripture. A Reassessment, JBL 131 (2012) 271–88.

Der Begriff „parabiblische Texte" (gr. παρά, *pará*, „von ... her/bei/neben/entlang") wird in der Qumranforschung unterschiedlich definiert und bezeichnet deshalb nicht immer das gleiche Korpus von Schriften (vgl. zur Diskussion die ausführliche Darstellung bei FALK 2007, 3–17). Es ist daher zunächst anzumerken, dass auch diese Kategorie eine mehr oder weniger künstlich geschaffene ist (wie ja bereits der im ersten Kapitel dieses Buches gemachte Unterschied zwischen „biblischen" und „nichtbiblischen" Texten letztlich von einer anachronistischen Sichtweise ausgeht; s. dazu o. 1.2.1 u.ö.). Angesichts der Tatsache, dass die Bezeichnung „parabiblisch" impliziert, dass diese Schriften auf der Grundlage eines biblischen Kanons interpretiert werden sollen, scheint es sinnvoll, sich – jedenfalls zunächst – anhand dieses Kanons einen Überblick über das Material aus Qumran zu verschaffen. Die Grenzen der dazu verwendeten Kategorien zeigen sich besonders deutlich darin, dass einige der hier als „para-biblisch" bezeichneten Werke für die Qumrangemeinschaft wahrscheinlich ebenso viel Autorität hatten wie die heute kanonisch gewordenen „biblischen" Schriften. Sowohl quantitativ auch aufgrund ihrer Wertschätzung bilden diese Texte eine wichtige Untergruppe innerhalb der Qumranschriften. Man kann sagen, dass einige dieser Schriften – beispielsweise das Henoch-Material, das Jubiläenbuch oder die Tempelrolle – das Denken der Qumrangemeinschaft durchaus grundsätzlich beeinflusst haben.

Da das frühe Judentum keineswegs eine einheitliche Größe darstellt, erklärt sich leicht, dass Sammlung und Anordnung der autoritativen Schriften in den verschiedenen Richtungen jeweils unterschiedlich ausfallen. Die Kenntnisse, die anhand der Heiligen Schriften über eine religiöse Gruppierung und über ihren „Kanon" gewonnen werden können, sind höchstens teilweise auf andere Gruppierungen projizierbar.

In die Kategorie der „parabiblischen Texte" gehören außerdem einige Texte, die gern unter dem Oberbegriff „rewritten Bible" (oder „rewritten Scripture") subsumiert werden, der jedoch weniger eine Gattungsbezeichnung als vielmehr einen Umgang mit den jeweilgen textlichen Vorlagen bezeichnet. Auch dieser Begriff ist missverständlich (s.o. 1.2.1), da er nicht nur den bereits erwähnten Anachronismus beinhaltet, sondern vor allem eine Grenze zwischen „Bible" und „rewritten Bible"-Texten zieht, die es so sicherlich nie gegeben hat. Nimmt man ernst, dass es bereits innerhalb der hebräischen Bibel Fortschreibungen – und damit innerbiblische Interpretation, also „rewriting" – gibt, so ist deutlich, dass es sich nur um einen Behelf zur Ordnung des Materials handeln kann. Das zeigt sich am deutlichsten in der Diskussion um die „Reworked Pentateuch" genannten Texte 4Q158 u. 4Q364–367 (s.o. 2.3). An diesen (und anderen) Beispielen zeigt sich, dass der Übergang von „biblischen Handschriften" zu „rewritten Bible" zu „parabiblischen Schriften" fließend ist und sich diese Schriften nicht in einfache Kategorien fügen lassen (zum Problemkreis vgl. ZAHN 2012).

3.1 Auf der Tora basierende parabiblische Texte

Den umfangreichsten Teil des parabiblischen Korpus der Qumrantexte bilden die Werke, die sich im Umkreis der Tora/des Pentateuchs, also im Traditionskreis der fünf Bücher Mose bewegen. Dass die Tora, höchstes Ansehen in der Qumrangemeinschaft wie im gesamten Judentum hatte (und hat), unterliegt keinem Zweifel.

Darauf weisen verschiedene Faktoren hin. Neben der großen Zahl der Handschriften der Bücher der Tora ist es vor allem bemerkenswert, dass die exegetische Literatur der Gemeinschaft ständig und konsequent auf diese Bücher hinweist. Der Rückschluss aus diesen Fakten ist eindeutig: In der Qumrangemeinschaft galten die Bücher Genesis bis Deuteronomium als inspirierte, heilige Schriften. Das zeigt sich auch darin, dass etwa zum Buch Genesis vier eigenständige, kommentarartige Werke bekannt sind (4Q252–254a), außerdem weitere Schriften, die bestimmte Teile des Pentateuchs kommentieren, so beispielsweise 4Q174–175 und 11Q13 (11QMelch).

3.1.1 Die Henochliteratur (1–3 Henoch, Buch der Giganten)

Textausgaben, Übersetzungen, Kommentare: *1 Henoch:* Georg BEER, Das Buch Henoch, in: APAT 2, 217–310. ▪ Matthew BLACK, Apocalypsis Henochi Graece (PVTG 3), Leiden 1970. ▪ DERS.,

The Book of Enoch or 1 Enoch. A New English Edition with Commentary and Textual Notes (SVTP 7), Leiden 1985 (darin 387–419 astron. Henoch von O. Neugebauer). ▪ Robert Henry Charles, The Book of Enoch or 1 Enoch, Oxford ²1912. ▪ Ders., Book of Enoch (1 Henoch), in: APOT 2, 163–277. ▪ Johannes P.G. Flemming, Das Buch Henoch. Äthiopischer Text (TU.NS 7/1), Leipzig 1902. ▪ Michael A. Knibb, The Ethiopic Book of Henoch. A New Edition in the Light of the Aramaic Dead Sea Fragments, 2 Bde., Oxford 1978. ▪ George W.E. Nickelsburg, 1 Enoch 1. A Commentary on the Book of 1 Enoch, Chapters 1–36; 81–108 (Hermeneia), Minneapolis 2001. ▪ Loren T. Stuckenbruck, 1 Enoch 91–108 (CEJL), Berlin 2007. ▪ Patrick A. Tiller, A Commentary on the Animal Apocalypse of 1 Henoch (SBL.EJL 4), Atlanta/Ga. 1993. ▪ Siegbert Uhlig, Äthiopisches Henochbuch (JSHRZ V/6), Gütersloh 1984.

2 Henoch: Francis I. Andersen, 2 (Slavonic Apocalypse of) Enoch, in: OTP I, 91–221. ▪ Christfried Böttrich, Das slavische Henochbuch (JSHRZ V/7), Gütersloh 1995. ▪ Andrej Vaillant, Le Livre des secrets d'Hénoch. Texte slave et traduction française, Paris 1952.

3 Henoch: Philip S. Alexander, 3 (Hebrew Apocalypse of) Enoch, in: OTP I, 223–315. ▪ Hugo Odeberg, 3 Enoch or the Hebrew Book of Enoch, Cambridge 1928 (= New York 1973). ▪ Peter Schäfer, Übersetzung der Hekhalot-Literatur, Bd. 1 (TSAJ 46), Tübingen 1995, 1–80.

Qumranfragmente: Henryk Drawnel, The Aramaic Astronomical Book from Qumran. Text, Translation, and Commentary, Oxford 2011. ▪ Józef T. Milik, The Books of Enoch. Aramaic Fragments of Qumrân Cave 4, Oxford 1976. ▪ Émile Puech, Notes sur le manuscrit Araméen 4Q201 = 4QHénoch^a, RdQ 24/96 (2010) 627–49 (4Q201). ▪ Loren T. Stuckenbruck, Revision of the Aramaic-Greek and Greek-Aramaic Glossaries of "The Books of Enoch. Aramaic Fragments of Qumran Cave 4" by Józef T. Milik, JJS 41 (1990) 13–49. ▪ DJD XXXVI, 3–94 (Stuckenbruck: 4Q201 f2–f8, 4Q206 f2–f3).95–171 (García Martínez / Tigchelaar: 4Q208–09 [astron. Hen]).

Buch der Giganten: Józef T. Milik, The Books of Enoch (s.o.), 298–339. ▪ DJD I, 97–99 (Milik: 1Q23–24). ▪ DJD III, 91–93.116–18 (Baillet: 2Q26, 6Q8). ▪ DJD XXXVI, 3–94 (Stuckenbruck: 4Q203, 1Q23–24, 2Q26, 6Q8). ▪ DJD XXXI, 9–115 (Puech: 4Q203 f1, 4Q530–33).

Literatur: Enoch and Qumran Origins. New Light on a Forgotten Connection (hg.v. G. Boccaccini), Grand Rapids/Mich. 2005.
Matthias Albani, Astronomie und Schöpfungsglaube. Untersuchungen zum astronomischen Henochbuch (WMANT 68), Neukirchen-Vluyn 1994. ▪ Philip S. Alexander, Art. Magic and Magical Texts, in: EDSS 1 (2000), 502–4. ▪ Veronika Bachmann, Die Welt im Ausnahmezustand. Eine Untersuchung zu Aussagegehalt und Theologie des Wächterbuches (1 Hen 1–36; BZAW 409), Berlin 2009. ▪ Joseph M. Baumgarten, On the Nature of the Seductress in 4Q184, RdQ 15/57–58 (1991) 133–43. ▪ Miryam T. Brand, Evil Within and Without. The Source of Sin and Its Nature as Portrayed in Second Temple Literature (JAJ.S 9), Göttingen 2013. ▪ Jonathan Ben-Dov, Head of All Years. Astronomy and Calendars at Qumran in Their Ancient Context (StTDJ 78), Leiden 2008. ▪ Christfried Böttrich, Weltweisheit, Menschheitsethik, Urkult. Studien zum Slavischen Henochbuch (WUNT II/50), Tübingen 1992.
▪ John J. Collins, The Origin of Evil in Apocalyptical Literature and the Dead Sea Scrolls, in: Ders., Seers, Sybils and Sages in Hellenistic-Roman Judaism (JSJ.S 54), Leiden 1997, 287–99. ▪ Maxwell J. Davidson, Angels at Qumran. A Comparative Study of 1 Enoch 1–36, 72–108 and Sectarian Writings from Qumran (JSP.S 11), Sheffield 1992. ▪ Luc Dequeker, The "Saints of the Most High" in Qumran and Daniel, OTS 18 (1973) 108–87. ▪ Devorah Dimant, מלאכים שחטאו במגילות מדבר יהודה ובספרים החיצוניים הקרובים להן („The Fallen Angels" in the Dead Sea Scrolls and in the Apocryphal and Pseudepigraphic Books Related to Them), Diss. Hebrew University Jerusalem 1974 (hebr., unveröff.). ▪ Crispin H.T. Fletcher-

Louis, All the Glory of Adam. Liturgical Anthropology in the Dead Sea Scrolls (StTDJ 42), Leiden 2002. ▪ Ida Fröhlich, Demons, Scribes and Exorcists in Qumran, The Arabist 23 (2001) 73–81. ▪ Florentino García Martínez, The Book of Giants, in: Ders., Qumran and Apocalyptic (StTDJ 9), Leiden 1992, 97–115. ▪ Ithamar Gruenwald, Apocalyptic and Merkavah Mysticism (AGAJU 14), Leiden 1980. ▪ Michael A. Knibb, The Book of Enoch or the Books of Enoch? The Textual Evidence for 1 Henoch, in: The Early Enoch Literature (hg.v. G. Boccaccini u. J.J. Collins; JSJ.S 121), Leiden 2007, 21–40. ▪ Klaus Koch, Die Anfänge der Apokalyptik in Israel und die Rolle des astronomischen Henochbuchs, in: Ders., Vor der Wende der Zeiten, Ges. Aufsätze Bd. 3, Neukirchen-Vluyn 1996, 3–44. ▪ Helge S. Kvanvig, Primeval History. Babylonian, Biblical, and Enochic. An Intertextual Reading (JSJ.S 149), Leiden 2011. ▪ Armin Lange, The Essene Position on Magic and Divination, in: Legal Texts and Legal Issues (hg.v. Moshe J. Bernstein u.a., StTDJ 23), Leiden 1997, 377–435. ▪ Michel Langlois, Le premier manuscrit du Livre d'Hénoch. Étude épigraphique et philologique des fragments araméens de 4Q201 à Qumrân, Paris 2008. ▪ Michael Mach, Entwicklungsstadien des jüdischen Engelglaubens in vorrabbinischer Zeit (TSAJ 34), Tübingen 1992. ▪ Ders., Art. Demons, in: EDSS 1 (2000), 189–92. ▪ Józef T. Milik, Problèmes de la littérature hénochique à la lumière des fragments araméens de Qumrân, HThR 64 (1971) 333–78. ▪ George W.E. Nickelsburg, The Books of Enoch at Qumran. What We Know and What We Need to Think About, in: Antikes Judentum und Frühes Christentum (FS H. Stegemann; hg.v. B. Kollmann u.a.; BZNW 97), Berlin 1999, 99–113. ▪ Émile Puech, 11QPsAp^a. Un rituel d'exorcismes. Essai de reconstruction, RdQ 14/56 (1990) 377–408. ▪ John C. Reeves, Jewish Lore in Manichaean Cosmogony. Studies in the Book of Giants Traditions (MHUC 14), Cincinnati 1992. ▪ Loren T. Stuckenbruck, The Book of Giants from Qumran. Texts, Translation, and Commentary (TSAJ 63), Tübingen 1997. ▪ Ders., The "Angels" and "Giants" of Genesis 6:1–4. Second and Third Century BCE Jewish Interpretation, DSD 7 (2000) 354–77. ▪ Eibert J.C. Tigchelaar, Prophets of Old and the Day of the End. Zechariah, the Book of Watchers and Apocalyptic (OTS 35), Leiden 1996. ▪ James C. VanderKam, Enoch and the Growth of Apocalyptic Tradition, Washington, D.C. 1984. ▪ Ders., 1 Enoch, Enochic Motifs, and Enoch in Early Christian Literature, in: The Jewish Apocalyptic Heritage in Early Christianity (hg.v. J.C. VanderKam u. W. Adler; CRINT III/4), Minneapolis 1996, 33–101. ▪ Markus Witte, Die biblische Urgeschichte. Redaktions- und theologiegeschichtliche Beobachtungen zu Genesis 1,1–11,26 BZAW 265), Berlin 1998.

Aus der Literatur des frühen Judentums sind uns drei Werke erhalten, die auf die etwas geheimnisvolle Figur des *Henoch* Bezug nehmen, den in Genesis 5 erwähnten Urvater vor der Flut (Gen 5,21–24):

> [21]Henoch war 65 Jahre alt und zeugte Metuschelach. [22]Und Henoch wandelte mit Gott. Und nachdem er Metuschelach gezeugt hatte, lebte er 300 Jahre und zeugte Söhne und Töchter, [23]dass sein ganzes Alter ward 365 Jahre. [24]Und Henoch wandelte mit Gott. Dann war er nicht mehr da, denn Gott hatte ihn hinweggenommen.

Das *erste* Buch Henoch (1 Henoch), das nur auf Äthiopisch vollständig erhalten ist („äthiopischer Henoch"), entstand wahrscheinlich zwischen dem 3. und 1. Jh. v.Chr. in Palästina und war auf Aramäisch verfasst. Das *zweite* Buch Henoch liegt lediglich in altslavischer Sprache vor („slavischer Henoch"); seine griechische

Vorlage stammt wahrscheinlich aus dem Alexandria des 1. Jh.s n.Chr. Das *dritte Buch Henoch* schließlich ist das jüngste der drei Bücher. Es existiert nur auf Hebräisch („hebräischer Henoch") und wurde in dieser Sprache, wohl erst in der Spätantike, in Palästina (oder Babylon?) verfasst.

3.1.1.1 Das (äthiopische) erste Henochbuch (1 Henoch; 4QEn^{a-g}, 4QEnastr^{a-d})

Der äthiopische Text von 1 Henoch gibt wahrscheinlich eine griechische Übersetzung des ursprünglich aramäischen Textes wieder. Da die äthiopische Kirche dieses Buch in ihren alttestamentlichen Kanon aufgenommen hat, sind zahlreiche Handschriften aus verschiedenen Zeiten erhalten, ebenso wurden Übersetzungen in den meisten antiken Sprachen überliefert. Auch das Neue Testament verweist im Brief des Judas auf das Henochbuch als inspirierten Text (VANDERKAM 1996). In seiner heutigen Form ist das Buch eine Komposition, die sich aus mindestens fünf Teilen mit insgesamt nicht weniger als 108 Kapiteln zusammensetzt. Fragmente dieses Buchs in aramäischer Sprache wurden auch in Qumran gefunden.

❗ Aufbau des ersten Henochbuchs

		1–5	Einleitungsrede: Das Gericht über Gerechte und Frevler	
1–36	„Buch der Wächter" („Book of (the) Watchers")	6–11	Der Fall der Engel (vgl. Gen 6,1–4) (= „Wächter")	
		12–16	Bestrafung der Engel und Vision des himmlischen Thronsaals	
		17–36	Himmelsreisen	*17–19* *1. Himmelsreise*
				20–36 *2. Himmelsreise*
37–71	„Bildreden" („Similitudes of Enoch")	37	Einleitung	
		38–69	Drei Bildreden	*38–44* *1. Bildrede*
				45–57 *2. Bildrede („Menschensohn")*
				58–69 *3. Bildrede („Menschensohn")*
		70–71	Entrückung. Einsetzung zum „Menschensohn"	
72–82	„Astronomisches Henochbuch" („Astronomical Book of Enoch")	72–80	Offenbarungen über Sonne, Mond, Sterne und andere astronomische Erscheinungen. Propagierung des 364tägigen *Sonnenkalenders*	
		81–82	Zwei Erweiterungen (vgl. NICKELSBURG 2001)	
83–90		83–84	1. Traumvision: Sintflut. Gebet Henochs.	

	„Buch der Traumvisionen" („Book of Dreams")	85–90	2. Traumvision: Tierapokalypse = Schau der Weltgeschichte (Antiochos IV.)
91–108	„Brief Henochs", Paränetische Erweiterungen („Epistle of Enoch")	91–105*	– Ermahnungen (91,1–10.18f.) – „Brief Henochs" (92,1–5 + 93,11–14 + 94,1–105,2) und – „(Zehn-) Wochen-Apokalypse" („Apocalypse of Weeks") (93,1–10 + 91,11–17)
		106–107	Die wunderhafte Geburt Noahs
		108	Eschatologische Mahnrede, Hinweis auf eine „Mahnschrift an Methuschelach"

Die *Tierapokalypse* (1 Hen 85–90), die *Zehn-Wochen-Apokalypse* (1 Hen 93,1–10; 91,11–17) sowie die zwei *Schlusserweiterungen* (1 Hen 106–107; 108) waren vermutlich einmal unabhängige Texteinheiten.

Handschriftlicher Befund in Qumran

Józef Tadeusz MILIK, einer der Forscher aus dem ersten Team, das an den Qumrantexten arbeiten konnte, hat im September 1952 das erste aramäische Henoch-Fragment aus der Höhle 4 identifiziert. Diesem folgten zahlreiche weitere Fragmente. Mittlerweile geht man von elf Handschriften aus Qumran aus, die das 1. Henochbuch enthalten: 4Q201–202 und 4Q204–212.

Von grundlegender Wichtigkeit für die Forschung am Henochbuch ist das *Alter* der Handschriften aus Qumran (im Folgenden nach MILIK/STUCKENBRUCK):

Handschrift	paläogr. Datierung ca.
4Q201 = 4QEn^a ar	200–150 v.Chr.
4Q202 = 4QEn^b ar	um 150 v.Chr.
4Q204 = 4QEn^c ar	30–1 v.Chr.
4Q205 = 4QEn^d ar	30–1 v.Chr.
4Q206 = 4QEn^e ar	100–50 v.Chr.
4Q207 = 4QEn^f ar	150–125 v.Chr.
4Q212 = 4QEn^g ar	um 50 v.Chr.
4Q208 = 4QEnastr^a ar	CROSS: 175–125 v.Chr., MILIK: 225–175 v.Chr., Radiokarbon: ca. 186–92 v.Chr.
4Q209 = 4QEnastr^b ar	1–25 n.Chr. (DJD XXXIX: ca. 30–1 v.Chr.)
4Q210 = 4QEnastr^c ar	um 50 v.Chr.
4Q211 = 4QEnastr^d ar	50–1 v.Chr.

Die Handschriften (in den Spalten) enthalten Reste aus den folgenden genannten Hauptteilen des Buches (in den Zeilen):

	1 Henoch				
	Wächterb. 1–36	Bildreden 37–71	astr. Buch 72–82	Visionen 83–90	Brief 92–108
4Q201	×	–	–	–	–
4Q202	×	–	–	–	–
4Q204	×	–	–	×	×
4Q205	×	–	–	×	–
4Q206	×	–	–	×	–
4Q207	×	–	–	×	–
4Q208–211	–	–	×	–	–
4Q212	–	–	–	–	×

Die kleine Tabelle zeigt, dass Kap. 37–71 des Werkes, also die Bildreden, in Qumran nicht erhalten sind. Kap. 72–82, der sog. „astronomische Henoch", ist dagegen in separaten Handschriften aufgefunden worden.

Einführende Bemerkungen
Zuerst ist darauf hinzuweisen, dass die Henochliteratur schon wegen Ihres Umfangs und der breiten Überlieferung hier bei weitem nicht erschöpfend behandelt werden kann; im Gegenteil versucht der folgende Abschnitt, nur das nötigste und für die Einordnung des Qumranmaterials wichtigste Grundwissen zusammenzustellen. Für Näheres vgl. die Literatur.

Ein kurzes Wort zu den Handschriften. Zwei von ihnen, nämlich 4Q201 und 4Q208, sind, wie in der Tabelle zu sehen, paläographisch etwa ins frühe 2. Jh. v.Chr. zu datieren. Nach Józef T. MILIK (1976) hat 4Q201 sogar noch eine ältere Grundlage, die auf eine Vorlage aus dem (Anfang des) 3. Jh.(s) v.Chr. weisen würde. Das spräche dafür, dass der Grundstock des ersten Henochbuchs das älteste erhalten gebliebene textliche Zeugnis außerbiblischer Literatur des Judentums ist.

MILIK geht in seinem Kommentar (1976) sogar so weit, Teile des Wächterbuchs (1 Hen 6–11) als Vorlage für die bekannten, etwas rätselhaften Verse Gen 6,1–4 anzunehmen – diese These hat sich aber nicht allgemein durchsetzen können (vgl. z.B. NICKELSBURG 2001, FRÖHLICH 2005). Sicher dürfte aber sein, dass die Stoffe des Henoch-Korpus erheblich älter sind als die Qumrangemeinschaft selbst, auch wenn die Entstehungsgeschichte nur äußerst schwierig zu rekonstruieren ist. Ein Hinweis dürfte das Fehlen der Bilderreden in Qumran sein, die möglicherweise erst kurz vor oder nach der Zeitenwende hinzugekommen sind. Die Bedeutung des Henochbuchs für die Gemeinschaft von Qumran jedoch war, gemessen an der Anzahl der Handschriften, sehr groß. Dafür spricht außerdem, dass in den Qumranschriften zahlreiche Werke überliefert sind, die in einem engen Zusammenhang mit der Henochliteratur stehen. Da einige dieser Texte als genuine Qumranschriften einzustufen sind, könnte dies darauf hindeuten, dass die Gemeinschaft Themen aus dem Kreis der Henochüberlieferung weiter entfaltet hat. Dabei ist an 4Q180–181 (4QAges of Creation, „Zeitalter der Schöpfung") zu denken, aber beispielsweise auch an die Kolumnen I–II der Damaskusschrift (CD) oder ein Kommentarfragment der Wochen-Apokalypse (4Q247 „Pesher on the Apocalypse of Weeks"; hier ist allerdings ein Ursprung in der Qumrangemeinschaft unsicher). Bezüge finden sich freilich auch im restlichen Material, etwa dem Jubiläenbuch, dem Genesis-Apokryphon, dem *Aramaic Levi Document*, den Hodajot und einigen Teilen der Gemeinschaftsregel (s. 5.1). Ideengeschichtlich sind vor allem die *apokalyptische Sichtweise*, die *Dämonologie* und das *kalendarische System* der Henochüberlieferung zu nennen (NICKELSBURG 1999).

Die Einleitung des Werkes, die fragmentarisch in der ersten Kolumne von 4Q201 (4QHen^a ar) erhalten blieb, fasst den Ursprung des Wissens Henochs und die Adressaten seiner Lehre so zusammen (4Q201 f1i, 2–4; 1 Hen 1,2–3):

> ²[... Und es begann] sein[e] Sprüche [und sa]gte [Henoch ...] ³[...] und von den Worten der [Wächter] und der Heiligen habe alles [ich gehört ...] ⁴[... Nicht für dies]e Generation, sondern für eine [fe]rne Gener[ation] will ich sprechen [...]

Als enge literarische Parallele fühlt man sich hier an die Bileam-Texte im biblischen Numeribuch erinnert. Dieser kleine Ausschnitt enthält bereits typische Elemente der frühjüdischen *Apokalyptik*. Eine *pseudonyme* Hauptperson erhielt – der Verfasser des Textes gebraucht bewusst eine Form der fernen Vergangenheit – aus allen Richtungen der Transzendenz direkte Mitteilungen. Erstrangig handelt es sich um eine *Vision*, die Mitteilung der Offenbarung selbst geschieht jedoch durch reales Hören. Die gewonnene Information gilt jedoch nicht den Zeitgenossen des Visionärs, daher bleibt sie teilweise weiterhin *verborgen*. Die Empfänger sind eine auserwählte Gruppe oder „Elite" – nicht das ganze Volk oder die gesamte Menschheit. Das Thema „Offenbarung" selbst ist zwar in der Qumran-Handschrift nicht erhalten geblieben, aber im äthiopischen Text findet sich eine Fortsetzung: „Ich habe alles erfahren und verstanden". Die himmlische Mitteilung umfasst also all das, was dem Visionär zum Verstehen der vollen Wirklichkeit wichtig ist. Die unmittelbare Quelle sind für den hörenden Henoch die „Worte der Wächter und der Heiligen". Diese zwei Bezeichnungen markieren den gesamten Bereich der himmlische Sphäre: im Sprachgebrauch von 1 Henoch sind die „Wächter" (ar. עירין, *'îrîn*) die gefallenen Engel, die „Heiligen" (ar. קדישין, *qaddîšîn*) die treuen Mitglieder des himmlischen Hofs (DEQUEKER 1973; DAVIDSON

1992; MACH 1992). So setzt die empfangene Offenbarung nicht nur heilvolle Dinge, sondern auch die Kenntnis des Bösen, oder besser das Wissen darüber, voraus.

Die Entwicklung und die Komplexität der Vorstellungen von *Engeln und Dämonen* in der Qumrangemeinschaft wurden von der Forschung oft behandelt (BAUMGARTEN 1991; MACH 2000). Durch das Buch der Wächter bezeugen die Qumranhandschriften die Vorstellung einer Dualität auch innerhalb der Engel, d.h. auch den bösen Charakter der Engel, die wegen ihrer Sünden gefallen sind (dazu zuletzt BRAND 2013). Die Engelwelt steht mit der Sphäre der Menschen in Verbindung – einige dienen als Helfer, einige als verführende Feinde. Kritisch zu vergleichen ist dazu ein Abschnitt der Gemeinschaftsregel (s.u. 5.1), genauer der Zwei-Geister-Lehre (1QS III,13–IV,26), nämlich 1QS III,20–25:

> [20]In der Hand des Fürsten des Lichtes liegt die Herrschaft über alle Söhne der Gerechtigkeit, auf den Wegen des Lichtes wandeln sie. Aber in der Hand des Engels [21]der Finsternis liegt alle Herrschaft über die Söhne des Frevels, und auf den Wegen der Finsternis wandeln sie. Und durch den Engel der Finsternis geschieht Verirrung [22]aller Söhne der Gerechtigkeit, und alle ihre Sünde, Missetaten und Schuld und die Verstöße ihrer Taten kommen durch seine Herrschaft [23]entsprechend den Geheimnissen Gottes bis zu seiner Zeit. Und alle ihre Plagen und die festgesetzten Zeiten ihrer Drangsal kommen durch die Herrschaft seiner Anfeindung. [24]Und alle Geister seines Loses suchen die Söhne des Lichtes zu Fall zu bringen. Aber der Gott Israels und der Engel seiner Wahrheit helfen allen [25]Söhnen des Lichtes. [...]

Auch hier beeinflussen Engel die Menschen, jedoch ist nur jeweils eine einzige führende Engelfigur verantwortlich (s. dazu gleich). Eine ähnliche Vorstellung spiegeln auch die in Qumran gefundenen apotropäischen Texte wider. Ihre Funktion ist es, böse Geister von den Menschen fernzuhalten bzw. dienen sie als exorzistisches Ritual (vgl. z.B. die Lieder des Weisen [Songs of the Sage / *Maśkîl*] 4QShir[a–b] = 4Q510–11, den Exorzismus 4Q560 [ar.] oder die apokryphen Psalmen 11Q11). Andere dieser Texte legen davon Zeugnis ab, dass sich die Gemeindemitglieder in bestimmten Situationen in die himmlische Sphäre der Engel hineinversetzt fühlten (vgl. etwa die Sabbatopferlieder u. PUECH 1991, LANGE 1997, FLETCHER-LOUIS 2002). All dies sind freilich Differenzierungen und Nuancierungen, die zwar Nähen zwischen den genuinen Qumranschriften und den henochischen Schriften aufweisen, aber kaum eine kohärente, durchgehende „Lehre" ergeben (s. auch u. 4.).

Die kalendarischen Texte aus Qumran zeigen, dass die Gemeinschaft – anders als ihre Zeitgenossen – einen Sonnenkalender mit 364 Tagen pro Jahr verwendet hat. Dies stimmt mit dem *Kalendersystem* überein, das sich in 1 Henoch spiegelt (vgl. zu den Kalendern vor allem BEN-DOV 2008), wo im astronomischen Buch (allerdings in einem in Qumran nicht erhaltenen Vers) gesagt wird (1 Hen 74,12):

¹²‚Aber die Sonne und die Sterne führen' (txt. em.) alle Jahre genau herbei, so dass ihre Stellung in Ewigkeit weder vorauseilt noch sich um einen Tag verzögert, sondern sie wechseln die Jahre, sondern sie wechseln die Jahre [= vollziehen den Jahreswechsel] richtig genau [= mit großer Genauigkeit] in dreihundertvierundsechzig Tagen.

Das Buch der Jubiläen (s.u.) bezeichnet es gar als ganzen Sinn der Henoch-Literatur, dass sie den Menschen das richtige Kalendersystem vermitteln solle (Jub 4,17):

¹⁷Dieser [d.i. Henoch] nun lernte als erster Schreiben und Wissenschaft und Weisheit von den Menschen, von denen, die geboren werden auf Erden. Und er schrieb die Zeichen des Himmels nach der Ordnung ihrer Monate in ein Buch, damit die Menschenkinder die Zeit der Jahre wüssten nach ihren Ordnungen je nach ihren Monaten.

Auffallend und in gewisser Weise überraschend ist, dass die Auffassungen der Henoch-Literatur und der Qumrangemeinschaft über den *Ursprung* des Bösen und der Unreinheit verschieden sind (COLLINS 1997): Nach dem, was Henoch offenbart wurde, brachte ein *Aufstand* eines Teils *der Engel*, d.h. der Geschöpfe, das Schlechte in die Welt – anders dagegen die Vorstellungen der Qumrangemeinschaft zu diesem Thema, die davon ausgeht, dass beides, Licht und Finsternis, *in Gott* ihren Ursprung haben (1QS III,25–26; s. auch o.):

²⁵Und er hat die Geister des Lichtes und der Finsternis geschaffen (ברא, *bārā'*, vgl. Gen 1,1), und auf sie hat er jedes Werk gegründet (יסד, *yāsad*, vgl. z.B. Ps 104,5) ²⁶[und auf] ihre [Wege] jeden Dienst.

Doch freilich steht auch im Henochbuch Gott als universaler König von Anfang an gewissermaßen über der Frage nach Gut und Böse, auch wenn der Ursprung beider nicht explizit erklärt wird.

3.1.1.2 Das „Buch der Giganten" (vgl. 1QEnGiants[a–b] ar, 2QEnGiants[a–f], 6QpapGiants)

Wie schon erwähnt, ist einer der fünf Hauptteile des 1. Henoch, der in der äthiopischen Übersetzung erhalten geblieben ist, nämlich der Abschnitt der „Bildreden" (Kap. 37–71), *nicht* in Qumran zu finden. Es gibt aber ein aramäisches Werk in einem sehr fragmentarischen Manuskript, dessen inhaltliche Zugehörigkeit zur Henochliteratur unbestritten ist, das allerdings wiederum nicht im äthiopischen Henoch-Buch enthalten ist, sondern nur in den Qumranfragmenten: das sog. *„Buch der Giganten"*.

Handschriftlicher Befund in Qumran

Handschrift	paläogr. Datierung ca.
1Q23 = 1QEnGiants[a] ar	50 v.Chr.
1Q24 = 1QEnGiants[b] ar (?)	30–1 v.Chr.
2Q26 = 2QEnGiants ar	30–1 v.Chr.
	(BAILLET: 30 v.–68 n.Chr.)
4Q203 = 4QEnGiants[a] ar	30–1 v.Chr.
4Q530 = 4QEnGiants[b] ar	115–75 v.Chr.
4Q531 = 4QEnGiants[c] ar	55–35 v.Chr.
4Q532 = 4QEnGiants[d] ar	100–50 v.Chr.
4Q533 = 4QEnGiants[e] ar	100–50 v.Chr.
4Q206 f2–f3 = 4QEnGiants[f] ar	100–50 v.Chr.
6Q8 = 6QpapGiants ar	50 v.Chr.

Einführende Bemerkungen

Griechische, koptische, persische, arabische und chinesische Übersetzungen des Buchs der Giganten waren auch schon vor den Qumranfunden bekannt, denn dieses Buch gehörte zu den heiligen Schriften der gnostischen Gruppe der Manichäer, die als Verfasser der Schrift ihren Religionsstifter Mani auswies. Nach der Theorie Józef T. MILIKS (1971 u. 1976), des ersten Herausgebers dieser Fragmente, stand das Buch der Giganten ursprünglich auf dem Platz der Bildreden im Henoch-Korpus. Diese These fand jedoch keine allgemeine Anerkennung (vgl. GARCÍA MARTÍNEZ 1992 – 4Q203 u. 204 stammen von demselben Schreiber, aber von derselben Rolle?).

Eine Rekonstruktion (und damit die Reihenfolge der Fragmente) ist nicht eindeutig vorzunehmen, weswegen hier auch keine Gliederung angegeben ist. Während etwa STUCKENBRUCK zwei Episoden mit jewels zwei Träumen annimmt (ähnlich PUECH), rekonstruieren BEYER, REEVES und GARCÍA MARTÍNEZ nur *eine* Traumepisode. Auch der Beginn des Werks ist umstritten (GARCÍA MARTÍNEZ: Zusammenfassung des henochischen Wächterbuchs, anders REEVES und STUCKENBRUCK: eine unabhängige Erzählung vom Ursprung der Giganten).

Grob lässt sich der folgende Ablauf feststellen: Ausgangspunkt für das Buch der Giganten ist die Geschichte von Gen 6,1–4 (und 1 Hen 6–11). Die als Ergebnis der Beziehung der gefallenen Engel mit den Menschentöchtern entstandenen „Giganten" (נפילים, *n^{e}pîlîm*, „Riesen, Giganten", abgeleitet von der Wurzel נפל, *nāpal*, „fallen") terrorisieren die Erde, woraufhin Gott eine Strafe ansetzt, die er Henoch mitteilt. Die Anführer der Giganten sehen einen Traum, den Henoch erklärt. Daraufhin bekennen einige von ihnen ihre Sünden, der größte Teil bleibt aber in seiner Bosheit, woraufhin sie in einem Kampf durch die Engel Gottes besiegt werden.

Die Bedeutung des Werkes für die Qumrangemeinschaft lässt sich – darüber hinaus, dass es in die Tradition der Henoch-Literatur gehört – am besten an drei Inhalten festhalten: Die Dämonologie des Buches ist ganz besonders wichtig, vor allem da die Riesen in den Erzählungen auf ihre Strafe warten, in manchen Fragmenten sogar eingekerkert sind (4Q203 f7). Daneben ist die Vorstellung, dass das Böse bekämpft werden muss für die Vorstellungswelt der Gemeinde sehr bedeutungsvoll – im Buch der Giganten wartet der Engel Raphael quasi nur auf das Zeichen, wann er den Feind vernichten kann (4Q203 f8,12). Schließlich wird Henoch durch das Buch zu einer äußerst angesehenen Persönlichkeit erhöht, da er als einer dargestellt wird, der bei Gott ist und zu dem auch die Dämonen kommen, um eine Offenbarung oder eine Traumdeutung zu erbitten.

3.1.2 Das Jubiläenbuch (1QJub^{a-b}; 2QJub^{a-b}; 3QJub; 4QJub^{a-h}; 4QJub^j?, 11QJub)

Textausgaben: DJD I, 82–84 (MILIK; 1Q17–18); DJD III, 77–79; 96–98 (BAILLET; 3Q5 u. 2Q19–20); DJD XIII, 1–140 (VANDERKAM/MILIK; 4Q216–24); DJD XXII, 207–20 (GARCÍA MARTÍNEZ/TIGCHELAAR/VAN DER Woude; 11Q12). ▪ Klaus BERGER, Das Buch der Jubiläen (JSHRZ III/3), Gütersloh 1981. ▪ Robert H. CHARLES, Mashafa Kufale or the Ethiopic Version of the Hebrew Book of Jubilees, Oxford 1895. ▪ Albert-Marie DENIS, Liber Jubilaeorum, in: Fragmenta Pseudepigraphorum Graeca (hg.v. DEMS.; PVTG 3), Leiden 1970, 70–102. ▪ Herrmann RÖNSCH, Das Buch der Jubiläen oder die kleine Genesis, Leipzig 1874. ▪ James C. VANDERKAM, The Book of Jubilees, 2 Bde. (CSCO 510–11), Leuven 1989.
Literatur: Studies in the Book of Jubilees (hg.v. M. ALBANI u.a.; TSAJ 65), Tübingen 1997. Christoph BERNER, Jahre, Jahrwochen und Jubiläen. Heptadische Geschichtskonzeptionen im Antiken Judentum (BZAW 363), Berlin 2006. ▪ DERS., 50 Jubilees and Beyond? Some Observations on the Chronological Structure of the Book of Jubilees, Henoch 31 (2009), 17–23. ▪ Gene L. DAVENPORT, The Eschatology of the Book of Jubilees (SPB 20), Leiden 1971. ▪ John C. ENDRES, Biblical Interpretation in the Book of Jubilees (CBQ.MS 18), Washington 1987. ▪ David HAMIDOVIĆ, Les traditions du jubilé à Qumrân (Orients sémitiques), Paris 2007. ▪ Todd R. HANNEKEN, The Subversion of the Apocalypses in the Book of Jubilees (Early Judaism and Its Literature 34), Atlanta/Ga. 2012. ▪ Charlotte HEMPEL, The Place of the Book of Jubilees at Qumran and Beyond, in: The Dead Sea Scrolls in Their Historical Context (hg.v. T.H. LIM u.a.), Edinburgh 2000, 187–96. ▪ James L. KUGEL, On Interpolations in the Book of Jubilees, RdQ 24/94 (2009) 215–72. ▪ DERS., A Walk Through Jubilees. Studies in the Book of Jubilees and the World of Its Creation (JSJ.S 156), Leiden 2012. ▪ Atar LIVNEH, With My Sword and Bow. Jacob as Warrior in *Jubilees*, in: Rewriting and Interpreting the Hebrew Bible. The Biblical Patriarchs in the Light of the Dead Sea Scrolls (hg.v. D. DIMANT u. R.G. KRATZ), Berlin 2013, 189–214. ▪ Hindy NAJMAN, Seconding Sinai. The Development of Mosaic Discourse in Second Temple Judaism (JSJ.S 77), Leiden 2003. ▪ George W.E. NICKELSBURG, The Nature and Function of Revelation in 1 Enoch, Jubilees, and Some Qumranic Documents, in: Pseudepigraphic Perspectives (hg.v. E.G. CHAZON u. M.E. STONE; StTDJ 31), Leiden 1999, 91–119. ▪ Liora RAVID, Purity and Impurity in the Book of Jubilees, JSP 13 (2002) 61–86. ▪ DIES., The Book of Jubilees and its Calendar – A Reexamination, DSD 10 (2003) 371–94.

- Jacques T.A.G.M. van Ruiten, Primaeval History Interpreted. The Rewriting of Genesis 1–11 in the Book of Jubilees (JSJ.S 66), Leiden 2000. • ders., Abraham in the Book of Jubilees. The Rewriting of Genesis 11:26–25:10 in the Book of Jubilees 11:14–23:8 (JSJ.S 161), Leiden 2012. • James M. Scott, On Earth as in Heaven. The Restoration of Sacred Time and Sacred Space in the Book of Jubilees (JSJ.S 91), Leiden 2005. • Michael Segal, The Book of Jubilees. Rewritten Bible, Redaction, Ideology and Theology (JSJ.S 117), Leiden 2007. • Michel Testuz, Les idées religieuses du Livre des Jubilés, Genf 1960. • James C. VanderKam, Textual and Historical Studies in the Book of Jubilees (HSM 14), Missoula 1977. • ders., The Putative Author of the Book of Jubilees, in: ders., From Revelation to Canon (JSJ.S 62), Leiden 2000, 439–448. • ders., Jubilees and Hebrew Texts of Genesis–Exodus, ebd. 448–561. • ders., The Book of Jubilees, Sheffield 2001. • ders., The Scriptural Setting of the Book of Jubilees, DSD 13 (2006) 61–72. • Ben Zion Wacholder, Jubilees as the Super Canon. Torah-Admonition versus Torah-Commandment, in: Legal Texts and Legal Issues (hg.v. Moshe J. Bernstein u.a., StTDJ 23), Leiden 1997, 195–211.

i Handschriftlicher Befund in Qumran

Das „Buch der Jubiläen" oder Jubiläenbuch ist in Qumran mit mindestens 14, wahrscheinlich sogar 15 Exemplaren vertreten, die sich auf fünf Höhlen verteilen.

Handschrift	paläogr. Datierung ca.
1Q17 = 1QJub^a	30–1 v.Chr.
1Q18 = 1QJub^b	75–50 v.Chr.
2Q19 = 2QJub^a	30 v.–68 n.Chr.
2Q20 = 2QJub^b	1–100 n.Chr.
3Q5 = 3QJub	1–100 n.Chr.
4Q216 = 4QJub^a	Kol. V–VII: 125–100 v.Chr.
	Kol. I, II, IV: 75–50 v.Chr.
4Q217 = 4QpapJub^b	60–50 v.Chr.
4Q218 = 4QJub^c	30 v.–20 n.Chr.
4Q219 = 4QJub^d	110–50 v.Chr.
4Q220 = 4QJub^e	30–1 v.Chr.
4Q221 = 4QJub^f	100–25 v.Chr.
4Q222 = 4QJub^g	75–50 v.Chr.
4Q223–24 = 4QJub^h	75–50 v.Chr.
4Q176a? = 4QJub^i? (f19–f21)	30 v.–68 n.Chr.
11Q12 + XQ5a = 11QJub + XQText A	um 50 n.Chr.

Grobgliederung des Jubiläenbuches

	Jub 1	Einleitung, Erzählrahmen (*vgl. Ex 24*)
	Jub 2–10	Urgeschichte: *Adam und Noah* (*entspr. Gen 1–11*)
	Jub 11,1–23,8	Vätergeschichte I: Abraham (*entspr. Gen 12–25*)
redakt. Rahmen	Jub 23,9–32	eschatol. Anhang (*zu Abraham*)
	Jub 24–45	Vätergeschichte II: Jakob, Isaak, Josef (*entspr. Gen 25–50*)
	Jub 46–49	Exoduserzählung (*entspr. Ex 1–12 [14]*)
	Jub 50	Schluss (*Rückverweis auf Jub 1*)

Einführende Bemerkungen

Gott ruft Mose zu sich auf dem Berg Sinai um ihm die Gesetzestafeln zu geben. Dort oben offenbart Gott ihm die Chronologie dessen, was war, und dessen was sein wird, und fordert ihn auf, alles aufzuschreiben. Danach bekommt der „Angesichtsengel" (*mal'āḵ ha-pānîm*) einen Befehl, dass er das Gesagte für Mose aufschreiben soll. Er erhält dazu eine Tafel mit den „Einteilungen der Zeit" – die Offenbarung beginnt entsprechend mit der Schöpfung und reicht bis zur Moseoffenbarung am Sinai. So berichtet es das Buch der Jubiläen oder Jubiläenbuch (ספר מחלקות העתים, *Sefær Maḥlᵉqôt ha-'Ittîm*, „Buch der Einteilung der Zeiten") in seinem ersten Kapitel. Das Jubiläenbuch ist eine bedeutsame Schrift für die Erforschung des frühen Judentums. In 50 Kapiteln schreibt es die biblische Geschichte von Gen 1 bis Ex 14 unter bestimmten Gesichtspunkten „neu" (daher seit Hieronymus mitunter der Name „kleine Genesis"); dabei sind viele Passagen wörtlich der Genesis entnommen (wenngleich sich der genaue textliche Charakter der Vorlage nicht mehr bestimmen lässt).

Das Jubiläenbuch verhält sich zu diesen später biblisch gewordenen Texten so, wie innerhalb der Bibel etwa die Chronikbücher ihre Vorlage, die Bücher Samuel und Könige (eigentlich Genesis bis Könige), „neu schreiben". Der englische Begriff für dieses Phänomen lautet „*rewritten Bible*" (s.o. 2.3 u.ö.) und hat sich – mangels Alternativen – auch im Deutschen eingebürgert („*Rewriting*"). (Um sich von diesen Begriffen ein Bild machen zu können, lohnt sich die genaue Lektüre von Vorlage und *Rewriting* – also etwa Genesis neben Jubiläen, im kanonischen Bereich etwa Samuel–Könige gegen 1–2 Chronik – hinsichtlich der Gemeinsamkeiten und Unterschiede.)

Ausgehend von der kurz dargestellten Szene in Jub 1 handelt das Jubiläenbuch in gewisser Hinsicht von der stückweisen Offenbarung von Tora und Geschichte – beginnend mit der Schöpfung (bei der die Tora bereits auf Tafeln geschrieben vorliegt), gipfelnd am Sinai, wo Tora wie auch Jubiläenbuch offenbart werden.

(Dementsprechend halten sich z.B. bereits die Erzväter an die Gebote der Tora.) Das bedeutet, dass das Jubiläenbuch „autoritative Leseanleitung" (BERNER 2006, vgl. schon DILLMANN; außerdem NAJMAN 2003) sein will, kaum aber ein Gegenentwurf zu ihr (so aber WACHOLDER 1997). Steht die Tora seit der Schöpfung fest, so ist für das Volk Israel das gleiche gültig (Jub 2,18f.):

> [18][...] Und allen Engeln des Angesichtes und allen Engeln der Heiligung, den beiden großen Geschlechtern, uns sagte er dieses, dass wir Sabbat feiern sollten mit ihm im Himmel und auf der Erde. [19]Und er sagte zu uns: „Siehe, ich will schaffen und erwählen mir ein Volk mitten aus meinen Völkern. Und sie werden mir Sabbat halten. Und ich werde sie heiligen mir zu einem Volk. Und ich werde sie segnen. Wie ich geheiligt habe den Tag des Sabbats und ihn mir heiligen werde, so will ich es segnen. [...] Und ich habe auserwählt den Samen Jakobs unter allem, was ich gesehen habe, und habe ihn mir aufgeschrieben als erstgeborenen Sohn. Und ich habe ihn mir geheiligt in die Ewigkeit der Ewigkeit [...].

Das heißt auf der anderen Seite, dass Israel nie ein Volk unter anderen war, sondern seit jeher Gottes Bundesvolk, das die Tora erhalten hat – um so verwerflicher sind jegliche Anpassungen an die hellenistische Umwelt (vgl. etwa VANDERKAM in ALBANI 1997), wie beispielsweise, das Gebot der Beschneidung am achten Tag erst verspätet oder gar nicht einzuhalten (vgl. Jub 15).

Wie 1 Henoch ist auch dieses Werk vollständig nur in äthiopischer Übersetzung erhalten (*maṣḥafa kufāle*), die wiederum aus dem Griechischen übersetzt worden ist, und gehört so bis heute zum Kanon der äthiopischen Kirche (die ältesten äth. Handschriften stammen aus dem 14. u. 15. Jh.). Einige Stücke verschiedenen Umfangs sind auch in griechischer, syrischer und lateinischer Übersetzung überliefert. Die ursprüngliche Sprache des Werkes dürfte jedoch Hebräisch gewesen sein.

Dass in Qumran mindestens vierzehn verschiedene Manuskripte des Jubiläenbuchs gefunden wurden (s.o.: 1Q17–18; 2Q19–20; 3Q5; 4Q219–224; 11Q12), zeugt von dessen Beliebtheit in der Gemeinschaft. Kein anderes „nicht-biblisches" Werk blieb in einer so großen Zahl von Handschriften erhalten. Für seine große Bedeutung spricht auch, dass zwei Qumrantexte es sogar als autoritative Schrift zitieren können (CD XVI,2–4 und 4Q228 [anders: DIMANT], das letztere Fragment enthält sogar eine entsprechende Einleitungsformel unter Verwendung des hebräischen Titels: „Denn so steht es geschrieben in der Einteilung [der Zeiten] ...", 4Q228 f1i,9).

Die Beliebtheit des Buches in Qumran zeigt sich auch an anderen Punkten: Das Jubiläenbuch verfügt über eine fortgeschrittene Engelslehre. Die „geistige" Welt ist hierarchisch geordnet, was sich zum Teil auch aus der Schöpfungsordnung ergibt. Jub 2,2 zählt ausführlich auf, welche Engelkategorien Gott am ersten

Tag der Schöpfung ins Sein gerufen hat, angefangen bei den „Engeln der Anwesenheit" bis zu den Geistern der Geschöpfe. Es berichtet auch vom Fall der Wächter (vgl. 1 Henoch 6–11; Gen 6,1–4) und davon, dass diese weitere böse Geister auf der Welt gezeugt haben (Jub 10,1–6). Sowohl die guten als auch die zu bösen gewordenen Engel wirken pausenlos unter den Menschen. Im theologischen System der Schrift wird – ähnlich wie im ersten Henochbuch – das in der Schöpfung erfahrbare Böse auf den Fall der Engel zurückgeführt (doch vgl. Jub 10: Ursache ist nicht etwa ein schicksalhafter „(Un-) Fall", sondern die bösen Geister sind Teil der Schöpfungsordnung!). Darüber hinaus ist das Jubiläenbuch für die Qumrangemeinschaft – wiederum analog zu 1 Henoch – ein Bezugspunkt für das Kalendersystem: Es verwendet ebenfalls den Sonnenkalender mit 364 Tagen (Jub 6,29–32). Ähnliches gilt für die Halacha, die Auslegung der Tora dieses Buches, die derjenigen der Qumrangemeinschaft nahesteht.

Alle Zeiträume sind nach einem Siebenerschema aufgebaut. Sieben Jahre bilden eine Jahr*woche*, deren sieben wiederum ein *Jubiläum* (יובל, *yôḇel* = 49 Jahre; vgl. Num 25.27). Theologisch bedeutet das etwa, dass aus der Lev 25 vorgesehenen Sklavenfreilassung im 50. Jahr in Jub das 50. Jubiläum der Zielpunkt geworden, an dem Israel das ägyptische Sklavenhaus verlässt und an dessen Ende die Landnahme steht (Jub 48,1; 50,4; vgl. BERNER 2006).

In seiner Endgestalt ist das Jubiläenbuch vermutlich um 160–150 v.Chr. zu datieren (VANDERKAM, BERNER 2006 u.a.); spätere Entstehung (in der älteren Forschung gern vertreten) ist durch die Qumranfunde ausgeschlossen; viel frühere aufgrund der Nähe zur Henochüberlieferung wenig wahrscheinlich. Die Mehrheit der Forscher vertritt seit jeher eine einheitliche Verfasserschaft. Doch zeigen Interpolationen (KUGEL 2009), dass hier eine Zusammenarbeit einzelner Quellen (SEGAL 2007), oder, wahrscheinlicher, eine sukzessive Entstehung in mehreren Schichten, wie sie Christoph BERNER (2006) nachgewiesen hat (vgl. auch die Arbeiten von DAVENPORT), anzunehmen ist.

3.1.3 Die sog. „Pseudo-Jubiläen"-Fragmente (4QpsJub[a–b, c?]; Mas 1j)

Textausgaben, Übersetzungen, Kommentare: DJD XIII, 141–75 (VANDERKAM / MILIK: 4Q225–227).
- Atar LIVNEH, החיבור פסוידו–יובלים מקומראן: מהדורה חדשה, מבוא ופירוש. The Composition Pseudo-Jubilees from Qumran (4Q225; 4Q226; 4Q227). A New Edition, Introduction, and Commentary, Diss. Universität Haifa, 2010 (hebr.). ▪ Shemaryahu TALMON, Hebrew Fragments from Masada, in: Masada VI (hg.v. DEMS. u. Y. YADIN), Jerusalem 1999, 106 (TALMON: Mas 1j).

Literatur: Christoph BERNER, Jahre, Jahrwochen und Jubiläen. Heptadische Geschichtskonzeptionen im Antiken Judentum (BZAW 363), Berlin 2006, insb. 365–77. ▪ Joseph A. FITZMYER,

The Sacrifice of Isaac in Qumran Literature, Bib. 83 (2002) 211–29. ▪ Florentino García Martínez, The Sacrifice of Isaac in 4Q225, in: The Sacrifice of Isaac. The Aqedah (Genesis 22) and Its Interpretations (hg.v. E. Noort u. E.J.C. Tigchelaar; Themes in Biblical Narrative 4), Leiden 2002, 44–57. ▪ James Kugel, Exegetical Notes on 4Q225 „Pseudo-Jubilees", DSD 13 (2006) 73–98. ▪ Émile Puech, 4Q225 revisité. Un midrash essénien?, RdQ 26/102 (2013) 169–209. ▪ Ders., 4Q226 7 revisité, RdQ 26/102 (2013) 285–90. ▪ Hans A. Rapp, Jakob in Bet-El. Gen 35,1–15 und die jüdische Literatur des 3. und 2. Jahrhunderts (HBSt 29), Freiburg i.Br. 2001. ▪ James C. VanderKam, The Aqedah, Jubilees, and PseudoJubilees, in: The Quest for Context and Meaning (FS James A. Sanders, hg.v. C.A. Evans u. Sh. Talmon), Leiden 1997, 241–61. ▪ Géza Vermes, New Light on the Sacrifice of Isaac from 4Q225, JJS 47 (1996) 140–46.

Handschriftlicher Befund

Handschrift	paläogr. Datierung ca.
4Q225 = 4QpsJub^a	30 v.–20 n.Chr.
4Q226 = 4QpsJub^b	50–25 v.Chr.
4Q227 = 4QpsJub$^{c?}$	30–1 v.Chr.
Mas 1j = Mas psJub / MasJub	30–1 v.Chr.

Einführende Bemerkungen

Die Reste dreier Handschriften aus Qumran (bestehend aus 3, 15 und 2, z.T. kleinen, Einzelfragmenten; s. dazu jetzt Livneh) stehen offensichtlich dem Jubiläenbuch sehr nahe, weisen dazu aber doch Unterschiede im Detail auf. Deswegen werden diese Fragmente (etwas unglücklich) als „Pseudojubiläen-Texte" (Pseudo-Jubilees) bezeichnet (Berner schlägt daher „Deutero-Jubiläen-Texte" vor; Puech lehnt für 4Q225 die Bezeichnung gänzlich ab und spricht von einem „midrash essénien" [2013, 169]). Sie weisen darauf hin, welche Wertschätzung das Jubiläenbuch und die darin enthaltenen theologischen Vorstellungen in Qumran besaßen und scheinen das Jubiläenbuch bereits zu rezipieren. Auch auf der Festung Masada hat man ein Fragment gefunden, das entweder dem Jubiläenbuch entstammt oder zum Pseudo-Jubiläen-Material gehört.

Der Bindung Isaaks (Gen 22) in 4Q225 f2 liegt offenbar die Rezeption der Erzählung durch das Jubiläenbuch (Jub 17,15–18,19) zugrunde, das Fragment wirft aber durchaus neues Licht auf die Passage: Hier nun ist es Mastema, der Fürst der Anfeindung, der mit einer Rede die Bindung überhaupt erst in die Wege leitet (vgl. VanderKam 1997, Kugel 2006; vgl. jetzt vor allem die Re-Edition von Puech [2013]).

4Q226 ist eine Rede an Mose mit Bezügen zum Exodus und der Gestalt Josuas sowie den Erzvätern, die in einem dem Jubiläenbuch ähnlichen chronologischen

System verankert sind. 4Q227, am schlechtesten erhalten, enthält möglicherweise eine Art Exzerpt aus dem Summarium über Henoch in Jub 4,17ff.

3.1.4 Weitere Pseudepigraphen unter Namen von Erzvätern (1QapGen ar, 1QNoah ar, 4QBirth of Noah^a-c ar)

Textausgaben: *Genesis-Apokryphon:* Nahman AVIGAD / Yigael YADIN, A Genesis Apocryphon. A Scroll from the Wilderness of Judaea, Jerusalem 1956. ▪ DJD I, 86f. (MILIK). ▪ Marilyn LUNDBERG / Bruce ZUCKERMAN, New Aramaic Fragments from Qumran Cave One, CAL Newsletter 12 (1996), 1–5. ▪ ATTM II, 89–101. ▪ Joseph A. FITZMYER, The Genesis Apocryphon of Qumran Cave 1. A Commentary (BibOr 18b), Rom 2004. ▪ Bastiaan JONGELING / Casper J. LABUSCHAGNE / Adam S. VAN DER WOUDE, Aramaic Texts from Qumran with Translations and Annotations I (SSS.NS 1), Leiden 1976, 75–119. ▪ Daniel A. MACHIELA, The Dead Sea Genesis Apocryphon. A New Text and Translation with Introduction and Special Treatment of Columns 13–17 (StTDJ 79), Leiden 2009.
1Q19 und 4Q534–36: DJD I, 84–86.152 (MILIK; 1Q19). DJD XXXI, 129–70 (PUECH; 4Q534–36).
Literatur: Moshe J. BERNSTEIN, Re-Arrangement, Anticipation and Harmonization as Exegetical Features in the Genesis Apocryphon, DSD 3 (1996) 37–57. ▪ DERS., From the Watchers to the Flood. Story and Exegesis in the Early Columns of the Genesis Apocryphon, in: StTDJ 58 (2005), 39–63. ▪ Devorah DIMANT, Noah in Early Jewish Literature, in: Biblical Figures Outside the Bible (hg.v. M.E. STONE u. T. BERGREN), Harrisburg/Pa. 1998, 123–50. ▪ Craig A. EVANS, The Genesis Apocryphon and the Rewritten Bible, RdQ 13/49–52 (1988) 153–65. ▪ Ariel FELDMAN, 1Q19 („Book of Noah") Reconsidered, Henoch 31 (2009) 284–306. ▪ Joseph A. FITZMYER, The Aramaic Elect of God Text from Qumran Cave 4, CBQ 27 (1965) 349–72. ▪ Florentino GARCÍA MARTÍNEZ, 4QMess Ar and the Book of Noah, in: DERS., Qumran and Apocalyptic (StTDJ 9), Leiden 1992, 1–44. ▪ Jeremy PENNER, Is 4Q534–536 Really about Noah?, in: Noah and His Book(s) (hg.v. M.E. STONE u.a.; Early Judaism and Its Literature 28), Atlanta/Ga. 2010, 97–112. ▪ Jean STARCKY, Une texte messianique araméen de la Grotte 4 de Qumrân, in: Mémorial du cinquantenaire de l'Ecole des langues orientales de l'Institut Catholique de Paris, Paris 1964, 51–66. ▪ Richard C. STEINER, The Heading of the Book of the Words of Noah on a Fragment of the Genesis Apocryphon. New Light on a "Lost" Work, DSD 2 (1995) 66–71. ▪ Michael E. STONE, The Book(s) Attributed to Noah, DSD 13 (2006) 4–23. ▪ Cana WERMAN, Qumran and the Book of Noah, in: Pseudepigraphic Perspectives (hg.v. E.G. CHAZON u. M.E. STONE; StTDJ 31), Leiden 1999, 171–81. ▪ Géza G. XERAVITS, Some Remarks on the Figure of Elijah in Lives of the Prophets 21:1–3, in: Flores Florentino (FS F. GARCÍA MARTÍNEZ; hg.v. T. HILHORST u. E.J.C. TIGCHELAAR; JSJ.S 122), Leiden 2007, 499–508.

Verschiedene biblische Erzväter oder anderer Gestalten aus dem Buch Genesis eigneten sich, wie gesehen, offenbar besonders als Grundlage für eingehendere literarische und theologische Reflexionen. In Qumran wurden dazu Werke gefunden, die bis dahin völlig unbekannt waren. Gleich zu Beginn der Entdeckungen fand man in Höhle 1 eine in Aramäisch geschriebene Schrift großen Umfangs, die aber leider nur fragmentarisch erhalten blieb: Das sog. Genesis-Apokryphon.

Handschriftlicher Befund

Handschrift	paläogr. Datierung ca.
1Q19 = 1QBook of Noah (Noah Apocryphon)	30–1 v.Chr. (MAIER)
1Q20 = 1QapGen ar (Genesis-Apokryphon)	30 v.–70 n.Chr. (CROSS) (^{14}C: 47 v.–48 n.Chr.) ▸ Ende des 1. Jh.s v.Chr. (MACHIELA)
4Q534 = 4QBirth of Noah^a ar (olim „Elect of God Text" o. Aramaic A)	30–1 v.Chr.
4Q535 = 4QBirth of Noah^b ar (olim Aramaic N)	30–1 v.Chr.
4Q536 = 4QBirth of Noah^c ar (olim Aramaic C)	50–1 v.Chr.

Die in MILIK 1955 als 1Q20 „Apocalypse de Lamech" veröffentlichten, von einem Bethlehemer Antikenhändler erworbenen acht Fragmente haben sich zum Genesis-Apokryphon zugehörig erwiesen (aus den ersten beiden Kolumnen; vgl. LUNDBERG/ZUCKERMAN 1996 [zusammen mit M.O. WISE]. Seither werden die 22 Kolumnen umfassende Handschrift und diese 8 Fragmente unter dem Namen 1Q20 = 1QapGen zusammengefasst. Hinzu kommt noch ein kleines Fragment, das von John TREVER identifiziert wurde (s. MACHIELA 2009, 151). Die maßgebliche Ausgabe ist die von Daniel A. MACHIELA 2009 herausgegebene.

Einführende Bemerkungen

Das *Genesis-Apokryphon* weist mit mehreren anderen Pseudepigraphen Ähnlichkeiten auf, so sind etwa die Einflüsse von 1. Henoch- (1QapGen II–V, vgl. 1Hen 106f.) oder auch Jubiläenbuch (1QapGen XVIf., vgl. Jub 8,11–9,15) deutlich zu sehen. Die Fragmenten enthalten Geschichten zu Personen, die auch aus dem kanonischen Genesisbuch bekannt sind: Lamech, Noah und Abra(ha)m. Die Abschnitte zu Noah und Lamech unterscheiden sich offenbar erheblich von den später biblischen Texten, während die Abram-Geschichten der Genesis erheblich näherstehen. Der Unterschied ist so charakteristisch, dass der sich mit Abram befassende Teil des Genesis-Apokryphon eher zur Gattung der „rewritten" od. „reworked Bible"-Texte gehört (präziser MACHIELA 2009, 131: *„scriptural interpretation"*), während die Geschichten zu Lamech und Noah anders zu charakterisieren sind (BERNSTEIN 2005; MACHIELA 2009).

Aufgrund verschiedener allgemeiner Beobachtungen, darunter auch die Art der Interpretation, die sich wohl zwischen innerbiblischer Exegese und den Pescharim zu bewegen scheint, ist davon auszugehen, dass das Werk in der Mitte des 2.Jh.s v.Chr. (MACHIELA 2009, sonst meist 1.Jh. v.Chr., doch s. ebd. 142), vermutlich in Juda, entstanden ist. Hinweise auf spezifisch qumranische Sprache und Denkweise finden sich nicht, so dass mit einer Entstehung außerhalb der Gemeinschaft gerechnet werden sollte – was wie immer nicht ausschließt, dass es dort viel und gerne gelesen wurde.

In seiner heutigen Gestalt beginnt das Werk mit den Schwierigkeiten um Noahs Geburt (1QapGen II–V,28). Der Vater, Lamech, hat Angst davor, dass das Kind von den Wächtern stamme, aber Henoch, der Großvater, beruhigt ihn und erzählt ihm von der Bedeutung des Kindes (XERAVITS 2005). Danach kommt ein langer Teil (V,29–XVII), der seinem Titel nach aus dem „Buch der Worte Noahs" stammt und die Ereignisse der Sintflut (vgl. Gen 6–9) erzählt. Der Text über Abram enthält die Ankunft im verheißenen Land, den Aufenthalt Abrams in Ägypten und seine Rückkehr, den Sieg über die vier Könige und schließlich die Vision über die Anfänge seiner Nachkommenschaft, also in groben Linien die Kapitel Gen 12–15. Vielleicht ist es theologisch nicht bedeutungsvoll, aber aus literarischer Sicht lohnt es sich, die Zeilen XX,2–8 zu zitieren, die die Schönheit Sarais, Abrams Ehefrau, im Stil des Hoheliedes preisen:

> ²„[…] wie glä[nz]end und schön ihres Antlitzes Aussehen und wie ³[… und] w[ie] fein das Haar ihres Hauptes, wie lieb ihre Augen und wie ansprechend ihre Nase und die ganze Ausstrahlung ⁴ihres Angesichts [und] wie lieblich ihre Brüste und wie schön all ihre weiße (Haut). Ihre Arme, wie schön, und ihre Hände, wie ⁵vollendet! Und (wie) [reizend (?)] das ganze Aussehen ihrer Hände! Wie lieblich ihre Handflächen und wie lang und fein alle Finger ihrer Hände. Ihre Beine – ⁶wie schön! Und wie vollkommen ihre Schenkel! Keine der Jungfrauen oder Bräute, die ins Hochzeitsgemach eintreten, sind schöner als sie. Über aller ⁷Frauen Schönheit steht ihre Schönheit, ihre Schönheit übertrifft sie alle. Und mit all dieser Schönheit ist viel Weisheit (verbunden) und alles, was sie hat, ⁸ist liebreizend." […]

Den Charakter des Werkes fasst Daniel MACHIELA so zusammen (2009, 134):

> The Genesis Apocryphon, then, is an exegetical work based on the book of Genesis. Standing at a crossroads in scriptural interpretation, it was meant to be read alongside the authoritative text, and not instead of it. It filled perceived gaps in information, addressed interpretative perplexities, and drew explicit connections between varied events or persons in the narrative. Based on its particular theological and ideological concerns, it also emphasized certain themes, characters, or events, and even revised certain stories. In short, the scroll provided its constituency the proper lens through which to read Genesis.

Den im Genesis-Apokryphon auch vorkommenden Traditionskreis um Noah belegen weitere Werke in der Bibliothek von Qumran. Wie schon erwähnt, nennt 1QapGen V,28 das „Buch der Worte Noahs" (zum Titel vgl. STEINER 1995), ähnliche Hinweise finden sich im „Aramaic Levi Document" (s.u.), im Jubiläenbuch und in den Bildreden des Henochbuchs. Aus diesen Hinweisen schließen einige Forscher auf die Existenz eines „Noah-Buches", welches die Geschichte, angefangen vom Fall der Wächter über die wundersame Geburt Noahs (vgl. 1Hen 106f.), die Sintflut und den Bundesschluss, bis zur Aufteilung des Landes zwischen den Söhnen Noahs, erzählt hätte (so z.B. STONE 2006, GARCÍA MARTÍNEZ 1992; dagegen DIMANT 1998, WERMAN 1999). Zu dieser sich für manche nahelegende These ist zu sagen, dass sich jedenfalls in den Schriften aus Qumran (und auch sonst) ein solches Buch nicht erhalten hat.

Reste zweier ähnlicher Schriften sind dagegen vorhanden: Die hebräische Schrift mit der Signatur *1Q19* =*1QBook of Noah* und dem Titel „Buch Noahs" ist wohl nicht das Werk, auf das die oben erwähnten Schriften hinweisen. In den 15 Fragmenten sind Einzelheiten beispielsweise über die Bosheit der Menschheit (f1), über die Mittlerengel (f2), über die Geburt Noahs (f3), außerdem die Reste eines Lobpreisliedes (f13–14) zu lesen. Wegen des geringen Umfangs des erhaltenen Materials ist Näheres nicht zu sagen, außer so viel, dass die erhaltenen Textteile mit den Henochschriften in Verbindung stehen.

Aussagekräftiger sind die drei aramäischen Manuskripte, die die Ereignisse um die Geburt Noahs beschreiben (4Q534–536 = *4QBirth of Moses*$^{a-c}$ *ar* vgl. 1Hen 106f., 1Q19, 1Q20 I–V). Das eine (4Q534) hat als „messianischer" Text („Elect of God" aufgrund von בחיר אלהא, *bᵉḥîr ʾælāhāʾ*, „Erwählter Gottes" in f1i,10) über einige Zeit die Interessen der Forscher auf sich gezogen. Doch dürfte der von Gott Erwählte keine im engeren Sinne eschatologische Figur (der davidische Messias: Jean STARCKY, Jean CARMIGNAC u.v.a.; Henoch: André CAQUOT; Melchizedek: Jonas C. GREENFIELD; anonym: James R. DAVILA) , sondern Noah selbst meinen (zuerst J.A. FITZMYER 1965, in der Folge MILIK, GARCÍA MARTÍNEZ, PUECH, schließlich auch STARCKY; vorsichtiger MACHIELA 2009; PENNER 2010; die Diskussion zusammengefasst von PUECH in DJD XXXI, 117–27). Das Werk dürfte vorqumranisch (etwa im späten 2. Jh. v.Chr.) entstanden sein, eine genuine Qumranschrift ist es kaum.

In 4Q435 findet sich die Beschreibung eines unter außergewöhnlichen Umständen geborenen Menschen. Fragment 1i,1–3 beschreibt sein Äußeres, f1i,6–10a seine Klugheit und Weisheit. Dazwischen (f1i,4–5) steht ein Satz, der einen entscheidenden Punkt seiner Entwicklung nennt: der Zeitpunkt, an dem er „die drei Bücher" kennenlernt, die nicht mehr sicher zu identifizieren sind (scharfsinnig Pierre GRELOT, RB 82 [1975]: nach Jub 4 sind die Teile des 1 Henochbuchs gemeint: das „astronomische Buch" 1Hen 72–82, das „Buch der Träume" Kap. 83–90 und das „Buch der Wächter" Kap. 6–36, s.o. 3.1.1). Schließlich tut der Verfasser in f1i,10b–11 den Grund der außerordentlichen Fähigkeiten des Kindes kund: es ist „der Erwählte Gottes". Z. 1–10a haben starke Anklänge an astronomische bzw. Horoskop-Texte, ähnlich 4Q186. Der Text 4Q534 f1i,4–11 lautet (nach PUECH, DJD XXXI):

⁴In seiner Jugend wird man ihn für schlau halten [und wie für ei]nen, der gar nichts weiß bis zur Zeit, da ⁵[er] die drei Bücher kennenlernt. [*vacat*]
⁶Dann wird er klug werden und die We[ge der wei]sen Seher erkennen, um zu ihm zu kommen, auf seine Knie (*'rkwbth*) ⁷und wegen seines Vaters und seiner Vorväter werden ihn die Geheimnisse seiner Brüder betrüben. Seine Klugheit und [seine] Weisheit werden mit ihm sein. ⁸[Tatsächlich] wird er die Geheimnisse der Menschen erkennen, und seine Weisheit wird zu allen Völkern kommen, und er wird die Geheimnisse aller Lebewesen erkennen. ⁹[Und al]le ihre Vorhersagen, in seinem Sinne, werden sich erfüllen, und (= doch) die Zahl aller Lebewesen wird groß sein ¹⁰[(und ?) es werden eintreffen] seine [Vor]hersagen, weil er der Erwählte Gottes ist. Seine Geburt und der Geist seiner Seele ¹¹[werden vollkommen sein / werden die Erde glücklich machen (?), und] seine [Vor]hersagen werden ewig sein. [*vacat*]

Die zweite Kolumne (f1ii+f2) ist sehr viel schlechter erhalten, offenbar wurde dort das Sintflutthema im Zusammenhang mit endzeitlichen Motiven verarbeitet. Die Noahgeschichte dürfte denn auch hinter 4Q535–536 stehen, wenngleich ein Beweis nicht zu erbringen ist (doch vgl. PENNER 2010).

3.1.5 Mose- und Josua-Apokrypha (1QWords of Moses, 1QapocrMoses[b?], 2QapocrMoses?, 4QapocrMoses[a,b?,c?], 4QapocrMoses A, 4QapocrPent B, 4QapocrJosh[a–b])[2]

Textausgaben: *Mose-Apokrypha:* DJD I 91–97.130–31 (MILIK; 1Q22.29); DJD III, 79–81 (BAILLET; 2Q21); DJD XIX, 99–110.111–36 (NEWSOM; 4Q374 u. STRUGNELL; 4Q375–76); DJD XXVIII, 205–17 (VANDERKAM / BRADY; 4Q377); DJD XXXVI, 298–315 (STEUDEL; 4Q408).
Josua-Apokryphon: DJD XXII, 241–88 (NEWSOM).
Literatur: Katell BERTHELOT, דמותו של יהושע במקורות היהודיים של תקופת הבית השני (Joshua in Jewish Sources from the Second Temple Period), in: Meg VIII–IX (2010), 97–112. ▪ Gershon BRIN, Issues Concerning Prophets (Studies in 4Q375), in: DERS., Studies in Biblical Law (JSOT.S 176), Sheffield 1994, 128–63. ▪ Devorah DIMANT, Between Sectarian and Nonsectarian. The Case of the Apocryphon of Joshua (2005), in: DIES., History, Ideology and Bible Interpretation in the Dead Sea Scrolls. Collected Studies (FAT 90), Tübingen 2014, 113–33. ▪ DIES., New Light from Qumran on the Jewish Pseudepigrapha – 4Q390, in: The Madrid

---

[2] Die Bezeichnungen variieren: 1Q22 = 1QWords of Moses o. 1QDM (*Diḇrê Môšæh*) o. 1QapocrMoses[a]?; 1Q29 = 1QapocrMoses[b]? o. 1QLit. 3 Tongues of Fire; 2Q21 = 2QapocrMoses?; 4Q374 = 4QapocrMoses A o. 4QDiscourse on the Exodus/Conquest Tradition; 4Q375 = 4QapocrMoses[a] o. 4QapocrMoses B; 4Q376 = 4QapocrMoses[b]? o. 4QThree Tongues of Fire; 4Q377 = 4QapocrPent B o. 4QapocrMoses C; 4Q378–79 = 4QapocrJosh[a–b] o. 4QPsalms of Joshua[a–b]. Zur Gruppe gehört auch 4Q408 = 4QapocrMoses[c]? o. 4QLiturgy on Morning and Evening Prayer.

Qumran Congress (hg.v. J. TREBOLLE BARRERA u. L. VEGAS MONTANER; StTDJ 11), Leiden 1992, 405–48. ▪ Daniel K. FALK, Art. Moses, Texts of, in: EDSS 1 (2000), 577–81. ▪ Crispin H.T. FLETCHER-LOUIS, 4Q374. A Discourse on the Sinai Tradition. The Deification of Moses and Early Christology, DSD 3 (1996) 236–52. ▪ DERS., Some Reflections on Angelomorphic Humanity Texts among the Dead Sea Scrolls, DSD 7 (2000) 292–312. ▪ Wayne A. MEEKS, The Prophet-King. Moses Traditions and the Johannine Christology (NT.S 14), Leiden 1967. ▪ Carol A. NEWSOM, The "Psalms of Joshua" from Qumran Cave 4, JJS 39 (1988) 56–73. ▪ John STRUGNELL, Moses-Pseudepigrapha at Qumran. 4Q375, 4Q376, and Similar Works, in: Archaeology and History in the Dead Sea scrolls (hg.v. L.H. SCHIFFMAN; JSP.S 8), Sheffield 1990, 221–56. ▪ Emanuel TOV, The Rewritten Book of Joshua as Found at Qumran and Masada, in: Biblical Perspectives (hg.v. M.E. STONE u. E.G. CHAZON; StTDJ 28), Leiden 1998, 233–56. ▪ Géza G. XERAVITS, King, Priest, Prophet. Positive Eschatological Protagonists of the Qumran Library (StTDJ 47), Leiden 2003.

Handschriftlicher Befund

Handschrift	paläogr. Datierung ca.
1Q22 = 1QapocrMoses^a (olim 1Q*Dibrê Môšæh* [Words of Moses, „Worte Moses"]; 1QDM)	nicht datiert
1Q29 = 1QapocrMoses^b (olim 1QLiturgy of Three Tongues of Fire [„Liturgie der drei Feuerzungen"])	nicht datiert
2Q21 = 2QapocrMoses?	30 v.–68 n.Chr.
4Q375 = 4QapocrMoses^a (olim 4QapocrMoses B)	50–25 v.Chr.
4Q376 = 4QapocrMoses$^{b?}$ (olim 4QLiturgy of Three Tongues of Fire)	50–25 v.Chr.
4Q408 = 4QapocrMoses$^{c?}$	150–50 v.Chr.
4Q374 = 4QDiscourse on the Exodus / Conquest Tradition (olim 4QapocrMoses A)	30–1 v.Chr.
4Q377 = 4QapocrPent B (olim apocrMoses C)	100–50 v.Chr.
4Q378 = 4QapocrJosh^a (olim 4QPsalms of Joshua^a)	20–50 n.Chr.
4Q379 = 4QapocrJosh^b (olim 4QPsalms of Joshua^b)	150–50 v.Chr.

Einführende Bemerkungen

Daniel FALK beginnt seinen Artikel zu den Texten aus Qumran, die sich mit Mose befassen, in der „Encyclopedia of the Dead Sea Scrolls" (I, 577f.) folgendermaßen:

> As the greatest figure within Judaism, Moses inspired an extensive body of extrabiblical literature, but the vast majority consists of anecdotes or citations of his authority in larger works. Relatively few works composed in the Second Temple period survive that were devoted primarily to the purpose of developing traditions about Moses either as the central subject or as purported author. [...] Taking the Dead Sea Scrolls into account, this body of texts is richly enhanced, testifying to a very high regard for Moses among those who cherished these documents.

Unter dem Oberbegriff der Mose-Pseudepigraphen werden die Schriften zusammengefasst, deren Autor sich in der Person des Mose an die Leser richtet. Dies sind:

a) die „Worte des Mose" (1Q*Diḇrê Môšæh*, 1Q22; 32 Fragmente), heute 1QapocrMoses[a],

b) der früher meist „Liturgie der drei Feuerzungen" genannten Texte (1Q29 u. 4Q376), heute als 1QapocrMoses[b] (17 Frg.) und 4QaprocrMoses[b?] (2 Frg.) bezeichnet,

c) die drei einmal als 4QapocrMoses A, B und C bekannten Schriften (4Q374, 4Q375 u. 4Q377), heute 4QDiscourse on the Exodus/Conquest Tradition (1 mittelgroßes und 15 kleine Frg.), 4QapocrMoses[a] und Pentateuch-Apokryphon B (4Q377; 1 gr. und 1 kl. Frg.),

d) die Handschrift 4QapocrMoses[c?] (4Q408) sowie der sehr fragmentarische Text 2QapocrMoses? (2Q21, 2 kl. Frg.).

Hinzu kommen die Josua-Apokrypha (4QapocrJosh[a u.b]), 4Q378 und 4Q379. – Einige Fragmente, die man früher zu den Mose-Apokrypha gerechnet hatte („Pseudo-Moses"), gelten inzwischen als Teile des Jeremia-Apokryphons (s. dort; vgl. DIMANT 1992 und DJD XXX).

a) Bei *1Q22* handelt es sich um eine Erzählung nach Art des Deuteronomiums, man kann geradezu von einem *Rewriting* sprechen: Gottes Offenbarung an Mose findet auf dem Berg Nebo statt, Moses Reden wenden sich an Eleazar und Josua, später an das Volk Israel. Der genaue Charakter ist schwierig zu bestimmen, liegt der Schwerpunkt auf dem Gesetzescharakter oder auf einer eschatologischen Deutung? Zum aus dem Deuteronomium bekannten Material treten immerhin Eleazar und Josua als Begleiter und u.a. ein Verbot der Übertretung heiliger Zeiten und Feste (zur Idolatrie der Völker gestellt; vgl. Dtn 4). Spezifisch qumranischen Charakter trägt das Werk nicht, auch wenn die Zusätze in eine ähnliche Richtung weisen.

Aufgrund der Ähnlichkeit der „Worte des Mose" und des „Mose-Apokryphons" hat John STRUGNELL die ansprechende These aufgestellt, dass es sich hierbei um verschiedene Manuskripte desselben Werks handelt (DJD XIX), eine eindeutige Entscheidung ist allerdings anhand der Fragmente kaum mehr zu treffen.

1Q29 und 4Q376 berichten von einem Ritual des „gesalbten Priesters" (הכהן המשיח, *ha-kᵒhen ha-māšîaḥ*), bei dem ein „Stein zur Linken" (האבן השמאלית, *ha-ʾæḇæn ha-śᵉmāʾlît*) und „Feuerzungen (o. -flammen)" (לשנות אש, *lᵉšonôt ʾeš*) eine Rolle spielen. Neben dem Priester tritt zwar, wie in einigen genuinen Qumranschriften auch, der „Fürst für die ganze Gemeinde" (הנשיא אשר לכול העדה, *ha-nāśîʾ ʾᵃšær lᵉkôl ha-ʿedāh*) auf, an dieser Stelle dürfte es sich aber um eine Figur der Wüstenwanderung handeln (XERAVITS 2003). – Hinter den Steinen könnten die biblischen Schultersteine des Priesters oder auch die Urim und Tummim (vgl. Ex 28,9–12.30 u.ö.) stehen. Möglicherweise geht es darum, wie man einen Falschpropheten erkennen kann (s. Dtn 13; 18).

b) Das ist auch das Thema von *4Q375*, was John STRUGNELL u.a. dazu bewegt hat, auch diesen Text als Abschrift eines einzigen Moses-Apokryphons zu deuten. Im Anschluss an eine Ausarbeitung von Dtn 13 wird dort ein Fall geklärt, der biblisch nicht belegt ist: Der Stamm, aus dem der Prophet kommt, erhebt sich (4Q375 f1i,1–9):

> [1][alles, was] dein Gott dir befiehlt aus dem Mund des Propheten, und du hältst ein [2][alle] diese [Geb]ote und *du kehrst um zu JHWH, deinem Gott, mit [deinem] ganzen* [3][*Herzen und vo*]*n deiner ganzen Seele* (Dtn 30,2; vgl. 13,4) dann kehrt dein Gott um von seinem großen Zorn (vgl. 2Kön 23,26), [4][um di]ch[zu erretten] aus deinen Bedrängnissen. Doch der Prophet, der aufsteht und der [5][Abfall] unter dir predigt, [um] dich [abzuwen]den von deinem Gott, soll sterben (vgl. Dtn 13,6/18,20). [(*vacat?*)] Und wenn der Stamm sich erhebt, [6]von dem der stammt, und sagt: „*Er soll nicht getötet werden* (Dtn 17,16 u.ö.), denn er ist gerecht, er ist ein Prophet, er ist ein [7][Ve]rlässlicher!", dann sollst du kommen mit diesem Stamm, *und deine Ältesten und deine Richter* (Dtn 21,1 u.ö.), [8][a]*n die Stätte, die dein Gott erwählen wird in einem deiner Stämme* (Dtn 12,14; vgl. 18,6 u.ö.) (*vacat*), vor [9][den] gesalbten Priester, auf dessen H[a]upt das Salböl gegossen ist (vgl. Ex 29,7).

c) Von der Wertschätzung des Mose legen *4Q374* und *4Q377* beredtes Zeugnis ab. Er wird nachgerade „angelifiziert" (כמלאך, k*malak, „wie ein Engel"), als er mit leuchtendem Gesicht vom Berg der Offenbarung zurückkehrt, um das Volk zu trösten und zu lehren (4Q374 f2ii und 4Q377 f2ii, dort erhält Mose auch die Bezeichnung „sein [d.h. Gottes] Gesalbter" (משיחו, m*šîḥô [Z. 5]). Hier folgt ein Zitat der Zeilen 6–12 des Textes:

> [6][...] Denn er hat gesprochen mi[t] der Versammlung Israels von Angesicht zu Angesicht, wie [7]einer mit seinem Nächsten redet. [...] Er ist uns erschienen als verzehrende Flamme im Himmel über uns [(*vacat*)][...], [8]und auf der Erde. Er stand auf dem Berg, um zu verkünden, dass es keinen Gott gibt außer ihm allen und keinen Fels wie ihn [...]. [9]Die Versammlung {die Gemein[de]} antwortete. Sie wurden von Zittern gepackt angesichts der Herrlichkeit Gottes und wegen wunderbaren Donnern. [...] [10]Und sie standen in der Ferne. (*vacat*) Und Mose, der Mann Gottes, war bei Gott in der Wolke. Und es bedeckte [11]ihn die Wolke, denn [...] als er geheiligt war. Und wie (bei) ein(em) Engel sprach er durch seinen Mund, denn welcher Freudenb[ote] (o. welcher Fleisch[liche]) ist wie er? [12]Ein frommer Mann und [...], die nicht geschaffen wurden {für} für immer und ewig [...].

Zur Figur Josuas, des Nachfolgers Mose, gehört ein ähnlich ausgerichtetes parabiblisches Werk, nämlich das sog. *Josua-Apokryphon*, von dem zwei, sehr fragmentarische Manuskripte erhalten blieben (4Q378–379). Zusätzlich zu ihrer sehr engen Verbindung zum biblischen Buch Josua, enthalten sie zusätzlich extra-/

außerbiblische Reden, Segen und Gebete. Ein interessantes und nicht unwichtiges Detail ist die Zitierung des Fluches von Jos 6,26b in der Fassung von 4Q379 f22ii,7–14 in 4Q175 („Testimonia") I,21–30:

> ⁷Zu der Zeit, da Josua das Preisen und die Danklieder in seinen Lobgebeten beendet hatte, sprach er: „Verflucht sei ⁸der Mann, der diese Stadt (wieder) aufbauen wird! Wenn er ihren Grund legt, das koste ihn seinen erstgeborenen Sohn, ⁹und wenn er ihre Tore setzt, das koste ihn seinen jüngsten Sohn!" (vgl. Jos 6,26) Doch siehe, ein Verfluchter, ein Mann Belials (o. der Bosheit), ¹⁰steht da, um ein Fangnetz zu sein für sein Volk und ein Schrecken für all seine Nachbarn. Und er stand ¹¹[…] so dass beide zu Werkzeugen von Gewalttat werden. Wieder erbauen sie diese ¹²Stadt und errichteten für sie eine Mauer und Türme, um sie zu einer Feste des Frevels zu machen ¹³in Israel und Schreckliches in Ephraim und in Juda im Land, großen Frevel unter den Söhnen Jakobs. Und sie werden Blut vergießen. ¹⁴Und sie verüben Gottloses im Land und eine große Schande, wie Wasser auf die Schutzwälle der Tochter Zion und ¹⁵innerhalb der Grenze(n) Jerusalems. […]

Auch wenn der Text beim Abschreiben zum Ende hin einigermaßen durcheinandergeraten ist (wie die Fassung in 4Q175 zeigt), bedeutet er nicht weniger, als dass das „Josua-Apokryphon" 4Q379 für die Qumrangemeinschaft ein kanonischer Text war, denn die „Testimonia" 4Q175 stellen ja eine Sammlung von Zitaten biblischer, d.h. autoritativer Texte aus dem Pentateuch, dar.

3.1.6 Die Tempelrolle (11QT = 11Q19–20, 11Q21?, 4Q524?)

Textausgaben, Übersetzungen, Kommentare: DJD XXIII 357–414 (García Martínez / Tigchelaar / van der Woude); DJD XXV 85–114 (Puech). ▪ Lohse II, 1–158 (Annette Steudel). ▪ Johann Maier, Die Tempelrolle vom Toten Meer und das „Neue Jerusalem" (UTB 829), München ³1997. ▪ Ders., The Temple Scroll. An Introduction, Translation and Commentary (JSOT.S 37), Sheffield 1985 (Übersetzung der 2. deutschen Aufl.). ▪ Elisha Qimron, The Temple Scroll. A Critical Edition with Extensive Reconstructions. Bibliography by Florentino García Martínez (JDS 131), Beer-Sheva/Jerusalem 1996. ▪ Yigael Yadin, The Temple Scroll, 3 Bde., Jerusalem ²1983 (*editio princeps*: hebr. 1977).

Literatur: Temple Scroll Studies (hg.v. G.J. Brooke; JSP.S 7), Sheffield 1989. ▪ Johann Maier, The Temple Scroll and Tendencies in the Cultic Architecture of the Second Commonwealth, in: Archaeology and History in the Dead Sea Scrolls (hg.v. L.H. Schiffman, JSP.S 8), Sheffield 1990, 67–82. ▪ S.D. Fraade, The "Torah of the King" (Deut 17:14–20) in the Temple Scroll and Early Rabbinic Law, in: The Dead Sea Scrolls as Background to Postbiblical Judaism and Early Christianity (hg.v. J.R. Davila; StTDJ 46), Leiden 2003, 25–60. ▪ Florentino García Martínez, Sources et Composition du Rouleau du Temple, Hen. 13 (1991) 219–32. ▪ Ders., New Perspectives on the Study of the Dead Sea Scrolls, in: Perspectives in the Study of the Old Testament and Early Judaism (FS A.S. van der Woude, hg.v. F. García Martínez u. E. Noort; VT.S 73), Leiden 1998, 230–48. ▪ Ders., The Temple Scroll and the New Jerusalem, in: DSSFY 2 (1998/99), 431–60. ▪ Ders., Multiple Literary Editions of the Temple Scroll?, in: DSSFYD (2000), 391–99. ▪ Johann Maier, Die Tempelrolle (s.o.), 1997. ▪ Simone Paganini,

„Nicht darfst du zu diesen Wörtern etwas hinzufügen". Die Rezeption des Deuteronomiums in der Tempelrolle. Sprache, Autoren und Hermeneutik (BZAR 11), Wiesbaden 2009. ▪ Lawrence H. SCHIFFMAN, The Deuteronomic Paraphrase of the Temple Scroll, RdQ 15/59-60 (1992) 543-67. ▪ DERS., The Theology of the Temple Scroll, JQR 85 (1994) 109-23. ▪ F. SCHMIDT, How the Temple Thinks. Identity and Social Cohesion in Ancient Judaism, BS 78, Sheffield 2001. ▪ Hartmut STEGEMANN, The Qumran Essenes – Local Members of the Main Jewish Union in Late Second Temple Times, in: The Madrid Qumran Congress (hg.v. J. TREBOLLE BARRERA u. L. VEGAS MONTANER; StTDJ 11), Leiden 1992, 83-166. ▪ DERS., „Das Land" in der Tempelrolle und in anderen Texten aus den Qumranfunden, in: Das Land Israel in biblischer Zeit (hg.v. G. STRECKER, GTA 25), Göttingen 1983, 154-71. ▪ Annette STEUDEL, There are no Further Columns in the Temple Scroll, RdQ 19/73 (1999) 131-36. ▪ Dwight D. SWANSON, The Temple Scroll and the Bible. The Methodology of 11QT, StTDJ 14, Leiden 1995. ▪ Ben Zion WACHOLDER, The Dawn of Qumran. The Sectarian Torah and the Teacher of Righteousness (MHUC 8), Cincinnati/Oh. 1983. ▪ Sidnie White CRAWFORD, The Temple Scroll and Related Texts (CQS 2), Sheffield 2000. ▪ Andrew M. WILSON/Lawrence WILLS, Literary Sources of the Temple Scroll, HThR 75 (1982) 275-88. ▪ Michael O. WISE, A Critical Study of the Temple Scroll from Qumran Cave 11 (SAOC 49), Chicago/Ill. 1990. ▪ Molly M. ZAHN, Identifying Reuse of Scripture in the Temple Scroll, in: A Teacher for All Generations (FS J.C. VANDERKAM; hg.v. E.F. MASON; JSJ.S 153), Leiden 2012, 341-58.

Handschriftlicher Befund

Handschrift	paläogr. Datierung ca.
11Q19 = 11QT^a	1-30 n.Chr. (Kol. II-V: 25-50 n.Chr.) ^{14}C: 53 v.-21 n.Chr.
11Q20 = 11QT^b	20-50 n.Chr.
11Q21 = 11QT^c ?	um 50 n.Chr.
4Q524 = 4QT^b ?	150-125 v.Chr.

Am besten erhalten von diesen Handschriften ist 11Q19, eine Rolle, die ca. 9 m lang gewesen sein dürfte. Reste von nicht weniger als 67 Kolumnen à ca. 22 Zeilen sind erhalten (STEUDEL aufgrund einer materiellen Rekonstruktion der Rolle). Dabei stammen die Kolumnen II-V von einem späteren Schreiber (spätherodianisch) als die übrigen VI-LXVI (mittelherodianisch), wahrscheinlich wurde der erste Bogen der Rolle erneuert (YADIN). Dafür spricht eine Textüberschneidung von Kol. V und VI. – 11Q20 besteht aus 43 Fragmenten, der Text ist, wo er sich mit 11Q19 überschneidet, identisch (vermutlich 16 Kolumnen). Einige Passagen, die in 11Q19 fehlen, konnten damit ergänzt werden. – Von 11Q21 sind lediglich drei kleinere Fragmente erhalten, die nicht sicher dem bekannten Text zugeordnet werden können, aber eine ähnliche Sprache aufweisen.

4Q524, repräsentiert durch 39 Fragmente, enthielt zumindest eine andere Rezension der Rolle; das größte Fragment hat keinen parallelen Text, die kleineren Fragmente nur zum Teil. – Für eine weitere Kopie der Tempelrolle hielt man zunächst einige Fragmente von 4Q365 (4Q365a = 4QT^a ?; ca. 40-10 v.Chr.). Das hat sich jedoch als unrichtig erwiesen: die Textfragmente gehören offensichtlich zu 4Q365 = 4QRP^c (STEGEMANN, vgl. DJD XXXIX, 124f.; GARCÍA MARTÍNEZ 1998). Die Bezeichnung 4Q524 = 4QT^b konnte sich halten, „4QT^a" ist als Bezeichnung hingegen praktisch verschwunden.

Aufbau und häufiger vermutete Vorlagen der Tempelrolle (11QT^a = 11Q19)

Kol.	Inhalt	Bibl. u. weitere Paralleltexte	vermutete Quellenschrift
(I–) II	Offenbarungszene auf dem Sinai	Ex 34,11–16 + Dtn 7, 25f.	–
II–XIII	Der künftige Tempel (1): Tempelgebäude und Altarbereich	Ez 40–48; Ex 25–27.30.35; vgl. 1Kön 6–8; 2 Chr 3	„Tempel-Quelle"?
XIV–XXIX	Festkalender und Opfer (364-Tage-Kalender)	Num 23.28–29 (vgl. 11QNJ; Philo, De spec.leg. I,168ff.; Jos. Ant. III,235–57)	„Festkalender-Quelle"?
XXX–XLV	Der künftige Tempel (2): Höfe und Weiteres	(s.o. II–XIII)	„Tempel-Quelle"?
XLV–XLVII	Reinheitsvorschriften für Tempel und Stadt	Lev 15; Num 5 (vgl. Dtn 23; Ex 19,10–16; 4QMMT B; CD V.XII; 4QTohorot^a [4Q274]; Jos. Bell. II, 147–49; V,227; Jos. Ant. III,261; XII,146)	–
XLVIII–LI	Allgemeine Reinheitsvorschriften	Num 19 + Lev 11 + Dtn 14 (vgl. 4QD^a [4Q266]; 4QD^g [4Q272])	„Reinheitsvorschriften-Quelle"?
LII–LXVI	„Deuteronomische" Gesetze (*Rewriting* von Dtn 12ff.), darin: LVI–LIX Königsgesetz	Dtn 12–23; Lev 17–26; Num 30f.; 4QHalakha A [4Q251], 4QMMT B; CD XVI zu LVII–LIX: **Dtn 17** (vgl. CD IVf.); Lev 26; Dtn 28	Dtn 12–23 (Kol. LVI–LIX: „Midrash on Deuteronomy"?)

Einführende Bemerkungen

Eines der bedeutendsten Werke, die man in Qumran gefunden hat, ist die „Tempelrolle". Man hat sie die „zweite Tora" Qumrans genannt, ein „neues Deuteronomium" (FITZMYER) oder gar „Tritonomium" (CHARLESWORTH). Von Hartmut STEGEMANN stammt die Bezeichnung als „sechstes Buch" der Tora (vgl. auch WACHOLDER: „eschatologische Tora"). – Ganz gleich, wie aussagekräftig derlei Schlagwörter sein mögen, bestätigen sie jedenfalls, dass die Tempelrolle in der Qumrangemeinschaft ausweislich der erhaltenen Exemplare durchaus hochgeschätzt wurde.

Die Tempelrolle besteht aus einer Sammlung kultischer Gesetze und Vorschriften, die sich vor allem auf den Jerusalemer Tempel, die heilige Stadt und auf kultischen Traditionen beziehen. Dass sie nicht zu den Mose-Pseudoepigraphen gezählt wird, hat den Grund, dass Gott in der Tempelrolle im Gegensatz zur Gesetzesverkündung im Pentateuch nicht durch Mose, sondern in direkter Ich-Rede, also in 1. Pers. Sg., selbst als Sprecher auftritt. (Lawrence SCHIFFMANN pointiert: „divine pseudepigraphon (or, less politely, God pseudepigraphon)"; 1999,

125). Damit steht die höchste denkbare Autorität hinter dem Gesagten. Bis auf 4Q524 ist dabei das Tetragramm in Quadratschrift – wie sonst nur in „biblischen" Manuskripten üblich – geschrieben.

Der Aufbau der Tempelrolle gliedert sich leicht in eine einleitende Erzählung (Kol. [I?–] II), Vorschriften zum Tempelbau (Kol. III–XIII; XXX–XLV), unterbrochen durch einen Fest- und Opferkalender (Kol. XIII–XXIX), Reinheitsgesetze (Kol. XLV–LI) und eine „Neuausgabe" des Gesetzeskorpus des Deuteronomiums (genauer: Dtn 13–23; Kol. LII–LXVI).

> ¹⁻¹⁰[...] ¹¹[... „*denn furchtbar ist es, was ic*]*h* [*mit dir*] *tu*[*n werde (vacat?).*] ¹²[*Siehe, ich werde vor dir vertreiben*] *die A*[*moriter und die Kanaaniter und*] ¹³[*die Hethiter und die Girgasi*]*ter und die Pe*[*resiter und die Hewiter und*] ¹⁴[*die Jebusiter. Hü*]*te dich davor, einen Bu*[*nd*] *zu schließen* [*mit den Bewohnern des Landes,*] ¹⁵[*in welches du*] *zu ihnen kommst, damit sie nicht zu einem Fall*[*strick in deiner Mitte*] *werden.* [*Vielmehr*] ¹⁶*sollt ihr ihre* [*Altär*]*e niederreißen, und* [*ihre*] *Mazzeben* [*sollt ihr zerschlagen, und*] ¹⁷*ih*]*re* [*Ascheren*] *sollt ihr umhauen."* (Ex 34,10–13) – „*Und die Bilder* [*ihrer*] *Göt*[*ter sollt ihr verbrennen*] ¹⁸[*mit Feuer.*] *Ihr sollt* [*n*]*icht Silber und Gold begehren, w*[*odurch du verführt wirst, denn es ist ein Gräuel*] ¹⁹[*für mich.*] *Du sollst* [*nicht*] *davon nehmen, und du sollst es nicht* [*als ein Gräuel in dein Haus bringen,*] ²⁰[*damit du nicht*] *ebenso ein Gebannter* [*wirst.*] *Inständig verabscheu*[*en*] *sollst du* [*es, und inständig verschmähen sollst du es,*] ²¹[*denn*] *Gebanntes ist es."* (Dtn 7,25f.) – Und „*nicht sollst du niederfallen vor* [*einem anderen*] *Gott,* [*denn* JHWH *heißt/ich heiße „Eiferer"*] ²²[*mit seinem /meinem Namen,*] *ein eifernder Gott ist es/er. Hüte dich davor,* [*einen Bund zu schließen* [*mit den Bewohnern des Landes;*] ²³[*denn huren sie ihren*] *Göt*[*tern hinterher* [*und*] *opfern sie ih*[*nen und laden dich dazu ein,*] ²⁴[*dann könntest du von ihren Opfern essen; auch könntest du* [(*Frauen*) *nehm*]*en* [*aus ihren Töchtern für deine Söhne, und wenn dann*] ²⁵[*ihre Töchter ih*]*ren* [*Göttern hinterherhuren,*] *dann könnten* [*sie (auch) deine Söhne*] *dazu bringen,* ²⁶[*ihren Göttern hinterherzuhuren"* (Ex 34,14–16) ...] ²⁷[...]

Die Rede ist praktisch wortwörtlich Ex 34,10–16 entnommen und an passender Stelle durch Dtn 7,25f. (ebenfalls für die Landnahme formuliert, dort auch die Liste der Völker in V. 1 und die Problematik der Söhne/Töchter V. 3ff. u.a.m.) ergänzt worden. Dabei wurde sie (wie konsequent?) in die erste Person Singular gesetzt. Es fällt leicht, sich in Kol. I einen ähnlich gestalteten Beginn der Sinaioffenbarung vorzustellen, die hier beginnt und dann ab Kol. II zu den Vorschriften für den Tempelbau übergeht.

Der Tempel der Tempelrolle ist ein Gebäudekomplex mit einem sehr regelmäßigen konzentrischen Bau, der sich von allen existierenden oder vorgestellten Jerusalemer Tempeln unterscheidet (1 Kön 6–8; Ez 40–48; herodian. Tempel). Seinem Aufbau nach ist er eine Art ideale Variante der während der Wüstenwanderung erbauten Stiftshütte.

Sein äußerer Teil ist ein 1.600 × 1.600 Ellen großer Hof für die Israeliten – das zeigt deutlich den Umfang des vorgestellten Gebäudekomplexes (ca. 800 Meter), was bei weitem die tatsächliche Größe des Jerusalemer Tempels übersteigt. Innerhalb diesem äußeren Hof befindet sich ein 500 × 500 Ellen großer Hof für die Männer, darin wiederum ein 280 × 280 Ellen großer Hof für die Priester.

Innerhalb dieses Hofs befinden sich der Opferaltar selbst und die Tempelgebäude. Die zwei äußeren Höfe des Tempels haben jeweils 12 Tore, entgegen des Uhrzeigersinns, entsprechend den 12 Stämmen Israels. Das Tor der Leviten befindet sich in der Mitte der östlichen Wand, direkt dem Heiligtum gegenüber. An der Wand des innersten Hofes kann man nur durch vier Tore hindurchgehen, offensichtlich für die Priester und die drei Levitenstämme.

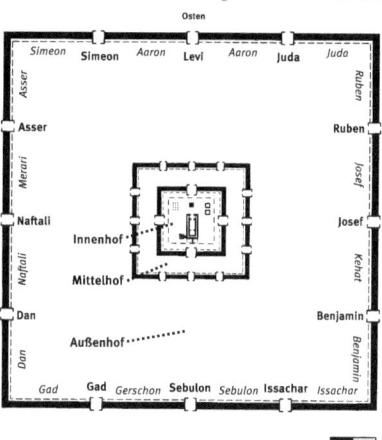

Abb. 1: Das Heiligtum der Tempelrolle (vgl. MAIER 1997)

Der eingeschobene *Fest- und Opferkalender* folgt dem 364-Tage-Jahr (s. zu den Kalendertexten). In diesem Abschnitt der Tempelrolle liest man am ausführlichsten von vier Festen:

a) dem „Neuweinfest" (יין חדש / תירוש, *yayin ḥādāš / tîrôš*: 3. Ab; 11Q19 XIX,11–XXI,10), vgl. Dtn 14,22f.; Num 13,20 u.a., *b)* dem „Frischölfest" (שמן חדש/ צהר, *šæmæn ḥādāš/yiṣhar*: 22. Elul; 11Q19 XXI,12–XXIII,9), vgl. Dtn (12,17;) 14,23; Num 18,12f. u.a., *c)* dem „Holzabgabefest" (עצים, *ʿeṣîm*: 23.–29. Elul; 11Q19 XXIII,?–XXV,2) sowie *d)* dem bekannten Laubhüttenfest (חג הסוכות, *ḥag ha-sûkkôt*: 15.–23. Tischri; 11Q19 XXVII,10–XXIX,2), vgl. Dtn 16,17; Num 29,12–38; Lev 23,33–36 u.a. *a)–c)* sind aus den nachmals biblischen Schriften nicht bekannt (exegetische Konstrukte? So SWANSON 2003; MAIER 1997: historische Erinnerung).

Im letzten Abschnitt, der das 12. bis 23. Kapitel des Buches Deuteronomium „neu schreibt", ist die ausführliche Ausarbeitung des „Königsgesetzes" aus Dtn 17 (in 11Q19 LVII,1–LIX,21) bemerkenswert. Die Vorschriften trennen offenbar die Funktionen des Königs und der Priester voneinander, sie bestimmen die Grenzen der königlichen Macht, geben Anweisungen für das Privatleben des Königs, seine Leibwachen und den königlichen Rat. In seiner Schlussmahnung stellt das „Königsgesetz" dem gottlosen König und seinen Nachkommen ihren Untergang in Aussicht. Als Hintergrund dieses Abschnittes kann leicht eine Kritik am bestehenden Herrschaftssystem vermutet werden, oft wird dabei an die frühen Hasmonäerherrscher gedacht.

Die klare Strukturierung hat in der Frage der *Entstehung* der Tempelrolle denn auch zu der meist vertretenen Annahme geführt, jener lägen mehrere schriftliche

Quellen zugrunde, die ein Redaktor schließlich miteinander verbunden habe: Neben dem *Deuteronomium* (in welcher genauen Form auch immer – Masoretischer Text, Septuagintafassung, midraschartig erweiterter Text?) sollen dazu – wie eben anhand der Themen beschrieben – eine „*Tempel-Quelle*", eine „*Festkalender-Quelle*", eine quellenhaft vorliegende Sammlung von *Reinheitsvorschriften* sowie ein längerer *Midrasch über das Königsgesetz* des Deuteronomiums (Dtn 17,14–20) gehört haben (WILSON / WILLS 1982; STEGEMANN 1990; WISE 1990; vgl. GARCÍA MARTÍNEZ 2000). Dass dabei die Quellentheorien des Pentateuchs im Hintergrund stehen, ist offensichtlich – dass sich die Forschung im dortigen Bereich inzwischen in andere Richtungen bewegt, mag ein Hinweis darauf sein, dass auch für die Entstehung der Tempelrolle eher in Kategorien von *Fortschreibung* und *Rewriting* gedacht werden muss als an von einem „Redaktor" zusammengefügte Quellenschriften.

Unklar ist in der bisherigen Forschung der *Charakter des Werkes*, der sich nicht zuletzt aus dem Verhältnis des jetzigen Textes zu seinen Vorlagen erhellen lässt. Das hat für die für die Passagen, denen das Deuteronomium zugrundeliegt, u.a. Lawrence SCHIFFMAN einer genaueren Untersuchung unterzogen. Er spricht sich dafür aus, dass es sich um eine midraschartige Verarbeitung des (später kanonisch gewordenen) Textes des Deuteronomiums handelt, in der „harmonistische, exegetische, halachische oder midraschische" Vorgänge eine Rolle spielen, die wahrscheinlich auf den Verfasser zurückgehen (SCHIFFMAN 1992, 567; vgl. zuletzt ZAHN 2012). Wenngleich mit den später kanonisch gewordenen biblischen Schriften vielleicht nicht jedes Detail aufgeklärt werden kann, hat Dwight D. SWANSON für die Passagen außerhalb der Deuteronomiumsparaphrase gezeigt, wie hier „biblische" Basistexte anhand von näher- und ferner stehenden Sekundär- und Tertiärbezugstexten vom Autor verarbeitet wurden – für die Bestimmungen ohne Parallele ist dementsprechend ein besonderes Interesse des Verfassers anzunehmen.

MAIER hat dieses Verfahren als „strikt biblizistisch" kritisiert und SWANSON vorgeworfen, die „allgemeinhistorischen und speziell religionsgeschichtlichen Aspekte" kämen auf diese Weise zu kurz (1997, 33f.). Doch muss SWANSON auch gegen MAIER zugute gehalten werden, dass er – ausschließlich – anhand des vorliegenden Materials arbeitet, nicht selten überaus einleuchtende Ergebnisse erzielt und dazu auch keine uns womöglich unbekannten „autoritativ verbindlichen nichtbiblischen Traditionen" (MAIER ebd.) postulieren muss. Die neuste Untersuchung zu den Deuteronomiumspassagen durch Simone PAGANINI (2009) wiederum versucht, die Hermeneutik der Tempelrolle in einer fundamentalen Kritik der Person des Mose begründet zu sehen. Die Argumente, die PAGANINI zum Erweis dieser These anführt, erscheinen jedoch aus verschiedenen Gründen nicht ganz unproblematisch. – Einen anderen Sonderweg hatte Ben Zion WACHOLDER (1983) eingeschlagen, der das Buch als eschatologische Tora versteht, die den Pentateuch ersetzt. Doch ist dies nur unter fraglichen Prämissen möglich, etwa der, dass der Autor („Zadok", anzusetzen um 240–170 v.Chr.), zugleich der Lehrer der Gerechtigkeit (!) sei. Derlei Behauptungen sind natürlich unbeweisbar, überdies wenig wahrscheinlich.

Die Arbeitsweise des/der Verfasser/s der Tempelrolle fügt sich damit, wie SWANSON 2003 und auf seine Weise SCHIFFMAN (1992 u. 1999⁴) exemplarisch zeigen, überaus problemlos in die anderer Schriften aus der Zeit des Zweiten Tempels ein. In den Chronikbüchern etwa lassen sich ganz ähnliche Vorgänge beobachten – es handelt sich um die Methode des „Rewriting" biblischen Materials, das exemplarisch etwa auch im Jubiläenbuch studiert werden kann (vgl. aus Qumran etwa noch das der Tempelrolle nahestehende Werk 4QMMT). Auf die Frage, wie sicher sich die angenommenen Quellen im Einzelnen rekonstruieren lassen und wie möglicherweise deren Verhältnis zu nachmalig biblischen (oder anderen) Grundlagen zu bestimmen ist, steht eine endgültige Antwort noch aus.

Terminus ante quem für die jetzige Form der Tempelrolle ist die Abfassungszeit der ältesten Handschrift, also das Ende des 2.Jh.s v.Chr. WISE (1990) spricht sich für die Mitte des 2. Jh.s v.Chr. aus, da er als Autor recht optimistisch den „Lehrer der Gerechtigkeit" erkannt haben möchte. Für eine ähnliche Abfassungszeit, etwa die zweite Hälfte des 2. Jh.s v.Chr. spricht sich auch der überwiegende Teil der Forschung aus, die dem Text zumeist antihasmonäische Züge abzugewinnen meint, insbesondere in der Ausarbeitung des Königsgesetzes, die polemisch gegen die Kombination hohenpriesterlicher und königlicher Gewalt gerichtet sei (klassisch YADIN 1977/82; zur Kritik s. MAIER 1997, 48). SCHIFFMAN differenziert auf ähnlicher Linie zwischen den (vorqumranischen) Quellen und einer (antihasmonäischen) Redaktion innerhalb der Qumrangemeinschaft, doch ist genuin qumranische Sprache überaus selten – was auf eine Verfasserschaft außerhalb Qumrans, vielleicht vor der Entstehung des Yahad, hinweisen könnte. STEGEMANN postuliert aus allgemeinen Gründen eine Entstehungszeit um 400 v.Chr. (!), was schon aufgrund der verarbeiteten Quellen (Deuteronomium) und der Erkenntnisse der Bibelwissenschaft ganz unwahrscheinlich sein dürfte. Auf der anderen Seite wiegt das Argument, die für Gott verwendete 1. Person Singular könne nach der Mitte des 2. Jh.s nur schwer verwendet worden sein (STEGEMANN 1983, so auch STEUDEL), nicht leicht und sollte vor einer allzu späten Datierung warnen. So mag man vielleicht eine Entstehung der Tempelrolle in priesterlichen Kreisen (in Vorgängern der Qumrangemeinschaft?) noch in der ersten Hälfte des 2. Jh.s v.Chr. nicht gänzlich ausschließen.

3.2 Auf Prophetenbüchern basierende parabiblische Texte (4QpsEzek, 4QApocrJer)

Literatur: George J. BROOKE, Parabiblical Prophetic Narratives, in: DSSFY 1 (1998/99), 271–301.
- Mladen POPOVIĆ, Prophet, Books and Texts. Ezekiel, Pseudo-Ezekiel and the Authoritativeness of Ezekiel Traditions in Early Judaism, in: Authoritative Scriptures in Ancient Judaism (hg.v. DEMS.; JSJ.S 141), Leiden 2010, 227–51.

In nachexilischer Zeit erfreuten sich die Propheten und ihre Werke eines wachsenden Interesses. Wie schon am Wachstum der Prophetenbücher zu sehen, konnte die Botschaft auch für spätere Zeiten interpretiert werden. Der Vorgang schlug an einem bestimmten Punkt dahingehend um, dass er nicht mehr im Buch selbst stattfand, sondern außerhalb. Auch hier ist, wie schon anhand der „rewritten Bible"-Diskussion angedeutet, der Übergang schwer zu bestimmen: Sind Texte unter dem Namen eines Propheten veröffentlich, genießen sie vermutlich auch eine ebenso hohe Autorität unter denjenigen, die sie überliefern (bes. POPOVIĆ 2010).

Der Begriff „Pseudoprophetie" (gr. ψευδο-, *pseúdo-*, „falsch, scheinbar") darf also nicht in dem Sinne missverstanden werden, als handele es sich dabei um „minderwertige" oder um „unechte" Prophetie. Vielmehr steht das Präfix dafür, dass es sich um Texte handelt, die unter dem gleichen Namen wie die später in der Bibel genannten Propheten überliefert wurden, jedoch – aus welchen Gründen auch immer – nicht in den biblischen Kanon aufgenommen wurden. Welches Maß an Autorität sie hatten, ist das Thema einer umfassenden, seit einigen Jahren geführten Diskussion, deren Ausgang noch nicht absehbar ist. Nicht selten sieht es jedenfalls so aus, als setzten die para-prophetischen Schriften (so ein Vorschlag George BROOKES) das biblische Material in irgendeiner Form voraus, die der uns überlieferten sehr nahesteht.

Die Prophetenfiguren und ihre Schriften waren jedoch ein guter Ausgangspunkt für die Autoren, ihre „parabiblische", genauer: „paraprophetische" Tätigkeit aufzunehmen. Das wurde dadurch erleichtert, dass das Phänomen der Prophetie, das nicht zuletzt auch an die staatlichen Institutionen gebunden war, über die lange Zeit hinweg natürlicherweise in den Hintergrund gedrängt worden war, seit der es keine staatliche Eigenständigkeit mehr gab. Zugleich wird das Ansehen der „Schriftpropheten" sehr groß gewesen sein – schon alleine durch die Bewahrung, Weitergabe und Pflege ihres inspirierten geistigen Nachlasses. Die Verfasser der Pseudepigraphen gingen zwei Wege, mit den Prophetenfiguren umzugehen: entweder legten sie die Lehre in den Mund des erwählten Propheten und ließen ihn sagen, was sie selbst ihren Zuhörern verkünden wollten (so im pseudoprophetischen Material), oder sie lehrten ihre Adressaten durch eine neuverfasste Biographie des Propheten (s. Pseudo-Daniel). Im Folgenden kommen pseudepigraphische Werke in den Blick, die mit den Propheten Ezechiel und Jeremia sowie mit einem Weisen aus den „Schriften" (כתובים, k*tûbîm), dem später auch prophetisch verstandenen Daniel, verbunden sind (BROOKE 1998). Diese Werke gehören wahrscheinlich nicht zu den genuinen Qumrantexten.

Zwischen dem sogenannten „Pseudo-Ezechiel"-Material und den unter dem Namen „Jeremiah-Apokryphon A–C" herausgegebenen Texten besteht ein enger Zusammenhang, der durch die – nicht zuletzt aus inhaltlichen Gründen – erfolgte spätere Trennung des Materials verdeckt wird. Die Texte wurden von ihrem Bearbeiter John STRUGNELL deshalb auch zunächst zusammen behandelt, bevor er, endgültig dann Devorah DIMANT als seine Nachfolgerin sie in ihrer Ausgabe (DJD XXX) auf zwei Komplexe aufteilte (zu den sich dadurch ergebenden neuen Zuordnungen der Namen vgl. DJD XXXIX, 12). Nichtsdestotrotz behandeln nicht wenige Forscher sie nach wie vor zusammen und gehen von zusammengehörigem Material aus (so mit guten Gründen Monica BRADY [s.u.] u.a.).

Zwei Beispiele seien hier genannt, um die verwirrende Diskussion, aber auch die Unsicherheit in der Deutung des Materials zu illustrieren: 4Q385 f24, zunächst als 4QPseudo-Ezekiel[a] veröffentlicht, wurde von der Herausgeberin zunächst in 4QApocryphon of Jeremiah C umbenannt, schließlich aber als 4QPseudo-Ezekiel[c] (4Q385b) ediert. Ähnlich wurde aus 4QPseudo-Moses[b–e] (4QpsMos[b–e]: 4Q387, 4Q388a, 4Q389–390) 4QapocrJer C[b–d]. In älterer Literatur sind diese früheren Bezeichnungen mitunter verwendet.

3.2.1 Das „Pseudo-Ezechiel"-Material (4QpsEzek: 4Q385a–c, 4Q386, 4Q488, 4Q391)

Textausgaben: DJD XXX, 7–88 (DIMANT; 4Q385–86.385b.388.385c) und DJD XIX, 153–93 (SMITH; 4Q391).
Literatur: Christoph BERNER, Jahre, Jahrwochen und Jubiläen (BZAW 363), Berlin 2006. ▪ Monica L. BRADY, Biblical Interpretation in the „Pseudo-Ezekiel" Fragments (4Q383–391) from Cave Four, in: Biblical Interpretation at Qumran (hg.v. M. HENZE), Grand Rapids, Mich. 2005, 88–109. ▪ DIES., Prophetic Traditions at Qumran. A Study of 4Q383–391, Diss. Notre Dame/Ind. 2000. ▪ George J. BROOKE, Ezekiel in Some Qumran and New Testament Texts, in: The Madrid Qumran Congress (hg.v. J. TREBOLLE BARRERA u. L. VEGAS MONTANER; StTDJ 11), Leiden 1992, 326–31. ▪ Devorah DIMANT, *Pseudo-Ezekiel* and the *Apocryphon of Jeremiah C* in Perspective, in: DIES., History, Ideology and Bible Interpretation in the Dead Sea Scrolls. Collected Studies (FAT 90), Tübingen 2014, 423–40. ▪ Anja KLEIN, Resurrection as Reward for the Righteous. The Vision of the Dry Bones in Pseudo-Ezekiel as External Continuation of the Biblical Vision in Ezek 37:1–14, in: „I Lifted My Eyes and Saw". Reading Dream and Vision Reports in the Hebrew Bible (hg.v. E.R. HAYES u. L.-S. TIEMEYER), London 2013. ▪ Mladen POPOVIĆ, Prophet, Books and Texts (s.o.), 2010, 227–51. ▪ Peter PORZIG, „Prophecy" and „Rewriting" in the Dead Sea Scrolls, in: Rewritten Bible and Prophecy (hg.v. P. LINDQVIST u. S. GREBENSTEIN; Studies in Rewritten Bible 7), Winona Lake/Ind. 2015. ▪ Émile PUECH, La croyance des Esséniens en la vie future. Immortalité, résurrection, vie éternelle? (EtBib.NS 21–22), 2 Bde., Paris 1993. ▪ John STRUGNELL / Devorah DIMANT, 4QSecond Ezekiel, RdQ

13/49-52 (1988) 45-58. ▪ Ben Zion WACHOLDER, Deutero Ezekiel and Jeremiah (4Q384-4Q391). Identifying the Dry Bones of Ezekiel 37 as the Essenes, in: DSSFY 2 (1998/99), 445-61.

Handschriftlicher Befund

Handschrift	paläogr. Datierung ca.
4Q385 = 4QpsEzek^a	50-25 v.Chr.
4Q386 = 4QpsEzek^b	50-1 v.Chr.
4Q385b = 4QpsEzek^c	50-25 v.Chr.
4Q388 = 4QpsEzek^d	50-25 v.Chr.
4Q385c = 4QpsEzek unid. Frg.	50-25 v.Chr.
4Q391 = 4Qpap psEzek^e	150-100 v.Chr.

Einführende Bemerkungen

Vom Buch des Propheten Ezechiel blieben sechs verschiedene Manuskripte in den Höhlen von Qumran erhalten. Es zählt zu den wichtigen Texten im Denken der Gemeinde. Zum Buch Jeremia dagegen blieb kein Pescher erhalten, aber es hinterließ in mehreren bedeutenden Werken der Gemeindebibliothek seine Spuren (BROOKE 1992). Darüber hinaus können sechs Texte eindeutig als Pseudo-Ezechiel-Material bestimmt werden. Mit großer Wahrscheinlichkeit sind sie verschiedene Manuskripte derselben Werke. Mit einer Ausnahme sind diese Fragmente paläographisch auf das dritte Viertel des 1. Jh.s v.Chr. zu datieren (4Q385-386; 4Q385b-c; 4Q388). Das Textfragment mit der Signatur 4Q391 entstammt der frühen zweiten Hälfte des 2. Jh.s v.Chr. Aufgrund der Textfragmente und Überlappungen von 4Q385 und 4Q386 kann zumindest eine zusammenhängende Kolumne des Werkes rekonstruiert werden. Diese längere Einheit beginnt mit der Verarbeitung des Traumes vom Tal der verdorrten Gebeine (Ez 37), danach folgen Bilder von der (eschatologischen) Befreiung Israels und des Krieges mit dem Volk. Dies mündet in die Neuschreibung der Thronwagen-Vision (Ez 1). Das Leitthema ist die Belohnung der Gerechten, wie es auch die dem Propheten in den Mund gelegte Frage formuliert (Auszug rekonstruiert nach 4Q385 f2,2-3; 4Q386 f1i,1-2 und 4Q388 f7,3-5):

> ^{1}[Und ich sprach: „JHWH! Ich habe viele aus Israel gesehen, die deinen Namen lieben ^{2}und die gehen die Wege [deines Herzens. Und di]es, wann wird es sein, und wie wird ihnen ihre Treue [o. Frömmigkeit] heimgezahlt werden?" [...]

Die göttliche Antwort darauf ist die Schau des Tals der verdorrten Gebeine in einer abgekürzten Form (vgl. KLEIN 2013; PORZIG 2015). Diese Vision Ezechiels wird verbunden mit, ja gipfelt nun in der Darstellung der Auferstehung (vgl. PUECH 1993), die folgendermaßen beschrieben wird (4Q385 f2,7–9 u. Parallelen):

> [8][...] Und er sprach: „Weissage noch einmal über die vier Winde [9]des Himmels, dass sie ihnen [d.h. den Erschlagenen, sc. Lebensatem] einhauchen." Und] eine große Menge von Menschen, sie standen auf [10]und priesen JHWH Zebaoth, d[er ihnen Leben gegeben hatte].

Die Rahmung der ezechielischen Vision durch die einleitende Frage und den klaren Auferstehungshinweis erfüllt deutlich zwei Funktionen: sie schränkt den Adressatenkreis auf die „Frommen" ein, und verheißt damit auch nur ihnen die Auferstehung. Aus einem Verständnis von Ez 37 als Auferstehung des Volkes wird so die sichere Auferstehung der Frommen *innerhalb* Israels. Diese Gruppe der Frommen weist noch nicht spezifisch auf die Qumrangemeinschaft hin, wenngleich diese den Text sicherlich so verstanden haben dürfte (PORZIG 2015). Es handelt sich demnach (und an anderen Stellen) also nicht um eine genuine Qumranschrift (vgl. auch DIMANT). Mit dem Bild des Sieges über den Feind eröffnet der Verfasser des Werkes die Hoffnung auf Befreiung: Gott selbst rottet das Böse auf der Erde aus, das Israel unterdrückt, und bringt sein Volk in die Freiheit. Mit Hilfe eines Hinweises auf eine neue ägyptische Knechtschaft wird dies (unter Bezugnahme auf Hos 9 u. 11) bestärkt (4Q386 f1ii, 3–6):

> [3]Und JHWH sprach: „Belial plant, mein Volk zu demütigen, [4]doch ich werde ihn nicht gewähren lassen. Und von seiner Blutsverwandtschaft wird niemand sein/überleben, vom Unreinen wird kein Same übrigbleiben, [5]aus einem Kapernstrauch wird kein Most werden, und eine Hornisse (?) wird nicht Honig geben. (*vacat*) Und den [6]Frevler werde ich in Memphis erschlagen, aber meinen Sohn werde ich herausführen aus Memphis, und gegen ihren R[es]t werde ich mich wenden.

3.2.2 Das Pseudo-Jeremia-Material (4QApocryphon of Jeremiah C; 4Q385a, 4Q387, 4Q387a, 4Q388a, 4Q389–390)

Textausgaben: DJD XIX 137-52 (SMITH; 4Q384). ▪ DJD XXX, 91–260 (DIMANT; 4Q383.385a.387. 388a.389-90.387a).
Literatur: Monica L. BRADY, Prophetic Traditions at Qumran. A Study of 4Q383–391, Diss. Notre Dame, Ind. 2000. ▪ George J. BROOKE, The Book of Jeremiah and its Reception in the Qumran Scrolls, in: The Book of Jeremiah and Its Reception (hg.v. A.H.W. CURTIS u. T. RÖMER; BEThL 128), Leuven 1997, 183–205. ▪ DERS., Parabiblical Prophetic Narratives, in: DSSFY 1 (1998/99), 271–301. ▪ Kipp DAVIS, The Cave 4 Apocryphon of Jeremiah and the Qumran Jeremianic Traditions. Prophetic Persona and the Construction of Community Identity (StTDJ 111), Leiden 2014. ▪ Devorah DIMANT, New Light from Qumran on the Jewish Pseudepigrapha – 4Q390, in: The Madrid Qumran Congress (hg.v. J. TREBOLLE BARRERA u. L. VEGAS MONTANER;

StTDJ 11), Leiden 1992, 405–48. ▪ Michael A. KNIBB, The Exile in the Literature of the Intertestamental Period, HeyJ 17 (1976) 253–72. ▪ DERS., Exile in the Damascus Document, JSOT 25 (1983) 99–117. ▪ DERS., Art. Exile, in: EDSS 1 (2000), 276f. ▪ Vgl. auch die Lit. zum vorhergehenden Abschnitt.

Handschriftlicher Befund

Handschrift	paläogr. Datierung ca.
4Q383 = 4QapocrJer A	50–25 v.Chr.
4Q384 = 4Qpap apocrJer B?	20–50 n.Chr.
4Q385a = 4QapocrJer C^a	50–25 v.Chr.
4Q387 = 4QapocrJer C^b	50–25 v.Chr.
4Q388a = 4QapocrJer C^c	50–25 v.Chr.
4Q389 = 4QapocrJer C^d	50–25 v.Chr.
4Q390 = 4QapocrJer C^e	30–20 v.Chr.
4Q387a = 4QapocrJer C^f	50–25 v.Chr.

Einführende Bemerkungen

Es ist vielleicht ein wenig überraschend, dass im Korpus der Qumranschriften Jeremia im Vergleich etwa zu Jesaja oder Ezechiel eine eher geringe Rolle spielt. Leider sind von den Jeremia zugeordneten hebräischen Texten keine längeren zusammenhängenden Textabschnitte erhalten – aus den neun genannten Schriften lassen sich mit Vorsicht drei Werke rekonstruieren (apocrJer A: 9 Fragmente, apocrJerB: 27 kleine Papyrusfragmente, apocrJer C: 6 Handschriften). Die Texte waren zunächst mit den Namen Ezechiel und Mose verknüpft (STRUGNELL; vgl. auch BRADY). Später wurden sie von der Herausgeberin der Texte zur Figur des Jeremia gezählt (DIMANT 1992, DJD XXX).

Die Bedeutung dieser Texte für die Gemeinschaft dürfte vor allem in der thematischen und theologischen Nähe zur Verkündigung Jeremias liegen. Es scheint, dass sich die erhaltenen Texte in erster Linie auf die ethischen Forderungen des Bundes konzentrieren (4Q384 f9,4; 4Q385a f18i,9; f18ii,8–9; 4Q470 f1,3–6) – die Gemeindschaft konnte sich selbst bekanntlich als „Neuer Bund" verstehen (siehe z.B. CD VI,19; VIII,21; XIX,33–34 u.vgl. Jer 31; zum Verhältnis zum Vertändnis der Gemeinschaft vgl. jetzt DAVIS 2014).

Laut den Jeremia-Apokrypha aus Qumran hält sich der Prophet Jeremia in der Diaspora auf. Einige Fragmente lokalisieren ihn in Tachpanhes (תחפנחס, Taḥpanḥes: 4Q384; 4Q385a; vgl. Jer 2,16; 43,7–9; 44,1; 46,14, aber auch Ez 30,18), einer ägyptischen Stadt am östlichen Nildelta (Gr. Δάφνη, Dáfnē, mod. Tell Defnē), wohin nach dem Jeremiabuch die sich gegen Nebukadnezar erhebenden Juden mit dem Propheten geflüchtet sind. Andere Texte nennen nur das Land

Ägypten (4Q389), von wo aus der Prophet nach Babylon ins Exil geht (4Q385a; 4Q389). Könnte sich darin eine Trennung der Qumrangemeinschaft von Jerusalem – ein „Aufenthalt in der Wüste" – widerspiegeln (vgl. z.B. KNIBB)? Dann hätte man den verbannten Propheten nahezu als ein Typus der Gemeinschaft verstanden. Jeremia ist auch in Qumran ein wehklagender Prophet (4Q383): Er trauert um die Zerstörung des Tempels (vgl. die Klagen über den Tempel und Klgl) und wegen seines eigenen Zustands (vgl. die Konfessionen Jeremias). Einige Texte enthalten Anspielungen zwischen den Propheten Mose und Jeremia (4Q385a; 4Q470). Mose steht hier nicht nur für die Erinnerung der Vergangenheit, sondern auch für die Zukunft, durch ihn wird Jeremia noch einmal aufgewertet. Nicht ohne Grund hat man einige der jetzigen Pseudoprophetentexte eine zeitlang für Pseudo-Mose-Werke gehalten (DIMANT, vgl. ausführlich BRADY 2000).

Ob es sich bei den Jeremia-Apokrypha um genuine Qumranschriften handelt, ist umstritten, eindeutige Belege dafür gibt es nicht (anders freilich DIMANT), wenngleich Hinweise auf eine Rezeption der biblischen Bücher durch kleinere Gruppen vorhanden sind (s.o. zum Ezechielbuch). Wahrscheinlicher ist jedoch eine vorqumranische Ansetzung (BRADY 2000).

3.2.3 Das Pseudo-Daniel-Material (4QpsDan) und der „Gottessohn-Text" (4Q246 = 4QapocrDan ar)

Textausgaben: 4QPsDan ar: DJD XXII, 95–164 (COLLINS / FLINT). ▪ *4Q246:* DJD XXII,165–84 (PUECH: „4QApocryphe de Daniel ar") ▪ LOHSE II, 167–73 (STEUDEL).
Literatur: John J. COLLINS, The Son of God Text from Qumran, in: From Jesus to John. Essays on Jesus and New Testament Christology (FS M. DE JONGE, hg.v. M.C. DE BOER; JSNT.S 84), Sheffield 1993, 65–82. ▪ DERS., Pseudo-Daniel Revisited, RdQ 17/65–68 (1996) 111–35. ▪ DERS., The Background of the "Son of God" Text, BBR 7 (1997) 51–62. ▪ Lorenzo DITOMMASO, The Book of Daniel and the Apocryphal Daniel Literature (SVTP 20), Leiden 2005. ▪ DERS., 4QPseudo-Daniel[a-b] (4Q243–4Q244) and the Book of Daniel, DSD 12 (2005) 101–33. ▪ Heinz-Josef FABRY, Die frühjüdische Apokalyptik als Reaktion auf Fremdherrschaft. Zur Funktion von 4Q246, in: Antikes Judentum und frühes Christentum (FS H. STEGEMANN, hg.v. B. KOLLMANN u.a.; BZNW 97), Berlin 1999, 84–98. ▪ Joseph A. FITZMYER, 4Q246. The "Son of God" Document from Qumran, Bib. 74 (1993) 153–74. ▪ Peter W. FLINT, 4Qpseudo-Daniel ar[c] (4Q245) and the Restoration of the Priesthood, RdQ 17/65–68 (1996) 137–50. ▪ DERS., The Daniel Tradition at Qumran, in: Eschatology, Messianism and the Dead Sea Scrolls (hg.v. C.A. EVANS u. P.W. FLINT; StDSSRL), Grand Rapids/Mich. 1997, 41–60. ▪ David FLUSSER, The Hubris of the Antichrist in a Fragment from Qumran, Immanuel 10 (1980) 31–37. ▪ Florentino GARCÍA MARTÍNEZ, The Eschatological Figure of 4Q246, in: DERS., Qumran and Apocalyptic (StTDJ 9), Leiden 1992, 162–79. ▪ DERS., Two Messianic Figures in the Qumran Texts, in: Current Research and Technological Developments on the Dead Sea Scrolls (hg.v. D.W. PARRY u. S.D. RICKS; StTDJ 20), Leiden 1996, 14–40. ▪ Reinhard G. KRATZ, Translatio imperii.

Untersuchungen zu den aramäischen Danielerzählungen und ihrem theologiegeschichtlichen Umfeld (WMANT 63), Neukirchen 1991. ▪ Sharon L. MATTILA, Two Contrasting Eschatologies at Qumran (4Q246 vs 1QM), Bib. 75 (1994) 518-38. ▪ Alfred MERTENS, Das Buch Daniel im Lichte der Texte vom Toten Meer, Würzburg 1971. ▪ Émile PUECH, Fragment d'une apocalypse en araméen (4Q246 = pseudo-Dan^d) et le „Royaume de Dieu", RB 99 (1992) 98-131. ▪ DERS., Notes sur le fragment d'apocalypse 4Q246 - "Le Fils de Dieu", RB 101 (1994) 533-58. ▪ DERS., Some Remarks on 4Q246 and 4Q521 and Qumran Messianism, in: The Provo International Conference on the Dead Sea Scrolls (hg.v. D. PARRY, StTDJ 30), Leiden 1999, 545-65. ▪ Michael Segal, Who is the 'Son of God' in 4Q246? An Ovelooked Example of Early Biblical Interpretation, DSD 21 (2014) 289-312. ▪ Annette STEUDEL, The Eternal Reign of the People of God – Collective Expectations in Qumran Texts (4Q246 and 1QM), RdQ 17/65-68 (1996) 507-25. ▪ John C. TREVER, The Book of Daniel and the Origin of the Qumran Community, BA 48 (1985) 89-102. ▪ Géza G. XERAVITS, Does the Figure of "Son of Man" Have a Place in the Eschatological Thinking of the Qumran Community?, Louvain Studies 26 (2001) 334-45. ▪ DERS., King, Priest, Prophet. Positive Eschatological Protagonists of the Qumran Library (StTDJ 47), Leiden 2003.

Handschriftlicher Befund

Handschrift	paläogr. Datierung ca.
4Q243-44 = 4QpsDan^{a-b} ar	1-30 n.Chr.
4Q245 = 4QpsDan^c ar	1-30 n.Chr.
4Q246 = „Gottessohn-Text" = 4QapocrDan ar	um 25 v.Chr.

Einführende Bemerkungen

Das Buch Daniel gehört in der hebräischen Bibel nicht zur prophetischen Literatur, wozu nicht zuletzt seine späte Entstehungszeit beigetragen haben dürfte (um 167-164 v.Chr.). Die spätere Tradition hingegen rechnet Daniel – den schon ursprünglich pseudonymen Verfasser des Buches – mit Vorliebe zu den Propheten. Das spiegelt seine Stellungen im Kanon wieder, z.B. in der griechischen Übersetzung der Septuaginta, der lateinischen der Vulgata oder der syrischen der Peschitta. Darauf deuten aber auch schon einige frühe jüdische Werke, die Daniel als Propheten erwähnen (DITOMMASO 2005). So dürfte auch die Qumrangemeinschaft Daniel für eine prophetische Figur gehalten haben, heißt es doch im Midrasch zur Eschatologie (4Q174+4Q177): „... wie es geschrieben steht im Buche des *Propheten Daniel*" (4QMidrEsch IV,3 = 4Q174 f1ii,3). Das mag als Erklärung genügen, warum die Daniel-Pseudepigrapha hier unter den para-prophetischen Werken behandeln werden.

Das Buch Daniel und seine theologischen Hauptgedanken stehen in enger Verwandtschaft zu denen der Qumrangemeinschaft. Einige Forscher gingen so weit, den Verfasser des Danielbuchs mit dem „Lehrer der Gerechtigkeit" zu identifizieren (TREVER 1985). Das ist freilich kaum haltbar, doch gibt es zwischen den Qumranschriften und dem Danielbuch vielfältige Zusammenhänge (MERTENS 1971). Das Buch selbst blieb in acht Exemplaren (1Q71–72; 4Q112–16; 6Q7; s.o.) erhalten. Daneben fand man mehrere Schriften, die als Daniel-Pseudepigraphen zu bestimmen sind. So gibt es drei sehr fragmentarisch erhaltene aramäische Manuskripte, die vielleicht ein einziges Werk bezeugen (4QPseudo-Daniel$^{a-b, \ c}$ = 4Q243–44 und 4Q245). Aus den Fragmenten lassen sich die Reste eines geschichtstheologischen Überblicks zusammenstellen, in dem Daniel am königlichen Hof verschiedene Ereignisse von der Urgeschichte bis zur Endzeit – also Ereignisse der Vergangenheit, der Gegenwart und der Zukunft – in Erinnerung ruft bzw. ankündigt. Der Verfasser des Pseudo-Daniel will, ebenso wie der Redaktor des Danielbuchs, eine religiöse und heilsgeschichtliche Interpretation der Weltgeschichte bieten. Überraschend ist, dass die textlich festgehaltene Vergangenheitsepoche bei Pseudo-Daniel länger ist als bei Daniel (4Q243 f1,9–14; 4Q244 f1,8–13) – bei Daniel kommt die Zeit vor der Herrschaft Nebukadnezars gar nicht vor. In 4Q245 steht das Bild eines zukünftigen Lohns im Vordergrund; die Bösen werden vernichtet und die Heiligen sich erheben (ist die Wurzel *qûm* als Auferstehung zu deuten?) und umkehren.

Von der aramäischen Schrift *4Q246*, unter der Bezeichnung „Daniel-Apokryphon" (4QapocrDan ar) herausgegeben, heute jedoch meist „*Gottessohn-Text*" genannt, blieb nur ein einziges Fragment erhalten. Zwar ist der Text lediglich eineinhalb Kolumnen lang, dafür ist der Inhalt umso interessanter:

f1[0],1[... ^{9}... Und man ließ ihn eintreten (?)]
f1i,1[vor den König (?), und Furcht (?)] überkam [i]hn. Er fiel nieder vor dem Thron, ^{2}[und sogleich sprach er (?) zum Kö]nig: Seit ewiger Zeit bist du erzürnt, und deine Jahre ^{3}[vergehen in Furcht. (?) Ich werde] deine Vision [erkl]ären, und all dies wird dich [nicht] mehr ^{4}[erzürnen (?). Durch m]ächtige [Könige] wird die Bedrängnis über die Erde kommen. ^{5}[Es wird Krieg geben unter den Völkern (?)] und großes Blutvergießen in den Provinzen. ^{6}[Die Könige werden sich erheben (?), und es werden sich verbünden (?)] der König von Assur [und (der König) von Ä]gypten. ^{7}[Es wird aufstehen ein anderer König (?), und er] wird groß sein über die Erde. ^{8}[Die Könige werden Frieden mit ihm (?)] schließen (?), und alle werden [ihm] dienen. ^{9}[„Sohn des (?) gr]oßen [Herrschers"(?)] wird er gerufen werden, und mit seinem Namen wird er benannt werden.
f1ii,1 „Sohn Gottes" wird er genannt werden, und „Sohn des Höchsten" wird man ihn rufen (vgl. Ps 82,6 u. dazu SEGAL 2014!). Wie die Sternschnuppen/Kometen ^{2}der Schau (?), so wird ihre Königsherrschaft sein. Jahr[e] werden sie herrschen über ^{3}die Erde, und alles werden sie mit Füßen treten, ein Volk wird das andere mit Füßen treten und eine Provinz die ande[r]e. ^{4}(*vacat*) Bis das Volk Gottes aufstehen wird und allem Ruhe verschafft vor dem Schwert. (*vacat*) ^{5}Dessen Königsherrschaft wird eine ewige Königsherrschaft sein, und all

seine Wege werden in Wahrheit sein. Es wird ri[chten] ⁶die Erde in Wahrheit, und alles wird Frieden schließen (?). Zerstörung wird von der Erde verschwinden, ⁷und alle Provinzen werden ihm huldigen. Der große Gott wird selbst seine Stärke sein, ⁸und er wird für es Krieg führen. Völker wird er in seine Hand geben, und sie alle ⁹wird er vor ihm niederwerfen. Seine Herrschaft wird eine ewige Herrschaft sein, und all die Abgründe der
 ᶠ¹ⁱⁱⁱ,¹[Erde (?) werden es nicht besiegen (?) ...]

Nach den einleitenden Zeilen i,1–3, die den Hintergrund des Folgenden vorstellen, ist eine aus vier Teilen bestehende Traumdeutung zu lesen, in der die anonyme Hauptfigur des Textes – wohl Daniel – den Traum des Königs (ursprünglich vor f1i,1) deutet:

4Q246	Inhalt
i,1–2a.2b–4	„Daniel" am Königshof zur Traumdeutung und deren Einleitung
i,4b–6	Die grausame Herrschaft der Könige von Assur und Ägypten
i,7–ii,1a	Mit ihnen verbündet sich ein „anderer" König , dessen Titel ihn als göttlich legitimert erweisen (u.a. „Sohn Gottes")
ii,1b–3	Das Ende der Herrschaft der bösen Könige
ii,4.5–9	Herrschaftsantritt (Z. 4) und Königsherrschaft des Gottesvolks

Die Interpretation des königlichen Traumes besteht aus zwei Abschnitten (i,4b–ii,3 u. ii,4–?). Der erste beschreibt vor allem ein negatives Geschehen (i,4b–f1ii,3), an dessen Ende eine Gestalt steht, deren Titel in i,9–ii,1 genannt werden: „ⁱ,⁹[,Sohn des (?) gr]oßen [Herrschers'(?)] wird er gerufen werden, und mit seinem Namen wird er benannt werden. ⁱⁱ,¹,Sohn Gottes' wird er genannt werden, und ‚Sohn des Höchsten' wird man ihn rufen."

Wer damit gemeint ist, ist in der Forschung umstritten (vgl. zusammenfassend XERAVITS 2003). Man ist sich nicht einmal darüber einig, ob es sich um eine positive oder eine negative Gestalt handelt: Sind die Namen „Sohn Gottes" und „Sohn des Höchsten" polemische Chiffren für den Seleukidenkönig Antiochos IV. Epiphanes (so STEUDEL 1996 u.a.), dessen Herrschaft anschließend von der des Gottesvolks abgelöst wird? Dann wäre freilich die positive Gestalt in ii,5–9 eine kollektive Größe, nämlich das Volk Israel (wie in Daniel 7 die „Heiligen des Höchsten" – Dan 7 ist in 4Q246 ygeradezu zitiert).

Oder geht es an beiden Stellen, i,9–ii1,1a und ii,5–9 um eine individuelle messianische Gestalt (so etwa XERAVITS 2001 u. 2003: 4Q246 gehört zu einer Überlieferung, die in Dan 7 wurzelt und ausführlicher Sprüche- und im 4. Esrabuch vorkommt. Im letzteren steht der eschatologische Krieg im Hintergrund. Gegner des Volkes Gottes und dessen [individuellem!] Vertreter sind die feindlichen Völker und ihre Könige. Diesen Vertreter nennen Dan, 1 Henoch und 4 Esra „*Menschensohn*", 4Q246 betont darüber hinaus die *Gottessohn*schaft des Helden.) Dazu muss die Hauptzäsur im Text zwischen in Kol. ii, Zeile 1 gelegt werden, was, anders als eine Zäsur vor Kol. ii, Z. 4 (wo jeweils ein *vacat* steht) im Text graphisch nicht angedeutet ist.

Dagegen spräche auch, dass der Titel „Gottessohn" sonst nirgends für den jüdischen Messias belegt ist, sowie dass nach dem Auftreten des Messias zunächst jahrelang nichts geschehen würde (ii, 2b–3a!) – auch zu dieser etwas kuriosen Situation gibt es keine Parallele. 2Makk 7, Dan 11, 1QM I, die in mancherlei Hinsicht ebenfalls Parallelen zu 4Q246 aufweisen, können hingegen im Sinne einer kollektiven Heilserwartung interpretiert werden (STEUDEL 1996 u.a.).

Hier sei noch kurz auf die Parallelen zwischen diesem Text und der Verkündigungsszene bei Lukas hingewiesen, in dessen Evangelium der Engel die Geburt Jesu verkündigt. Vor allem dem Lukastext liegen offensichtlich 2 Sam 7 sowie Jes 9 (u.a.) zugrunde. Der Verfasser von 4Q246 verwendet fast die gleichen Attribute, die Lukas in individuell-messianischer Bedeutung benutzt (vgl. auch SEGAL 2014):

4Q246	Lukasevangelium
i,7: „wird groß sein über die Erde"	Lk 1,32: „Der wird groß sein"
ii,1: „‚Sohn des Höchsten' wird man ihn rufen"	Lk 1,32: „und Sohn des Höchsten genannt werden"
ii,1: „‚Sohn Gottes' wird er genannt werden"	Lk 1,35: „Gottes Sohn genannt werden"
ii,5: „dessen Königsherrschaft wird eine ewige Königsherrschaft sein"	Lk 1,33: „und er wird König sein [...] in Ewigkeit"

Diese Parallelen selbst bedeuten selbstverständlich nicht unmittelbar, dass die Hoheitstitel für das Daniel-Apokryphon dieselbe Bedeutung wie für den Verfasser des Lukasevangeliums hatten (umso weniger natürlich, wenn es sich um in ersterem um Antiochos IV. oder um eine Gruppe handeln sollte). Hätten die ersten christlichen Schriftsteller die Person Jesu mit Attributen bezeichnet, die in der Denkweise jüdischer Strömungen der davorliegenden Zeit negativ besetzt waren? Auf der anderen Seite: Wie erwähnt, handelt es sich um Zitate und Anspielungen aus dem Alten Testament, die durchaus gut *ohne* einen negativen Blick wie in 4Q246 verstanden werden können. – Jedenfalls steht bei beiden Texten der hellenistische Herrscherkult im Hintergrund (STEUDEL 1996).

Der Vollständigkeit halber seien noch zwei weitere aramäische Schriften (veröffentlicht von Émile PUECH in DJD XXXVII) genannt, die leider nur sehr fragmentarisch erhalten sind. 4Q551 (= 4QAccount ar, *olim* 4QDanSuz? ar [ca. 50 v.Chr.]) gehört vielleicht zur deuterokanonischen Geschichte der Susanna (Dan 13), 4Q552–553 und 4Q553a (= 4QFour Kingdoms[a–c] ar [ca. 50–25; 75–50 bzw. um 50 v.Chr.]; *olim* 4Q552–553 = 4QFour Kingdoms[a–b] ar) berichten über eine Vision, in der neben Engel auch vier Bäume vorkommen. Da Bäume Herrschaft symbolisieren, und der eine als Babylon bezeichnet wird, dürfte dieser Text dem Bild von den aufeinander folgenden Weltreichen aus Danielbuch nahestehen. Zum auch in den Umkreis des Danielbuchs gehörenden Gebet des Nabonid (4Q242 = 4QPrNab ar). s.u. 9.2.3.

3.3 Die Testamentenliteratur

Aus der Literatur des frühen Judentums ist schon lange eine umfangreiche, aus mehreren Bestandteilen zusammengesetzte Schrift bekannt, die man auch zu den parabiblischen Schriften zählen kann. Darin mahnen und lehren die Väter der zwölf Stämme jeweils auf ihrem Sterbebett, ihrem Lebensende nahe, ihre Söhne. Der „Haupttitel" der auf Griechisch erhaltenen Schrift lautet „Testamente der zwölf Patriarchen" (Διαθῆκαι τῶν δώδεκα πατριαρχῶν, *Diathḗkai tōn dṓdeka patriarchṓn* (etwa „Testamente [o. Vermächtnisse] der Erzväter"; im Weiteren abgekürzt als TestXII). Jeder Untertitel der Schrift enthält wiederum das Wort διαθήκη, *diathḗkē*. Dieser Begriff ergibt sich natürlich aus der literarischen Rahmung der grundlegenden Teile des Werkes. So ist es auch kein Zufall, dass die Forschung die Gattung dieses und ähnlicher Werke als „Testamente" bezeichnet. Obwohl die TestXII selbst in der vorliegenden Form ein christliches Werk darstellt (aus der umfangreichen Literatur dazu s. nur DE JONGE 1975 u. 1991), liegt ihr Ursprung zweifellos in älterer Zeit, was man daran erkennen mag, dass auch die Literatur des frühen Judentums von der Verbreitung dieser Gattung zeugt. Die Besonderheit der Gattung der Testamente liegt auch in ihrem außergewöhnlichen erzählerischen Aufbau. So ist es ja lediglich der Erzählrahmen, der die Gattung bestimmt – innerhalb desselben kann man in den einzelnen Werken durchaus abwechslungsreiche literarische Formen finden. Robert KUGLER (2000, 933) resümiert die Erkenntnisse von John COLLINS (1984, 325–55) folgendermaßen:

> A testament is defined not by specific content but by its narrative framework. The subject matter of testaments varies considerably and cannot be used to establish the presence of the genre; although a testament often includes the speaker's narration of events and visions from his life, exhortations to his children, and eschatological predictions regarding his descendants [...], in some cases only one or two of these elements appear [...]. By contrast, the narrative framework of testamentary literature is relatively consistent. A testament is almost always a first-person deathbed address, which is introduced by a description of the context for the address and concluded by a narration of the speaker's death.

In Qumran blieben Reste zahlreicher Schriften erhalte, die den Charakter eines Testaments tragen. Einige dürften die semitischsprachigen Vorgänger der TestXII darstellen (T. Juda, T. Naphtali, T. Joseph), andere enthalten bisher unbekannte Werke (Levi, Kehat, Amram).

Die erste Gruppe hilft bei der Suche nach den Umständen der Entstehung und früheren Überlieferung der später christlich-jüdischen Texte der TestXII, die zweite Gruppe zeugt von der Vielfalt und Verbreitung der Gattung. Wahrscheinlich sind beide Gruppen nicht den genuinen Qumranschriften zuzurechnen, sondern vermutlich vorqumranisch, auch wenn es hier und da Hinweise gibt, die in die Richtung „qumranischer" Denkweise gehen. Wie bereits öfter beobachtet, dürfte diese Tatsache aber vor allem für die Aufnahme der Schriften in das Korpus der Qumrantexte verantwortlich sein und weniger dafür, dass die Texte in der Qumrangemeinschaft verfasst worden sind.

3.3.1 Die Testamente der zwölf Patriarchen (TestXII; Levi, Amram, Kehat)

Textausgaben, Übersetzungen, Kommentare: *Testamente der zwölf Patriarchen (TestXII):* Jürgen BECKER, Die Testamente der zwölf Patriarchen (JSHRZ III,1), Gütersloh 1974 (²1980). ▪ Harm W. HOLLANDER / Marinus DE JONGE, The Testaments of the Twelve Patriarchs. A Commentary (SVTP 8), Leiden 1985. ▪ Marinus DE JONGE, The Testaments of the Twelve Patriarchs. A Critical Edition of the Greek Text (PVTG 1,2), Leiden 1978. ▪ APAT II, 458–506 (F. SCHNAPP).
Aramaic Levi Document (ALD): DJD XXII, 1–72 (STONE / GREENFIELD). ▪ Jonas C. GREENFIELD / Michael E. STONE / Esther ESHEL, The Aramaic Levi Document. Edition, Translation, Commentary (SVTP 19), Leiden 2004. ▪ Henryk DRAWNEL, An Aramaic Wisdom Text from Qumran. A New Interpretation of the Levi Document (JSJ.S 86), Leiden 2004. ▪ *Kehat u. Amram:* DJD XXXI, 257–405 (PUECH).
Levi-Apokryphon: DJD XXXI, 213–56 (PUECH).
Literatur: George J. BROOKE, 4QTestament of Levi and the Messianic Servant High Priest, in: From Jesus to John. Essays on Jesus and New Testament Christology (FS M. DE JONGE , hg.v. M.C. DE BOER; JSNT.S 84), Sheffield 1993, 83–100. ▪ John J. COLLINS, Art. Testaments, in: CRINT II/2, 325–55. ▪ DERS., Teacher and Servant, RHPR 80 (2000) 37–50. ▪ Edward M. COOK, Remarks on the Testament of Kohath from Qumran Cave 4, JJS 44 (1993) 205–19. ▪ Robert EISENMAN / Michael O. WISE, The Dead Sea Scrolls Uncovered, Rockport/Mass. 1992. ▪ Florentino GARCÍA MARTÍNEZ, 4Q'Amram b i 14. ¿Melki-resha' o Melki-sedeq?, RdQ 12/45 (1985) 111–14. ▪ Martin HENGEL / Daniel P. BAILEY, The Effective History of Isaiah 53 in the Pre-Christian Period, in: The Suffering Servant. Isaiah 53 in Jewish and Christian Sources (hg.v. B. JANOWSKI u. P. STUHLMACHER), Grand Rapids/Mich. 2004, 75–146. ▪ Marinus DE JONGE, The Testaments of the Twelve Patriarchs. A Study of their Text Composition and Origin, Assen 1975. ▪ DERS., Jewish Eschatology, Early Christian Christology and the Testaments of the Twelve Patriarchs. Collected Essays (NT.S 63), Leiden 1991. ▪ DERS., Levi in Aramaic Levi and in the Testament of Levi, in: Pseudepigraphic Perspectives (hg.v. E.G. CHAZON u. M.E. STONE; StTDJ 31), Leiden 1999, 71–89. ▪ Paul I. KOBELSKI, Melchizedek and Melchiresha' (CBQ.MS 10), Washington/D.C. 1981. ▪ Robert A. KUGLER, From Patriarch to Priest. The Levi-Priestly Tradition from Aramaic Levi to Testament of Levi (SBL.EJL 9), Atlanta/Ga. 1996. ▪ DERS., Priesthood at Qumran, in: DSSFY 2 (1998/99), 93–116. ▪ DERS., Art. Testaments, in: EDSS 2 (2000), 933–36. ▪ Józef T. MILIK, 4QVisions de 'Amram et une citation d'Origène, RB 79 (1972) 77–99. ▪ DERS., Milki-sedeq et Milki-resha' dans les anciens écrits juifs et chrétiennes, JJS 23 (1972) 97–144. ▪ Émile PUECH, 4QTestament de Qahat en araméen de la grotte 4 (4QTQah), RdQ 15/57–58 (1991) 23–54. ▪ DERS., Fragments d'un apocryphe de Lévi et le personnage eschatologique. 4QTestLévi[c–d] (?) et 4QAJa, in: The Madrid Qumran Congress (hg.v. J. TREBOLLE BARRERA u. L. VEGAS MONTANER; StTDJ 11), Leiden 1992, 449–501. ▪ DERS., Le Testament de Lévi en araméen de la Geniza du Caire, RdQ 20/80 (2002) 511–56.

▪ DERS., Le Testament de Lévi araméen, Cambridge a–b et f. Corrigenda et addenda, RdQ 23/92 (2008) 543–61. ▪ Michael E. STONE, Aramaic Levi Document and Greek Testament of Levi, in: Emanuel. Studies in Hebrew Bible, Septuagint and Dead Sea Scrolls (FS E. Tov, hg.v. Sh.M. PAUL u.a.; VT.S 94), Leiden 2003, 429–37. ▪ Jarl Henning ULRICHSEN, Die Grundschrift der Testamente der Zwölf Patriarchen (HR[U] 10), Uppsala 1991.

Dass priesterlich geprägte Texte für die Qumrangemeinschaft Bezugstexte darstellten, ist leicht zu sehen (vgl. auch KUGLER 1999). Es ist demnach kein Zufall, dass in sich unter den Qumranschriften auch mehrere Werke befinden, die sich mit den priesterlichen Patriarchen befassen. Davon sind insbesondere drei erhalten geblieben: Levi und seine Nachkommenschaft, Kehat und Amram. Das Genre, um das es hier geht, ist das „Testament", das entweder rein formal durch eine Rahmenhandlung (d.h. das Zusammenrufen der Familie des Sprechers an sein Sterbebett, anschließend die eigentliche „Testamentsrede", dann die Erwähnung des Todes des Sprechers) definiert werden kann oder anhand inhaltlicher Kriterien erhoben wird (was naturgemäß schwieriger ist, da sich immer auch Gattungen miteinander vermischen, so dass u.a. Paränese, eschatologischer o. apokalyptischer Diskurs als notwendig erachtet werden, mitunter auch beides).

Während es sich bei den Kehat und Amram zugerechneten Werken um wirkliche Testamentenliteratur handelt, ist die Levi-Schrift nach formalen Kriterien nicht zu den Testamenten zu rechnen. Sie wird auch deswegen heute zumeist unter dem Namen „Aramaic Levi Document" (ALD; aramäisches Levi-Dokument) geführt (vgl. aber auch DRAWNEL 2004, der allgemeiner von einem „aramäischen Weisheitstext" spricht).

Die Schrift war, ähnlich der Damaskusschrift, bereits vor den Funden in Qumran bekannt, und zwar ebenfalls aus der Geniza der karaitischen Synagoge in Kairo (1900 veröffentlicht; Handschrift etwa aus dem 11. Jh., Cambridge Kol. a–f, dazu gehörend ein Folioblatt aus Bodleian Library Oxford, Heb c 27, Fol. 56), außerdem in griechischer Sprache in Zusätzen zu einer Handschrift („e") der sog. „Testamente der zwölf Patriarchen" (TestXII oder T12P) aus dem Kloster Kutlumusíu auf dem Berg Athos (KUGLER 1996; GREENFIELD u.a. 2004). Zudem gibt es Teile einer syrischen Handschrift, aus den Überschneidungen des aramäischen und griechischen Textes lässt sich ein mehr oder weniger durchgehender Text rekonstruieren (die Lücken vielfach ergänzt in der Ausgabe von Émile PUECH 2002/2008).

3.3.1.1 Das aramäische Levi-Dokument (Aramaic Levi Document, ALD)

Handschriftlicher Befund (Qumran)

Handschrift	paläogr. Datierung ca.
1Q21 = 1QLevi ar (*olim* 1QTLevi ar)	100–1 v.Chr.
4Q213 = 4QLevi[a] ar, *olim* Teil von 4QLevi[a])	50–25 v.Chr.
4Q213a = 4QLevi[b] ar, *olim* Teil von 4QLevi[a])	75–50 v.Chr.
4Q213b = 4QLevi[c] ar, *olim* Teil von 4QLevi[a])	75–50 v.Chr.
4Q214 = 4QLevi[d] ar, *olim* Teil von 4QLevi[b])	75–50 v.Chr.
4Q214a = 4QLevi[e] ar, *olim* Teil von 4QLevi[b])	50–25 v.Chr.
4Q214b = 4QLevi[f] ar, *olim* Teil von 4QLevi[b])	150–30 v.Chr.

Einführende Bemerkungen

Aufgrund von Parallelen kann man annehmen, dass das Levi Document nicht nur seinem Charakter nach ein Vorbote der Testamentenliteratur ist, sondern sogar als Quelle für einige Abschnitte des Jubiläenbuchs und des Testaments Levis (in TestXII) gedient haben dürfte. Weiterhin wird es auch an einer Stelle in der Damaskusschrift zitiert. Der Stil, die historischen Hintergründe sowie das Alter der mutmaßlich abhängigen Werke führt den Großteil der Forschung dazu, die Aramäische Levi-Schrift für vergleichsweise alt zu halten. Ihre Entstehung wird meist in das 3. Jh. v.Chr. datiert (STONE 2003). Damit ist sie auch sicher vorqumranisch.

Was ihren Inhalt betrifft, ist laut den erhaltenen Fragmenten der erste Teil der aramäischen Levi-Schrift die Geschichte von der Rächung der Schandtat an Dina und dem Blutbad zu Sichem (Gen 34). Darauf folgen ein Gebet Levis und eine Vision: Levi wird in den Himmel erhoben, wo er zum Hohepriester wird. Dann trifft er Isaak und Jakob: Isaak segnet ihn, Jakob legt ihm sein Priesterghewand an und segnet ihn ebenfalls (4Q213b,4–6 = GREENFIELD/STONE/ESHEL 5,1–4, ergänzt nach ALD §6–9 = Bodleian Ms. a, i,9–20; Übersetzung nach DRAWNEL 2004).

> [4][... Da]nn, als Jakob, mein Vater, den Zehnten bezahlte, von [5][allem, was er besaß, gemäß seinem Eid. Nun nahm ich den ersten Rang unter den Priestern ein]; und mir, von allen seinen Söhnen, gab er [6][ein Opfer des Zehnten an Gott, und er legte mir das Priestergewand an und weihte mich (w. füllte meine Hände), und ich wurde Priester für] den ewigen (o. höchsten? so Bodleian Ms. A pl. VIII, 20) Go[tt. Und ich opferte alle seine Opfergaben und segnete meinen Vater in seinem Lebens und ich segnete meine Brüder.]

Danach erscheint wieder Isaak und lehrt Levi die Priestergesetze; es folgt eine Geneaologie Levis. In den zwei letzten Teilen der erhaltenen Fragmente hält Levi zuerst eine Weisheitsrede, später prophezeit er, dass einige seiner Nachfahren den gerechten Weg verlassen werden (4Q213 f4,5–6 = GREENFIELD/STONE/ESHEL *unclassified*, DRAWNEL ALD §102):

> ⁵[... die W]ege der Wahrheit werdet ihr verlassen, und alle Pfade ⁶[der Rechtschaffenheit(?)] werdet ihr aufgeben, und ihr werdet wandeln darin im D[un]kel [...]

Abgesehen vom letzten Stück – das einzig in den Qumran-Fragmenten enthalten ist – entbehrt die Aramäische Levi-Schrift – im Gegensatz zu den vergleichbaren Schriften aus dem 2. Jh. v.Chr. – jedes polemischen Hinweises. Die Figur Levi vereint im Werk die Charakteristika des Priesters und des Weisen. Die Denkweise zeigt, dass die Schrift in priesterlich geprägten Kreisen entstanden ist, auch wenn die meisten der Priestergesetze weder aus dem Pentateuch noch aus anderen bekannten Schriften stammen oder in rabbinischen Vorschriften zu finden sind – die Erklärung dieser Tatsache hat ggf. weite Konsequenzen für das Bild des Jerusalemer Tempels im 3. Jh., zumindest aber für das Bild der Verfasser des aramäischen Levi-Dokuments. Der Sonnenkalender wird, ebenfalls ohne weitere Polemik, verwendet.

Wenn der priesterliche Patriarch in der Aramäischen Levi-Schrift von seiner Nachkommenschaft erzählt, hebt er darin zwei Gestalten besonders hervor (ALD §66f. = GREENFIELD/STONE/ESHEL 11,5f. und ALD §75f. = GREENFIELD/STONE/ESHEL 12,3f.):

> ⁶⁶...Und sie empfing wiederum [...], und ich nannte ihn K[ahat. ⁶⁷Und ich sa]h, dass er eine Versammlung des ganzen [Volkes] haben würde und dass er das Hohepriesteramt [über ganz Isr]ael innehaben würde. ...
>
> ⁷⁵Und Amram nahm eine Frau für sich, meine Tochter Jochebed, während ich noch lebte, im vierundneunzigsten Jahr meines Lebens. ⁷⁶Und ich nannte ihn Amram, als Amram geboren wurde, denn als er geboren wurde, sagte ich: „Dieser eine [wird herausführen] das Volk aus dem Land Ägypten." Deshalb wird er genannt werden: „Erhöhtes [Volk]".

Kehat (קהת, *Qᵉhāt*), der zweite Sohn Levis, und *Amram* (עמרם, *ʿAmrām*), der Sohn Kehats und Vater von Mose und Aaron, (in der Deutung von „hochheben, aufheben" [*rā'm/rûm*] abgeleitet: *ʿammā' rā'mā'*, „erhöhtes Volk"). Auch diese beiden Figuren waren in Qumran der Gegenstand theologischer Reflexion.Das bezeugen zwei, nur aus der Bibliothek von Qumran bekannten Manuskripte: Das *Testament Kehats* (4QTestament of Qahat ar = 4Q542) und die *Visionen Amrams* (4QVisions of Amram ar = 4Q54543–4Q547, 4Q548?, 4Q549?).

3.3.1.2 Das Testament Kehats und die Visionen Amrams

Literatur: Henryk DRAWNEL, The Literary Form and Didactic Content of the „Admonitions (Testament) of Qahat", in: From 4QMMT to Resurrection. (FS É. PUECH, hg.v. F. GARCÍA MARTÍNEZ u.a., StTDJ 61), Leiden 2006, 55–73. ▪ DERS., The Initial Narrative of the Visions of Amram and Its Literary Characteristics, RdQ 24/96 (2010) 517–54. ▪ Robert R. DUKE, The Social Location of the Visions of Amram (4Q543–547), New York 2010. (Dazu Mirjam BOKHORST, JSJ 43 [2012] 88f.) ▪ Liora GOLDMAN, Dualism in the Visions of Amram, RdQ 24/95 (2010) 421–32. ▪ DIES., The Burial of the Fathers in the Visions of Amram from Qumran, in: Rewriting and Interpreting the Hebrew Bible (hg.v. D. DIMANT u. R.G. KRATZ, BZAW 439), Berlin 2013, 231–49. ▪ James C. VANDERKAM, Jubilees 46:6–47:1 and 4QVisions of Amram, DSD 17 (2010) 141–58.

Handschriftlicher Befund

Handschrift	paläogr. Datierung ca.
4Q542 = 4QTQah ar	125–100 v.Chr.
	(^{14}C: 395–181 v.Chr.)
4Q543 = 4QVisions of Amram^a ar	150–100 v.Chr.
4Q544 = 4QVisions of Amram^b ar	150–100 v.Chr.
4Q545 = 4QVisions of Amram^c ar	100–35 v.Chr.
4Q546 = 4QVisions of Amram^d ar	65–35 c.Chr.
4Q547 = 4QVisions of Amram^e ar	150–100 v.Chr.
4Q548 = 4QVisions of Amram^f ar?	50–1 v.Chr.
4Q549 = 4QVisions of Amram^g ar?	30–1 v.Chr.

Das Testament Kehats besteht aus drei Fragmenten, die Visionen Amrams aus fünf, wahrscheinlich sogar sieben Handschriften.

Einführende Bemerkungen

Die erhalten gebliebenen Zeilen von 4Q542 enthalten eine paränetische Abschiedsrede und durch f1ii,9–11 wird klar, dass der Erzähler der Sohn Levis und der Vater Amrams ist – also Kehat. Der kurze erhaltene Text betont zwei wichtige Aspekte: die Bewahrung der Tradition sowie endzeitlichen Lohn und Bestrafung (4Q542 f1i,4–10):

> ^{4}[...] Und nun, meine Söhne, nehmt euch in Acht in Bezug auf das Erbe, welches euch übe{r}geben worden ist ^{5}und welches euch eure Väter gegeben haben, und gebt euer Erbe nicht den Fremden und eure Schätze ^{6}nicht den Bösewichten, so dass ihr zu (Exempeln von) Niederträchtigkeit und Schmach werdet in ihren Augen und über euch die Verachtung empfinden, die ^{7}für euch (eigentlich) Beisassen sind und Oberhäupter für euch (stellen). Haltet vielmehr fest am Wort Jakobs, ^{8}eures Vaters, und festigt euch in den Gesetzen Abrahams und in der Gerechtigkeit des Levi und der meinen, und seid Heil[i]ge und rein von jeglicher ^{9}[Ver]mengung, an der Wahrheit festhaltend und in Rechtschaffenheit wandelnd und nicht

geteilten Herzens. ¹⁰Vielmehr mit reinem Herzen und in wahrhafter und guter Geistesgestaltung [...]

Voraussetzung der (kultischen) Reinheit ist demnach das Bewahren der Traditionen und die bedingungslose Treue dazu. Das Testament Kehats betrachtet es im Gegensatz zur aramäischen Levi-Schrift offenbar als Bedrohung, wenn die Tradition in fremde, d.h. unreine Hände gelangt. Aus theologischer Sicht ist der sich auf Lohn und Strafe beziehende Abschnitt hervorzuheben, der das Schicksal der Gerechten und der Bösen beschreibt (f1ii,2–8):

> ²[... und jeder] ³Ewigkeits-Segen wird auf euch niederkommen und es wir[d ...] ⁴Bestand habend für alle Generationen von Ewigkeiten und nicht wieder wird [...] ⁵aus/von eurer Züchtigung und ihr werdet antreten, um ein Gericht von E[wigkeiten] zu halten [...] ⁶und um zu schauen die Verschuldung aller Schuldigen von Ewigkeiten [...] ⁷und bö[s]e und in die Urtiefen und in alle Löcher, um zu vermisch[en (/verwirren) ...] ⁸Söhne der Wahrheit. Und es werden alle Söhne [des] Frevels verschwinden [...]

Im Hintergrund des Abschnitts stehen Passagen wie 1 Henoch 10 und 22, wo ebenfalls Feuer und Abgründe mit dem Schicksal der Frevler in Verbindung gebracht werden. Vielleicht darf man bei קאם Part. P^{e}ʿal (qāʾem, von der Wurzel qûm, „stehen, auf[er]stehen" am Beginn von Z. 4 gar an die Auferstehung denken? (Hier nach MAIER wiedergegeben mit „Bestand habend").

Die sich auf die Visionen des Amram, den Enkel Levis, beziehende Literatur (4Q543–549) ist in nicht weniger als sieben Manuskripten in Höhle 4 erhalten, sogar ihr „Titel" (4Q543 [f1 =] I,1–4, ergänzt nach 4Q545–46):

> ¹Kopie der Schrift der Worte der *Visionen des Amram*, Sohn [des Kehat, Sohn des Levi, alles, was] ²er seinen Söhnen erzählte und was er ihnen befahl am [Tag seines Todes im Jahr Hundert-] ³-sechsunddreißig, dies ist das Jahr [sein]es [Todes, im Jahr Hundert-] ⁴-zweiundfünfzig der Exi[lierung I]s[ra]els in Ä[gypte]n [...]

Der Text ähnelt den literarischen Rahmentexten der Testamente, da er den Stoff in den Kontext einer Rede eines Patriarchen am Sterbebett stellt. Der vollständige Inhalt der Visionen ist aufgrund der Unvollständigkeit der Manuskripte leider nicht einmal sicher zu erraten. Der Herausgeber Émile PUECH hat Reste von neun Kolumnen Werkes identifiziert (DJD XXXI), die sich alle, nachdem sie ein paar Episoden aus dem Leben Amrams erzählen, mit dem gleichen Ereignis beschäftigen. So mag man die Visionen des Amram als theologisch-theoretischen Teil der drei mit priesterlichen Patriarchen verknüpften Qumran-„Testamente" deuten.

Melchizedek (*Malkî-Ṣædæq*) und *Malkî-Ræšaʿ*?

In den Visionen Amrams erscheinen zwei Engelwesen, deren Gespräche mit Amram festgehalten sind. Die Ordnung der Welt wird in einen dualistischen Rahmen gestellt, der jedoch anders beschrieben wird als in anderen Qumrantexten (GOLDMAN 2010). In Kol. II des Werkes berichtet Amram über folgende Ereignisse (4Q544 f1,10–15, ergänzt nach 4Q543 und 4Q546):

> ¹⁰[...] und da waren zwei, die urteilten über mich und sagten [...] ¹¹und brachten gegen mich eine große Anklage vor. Da fragte ich sie: Ihr da, warum seid ihr [...] ¹²[...] und herrschen über alle Adamsöhne. Und sie sagten zu mir: Welchen von un[s ...] ¹³[...] von ihnen ein fur[chterregen]des Aussehen [... und] seine [Klei]dung war buntfarben, und ganz dunkel war [...] ¹⁴[...] mit dem Aussehen seines Gesichts lachend [und bedeckt ...]

Obwohl sich die zwei Personen dem Amram als Hüter der Herrschaft über die gesamte Menschheit vorstellen, stellen sie ihn vor eine Wahl. Auch wenn hier Texte wie z.B. die Zwei-Geister-Regel (1QS III,13–IV,26) sofort ins Gedächtnis kommen, so wird doch keine restlos deterministische Ordnung propagiert, sondern dem Einzelnen wird seine Entscheidungsfreiheit belassen. Er bekommt sogar Hilfe für seine Wahl, indem die beiden Figuren sich vorstellen (4Q544 f2,12–16):

> ¹[...] herrscht über dich [...] ²[...], wer ist er? Und er sagte zu mir: Dieser [...] ³[...] und *Malkî-Ræšaʿ*. [(vacat)] Und ich sagte: Mein Herr! Was ⁴[...] und all sein Werk ist finster und durch die (/in der) Finsternis [...] ⁵[...] schau, und er herrscht über die ganze Finsternis, und ich [...] ⁶[...] obersten bis zu den untersten herrsche ich über all das Licht und al[l ...]

Auf den nächsten, ganz winzigen Fragmenten derselben Schrift ist zu lesen, dass die Figuren, die dem Amram erscheinen, drei Namen haben (4Q544 f3,2). Von diesen ist jedoch nur ein Name eines bösen Engels erhalten geblieben, der oben zu lesende Name *Malkî-Ræšaʿ* (מלכי רשע, „König des Frevels"). Die Forscher haben aber versucht, anhand weiterer Schriften der Bibliothek von Qumran die anderen Namen zu rekonstruieren (MILIK 1972; PUECH, DJD XXXI). Die drei Namen der bösen Engel wären demnach: „*Malkî-Ræšaʿ*", „Belial" und „Engel der Finsternis". Aber es ist anzumerken, dass – obwohl alle diese Namen in der Bibliothek von Qumran für die Bezeichnung der engelgleichen Fürsten vorkommen, – diese Rekonstruktion reine Hypothese bleibt (nüchtern GOLDMAN 2010: „Since the two other names have not been preserved, however, they remain unknown."). Ebenso verhält es sich bei der Entscheidung des Amram, obwohl der Blick auf den späteren Werdegang des priesterlichen Urvaters mit Recht vermuten lässt, dass er sich für den guten Engel (Melchizedek?) entschieden hatte. Das scheint ein Fragment zu bestärken, das mit großer Wahrscheinlichkeit eine Rede zwischen Amram und dem Engel enthält (4Q545 f3,14–18).

Schließlich verdient ein Fragment Aufmerksamkeit, das das Schicksal der Gerechten und Bösen aus einer weiteren Perspektive betrachtet. Diese vollkommen dualistische Sichtweise blickt verallgemeinernd in die Zukunft. Dies geschieht in einer Art theoretisch-theologischer Erörterung, die 1QS III,13–IV,26 nicht unähnlich ist. Amrams Entscheidung brachte – so scheint es zumindest – eine bleibende Determination in die Ordnung der Welt (4Q548 f1ii–2,10–14):

> [10]hell leuchtend sein werden [und (all?) die Söhne] der F[in]sternis finster werden [...] [11]und mit all ihrem Wissen [...] werden, und die Söhne der Finsternis werden ger[u]fen [...]. [12]Denn jeder Tor und Fr[evler ...] und j[eder Wei]se (?) und Wahrhaftige hell leuchtend [...] [13]für das Licht und für [...] alle Söhne der Finst[ernis ...] [14]und zum Verderben gehen sie hin [...].

Doch tauchen die Begriffe „Söhne der Finsternis" bzw. „des Lichts" nur hier in 4Q548 auf, nicht in den anderen Handschriften des Werks, und es gibt gute Gründe, die Zugehörigkeit von 4Q548 zu den „Visionen Amrams" in Zweifel zu ziehen (PUECH in DJD XXXI: „sans certitude en l'absence de recoupement avec les autres exemplaires"; vgl. GOLDMAN 2010). Das Verhältnis der Texte zueinander und zum „üblichen" Dualismus der Qumranschriften darf als nicht abschließend geklärt gelten.

3.3.1.3 Das „Levi-Apokryphon" (4QapocrLevi[a–b] ar; 4Q540–541)

Literatur (speziell zu 4Q540f.): George J. BROOKE, The Apocryphon of Levi[b]? and the Messianic Servant High< Priest, in: DERS., The Dead Sea Scrolls and the New Testament, Minneapolis/Minn. 2005, 140–57 (s.o. DERS. 1993). ▪ Edward M. COOK, 4Q541, Fragment 24 Reconsidered, in: Puzzling Out the Past (FS B. ZUCKERMAN, hg.v. M. LUNDBERG u.a., CHANE 55), Leiden 2012, 13–17. ▪ Heinz Josef FABRY, Der „Lehrer der Gerechtigkeit" – eine Gestalt zwischen Ablehnung und Vollmacht. Überlegungen zur frühjüdischen Rezeption der Leidensknechts-Thematik, in: Martyriumsvorstellungen in Antike und Mittelalter (hg.v. S. FUHRMANN u. R. GRUNDMANN, AJEC 80), Leiden 2012, 21–43.

Handschriftlicher Befund

Handschrift	paläogr. Datierung ca.
4Q540 = 4QapocrLevi[a]? ar	um 100 v.Chr.
4Q541 = 4QapocrLevi[b]? ar	um 100 v.Chr.

Einführende Bemerkungen
Zum Schluss seien noch zwei aramäische Handschriften erwähnt (4Q540–41), die einige Forscher mit Teilen des Testaments Levis (aus den TestXII) identifiziert haben (EISENMANN/WISE 1992). Das dürfte kaum stimmen, doch ist dieses Werk zweifellos eng mit dem Testament Levis verwandt (dort bes. Kap. 17 und 18). Puech hat ihm den neutraleren Titel „Levi-Apokryphon" gegeben. Wahrscheinlich ist dieses Apokryphon älter als das Testament. Die Gattung des Werkes ist aufgrund der erhaltenen Fragmente nicht leicht zu bestimmen: Einige Teile enthalten apokalyptische Offenbarungen (4Q541 f1–2), anderswo findet man Weisheitselemente (f7) oder Danklieder (f3). In zwei größeren Fragmenten (f9 u. f24) liest man von einer – wahrscheinlich eschatologischen – Figur. Die größten erhaltenen Fragmente beherrscht das Bild des Leidens und der Qual. Die Sprache und die Theologie machen dabei deutliche Anleihen im Deuterojesajabuch, vor allem in Jes 53 (BROOKE 1993/2005, HENGEL/BAILEY 2004; vgl. auch FABRY 2012). So heißt es dort (4Q541 f9i,2–7):

> ²[...] und er wirkt Sühne für alle Söhne seiner Generation und wird entsandt zu allen Söhne[n] ³seines [Vo]lkes. Sein Wort ist wie ein Himmelswort und seine Belehrung entspricht Gottes Willen. Als Sonne erleuchtet er seine Welt (/als ewige Sonne) ⁴und sein Feuerschein sprüht in alle Enden der Erde und leuchtet auf die Finsternis, dann vergeht die Finsternis ⁵[v]on der Erde und Düsternis vom Festland. Viele Worte wird man über ihn sprechen und viele ⁶[Lüg(?)]en und Behauptungen gegen ihn erfinden und jegliche Schändlichkeiten gegen ihn aussagen. Seine Generation, Schlechtes verwandelt sie ⁷[zu ...] zu sein und dass Betrug und Gewalttat sein Ort. [Und] es irrt das Volk in seinen Tagen und sie werden verwirrt.

Die Hauptfigur des Textes ist Lehrer und Priester zugleich. Auf seinen priesterlichen Charakter weist auch das Erwirken der Sühne (יכפר Pa'ēl, yᵉkappēr, „Sühne bewirken") hin. Seine erhöhte Position steht in krassem Widerspruch zur Opposition, die er von seinen Gegnern ertragen muss (zum Kontext vgl. FABRY 2012). Der erste Satz von f24 berichtet außerdem von Trauer – wahrscheinlich führt diese Feindseligkeit also zum Tod des eschatologischen Priesters. So weist das Levi-Apokryphon in die Zukunft und bereitet zugleich die Leser darauf vor, dass sie aufgrund ihrer Überzeugung mit Widerstand und auch mit Qualen rechnen müssen. Das Schlussfragment von 4Q541 endet dann tröstlicherweise mit einem Versprechen für Levis Nachkommenschaft (4Q541 f24,5–6):

> ⁵[...] und du wirst deinem Vater einen Ruf der Freude aufrichten und all deinen Brüdern ein Prüfungs-Fundament ⁶anordnen (?), und du wirst schauen und dich erfreuen an dem Licht der Ewigkeit und nicht von den Feinden sein.

3.3.2 Weitere Testamente (Naphtali, Juda, Joseph)

Textausgaben: DJD XXII, 73–82 (STONE: 4Q215), DJD XXXI, 191–211 (PUECH: 4Q538, 4Q539).
Literatur: Devorah DIMANT, Not *The Testament of Judah* but *The Words of Benjamin*. The Character of 4Q538, in: DIES., History, Ideology and Bible Interpretation in the Dead Sea Scrolls. Collected Studies (FAT 90), Tübingen 2014, 441–54. ▪ Józef T. MILIK, Ecrits prééséniens de Qumrân. D'Hénoch à Amran, in: BEThL 46 (1978) 91–106.

Handschriftlicher Befund

Handschrift	paläogr. Datierung ca.
4QTNaph = 4Q215	30 v.–20 n.Chr.
4QTJud ar = 4Q538	65–35 v.Chr.
4QTJoseph ar = 4Q539	80–50 v.Chr.

Einführende Bemerkung

Neben den behandelten Testamenten der priesterlichen Erzväter gehörten auch andere Testamente zur Bibliothek von Qumran. In Höhle 4 fanden sich Vorformen von drei Teilen der „Testamente der 12 Patriarchen": ein hebräisches Manuskript des Testaments des Naphtali (4Q215 = 4QTNaph; nicht dazugehörig die Fragmente, die heute als 4Q215a = 4QTime of Righteousness bezeichnet werden) sowie jeweils ein aramäisches Manuskript der Testamente Judas (4Q538–39 = 4QTJud ar – oder handelt es sich dabei um „Worte Benjamins"? So die Vermutung DIMANTs 2010 [2007]) und Josephs (4QTJoseph ar). Obwohl sie keine direkten Parallelen zum Text der griechischen Fassung der TestXII liefern, sind sie ein Hinweis auf deren komplizierte und lange Überlieferungs- und Entstehungsgeschichte, an deren Ende die uns bekannte Form der TestXII steht.

4 Exegetische Texte

Literatur: James E. BOWLEY, Prophets and Prophecy at Qumran, in: DSSFY 2 (1998/99) 354–78. ▪ Jonathan G. CAMPBELL, The Exegetical Texts (CQS 4), London 2004. ▪ Michael FISHBANE, Biblical Interpretation in Ancient Israel, Oxford 1985. ▪ Reinhard G. KRATZ, Die Pescharim von Qumran im Rahmen der Schriftauslegung des antiken Judentums, in: Heilige Texte (hg. v. A. KABLITZ u. C. MARKSCHIES; Geisteswissenschaftliches Colloquium 1), Berlin 2013, 87–104 (= 2013a). ▪ DERS., Text und Kommentar. Die Pescharim von Qumran im Kontext der hellenistischen Schultradition, in: Von Rom nach Bagdad. Bildung und Religion von der römischen Kaiserzeit bis zum klassischen Islam (hg.v. P. GEMEINHARDT u. S. GÜNTHER), Tübingen 2013, 51–80 (= 2013b). ▪ Timothy H. LIM, Pesharim (CQS 3), London/New York 2002. ▪ George W.E. NICKELSBURG, Jewish Literature between the Bible and the Mishnah, Minneapolis ²2005. ▪ James C. VANDERKAM, Authoritative Literature in the Dead Sea Scrolls, DSD 5 (1998) 382–402. ▪ Geza VERMES, Scripture and Tradition in Judaism, Leiden 1961. ▪ Géza G. XERAVITS, Considerations on Canon and Dead Sea Scrolls, QC 9/2-4 (2000) 165–78.

Die Grundlage des Schriftstudiums der Qumrangemeinschaft bilden die Werke, die ihrem Verständnis nach von Gott inspiriert und offenbart waren. Das waren nach allem, was wir wissen, im Wesentlichen die Bücher, die später auch Eingang in die Hebräische Bibel bzw. das Alte Testament gefunden haben, wahrscheinlich aber noch einige Werke darüber hinaus (etwa das Jubiläenbuch; vgl. VANDERKAM 1998). Zahlreichen, wenn nicht allen Qumranschriften liegen die Stoffe, theologischen Konzepte und Formulierungen dieser Schriften zugrunde. Einige Werke aus Qumran bezeugen sogar eine dezidierte *Kommentierung* der Heiligen Schriften durch die Gemeinschaft.

Der größere Teil der im Folgenden besprochenen Werke dürfte zu den genuinen Qumranschriften zählen, schon allein deswegen, weil ihr Material direkte Informationen über das Selbstverständnis und die Geschichte der Gemeinschaft enthält. Dennoch sollte die Schriftinterpretation in Qumran nicht als isoliertes Phänomen betrachtet werden, denn einerseits finden sich die Grundlagen ihrer Methodik bereits im Alten Testament selbst, andererseits weist sie enge Parallelen zu exegetischen Techniken anderer Strömungen des antiken Judentums auf (FISHBANE 1985; VERMES 1961; KRATZ 2013a). Auch ein Vergleich mit der hellenistischen Schultradition ist ergiebig (KRATZ 2013b).

Interpretiert wurden in der Qumrangemeinschaft, ausgehend vom materiellen Befund, folgende Schriften: Das Buch Genesis (in Form eines Kommentars, 4Q252 = 4QCommentary on Genesis A), das gesamte *corpus propheticum* und die Psalmen (in Form sogenannter *Pescharim*) sowie wahrscheinlich das Jubiläenbuch (4Q228 = 4QText with a Citation of Jub) und Teile der Henoch-Tradition (4Q247 = 4QPesher on the Apocalypse of Weeks). Es ist anzumerken, dass sowohl die Genesis als auch die Jubiläen- und Henochtraditionen auf die Gestalt des

Mose zurückgeführt wurden, der ja prophetische Züge trägt (vgl. Dtn 34,10–12). Als „prophetisch" galten neben den Prophetenbüchern aber auch die Psalmen, die, von Gott inspiriert, von David in prophetischer Weise verfasst worden waren. Vgl. dazu 11QPs³ XXVII,11:

> ¹¹All diese (Psalmen und Lieder) sprach er durch die prophetische Gabe (ba-n^{e}ḇû'āh, בנבואה), die ihm vom Allerhöchsten gegeben war.

Göttliche Offenbarung trägt demnach immer auch einen gewissen prophetischen Charakter (BOWLEY 1998/99, XERAVITS 2000) – wenn auch nicht immer in demselben Grad.

Es folgen zunächst einige einleitende methodische Anmerkungen zu den exegetischen Techniken der Gemeinschaft, voran dem „Pescher". Daran schließt sich eine kurze Darstellung der erhaltenen Werke an. Schließlich folgt eine systematische Sichtung des Materials unter ausgewählten Gesichtspunkten.

4.1 Zur Hermeneutik der Qumrangemeinschaft

Literatur: Biblical Interpretation at Qumran (hg.v. M. HENZE; StDSSRL), Grand Rapids/Mich. 2005.
Herbert W. BASSER, Pesher Hadavar. The Truth of the Matter, RdQ 13/49–52 (1988) 389–405. ▪ Shani BERRIN / TZOREF, Qumran Pesharim, in: Biblical Interpretation (s.o.), 110–33. ▪ George J. BROOKE, From Florilegium or Midrash to Commentary. The Problem of Re-Naming an Adopted Manuscript, in: The Mermaid and the Partridge (hg.v. DEMS. u. J. HØVENHAGEN, StTDJ 96), Leiden 2010, 129–50. ▪ DERS., Qumran Pesher. Towards the Redefinition of a Genre, RdQ 10/40 (1981) 483–503. ▪ DERS., Exegesis at Qumran. 4QFlorilegium in its Jewish Context (JSJ.S 29), Sheffield 1985. ▪ DERS., Thematic Commentaries on Prophetic Scriptures, in: Biblical Interpretation (s.o.), 134–57. ▪ Jean CARMIGNAC, Le genre littéraire du 'Péshèr' dans la Pistis-Sophia, RdQ 4/16 (1964) 497–522. ▪ DERS., Le document de Qumrân sur Melkisédeq, RdQ 7/27 (1970) 343–78. ▪ John J. COLLINS, Introduction. Towards the Morphology of a Genre, in: Apocalypse. The Morphology of a Genre (hg.v. DEMS.; Semeia 14), Missoula/Mont. 1979, 1–20. ▪ DERS., Was the Dead Sea Sect an Apocalyptic Movement?, in: Archaeology and History in the Dead Sea Scrolls (hg.v. L.H. SCHIFFMAN; JSP.S 8), Sheffield 1990, 25–51. ▪ Devorah DIMANT, Qumran Sectarian Literature (s.o.), 1984. ▪ DIES., Art. Pesharim. Qumran, in: ABD 5 (1992), 244–51. ▪ Ida FRÖHLICH, Le genre littéraire des Pesharim de Qumrân, RdQ 12/47 (1986) 383–98. ▪ DIES., Qumran Names, in: The Provo International Conference on the Dead Sea Scrolls (hg.v. D.W. PARRY u. E. ULRICH, StTDJ 30), Leiden 1999, 294–305. ▪ Menaḥem KISTER, Biblical Phrases and Hidden Biblical Interpretations and Pesharim, in: The Dead Sea Scrolls. Forty Years of Research (hg.v. D. DIMANT u. U. RAPPAPORT; StTDJ 10), Leiden 1992, 27–39. ▪ Reinhard G. KRATZ, Die Pescharim von Qumran (s.o.), 2013a. ▪ DERS., Text und Kommentar (s.o.), 2013b. ▪ A. Leo OPPENHEIM, The Interpretation of Dreams in the Ancient Near East, Philadelphia/Pa. 1956. ▪ Isaac RABINOWITZ, Pesher /

Pittaron. Its Biblical Meaning and its Significance in the Qumran Literature, RdQ 8/30 (1973) 219–32.

Die Interpretationen Heiliger Schriften durch die Qumrangemeinschaft verteilen sich im Wesentlichen auf zwei Gruppen, die sog. Pescharim (פשרים, $p^e\check{s}\bar{a}r\hat{\imath}m$, Sg. פשר, $pæ\check{s}ær$) und andere exegetische Werke (Kommentare usw.). Erstere sind durch ihre spezielle Methode gekennzeichnet und unterscheiden sich dadurch von den anderen. Die grundlegende exegetische Richtung ist bei beiden Gruppen ähnlich: Die Autoren sind bestrebt, eine Verbindung der Inhalte der offenbarten Schriften mit ihrer eigenen Geschichte, Gegenwart und Zukunft herzustellen und zu entfalten.

4.1.1 Pescher als Gattung

Wenn man die Kompositionen der Kategorie „Pescher" der Qumrangemeinschaft nebeneinander liest, fällt eine große Ähnlichkeit der Werke untereinander auf, in der Form des Peschers wie auch im Inhalt. In formeller Hinsicht folgen sie etwa folgendem Muster: Der Verfasser zitiert zuerst Abschnitte aus einer (autoritativen) Schrift. Daran schließt er eine Interpretation an. Zitat und Interpretation fügt er mit einem aus der hebräischen Wurzel *pšr* entlehnten Wort oder einer Formel zusammen also etwa פשרו, *pišrô*, oder פשרו על, *pišrô ʿal*: „seine Auslegung ist", „Auslegung über"; פשר הדבר, *pæšær ha-dābār*: „Auslegung des Wortes/der Sache", zur Problematik der Übersetzung s. gleich). Diese Formel signalisiert den Beginn der Interpretation. Ein zufälliges Beispiel aus einem Pescher zum Habakukbuch (1QpHab V,1–6a):

> [1]Zum Gericht hast du ihn bestimmt, und, Fels, zu seinem Züchtiger hast du ihn bestellt. Mit Augen, zu rein, [2]um das Böse anzuschauen, und auf Plage magst du nicht blicken. (Hab 1,12f.) [3]Die Deutung des Wortes [פשר הדבר, *pæšær ha-dābār*] ist, dass Gott sein Volk nicht vernichten wird durch die Hand der Völker, [4]sondern in die Hand seiner Auserwählten legt Gott das Gericht über alle Völker, und durch ihre Züchtigung [5]werden alle Frevler seines Volkes büßen, (nämlich durch diejenigen,) die seine Gebote gehalten haben, [6]als sie in der Trübsal waren. ...

Da die Pescharim vergleichsweise schnell publiziert wurden, sowohl in Form von Einzelausgaben als auch als Band der offiziellen Reihe (ALLEGRO 1956, 1969; s. dazu den Hinweis u. 4.2!), begann auch die Forschung daran relativ früh. Im Nachfolgenden werden kurz einige Positionen dargestellt.

Jean CARMIGNAC hat in einem 1970 veröffentlichten Aufsatz die Gruppe der Pescharim in zwei Untergruppen aufgeteilt, die bis heute gültig ist. Er unterscheidet anhand der Form zwischen *kontinuierlichen* und *thematischen* Pescharim: Bei den *kontinuierlichen Pescharim* interpretiert der Verfasser ein gegebenes biblisches Buch von Anfang bis Ende (z.B. Kleine Propheten) oder einzelne Abschnitte daraus (z.B. Psalmen, Jesaja). Er bleibt innerhalb des durch das Buch gesetzten Rahmens und geht es nach Art einer *lectio continua* Vers für Vers durch. Demgegenüber behandeln die *thematischen Pescharim* nicht Material aus einem einzigen Buch, sondern stellen Passagen zu einem bestimmten Thema zusammen, das in ganz verschiedenen Werken vorkommen kann. es ist zu beobachten, dass die Auslegungen der kontinuierlichen Pescharim einen Schwerpunkt auf den Bereich der im weiteren Sinne historischen Ereignisse in der Wahrnehmung der Gemeinschaft legen, während die der thematischen Pescharim sich eher auf allgemeinere, eschatologische Themen konzentrieren.

Der Amerikaner Isaac RABINOWITZ hat in einer Studie, die im Jahr 1973 erschienen ist, die kleinsten grundlegenden Einheiten der Pescharim untersucht. Aufgrund der verwendeten Einleitungsformeln unterschied er zwei Haupttypen: Die durch die Präposition עַל, *'al* eingeleiteten Interpretationen enthielten die Identifizierung je einer Person, einer Gruppe, evtl. einer Epoche. Demgegenüber stelle das vom Relativpronomen אֲשֶׁר, *ᵃsær* gefolgte Pescher immer eine Aktualisierung biblisch prophezeiter Ereignisse, Tatsachen oder Umstände dar, denn für den Schreiber dieser Pescharim sei die gesamte Heilige Schrift im engeren oder weiteren Sinne eine Prophezeiung über die Gemeinschaft.

George J. BROOKE unterscheidet in einem Artikel aus dem Jahr 1981 mehrere Typen innerhalb der Pescharim anhand ihres unterschiedlichen Aufbaus. Die Grundeinheit eines Peschers besteht immer aus der Abfolge Zitat – Interpretation. Die Interpretation kann unterschiedlich erfolgen, in mehreren Stufen mit Hilfe von Vergleichen, wiederholten Zitaten, oder aufeinanderfolgenden Erörterungen.

Ein Beispiel aus dem Midrasch zur Eschatologie (4QMidrEschat III,11–13 = 4Q174 f1i,11–13):

Zitat	[11]... *Ich [will] ihm Vater sein, und er soll mir Sohn sein.* (2 Sam 7,14)
Interpretation	
Identifikation	Dies ist der Spross Davids,
Erklärung (Rel.-Satz)	der auftreten wird mit dem Erforscher des Gesetzes, den [12][er aufstehen lassen wird] in Zi[on am] Ende der Tage,
Zitat (vergleichend)	wie es geschrieben steht: *Ich werde die zerfallene Hütte Davids wieder aufrichten* (Am 9,11a).
Interpretation	
Identifikation	Das ist die zerfalle[ne] Hütte [13]Davids,
Erklärung (Rel.-Satz)	[d]ie er aufstellen lassen wird, um Israel zu retten. (*vacat*)

Ein weiteres Beispiel: CD VII,14–21, ein sog. „buchinterner Pescher":

Zitat	[14]... wie er gesagt hat: *Und ich will verbannen Sikkut, euren König,* [15]*und Kijjun, euer Bild, fort über die Zelte von Damaskus hinaus* (*Am 5,26f.*).
Erste Interpretation	
Identifikation	Die Bücher des Gesetzes, sie sind die Hütte [16]des Königs,
Zwei Erklärungen	
Vergleichszitat	wie er gesagt hat: *Und ich will aufrichten die zerfallene Hütte Davids* (*Am 9,11a*).
Identifikation	Der König, [17]das ist die Gemeinde,
Zweite Interpretation	
Identifikation	und Kijjun der Bilder, das sind die Bücher der Propheten,
Erklärung (Rel.-Satz)	[18]deren Worte Israel verachtet hat.
Dritte Interpretation	
Identifikation	Und der Stern, das ist der Erforscher des Gesetzes,
Erklärung (Rel.-Satz)	[19]der nach Damaskus kommt,
Zitat	wie geschrieben steht: *Es geht ein Stern auf aus Jakob, und ein Szepter hat sich erhoben* [20]*aus Israel* (*Num 24,17*).
Interpretation	
Identifikation	Das Szepter, das ist der Fürst der ganzen Gemeinde;
Erklärung (Nebensatz)	und wenn er auftritt, wird er niederwerfen [21]alle Söhne Seths ...

Schließlich sei noch auf die Schlussfolgerungen einer zusammenfassenden Studie von BROOKE (2005) hingewiesen. Er schlägt vor, die thematischen Pescharim und andere die Wurzel *pšr* nicht enthaltende, aber ebenso mit ausgesuchten biblischen Texten arbeitende Schriften als Werke einer gemeinsamen Gattung zu betrachten. Daher spricht er anstelle von thematischen Pescharim von thematischen *Kommentaren*. Hier ist auch die Bezeichnung „thematische Midraschim" anzutreffen, zum Begriff vgl. BROOKE 2010 und das unten zu 4QMidrEsch Gesagte.

Eine Erweiterung des Pescher-Begriffs möchte Devorah DIMANT (1984/1992) vornehmen: Sie definiert Auslegungen von einem oder mehreren Versen anhand der „Methoden und der Terminologie" der Pescharim, die in Schriften anderen Genres vorkommen, „getrennt stehende" (o. buchinterne) Pescharim („*isolated pesharim*"), z.B. zu Sach 13,7 in CD XIX,5–13, zu Am 5,26f. in CD VII,14–19 oder zu Jes 40,3 in 1QS VIII,13–15. Der Ausdruck Pescher jedoch kommt nur in CD IV,15 (zu Jes 24,17) vor, nicht an den anderen genannten Stellen. Noch darüber hinaus möchte DIMANT auch verschiedene „Beinamen" (*sobriquets*) und Anspielungen Pescher nennen, etwa das häufige „Die, die nach glatten Dingen suchen", das auf einen Pescher zu Jes 30,8–14 zurückgehe (vgl. zur Sache auch KISTER 1992). Schon wegen der Frage nach der Definition von „Methoden" und „Terminologie" tut man sicherlich nicht schlecht daran, die Bezeichnung „Pescher" den Schriften vorzubehalten, die diesen Begriff auch verwenden.

4.1.2 Pescher als Interpretationsmethode

Untersucht man die Hermeneutik der Pescharim, so sollte man sich vor Augen führen, dass die Pescher-Methode – wie andere Methoden auch –zwar durchaus auf historischen Voraussetzungen fußt, sie aber andererseits Auslegungsliteratur ist und nur indirekte Hinweise auf die geschichtlichen Ereignisse enthält. Weder verstehen sich die Pescharim als Geschichtsschreibung, noch ist es möglich, jede Auslegung mit einer historischen Situation in Zusammenhang zu bringen, wie man es in der ersten Phase der Qumranforschung gern getan hat. Das bedeutet nun nicht, dass es sich um ahistorische Schriften handeln würde, nur sind sie zur Rekonstruktion von Ereignissen denkbar schlecht geeignet. Vielmehr deuten sie Geschichte im Licht der heiligen Schriften und der Sichtweise der Qumrangemeinschaft, oder anders gesagt: diese Überlieferung wird ihrerseits auf die Geschichte bezogen.

Zur Wurzel *pšr* (פשר, *pāšar*)
In dem bereits erwähnten Aufsatz hat RABINOWITZ umfassend die alttestamentlichen Belegstellen der Wurzel *pšr* (פשר, *pāšar*; bzw. der verwandten Wurzel *ptr*) untersucht. Die fraglichen Begriffe befinden sich (mit Ausnahme von Koh 8,1) in nur zwei Büchern, nämlich der Genesis und dem Buch Daniel. In der Genesis finden sie sich sämtlich in den späten Anteilen der Josephsgeschichte (Gen 40f.), in Daniel im aramäischen Teil des Buches (Dan 2.4f.7). Der Begriff kommt stets im Kontext der *Traumdeutung* vor: Im Gen 40–41 deutet Joseph die Träume des obersten Mundschenks, Bäckers, und schließlich des Pharaos. Daniel deutet in ähnlicher Art die Träume bzw. Visionen des mesopotamischen Herrschers. Nach RABINOWITZ gehört der biblische Pescher zur Traumdeutungstradition des Altertums. Die Grundbedeutung der Wurzel *pšr* (Akk. *pašāru*), „lockern, auf(lösen), entlassen", hat sich vom „Freilassen" eines Traums bereits im Akkadischen zum Fachausdruck für Divination und Traumdeutung entwickelt (OPPENHEIM). Wie Shani BERRIN/TZOREF (2005) gezeigt hat, spiegelt sich diese Ansicht in den Schriften aus Qumran in Ausdrücken wie dem „Öffnen der Vision" wider (תפתחו ההזון, *tipt^{e}hû ha-ḥāzôn*, 4Q299 f3c,03 = 4Q300 f1b,3) bzw., als Gegenteil, dem „Versiegeln der Vision" (חתם ההזון, *ḥātam ha-ḥāzôn*, 4Q299 f3c,02f. = 4Q300 f1b,2f.; biblisch vgl. Dan 9,24). Im Hintergrund steht der (an die Apokalyptik erinnernde) Gedanke eines zurückgehaltenen, „tieferen" Sinn der überlieferten Texte.

Die hinter dem Begriff *pæšær* stehende „Theorie" lässt sich vielleicht am besten an 1QpHab VII,1–8 erkennen:

¹Und Gott sprach zu Habakuk, er solle aufschreiben, was kommen wird ²über das letzte Geschlecht. Aber die Vollendung der Zeit hat er ihm nicht kundgetan. ³Und wenn es heißt: „*Damit eilen kann, wer es liest*" (*Hab 2,2*), ⁴so bezieht sich seine Deutung auf den Lehrer der Gerechtigkeit, dem Gott kundgetan hat ⁵alle Geheimnisse der Worte seiner Knechte, der Propheten. „*Denn noch ist eine Schau* ⁶*auf Frist, sie eilt dem Ende zu und und lügt nicht*" (*Hab 2,3a*). ⁷Seine Deutung ist, daß sich die letzte Zeit in die Länge zieht, und zwar weit hinaus über alles, ⁸was die Propheten gesagt haben; denn die Geheimnisse Gottes sind wunderbar.

Pescher bedeutet also nicht einfach „eine", gar eine beliebige, Interpretation. Auch erklärt ein Pescher nicht einfach Schwierigkeiten des Textes oder ähnlich (auch wenn sich Züge davon finden lassen). Die Auffassung ist vielmehr die folgende: Der *eigentliche* Sinn des jeweiligen prophetischen Wortes (hier konkret Habakuk 2,2f.) ist dem biblischen Propheten in seiner Wirkungszeit gar nicht offenbart worden. Habakuk hat Gottes Wort „über das letzte Geschlecht" zwar verkündet und aufgeschrieben (Z. 1–2a), konnte es aber nicht in seinem tiefsten Sinne verstehen: denn die „Vollendung der Zeit" hatte „er [*sc.* Gott] ihm [*sc.* dem Propheten] nicht kundgetan" (Z. 2b). Erst ein „Lehrer der Gerechtigkeit" (מורה הצדק, *môræh ha-ṣædæq*), dem Gott eben diese seine Geheimnisse kundgetan hat (Z. 4), kann den eigentlichen Sinn aus dem Habakukwort erkennen und den Menschen der „letzten Zeit", für die diese Worte *eigentlich* gedacht sind, kundtun. Die Zeichen dieser „letzten Zeit", die sich immer weiter in die Länge zieht (Z. 7), erkennt die Qumrangemeinschaft vermittels der Gestalt dieses „Lehrers", der der wahre Ausleger der Prophetenworte ist. Das lässt sich so verstehen, dass er dank einer *zusätzlichen Offenbarung* der *alleinige* wahre Ausleger ist, aber auch in dem Sinne, dass der Lehrer der erste war, der *Einsicht* in die (in der Schrift verborgenen) Geheimnisse erhielt, d.h. in der Hinsicht eine Mittlerfunktion innehatte, dass man es ihm gleichtun bzw. die gleiche „Einsicht" wie er haben musste, damit man selbst verstehen könnte, was man in den Propheten las.

Dabei geht der Qumran-Pescher sowohl formal als auch inhaltlich über biblische Auslegungen hinaus: Er kodiert die identifizierte Wirklichkeit (Personen, Ort, Ereignis) neu und schafft dadurch u.a. (aus heutiger Sicht nicht selten unentwirrbare) Netze symbolischer Namen. Neben anderen hat Ida FRÖHLICH in zahlreichen ihrer Studien seit 1986 diese symbolischen Bezeichnungen untersucht und drei Typen voneinander unterschieden. Nach ihrer Meinung gibt es 1. *assoziative* Namen. Hier benutzt und führt der Schreiber des Peschers das schon im Bibeltext gebrauchte Bild weiter. Das ist z.B. in 4Q169, dem Pescher Nahum, so: Das Bild des Löwen kommt im Nahum-Text vor (Nah 2,13), der Pescher macht daraus den „wütenden Löwen" (4QpNah f3–4i,5f.). Des Weiteren kann man von 2. *typologischen* Namen sprechen. Diese sind von den Ausdrücken der biblischen Texte unabhängig und stammen allgemein aus dem biblischen Wortschatz (vor allem der Genesis, so z.B. „Ephraim" [4QpNah f3–4i,12; ii,2.8; iii,5; iv,5], „Manasse" [4QpNah f3–4iii,9; iv,1.3.6], „Kittim" [4QpNah f3–4i,3]). Die 3. Gruppe schließlich bildet *charakteristische Bezeichnungen* der jeweiligen Person oder Gruppe, so etwa „die, die nach glatten Dingen suchen" (4QpNah f3–4i,2.7; ii,2.4; iii,3.6).

4.2 Einzelne exegetische Werke der Qumrangemeinschaft

Unter den Qumranschriften finden sich mehr als dreißig exegetische Werke in mehr oder weniger fragmentarischem Zustand. Wie schon erwähnt, sind die meisten davon Pescharim zu den prophetischen Büchern.

> Viele Pescharim (und weitere Texte), genauer: 4Q158–186, sind von John Marco ALLEGRO 1968 (unter Mitarbeit von Arnold A. ANDERSON) in Band V der *Discoveries in the Judaean Desert* (DJD) herausgegeben worden. Dieser Band der Edition ist leider im Vergleich zu den davor und danach erschienenen mit mancherlei Mängeln behaftet. John STRUGNELL hat ihm deshalb in der *Revue de Qumran* 7 (erschienen 1970) eine nicht weniger als 113-seitige Rezension gewidmet: *Notes en marge du volume V des „Discoveries in the Judaean Desert of Jordan"*, RdQ 7/26 (1970) 163–276. *De facto* handelt es sich dabei um eine fast vollständige (Neu-)Edition. Der Aufsatz ist jedenfalls von überaus hoher Qualität und sollte bei *jeder* Beschäftigung mit einem der in DJD V enthaltenen Texte – 4Q158 bis 4Q186 – mit herangezogen werden.

Eine komplette Neuausgabe des Bandes durch ein „Editorial Team" befindet sich in Vorbereitung (geleitet von Moshe J. BERNSTEIN u. George J. BROOKE, außerdem Devorah DIMANT [4Q181], Trine Bjørnung HASSELBALCH [4Q172], Søren HOLST [4Q173 u. 4Q173a/ *olim* 4Q173 f5], Jesper HØGENHAVEN [4Q176], Alex P. JASSEN [4Q160, 4Q161 u. 4Q165], Jutta JOKIRANTA [4Q171], Mika S. PAJUNEN [4Q185], Mladen POPOVIĆ [4Q186], Annette STEUDEL [4Q174 u. 4Q177], Eibert J.C. TIGCHELAAR [4Q184], Shani TZOREF/BERRIN [4Q169], Roman VIELHAUER [4Q166 u. 4Q167] und Molly M. ZAHN [4Q158]). Er soll 2015 erscheinen. – Außerdem wird eine Neuausgabe von DJD I geplant.

4.2.1 Die kontinuierlichen Pescharim

Textausgaben, Übersetzungen, Kommentare: DJD V (ALLEGRO; 4Q161–173). ▪ PTSDSSP 6B (VERSCHIEDENE). ▪ LOHSE I, 227–43.261–69.271–79 (1QpHab; 4Q169; 4Q171). ▪ LOHSE II, 215–54 (1Q14: BREDEREKE; 4Q162.164: STEUDEL/GASSER; 4Q166–167: VIELHAUER).
Maurya P. HORGAN, Pesharim. Qumran Interpretations of Biblical Books (CBQMS 8), Washington 1979. ▪ John STRUGNELL, Notes en marge du volume V des „Discoveries in the Judaean Desert of Jordan", RdQ 7/26 (1970) 163–276.
Shani BERRIN/TZOREF, The Pesher Nahum Scroll from Qumran. An Exegetical Study of 4Q169 (StTDJ 53), Leiden 2004. ▪ Roman VIELHAUER, Materielle Rekonstruktion und historische Einordnung der beiden Pescharim zum Hoseabuch (4QpHos^a und 4QpHos^b), RdQ 20/77 (2001) 39–91. Vgl. auch die Literaturangaben zu den Einzelschriften.
Literatur (allgemein): John M. ALLEGRO, Further Light on the History of the Qumran Sect, JBL 75 (1956) 89–95. ▪ Joseph D. AMUSIN, The Reflection of Historical Events of the First Century B.C. in Qumran Commentaries (4Q161; 4Q169; 4Q166), HUCA 48 (1978) 123–52. ▪ Jean CARMIGNAC, Notes sur les Peshârîm, RdQ 3/12 (1962) 505–38. ▪ James H. CHARLESWORTH, The Pesharim and Qumran History. Chaos or Consensus?, Grand Rapids/Mich. 2002. ▪ Jutta JOKIRANTA, Pesharim. A Mirror of Self-Understanding, in: Reading the Present in the Qumran

Library (hg.v. K. DE TROYER u. A. LANGE; SBL.SS 30), Atlanta/Ga. 2005, 23–34. ▪ Roman VIEL-HAUER, Materielle Rekonstruktion (s.o.), 2001.

Handschriftlicher Befund: Pescharim

Buch	Handschrift	Erhaltener Bezugstext	Datierung ca.
Jesaja	3Q4 = 3QpIsa	Jes 1,1f.	30 v.–68 n.Chr.
	4Q161 = 4QpIsa^a	Jes 10,22–11,5 (10 Frg.)	30 v.–68 n.Chr.
	4Q162 = 4QpIsa^b	Jes 5,5–6,9(?) (1 Frg.)	50–25 v.Chr.
	4Q163 = 4Qpap pIsa^c	Jes 8,7–31,1	100–70 v.Chr.
		(61 Frg., 2 Hände)	
	4Q164 = 4QpIsa^d	Jes 54,11f. (3 Frg.)	30–1 v.Chr.[3]
	4Q165 = 4QpIsa^e	Jes 11.14f.–40,12 (11 Frg.)	30–1 v.Chr.
Hosea	4Q166 = 4QpHos^a	Hos 2,8–14 (1 Frg.)	30 v.–68 n.Chr.
			(VIELHAUER: um 0)
	4Q167 = 4QpHos^b	Hos 5,13–8,8 (40 Frg.)	30 v.–68 n.Chr.
			(VIELHAUER: um 0)
Micha	1Q14 = 1QpMic	Mi 1.6 (23 Frg.)	vor 100 v.Chr. ? (GARCÍA MARTÍNEZ; STEUDEL: um 50 v.Chr.)
	4Q168 = 4QpMic?	Mi 4,8–12 ? (5 Frg.)	30 v.–68 n.Chr.
Nahum	4Q169 = 4QpNah	Nah 1,3–3,14 (7 Kol.)	50–25 v.Chr.
Habakuk	1QpHab	Hab 1–2 (13 Kol.; 2 Hände)	1–68 n.Chr. (¹⁴C: 104–43 v.Chr.)
Zephanja	1Q15 = 1QpZeph	Zeph 1,18–2,2	*undatiert*
	4Q170 = 4QpZeph	Zeph 1,12f.	*undatiert* (aber vgl. STRUGNELL 1970)
Psalmen	1Q16 = 1QpPs	Ps 68 (18 Frg.)	vor 100 v.Chr. ? (GARCÍA MARTÍNEZ)
	(selten 1QpPs68)		
	4Q171 = 4QpPs^a	Ps 37 (, 45 u. 60; 13 Frg.)	30 v.–68 n.Chr.
	(*olim* 4QpPs37)		(¹⁴C: 29–81 n.Chr.)
	4Q173 = 4QpPs^b	Ps 129 (4 Frg.)	30–1 v.Chr.
unsicher	4Q172 = 4QpUnid	? (14 Frg.)	*undatiert*

Bei weitem am besten erhalten ist 1QpHab, eine der wenigen „großen" Qumranrollen. Das deutliche Übergewicht der (erhaltenen) Kommentierung liegt bei Jesaja (6 Pescharim), die Psalmen kommen auf 3, die Kleinen Propheten zusammen immerhin auf 8 Pescharim, was sich recht gut in den Rahmen der erhaltenen „biblischen" Handschriften fügt (s.o. Kap. 1). – In den Fragmenten von 4Q172

---

3 Statt unter „date hérodienne ancienne" (so STRUGNELL 1970), ist die Handschrift in DJD XXXIX falsch unter „hasmonéenne ancienne" verzeichnet (150–125 v.Chr.; vgl. ebd. 182).

konnte man keinerlei biblischen Text, jedoch immerhin auf einem Fragment die hebr. Wurzel *pšr* identifizieren.

Die Bezeichnung von 3Q4 als „3QpJes" ist lediglich traditionell. Es könnte sich dabei auch um eine Jesaja-Handschrift oder um einen andersartigen Kommentar dazu handeln. Unter den (weniger als 50) lesbaren Buchstaben des einen Fragments befindet sich das Wort „Pescher" jedenfalls nicht. Lediglich ein(e) Vakat (-Zeile?) nach dem Zitat von Jes 1,1 und eine ergänzte Formulierung ([...]המשפט י̊ו̇ם[י׳], [y]ôm ha-mišpāṭ[...], „[T]ag des Gerichts[...]"; so nur noch 1QpHab XII,14; 4Q275 f2,5[?])" weisen überhaupt auf einen Kommentar hin.

4.2.2 Die thematischen Pescharim / Midraschim

Textausgaben, Kommentare: s. zu den einzelnen Schriften.

Unter den thematischen Midraschim (o. Kommentaren; s.o.) gibt es sechs Werke, die die Wurzel *pšr* enthalten (Ausnahme: Catena B, das jedoch aufgrund seiner Verwandtschaft mit Catena A zu dieser Gruppe zu rechnen ist, vgl. STEUDEL 1994).

Man kann wohl davon ausgehen, dass die thematischen Midraschim eine Art Vorstufe der Pescharim darstellen. Sie enthalten meist vergleichsweise kurze Deutungen oder Identifizierungen im Verhältnis zum zitierten autoritativen Text. Das ist auch bei den älteren Pescharim noch der Fall, wie sich schön am Befund innerhalb der Jesaja-Pescharim zeigt (LIM 2002: 4QpJes[c] und 4QpJes[e] weisen nur kurze Kommentare sowie eine starke Variation der Einleitungsformeln auf; längere Kommentare finden sich vor allem in 4QpJes[d]). Die kurzen, glossenartigen Erklärungen entwickelten sich im Lauf der Zeit offensichtlich sukzessive zu den aus den späteren Pescharim bekannten Interpretationen (mit weiter vereinheitlichten Einleitungsformeln).

ℹ Handschriftlicher Befund

Handschrift	Name	erhaltene Fragmente	paläogr. Datierung ca.	Bibl. Bezugstexte
4Q174	„Midrasch zur Eschatologie" (4QMidrEsch[a]; früher „4QFlorilegium")	26 (in 4 Kol.)	30–1 v.Chr.	Dtn, 2Sam 7, Propheten, Ps, Dan
4Q177	4QMidrEsch[b] (früher „4QCatena A")	34	30–1 v.Chr.	Jes, Propheten, Ps
4Q182	4QMidrEsch[c]? (früher „4QCatena B")	2	30–1 v.Chr.	Jer
4Q180	„Ages of Creation" („Zeitalter der Schöpfung") A; MILIK / DIMANT: „Pesher on the Periods"	6	30–68 n.Chr.	Gen, Jer

Handschrift	Name	erhaltene Fragmente	paläogr. Datierung ca.	Bibl. Bezugstexte
4Q181	„Ages of Creation" B; MILIK/DIMANT: „Pesher on the Periods"	3	30–1 v.Chr.	Gen
11Q13	„Melchizedek-Text" (11QMelch); MILIK/DIMANT: „Pesher on the Periods"	13	75–25 v.Chr.	Lev, Dtn, Jes, Ps

4.2.3 Weitere Kommentare

Textausgaben, Übersetzungen, Kommentare: DJD XXII, 185–236 (BROOKE: 4Q252–254); III, 180 (MILIK: 5Q10). ▪ PTSDSSP 6B (VERSCHIEDENE). ▪ LOHSE I, 245–47 (4Q252 V). ▪ John M. ALLEGRO, Further Messianic References (s.o.), 174–76. ▪ Hartmut STEGEMANN, Weitere Stücke von 4QpPsalm 37, von 4Q Patriarchal Blessings und Hinweis auf eine unedierte Handschrift aus der Höhle 4Q mit Exzerpten aus dem Deuteronomium, RdQ 6/22 (1967) 193–227, insb. 211–17.

Fünf weitere Schriften sind schwieriger einzuordnen, denn sie enthalten die Wurzel *pšr* nicht, obwohl sie sonst ganz nach Art der kontinuierlichen Kommentare angelegt sind. Ein Teil dieser Auslegungen zeigt allerdings auch nicht durchgehend den typischen, in den Pescharim zu beobachtenden eschatologisierend-aktualisierenden Charakter (aber vgl. etwa 4Q252 V und 4Q253 f3).

4Q252 V (f6) war bereits seit 1956 als „Patriarchal Blessings" bekannt (ALLEGRO). Hartmut STEGEMANN veröffentlichte 1967 weitere Fragmente, die „Preliminary Concordance", auf deren Grundlage 1992 die „Preliminary Edition" der Qumrantexte erfolgte (WACHOLDER/ABEGG), und schließlich die offizielle Edition durch George BROOKE (1996) enthielten den gesamten Text.

Handschriftlicher Befund

Handschrift	Name	erhaltene Fragmente	paläogr. Datierung ca.	Bibl. Bezugstexte
4Q252	„Genesis-Kommentar A" (4QCommGen A; Kol. V auch „Patriarchal Blessings" 4QPBless o.ä., selten pGen B)	6 (in 6 Kol.)	30–1 v.Chr.	Gen 6…49
4Q253	„Genesis-Kommentar B" (4QCommGen B; *olim* pGenVI[b])	3	50–25 v.Chr.	Gen 6
4Q254	„Genesis-Kommentar C" (4QCommGen C; *olim* pGen A)	17	25–1 v.Chr.	Gen 9…49
4Q254a	„Genesis-Kommentar D" (4QCommGen D; *olim* pGenVI[a])	3	20–50 n.Chr.	Gen 6

Hand-schrift	Name	erhaltene Fragmente	paläogr. Datierung ca.	Bibl. Bezugstexte
4Q253a	„Maleachi-Kommentar A" (4QCommMal; *olim* 4QCommGen B)	1	50–25 v.Chr.	Mal 3,16–18
5Q10	„Maleachi-Apokryphon" (4QapocrMal)	1	1–100 n.Chr.	Mal 1,14

4.2.4 Sonstige thematische Kommentare (4Q175f.: *Testimonia, Tanḥumim*)

Textausgaben: DJD V,47–60.60–67 (ALLEGRO). ▪ PTSDSSP 6B, 308–27 (CROSS; 4Q175); 329–49 (LICHTENBERGER; 4Q176). ▪ LOHSE I, 249–53 (4Q175). ▪ John STRUGNELL, Notes en marge (s.o.), 1969–1971, 225–29.229–36.
Literatur: George J. BROOKE, Exegesis at Qumran. 4QFlorilegium in Its Jewish Context, Sheffield 1985, 309–19. ▪ John LÜBBE, A Re-Interpretation of 4QTestimonia, RdQ 12/46 (1986) 187–97. ▪ Annette STEUDEL, Art. Testimonia, in: EDSS 2 (2000), 936–38. ▪ Józef T. MILIK, Une lettre de Siméon bar Kokheba, RB 60 (1953).

Zwei weitere Texte sind vor allem anthologischer Art, so bestehen die „Testimonia" („Zeugnisse"; s. dazu auch u. 4.4.2) ausschließlich aus Zitaten, zu großen Teilen auch die sogenannten „Tanḥumim" („Tröstungen").

Handschriftlicher Befund

Hand-schrift	Name	erhaltene Fragmente	paläogr. Datierung ca.	bibl. Bezugstexte
4Q175	Testimonia (4QTest, „Zeugnisse")	1 Blatt	125–75 v.Chr.	Ex 20 / Dtn 5; 18; 33; Num 24; Jos 6; 4QapocrJosh^b = 4Q379 f22ii
4Q176	Tanḥumim (4QTanḥ, „Tröstungen", „Consolations")	57	150 –30 v.Chr. (Hand A); 30 v.–68 n.Chr. (Hand B)	Jes 2; 40f.; 43; 49; 51f.; 54; Sach 13; Ps 79

Die Zusammenstellung der Texte ist dabei eindeutig in exegetischer Absicht geschehen: Schaut man sich beispielsweise die „Testimonia" genauer an, zeigt sich, dass es sich um Ex 20,21 in der Fassung des Samaritanischen Pentateuchs (= Dtn 5,28f. + 18,18f. – Erweckung eines „Propheten wie Mose"), Num 24,15–17 (Stern aus Jakob und Zepter aus Israel), Dtn 33,8–11 (Mosesegen über Levi) und eine Passage aus dem Josua-Apokryphon (4QapocrJosh^b [4Q379] f22ii,7–15 = 4Q175, 21–29/30, darin enthalten: Jos 6,26, der Fluch über den Wiedererbauer Jerichos) handelt. Versteht man die Zitate eschatologisch-messianisch (BROOKE 1985, STEUDEL 2000, anders LÜBBE 1986 [s.u.]), ergibt sich die Hoffnung auf eine prophetische, eine königliche und eine priesterliche Gestalt – wie in der Gemeinschaftsregel (s.u. 5.1; 1QS IX,11: „bis dass der Prophet und die Gesalbten Aarons und Israels kommen"; dort einer späteren Wachstumsphase zugehörig). Hält man sich dazu vor Augen, dass der Schreiber der Testimonia identisch mit dem von 1QS ist (hier jedoch weit weniger sorgfältig), könnte 4Q175 sogar ein Autograph dieses Schreibers sein, eine Art „Notizzettel" aus der Zeit um 100 v.Chr. (STEUDEL 2000).

4.3 Historische Hinweise in den kontinuierlichen Pescharim

Literatur: John M. ALLEGRO, Further Light on the History of the Qumran Sect, JBL 75 (1956) 89–95. ▪ Joseph D. AMUSIN, The Reflection of Historical Events of the First Century B.C. in Qumran Commentaries (4Q161; 4Q169; 4Q166), HUCA 48 (1978) 123–52. ▪ Shani BERRIN / TZOREF, The Pesher Nahum Scroll (s.o.), 2004. ▪ Jean CARMIGNAC, Notes sur les Peshârîm, RdQ 3/12 (1962) 505–38. ▪ James H. CHARLESWORTH, The Pesharim and Qumran History. Chaos or Consensus?, Grand Rapids/Mich. 2002. ▪ Jutta JOKIRANTA, Pesharim. A Mirror of Self-Understanding, in: Reading the Present in the Qumran Library (hg.v. K. DE TROYER u. A. LANGE; SBL.SS 30), Atlanta/Ga. 2005, 23–34. ▪ Reinhard G. KRATZ, Der Pescher Nahum und seine biblische Vorlage, in: DERS., Prophetenstudien (FAT 74), Tübingen 2011, 99–145. ▪ Roman VIELHAUER, Materielle Rekonstruktion (s.o.), 2001.

Der Ausgangspunkt der Pescher-Auslegung ist, wie oben etwa an 1QpHab VII gesehen, die Erkenntnis, dass sich die inspirierten Worte der Propheten auf das „Ende der Tage" (אחרית הימים, *’aḥarît ha-yāmîm*) beziehen, also auf die Zeitspanne, in der die Mitglieder der Qumrangemeinschaft sich wähnen (s. dazu unten 3.4.1). Die auf diese Weise gewonnene Beziehung zwischen Prophetenwort und aktueller Zeit kann in zweifacher Weise verstanden werden. Auf der einen Seite lässt sich in den Ereignissen der eigenen Gegenwart erkennen, an welchem Punkt innerhalb des eschatologischen Geschehens man sich befindet, d.h. die Geschichte wird mit Hilfe des Prophetenwortes gedeutet (überspitzt: das Wort in die Geschichte hineingelesen; „Eisegese"). Auf der anderen Seite ist es möglich, umgekehrt das (vergangene und) weitere Geschehen – das ja bereits hinter dem inspiriertem Prophetenwort steht und also quasi geschehen *muss* – durch Auslegung (etwa mit Hilfe anderer Textstellen) aus diesem Wort herauszu-„extrahieren" („Exegese"), d.h. das Prophetenwort geschichtlich zu deuten (entsprechend also die Geschichte aus dem Wort herauszulesen). Aber bilden diese beiden Pole – „Eisegese" und „Exegese" – wirklich eine Alternative? Dazu KRATZ (2011, 143): „Die eigene Erfahrung oder Zeitgeschichte wird aus dem biblischen Text abgeleitet und zugleich in seine Vorstellungswelt eingeschrieben. Auch die Auslegung des Pescher bewegt sich [...] ganz bewußt im Rahmen der biblischen Welt."

Ein Beispiel aus dem Neuen Testament mag das Gesagte verdeutlichen. Für das Matthäusevangelium sind bekanntlich die sog. „Erfüllungszitate" charakteristisch. Beim Einzug Jesu nach Jerusalem heißt es entsprechend: „Das geschah aber, damit erfüllt würde, was gesagt ist durch den Propheten, der da spricht: ,*Sagt der Tochter Zion: Siehe, dein König kommt zu dir sanftmütig und reitet auf einem Esel und auf einem Füllen, dem Jungen eines Lasttiers.*'" (Mt 21,4 mit Zitat aus

Sach 9,9). Nun kann prinzipiell ja zweierlei möglich sein: Entweder, Jesus war wirklich auf einem Esel (möglicherweise um die Symbolik wissend) nach Jerusalem geritten, und Matthäus brachte dies explizit mit der (entsprechend gedeuteten) Sacharjastelle in Verbindung, um so Jesu Messianität zu untermauern. Oder Jesus war sozusagen ganz normal nach Jerusalem gekommen, zu Fuß und ohne Reittier. Da der Messias aber, wie Matthäus wusste, auf einem Esel reiten müsste, berichtet der Evangelist auch davon – so *musste* es ja gewesen sein. In diesem Falle wäre es ihm gewissermaßen egal, was „historisch richtig" wäre, will er doch eine theologische Aussage machen. Wahrscheinlich ist aber beides in einem gewissen Umfang richtig. Eine eindeutige Trennung ist dem Heutigen jedenfalls nicht mehr sicher möglich. – Mehr oder weniger einig ist man sich hingegen etwa bei der Frage nach der Herkunft des „Jesus von Nazareth". Die Kindheitsgeschichten im Lukasevangelium verlegen seine Geburt mit Hilfe der Schätzung des Augustus nach Bethlehem (vgl. auch Mt 2,1), um Jesus als Davididen zu zeichnen, gemäß der Verheißung Mi 5,1: „Und du, Bethlehem Efrata, die du klein bist unter den Städten in Juda, aus dir soll mir der kommen, der in Israel Herr sei, dessen Ausgang von Anfang und von Ewigkeit her gewesen ist." Auch hier steht nicht der im engeren Sinne historische Sachverhalt (RANKES berühmtes „wie es wirklich gewesen ist") im Zentrum, sondern vielmehr der *theologische*. *Ausgeschlossen* ist auf der anderen Seite eine Geburt Jesu in Bethlehem natürlich nicht. Dieser Sachverhalt gilt – *mutatis mutandis* – auch für die Pescharim. Um Missverständnissen vorzubeugen: den damaligen Autoren haben die Ereignisse sicherlich gleichermaßen als Wahrheit gegolten.

Natürlich ist es möglich und auch nötig, aus den Texten die zeitgeschichtlichen Umstände aufzudecken und sie mit anderen Quellen zu koordinieren. Weil aber die Auslegung, wie sich aus dem Vorangehenden folgerichtig ergibt, nur selten „Klartext" redet, vielmehr eine Flut von Anspielungen und Hinweisen auf biblische und andere Schriften (auch andere Qumranschriften!) enthält, ja überdies noch mit Chiffren (s.o. 4.1.2) gespickt vorliegt, gestaltet sich die Suche nach verwertbaren Informationen, sozusagen deren „Dechiffrierung", in der Praxis als äußerst schwierig und oft unmöglich. Sichere Aussagen können nur selten gemacht werden. Ja, sicher lässt sich streng genommen nur sagen, dass die Pescharim *ein* Zeugnis *einer* Reaktion auf historische Ereignisse darstellen, wie es sich zur Zeit ihrer Abfassung darstellt – und das muss keinesfalls direkt mit dem historischen Ereignis zusammenfallen. Pescharim sind keine Geschichtsschreibung. Doch lassen sich ihnen mit aller Vorsicht einige Hinweise auf die Umstände ihrer Entstehungszeit (mit unterschiedlichen Graden der Wahrscheinlichkeit) abringen.

Die Forschung ordnet sich denn auch zwischen den beiden Polen einer historisierenden Lesung auf der einen und einer gewissermaßen „ahistorischen" Lesung auf der anderen Seite ein. War man, vor allem in der ersten Phase der Qumranforschung, noch zuversichtlich, den Texten viele wertvolle Informationen entlocken zu können (statt vieler anderer seien genannt Gert JEREMIAS 1963 über den „Lehrer der Gerechtigkeit" und sein Schüler Hartmut STEGEMANN 1965 über

„Die Entstehung der Qumrangemeinde"), ist man heute – auch in Bezug auf andere Werke, wie etwa die Damaskusschrift – weitaus skeptischer (vgl. exemplarisch Philip R. DAVIES 1987; KRATZ 2011 u.ö.; anders James CHARLESWORTH 2002).

Zusammenfassend sollen hier Jutta JOKIRANTA (1995, 193f. Anm. 273) und anschließend Reinhard G. KRATZ (2011, 145) das Wort erhalten:

> [T]he *pesharim* do not wish to present historical facts as such, but rather point out boundaries. They herald the future fulfilment, and the focus is primarily on group relations and judgments, not on events and timings. [...] Only *Pesher Nahum* (4QpNah) includes explicit historical names ... I would say that the *pesharim* tell real things about the past, present and future but that this is not their primary aim.
>
> Die Frage, ob die Deutung des Pescher Eisegese oder Exegese sei, läßt sich nach allem [...] nicht mit einem Entweder-Oder, sondern mit einem Sowohl-als-Auch beantworten. Das aber heißt, daß die Deuteteile des Pescher nicht allein für und aus sich heraus erklärt werden können, sondern auch durch die Verstehensschwierigkeiten des auszulegenden Textes herausgefordert sind. Und auch die Deutung selbst ist nicht völlig beliebig, sondern scheint durch die Assoziationen mit angeregt zu sein, die der auszulegende Text auslöst und die den Interpreten auf weitere biblische Quellen, gegebenenfalls in qumranischer Deutung, führt. Die Formulierung der eigentlichen Pescher-Teile ist folglich als ein höchst komplexer Vorgang zu betrachten, an dem die biblische Vorlage [...], die aktuelle Erfahrung und Lebenswelt des Interpreten, sowie – durch beides vermittelt – die Assoziationen zu „sekundären" biblischen und qumranischen Quellen beteiligt sind.

Nur unter solchen Vorbehalten – und mit aller gebotenen Vorsicht – mag man, wie im Folgenden versuchsweise durchgeführt, einige Ankerpunkte finden, die die Geschichte der Qumrangemeinschaft in die Epoche um die Zeitenwende einordnen können.

4.3.1 Ein möglicher Ausgangspunkt: Pescher Nahum (4Q169)

Textausgaben, Übersetzungen, Kommentare: Shani BERRIN / TZOREF, The Pesher Nahum Scroll from Qumran. An Exegetical Study of 4Q169 (StTDJ 53), Leiden 2004. ▪ Gregory L. DOUDNA, 4QPesher Nahum. A Critical Edition (JSP.S 35), Sheffield 2001. ▪ André DUPONT-SOMMER, Le commentaire de Nahum découvert près de la Mer Morte (4QpNah). Traduction et Notes, Sem. 13 (1963) 55–88.
Literatur: Joseph D. AMUSIN, Éphraim et Manassé dans le Pésher de Nahum (4QpNahum), RdQ 4/15 (1963) 389–96. ▪ DERS., Observatiunculae Qumraneae, RdQ 7/28 (1971) 533–52. ▪ Reinhard G. KRATZ, Der Pescher Nahum (s.o.), 2011.

Wie Jutta JOKIRANTA richtig feststellt (s.o. 3.3), enthält lediglich Pescher Nahum (4Q169) konkrete historische Namen. Daher scheint es sinnvoll, die Untersuchung der Pescharim damit zu beginnen (s. Gregory DOUDNA 2001; Shani BERRIN/ TZOREF 2004). Das folgende Zitat stammt aus Kol. I (4QpNah I,1–10):

> ¹[...] „Dorthin ist der Löwe gegangen, die Löwin, der Jungleu, ²[ohne dass jemand aufschreckt." (Nah 2,12) Seine Deutung bezieht sich auf De]metrios, den König von Jawan, der begehrte, nach Jerusalem zu kommen nach dem Rat derer, die nach glatten Dingen suchen. ³[...] die Könige Jawans von Antiochos bis zum Auftreten der Herrscher der Kittäer, und danach wird zertreten werden ⁴[...] „Der Löwe raubte für den Bedarf seiner Jungen und würgte für seine Löwinnen Beute." (Nah 2,13) [... Seine Deutung] bezieht sich auf den Löwen des Zorns, der durch seine Mächtigen und durch die Männer seines Rates schlug ⁶[... „Und er füllte mit Raub] seine Höhle und sein Lager mit Beute." (Nah 2,13) Seine Deutung bezieht sich auf den Löwen des Zorns, ⁷[... Ra]che an denjenigen, die nach glatten Dingen suchen, als er Menschen lebendig aufhängte ⁸[...] in Israel vorher. Denn von dem, der lebendig am Holz aufgehängt wurde, heißt es: „Siehe, ich will an dich, ⁹[Spruch JHWHS Zebaoth, und ich werde in Rauch aufgehen lassen dei]ne [Menge],und deine Jungleuen soll das Schwert fressen, und austilgen will [ich aus dem Lande den R]aub. ¹⁰Und nicht [mehr wird die Stimme deiner Boten gehört] werden." (Nah 2,14)

Der Abschnitt ist, leicht erkennbar, ein Pescher zu Nah 2,12–14. Die erste Formel (Z. 2) weist konkret auf eine historische Person hin, nämlich auf [דמי]טרוס מלך יון, [Dᵉmî]ṭrôs mælæḵ Yāwān, „[Deme]trios, den König von Jawan". Demetrios marschiert demnach auf den Rat „derer, die nach glatten Dingen suchen" (דורשי החלקות, dôršê ha-ḥᵃlāqôt) gegen Jerusalem, unterliegt dort aber dem „Löwen des Zorns" (כפיר החרון, kᵉpîr hæ-ḥārôn). Dieser übt an den Ratgebern des Demetrios grausame Rache: er hängt bzw. kreuzigt offensichtlich alle „die, die nach glatten Dingen suchen".

Die Bezeichnung „Jawan" (wohl ungefähr das heutige Griechenland) weist auf die Herrscherdynastie der Seleukiden hin, zu deren Einflussbereich Palästina zwischen ca. 200 und 63 v.Chr. zählte. Unter ihnen finden sich gleich drei mit Namen Demetrios, hier dürfte Demetrios III. Eukairos („der Rechtzeitige"; 95–88 v.Chr.) gemeint sein. Das legt sich nicht zuletzt deshalb nahe, weil unter seleukidischer Herrschaft nur ein aus anderen Quellen bekanntes Ereignis zu finden ist, das mit der Passage im Nahum-Pescher verbunden werden kann: Der jüdische Geschichtsschreiber Flavius Josephus erwähnt es in seinen „Jüdischen Altertümern" (Antiquitates Judaicae XIII 14,1–2) und in seinem „Jüdischen Krieg" (Bellum Judaicum I 4,4–5; vgl. bereits AMUSIN 1963, DUPONT-SOMMER 1963 u.a.).

Josephus berichtet dort, wie mit der Herrschaftsausübung des Hasmonäerkönigs Alexander Jannai (103–76 v.Chr.) unzufriedene Gruppen (aller Wahrscheinlichkeit nach die Pharisäer) mit Demetrios III. sympathisierten und ihn deshalb (im Jahr 88 v.Chr.) um Hilfe baten. Als sich nach einem ersten Sieg in

Sichem jedoch herausstellte, dass Demetrios vorhatte, auch Jerusalem einzunehmen, wandten sich die meisten wieder von ihm ab. So konnte Alexander Jannai zwar die Eroberung der Stadt verhindern, nahm aber schon bald unerwartet Rache. Bei Josephus liest man dazu (*Ant.* XIII 14,2):

> ... ließ er gegen achthundert dieser Gefangenen kreuzigen und, während sie noch lebten, ihre Frauen und Kinder vor ihren Augen niedermetzeln ... die ihm sogar den Namen „Thrakidas" bei den Juden eintrug [die Thraker galten als besonders grausam].

Das dürfte der historische Hintergrund des Peschers sein: Der griechische Herrscher wäre Demetrios III., der „Löwe des Zorns" Alexander Jannai, und „die, die nach glatten Dingen suchen" (דורשי החלקות, *dôršê ha-ḥªlāqôt*) wären dann mit den Pharisäern zu identifizieren (so aus Josephus zu erschließen; vgl. dazu auch KRATZ 2011). Vielleicht ist es – mit aller Vorsicht – möglich, in Kol. II sogar weitere Fakten zur Rekonstruktion der pharisäischen Geschichte im 1. Jh. v.Chr. zu erkennen, wo es heißt (4QpNah II,3–6):

> ³„Des Raubens ist kein Ende. Horch, Geißelklatschen und Rädergerassel, jagende Rosse und schnellende Wagen; bäumende Reiter, flammender ⁴und blitzender Speer und eine Menge Erschlagener und ein Haufen von Toten, und der Leichen kein Ende, und man strauchelt über ihre Leichen." (Nah 3,1–3) Seine Deutung bezieht sich auf die Herrschaft derer, die nach glatten Dingen suchen, ⁵wo aus der Mitte ihrer Gemeinde nicht das Schwert der Völker verschwinden wird, Gefangenschaft und Raub und Zank untereinander und Verbannung aus Furcht vor dem Feind, und eine Menge ⁶von Leichen der Schuld werden in ihren Tagen fallen, und da wird kein Ende sein für die Gesamtheit ihrer Erschlagenen, und mit ihrem fleischlichen Leib werden sie gewiss straucheln über den Rat ihrer Schuld.

Sollte auch diese Interpretation einen historischen Kern enthalten, so könnte man ihr nicht weniger als gänzlich neue politische Verhältnisse entnehmen – denn die eben noch ausgelieferte und politisch in den Hintergrund gedrängte Gruppe derer, „die nach glatten Dingen suchen" (d.h. der Pharisäer), ist nun offenbar an die Macht gekommen, ist doch von ihrer „Herrschaft" (ממשלה, *mæmšālāh*) die Rede. Josephus berichtet weiterhin (*Ant.* XIII 15,5) davon, dass Alexander Jannai während eines Eroberungskrieges krank wurde und starb. Vor seinem Tod riet er seiner Frau und Nachfolgerin Alexandra Salome (76–67 v.Chr.), die Partei der Pharisäer wegen ihres großen Einflusses auf das Volk zu stützen. Er selbst sei „deshalb so unbeliebt geworden", „weil er sich den Pharisäern entgegensetzte". Alexandra Salome nahm den Rat ihres sterbenden Mannes an, und unter ihrer Herrschaft standen die Pharisäer an der Spitze der palästinischen Aristokratie.

Nur durch die kurze Herrschaft Aristobuls II. (67–63 v.Chr.) unterbrochen, bildeten die Pharisäer (bereits wieder unter dessen Bruder und Nachfolger

Hyrkan II.; 67 u. 63–40 v.Chr.) fortan die Basis der herrschenden Macht. Einmal in diese Position gelangt, agierten sie sogleich gegen die Gruppe der Sadduzäer, um das unter Alexander Jannai Erlittene zu rächen. Hatten letztere doch (zusammen mit dem auf ihrer Seite stehenden Aristobul) die Königin vor die Wahl gestellt, entweder die Pharisäer zu zügeln, oder hinzunehmen, dass die Sadduzäer zum nabatäischen Königtum überlaufen würden. Dies hätte große innenpolitische Wirren hervorgerufen (*Ant.* XIII 16,2). Hier wie in *Bell.* I 5 berichtet Josephus anschließend von der Hinrichtung aller an der Kreuzigung der Pharisäer unter Alexander Jannai Beteiligten – mit der Folge, dass die Sadduzäer entsprechend eingeschüchtert und machtlos waren.

Die genannten Parallelen zu den Werken des Josephus sind nicht ganz unwesentliche Indizien dafür, dass im Hintergrund von 4QpNah die Ereignisse der Zeit zwischen 88 und 63 v.Chr. (also dem Beginn der römischen Herrschaft) stehen. Die Entstehung (und wohl zugleich) Niederschrift des Peschers kann also frühestens in die Mitte des 1. Jh.s v.Chr fallen. Mit Hilfe dieser vergleichsweise sicheren Anhaltspunkte versucht ein großer Teil der Wissenschaft nach wie vor, die Hintergründe der übrigen Pescharim zu entschlüsseln und sie historisch einzuordnen. Dabei ist jedoch, wie bereits angedeutet, Vorsicht geboten – die biblische Sprache und die vielfältigen Bezüge warnen davor, Einzelheiten, aber auch größeren Zusammenhängen vorschnell historische Anspielungen zu entnehmen. – Es ist eine Binsenweisheit, dass Geschichtsschreibung immer nur gedeutete Geschichte enthält. Für die Pescharim gilt das in ungleich höherem Maße, da ihr Interesse genau dieser Deutung gilt und umso weniger den dahinterstehenden Ereignissen. Insofern sind auch die Ergebnisse dieser Versuche einer Einordnung in die jüdische Geschichte tentativ. Auch hier ist zu beachten, dass Pescharim Auslegungen sind. Wie nahe sich Pescher-Auslegung und Redaktionsgeschichte auch und gerade im Pescher Nahum stehen, hat KRATZ (2011) eindrücklich gezeigt.

4.3.2 Aus den Jesaja-Pescharim

Literatur: Joseph D. AMUSIN, A propos de l'interprétation de 4Q161 (Fragments 5–6 et 8), RdQ 8/31 (1974) 381–92. ▪ Alex JASSEN, Re-reading 4QPesher Isaiah A (4Q161): Forty Years After DJD V, in. The Mermaid and the Partridge (hg.v. G.J. BROOKE u. J. HØGENHAVEN; StTDJ 96), Leiden 2011, 57–90. ▪ Reinhard G. KRATZ, Jesaja in den Schriften vom Toten Meer, in: DERS., Prophetenstudien (FAT 74), Tübingen 2011, 243–71. ▪ Christian METZENTHIN, Jesaja-Auslegung in Qumran. (AThANT 98), Zürich 2010. ▪ Émile PUECH, Messianisme, eschatologie et résurrection dans les manuscrits de la mer Morte, RdQ 18/70 (1997) 255–98.

Die fünf Jesaja-Pescharim gelten normalerweise als unterschiedliche Werke (im Unterschied zu ihrer Bezeichnung, 4QpIsa^{a-e}, die von einer einzigen zugrundeliegenden Schrift auszugehen scheint). Dass es sich aber nicht um ein einziges Werk handeln kann, geht schon daraus hervor, dass 4Q161 und 4Q163 in unterschiedlicher Weise dieselbe Jesajastelle auslegen. Eine gewisse Ausnahme bildet die Ansicht Hartmut STEGEMANNS, der von zwei Jesaja-Pescharim ausgeht, 4QpJes A (repräsentiert durch 4Q163 und 165 = 4QpIsa^{c,e}) und 4QpJes B (4Q161, 162 und 164 = 4QpIsa^{a,b,d}). Aus inhaltlichen Gründen datiert Stegemann 4QpJes B vor 70 v.Chr. (STEGEMANN [10]2007, 178)

Auch der Jesaja-Pescher 4Q161 bietet möglicherweise Anhaltspunkte für historische Ereignisse. Diesmal ist es allerdings kein Personen-, sondern ein Ortsname, aufgrund dessen sich Vermutungen anstellen lassen (4Q161 f5–6,5–13).

> ^{5}„[...] er kommt nach Aja. Er zieht [durch Migron,] zu Michma[s] ^{6}[lässt er seinen Tross. Sie ziehen durch] den engen Weg, bleiben in Geba über Nacht. Es ersch[rickt Rama, das Gibea] ^{7}[Sauls flieht. Schreie] laut, Du Tochter Gallim! Merke auf, Lajescha; gib ihm Antwort, Anatot! ^{8}[Es weicht] Madmena, die Bürger von Gebim laufen davon. [Noch heute wird er haltmachen in Nob;] ^{9}[er wird ausstrecken] seine Hand gegen den Berg der Tochter Zion, gegen den Hügel Jerusalems." (Jes 10,28–32) [...] ^{10}[Die Deutung des] Urteilsspruchs bezieht sich auf das Ende der Tage, dass kommen [...]. ^{11}[...], als er heraufzog aus der Ebene von Akko, um zu kämpfen gegen [...]. ^{12}[...] und keiner ist wie er/es. Und in allen Städten [...]. ^{13}[...] und bis zur Grenze Jerusalems [...].

Im Text des Peschers, der sich auf Jesaja 10,28–32 bezieht, zieht jemand während kriegerischer Handlungen von Akko nach Jerusalem. Bei der Identifizierung der Ereignisse folgen die meisten Ausleger Joseph AMUSIN (1974), der die Texte nach einer auch von Flavius Josephus festgehaltenen Geschehensreihe entschlüsselt (*Ant.* XIII 12,2–13,2 und *Bell.* I 4,2).

Josephus berichtet dort, dass sich der Hasmonäer Alexander Jannai mit dem ägyptischen Herrscher Ptolemaios IX. Soter II. Lathyros („Kichererbse"; 116–110, 109–107 u. 88–80 v.Chr.) im Krieg befand. Letzterer war vor seiner Mutter Kleopatra III. geflohen und lebte auf Zypern. Alexander Jannai also versuchte, die an der nördlichen Küste Palästinas liegende Stadt Akko zu erobern. Die Bürger der Stadt wandten sich daraufhin an Ptolemaios. Diesen erreichte der Hilferuf zur rechten Zeit, denn mit der Herrschaft über Akko wäre er im Kampf seiner Mutter wieder überlegen gewesen. Ptolemaios führte also einen umfassenden und erfolgreichen Angriff gegen Galiläa. Dass dieser für Alexander Jannai nicht die totale Vernichtung bedeutete, verdankte sich lediglich dem Umstand, dass Ptolemaios' Mutter Kleopatra inzwischen wieder andernorts Kämpfe führte und sich nicht in das Kampfgeschehen einmischte. Das ermöglichte bzw. zwang nun wiederum Ptolemaios zu einem schnellen Rückzug aus Syrien-Palästina. So entging das Land unerwartet (und fast schon an ein Wunder grenzend) dem Untergang.

Auf dem Hintergrund dieser Ereignisse lässt sich die Entstehung von 4Q161 möglicherweise aufgrund interner Kriterien auf die Regierungszeit des Alexander Jannai (103–76 v.Chr.) bzw. in die Zeit danach datieren.

4.3.3 Hinweise auf die Pharisäer

Literatur: Vgl. die Literatur zu den vorangehenden Abschnitten. – Albert I. BAUMGARTEN, Art. Pharisees, in: DSSE 2, 657–63. ▪ DERS., Art. Seekers after Smooth Things, ebd. 857–59. ▪ Johann MAIER, Zwischen den Testamenten (NEB.AT Ergänzungsband 3), Würzburg 1990, 256–89 (268–72).

Bereits oben, im Abschnitt zu Pescher Nahum, kam der Ausdruck *dôršê haḥªlāqôt* (דורשי החלקות) vor, „die, die nach glatten Dingen suchen", der sich dort wahrscheinlich auf die Pharisäer bezog. Das kann man leicht auf die lockerere Auslegungsweise der Pharisäer (aus anderen Quellen bekannt; vgl. MAIER 1990) im Gegensatz zur strengen Gesetzestreue der Qumrangemeinschaft oder auch der Sadduzäer deuten: die Vorschriften werden möglichst „glatt", leicht zu halten, gemacht. Der Ausdruck findet sich auch in einem weiteren Pescher zum Jesajabuch (4QpJes^c [= A^a] = 4Q163 f23ii,3–13):

> ³[„Den]n s[o] spricht JHWH, der Heilige Israels: Wenn ihr umkehrt und [stille] bliebet, [so würde euch geholfen;] ⁴[durch S]tillesein und Hoffen würdet ihr stark sein. Aber ihr wollt nicht und [sprecht:] ⁵‚Nein, sondern auf Rossen wollen wir dahinfliehen', – darum werdet ihr dahinfliehen, – ‚und auf Rennern wollen wir reiten', – darum ⁶werden euch eure Verfolger überrennen. Denn euer tausend werden fliehen vor eines Einzigen Drohen; ⁷ja vor fünfen werdet ihr alle fliehen, bis ihr übrig bleibt wie ein Mast oben auf einem Berge ⁸und wie ein Banner auf einem Hügel. Darum harrt der Herr darauf, dass er euch gn[ädig] sei, und er macht sich auf, ⁹dass er sich euer erbarme; denn JHWH ist ein Gott des Rechts. Wohl allen, die auf ihn harren!" (Jes 30,15–18) ¹⁰Die Deutung des Wortes bezieht sich auf das Ende der Tage, auf die Gemeinde derer, die nach glatten Dingen s[uchen ...], ¹¹die in Jerusalem sind [...] ¹²im Gesetz und nicht [...] ¹³Herz(ens), denn um zu zertreten [...]

Dieser Pescher legt Jes 30,15–18 aus. Wir erfahren über „die, die nach glatten Dingen suchen", dass sie sich in Jerusalem befinden (Z. 10f.). Zugleich scheint der Verfasser (und wohl auch die ursprünglichen Leser) dieses Peschers in Opposition zu dieser Gruppe steht, denn ihr wird ja (lt. Jesajatext!) das strenge Urteil Gottes angekündigt. Umso mehr wird man sich hüten, jeder Beschreibung des Handelns der „Suchenden" sogleich historische Ereignisse entnehmen zu wollen.

Neben dem Ausdruck „die nach den glatten Dingen suchen" ist eine weitere Bezeichnung zu untersuchen, hinter der möglicherweise auch die Pharisäer zu erahnen sind, nämlich „Ephraim". Als Ausgangspunkt dient wieder Pescher Nahum. Zwei Abschnitte dieses Peschers identifizieren „die nach den glatten Dingen suchen" und „Ephraim" (4QpNah II,1–2; III,1–5).

> II,1[...] *„Wehe über die Blutstadt, ganz voll von [Lug und Gewaltta]t."* (*Nah 3,1*) ²Seine Deutung bezieht sich auf die Stadt Ephraims, die nach glatten Dingen suchen am Ende der Tage, die in Lug und Trügerei[en w]andeln."
> III,1[...] *„Und ich werfe Unrat auf dich, [en]tehre dich und mache dich ²abstoßend, und alle, die dich sehen, werden vor dir fliehen."* (*Nah 3,6f*.) ³Seine Deutung bezieht sich auf die, die nach glatten Dingen suchen, deren böse Taten am Ende der Zeit ganz Israel offenbar gemacht werden, ⁴und viele werden ihre Sünden erkennen und sie hassen und sie als abstoßend betrachten wegen ihres schuldigen Übermutes. Und wenn Judas Ruhm offen[ba]r ist, ⁵werden die Einfältigen Ephraims aus der Mitte ihrer Versammlung fliehen und die verlassen, die sie verführen, und sich Israel anschließen. [...]

Dass der Ausdruck „Ephraim" nicht in seiner biblischen Bedeutung verwendet wird, zeigt sich an der Bezeichnung Jerusalems als „Stadt Ephraims" – obwohl die Stadt gar nicht zum Gebiet des Stammes Ephraim gehört. „Ephraim" ist in diesem Text wahrscheinlich eher synonym mit „denen, die nach glatten Dingen suchen" verwendet. Die zitierten Stellen, Nah 3,1 und 3,6–7, bestätigen die negative Beurteilung dieser Gruppe.

Als Hinweis kann auch ein (mögliches) Wortspiel gelten: die „glatten Dinge" (חלקות, $ḥ^a lāqôt$; vgl. Jes 30,10) klingen im Hebräischen nämlich an den Begriff der Auslegungen der einzelnen Gebote (הלכות, $h^a lāḵôt$; Sg. הלכה, $h^a lāḵāh$) an. Der Begriff der $H^a lāḵāh$ wurde von den Pharisäern geprägt. In diesem Fall heiße die Formulierung: Ihr gebt vor, die $H^a lāḵāh$ zu finden, sucht aber in Wahrheit nach Möglichkeiten, die strengen Vorschriften möglichst einfach einhalten zu können (eben „glatt zu machen").

Schließlich sei noch ein Teil des Hosea-Kommentars B (4QpHos B = 4Q167) zitiert, der – ohne Nennung von Daten – möglicherweise ebenfalls von einem Konflikt zwischen Hasmonäern und Pharisäern berichtet (4Q167 X,7f. = f2,2f.):

> ⁷[...] *der Löwe des Zorns. Denn ich bin wie ein Lö[we für E]ph[rai]m [und wie ein Junglöwe für das Haus]* ⁸*[Juda* (*Hos 5,13bβ*). Seine Deutung ... der] letzte Priester, der seine Hand ausstreckt, um Ephraim zu schlagen.

Der „Löwe des Zorns" (כפיר החרון, $k^e p̂ir\ ha\text{-}ḥārôn$) dürfte der Hasmonäer Alexander Jannai sein (103–76 v.Chr., vgl. 4QpNah I,5f.). Das Wortspiel zwischen „der letzte" und „des Zorns" (אחרון/החרון, $’aḥ^a rôn / ha\text{-}ḥārôn$) könnte darauf hindeuten, dass er mit dem „letzten Priester" identifiziert wurde. Zwingend ist das jedoch keineswegs. Mindestens ebenso gut möglich ist es, in diesem „letzten Priester" den (in der als „letzte Zeit" begriffenen Gegenwart) amtierenden Jerusalemer Hohenpriester zu sehen (so VIELHAUER 2001; ders. in LOHSE II).

4.3.4 Zusammenfassung: Zeitgeschichte in den Pescharim

Trotz der mannigfaltigen Schwierigkeiten, die sich der Auslegung der Pescharim in den Weg stellen, ist hier oder da doch der ein oder andere zeitgeschichtliche Hinweis zu entdecken. Zumeist ist das bei Ereignissen aus der ersten Hälfte des 1. Jh.s v.Chr. der Fall. Da die Manuskripte aber durchgängig aus der *zweiten* Hälfte des 1. Jh.s v.Chr. stammen dürften (vgl. die paläographische Datierung), stellt sich die Frage nach einer Verfasserschaft (oder auch Redaktion) des Materials durch den „Lehrer der Gerechtigkeit". Wenn man, wie nach wie vor eine Mehrheit der Forschung, das Wirken eines solchen Lehrers etwa auf die Mitte des 2. Jh.s v.Chr. datiert (zusammenfassend CHARLESWORTH 2002; die klassische Sichtweise geht vom nicht gewaltsamen Tod des Lehrers um 110 v.Chr. aus), so kann er kaum persönlich an die Pescharim Hand angelegt haben.

Das erlaubt möglicherweise, den eingangs zitierten Abschnitt 1QpHab VII noch einmal von anderer Seite her zu beleuchten: die Art der Auslegung, die im Pescher konkret wird, dürfte zwar auf die Person eines Lehrers zurückzuführen sein, nicht aber notwendigerweise die jeweilige Durchführung dieser Auslegung. Die Gestalt des Lehrers ist somit am ehesten die eines *Vermittlers* zwischen Gott und seinem Wort auf der einen und den Mitgliedern der Gemeinschaft auf der anderen Seite. Möglich ist allerdings auch, dass es sich beim „Lehrer" gar nicht um eine konkrete historische Gestalt handelt, sondern um eine Art „Amt", das ein Mitglied der Gemeinschaft innehatte (vgl. die Einleitung in MAIER III). Es muss kaum erwähnt werden, dass all diese Positionen in der Forschung vertreten werden. Hier spiegelt sich – freilich *mutatis mutandis*! – einiges wider, was bereits aus den Diskussionen um den (oder den *quests* nach dem) „historischen Jesus" bekannt erscheint.

4.4 Exegese und Eschatologie

Literatur: Jean CARMIGNAC, La notion d'eschatologie dans la Bible et à Qumrân, RdQ 7/25 (1969) 17–31. ▪ John J. COLLINS, Patterns of Eschatology at Qumran, in: Traditions and Transformations. Turning Points in Biblical Faith (hg.v. B. HALPERN und J.D. LEVENSON), Winona Lake/Ind. 1981, 351–75. ▪ Philip R. DAVIES, Eschatology at Qumran, JBL 104 (1985) 39–55. ▪ Matthias DELCOR, Doctrines des Esséniens, in: DB.S 9 (1978) 977–80. ▪ Torleif ELGVIN, Early Essene

Eschatology. Judgement and Salvation according to Sapiential Work A, in: Current Research and Technological Developments on the Dead Sea Scrolls (hg.v. D.W. PARRY u. S.D. RICKS; StTDJ 20), Leiden 1996, 126–65. ▪ DERS., The Mystery to Come: Early Essene Theology of Revelation, in: Qumran Between the Old and New Testament (hg.v. F.H. CRYER u. T.L. THOMPSON; JSOT.S 290), Sheffield 1998, 113–50. ▪ Edward LIPIŃSKI, באחרית הימים dans les textes préexiliques, VT 20 (1970) 445–50. ▪ Emile PUECH, Messianisme, eschatologie et résurrection dans les manuscrits de la Mer Morte, RdQ 18/70 (1997) 261–65. ▪ Annette STEUDEL, אחרית הימים in the Texts from Qumran, RdQ 16/62 (1993) 225–46. ▪ Shemaryahu TALMON, The Signification of אחרית and אחרית הימים in the Hebrew Bible, in: Emanuel. Studies in Hebrew Bible, Septuagint and Dead Sea Scrolls (FS E. TOV; hg.v. Sh.M. PAUL u.a.; VT.S 94), Leiden 2003, 795–810.

Ein besonderes Charakteristikum der Exegese in den Qumranschriften ist ihre stark eschatologische Ausrichtung. Auch die Deutung der kontinuierlichen Pescharim ist keineswegs auf die Gegenwart beschränkt, sondern zugleich auf die Ereignisse der Zukunft, ja auch der Vergangenheit, bezogen. Denn die Gemeinschaft versteht sich als „am Ende der Tage" (באחרית הימים, b^e-'aḥarît ha-yāmîm) lebend.

4.4.1 Die letzte Phase der Geschichte ('aḥ^{a}rît ha-yāmîm)

Eine grundlegende Eigenart der Eschatologie der exegetischen Literatur Qumrans ist, dass sie das Eschaton, die letzte Periode der Geschichte, zugleich als begonnene Wirklichkeit begreift. Das soll im Folgenden anhand einer Untersuchung des Schlüsselbegriffs אחרית הימים, 'aḥ^{a}rît ha-yāmîm, verdeutlicht werden, der hier aber zunächst noch unübersetzt bleiben soll (zum Folgenden vgl. STEUDEL 1993).

Der Begriff kommt im Alten Testament 14× vor (Gen 49,1; Num 24,14; Dtn 4,30; 31,29; Jes 2,2; Jer 23,20; 30,24; 48,47; 49,39; Ez 38,16; Hos 3,5; Mi 4,1; Dan 10,14 [Dan 2,28 ar]). Auf dieser Grundlage verstehen ihn viele Forscher im eschatologischen Sinne, d.h. beziehen ihn auf die Endzeit. Das kann sich immerhin auf die Septuaginta stützen, wo die Formulierung meist mit ἐπ' ἐσχάτων τῶν ἡμερῶν, *ep' es-chátōn tṓn hēmerṓn*, übersetzt wurde, eben „am Ende der Tage". Doch führt eine genaue Untersuchung der Vorkommen zu dem Ergebnis, dass 'aḥ^{a}rît ha-yāmîm biblisch eher die allgemeinere Bedeutung „in der Zukunft" trägt (LIPIŃSKI u.a.), gemäß dem akkadischen *ina / ana achrât ūmi*.

Für Qumran (nicht weniger als 33 Belege) ist die Frage schwieriger zu beantworten. Drei Aspekte spielen eine Rolle:

1. Bei ʾaḥᵃrît ha-yāmîm handelt es sich um die *jetzige* Zeitspanne, in der eine Prüfung bzw. Heimsuchung stattfindet (präsentischer Aspekt). 4QMidrEschat[a] IV,1 heißt es (im direkten Anschluss an die Formel in III,19):

> ¹Dies ist die Zeit der Läuterung, welche *gekom[men ist]* über das Haus J]uda [..].

Die „Zeit der Läuterung", hat also bereits begonnen. Daraus folgt, dass die Gemeinschaft sich als in dieser letzten Zeitspanne befindlich begreift.

2. Dieser Zeitabschnitt hat bereits in der Vergangenheit begonnen (vergangenheitlicher Aspekt) – wie etwa oben an 4QpNah II,1 zu sehen ist (vgl. 1QpHab IX,6).

3. Der Begriff „am Ende der Tage" ist schließlich auch für in der Zukunft liegende Ereignisse verwendet worden (futurischer Aspekt). In den letzten Tagen kommen die Heimsuchung auf der einen, die Gesalbten Israels und Jakobs andererseits (1QSa II,11f; 4QMidrEschat III,10–13; 4QpJes[a] III,15–29).

Die Untersuchung der Vorkommen des Ausdruckes ʾaḥᵃrît ha-yāmîm in Qumran ergibt also, dass er alle drei „Dimensionen" der Zeit beinhaltet: die *Vergangenheit*, die *Gegenwart* und die *Zukunft*. Zusammengefasst (STEUDEL 1993, 231)

> [ʾAḥarît ha-yāmîm] does not mean the time of salvation, it also does not mean a ‚punctual end' of history, nor does it mean ‚future'. Rather, what is meant by the term [...] is a limited period of time, that is the last of a series of divinely pre-planned periods into which history is divided. *This last period of time directly before the time of salvation covers aspects of the past* [...], *as well as aspects of the present time* [...] *and of the future* [...].

Als Übersetzung schlägt STEUDEL deswegen für diese bedrängnisvolle Zeit vor dem Beginn der Heils vor: „die letzte Phase (o. Zeitspanne) der Geschichte" (1993; ähnlich in LOHSE II, 187). Gegenwart der Gemeinschaft und ʾaḥᵃrît ha-yāmîm zusammen konstituieren das eschatologische Zeitalter (vgl. PUECH 1997).

4.4.2 „Messianische" Schriftauslegung in der Qumrangemeinschaft

Literatur: Martin G. ABEGG, The Messiah at Qumran: Are We Still Seeing Double?, DSD 2 (1995) 125–44. ▪ Raymond E. BROWN, The Messianism of Qumran, CBQ 19 (1957) 53–82. ▪ Jean CARMIGNAC, La future intervention de Dieu selon la pensée de Qumrân, in: BEThL 46, 219–29. ▪ John J. COLLINS, The Works of the Messiah, DSD 1 (1994) 98–112. ▪ Karl Georg KUHN, The Two Messiahs of Aaron and Israel, NTS 1 (1954/55) 181–90. ▪ Eric F. MASON, ‚You are a Priest forever'. Second Temple Jewish Messianism and the Priestly Christology of the Epistle to the Hebrews (StTDJ 74), Leiden 2008. ▪ Wolter H. ROSE, Zemah and Zerubbabel. Messianic Expectations in the Early Postexilic Period (JSOT.S 304), Sheffield 2000. ▪ Géza G. XERAVITS, Précisions sur le texte original et le concept messianique de CD 7:13–8:1 et 19:5–

14, RdQ 19/73 (1999) 47–59. ▪ DERS., The Early History of Qumran's Messianic Expectations, EThL 76 (2000) 113–21.

Die Pescharim, vor allem die thematischen, gelten als wichtige Zeugen für die eschatologischen Erwartungen der Qumrangemeinschaft. In ihnen wird auf ein Wiedererstehen der davidischen Dynastie, aber auch auf eine andere „messianische" Figur hingewiesen. Dabei begegnet nicht selten die (bereits im vorigen Kapitel) erläuterte Wendung „Ende der Tage" (אחרית הימים, *'aḥᵃrît ha-yāmîm*).

Im Folgenden werden einige eschatologische Stellen aus den exegetischen Qumrantexten vorgestellt, genauer aus dem Pescher zum Jesajabuch A (4Q161), dem Genesis-Kommentar (4Q252) und aus einigen thematischen Midraschim (Midrasch zur Eschatologie A [4Q174], den „Testimonia" [4Q175] und dem Melchizedek-Text [11Q13]).

4.4.2.1 Der erste Jesaja-Pescher aus Höhle 4 (4QpJsaᵃ = 4Q161)

Textausgaben, Übersetzungen, Kommentare: s.o. zu den Jesaja-Pescharim.
Literatur: s.o. zu den Jesaja-Pescharim, außerdem: John M. ALLEGRO, Further Messianic References in Qumran Literature, JBL 75 (1956), 177–81. ▪ Richard BAUCKHAM, The Messianic Interpretation of Isa. 10:34 in the Dead Sea Scrolls, 2 Baruch and the Preaching of John the Baptist, DSD 2 (1995) 202–16. ▪ George J. BROOKE, Isaiah in the Pesharim and Other Qumran Texts, in: Writing and Reading the Scroll of Isaiah (hg.v. C.C. BROYLES u. C.A. EVANS), Leiden 1997, 609–32.

4Q161 deutet in der Hauptsache Jes 10,21–11,5. Fragmente 5 und 6 enthalten dabei die Beschreibung eines Krieges, der sich am „Ende der Tage" (*'aḥᵃrît ha-yāmîm*) abspielen wird (4Q161 f5-6,26). Bei der Schilderung dieses Krieges erwähnt der Verfasser auch geographische Begriffe (s.o.) Er erzählt also keineswegs ausschließlich von eschatologischen Ereignissen im engen Sinne des Wortes, sondern malt zugleich das Bild eines in seinem Zeitabschnitt bereits „begonnenen Eschaton".

In den Fragmenten 8–10 blickt der Verfasser offensichtlich in die Zukunft. Das geschieht in zwei Szenen: 1. der Sieg Israels über seine Feinde und 2., unter Rückgriff auf Jes 11,1–5, einen Protagonisten der Zeit des Sieges, einen Nachkommen Davids (4Q161 f8-10,7–12):

⁷[Seine Deutung bezieht sich auf die Ki]ttäer, di[e] abhau[en] das Haus Israel und die Demütigen/Armen [...] ⁸[...] alle die Völker und Helden werden erschrecken und es zerfließt [ihr] H[erz.] ⁹[Und wenn es heißt: *„und was hoch" aufgerichtet steht, wird niedergeschlagen"* (*Jes 10,33b*) – sie sind die Helden der Kitt[äer.] ¹⁰[... und wenn es heißt]: *„und [der] dichte Wald wird mit dem Eisen umgehauen werden"* (*Jes 10,34a*) – s[ie sind ...] ¹¹[...] zum Krieg der

> Kittäer. [(vacat)] „und der Libanon wird fallen durch einen Mä[chtigen" (Jes 10,34b) ...]
> ¹²[Seine Deutung bezieht sich auf die] Kittäer, welche hingege[ben] werden in die Hand seines großen [...]

Der Verfasser legt Jes 10,33–34 aus. Die Kittäer – im Alten Testament wohl zumeist die Einwohner Zyperns bzw. des westlichen Mittelmeers, d.h. ein Volk, das mit dem Meer zu tun hat, – kommen in den Qumrantexten in zwei Bedeutungen vor: Kittäer sind einmal die von außen kommenden Feinde Israels und zum anderen die Vollzieher des Zornes Gottes in der Zeit des Gerichts. (Nicht selten sind damit die Römer gemeint, doch ist es wohl nicht möglich, alle Erwähnungen damit zu erklären.) Hier sind es die Feinde Israels bzw., in der Fiktion, Jesajas. Der in Z. 7 erwähnte „Libanon" ist in den Pescharim– wie auch in anderer exegetischer Literatur des antiken Judentums – mehrdeutig: mal ist damit die Gemeinde gemeint, mal – so auch hier – ist es negativ die Bezeichnung der Feinde.

Eine Schwierigkeit bei der Interpretation dieses Texts ist, dass nicht klar ist, wer der „Mächtige" ist, der den Fall der Feinde verursacht. Richard BAUCKHAM (1995) plädiert aufgrund von gesammelten jüdischen und neutestamentlichen Beispielen für die Möglichkeit, dass es sich um eine positive eschatologische Hauptfigur handelt, vielleicht die als „Fürst der Gemeinde" bezeichnete Person, die auch auf einem anderen Fragment des Textes (in ziemlich lückenhaftem Kontext) erwähnt wird (4Q161 f2–6,19).

Die folgenden Zeilen interpretieren den Text Jes 11,1–5 (4Q161 f8–10,22–29; abweichende Rekonstruktion: M.P. HORGAN in DSSR 2):

> ²²[Seine Deutung bezieht sich auf den Spross] Davids, der auftritt am En[de der Tage ...] ²³[...] seinen [Fei]nd. Und Gott wird ihn stützen mit [einem Geist (?) der M]acht (?)[...] ²⁴[... Th]ron der Ehre, hei[liger] Reif und bunte Gewän[der.] ²⁵[...] in seine/r Hand, und über alle Nat[ione]n wird er herrschen. Und Magog ²⁶[und Gog (?), und al]le Völker wird sein Schwert richten. Und wenn es heißt: „nicht ²⁷[wird wird er richten nach dem, was seine Augen sehen], *noch Urteil sprechen nach dem, was seine Ohren hören"* (Jes 11,3): Seine Deutung bezieht sich darauf, dass ²⁸[...] und wie sie (die Priester) ihn lehren werden, so wird er richten, und auf ihr Geheiß ²⁹[...] mit ihm. Und es wird hinausgehen einer von den Priestern des Namens, und in seiner Hand Gewänder von [...]

Der zitierte Abschnitt prophezeit das Kommen einer von JHWH in besonderer Weise ausgestatteten Person, einem Nachkommen Davids. In Z. 23f. folgt die konkrete Darstellung des göttlichen Geistes, von dem dieser Davidide erfüllt sein wird (bezugnehmend auf Jes 11,1f., wo „der Geist der Stärke" erwähnt ist). Der Qumrantext kombiniert damit drei weitere aus dem Alten Testament bekannte Attribute: 1. Den „Thron der Ehre" (vgl. im Lobgesang der Hanna 1 Sam 2,8; in Jes 22,23 als Symbol der von Gott erhaltenen königlichen Macht; in Jer 17,12 als Synonym für den Tempel). Diese Texte sind durchaus offen für eine eschatologische

(Re-) Interpretation sind. – 2. Der „heilige Reif" ist aus Ex 29,6; 39,30 und Lev 8,9 bekannt. Es handelt sich um einen Teil der Kleidung der aaronidischen Priester. Das bedeutet: Die genannte Figur trägt auch priesterliches Züge – auch wenn sie nicht als solcher tituliert wird. – 3. Die „bunten Gewänder" bezeichnen schließlich die Kleidung der Fürsten der Nationen (Ez 26,16). Ez 16,18 spricht außerdem davon, wie einst JHWH Israel damit bekleidet habe (vgl. auch 1QM VII,11).

Interessante Informationen haben auch Z. 23f. (zu Jes 11,3) einmal geliefert. Nimmt die eschatologische Figur hier gegenüber den Priestern eine untergeordnete Position ein, die sie anweisen und – vielleicht in Art einer „Inthronisation", in sein Amt einführen? Der Text bleibt leider auch hier zu lückenhaft, um sichere Aussagen treffen zu können.

4.4.2.2 Der Midrasch zur Eschatologie: 4QMidrEschat$^{a.b}$ (*olim* 4QFlorilegium = 4Q174 und 4QCatena A = 4Q177)

Textausgaben und Literatur: DJD V,53–57.67–74; vgl. 74f.80–82 (ALLEGRO). ▪ John STRUGNELL, Notes en marge, 1969–1971, 220–225.236–48, vgl. 248f.256–63. ▪ LOHSE II, 187–213 (STEUDEL). ▪ George J. BROOKE, From Florilegium or Midrash to Commentary: The Problem of Re-Naming an Adopted Manuscript, in: The Mermaid and the Partridge (hg.v. DEMS. u. J. HØVENHAGEN, StTDJ 96), Leiden 2010, 129–50. ▪ Annette STEUDEL, 4QMidrEschat. „A Midrash on Eschatology" (4Q174 + 4Q177), in: The Madrid Qumran Congress (hg.v. J. TREBOLLE BARRERA u. L. VEGAS MONTANER; StTDJ 11), Leiden 1992, 531–41. ▪ DIES., Der Midrasch zur Eschatologie aus der Qumrangemeinde (4QMidrEschat$^{a.b}$) (StTDJ 13), Leiden 1994. ▪

Die „letzte Phase der Geschichte" spielt außer in den durchlaufenden Interpretationen von prophetischen Texten auch, und sogar noch direkter, in der Gattung der *thematischen* Midraschim (o. Pescharim) eine Rolle. Ein wichtiger Vertreter dieser Gattung ist der sog. „Midrasch zur Eschatologie". Die ehemals als „Florilegium" (4Q174) und „Catena A" (4Q177) bezeichneten Handschriften stellen nicht eigenständige Kompositionen dar, sondern sind zwei Vertreter eines einzigen Werks, wie Annette STEUDEL (nach Versuchen von John STRUGNELL [1970] u.a.) aufgrund der materiellen Gegebenheiten mit Hilfe der Methode der materiellen Rekonstruktion zeigen konnte (STEUDEL 1992 u. 1994). Eventuell sind auch die Manuskripte 4Q182 (4QMidrEschat^d, bisher 4QCatena B), 4Q178 und 4Q183 (4QMidrEschat$^{c.e}$, beide bisher „Unclassified Fragments") Kopien dieses Werks.

Die – schon materiell – überaus einleuchtende These ist inzwischen zu Recht verbreitet, weniger hingegen bei Forschern, die nicht zuletzt an der Bezeichnung des Werks als „Midrasch" (מדרש), *midrāš*, von דרש, *drš*, „suchen": „Studium", „Auslegung", „Lehre", hier etwa: „Darlegung") Anstoß nehmen. Die Verwendung dieses Begriffs wird insbesondere deswegen bemängelt, weil er sich vom späteren rabbinischen Gebrauch unterscheidet (was STEUDEL durchaus vermerkt). Dort handele es sich um eine genau definierte Art der Auslegung, die mit der in 4Q174/177 verwendeten nicht identisch ist. So verständlich diese Kritik auf den ersten Blick sein mag, so wird hier wohl doch das Kind mit dem Bade ausgeschüttet. Ihr ist entgegenzuhalten, dass das Werk *selbst* die Bezeichnung „Midrasch" in ihrem Hauptteil verwendet (4Q174 f1–2i+21,14 = 4QMidrEschat^a III,14), sie also in jedem Falle angemessen und sachgemäß ist –freilich aber (noch) etwas anderes bedeutet (etwa „Darlegung") als in der weiteren jüdischen Geschichte. In der Sache vermag all das ohnehin kaum etwas zu ändern. Vgl. dazu auch 4QS$^{b.d}$ mit 1QS (V,1) sowie zum Titel von QD. Zur Sache vgl. BROOKE 2010.

Das Werk gliedert sich in drei Abschnitte (1. Deutung des Mosesegens Dtn 33 in Kol. I,1–II,*Anfang*; 2. die Nathansverheißung deutende Auslegung in Kol. II,Ende–III,13, sowie, in der Hauptsache, 3. einem Midrasch zur Eschatologie, der sich am biblischen Psalter orientiert, aber auch andere Schriftstellen, z.B. aus den Prophetenbüchern, mit einschließt; ab III,14). Entstanden ist der Midrasch, wie aus formalen und inhaltlichen Gründen (etwa der Polemik gegen die Pharisäer bzw. „die, die nach glatten Dingen suchen") zu erschließen ist, zwischen 71 und 63 v.Chr., wahrscheinlich noch zu Lebzeiten Alexandra Salomes (76–67 v.Chr.; STEUDEL). Es finden sich noch keine Hinweise auf die Römer.

Die ersten Abschnitte von 4QMidrEschat (also vor allem 4Q174) enthalten dabei gewissermaßen konkrete „messianische" Hinweise, der Hauptteil (vor allem 4Q177 = 4QMidrEschat^b) thematisiert demgegenüber allgemeinere eschatologische Themen.

In 4QMidrEschat III,10–13 findet sich der folgende Kommentar:

> ^{10}[„Und] JHWH hat dir [kund]getan, dass er dir ein Haus bauen wird; und ich werde aufrichten deinen Samen nach dir, und ich werde errichten den Thron seiner Königsherrschaft ^{11}[für im]mer. Ich werde ihm Vater sein, und er wird mir Sohn sein" (*2Sam 7,11b.12aβ.13b.14a*). Dies ist der Spross Davids, der auftreten wird mit dem Erforscher des Gesetzes, den ^{12}[er aufstehen lassen wird] in Zi[on am] Ende der Tage, wie es geschrieben steht: „Ich werde die zerfallene Hütte Davids wieder aufrichten" (*Am 9,11*). Das ist die zerfalle[ne] Hütte ^{13}Davids, [d]ie er auftreten lassen wird, um Israel zu retten. (*vacat*)

Der Autor führt aus der Verheißung an David 2 Sam 7,14 (und Verse aus dem nahen Kontext: 2 Sam 7,11b.12aβ.13b.14a, mit kleineren Varianten) an. Der „Spross Davids", der davidische Herrscher also, wird zusammen mit dem „Erforscher des Gesetzes" (*dôrēš ha-tôrāh*, דורש התורה), wohl einer priesterlichen Figur, auftreten. Auch wenn letzterer andernorts eine Gestalt der Vergangenheit bezeichnet (etwa CD VI,7), ist hier eindeutig eine zukünftige Person gemeint (vgl. etwa Z. 13 das imperfektische „er wird auftreten lassen"). Die futurische Deutung wird auch durch die Parallelität mit dem „Spross Davids" gestützt, eine eindeutig eschatologisch gefärbte Wendung.

Der Z. 12 wiedergegebene Text (Amos 9,11) wird interessanterweise auch in der Damaskusschrift zitiert und eschatologisch interpretiert (CD VII,16, sog. „Amos-Numeri-Midrasch"). Das zur Interpretation überleitende Demonstrativum lesen ALLEGRO und STEUDEL 2010 als *Femininum* (היאה, *hîʾāh*, „sie", cf. DJD V, 53); damit wiese es auf das Wort „Hütte" zurück. Es kann aber auch als *Maskulinum* (הואה, *hûʾāh*, „er") gelesen werden, dann wäre entweder der Spross Davids (XERAVITS) oder der „Erforscher des Gesetzes" (im letzteren Sinne STRUGNELL 1970) gemeint, die entsprechende Figur wäre jedenfalls die, mit deren Hilfe die Rettung Israels erfolgt (der Erforschers des Gesetzes ist zwar sonst in Qumran nicht als endzeitlicher Befreier bekannt, auf der anderen Seite ist seine Rolle hier aber „nur" als Teil der göttlichen Rettungstat – „er wird aufstehen lassen" – zu verstehen).

4.4.2.3 4QTestimonia (4QTest = 4Q175)

Textausgaben u. Literatur: s.o. 4.2.4.

Die sogenannten „Testimonia" („Zeugnisse"; s.o. 4.2.4) wurden von demselben Schreiber geschrieben (und wahrscheinlich auch zusammengestellt), von dem die große Handschrift der Gemeinschaftsregel (1QS; vgl. 5.1) stammt – ein überaus seltener Fall. Die eine Seite (keine Rolle) mit 30 Zeilen enthält – einem Notizzettel nicht ganz unähnlich – Zitate aus vier Texten, ohne weitere Einleitung oder Zufügung, nur durch Zeilenumbruch oder ein Zeichen des Schreibers getrennt. Die zitierten Texte sind folgende:

4Q175, Z.	Zitierter Text
1–8	Dtn 5,28f. + Dtn 18,18f. (= Ex 20,21 in der Fassung des **Sam. Pent.**)
	(Ankündigung eines Propheten wie Mose)
9–13	Num 24,15–17
	(Viertes Bileam-Orakel: Ankündigung eines „Sterns aus Jakob")
14–20	Dtn 33,8–11
	(Mosesegen über Levi)
21–30	Jos 6,26 + 4QapocrJosh^b (= 4Q379) f22ii,7–15
	(Fluch über den Wiedererbauer Jerichos und Ankündigung eines „Mannes Belials" und zweier Nachfolger, „Werkzeuge des Frevels", die genau dies tun)

Wie schnell zu sehen ist, gehören die Testimonia nicht zur Gattung der Pescharim, denn nicht nur die Wurzel *pšr* fehlt völlig, sondern die Schrift besteht ausschließlich aus Zitaten anderer Werke.

Dass die Fachliteratur das Werk doch unter den „deutenden" Texten abhandelt, ist darauf zurückzuführen, dass die Gruppierung der Zitate offensichtlich exegetische Gründe hat. Die Texte sind nämlich allesamt in die Zukunft weisende Prophetien; so wird beispielsweise Num 24 (wie in verschiedenen anderen Schriften aus Qumran) allgemein in „messianischer" Sichtweise gelesen. (Eine Einordnung der Testimonia unter die eschatologischen Qumranschriften wäre also auch möglich; vgl. zuerst MILIK 1953).

In der Mitte der 1980er Jahre stellte John LÜBBE den Konsens in Frage, indem er erklärte, dass das Ziel der Testimonia die *Gegenwart* sei – diese sprächen ja auf biblischem Hintergrund von der Treue der Gemeindemitglieder und verurteilten gleichzeitig die, die ausgeschieden seien (LÜBBE 1986). Seine Argumente:
    1. Das Schlusszitat (aus den Psalmen Josuas über den Aufbau Jerichos) beschreibe eindeutig ein Ereignis aus der Vergangenheit. Das sei ein Charakteristikum des Werkes. Die Vertreter der traditionellen, d.h. eschatologischen Interpretation könnten dies, so LÜBBE, nicht erklären.
    2. Andererseits zitiere der Verfasser die biblischen Texte so, dass sie am Ende immer auf einen Fluch oder eine Verurteilung hinauslaufen (Z. 6–8: „Und wenn es einen Mann gibt, ⁷der nicht hören will auf meine Worte, die der Prophet in meinem Namen sagen wird, so ⁸werde ich selbst von ihm Rechenschaft fordern", vgl. Dtn 18,18f., usw.).
    Der Ansatzpunkt LÜBBES ist in jedem Falle beachtenswert, und es dürfte kaum zu bestreiten sein, dass die Textkomposition durchaus die Gegenwart der Leser vor Augen hat. Das muss eine eschatologische Deutung (die sich von anderen Texten her umso näher legt) allerdings keineswegs ausschließen! – Ist der Abschnitt Z. 21–30 wirklich *ausschließlich* auf die Vergangenheit/Gegenwart der Leser bezogen?

Doch fallen eschatologische Aspekte sofort ins Auge – etwa der unter den biblischen Zitaten einen zentralen Platz einnehmende Abschnitt der Bileamerzählung, die sog. Bileamsprüche. Außerdem verweist auf eine zukünftige Interpretation, dass die drei Zitate drei charakteristische eschatologische Persönlichkeiten – einen Propheten, einen König und einen Priester – erwähnen. Es ist festzuhalten, dass diese drei Gestalten nur an einer einzigen weiteren Qumranschrift gemeinsam genannt werden, nämlich in der Gemeinschaftsregel (1QS IX,11; vgl. u. 5.1), und dort in einem eschatologisch geprägten Abschnitt, für den vielleicht sogar die gleiche Person verantwortlich ist, der wir auch die Testimonia verdanken (s.o. zu 1QS). Möglicherweise repräsentiert diese Sammlung biblischer „Zeugnisstellen" also die theologische Konzeption dieses Verfassers (s.o. 4.2.4).

4.4.2.4 Ein Genesis-Kommentar (4QCommentary on Genesis, 4QCommGen A = 4Q252)

Textausgaben, Übersetzungen, Kommentare: DJD XXII, 185–207 (BROOKE). ▪ PTSDSSP 6B, 203–19 (TRAFTON). ▪ LOHSE I, 245–48 (Col. V).
    Literatur: Moshe J. BERNSTEIN, 4Q252. From Re-Written Bible to Biblical Commentary, JJS 45 (1994) 1–27. ▪ George J. BROOKE, The Thematic Content of 4Q252, JQR 85 (1994/95) 33–59.

- Ronald S. Hendel, 4Q252 and the Flood Chronology of Genesis 7–8. A Text-Critical Solution, DSD 2 (1995) 72–79. ▪ Richard V. Huggins, A Canonical 'Book of Periods' at Qumran, RdQ 15/59 (1992) 421–36. ▪ Timothy H. Lim, The Chronology of the Flood Story in a Qumran Text (4Q252), JJS 43 (1992) 288–98. ▪ Gebern S. Oegema, Tradition-Historical Studies on 4Q252, in: Qumran-Messianism. (hg.v. J.H. Charlesworth u.a.), Tübingen 1998, 165–85. ▪ Ders., The Apocalyptic Interpretation of the Patriarchs in 4QPatriarchal Blessings (4Q252), in: Apocalyptic Interpretation of the Bible (hg.v. dems.; Jewish and Christian Texts in Context and Related Studies 13), London 2012, 42–56. ▪ Émile Puech, 4Q252: „Commentaire de la Genèse A" ou „Bénédictiones patriarcales"?, RdQ 26/102 (2013) 227–51 (mit Re-Edition des Textes). ▪ Shani Tzoref / Berrin, Listenwissenschaft and Covenantal Patriarchal Blessings, in: „Go Out and Study the Land" (Judges 18:2). Archaeological, Historical and Textual Studies in Honor of Hanan Eshel (hg.v. Aren M. Maeir u.a., JSJ.S 148), Leiden 2011, 335–57. ▪ Roman Vielhauer, Sodom and Gomorrah. From the Bible to Qumran, in: Rewriting and Interpreting the Bible (hg.v. R.G. Kratz u. D. Dimant; BZAW 439), Leiden 2013, 147–69. ▪ Johannes Zimmermann, Messianische Texte aus Qumran (WUNT II/104), Tübingen 1998, insb. 112–25.

Aufbau von 4Q252

Kol.	Inhalt			par. Genesis
I,1–II,5	Die Flut	I,1–3	Ankündigung der Flut	Gen 6–8; 6,3
		I,3–II,5	Chronologie (im 364-Tage-Sonnenkalender)	7,10–8,18
II,5–IV,3	Erzväter (Abraham, Isaak)	II,5–8	Fluch, Übergabe des Landes an Abraham	9,24–27
		II,8–?	Chronologie: Einzug Abra(ha)ms nach Kanaan	11,31
		III,1–6	Abraham: Sodom und Gomorrha	15,9.17; 17,20?
		III,7–9	Gottesfurcht Abrahams bei der Bindung Isaaks	22,10–12
		III,12–?	Segen Isaaks für Jakob	28,3–4
		IV,1–3	Geburt und Vertilgung Amaleks	36,12
IV,3–VI,?	Der Segen Jakobs	IV,3–7	… an Ruben	Gen 49,3–4
		IV,8–?	(zu wenig erhalten)	–
		V,1–7	… an Juda	49,10
		VI,1–?	… an Ascher und Naphtali	49,20–21

Einführende Bemerkungen

Bei 4Q252 handelt es sich um eine Auslegung zur Genesis, die – jedenfalls in wesentlichen Teilen – nicht im Pescher-Stil verfasst wurde. Es handelt sich um sechs Fragmente, die mit Hilfe der materiellen Rekonstruktion auf sechs aufeinanderfolgende Kolumnen verteilt werden können, mit Kol. VI dürfte das Werk auch enden (vgl. Brooke).

Die Gattung des Textes ist nicht ganz leicht bestimmbar. Allegro hatte für seine „Blessings" noch keine Einordnung vorgenommen, Jozef Milik den Text wegen des exegetischen Charakters unspezifisch „Kommentar" genannt (DJD I, 128). Mitunter wurde er auch zu den Pescharim bzw. Midraschim gerechnet. Doch als das ganze Werk ediert war, konnte die Frage geklärt werden. Einen Teil der sechs Kolumnen könnte man demnach eher in der Nähe der *Rewritten Bible* einordnen, doch bewegen sich die verschiedenen Teile des Texts nicht auf der gleichen literarischen Linie. Heutzutage hält man die Schrift meist für einen Übergang zwischen den verschiedenen Gattungen der impliziten und der expliziten Schriftauslegung und verwendet wieder den neutralen Begriff MILIKS: „Kommentar" – auch wenn es sich nicht um einen solchen im strengen Sinne handelt. (Zuletzt hat daran noch einmal mit bedenkenswerten Gründen É. PUECH [2013] Anstoß genommen, für den *4QBénédictions patriarcales* den Inhalt der Verheißungstexte und des Landbesitzes besser widerspiegelt.)

Die exegetische Technik in Kol. V ist einem Pescher nicht unähnlich, auch wenn der Begriff nur einmal fällt. Eine gewisse Atomisierung, die Wiederholung und Identifizierung grundlegender Elemente der Vorlage und schließlich die eschatologische Entfaltung tauchen auch hier auf. Devorah DIMANT (1984) verwendet dafür nicht ganz unberechtigt den Begriff eines „isolierten Peschers", doch ist die Bezeichnung wegen des fast völligen Fehlens der Wurzel *pšr* (Ausnahme ist VI,5) leicht irreführend und deshalb nur mit Vorsicht zu benutzen.

In Kol. I findet sich auch der Anfang des Werks. Der Verfasser beginnt mit der Ankündigung der Flut aus Gen 6, um dann die Urgeschichte von Gen 7 an systematisch durchzugehen (vgl. HENDEL 1995). Dabei ist auffällig, dass er versucht, in seiner Auslegung die kalendarischen Angaben des biblischen Textes in das System eines 364-Tage-Sonnenkalenders (Jubiläen, astronom. Henoch) zu bringen. Es folgen Episoden aus dem Leben Abrahams und seiner Nachkommenschaft; die Josephsgeschichte bleibt dabei außen vor. Enthalten sind die Erzählungen über Sodom und Gomorra (dazu und zur Anknüpfung an die zugrundeliegende alttestamentliche Episode vor allem VIELHAUER 2013), die Bindung Isaaks, der Segen Isaaks an Jakob, die Erwähnung Amaleks (Gen 36), dessen eschatologische Vernichtung und schließlich, wie bereits erwähnt, der (Jakobs-) Segen Gen 49 mit der Deutung in Form u.a. eines Peschers (vgl. in Z IV,5 פשרו, *pišrô*, „seine Bedeutung").

Es ist unklar, ob dieser Auswahl ein übergeordnetes Thema, etwa die Frage des Landbesitzes und des rechtmäßigen Erben, zugrunde lag (so einleuchtend George J. BROOKE; zuletzt É. PUECH 2013) oder ob es darum ging, einzelne dunkle Stellen aus dem Buch Genesis zu erhellen (so, ebenfalls nicht ohne Anhaltspunkte, Moshe BERNSTEIN). Bemerkenswert ist in jedem Falle die Auslegung von Gen 49,10 in Kol. V (4QCommGen A V):

> [1][...] *„Ein Machthaber soll aus dem Stamm Juda nicht weichen."* (*Gen 49,10a*) Wenn Israel Herrschaft besitzt, [2][*„soll es] dem David [nicht] an einem fehlen, der auf dem Thron sitzt."* (*Jer 33,17*) Denn *„der Herrscherstab"* (*Gen 49,10a*), das ist der Bund des Königtums, [3][und die

Tausendschaften] Israels, das sind „die Banner" (Gen 49,10a), „bis dass der" Gesalbte der Gerechtigkeit „kommt" (Gen 49,10b), der Sproß ⁴Davids. Denn ihm und seiner Nachkommenschaft ist der Bund des Königtums über sein Volk auf ewige Generationen gegeben, weil ⁵bewahrt hat [...] die Tora mit den Männern der Gemeinschaft, denn [...] ⁶[...] das ist die Versammlung der Männer [...] ⁷[...] er hat gegeben. ⁸⁻²²[...]

Die Interpretation geht von den Schlüsselbegriffen „Stab" und „Banner" aus Gen 49,10 aus (manche lesen statt „Banner" [דגלים, $d^e g\bar{a}l\hat{i}m$] auch „Füße" [רגלים, $r^e g\bar{a}l\hat{i}m$ / $raglayim$], d.h. nehmen eine Verwechslung der ähnlich aussehenden Buchstaben ד, *Dālæt*, und ר, *Rêš*, an). Die Bedeutung des Wortes מחקק, $m^e\d{h}oqeq$ in seinem ursprünglichen Kontext in Gen 49,10 ist (wie hier auch übersetzt) „Herrscherstab" (von der Wurzel $\d{h}qq$ „erlassen"). Die Wurzel hat aber noch eine weitere Bedeutung, nämlich „einritzen, aufschreiben". Davon abgeleitet, bedeutet $m^e\d{h}oqeq$ etwa „Gesetzgeber". In dieser Bedeutung kommt das Wort auch in der Damaskusschrift vor: Im sogenannten (nach CD VI,3 so genannten) Brunnen-Midrasch (s. CD VI,7.9) bezeichnet er allerdings eine Person aus der Vorgeschichte der Gemeinschaft, den, „der das Gesetz erforscht". In 4Q252 ist der Begriff nicht auf eine konkrete Person bezogen. „Der Bund der Königsherrschaft" (Z. 4) zeigt, dass es sich eher um eine allgemeine Größe handelt. Die enge Beziehung zur Damaskusschrift (vgl. dazu BROOKE 1994/95, vgl. auch die Formulierung „bis dass kommt der Gesalbte" mit 1QS IX,11; anders BERNSTEIN) legen eine eschatologische Interpretation zumindest nahe (ähnlich auch in den Targumim und den antiken syrischen Überlieferung zur Genesisstelle).

In der jetzigen Gestalt handelt es sich bei 4Q252 um eine genuine Qumranschrift – vielleicht unter Verarbeitung älteren Materials (in Kol. I–IV). In Kol. V fallen einige typische Begriffe, vor allem „die Männer der Gemeinschaft (o. des Yaḥad)" (אנשי היחד, $^{\prime}an\check{s}\hat{e}$ ha-$ya\d{h}ad$, Z. 5), im engen Zusammenhang mit der Tora. Es ist unklar, wie sich diese Zeilen zum Rest des Werkes verhalten, kaum jedoch handelt es sich dabei um die Beschreibung einer Art „Wiederkunft" eines Messias (so aber EISENMAN / WISE 1992). Im Zusammenhang scheint der Abschnitt eher eine Auslegungstradition der Gemeinschaft wiederzugeben, ohne dass man von hier aus gleich das gesamte Werk apokalyptisch deuten müsste (so OEGEMA 2012). „Spross Davids" und „(Gesalbter o.) Messias der Gerechtigkeit" sind aus anderen Werken aus Qumran bekannt. Wenn man das Wort משיח, $m\bar{a}\check{s}\hat{i}^a\d{h}$ mit „Messias" wiedergeben darf (so etwa XERAVITS), handelte es sich wahrscheinlich zugleich um den ältesten Beleg dieser Bedeutung.

4.4.2.5 Der Melchisedek-Midrasch (11QMelch = 1Q13)

Textausgaben, Übersetzungen, Kommentare: DJD XXIII, 221–41 (García Martínez / Tigchelaar / van der Woude). ▪ PTSDSSP 6B, 264–72 (Roberts). ▪ Lohse II, 175–87 (Steudel).
Literatur: Christophe Batsch, Melki Sedeq n'est pas un ange. Une relecture du pesher thématique 11Q13 (11QMelkisedeq), Meg V–VI (FS D. Dimant; 2007) *3–*16. ▪ Jean Carmignac, Le document de Qumrân sur Melkisédeq, RdQ 7/27 (1970) 343–78. ▪ Fred L. Horton, The Melchizedek Tradition. A Critical Examination of the Sources to the Fifth Century A.D. and in the Epistle to the Hebrews (SNTMS 30), Cambridge 1976. ▪ Marinus de Jonge und Adam S. van der Woude, 11Q Melchizedek and the New Testament, NTS 12 (1965/66) 301–26. ▪ Józef T. Milik, Melkî-sedeq et Melkî-resa' dans les anciens écrits juifs et chrétiens, JJS 23 (1972) 95–144. ▪ Émile Puech, Notes sur le manuscrit de 11QMelkîsédeq, RdQ 12/48 (1987) 483–513. ▪ Emanuel Tov, The Dimensions of the Qumran Scrolls, DSD 5 (1998), 69–91. ▪ Yigael Yadin, A Note on Melchizedek and Qumran, IEJ 15 (1965) 152–54.

Handschriftlicher Befund

Handschrift	paläogr. Datierung ca.
11Q13 (ca. 13 Fragmente)	50–75 v.Chr.

Die 13 Fragmente des Melchisedek-Textes stammen aus drei Kolumnen à ca. 25 Zeilen (s.o.), von denen jedoch nur die zweite einigermaßen erhalten ist. Paläographisch dürfte die Handschrift in die Mitte des 1. Jh.s v.Chr., vielleicht ein wenig später, zu datieren sein (Steudel in Lohse II). Darüber, ob die Komposition sehr umfangreich war (so Tov 1998), lässt sich nur spekulieren, ebenso über den Ort der drei Kolumnen im Gesamtwerk (Steudel in Lohse II). Das Material gibt darüber leider keine sichere Auskunft (Stegemann [10]2007: „mehr als zehn Textkolumnen"). Eine wichtige Rekonstruktion des Textes findet sich bei Émile Puech 1987.

Einführende Bemerkungen

Für die Entstehung des Werks ist die zweite Hälfte des 2. Jh.s v.Chr. anzunehmen (*terminus post quem*). Dafür sprechen die Art der Zitationsformeln und vor allem ein explizites Zitat aus dem (bekanntlich um 165 v.Chr. fertiggestellten) Buch Daniel in II,18: „Und der Freudenbote, e[r ist] der Geis[t]gesalbte, [über] den Dan[iel] gesagt hat: [,*bis ein Gesalbter, ein Fürst,* (*kommt*) (*sind es*) *sieben Wochen*' (*Dan 9,25*) (?) ...]" (vgl. auch 4QMidrEschat IV,3f.). Es dürfte sich um den ältesten erhaltenen exegetischen Text aus Qumran handeln.

Seiner Gattung nach ist die Schrift ein thematischer Midrasch (o. Pescher; zurückhaltend: „Melchisedek-Text"). Ihr zentrales Thema ist der himmlische Hohepriester, Retter und Richter Melchisedek (vgl. Gen 14; Ps 110). Die Ereignisse der geschilderten Zeit, so der Autor, sind nichts anderes als die Erfüllung der göttlichen Prophezeiungen (in der zehnten und letzten Epoche der Weltgeschichte, die zehn Jubiläen = 490 Jahre dauert; vgl. 1 Hen 91–93), die in der Heiligen Schrift bereits in verborgener Weise vorhanden waren. Auf einen exegetischen Hintergrund deuten dabei nicht nur die Zitate, sondern auch die Einleitungsformeln und das mehrmalige Vorkommen der Wurzel *pšr*. Das Werk dürfte nach alledem ohne weiteres zu den genuinen Qumranschriften zählen.

Józef Tadeusz MILIK (1972) meinte im Zusammenhang mit anderen Werken zu erkennen, dass dieses Werk einer umfangreichen geschichtstheologischen Konzeption zuzurechnen sei, die er aufgrund der Einteilung der Zeit in Jubiläen das Buch der Einteilungen der Zeit nannte (S. zum Jubiläenbuch). An dieses Werk, das nach MILIK für die Gemeinde ein hohes Ansehen hatte, hätte sich wahrscheinlich exegetische Nachfolgeliteratur angeschlossen, ähnlich wie bei den biblischen Büchern, darunter die ein einziges Werk bildenden 4Q180–181 (4QAges of Creation) und der Melchisedek-Midrasch – von MILIK als Kopien eines „Pesher on the Periods", „Pescher über die Zeiten" bewertet (nach 4Q180 f1,1: פשר על הקצים, *pæsær ʿal-ha-qeṣîm*). Doch kann die Richtigkeit dieser These kaum sicher nachgewiesen werden (vgl. etwa HUGGINS 1992; PUECH), so dass der Text zunächst für sich zu interpretieren ist.

Émile PUECH vermutet als Auslöser für die Entstehung des Werkes aparterweise religionspolitische Gründe: Der Verfasser habe mit der Bezeichnung „ein Priester Gottes des Höchsten", der als Teil der Bezeichnung der Priester gegenüber der Hasmonäerdynastie gebraucht wurde, die legitimen Träger dieses Titels hervorheben wollen (vgl. Gen 14,18).

Die zweite Kolumne sei hier, um einen Eindruck des Werkes zu vermitteln, *in toto* wiedergegeben (11Q13 II,2–25):

> [2][...] und wovon es heißt: „*In [diesem] Jobeljahr [sollt ihr ein jeder wieder zu seinem Besitz kommen*" (Lev 25,13), wie es geschrieben steht: „*Und die*]se [3][*Be*]*wandtnis [hat der Erlass:] Erlassen soll jeder Schuldherr, was er [seinem Nächsten] geliehen hat; [er soll seinen Nächsten und seinen Bruder nicht drängen, denn man hat ausgerufen] einen Erlass* [4]*für Gott*" (Dtn 15,2). (vacat?)
>
> [Seine] Deut[ung] hinsichtlich des Endes der Tage bezieht sich auf die Gefangenen, [über die] es heißt: [„*um den Gefangenen Freilassung auszurufen*" (Jes 61,1).] Und er wird fesseln [5]ihre Widerspenstigen, weg von den Verzagten der Versammlung (?) und vom Erbe Melchisedeks, den[n er kennt (?)] ihre [Gei]ster (?), aber sie sind das Erb[e Melchi-Se]deks, welcher [6]sie zu ihnen zurückbringen wird. Und er wird ihnen Freilassung ausrufen, um ihnen [die Last] all ihrer Sünden zu erlassen. Und diese Angelegenheit [wird gesche]hen [7]in der ersten Woche des Jubiläums nach [den] neu[n] Jubiläen. Und der [Versöhnungs]t[a]g, d[as] ist das En[de] des zehnten [Ju]biläums, [8]um an ihm zu entsühnen alle Söhne Gott[es und] (alle) Männ[er] des Loses Mel[chi]sedeks. [Und in der Hö]he äu[ßert er sich] über [si]e nach Maßga[be] ihrer [Los]e (?), denn [9]das ist die Zeit des „*Jahres des Wohlgefallens*" (Jes 61,2) für Melchisedek und zu erhöhe[n durch das Gerich]t (?) die Heiligen Gottes für die Gerichtsherrschaft, wie es geschrieben ist [10]über ihn in den Liedern Davids, der gesagt hat: „*Gott* [*st*]*eht in der [Gottes]ver[sammlung,] inmitten von Göttern richtet er*" (Ps 82,1). Und über ihn hat er ge[sagt: „*Und* [11]*kehre zurück über sie zur Höhe, Gott wird die Völker richten*" (Ps 7,8–9). Und wenn es hei[ßt: „*Wie lange noch wollt ihr*] *ungerecht richten und Partei er*[*grei*]*fen*] *für die Frevler?* [*Se*]*la*" (Ps 82,2),

¹²so bezieht sich seine Deutung auf Belial und auf die Geister seines Loses, di[e die Widerspensti]gen [waren, sie alle,] indem sie abwichen von den Vorschriften Gottes, um [frevelhaft zu handeln.] ¹³Aber Melchisedek wird die Rache der Gerichte Got[tes] nehmen [an diesem Tag, und er wird sie en]t[reißen aus der Hand] Belials und aus der Hand aller Gei[ster seines Loses.] ¹⁴Und ihm zu Hilfe sind alle „Götter [der Gerechtigkeit" (Jes 61,3), und] er ist es, d[er an diesem Tag stehen wird über] allen Söhnen Gottes, und er wird dieser [Rats]versammlung vor[sitzen]. ¹⁵Das ist der Tag des [Heils, über d]en [Gott vor Zeiten] gesprochen hat [durch die Worte] des Propheten [Jesa]ja, welcher sagt: „[Wie] lieblich sind ¹⁶auf den Bergen die Füße des Freudenbo[ten, der ver]kündet Heil, der Freuden[bote des Guten, der Hil]fe [verkündet,] der zu Zion [sp]richt: Dein Gott [ist König" (Jes 52,7)].

¹⁷Seine Deutung: die Berge, [sie sind] die Prophete[n]; sie sind es, di[e das Wort Gottes gehört haben und auf] voll[endete Weise] alles [bewahrt haben,] wa[s er befohlen/gesagt hat.] ¹⁸Und der Freudenbote, e[r ist] der Geis[t]gesalbte, [über] den Dan[iel] gesagt hat: [„Bis (zur Ankunft) eines Messias, eines Fürsten, sieben Wochen" (Dan 9,25), und der „Freudenbote] ¹⁹des Guten, der [Hilfe] verkün[det]", das ist der, über den ge[schrie]ben ist, dass [er ihnen schicken wird „alle Trauernden zu trösten, über die Trauernden Zions zu wachen (?) (Jes 61,2-3)]. ²⁰„Die [Trauernden] zu tröst[en", seine Deutung:] sie zu [be]lehren über alle Zeiten der W[elt ...] ²¹in der Wahrheit für das Ge[richt (?) ... e]r, d[er (?) ...] ²²[...] sie ist entfernt worden von Belial, und sie wird zu[rückkehren zu ...] Rach[e ...] ²³[...] in den Gericht[en] Gottes, wie darüber geschrieben ist: [„der zu Zi]on [spricht:] Dein Gott ist König." [Z]ion, d[as ist] ²⁴[die Versammlung aller Söhne der Gerechtigkeit; sie sind die,] die den Bund halten, die davon abgewichen sind, zu wandeln [auf dem W]eg des Volkes. Und „dein G[o]tt", das ist ²⁵[der Fürst (?) Melchisedek, der sie befrei]en [wird aus der Han]d Belials, und wenn es heißt: „Und ihr sollt erschallen lassen Scho[far (?) im] ganzen [La]nd" (Lev 25,9) [...]

Lev 25,13 (Z. 2) wie auch das folgende Zitat Dtn 15,2 (Z. 4) beziehen sich auf den Schuldenerlass im Jobel- bzw. Sabbatjahr. Zeile 4, beginnend mit dem Zitat von Jes 61,1, stellt diese Pentateuchstellen in eine eschatologische Perspektive: Das Geschehen wird nach Z. 7 auf den Anfang des zehnten Jubiläums datiert (die Freilassung entsprechend auf das Ende dieses Jubiläums). Das Ende der Geschichte ist nahe.

Die „Gerichtsherrschaft des heiligen Gottes" (Z. 4–10) ist auch Teil der Darstellung in Daniel 7. In Z. 10–11 zitiert der Verfasser Ps 82,1; 7,8-9 und in Z. 12 dann Ps 82,2. Die zu Belial gehörenden Geister werden ihm von Melchisedek entrissen – am Tag des Heils. Der personifizierte Belial (בליעל, Bᵉlîyaʻal, im Alten Testament zumeist als „Ruchlosigkeit, Bosheit" o. „wertlos, nutzlos" übersetzt) ist hier wie auch sonst im Denken der Qumrangemeinschaft nicht mit dem Bild des Bösen zu vergleichen, das etwa der Prolog des Buches Hiob von ihm zeichnet (d.h. dem שטן, śāṭān, „Satan, Widersacher"). Die Figur ist rein negativ besetzt. Belial ist nicht der Ankläger, sondern wendet sich im dualistischen Weltbild unmittelbar gegen Gott – und somit auch gegen die Gerechten –, in der Geschichte ebenso wie in der Zukunft.

Der Ausdruck „und ihm zu Hilfe" (Z. 14) zeigt laut Jean CARMIGNAC, dass Melchisedek zur Ordnung der Engel gehört, denn: „nous savons par la Règle de la Guerre et le reste de littérature qumrânienne que c'est toujours l'être supérieure qui vient en aide à l'être inférieur" (CARMIGNAC 1970, 366; stets kommt ein höheres Wesen dem niedrigeren zur Hilfe). Aber angesichts des Gesamtkontexts wird man die Rolle Melchisedeks wohl noch höher einschätzen müssen als CARMIGNAC, denn Melchisedek ist nicht etwa irgendein Engel, sondern ihr Anführer. Subjekt des Verbs „vorsitzen" (Z. 14) ist offenbar Melchisedek und, anders als sonst, nicht Gott selbst (STEGEMANN [10]2007 spricht von einer „himmlischen Erlösergestalt" mit „gottheitlichen Zügen"; vgl. zur Frage jetzt auch BATSCH 2013).

In den Zeilen 15 und 16 kehrt der Verfasser zum Jesaja-Text zurück und zitiert Jes 52,7. Z. 17 identifiziert „die Berge" des Wortes mit den „Propheten", die die Ereignisse der eschatologischen Zeit vorbereiten. Die nächste Zeile führt einen „Freudenboten" (die Identifikation dieser Gestalt ist kaum mehr zu erraten: Melchisedek? Oder gar der wie immer gern vorgeschlagene Lehrer der Gerechtigkeit?) ein, den „Geistgesalbten" ($m^e\check{s}\hat{\imath}^a\d{h}\ ha\text{-}r\hat{u}^a\d{h}$) unter den Propheten. Der eschatologische Prophet ist als positiver Protagonist der kommenden Zeit sowohl im Alten Testament (vgl. die Figur Elias in der Predigt von Melchisedek) als auch in Qumran (vgl. 4Q521) präsent und auch im Neuen Testament anzutreffen. Das Daniel-Zitat am Ende von Z. 18 ist nicht sicher bestimmbar (9,25? 9,26?; beide Verse enthalten den „Gesalbten").

In den weiteren Zeilen der Kolumne zitiert der Verfasser weitere Verse aus Jesaja: 61,2f. – die „Tröstung aller Trauernden Zions"; später implizit 8,11. Die Pescharim dazu dürften sich wiederum auf Melchisedek beziehen. Doch muss aufgrund der Texterhaltung vieles Vermutung bleiben.

4.4.3 „Von Messiassen und anderen Gestalten". Eschatologische Figuren in der Qumranliteratur

Literatur: Joseph A. FITZMYER, Rez. von ZIMMERMANN 1998, TS 60 (1999) 750f. ▪ Jacob LIVER, The Doctrine of the Two Messiahs in Sectarian Literature in the Time of the Second Commonwealth, HThR 52 (1959) 149–85. ▪ Eric F. MASON, „You are a Priest forever". Second Temple Jewish Messianism and the Priestly Christology of the Epistle to the Hebrews (StTDJ 74), Leiden 2008. ▪ Wolter H. ROSE, Zemah and Zerubbabel. Messianic Expectations in the Early Postexilic Period (JSOT.S 304), Sheffield 2000. ▪ Géza G. XERAVITS, The Early History of Qumran's Messianic Expectations, EThL 76 (2000) 113–21. ▪ DERS., King, Priest, Prophet. Positive Eschatological Protagonists of the Qumran Library (StTDJ 67), Leiden 2003. ▪ Johannes ZIMMERMANN, Messianische Texte aus Qumran (WUNT II/104), Tübingen 1998.

Die vorgestellten Texte zeigen nur einen kleinen Ausschnitt aus dem Korpus der Qumrantexte, doch lassen sich aus ihnen einige Schlussfolgerungen im Blick auf die eschatologischen Erwartungen der Gemeinschaft ziehen. Hinter der differenzierten Vielfalt der Vorstellungen sind, darf man die Texte denn einander so zuordnen (eine wichtige Voraussetzung des Folgenden), durchaus Tendenzen wahrzunehmen:

Der Jesaja-Pescher 4Q161 erwartet eine Person mit königlichen Zügen, die im eschatologischen Kampf der Anführer des Gottesvolkes sein wird und als solcher über die fremden Nationen siegt. Dass diese als „Spross Davids" bezeichnete Figur ein sehr enges Gottverhältnis hat, dürfte sich aus 4Q174 mit seinem engen Bezug auf 2 Sam 7,14 ergeben.

Der Genesiskommentar 4Q252 nennt diesen Spross Davids „Gesalbter [o. Messias] der Gerechtigkeit", verknüpft also ausdrücklich das Wort *māšîaḥ* mit der Gestalt. Damit handelt es sich hier möglicherweise um eines der frühesten Zeugnisse einer eschatologischen Interpretation dieses Wortes.

Die untersuchten Schriften betonen *königliche Züge* einer eschatologischen Figur, doch sind auch andere Vorstellungen denkbar und belegt. So zeigt, wie gesehen, 4Q174 einen eschatologischen *Gesetzeslehrer*, der zudem einem Priester ähnlich beschrieben ist. Überhaupt herrschen in anderen Schriften durchaus auch *priesterliche Züge* vor (vgl. XERAVITS 2000). Zu guter Letzt ist auch noch von einem letzten, eschatologischen *Propheten* die Rede (4Q175!). Alle diese Sichtweisen haben natürlich ihre Wurzeln in der Hebräischen Bibel bzw. dem Alten Testament, vgl. etwa den Ersten Jesaja oder die Prophezeiungen Haggais und Sacharjas (vgl. auch ROSE 2000). Einige Texte, wie etwa 4Q521, bezeugen intensiv prophetische Vorstellungen.

Der Melchisedek-Midrasch zeichnet ein etwas anderes Bild, das man nicht vorschnell harmonisieren sollte (anders u.a. ZIMMERMANN 1998, vgl. dagegen FITZMYERS Vorwurf eines *„rubber-band" messianism* [TaS 60]). Hauptdarsteller ist eine himmlische Figur, die mit geradezu göttlichen Attributen und eschatologischen Begriffen beschrieben wird. *Melchisedek* ist der Richter in Gottes Gericht über die Bösen. Die Vorstellung eines eschatologischen Aufeinandertreffens von „Gut" und „Böse", die 4Q161 oder auch 4Q252 zugrundeliegen dürfte, wird hier nicht entfaltet. Das Urteil erfolgt schlicht nach Ablauf vorherbestimmter Perioden der Heilsgeschichte. *Māšîaḥ* bezeichnet in 11Q13 eine vor ihm (oder mit ihm gleichzeitig) auftretende Person prophetischen Charakters. Man mag ihn einen *Elia redivivus* nennen – für die Interpretation des Neuen Testaments, vor allem im Blick auf Johannes den Täufer und Jesus, nicht ohne Relevanz.

Zum Schluss sei darauf hingewiesen, dass sich aus den zitierten Texten kein einheitliches, gar „kanonisches", Messiasbild gewinnen lässt (vgl. zum Folgenden die gelungene und konzise Darstellung von MASON 2008, 83–111). Nicht selten liest man von „zwei Messiasen", einem königlichen und einem priesterlichen, die von der Qumrangemeinschaft erwartet wurden (nach 1QS IX,9–11; stark gemacht u.a. von Karl Georg KUHN), ja, konnte sogar von einer „Doctrine of the Two Messiahs" sprechen (LIVER 1959). Doch ist insgesamt die Vielfalt größer als die thematischen Konvergenzen. Das dürfte nicht zuletzt daran liegen, dass die Vorstellungen der Gemeinschaft über den „Messias", d.h. die Heilsgestalt der Endzeit, sich in der immer wieder erfolgenden Reflexion sicherlich *weiterentwickelten* und auch je nach Schrift (oder besser: je nach *Autor*) charakteristische Merkmale aufweisen. (Die Übersetzung „Messias" schafft dabei im Übrigen manches Problem, das den Texten, die von [dem / einem / mehreren] „Gesalbten" sprechen, fremd ist.) Géza XERAVITS hat deswegen sinnvollerweise vorgeschlagen, neutraler von „positiven eschatologischen Hauptfiguren" (*positive eschatological protagonists*) zu sprechen (2003).

Doch letztlich spielen alle diese eschatologischen Figuren ohnehin Nebenrollen am Ende der Geschichte, an dem weder König, noch Priester, noch Prophet, allein oder in Gemeinschaft mit anderen über allem stehen, sondern der Gott Israels selbst.

5 Ordnungen und Rechtstexte

Literatur: Joseph M. BAUMGARTEN, Studies in Qumran Law (SJLA 24), Leiden 1977. ▪ John J. COLLINS, Beyond the Qumran Community. The Sectarian Movement of the Dead Sea Scrolls, Grand Rapids/Mi. 2010. ▪ Hannah K. HARRINGTON, The Impurity Systems of Qumran and the Rabbis (SBL.DS 143), Atlanta/Ga. 1993. ▪ DIES., Biblical Law at Qumran, in: DSSFY 1 (1998/99), 160–85. ▪ DIES., The Purity Texts (CQS 5), London 2004. ▪ Charlotte HEMPEL, The Qumran Rule Texts in Context. Collected Studies (TSAJ 154), Tübingen 2013 ▪ Sarianna METSO, Constitutional Rules at Qumran , in: DSSFY 1 (1998/99), 186–210. ▪ Lawrence H. SCHIFFMAN, The Halakhah at Qumran (SJLA 16), Leiden 1975. ▪ DERS., Sectarian Law in the Dead Sea Scrolls (BJSt 33), Chico/Calif. 1983. ▪ Moshe WEINFELD, The Organizational Pattern and the Penal Code of the Qumran Sect (NTOA 2), Göttingen 1986.

Hannah HARRINGTON schreibt in der Einleitung zu ihrem Überblick über das biblische Gesetz in Qumran (1998):

> Since biblical law was considered the divine blueprint for behavior, the study of it has been at the center of Jewish scholarship throughout history. (160)

Es ist demnach kaum verwunderlich, dass die Schriften mit rechtlichem Inhalt einen besonderen Platz unter den Qumranschriften gefunden haben. Ebenso wenig kann verwundern, dass diese Werke in jüngster Zeit – schon allein aufgrund ihres Alters – zu den wichtigsten Texten der jüdischen Halacha-Forschung geworden sind (Halacha [הלכה, $h^a l\bar{a}\underline{k}\bar{a}h$] bedeutet, im Unterschied zur Aggada [אגדה, $'agg\bar{a}\underline{d}\bar{a}h$], die Ableitung von verbindlichen Vorschriften [den Halachot] aus den *gesetzlichen* Partien der Tora). Die Qumranforschung hat sich erst seit den 1990er-Jahren intensiver damit befasst, da wichtige Texte erst dann erschienen. Der Text der Tempelrolle wurde zwar bereits Ende der 1970er Jahre herausgegeben; der „Lehrbrief" (*Miqṣāt Ma'ᵃśeh ha-Tôrāh*, 4QMMT), die Fragmente der Damaskusschrift aus Höhle 4 (4QD) sowie der DJD-Band XXXV mit den sonstigen halachischen Texten sind erst am Ende der 1990er Jahre publiziert worden. Die Veröffentlichung dieser Texte war ein wichtiger Schritt in die Richtung, die Qumrangemeinschaft als eine der Halacha gegenüber sensible Gruppierung kennenzulernen, die diesen Texten in ihrem Alltag und ihrer Lehre einen besonderen Platz zuwiesen.

Im folgenden Kapitel dieses Bandes wird die Rechtsprechung der Gemeinschaft vorgestellt. Dabei wird zunächst mit den Satzungen begonnen, die das tägliche Leben der Mitglieder der Qumrangemeinschaft zum Inhalt haben. Danach folgt ein Überblick über die halachischen Texte, deren erstrangiges Ziel die Abfassung der religiösen Rechtsprechung für das Leben der Gemeinschaft ist.

5.1 Gemeinschaftsordnungen (1QS, 1QSa, CD/4QD)

Unter den Regeln der Qumrangemeinschaft ragen drei Schriften heraus: die Gemeinschaftsregel (QS oder einfach S[4]), die Gemeinderegel (1QSa) und die sogenannte Damaskusschrift (CD/QD oder einfach D). Auch die Kriegsregel (QM oder einfach M) kann natürlich als Ordnung betrachtet werden; sie wird aber aufgrund ihrer eschatologischen Ausrichtung und ihres ganz unterschiedlichen Charakters erst in Kapitel 10 (Eschatologische Texte) behandelt.

In diesem Buch werden, anders als im deutschen Sprachraum sonst – insb. durch die Ausgabe von Eduard LOHSE – üblich geworden, Bezeichnungen für die Gemeinschaftsordnungen verwendet, die sich am hebräischen Beginn der Schrift orientieren, vor allem: „Gemeinschaftsregel" für S (hebr. סרך היחד, Særæk ha-Yaḥad, „Regel der Gemeinschaft"; engl. Community Rule; LOHSE: Gemeinderegel) und „Gemeinderegel" für 1QSa (hebr. סרך לכול עדת ישראל, Særæk leֿ-kôl ʿAdat Yiśrāʾel, „Regel der ganzen Gemeinde Israels"; engl. Rule of the Congregation; LOHSE: Gemeinschaftsregel).

Eine der sehr gut erhaltenen Rollen aus Höhle 1 enthält bemerkenswerterweise drei Werke: die Gemeinschaftsregel (1QS), die Gemeinderegel (1QSa) und die (Regel der) Segenssprüche (1QSb). Sie gehören thematisch zusammen, weil sie Vergangenheit, Gegenwart und Zukunft einer jüdischen Gemeinschaft thematisieren. Sie enthalten Vorschriften für das tägliche Leben dieser Gruppe, Regelungen zur Bestrafung sowie Segens- und Fluchtexte. Außerdem findet man Abschnitte mit theologischen Lehren, in denen neben einem dualistischen Weltbild auch Fragen des Verhältnisses von gegenwärtiger Welt und dem bald erwarteten zukünftigen Zeitalter behandelt werden.

Hartmut STEGEMANN rechnet aufgrund des unterschiedlichen Charakters der einzelnen Abschnitte von 1QS sogar mit fünf Teilen, darunter vier unterschiedlichen Regeln; in seiner – z.T. nicht gänzlich unproblematischen – Terminologie: *i.* die „Gemeinschaftsordnung" (1QS I,1–III,12), *ii.* die „Zwei-Geister-Lehre" (1QS III,13–IV,26), *iii.* die „Disziplinarordnung" (1QS V,1–XI,22), *iv.* die „älteste Gemeindeordnung der Essener" (1QSa) sowie *v.* die „Segensordnung" (1QSb).

---

4 Der Kürze und Einfachheit wegen werden die Signaturen ohne die Nummer der Höhle angegeben, wenn die gesamte handschriftliche Überlieferung eines Werks gemeint ist. So steht „QS" bzw. „S" („M"/„QM", usw.) für „1QS, 4QSa–j, 5QS und 6QS", d.h. alle Handschriften der Gemeinschaftsregel. Für die Damaskusschrift ergibt sich analog „QD", wenn die Qumranfragmente (4QDa–h, 5QD, 6QD), „CD", wenn die mittelalterlichen Handschriften, bzw. „D", wenn die gesamte Überlieferung der Damaskusschrift gemeint sind.

Bei allen Unterschieden weisen die drei Schriften in ihrer heutigen Form doch auch viele Ähnlichkeiten auf, was erklärt, warum sie innerhalb ein und derselben Rolle überliefert werden konnten.

5.1.1 Die Gemeinschaftsregel (S = 1QS / 4QS = *Særæḵ ha-Yaḥad*)

Textausgaben und Kommentare: DJD I, 107 (1QS Titel; Milik). ▪ DJD III, 180–81 (Milik) ▪ DJD XXIII, 433–34 (11Q29; García Martínez / van der Woude). ▪ DJD XXVI (4QS; Alexander / Vermes). ▪ PTSDSSP 1, 1–107 (Qimron / Charlesworth). ▪ Lohse I, 1–43 (1QS). ▪ Pietro Boccacio / Guido Berardi, Regula Unionis seu Manuale Disciplinae (1QS). Transcriptio et versio latina, Rom 1958. ▪ Millar Burrows, The Dead Sea Scrolls of St Mark's Monastery. II.2: The Manual of Discipline, New Haven 1951. ▪ Alfred R.C. Leaney, The Rule of Qumran and its Meaning. Introduction, translation and commentary (NTL), London 1966. ▪ Qimron I, 209–30 (QS).231–34 (4Q'*Ôtôt*). ▪ Preben Wernberg-Møller, The Manual of Discipline. Translated and Annotated with an Introduction (StTDJ 1), Leiden 1957.

Literatur: Philip S. Alexander, The Redaction-History of Serekh ha-Yahad. A Proposal, RdQ 17/65–68 (1996) 437–56. ▪ Markus Bockmuehl, Redaction and Ideology in the Rule of the Community (1QS/4QS), RdQ 18/72 (1998) 541–60. ▪ James H. Charlesworth / Brent A. Strawn, Reflections on the Text of Serek ha-Yahad Found in Cave IV, RdQ 17/65–68 (1996) 403–35. ▪ Philip R. Davies, Redaction and Sectarianism in the Qumran Scrolls, in: The Scriptures and the Scrolls (FS A. van der Woude, hg.v. F. García Martínez u.a.; VT.S 49), Leiden 1992, 152–63. ▪ Albert-Marie Denis, Evolution de structures dans la secte de Qumrân, in: Aux origines de l'Eglise (hg.v. J. Giblet u.a.; RechB 7), Louvain 1965, 23–49. ▪ Devorah Dimant, The Qumran Manuscripts. Contents and Significance, in: Time to Prepare the Way in the Wilderness (hg.v. ders. u. L.H. Schiffman; StTDJ 16), Leiden 1995, 23–58. ▪ Greg Doudna, Dating the Scrolls on the Basis of Radiocarbon Analysis, in: DSSFY 1 (1998/99), 430–71. ▪ Jean L. Duhaime, L'Instruction sur les Deux Esprits et les interpolations dualistes à Qumrân (1QS III,13–IV,26), RB 84 (1977) 566–94. ▪ Heinz-Josef Fabry, Priests at Qumran. A Reassessment, in: The Dead Sea Scrolls. Texts and Context (hg.v. C. Hempel; StTDJ 90), Leiden 2010, 243–62. ▪ Robert A.J. Gagnon, How Did the Rule of the Community Obtain its Final Shape? A Review of Scholarly Research, JSP 10 (1992) 61–79. ▪ Charlotte Hempel, The Qumran Rule Texts in Context (TSAJ 154), Tübingen 2013. ▪ Martin Hengel, Judentum und Hellenismus, Tübingen ³1988. ▪ Reinhard G. Kratz, Laws of Wisdom. Sapiential Traits in the Rule of the Community (1QS 5–7), in: Hebrew in the Second Temple Period (hg.v. S.E. Fassberg u.a.; StTDJ 108), Leiden 2013, 133–45. ▪ ders., Der „Penal Code" und das Verhältnis von Serekh ha-Yachad (S) und Damaskusschrift (D), RdQ 25/98 (2011) 199–227. ▪ Robert A. Kugler, A Note on 1QS 9:14. The Sons of Righteousness or the Sons of Zadok?, DSD 3 (1996) 315–20. ▪ ders., Priesthood at Qumran, in: DSSFY 2 (1998/99), 93–116. ▪ Sarianna Metso, The Textual Development of the Qumran Community Rule (StTDJ 21), Leiden 1997. ▪ dies., Constitutional Rules at Qumran, in: DSSFY 1 (1998/99), 186–210. ▪ dies., In Search of the *Sitz im Leben* of the Community Rule, in: The Provo International Conference on the Dead Sea Scrolls (hg.v. D. Parry, StTDJ 30), Leiden 1999, 306–15. ▪ Jozef T. Milik, Ten Years of Discovery in the Desert of Judaea (SBT 26), London 1959. ▪ ders., Rez. P. Wernberg-Møller 1957, RB 67 (1960) 410–16. ▪ Jerome Murphy-O'Connor, La genèse littéraire de la

Règle de la Communauté, RB 76 (1969) 528–49. ▪ Marc PHILONENKO, La doctrine qoumrânienne des deux Esprits. Ses origines iraniennes et ses prolongements dans le judaïsme essénien et le christianisme antique, in: Apocalyptique Iranienne et dualisme Qouomrânien (hg.v. G. WIDENGREN u.a.; Recherches Intertestamentaires 2), Paris 1995, 163–211. ▪ Jean POUILLY, La Règle de la Communauté de Qumrân (CRB 17), Paris 1976. ▪ Arthur E. SEKKI, The Meaning of Ruaḥ at Qumran (SBL.DS 110), Atlanta/Ga. 1989. ▪ Hartmut STEGEMANN, Zu Textbestand und Grundgedanken von *1QS III,13–IV,26*, RdQ 13/49–52 (1988) 95–131. ▪ Annette STEUDEL, The Damascus Document (D) as a Rewriting of the Community Rule (S), RdQ 25/100 (2012) 605–20. ▪ Eibert J.C. TIGCHELAAR, A Newly Identified 11QSerekh ha-Yahad Fragment (11Q29)?, in: DSSFYD (2000), 285–92. ▪ DERS., In Search of the Scribe of 1QS, in: Emanuel. Studies in Hebrew Bible, Septuagint and Dead Sea Scrolls (FS E. Tov, hg.v. Sh.M. PAUL u.a. VT.S 94), Leiden 2003, 439–52. ▪ Geza VERMES, The Leadership of the Qumran Community. Sons of Zadok – Priests – Congregation, in: Geschichte – Tradition – Reflexion (FS M. HENGEL, hg.v. H. CANCIK u.a.), 2 Bde., Tübingen 1996, 1, 375–84. ▪ David WINSTON, The Iranian Component in the Bible, Apocrypha, and Qumran. A Review of the Evidence, History of Religion 5 (1965/66) 183–216. ▪ Dualism in Qumran (hg.v. Géza G. XERAVITS; Library of Second Temple Studies), New York 2010. ▪ Vgl. auch die Literatur zum vorhergehenden und zu den nachfolgenden Abschnitten.

Handschriftlicher Befund

Insgesamt sind mindestens elf Exemplare der Regel erhalten. Von diesen stammen ein Exemplar aus Höhle 1 (1QS), zehn weitere aus Höhle 4 (4Q255–4Q264 = 4QS^{a-j}); wahrscheinlich auch 5Q11 (= 5QS) und vielleicht 11Q29 (i.d.R. „11QFragment related to Serekh ha-Yaḥad"). Sieht man von den biblischen Büchern ab, so haben sich nur vom Jubiläen- (15 Manuskripte) und vom-Henochbuch (12 Manuskripte) mehr Kopien erhalten – zwei Werke, die von der Gemeinschaft wahrscheinlich zu ihren autoritativen Schriften gezählt wurden. Diese Fakten dürften allein schon dafür sprechen, dass die Gemeinschaftsregel in der Qumrangemeinschaft eine große Bedeutung hatte.

Die aus 1QS, 1QSa und 1QSb bestehende Rolle hatte ursprünglich wahrscheinlich etwa 20 Textkolumnen mit je 26–29 Zeilen (Stegemann 1993). Davon sind gut erhalten Kol. I–XIII (Kol. I–XI = 1QS I–XI; Kol. XII–XIII = 1QSa I–II), fragmentarisch die folgenden (Kol. XIV–[XX?] = 1QSb I–[VII?]). Das Ende der Rolle ist zerstört.

Der Titel סרך היחד, *Særæk ha-Yaḥad*, „Ordnung der Gemeinschaft" ist auf zwei Fragmenten deutlich zu lesen, einmal auf der Rückseite (*verso*) der Rolle 1QS, ein zweites Mal in 4Q255 = 4QpapS^a. Der Schreiber hat seine Rolle zwischen 100–50 v.Chr. kopiert (eher in der ersten Hälfte des Zeitraums); eine Radiokarbonuntersuchung ergibt die Zeit der Wende vom 2. zum 1. Jh. v.Chr. Schreibfehler und Korrekturen weisen darauf hin, dass als Grundlage ein älterer Text gedient haben dürfte.

Handschrift	paläogr. Datierung ca.
1QS	100–50 v.Chr.
4QpapS^a = 4Q255	125–100 v.Chr.
4QS^b = 4Q256	30–1 v.Chr.
4QpapS^c = 4Q257	100–75 v.Chr.
4QS^d = 4Q258	30–1 v.Chr.
4QS^e = 4Q259	50–25 v.Chr.
4QS^f = 4Q260	30–1 v.Chr.
4QS^g = 4Q261	50–1 v.Chr.
4QS^h = 4Q262	1–50 n.Chr.
4QS^i = 4Q263	30–1 v.Chr.
4QS^j = 4Q264	50–25 v.Chr.
5QS = 5Q11?	15 v.Chr.–70 n.Chr.
11Q29?	125–50 v.Chr.

Damit dürfte die Zeit um 100 v.Chr. als *terminus ante quem* für die Entstehung des Werkes feststehen.

❗ Aufbau der Gemeinschaftsregel 1QS

I,1–III,12	Eintritt u. Fest der Bundes erneuerung	I,1–20	„Definition" der Gemeinschaft, Aufnahme (Z. 16ff.). – Antwort der Gemeinde: „Amen, Amen."
		I,21–II,10	Sündenbekenntnis beim Eintritt. Priester und Leviten sprechen Segen und Fluch aus (vgl. Dtn 28). – „Amen, Amen."
		II,11–18	Priester und Leviten sprechen Segen und Fluch aus. – „Amen, Amen."
		II,19–III,12	Jährliche Wiederholung („Bundeserneuerungsfest"): Regelungen zum Eintritt in die Ordnung
III,13–IV,26	„Zwei-Geister-Lehre"	III,13–14	Überschrift: „Für den *maśkîl*" (משכיל)
		III,14–18	Die Erschaffung des Menschen und der zwei Geister
		III,18–IV,1	„Diese sind die zwei Geister der Wahrheit und des Frevels" (רוחות האמת והעול, *rûḥôt ha-ʾæmæt wᵉ-hā-ʿāwæl*)
		IV,2–14	Die „Wege" der zwei Geister „in der Welt"
		IV,15–26	Das Wirken der zwei Geister im Menschen bis zur festgelegten „Zeit der Heimsuchung" (מועד ה[פ]קודה, *môʿed [ha-]pᵉqûdāh*)
V,1–IX,26	Regeln und Penal Code	V,1–7	„Ordnung für die Männer des *Yaḥad*"
		V,7–VI,8a	Die „Bestimmung für ihre Wege"
		VI,8b–23	Die „Ordnung für die Sitzung der Vielen (מושב הרבים, *môsab hā-rabbîm*)"
		VI,24–VII,21	Penal Code: „Und dies sind die Rechtssätze (ואלה המשפטים, *wᵉ-ʾelæh ha-mišpāṭîm*), nach denen sie ... richten sollen" (vgl. Ex 21) **Mit Parallele in *QD* (Mittelteil)**

		VIII,1–19	Regelungen zum „Rat der Gemeinschaft" (Z.1–15a.15b–16a), Absichtliches Abweichen vom Gebot (Z. 16b–19)
		VIII,20–IX,11	„Und dies sind die Rechtssätze (ואלה המשפטים, w^e-'elæh ha-mišpāṭîm), nach denen die Männer in vollkommener Heiligkeit wandeln sollen"
		IX,12–21a + IX,21b–25	Die „Gebote" (חוקים, ḥûqqîm, Z. 12–21) und „Bestimmungen des Weges [Z. 21–25] für den maśkîl"
IX,26–XI,22	Hymnus	IX,26–X,8	Gebetsanweisungen und -einleitung
		X,9–XI,15	Psalm (1. Pers. Sg.) – „Ich will lobsingen …"
		XI,15–22	Gebet (2. Pers. Sg.)

Einführende Bemerkungen

Die Geschichte der Forschung an der Gemeinschaftsregel beginnt mit der Veröffentlichung der Rolle durch Millar BURROWS im Jahre 1951. Schnell erkannte man den zusammengesetzten Charakter der Regel und versuchte, dafür Erklärungen zu finden (vgl. dazu kurz und übersichtlich Sarianna METSO 1998: 188–90). Umfassende Studien sind insbesondere mit dem Namen Jerome MURPHY-O'CONNOR verbunden, dessen Ansichten lange Zeit am einflussreichsten waren, z.T. in leichter Abwandlung durch Jean POUILLY.

MURPHY-O'CONNOR teilt die literarische Entwicklung von 1QS in vier unterschiedliche Phasen ein, die zugleich mit den archäologischen Befunden korrelierbar sein sollen.

Der Großteil des Werkes ist demnach während der ersten drei dieser Phasen entstanden (1QS V,1–13a.15b–X,8a; s. dazu gleich). Dieses Material hat dann noch zwei Erweiterungen durch 1QS I–IV (der Text verfügt selbst schon über eine komplizierte Vorgeschichte) und 1QS X,9–XI,22 erfahren.

1. Die erste Phase (VIII,1–16a + IX,3–X,8a [POUILLY: ohne VIII,10–12]): Das mutmaßlich älteste Stratum der Gemeinschaftsregel; von MURPHY-O'CONNOR als (essenisches) „Manifest" (Manifesto) bezeichnet. Sein Verfasser war der Lehrer der Gerechtigkeit selbst. Diese Phase ist noch vor der Entstehung der Qumrangemeinschaft zu datieren (vgl. VIII,4–5).

2. Die zweite Phase (VIII,16b–19 + VIII,20–IX,2 [POUILLY: + VIII,10–12]): Die hinzukommenden Texte fungierten als eine Art Regelwerk für die Mitglieder einer sich organisierenden kleinen Gruppe. Der „Sitz im Leben" liegt also in den Anfängen der in die Wüste ausgewanderten Gemeinschaft.

3. Die dritte Phase (V,1–13a + V,15b–VII,25 [POUILLY: ohne V,13–VI,8]): Angesichts des Wachstums der Gemeinschaft erfolgen eine neue Definition der Gemeinschaft (V,1–13) und eine genauere Ausarbeitung und Differenzierung der Rechtsvorschriften. wahrscheinlich geschah dies in den Jahren vor der Herrschaft des Alexander Jannai (103–76 v.Chr.).

4. Die letzte Phase (X,9–XI,22; I–IV [POUILLY: + V,13–VI,8]): Ein Schlusshymnus (Kol. X–XI) sowie das zusammengesetzte Material der Kolumnen I–IV, das auch die Zwei-Geister-Lehre beinhaltet, kommen hinzu.

Charakteristisch für die unterschiedlichen Phasen ist der Gebrauch verschiedener Bezeichnungen der Gemeinschaft. In der ersten Phase sind dies die „Männer der Gemeinschaft" (אנשי היחד, 'anšê ha-yaḥad), in der zweiten die „Männer der Heiligkeit" (אנשי הקודש, 'anšê ha-qôdæš) und in der dritten entweder nur die „Gemeinschaft" ([ה]יחד, [ha-]yaḥad) oder der „Bund" (ברית, bᵉrît).

Als MURPHY-O'CONNOR seine Theorie entwickelte, waren die Fragmente der Gemeinschaftsregel aus der vierten Höhle noch nicht bekannt. Deren Bearbeiter Józef MILIK hatte zunächst nur eine Liste abweichender Lesungen veröffentlicht, zusammen mit seiner eigenen Datierung. Doch erschienen seine Datierungen mehr und mehr fraglich, und eine vollständige Edition ließ auf sich warten.

Die Schlussfolgerungen MURPHY-O'CONNORS wurden durch andere vertieft und ausgebaut. Inzwischen ist man zumeist skeptisch, ob die verschiedenen literarischen Einheiten von 1QS wirklich so eng mit der Geschichte der Gemeinschaft verbunden werden können, wie MURPHY-O'CONNOR es meinte (vgl. etwa Devorah DIMANT, die eine literarische Vorgeschichte verneint und dafür auf den kunstvollen Aufbau der Schrift verweist. Muss dieser einer sukzessiven Entstehung widersprechen?). Des weiteren spiegelt seine Theorie natürlich (auch in methodischer Hinsicht) den Wissensstand der Zeit ihrer Entstehung wider, der sich in diesem Falle etwa in der Suche nach einzelnen „Quellenschriften" zeigt, ähnlich der Forschung am Pentateuch (zur kritischen Auswertung älterer Theorien siehe GAGNON 1992). In dem Maße, in dem sich die Kritik der Quellen seither weiterentwickelt hat, wurde das Modell auch mehr und mehr hinterfragt. Vor allem aber konnten seit 1977, vollends seit 1992, die Handschriften aus Höhle 4 zur Analyse hinzugezogen werden.

Eine Wende trat mit der Veröffentlichung der QS-Exemplare aus Höhle 4 ein. Denn erste Aussagen zur Entstehungsgeschichte der Gemeinschaftsregel ließen sich nun bereits anhand des handschriftlichen Befundes treffen (vgl. zum Folgenden METSO 1998).

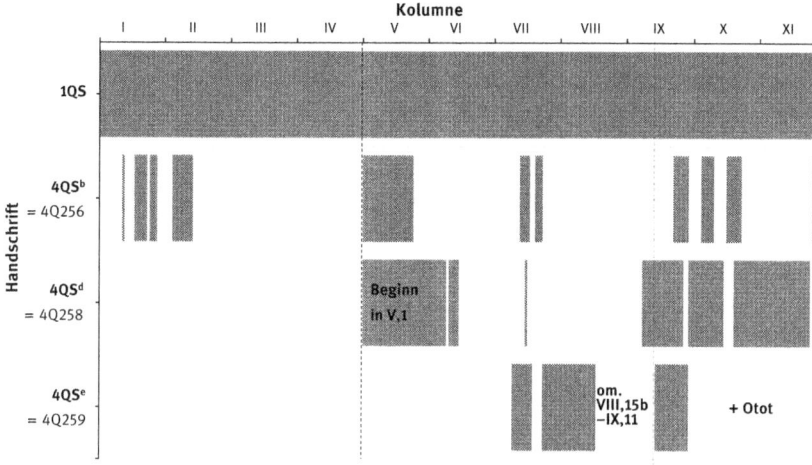

Abb. 1: Der Umfang einiger Handschriften der Gemeinschaftsregel

Wie auf Abb. 1 zu erkennen ist, enthalten die einzelnen Handschriften Reste ganz unterschiedlicher Textbereiche. Ein glücklicher Zufall ist dabei zum einen in Handschrift d (4QS^d = 4Q258) enthalten, da eindeutig zu sehen ist, dass sie einmal mit dem Text von 1QS Kol. V begonnen hat (*i*). Das kann nur bedeuten, dass sie nur das Material der Kol. V–XI umfasste. Zum anderen ist in Handschrift e (4QS^e = 4Q259) eine Lücke auszumachen: der Text läuft von 1QS VIII,15a direkt weiter nach IX,12 (*ii*). Der Abschnitt 1QS VIII,15b–IX,11 fehlt dafür in ihr. Nach dem Text von 1QS Kol. IX folgt diese Handschrift überdies nicht den anderen Abschriften, sondern bietet stattdessen anderes (kalendarisches) Material, das man zunächst einem eigenen Werk zugeordnet hatte, das aber zu 4QS^e gehört (אותות, 'Ôtôt, „[kalendarische] Zeichen"; 4Q319=4Q'Otot) (*iii*). Die Handschrift b enthält aus allen Teilen des Werkes Fragmente, jedoch nicht aus der Zwei-Geister-Lehre 1QS III,13–IV,26 (*iv*).

Dazu kommen Beobachtungen innerhalb der Texte selbst: Die Text*form* ist nämlich in der Handschrift d eindeutig kürzer als die von 1QS. Gleiches gilt für Handschrift d (*v*). Da eine der Grundregeln der Textkritik besagt, dass die kürzere bzw. schwierigere Lesart die ursprüngliche ist (*lectio brevior* [*o. difficilior*] *lectio probabilior*), so ergibt sich bereits aus diesen Beobachtungen:

1. Eine ältere Fassung der Gemeinschaftsregel hat einmal mit 1QS Kol. V begonnen (Beobachtung *i*).

2. Sie enthielt noch nicht Kol. X–XI (*iii*), denn an die Stelle dieses Schlusses konnte einmal ein anderer Abschluss treten (nämlich die 'Ôtôt).

3. Ältere Fassungen enthielten vermutlich auch noch nicht den Abschnitt 1QS VIII,15b–IX,11 (*ii*).

4. Sie kannten vielmehr (auch im zu 1QS parallelen Material) einen kürzeren Text, der erst im Lauf der Überlieferung aufgefüllt wurde (*v*).

5. Aus Handschrift b ergibt sich keineswegs ein Beweis, aber immerhin der Verdacht, der Abschnitt 1QS III,13–IV,26 könnte als letztes in den Text der Gemeinschaftsregel gekommen sein (*iv*).

6. Als sechste Beobachtung kommt hinzu, dass der sogenannte *Penal Code* (1QS VI,24–VII,25) sich parallel auch in der Damaskusschrift erhalten hat, und zwar im gesetzlichen Mittelteil der Schrift, der nur in Qumran erhalten ist s.u.). Die Fassungen sind einander so ähnlich, dass sie nicht unabhängig voneinander entstanden sein können und deshalb die Vorschriften des Strafkodex möglicherweise älteres Überlieferungsgut darstellen (vgl. die von Reinhard KRATZ [2011] mitgeteilten Beobachtungen.

So ergibt sich: Einen Kern der Gemeinschaftsregel dürfte der *Penal Code* bilden, zusammen mit der Bestimmung der Gemeinschaft als Einleitung, in 1QS V–VII*. Dieser Kern wurde vermutlich bald um Kol. VIII–IX*, die einen Kol. V–VII deutlich unterschiedlichen Charakter tragen (vgl. etwa das Zitat von Jes 40,3!), erweitert.

Das nächste Stadium spiegeln die Handschriften d und e wider: eine Fassung mit dem Hymnus als Schluss sowie eine Fassung ohne VIII,15b–IX,11 und mit den *'Ôtôt* am Schluss.

Den ganzen Bestand des Werkes, also das letzte Stadium, repräsentieren schließlich die Handschriften b (kürzerer Text in Vff.) und natürlich 1QS (längerer Text, Korrekturen aus anderen Handschriften). Sie sind um Kol. I–III, das Bundeserneuerungsfest, und – wahrscheinlich in einem der letzten Schritte – durch 1QS III,13–IV,26, die Zwei-Geister-Lehre, erweitert worden. Schematisch:

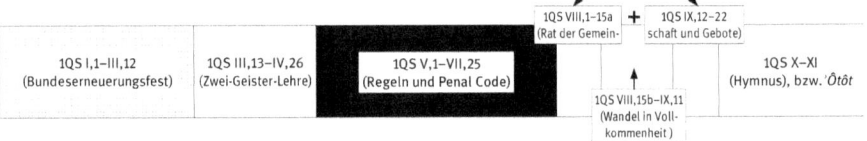

Gegen diese Beobachtungen scheinen die paläographischen Datierungen der Handschriften zu sprechen: 4QS[b,d] und [e] sind allesamt später geschrieben als 1QS (s.o.). Das verleitet zu der Annahme, diese Reihenfolge sei mit der literarischen Entwicklung gleichzusetzen (etwa Devorah DIMANT, Philip ALEXANDER 1996). Entsprechend müsste man dann mit Kürzungen rechnen. Das ist nicht unmöglich, ist aber, vom sonstigen Befund im Alten Testament und anderen Qumranschriften betrachtet, wenig wahrscheinlich. So wird man damit rechnen, dass auch ältere bzw. unterschiedliche Fassungen eines Werkes parallel tradiert und kopiert wurden und also *nebeneinander* existierten, wie es ja auch bei der Textform des Jeremiabuchs der Fall ist. Die Literargeschichte ist von der äußeren Bezeugung des Texts zu trennen.

Weitere Indizien für die Entstehung der Gemeinschaftsregel könnten sich aus den Beobachtungen Eibert TIGCHELAARS ergeben, der sich (2003) auf die „Suche nach dem Schreiber von 1QS" gemacht hat.

Dieser Schreiber könnte, so TIGCHELAAR, eine herausragende Persönlichkeit der Gemeinschaft gewesen sein. TIGCHELAARS Argumente: Seine Muttersprache war offenbar ein hebräisch-aramäischer Dialekt, was aus der Schreibung der Kehllaute und zahlreichen aramaisierenden Formen gefolgert werden könne. Er gehörte wahrscheinlich nicht zu den gebildeten Schreibern – darauf deute die nachlässige Art seiner Schreibweise, die vielen Schreibfehler und Korrekturen, die die Rolle 1QS enthält. Die Tatsache, dass sich im Bereich von Kol. V–VIII Korrekturen häufen, die Kol. I–III und VIII,15–IX,11 hingegen kaum Fehler enthalten, könnte ein Hinweis darauf sein, dass die beiden zuletzt genannten Abschnitte vom Schreiber selbst verfasst worden sind, der Text von V,1–VIII,19 ihm hingegen vorgegeben war.

Géza XERAVITS hat darüber hinaus überzeugend bestimmte redaktionelle Tendenzen herausgearbeitet, die sich vor allem in den Abschnitten 1QS I–III und VIII–IX,11 nachweisen lassen.

XERAVITS führt diese Tendenzen auf den Schreiber der Rolle zurück. Dieser Schreiber, – nimmt man TIGCHELAARS Beobachtungen einmal hinzu – könnte hinter dem Material von 1QS IX,11 über die drei zukünftigen eschatologischen Figuren stehen und diese hier eingefügt haben (vgl. den Text von 4Q175, der ähnliche theologische Ansichten wiederspiegelt. 4Q175 stellt den einzigen Fall dar, für dem sich zeigen lässt, dass er von demselben Schreiber wie der einer anderen Handschrift – nämlich 1QS – geschrieben und wohl auch zusammengestellt worden ist). Das weist, wiederum im Rückschluss, erneut darauf hin, dass der Schreiber ein hohes Ansehen in der Gemeinschaft besessen haben könnte – konnte er doch ein für die Qumran-Gemeinschaft so wichtiges Werk wie die Gemeinschaftsregel erweitern oder gar neu entwerfen.

In ihrer gegenwärtigen Form – und schon aufgrund ihres Genres – ist die Gemeinschaftsregel zweifellos eine genuine Qumranschrift. Sie enthält die Praxis und Organisation einer bestimmten Gemeinschaft, ihre zeitgenössischen Umstände, außerdem Elemente ihres theologischen und metaphysischen Weltbildes (vgl. DIMANT 1995, 27).

Die mutmaßlich älteste Einleitung der Regel (1QS V,1ff. in der kürzeren Fassung von 4QS^{b,d}) ist wohl darauf bedacht – späten biblischen Psalmen nicht unähnlich –, die Gruppen der Gerechten und der Frevler voneinander zu scheiden (Z. 1–3). Sie geht aber andererseits theologisch noch nicht so weit in Richtung eines Dualismus wie die redigierte Fassung (1QS I,1ff., s. unten). Die Möglichkeit zur Umkehr ist offenbar (noch) gegeben (Z. 1.4.6):

¹Ausforschung für den *maśkîl* über die Männer des Gesetzes, die sich willig erweisen, umkehren zu lassen von allem Bösen und festzuhalten an allem, was er befohlen hat nach seinem Wohlgefallen, dass sie sich scheiden von der Versammlung ²der Männer des Frevels, dass sie gehören zur Gemeinschaft im Gesetz und im Besitz und verantwortlich sind gegenüber den Vielen ³bei jeder Angelegenheit betreffs des Gesetzes und des Besitzes, damit sie Demut üben, ⁴Gerechtigkeit und Recht und herzliche Liebe und demütigen Wandel auf allen ihren Wegen, aber keiner in der Verstocktheit seines Herzens wandle, in die Irre zu gehen, ⁵sondern um ein Fundament der Wahrheit für Israel zu legen für die Gemeinschaft,

⁶für jeden, der sich willig erweist zum Heiligtum in Aaron und dem Hause der Wahrheit in Israel, und für die, die sich ihnen anschließen zur Gemeinschaft.

Die heutige Fassung (1QS V,1–7 in der längeren Fassung der Rolle 1QS) trägt bereits Spuren einer Bearbeitung, die u.a. eine priesterliche Führungsschicht kennt (die בני צדוק, $b^e n\hat{e}$ Ṣādôq, „Söhne Zadoqs"), den „Bund" (ברית, $b^e r\hat{i}t$) sowie den Gegensatz zu denen, die die Vorschriften übertreten, stärker betont.

Geht man an dieser Stelle von einer Kürzung eines ursprünglich längeren Texts aus, so muss man etwa an dieser Stelle annehmen, dass eine ganze Priesterklasse mit der Zeit im wahrsten Sinne des Wortes „ausgestorben" ist und daher nicht mehr erwähnt werden muss (so ALEXANDER 1996). Das erscheint auch historisch wenig wahrscheinlich.

Auf diesem Beginn dürfte ihrerseits die heutige Einleitung der Gemeinschaftsregel beruhen, die das dualistische theologische „System" zusammenfasst, das den ethischen Hintergrund für die Zugehörigkeit zur Gemeinschaft bildet (1QS I,1–15):

¹[...][...Buch der Ord]nung der Gemeinschaft: Gott zu suchen ²[mit ganzem Herzen und ganzer Seele, zu]tun, was gut und recht vor ihm ist, wie ³er durch Mose und durch alle seine Knechte, die Propheten, befohlen hat; und alles zu lieben, ⁴was er erwählt hat, und alles zu hassen, was er verworfen hat; sich fernzuhalten von allem Bösen, ⁵aber anzuhangen allen guten Werken; und Treue, Gerechtigkeit und Recht zu tun ⁶im Lande; aber nicht länger zu wandeln in der Verstocktheit eines schuldigen Herzens und Augen der Unzucht, ⁷allerlei Böses zu tun; und alle, die willig sind, Gottes Gebote zu erfüllen, ⁸in den Bund der Barmherzigkeit herbeizubringen; vereint zu sein in der Ratsversammlung Gottes und vor ihm vollkommen zu wandeln gemäß allem, ⁹was offenbart wurde für die für sie bestimmten Zeiten; und alle Söhne des Lichtes zu lieben, jeden ¹⁰nach seinem Los in der Ratsversammlung Gottes, aber alle Söhne der Finsternis zu hassen, jeden nach seiner Verschuldung ¹¹in Gottes Rache. Und alle, die sich willig erweisen für seine Wahrheit, sollen all ihr Wissen und ihre Kraft ¹²und ihren Besitz in die Gemeinschaft Gottes einbringen, um ihr Wissen zu reinigen durch die Wahrheit der Gebote Gottes und ihre Kraft einzusetzen ¹³nach der Vollkommenheit seiner Wege und all ihren Besitz nach seinem gerechten Rat; nicht ein einziges ¹⁴von allen Worten Gottes zu übertreten in ihren Zeiten und nicht ihre Zeiten vorzurücken und nicht zurückzubleiben ¹⁵mit all ihren Festzeiten; und nicht abzuweichen von den Geboten seiner Wahrheit, nach rechts oder links zu gehen.

Diese ersten 15 Zeilen der Gemeinschaftsregel bieten nicht weniger als eine Einführung in die gesamte Schrift; inhaltlich fasst sie die allgemeinen ethischen Zielsetzungen für die Mitglieder der Gemeinschaft und das Hauptmotiv für ihren Beitritt zusammen. Die Zeilen zeugen von einer guten Kenntnis des ganzen Werkes, die Elemente, die ihr Verfasser hervorhebt, zeigen, was ihm die wichtigsten Elemente der Regel waren. Dominierend ist nun die Ansicht eines ethischen Dualismus. Schon die ersten zwei Blöcke (I,2b–6a und I,6b–7a) wurden entsprechend formuliert. Die Hervorhebung einiger Schlüsselbegriffe mag das verdeutlichen: die zentralen Verben dieser zwei Blöcke zeigen das menschliche Handeln und dessen ethische Konsequenzen. Für die positive Seite stehen etwa „tun" und „anhangen", im Akkusativ dazu Begriffe für allgemeine Werte. Für die negative Seite stehen Verben wie „sich fernhalten" und „nicht tun", Akkusative sind entsprechend Gegensätze der positiven Werte. Diese Begriffe können auch in den beiden letzten sich gegenüberstehenden Absätzen beobachtet werden (I,11b–13a und I,13b–15), wobei der erste die positiven Werte, der zweite dagegen die Ablehnung dieses Verhaltens widerspiegelt. Charakteristisch ist, dass der Sinn der im dritten Abschnitt erwähnten Personenkategorien – die „Söhne des Lichtes" und die „Söhne der Finsternis" –, nicht mehr nur *ethisch* zu verstehen ist, sondern diese Begriffe eher eine *allgemein gegebene* Dichotomie bezeichnen. Eschatologisch-kosmische Themen, die dann für die schroff dualistische Zwei-Geister-Lehre (III,13–IV,26) von zentraler Bedeutung sind, sind hier nur am Rande zu finden. Der Einschub im ersten Abschnitt „und alles zu lieben, ⁴was er (Gott) erwählt hat, und alles zu hassen, was er (Gott) verworfen hat" (I,3b–4a) deutet darauf, dass die ethischen Prinzipien erst auf dem Horizont des absoluten Seins Gottes ihre eigentliche Bestimmung erhalten. Die Einleitung beschäftigt sich (anders als die Zwei-Geister-Lehre) nicht mit dem *Ursprung* der zwei sich gegenüber stehenden Prinzipien, sondern interpretiert sie als gegebene Wirklichkeiten in der Welt. Eschatologische Elemente sind jedoch am Schluss des dritten Abschnitts angedeutet: Die „Rache Gottes" (Z. 11) verweist auf das Endgericht und dürfte damit von der Erwartung eines kommenden vollendeten Zeitalters zeugen.

Die theologischen Aspekte der *Zwei-Geister-Lehre* (III,13–IV,26) bilden in gewisser Weise den Zielpunkt dieser Vorstellung: sie kann als Höhepunkt der theologischen, metaphysischen und ethisch-dualistischen Weltsicht der Qumrangemeinschaft bezeichnet werden. Der Traktat besteht aus drei Hauptabschnitten: Der erste stellt den Ursprung und die Charakteristik der zwei Geister vor (III,13–IV,1), die zweite zeigt ihre Wirkung in der Welt (IV,2–15) und die dritte betont das Wirken der Geister im Menschen selbst und eröffnet eine eschatologische Perspektive, sie erzählt von der festgesetzten Zeit der Heimsuchung Gottes und über sein Gericht (IV,15–26). Die Lehre geht von einer doppelten Prädestination aus, in einer kaum überbietbaren Schärfe. Fraglich ist aus Sicht der Forschung nicht zuletzt, ob es sich hier um einen Kerntext der Gemeinschaft handelt (mit entsprechender Bedeutung) oder um eine eher randständige Sondermeinung (so Hartmut STEGEMANN 1988).

Über den *Ursprung* der Zwei-Geister-Lehre gehen die Meinungen der Forschung noch weiter auseinander als bei anderen Texten aus Qumran. Viele halten das Stück für eine *vorqumranische* Lehre, die dann als prominentes altes Traditionsstück in die wichtigste Regel der Gemeinschaft integriert wurde (Géza

XERAVITS, STEGEMANN u.v.a.). Nicht selten ist damit die Annahme verbunden, die Lehre ginge auf iranische, zoroastrisch-dualistische Vorstellungen zurück, ggf. vermittelt durch hellenistische Berichte (Martin HENGEL, Marc PHILONENKO, David WINSTON). Das ist die gängige Ansicht und natürlich durchaus möglich. Dagegen ist dennoch anzuführen, dass sich die Dichotomie (nicht: der Dualismus) von Gerechten und Frevlern bereits im (später kanonisch gewordenen) biblischen Material findet, und das man, ausgehend von diesem Gegensatz – wie gesehen – die Theologie der Zwei-Geister-Lehre als Weiterführung und durchaus konsequente, ja geradezu radikale Entwicklung aus dieser Dichotomie heraus hin zu einem streng deterministischen Dualismus verstehen kann. Sie wäre dann freilich eines der *jüngsten* Stücke der Qumranüberlieferung. Es ist in diesem Fall nicht ausgeschlossen, dass sie sich einer Auslegung und Fortschreibung des umgebenden Materials verdankt (R. KRATZ, Ch. HEMPEL, A. STEUDEL).

5.1.2 Der nicht-eschatologische Teil der Gemeinderegel (1QSa)

Textausgaben und Kommentare: DJD I, 108–18 (BARTHÉLEMY). ▪ DJD XXXVI, 515–74 (PFANN). ▪ PTSDSSP I, 108–17 (CHARLESWORTH / STUCKENBRUCK). ▪ LOHSE I, 45–51. ▪ MAIER I, 240–44. ▪ QIMRON I,235–37.
Literatur: Albert-Marie DENIS, Evolution de structures dans la secte de Qumrân, in: Aux origines del'Eglise (RechB 7), Louvain 1965, 23–49. ▪ Charlotte HEMPEL, The Earthly Essene Nucleus of 1QSa, DSD 3 (1996) 253–69. ▪ Lawrence H. SCHIFFMAN, The Eschatological Community of the Dead Sea Scrolls (SBL.MS 38), Atlanta/Ga. 1989. ▪ Aharon SHEMESH, "The Holy Angels Are in Their Council". The Exclusion of Deformed Persons from Holy Places in Qumranic and Rabbinic Literature, DSD 4 (1997) 179–206. ▪ Hartmut STEGEMANN, Some Remarks to 1QSa, to 1QSb, and to Qumran Messianism, RdQ 17/65–68 (1996) 479–505.

i Handschriftlicher Befund

Die Gemeinderegel ist nur in einer einzigen Fassung am Ende der Handschrift 1QS bezeugt (1QSa = 1Q28a, zu datieren wie 1QS etwa 100–50 v.Chr.).

Möglicherweise sind noch einige – jeweils nur sehr wenige Buchstaben enthaltende, überdies in kryptischer Schrift geschriebene – Fragmente hinzuzunehmen (4Q249a–i = 4Qpap CryptA 4QSE[a–i], vgl. Stephen PFANN in DJD XXXVI, 534–74, von PFANN um 200–175 [4Q249a, b,d], 200–135 [4Q249c,e], 150–100 [4Q249f,i] bzw 125–100 [4Q249g,h] datiert). Identifikation und (frühe) Datierung sind jedoch unsicher.

Aufbau der Gemeinderegel 1QSa (vgl. LOHSE I, 45)

1QSa I,1–5	Bestimmungen für die Versammlung der Gemeinde „am Ende der Tage" (I,1)	I,1a	Überschrift: „Und dies ist die Regel für die ganze Gemeinde Israels am Ende der Tage" (באחרית הימים, b^e-'ah^{a}rît ha-yāmîm; vgl. II,11–22)
		I,1b–3.4f.	Die Versammlung der ganzen Gemeinde
1QSa I,6–II,11	Die „Ordnung für alle Abteilungen der Gemeinde, für jeden in Israel geborenen" (II,6)	I,6–19	Voraussetzungen für die Teilnahme, Heranbildung
		I,19–25	Spezialfälle: Törichte Personen, Leviten
		I,25–II,11	Einberufung der Versammlung
1QSa II,11–22	Die „Sitzung der angesehenen Männer", das (eschatologische, vgl. I,1) messianische Festmahl, darin: II,17–20: *Vorrecht des Priesters*		

Einführende Bemerkungen

Der kurze regelartige Text der Gemeinderegel (1QSa) ist dem Text der Gemeinschaftsregel (1QS) hinzugefügt. Die Bezeichnungen variieren, der Erstherausgeber hat ihm den Titel „Gemeinderegel" gegeben, nach der Überschrift am Anfang des Textes (so auch hier). Mitunter findet man auch die Bezeichnung „messianische Regel" (Messianic Rule). Letztere ist aufgrund des Inhaltes entstanden, denn 1QSa ist „eschatologischer" ausgerichtet als 1QS: der Ausdruck $māsî^ah$ etwa kommt in Kol. II gleich dreimal vor.

Die Gemeinderegel ist in ihrer vorliegenden Form eine genuine Qumranschrift. Ihr Text verweist deutlich auf verschiedene Abschnitte der Gemeinschaftsregel 1QS, offenbar in Form einer Überarbeitung.

Über lange Zeit wurde die Schrift von den entsprechenden Passagen her (1QSa I,1–6; II,11–22) einhellig als eschatologische Komposition interpretiert. Neuerdings vermuten die Forscher aufgrund der literarischen Analyse eine kompliziertere Vorgeschichte. Es scheint so zu sein, dass das Werk aus zwei Teilen zusammengestellt wurde, deren einer zunächst ganz ohne eschatologische Färbung auskam. Die Trennung ist gut in den Einleitungsformeln erkennbar: „Und dies ist die Ordnung für die ganze Gemeinde Israels am Ende der Tage" (I,1), damit zu vergleichen „Und dies ist die Ordnung für alle Abteilungen der Gemeinde, für jeden in Israel Geborenen" (I,6). Angefangen bei diesem zweiten Titel bis hin zu 1QSa II,11 erörtert der Text die Organisation und die Regeln einer existierenden Gemeinschaft – ohne irgendwelche Hinweise auf eine Endzeitthematik. Von Charlotte HEMPEL (1996) stammt der Nachweis, dass das Material von 1QSa I,6–II,11 eine enge Verwandtschaft zu den gesetzlichen Partien der Damaskusschrift aufweist. Möglicherweise ist dieser Kern vergleichsweise alt und vielleicht mit den frühen Stadien der Gemeinschaftsregel zu korrelieren. Die letzte Redaktion des Werkes hingegen kann bis zur Entstehungszeit der gesamten „Rule Scroll" stattgefunden haben.

Zur Herkunft der Werkteile kann wenig Sicheres gesagt werden. Die Einheit I,6–II,10 hält ein Teil der Forschung für vor- oder frühqumranisch, rechnet dafür aber mit einer zadokitischen Rezension (Nachweis letzterer bei HEMPEL 1996). Doch könnte es sich durchaus um einen innerhalb der Gemeinschaft produzierten Text handeln. Der andere Teil zerfällt in eine Abhandlung über das eschatologische Mahl (I,1–3 und II,11–22 sowie, damit zusammenhängend, die verbindenden Zeilen I,4–5). Daraus folgt nun, dass die beiden Hauptteile auch getrennt voneinander betrachtet werden können, d.h. der Teil mit den allgemeinen Lebensregeln der Gemeinschaft sollte zunächst ohne den eschatologischen Hintergrund des anderen Teils verstanden werden, während die Schrift als Ganze ihn natürlich in einem eschatologischen Kontext gelesen wissen möchte (s. dazu u. 9.2.1).

5.1.3 Die Damaskusschrift (D, CD, 4QD)

Textausgaben und Kommentare: DJD III, 128–31 (6QD; BAILLET).181 (5QD; MILIK). ▪ DJD XVIII (4QD; BAUMGARTEN). ▪ PTSDSSP 2, 4–79 (BAUMGARTEN / SCHWARTZ); 3, 1–185 (BAUMGARTEN). ▪ LOHSE I, 63–107 (nur CD). ▪ QIMRON I, 1–58 (eigene Rekonstruktion). ▪ Magen BROSHI, The Damascus Document Reconsidered, Jerusalem 1992 (darin S. 9–49 der von Elisha QIMRON besorgte Text). ▪ Philip R. DAVIES, The Damascus Covenant. An Interpretation of the „Damascus Document" (JSOT.S 25), Sheffield 1983. ▪ Chaim RABIN, The Zadokite Documents, Oxford ²1958. ▪ Solomon SCHECHTER, Fragments of a Zadokite Work (Fragments of Jewish Sectaries 1), Cambridge 1910. ▪ Ben Zion WACHOLDER, The New Damascus Document. The Midrash on the Eschatological Torah of the Dead Sea Scrolls. Reconstruction, Translation and Commentary (StTDJ 56), Leiden 2007.

Literatur: The Damascus Document. A Centennial of Discovery (hg.v. Joseph M. BAUMGARTEN u.a.; StTDJ 34), Leiden 2000.

Christoph BERNER, Jahre, Jahrwochen und Jubiläen. Heptadische Geschichtskonzeptionen im Antiken Judentum (BZAW 363), Berlin 2010. ▪ Jonathan G. CAMPBELL, The Use of Scripture in the Damascus Document (BZAW 228), Berlin 1995. ▪ Jean CARMIGNAC, Comparaison entre les manuscrits "A" et "B" du Document de Damas, RdQ 2/5 (1959) 53–67. ▪ Philip R. DAVIES, Behind the Essenes. History and Ideology in the Dead Sea Scrolls (BJS 94), Atlanta/Ga. 1987. ▪ Albert-Marie DENIS, Les thèmes de connaissance dans le Document de Damas (Studia Hellenistica 15), Louvain 1967. ▪ Louis GINZBERG, An Unknown Jewish Sect, New York 1976 (Übers. von DERS., Eine unbekannte jüdische Sekte, New York 1922). ▪ Liora GOLDMAN, The Exegesis and Structure of Pesharim in the Damascus Document, in: The Dynamics of Language and Exegesis at Qumran (hg.v. D. DIMANT u. R.G. KRATZ; FAT II/35), Tübingen 2009,

193–202. ▪ Maxine L. GROSSMAN, Reading for History in the Damascus Document. A Methodological Study (StTDJ 45), Leiden 2002. ▪ Charlotte HEMPEL, The Qumran Rule Texts in Context (TSAJ 154), Tübingen 2013. ▪ DIES., The Laws of the Damascus Document. Sources, Tradition and Redaction (StTDJ 29), Leiden 1998. ▪ DIES., The Damascus Texts (CQS 1), Sheffield 2000. ▪ Stephen HULTGREN, From the Damascus Covenant to the Covenant of the Community (StTDJ 66), Leiden 2007. ▪ Reinhard G. KRATZ, Jesaja in den Schriften vom Toten Meer, in: DERS., Prophetenstudien (FAT 74), Tübingen 2011, 243–73. ▪ Marie-Joseph LAGRANGE, La secte juive de la Nouvelle Alliance, RB 21 (1912) 213–40. ▪ Israël LÉVI, Un écrit sadducéen antérieur à la ruine du Temple, REJ 61 (1911) 161–205. ▪ Hermann LICHTENBERGER, Geschichte und Heilsgeschichte in der Damaskusschrift, in: WUNT 248, Tübingen 2009, 175–84. ▪ Eduard MEYER, Die Gemeinde des Neuen Bundes im Lande Damaskus. Eine jüdische Schrift aus der Seleukidenzeit, Berlin 1919. ▪ Jerome MURPHY-O'CONNOR, An Essene Missionary Document? CD II,14–VI,1, RB 77 (1970) 201–29. ▪ DERS., The Original Text of CD 7:9–8:2 = 19:5–14, HThR 64 (1971) 379–86. ▪ DERS., A Literary Analysis of Damascus Document VI,2–VIII,3, RB 78 (1971) 210–32. ▪ DERS., The Critique of the Princes of Judah (CD VIII,3–19), RB 79 (1972) 200–216. ▪ DERS., A Literary Analysis of Damascus Document XIX,33–XX,34, RB 79 (1972) 544–64. ▪ DERS., The Essenes and Their History, RB 81 (1974) 215–44. ▪ DERS., The Damascus Document Revisited, RB 92 (1985) 223–46. ▪ Hartmut STEGEMANN, Towards a Physical Reconstructions of the Qumran Damascus Document Scrolls, in: StTDJ 34 (s.o.), 2000, 177–200. ▪ Annette STEUDEL, The Houses of Prostration CD xi 21–xii 1 – Duplicates of the Temple, RdQ 16/61 (1993) 49–68. ▪ Sidnie A. WHITE (CRAWFORD), A Comparison of the "A" and "B" Manuscripts of Damascus Document", RdQ 12/48 (1987) 537–53. ▪ Solomon ZEITLIN, The Alleged Antiquity of the Scrolls, JQR 40 (1949/50) 57–78. ▪ DERS., The Dead Sea Scrolls and Modern Scholarship, Philadelphia/Pa. 1956.
▪ Vgl. auch die Literatur zu den vorangehenden Abschnitten.

Gegen Ende des letzten Jahrhunderts fand der jüdische Gelehrte Salomon SCHECHTER in der Geniza[5] der karaitischen[6] Ben-Esra-Synagoge in der Altstadt von Kairo zwei mittelalterliche Manuskripte (bestehend aus insgesamt neun Blättern[7] = 18 Seiten) einer bis dahin unbekannten nicht-biblischen Schrift (daher wahrscheinlich das Siglum CD = „Cairo [Damascus] Document" [oder von Covenant in the Land of Damascus"?]). Sie enthielt Paränesen mit geschichtstheologischen Hintergrund sowie Gesetze und Regeln. Nach der Veröffentlichung der von ihm so genannten „Fragments of a Zadokite Work" entbrannte eine Diskussion über die

---

5 Hebr. גניזה (genîzāh). D.i. ein (mitunter zugemauerter) Raum in der Synagoge, in dem schadhaft gewordene Handschriften und Kultgegenstände aufbewahrt werden.
6 Bei den Karäern handelt es sich um eine jüdische Sekte (erstmals etwa im 8. Jh. n.Chr. erwähnt), die – im Unterschied zum rabbinischen Judentum – einzig der Tora, nicht aber etwa der Mischna oder dem Talmud Offenbarungscharakter zugestehen, sondern beide für davon abweichend erklären.
7 Konsequenterweise müsste man also für die mittelalterlichen Passagen die Folionummern (z.B. 6 verso o.ä.) angeben bzw. von „Seiten" statt von Kolumnen sprechen. Letztgenanntes hat sich aber so weit eingebürgert, dass auch hier im Folgenden von „Kolumnen" gesprochen wird.

Frage, ob es sich dabei um ein mittelalterliches (so etwa ZEITLIN und andere) oder um ein antikes Werk handele. Ein halbes Jahrhundert später konnten die Funde von Qumran diese Frage eindeutig beantworten.

Vielleicht ist der ursprüngliche Titel des Werkes – auf eine Anregung Hartmut STEGEMANNS zurückgehend – dem Werk selbst zu entnehmen. An dessen Ende (4Q266 f11,20f.; 4Q270 f7ii,15) heißt es nämlich: „Siehe, (dies ist) die Gesamtheit dessen, was gefunden worden ist als die letzte Ausforschung der Tora." (מדרש התורה האחרון, *Midrāš ha-Tôrāh ha-'Aḥărôn*). Entsprechend verwendet etwa Ben Zion WACHOLDER in seiner kommentierten Ausgabe des „New Damascus Document" ein neues Siglum: „MTA". Doch Vorsicht ist – bei aller Zustimmung zur Notwendigkeit einer Neubenennung – nicht zuletzt deswegen angebracht, weil sich für Buch*unter*schriften kaum verwertbare Analogien finden, keine einzige innerhalb des Korpus der Qumrantexte. Vgl. außerdem etwa Joseph BAUMGARTEN in DJD XVIII,78.

Handschriftlicher Befund

In Qumran fand man zusätzlich zu den beiden mittelalterlichen Handschriften aus Kairo (CD A und CD B, wobei CD A aufgrund unterschiedlicher Schreiber noch einmal in A1 [I–VIII] und A2 [IX–XVI] unterteilt werden kann) zahlreiche Manuskripte desselben Werkes: je eines in Höhle 5 und 6 (5Q12 = 5QD und 6Q15 = 6QD) und acht Manuskripte in Höhle 4 (4Q266–4Q273 = 4QD^{a-h}). Diese Fragmente umfassen zwar sehr viel weniger Material als die Handschrift aus Kairo, sind jedoch für die Rekonstruktion der Schrift und ihrer Überlieferung von unschätzbarem Wert. (Zur Rekonstruktion des Qumranmaterials s. STEGEMANN 1997; BAUMGARTEN in DJD XVIII; außerdem WACHOLDER 2007, auch die Rekonstruktion von QIMRON 2010. Zu den Überlappungen der Handschriften untereinander vgl. die aufschlussreiche Tabelle von Eibert TIGCHELAAR in DJD XXXIX, 298–302.)

Handschrift	Datierung ca.	Inhalt
CD A	10. Jh. n.Chr.	CD I–VIII; XV–XVI; IX–XIV
CD B	12. Jh. n.Chr.	CD XIX–XX

Handschrift	Datierung ca.	Inhalt
4QD^a = 4Q266	ca. 100–50 v.Chr. (^{14}C: 4–82 n.Chr.)	Material vom Anfang des Werks; Parallelen CD I–VIII, XX, XV–XVI, IX–XIV; Material aus dem Mittelteil und vom Schluss des Werks
4QD^b = 4Q267	ca. 30–1 v.Chr. (^{14}C: 168–51 v.Chr.)	Material vom Anfang des Werks; Parallelen zu CD V–VI, XX, IX, XI–XIV; Material aus dem Mittelteil und vom Schluss des Werks
4QD^c = 4Q268	ca. 1–30 n.Chr.	Material vom Anfang des Werks; Parallelen zu CD I, XIV
4QD^d = 4Q269	ca. 30–1 v.Chr.	Parallelen zu CD II–VIII, XIII–XIV; Material aus dem Mittelteil und vom Schluss des Werks

Handschrift	Datierung ca.	Inhalt
4QD^e = 4Q270	ca. 1–50 n.Chr.	Parallelen zu CD II, IV, XX, XV–XVI, IX–XI; Material aus dem Mittelteil und vom Schluss des Werks
4QD^f = 4Q271	ca. 50–30 v.Chr.	Parallelen zu CD V, XV–XVI, XI–XIII; Material aus dem Mittelteil des Werks
4QD^g = 4Q272	ca. 30–1 v.Chr.	Material aus dem Mittelteil des Werks
4QpapD^h = 4Q273	ca. 15 v.Chr.	Material aus dem Mittelteil des Werks
5QD = 5Q12	ca. 50–1 v.Chr.	Parallelen zu CD IX
6QD = 6Q15	ca. 1–100 n.Chr.	Parallelen zu CD IV–VII; Material aus dem Mittelteil des Werks

Anhand der Qumranfunde konnte die ursprüngliche Gestalt des Werkes wiederhergestellt werden. Sie ergab zunächst, dass die Blätter der mittelalterlichen Handschrift A vertauscht wurden: Auf die Kolumnen I–VIII folgten ursprünglich direkt CD XV–XVI, daran anschließend CD IX–XIV. Die Seiten der Handschrift B laufen zunächst parallel zur Handschrift A (CD [B] XIX,1–34 entsprechen etwa CD [A] VII,5–VIII,21), gehen aber dabei – und vollends in CD XIX,34–XX,34 – ganz eigene Wege. Die Handschrift B bietet also eine andere, meist längere Textform, die in Qumran im Übrigen nirgends sicher belegt ist.[8] Grundsätzlich scheint die B-Handschrift denn auch ein jüngeres Stadium des Textes zu bezeugen, was aber nicht ausschließt, dass hier und da ein älterer Text bewahrt sein könnte (Sidnie WHITE 1987, für eine detaillierte Untersuchung des Verhältnisses s. jetzt v.a. Reinhard G. KRATZ 2011).

Nach der Schätzung von STEGEMANN hat das ursprüngliche Werk aus einer Rolle mit mindestens 32 Kolumnen à 25 Zeilen bestanden. Es stellte sich außerdem heraus, dass *i)* der ursprüngliche Beginn (Einleitung und eine erste Mahnrede), *ii)* ein umfänglicher gesetzlicher Mittelteil (s.u.) wie auch *iii)* das Ende des Werkes (eine mit alttestamentlichen Anspielungen und Zitaten gespickte „Ausschlusszeremonie" und ein längeres Schlusswort) nicht in den mittelalterlichen Handschriften, sondern nur im Qumran-Material erhalten sind:

Schematische Übersicht über die rekonstruierte „Damaskusschrift"

4QD-Material	4QD-Material + CD I–VIII (par. XIX–XX) (XIX,1–34a entspr. VII,5–VIII,21, dazu XIX,34b–XX,34)	4QD-Material	CD XV–XVI	CD IX–XIV	4QD-Material

---

[8] CD XVII–XVIII hat es nie gegeben, durch die Lücke wollte SCHECHTER eventuell anzeigen, dass Handschrift B nicht einfach die Fortsetzung von Handschrift A darstellt.

Leider hat sich noch keine der vorgeschlagenen Rekonstruktionen oder eine neuere Ausgabe der Schrift durchgesetzt, die das mittelalterliche und das aus Qumran stammende Material vereint. Deswegen gibt es bislang auch noch keine einheitliche neue Zählung. Auch diese Einführung muss mit den kompliziert anmutenden konventionellen Bezeichnungen der Einzelhandschriften vorliebnehmen.

Aufbau der rekonstruierten „Damaskusschrift"

4QD-Mat.		Proömium	4QD^a f1a–b,1–5a		Dualistisch-eschatologische Einleitung
			4QD^a f1a–b,5bff., f2i,1–6a / 4QD^b f1 / 4QD^c f1	1. Mahnrede	Gottes Geheimnisse, Aufteilung der Zeiten
			CD I,1–II,1	2. Mahnrede	Geschichte Israels, dann der Gemeinschaft bis zur „Pflanzung", „Lehrer"
			CD II,2–13	3. Mahnrede	Wege der Gottlosen, Prädestination, Zeiten
4QD-Mat.+ CD I–VIII (+ XIX,34b– XX,34?)		Ermahnung (*Admonition*) in Form von Reden (ועתה שמעו), *weʿattāh šimʿû*, „Und nun, hört!")	CD II,14–VIII,21 + CD XIX,34b–XX,34 (?)	4. Mahnrede	Geschichte der Gemeinschaft bis zum „Bund im Lande Damaskus", „Lehrer", darin CD II,14–III,12a: Gottes Verhältnis zu den dualistischen Prinzipien in der Welt, sowie biblischen Beispielen für den Widerstand CD III,12b–VII,9a: Der neue Bund (CD IV,14ff. buchinterne *pešær*-Auslegung: die „drei Netze Belials") CD VII,9b–VIII,21 (par. CD XIX,5b–XX,27a): Kommen Gottes zum Gericht CD XX,27b–34: Segnung derer, die die Gebote halten
4QD-Mat.+ CD XV–XVI+ CD IX–XIV + 4QD-Mat.		„Gebote" (*Laws*) für das Leben in der Gemeinschaft	4QD^a f5–f7, 4QD^e f2.f4–f5, 4QD^f f2 usw.	Priesterliche Gebote	4QD^e f2i–ii: *Catalogue of Transgressors* [? Position nicht ganz sicher] 4QD^a f5i: „Gebote für den *maśkîl*" 4QD^a f5ii: Tora, Priester u. Kult 4QD^a f6i: Aussatz 4QD^a f6ii–iii: *Niddāh* 4QD^a f6iii–iv: Ernte u. Verkauf 4QD^f f2: Rein u. Unrein 4QD^e f4–5: *Śôṭāh* u. Heirat 4QD^a f7 (4Q267 f8): „Aufseher"
			+ CD XV–XVI + CD IX,1–XII,20a	Eid, Sabbat, Reinheitsgebote	CD XV,1–XVI,12: Über den Eid, darin CD XV,5–VI,2a: „Eid des Bundes" = Eintritt u.

			CD XVI,2b–6a: „Bestimmung der Zeiten" (Jubiläenbuch)
			CD XVI,13–X,13: Verschiedenes
			CD X,14–XI,18: Sabbatgebote
			CD XI,18–XII,20a: Opfer, Unreinheit, Verschiedenes[9]
	CD XII,20b–XIV,23, 4QD^a f10ii / 4QD^d f11+15 / 4QD^e f7i,1–15a	Gebote für die Gemeinschaft	CD XII,20b–22a: „Satzungen für den *maśkîl*"
			CD XII,22b–XIII,21: „Regel des Wohnens für die Lager", darin
			CD XIII,7b–19: „Aufseher des Lagers"
			CD XIII,22–XIV,2: „Satzungen für den Unterweiser"
			CD XIV,2–17: „Regel/Bestimmung des Wohnens", darin
			CD XIV,12b–16: „Ordnung der Vielen"
			CD XIV,18–22 + 4QD: **Penal Code** (par. 1QS!)
4QD-Mat.	Schluss	4QD^a f11,1–18a / 4QD^e f7i,15b–ii,12a	Ausschlusszeremonie
		4QD^a f11,18b–21 / 4QD^e f7ii,12b–15	Schluss

Einführende Bemerkungen

Der *Titel* „Damaskusschrift" ist insofern zutreffend, als das Werk von einer bestimmten Gemeinschaft erzählt, die es „die Bekehrten Israels, die aus dem Lande Juda ausgezogen sind und im Lande von Damaskus in der Fremde weilten" (CD VI,5) bzw. die, „die in den neuen Bund (הברית החדשה, *ha-b^{e}rît ha-ḥ^{a}dāšāh*: CD VI,19, VIII,21, XX,12, zu erg. in 1QpHab II,3?) eingetreten sind im Lande Damaskus (בארץ דמשק, *b^e-'æræṣ Dammæśæq*)" (VI,19) nennt.

Viele Gedanken hat man sich gemacht, was es mit dem „(Lande) Damaskus" (nur in CD 6,5 [= 4QD^a f3ii,12 u. 4QD^b f2,12].19 [=4QD^d f4ii,1]; 7,15.19 [= 4QD^a f3iii,20 u. 4QD^d f5,2]; 8,21 [par. 19,34]; 20,12) auf sich hat. Ist hier der reale Ort Damaskus gemeint – vielleicht weil der Lehrer der Gerechtigkeit dorthin geflohen war und seine Getreuen um sich scharte? Oder steht „Damaskus" als Deckname oder Chiffre für das (oder ein) Exil (vgl. Am 5,27)?

---

[9] In diesem Teil befindet sich in fast allen Textausgaben eine höchstwahrscheinlich falsche Lesung. Am Übergang CD XI,23–XII,1 muss es heißen [הוא קודש בי]ת כי, [*kî' bê*]*t qôdæs hû'*, „Denn es ist ein heiliges Haus." Die gern vertretene Lesung ... ת[השב], [*ha-Šabbā*]*t* ..., „Der Sabbat, heilig ist er" ist paläographisch unhaltbar (so überzeugend STEUDEL 1993).

In ihrer heutigen Form ist die Damaskusschrift eine *genuine Qumranschrift*. Alle in der Einleitung dieses Buches genannten, von Devorah Dimant gesammelten Kategorien zur Identifikation solcher Werke finden sich in diesem Text: die Organisation und Praxis einer konkreten Gemeinschaft, deren Geschichte und aktuelle Lage, ihr theologisches System und ihr spezifisches exegetisches System.

Das entbindet den Exegeten jedoch nicht von der Frage nach der *Entstehung* der Damaskusschrift, deren Beantwortung erwartungsgemäß unterschiedlich ausfällt. Dafür ist nicht zuletzt entscheidend, wie man das Verhältnis von D zur Gemeinschaftsregel S, dem anderen großen Regelwerk aus Qumran, bestimmt. Steht hinter beiden Werken dieselbe Gruppe? Oder repräsentieren sie unterschiedliche Gemeinschaften (so neuerdings Stephen HULTGREN) – eine isoliertere und eine der sie umgebenden Welt zugewandtere? Eine einfache Antwort auf die Frage nach dem Verhältnis wird darüber hinaus vor allem durch die Tatsache erschwert, dass sowohl die Gemeinschaftsregel als auch die Damaskusschrift einen zusammengesetzten Charakter aufweisen (anders freilich DIMANT, s.o. zu S), dass also beide Werke ihre endgültige Gestalt einem über längere Zeit – und wohl auch über einige Zeit parallel – laufenden Traditions- und Redaktionsprozess verdanken. Dieser braucht natürlich nicht nebeneinander erfolgt sein, sondern es ist keineswegs ausgeschlossen, dass die Schriften in gegenseitiger Abhängigkeit voneinander entstanden und gewachsen sind (vgl. zuletzt die Beobachtungen von Annette STEUDEL 2012, die, ausgehend von den offenkundigen Parallelen im Material und im Aufbau, so weit geht, die Grundform von D als *rewriting* älteren S-Materials zu erklären).

Die Forschung steht, von solchen Vorstößen abgesehen, noch ziemlich an ihrem Beginn. Wie bei 1QS darf wohl auch bei D damit gerechnet werden, dass eine Sammlung von Regeln und Vorschriften am Anfang stand, die im Falle von D jedoch in einen betont (heils-) *geschichtlichen* Rahmen (CD I u.a.) gestellt wurde – ähnlich wie das Deuteronomium mit einem Geschichtsrückblick einsetzt (Dtn 1–3.4), dann nach paränetischem Material (Dtn 5–9) eine Rechtssammlung (Dtn 12–26) bietet, die, freilich mit Abstrichen, den Kern des Buches ausmacht. So auch in CD: Paränetisches Material (4QD, CD I–VIII) mit dem genannten Geschichtsrückblick (CD I) bildet jetzt die Einleitung zu den eigentlich gesetzlichen Partien in CD IXff.

Einen anderen Weg geht Ben Zion WACHOLDER (2007), der die geschichtlichen Passagen sämtlich eschatologisch verstehen möchte. Das ist nicht unmöglich, doch ist der Anhalt für diese Sichtweise *im Text von D* selbst nur äußerst gering und das eschatologische Verständnis muss von anderen Texten, d.h. von außen, an ihn herangetragen werden.

Zusammenfassend mag hier stehen, was John COLLINS über das Verhältnis der Regeltexte zueinander schreibt: „Although much is unclear about the relation between the *Damascus Rule* and the *Community Rule* or *Serek ha-Yaḥad*, there is obviously a relationship between them. Arguments that they reflect two different sects are unpersuasive both because of parallels in terminology and organization and because fragments of both are found in Qumran Cave 4." (2010, 78; = JSJ.S 122 [2007], 50) Ein Kristallisationspunkt scheint für D wie auch für S der „Penal Code" (s.o.) zu sein, der auf eine längere Vorgeschichte der Gemeinschaft – und damit eine sukzessive Entwicklung ihrer Regeln – verweist. Diese Vorgeschichte könnte, ja dürfte durchaus bereits in „vorqumranischer" Zeit (d.h. vor der Neubesiedlung der Ortslage am Toten Meer um 130 v.Chr.) begonnen haben. Zur Endgestalt s. gleich.

Die *inhaltlichen und theologischen Merkmale* der Damaskusschrift zeigen sich vor allem bei einem Vergleich mit der Gemeinschaftsregel. Hier seien, ohne Anspruch auf Vollständigkeit einige charakteristische Unterschiede genannt:

i) Die Bedeutung der Einordnung in die Geschichte des Gottesvolks (CD I) anhand biblischer Zitate:

> ¹Und nun hört, alle, die ihr um Gerechtigkeit wisst, und achtet auf die Werke ²Gottes. Denn er streitet mit allem Fleisch und hält Gericht über alle, die ihn verachten. ³Denn wegen ihres Treubruchs, da sie ihn verließen, hat er sein Angesicht vor Israel und seinem Heiligtum verborgen ⁴und sie dem Schwert preisgegeben [vgl. Ez 39,23]. Weil er aber des Bundes mit den Vorfahren gedachte, hat er einen Rest übriggelassen ⁵in Israel und sie nicht der Vernichtung preisgegeben. Und in der Zeit des Zornes, dreihundert- ⁶undneunzig Jahre [vgl. Ez 4,5], nachdem er sie in die Hand Nebukadnezars, des Königs von Babel, gegeben hatte, ⁷hat er sie heimgesucht. Und er ließ aus Israel und aus Aaron eine Wurzel der Pflanzung sprießen [vgl. 2 Kön 19,30], damit sie in Besitz nehme ⁸sein Land und fett würde durch die Güte seines Bodens. Und sie sahen ihr Unrecht ein und erkannten, ⁹dass sie schuldige Männer waren. Und sie waren wie Blinde und solche, die nach dem Weg tasten [vgl. Jes 59,10], ¹⁰zwanzig Jahre lang. Und Gott achtete auf ihre Werke [vgl. Ps 33,15], denn mit vollkommenem Herzen hatten sie ihn gesucht, ¹¹und erweckte ihnen den Lehrer der Gerechtigkeit [o. einen gerechten Lehrer", hebr. מורה צדק, *môræh ṣædæq*; vgl. Hos 10,12], um sie auf den Weg seines Herzens zu führen. [...]

ii) Damit wohl verwandt, finden sich in D Vorstellungen einer *Periodisierung der Weltgeschichte* nach Art des Jubiläenbuchs, das zweimal erwähnt bzw. zitiert wird (anders DIMANT). In CD XVI,2b–6a (Einschub? So Louis GINZBERG 1922; ihm folgend HEMPEL; Christoph BERNER: 2b–4a u. XX,13b–22a könnten einer Redaktionsschicht angehören) wird das „Buch der Einteilungen der Zeiten" (ספר מחלקות העתים, *Sefær Maḥlᵉqôt ha-ʿIttîm*) nach ihren Jubiläen und ihren (Jahr-) Wochen direkt dem „Gesetz des Mose" (also der Tora) als autoritatives Werk beigeordnet. Eine deutliche inhaltliche Beziehung findet sich außerdem in CD X,8–10, wo auf Jub 23,9ff. angespielt sein dürfte: die Lebensdauer des Menschen verringert sich aufgrund seiner Vergehen.

Schöpfung und Geschichte sind, vor allem in den ermahnenden Teilen, im Lichte eines Dualismus gesehen, welcher Belial als Widersacher Gottes (CD

III,13.15 u.ö.) und Frevler und „Abtrünnige" (בוגדם, bôgᵉdîm, CD I,12) als Gegenspieler der Mitglieder des neuen Bundes darstellt. Hier klingt es auch so, als könnten gruppeninterne Zerwürfnisse im Hintergrund der Darstellung stehen.

Hierher gehört auch das Bewusstsein, im letzten Abschnitt der Geschichte zu leben: In CD XII,23/XIII,1; XIV,19; XIX,10 und XX,1 findet sich eine Messiasgestalt – der „Gesalbte Aarons und Israels" (vgl. 1QS IX,11 [Pl.]!). Er wird auftreten, wenn die „Zeit des Frevels" zum Ende kommt und das Gericht beginnt. Dann wird er die Sünde des Volkes nach priesterlicher Weise entsühnen.

iii) Im Gegensatz zu S (wo der Rat der Gemeinschaft [עצת היחד, *ᵃṣat ha-yaḥad*] das „heilige Haus für Israel" darstellt und Gebete, „Hebopfer der Lippen", Opfer zu ersetzen scheinen) scheint D von einer Teilnahme am Tempelkult auszugehen (CD VI. XI. XVI). Dabei sollte nicht vergessen werden, dass auch in der Gemeinschaft die Tora – und damit auch der priesterliche Kult – in höchster Achtung stand, und wohl nur gemieden werden musste, wenn er aus Sicht der Gemeinschaft „unrein" war.

iv) In S werden weibliche Personen praktisch nicht erwähnt – im D-Material hingegen finden sich detaillierte Vorschriften, die Frauen und Familie (dazu ausführlich Cecilia WASSEN 2005) betreffen. Jedenfalls gehörten also der Gemeinschaft, die D beschreibt, Frauen als (vollwertige? So WASSEN) Mitglieder an.

Andererseits geht auch die Damaskusschrift von der Anwesenheit männlicher Gemeinschaftsmitglieder aus, die vergleichbar mit den in S zu findenden ledigen Männern sind („in heiliger Vollkommenheit"), vgl. CD VII,4b–9a:

> ⁴[...] Für alle, die darin wandeln ⁵in heiliger Vollkommenheit nach Geheiß aller Weisungen des Bundes, für sie steht der Bund Gottes fest, ⁶dass sie leben sollen tausend Geschlechter hindurch. Und wenn sie in Lagern wohnen entsprechend der Ordnung des Landes und Frauen nehmen ⁷und Kinder zeugen, so sollen sie nach dem Geheiß des Gesetzes wandeln und gemäß der Vorschrift ⁸der Weisungen entsprechend der Ordnung des Gesetzes, wie er gesagt hat: *Zwischen einem Mann und seinem Weib und zwischen einem Vater* ⁹*und seine*m *Sohn.* (vgl. Num 30,17) [...]

v) In D finden sich gehäuft direkte biblische Bezüge und Vorstellungen. Die Ordnung des Volkes in „Lagern" etwa entspricht den Vorschriften in den priesterlichen Partien des Pentateuchs (Lev. u.a.).

vi) Hinzu kommen sprachliche Beobachtungen: Formuliert S in vielem zwar in der „Sprache der Bibel" (Anspielungen, Begrifflichkeiten), so geht D darüber noch hinaus. Hier werden explizit Verse der Tora oder der Propheten(-bücher) zitiert (כתוב, *kātûb*, „es steht geschrieben"; אשר אמר, *ᵃšær ʾāmar*, etwa „wenn es heißt" u.a.) und auch ausgelegt (einmal, in CD IV,14, explizit als *pešær*, „Deutung", bezeichnet) – so etwa in CD IV,12b–19, vgl. auch CD III,20–IV,4; VI,2–11; VIII,9–12 (u. XIX,22–24); VII,12b–VIII,10 (vgl. dazu Liora GOLDMAN 2009). Wenn man die Ergebnisse der alttestamentlichen Wissenschaft auf unsere Texte übertragen darf, sprechen diese Schriftbezüge für ein späteres Stadium der Überlieferung als jenes, das sich in der Gemeinschaftsregel zeigt. Meist wird das Verhältnis hingegen umgekehrt bestimmt (D enthält die ältere, S die jüngere Regel). Wahrscheinlich werden, wie gesehen, beide Ansichten (jedenfalls in dieser Zuspitzung) dem komplexen Textbefund nicht gerecht.

Die inhaltliche Analyse macht es wahrscheinlich, dass das Werk seine *endgültige Gestalt* erst nach dem Ende der mehrfach (in S hingegen nicht!) erwähnten Figur des „Lehrers" erreicht hat (vgl. CD XX,13b–15a:

> ¹³... Und vom Tage, an dem ¹⁴der Lehrer der Gemeinschaft (geschrieben: „der einzige Lehrer", יורה היחיד, *yôreh ha-yāḥîd*, zu lesen aber wohl „der Lehrer der Gemeinschaft", יורה היחד, *yôreh ha-yaḥad*) hinweggenommen wurde, bis zum Ende aller Männer des Kampfes, die ¹⁵[m]it dem Mann der Lüge [איש הכזב, *'îš ha-kāzāb*] sich umgewandt haben, sind es etwa vierzig Jahre.").

Auch aufgrund der Verweise auf das Jubiläenbuch, das bereits als autoritative Schrift in Geltung zu sein scheint (s.o.), dürfte die Herstellung der Endgestalt von D in die erste Hälfte des 1. Jh.s v.Chr. fallen.

5.2 Halachische Texte

Literatur: Todd S. Beall, Josephus' Description of the Essenes Illustrated by the Dead Sea Scrolls (SNTS.MS 58), Cambridge 1988. ▪ Hannah K. Harrington, Biblical Law at Qumran, in: DSSFY 1 (1998/99), 160–85. ▪ Lawrence H. Schiffman, The Sadducean Origins of the Dead Sea Scrolls Sect, in: Understanding the Dead Sea Scrolls (hg.v. H. Shanks), New York/N.Y. 1992, 35–49. ▪ Ders., Reclaiming the Dead Sea Scrolls. The History of Judaism, the Background of Christianity, the Lost Library of Qumran, Philadelphia/Pa. 1994. ▪ Aharon Shemesh, Halakhah in the Making. The Development of Jewish Law from Qumran to the Rabbis (The Taubman Lectures in Jewish Studies 6), Berkeley/Ca. 2009. ▪ James C. VanderKam, The People of the Dead Sea Scrolls: Essenes or Sadducees?, in: Understanding the Dead Sea Scrolls (s.o.), 1992, 50–62.

Ein namhafter ungarischer Patristiker, László Vanyó (1942–2003) schreibt in seinem Buch über „Die frühchristliche Kirche und Literatur" über die Mitglieder der Qumrangemeinschaft, dass „nur das Einhalten der Reinigungsrituale" deren Leben „ausgefüllt hat und sich darin auch schon fast erschöpft hat"[10]. Schon ein flüchtiger Blick auf das Material aus Qumran zeigt zwar, dass diese Ansicht in

---

10 László Vanyó, Az ókeresztény egyház és irodalma (Die frühchristliche Kirche und Literatur), Budapest 1988, 35.

ihrer Einseitigkeit kaum zutreffend sein dürfte. Sie sei aber als Warnung vorangestellt, die Rolle des „Gesetzes", der Tora, und ihrer Interpretation für das jüdische Leben auch in Qumran zu unterschätzen (freilich ohne die negative Konnotation, die das Wort „Gesetz" in der deutschen Sprache zweifelsohne in vielfacher Hinsicht besitzt, worauf nicht zuletzt Begriffe wie „Gesetzlichkeit", „Erstarrung im Gesetz" etc. weisen). Der (genuinen) Qumranschrift „Einige Werke der Tora" (4QMMT; s.u,) etwa lassen sich Hinweise darauf entnehmen, dass für den Prozess der Trennung der Gemeinschaft von anderen Richtungen des zeitgenössischen Judentums unterschiedliche Ansichten in der Halacha zumindest einen, wenn nicht sogar den entscheidenden, Anstoß gaben. Von diesen Hinweisen auf eine besonders strenge Auslegung der Tora ausgehend, haben einige Forscher versucht, die Gemeinschaft als sadduzäisch zu verstehen (vor allem Lawrence SCHIFFMANN). Doch konnte sich diese Meinung bislang nicht durchsetzen (vgl. dagegen mit guten Gründen etwa James C. VANDERKAM, Todd S. BEALL). Obwohl bestimmte Ansichten sich nur in einzelnen Teilen des Korpus der Qumranschriften finden, wird man insgesamt doch sagen können, dass das Gesetzesverständnis der Qumrangemeinschaft ein zusammenhängendes System bildet. Eine seiner charakteristischsten Eigenschaften ist eine überaus große Strenge, was bedeutet, dass es bezüglich der biblischen Rechtsprechung meist den möglichst wörtlichen und möglichst „engen" Standpunkt einnimmt.

Ein Beispiel mag das verdeutlichen (4QMMT 55–58) – inhaltlich geht es um das Ausgießen eines reinen Flüssigkeitsgefäßes in ein unreines Auffanggefäß:

> [55]Und was den Schwall (von Flüssigkeiten) angeht: wir sagen darüber, dass an ihm keine [56]Reinheit ist, und dass der Schwall nicht trennt zwischen Unreinem [57]und Reinem. Denn die Flüssigkeit des Schwalls und seiner Auffanggefäße sind wie jene: [58]*eine* Flüssigkeit. ...

Also sind letztlich alle verwendeten Flüssigkeiten und Gefäße unrein. Ganz ähnlich scheint die sadduzäische Position zu sein (mYad 4,7): „Die Sadduzäer sagen: Wir klagen euch an, Pharisäer, denn ihr erklärt den Schwall für rein." Doch was meinen die Pharisäer selbst (mToh 8,9)? „Schwall, Ablauf und Feuchtigkeitstropfen gelten nicht als Verbindung, weder bezüglich der Unreinheit noch bezüglich der Reinheit".

5.2.1 *Miqṣāt Maʿaśê ha-Tôrāh* – „Einige Werke der Tora" (4QMMT = 4Q394–4Q399)

Textausgaben und Übersetzungen: DJD X (E. QIMRON u. J. STRUGNELL, with Contributions by Yaʿakov SUSSMANN and Ada YARDENI). ▪ PTSDSSP 3, 187–251 (QIMRON).
Literatur: Reading 4QMMT. New Perspectives on Qumran Law and History (hg.v. J. KAMPEN und M.J. BERNSTEIN; SBL.SS 2), Atlanta/Ga. 1996. ▪ Legal Texts and Legal Issues (hg.v. Moshe J. BERNSTEIN u.a., StTDJ 23), Leiden 1997,

Joseph M. BAUMGARTEN, The ‚Halakha' in Miqsat Ma'ase ha-Torah (MMT), JAOS 116 (1996) 512–16. ▪ George J. BROOKE, The Explicit Presentation of Scripture in 4QMMT, in: Legal Texts (s.o.), 1997, 67–88. ▪ Steven FRAADE, To Whom It May Concern. 4QMMT and its Addressee(s), RdQ 19/76 (2000) 507–26. ▪ Lester L. GRABBE, 4QMMT and Second Temple Jewish Society, in: Legal Texts (s.o.), 1997, 89–108. ▪ Maxine L. GROSSMAN, Reading 4QMMT. Genre and History, RdQ 20/77 (2001) 3–22. ▪ Hannah K. HARRINGTON, Holiness in the Laws of 4QMMT, in: Legal Texts (s.o.), 1997, 109–28. ▪ Charlotte HEMPEL, The Context of 4QMMT and Comfortable Theories, in: The Dead Sea Scrolls. Texts and Context (hg.v. DERS.; StTDJ 90), Leiden 2010, 275–92. ▪ Reinhard G. KRATZ, Mose und die Propheten. Zur Interpretation von 4QMMT C, in: From 4QMMT to Resurrection (FS É. PUECH; hg.v. F. GARCÍA MARTÍNEZ u.a.; StTDJ 61), Leiden 2006, 151–76. ▪ DERS., „The Place which He has Chosen". The Identification of the Cult Place of Deut. 12 and Lev. 17 in 4QMMT, Meg V–VI (FS D. DIMANT; hg.v. M. BAR-ASHER u. E. TOV), Jerusalem 2007, 57–80. ▪ Miguel PÉREZ FERNANDEZ, 4QMMT. A Redactional Study, RdQ 18/70 (1997) 191–205. ▪ Émile PUECH, L'épilogue de 4QMMT revisité, in: A Teacher for All Generations (FS J.C. VANDERKAM; hg.v. E.F. MASON; JSJ.S 153), 2 Bde., Leiden 2012, 1, 309–39. ▪ Elisha QIMRON / John STRUGNELL, An Unpublished Halakhic Letter, in: Biblical Archaeology Today (hg.v. J. AMITAI), Jerusalem 1985, 400–7. ▪ Lawrence H. SCHIFFMAN, The New Halakhic Letter (4QMMT) and the Origins of the Dead Sea Sect, in: Qumran and Jerusalem. Studies in the Dead Sea Scrolls and the History of Judaism (hg.v. DEMS.), Grand Rapids/Mich. 2010, 112–22. ▪ DERS., The Place of 4QMMT in the Corpus of Qumran Manuscripts, in: Qumran and Jerusalem (s.o.) 123–39. ▪ Annette STEUDEL, 4Q448 – The Lost Beginning of MMT?, in: From MMT to Resurrection (s.o.), 2006, 247–63. ▪ Eibert J.C. TIGCHELAAR, PAM 43.668 Frag. 4 Identified as a 4Q397 (4QMMT^d) Fragment, RdQ 26/103 (2014) 455–61. ▪ Hanne VON WEISSENBERG, 4QMMT. Reevaluating the Text, the Function and the Meaning of the Epilogue (StTDJ 82), Leiden 2009.

Handschriftlicher Befund

Name	Nr.	Datierung ca.
4QMMT^a	4Q394	30–1 v.Chr.
4QMMT^b	4Q395	30–1 v.Chr.
4QMMT^c	4Q396	30 v.–30 n.Chr.
4QMMT^d	4Q397	30 v.–20 n.Chr.
4QpapMMT^e	4Q398	50–1 v.Chr.
4QMMT^f	4Q399	1–30 n.Chr.

Von 4QMMT (abgekürzt für *Miqṣāt Ma'aśê ha-Tôrāh*, „Einige Werke der Tora [o. des Gesetzes]", mitunter auch als „Halachischer Brief" [*Halakhic Letter*] oder „Lehr[er]brief" bezeichnet) sind sechs Exemplare erhalten, eines davon auf Papyrus. Aufgrund der komplizierten Rekonstruktion und von Textüberschneidungen dauerte es bis 1994, bis die offizielle Edition (DJD X) erschien, obwohl bereits seit den 80er Jahren die Bedeutung der Schrift bekannt war.

Die unterschiedlichen Titel spiegeln natürlich unterschiedliche Sichtweisen wider: „Lehrerbrief" unterstellt schnell eine Verfasserschaft des Lehrers der Gerechtigkeit, die jedoch kaum zu erweisen ist. Doch ist der Charakter eines „Briefes" dem Dokument durchaus angemessen, auch wenn charakteristische Formeln fehlen (vgl. VON WEISSENBERG 2009). Häufiger ist die Bezeichnung als „Halachischer Brief". Doch die Schrift enthält durchaus auch nicht-halachische Passagen, weswegen die Herausgeber einen Titel gewählt haben, der auch im Werk selbst mehrfach vorkommt: „Einige Werke der Tora". (Man hüte sich davor, den Begriff allzu schnell mit den paulinischen „Werken des Gesetzes", ἔργων νόμου [Gal 2,16 u.ö.] in Verbindung zu bringen!)

Die Handschriften überlappen sich an mehreren Stellen (s. DJD XXIX, 305), so dass man ein Werk rekonstruieren kann, das länger ist als jede der Einzelhandschriften. Es ergibt sich ein sog. „Composite Text", der im Großen und Ganzen die gesamte Schrift umfassen dürfte. Dieser besteht seinerseits aus drei Abschnitten, die von QIMRON und STRUGNELL mit den Buchstaben A, B und C bezeichnet wurden. Dabei ist „A" eine kalendarische Einleitung, „B" die eigentliche halachische Diskussion und „C" ein paränetischer Abschluss. – Es ist umstritten, ob Teil „A" (insb. 4Q394 f1–2) wirklich zu diesem Werk gehört, oder nicht vielmehr ein eigenständiges „Calendrical Document D" darstellt (so bereits der Herausgeber STRUGNELL in einem Beitrag von 1994). Für diese Trennung sprechen paläographische und materielle, aber auch literarische Gründe (vgl. MILIK, VANDERKAM 1997 und o. zu den Kalendertexten). Doch ist jedenfalls in einer Handschrift der Übergang von kalendarischem Material zum halachischen Teil erhalten.

Auch ist unsicher, wo 4Q398 f11–13 positioniert werden müssen. Selbst die Herausgeber sind sich nicht einig: QIMRON (im Anschluss an KISTER, danach auch der in DJD X abgedruckte Text) meinen, er gehöre an die Position nach C 17 und vor C 25, d.h. bilde C 18–24, STRUGNELL (ähnlich STEGEMANN, ausführlich KRATZ 2011 und nachfolgend VON WEISSENBERG 2009) neigt dazu, den Abschnitt an den Übergang von B nach C zu platzieren, also vor Teil C (neu gezählt, etwa als C 01–07, dann weiter mit C 1, 2 usw.). STEGEMANN vermutet aus materiellen Gründen nach Teil B insgesamt noch ca. 18 Zeilen Text. Manches spricht dafür, dass es sich bei 4Q448 („4QApocryphal Psalm and Prayer", mitunter „4QHymn to King Jonathan") um den verlorenen Beginn von 4QMMT handelt (so die ansprechende Vermutung von STEUDEL 2011).

Einführende Bemerkungen
Bereits die Zahl der Manuskripte dürfte darauf hinweisen, dass 4QMMT für die Qumrangemeinschaft eine große Bedeutung besaß. Der Großteil der Forschung zählt das Werk (aus inhaltlichen Gründen) zu den frühesten in der Gemeinschaft entstandenen Schriften, das bis in die Anfänge der Entstehung der Gemeinschaft zurückreiche. Als „Sitz im Leben" bieten sich Streitgespräche mit der „offiziellen" religiösen Führung in Jerusalem an. Darauf deutet auch der Tonfall des Briefes, der nicht von dem schroffen, kategorischen Gegensatz zu den außerhalb der

Gemeinschaft Lebenden anderer, wohl zumeist späterer, Werke durchzogen ist (deshalb vorsichtiger VON WEISSENBERG 2009).

Schematischer Aufbau des „Composite Texts" von 4QMMT

A	(4Q394 f1–2i–v + 4Q394, f3–7i)	**„Vorspann":** Kalendarische Übersicht	A 1–21: Liste der Monatstage für die Sabbate eines Jahres (*Eigenständiges Dokument?*)	
B	(4Q394 f3–7i–ii + 4Q397 f1–2 + 4Q396 f1–2i + 4Q394 f8iii–iv + 4Q396 f1–2iii–iv und Parallelen)	**„Hauptteil":** Halachische Diskussion	B 1–82: Rechtsfälle	B 1–3: „Einige unserer Worte"... *B 3–29: Reinheitsfragen I* B 3–9: Opfer der *gôyim* B 9–13: Gabe des Dankopfers B 13–20: „Rote Kuh" (vgl. Num 19) B 21–27: Tierleichen B 27–28: Schlachten von Tieren *B 29–33: Jerusalem* *B (34–) 36–59: Reinheitsfragen II* B 36–38: Das Ungeborene B 39–49: Ammon, Moab, *mamzer* B 49–54: Blinde und Taube B 55–58: Flüssigkeiten B 58–59: Hunde *B 59–62: Jerusalem* *B 62–C 7: Reinheitsfragen III* B 62–64: Erstlinge (Frucht u. Vieh) B 64–72: Aussätzige B 72–74: Leichen B 75–82: Illegale (Misch-) Ehen anschl. Lücke?
C	(4Q397 f14–21 + 4Q398 f14–17i–ii + 4Q398 f11–13 und Parallelen)	**„Epilog":** Paränetischer Teil		? C 00–07: Die Geltung der Tora in der Geschichte Israels – (*Aufruf: „Gedenke der Könige Israels!"*) ? C 1–7: ? (Rechtsfälle Frauen betreffend?) C 7–17: Aufforderung zum Halten der Tora ? C 18–24: Die Geltung der Tora in der Geschichte Israels – (*Aufruf: „Gedenke der Könige Israels!"*) ? C 25–32: Schlussparänese des geschichtstheologischen Rückblicks

Einführende Bemerkungen

Der erste Teil (Teil *A*) ist *eine kalendarische Einleitung* (s.o.). Obwohl literarkritische Überlegungen darauf hinweisen, dass dieser Teil ursprünglich von den anderen Teilen des Werkes unabhängig war, bildet er offenbar einen Teil mindestens eines Manuskriptes von 4QMMT (4Q394 f1–2; f3–7i,1–3). Den Schluss bildet ein Epilog in mahnendem Ton (Teil C), der die Empfänger des Briefes darauf aufmerksam macht, dass sie nach dem Vorbild der Könige der Geschichte die Tora sorgfältig und demütig studieren sollen: Hatten diese sich an die Tora gehalten, waren sie auch stets erfolgreich. Der zentrale Teil der Schrift aber, *Teil B*, erörtert *halachische Fragen*. Dazu gibt er abweichende Interpretationen verschiedener Stellen aus dem Gesetz wieder. Der Stil kann durchaus als polemisch bezeichnet werden: Die Verfasser des Briefes stellen ihre eigenen Ansichten („wir aber meinen/sagen") denen der Empfänger entgegen („ihr wisst"; vgl. die Antithesen der Bergpredigt Jesu!). Die behandelten Gesetze betreffen das Heiligtum in Jerusalem und das Priestertum. Im Hintergrund der Abfassung des Briefes könnte also ein Streit über die richtige Ausübung des Tempelkultes stehen. Die Bedeutung Jerusalems als Stadt des zentralen Heiligtums wird dabei immer wieder betont (Dtn 12/Lev 17; vgl. zu den damit im Zusammenhang stehenden Fragen vor allem KRATZ 2007). Ein zusammenfassender Absatz dazu findet sich nach dem Verbot des Einlasses von Hunden (4QMMT B 59–62):

> [59]... Denn [60]Jerusalem ist das Lager der Heiligkeit und ist der Ort, [61]den er erwählt hat aus allen Stämmen Israels. Denn *Jerusalem* ist das Haupt [62]der Lager Israels. ...

Die Stadt ist erstens „heilig", zweitens nach der deuteronomistischen Formulierung „erwählter Ort Gottes", und drittens „Lager". Der letzte Ausdruck erinnert an die Zeit der Wüstenwanderung, vor allem in der priesterschriftlichen Literatur (vgl. die Konzeption in CD), als das Volk in „Lagern" wohnte (vgl.). In der Sicht der Gemeinschaft war die Beziehung zwischen Gott und seinem Volk in dieser Zeit noch ideal. Die Einhaltung der Tora durch die Gemeinschaft (bzw. ihre Forderung an die Adressaten: „wir meinen") ist durchweg überaus streng, jedenfalls strenger als die, die den Empfängern zugeschrieben wird. Grund ist die überaus hohe Bedeutung der *Reinheit* und Heiligkeit – des Heiligtums und des Volkes (B 79: Israel ist heilig, die Söhne Aarons quasi „noch heiliger"). Hannah HARRINGTON formuliert dies folgendermaßen: „Der Verfasser ... hat sich systematisch bemüht, die größte erreichbare Reinheitsstufe zu beanspruchen, die aus dem als Grundlage dienenden biblischen Gesetz ableitbar ist." Ein Beispiel (4QMMT B 39–49):

> [39]Und was den Ammoniter betrifft und den Moabiter und den Mischling und den Entmannten und den Verschnittenen, welche (dennoch) kommen [40]in die Gemeinde und ... und Frauen nehmen, damit sie ein Gebein werden [41]und betreten das Heiligtum ... [42]... Unreine. Auch meinen wir, [43]dass man nicht ... und dass man nicht zu ihnen eingehen darf, [44]und dass man sie nicht (mit einem Israeliten) vereint sein und sie machen [45]zu einem Gebein. ... und man darf sie nicht betreten lassen [46]das Heiligtum. Und du weißt, dass einige aus dem Volk [47]... und waren vereint. [48]Denn alle Israeliten sollen sich vor jeglicher verbotenen Vereinigung (d.h. illegalen Heirat) hüten [49]und das Heiligtum fürchten. ...

Die Texteinheit fängt mit einem Hinweis auf den biblischen Text an – nicht mit einem wörtlichen Zitat, sondern mit einer Zusammenstellung von zentralen Begriffen des Grundtextes. Dabei fasst der Verfasser zuerst die konkrete Situation, auf die sich das halachisches Problem bezieht, zusammen, dann teilt er seine eigene Interpretation mit. Zum Schluss will er die Einsicht seiner Empfänger gewinnen, stellt das Prinzip der Praxis gegenüber und stellt die Frage in den Horizont der Tempelopfer. In einem anderen Fall – das Verzehren des als Opfer gewidmeten Getreides – ist zu sehen, wie der Verfasser seinen Gegnern eine (von ihm natürlich verurteilte) Gewohnheit vorwirft (4QMMT B 9b–13a):

> [9]... Und was das Speisopfer von den [10]Heilsopfern betrifft, das sie (d.h. die Gegner) von einem Tag zum nächsten übriglassen: Es steht doch geschrieben, [11]dass das Speiseopfer verzehrt werden soll nach den Fettstücken und dem Fleisch am Tag, an dem sie geopfert werden (d.h. vor Sonnenuntergang). Denn den [12]Priestern obliegt es, sich dieser Sache anzunehmen, damit sie nicht [13]dem Volk Schuld auferlegen. ...

Bei dieser Frage nach den auf die Regelung der Heiligen Schrift einleitenden Hinweis (vgl. Lev 19,5–8) benennt der Verfasser diese tatsächliche Praxis, die er für Missbrauch hält. Dann argumentiert er wieder unter Hinweis auf die Schrift mit dessen Unrichtigkeit. Der zugrundeliegende Text ist ein freies, inhaltlich zusammenfassendes Zitat. Daraufhin bittet er erneut um Einsicht seiner Empfänger und unterstützt dies mit praktischen theologischen Argumenten.

Schließlich sei noch ein Blick auf die *Schlussermahnung C* geworfen, die auf das Bemühen der Verfasser hinweist, ihre Halacha auch übergreifend an die heiligen Schriften zurückzubinden (4QMMT C 01–32):

> [01]die Segnungen, die eingetroffen sind ... in den Tagen Salomos, des Sohnes Davids. Und auch die Flüche, [02]die eingetroffen sind in den Tagen des Jerobeams, des Sohnes Nebats, und bis zur Wegführung Jerusalems und Zedekias, des Königs von Juda; [03]dass er sie ... bringen wird. Und wir erkennen an, dass ein Teil der Segnungen und Flüche eingetroffen ist, [04]die **geschrieben** stehen im Buch Moses. Und dieses ist das Ende der Tage, wenn sie zurückkehren werden nach Israel. [05]... und nicht rückgängig gemacht werden, doch die Frevler werden freveln und ... [06]und ... Gedenke der Könige Israels und bedenke ihre Taten, denn wer immer von ihnen, [07]der die Tora gefürchtet hatte, der wurde gerettet aus Bedrängnissen. Und sie waren die Sucher der Tora [C 1]... [2]... dass sie kommen werden ... [3]... Und wer ... er wird ... [4]und was die Frauen angeht ... und die Veruntreuung ... [5]Denn in diesen ... Gewalttat und die Unzucht ... [6]Orte. Und es steht auch **geschrieben**, dass du nicht bringen sollst ein Gräuel ... [7]das Gräuel, verhasst ist es. Und ihr wisst, dass wir uns getrennt haben von der Menge des Volkes und von all ihrer Unreinheit [8]und davon mit diesen Dingen verquickt zu sein und davon, mit diesen zusammen zu kommen. Und ihr wisst, dass nicht [9]zu finden ist in unseren Händen weder Untreue noch Lüge noch Schlechtes. Denn darauf richten wir unser Herz. Und auch [10]haben wir sie dir geschrieben, dass du Einsicht bekommst in das Buch Moses und in die Bücher der Propheten und in David ... [11]hinsichtlich der Taten jeder Generation. Und im Buch steht **geschrieben** ... nicht [12]...dir. Und die früheren Zeiten

... Und auch steht **geschrieben**, dass du abweichen wirst von dem Wege, und dir das Schlechte widerfährt. Und es steht **geschrieben** ... [13]auch dies, dass [14]er über dich bringen wird alle diese Dinge am Ende der Tage, den Segen [15]und den Fluch, und du wirst es dir zu Herzen nehmen und wirst umkehren zu ihm mit deinem ganzen Herzen [16]und mit deiner ganzen Seele am Ende der Tage ... [17]Es steht **geschrieben** im Buch Moses und in den Büchern der Propheten, dass kommen werden ... [18-24](s.o. [00-07]) [25]deren Schuld vergeben wurde. Gedenke Davids, der ein Mann der Gnadenerweise (איש חסדים, *'îš ḥᵃsādîm*) war, und auch [26]er wurde gerettet aus vielen Bedrängnissen und ihm wurde vergeben. Und auch wir haben an dich geschrieben [27]einige Werke der Tora, die wir als gut für dich und dein Volk befunden haben, da wir gesehen haben, [28]dass du Klugheit und Kenntnis der Tora besitzt. Bedenke dies alles vor ihm und bitte ihn, zu stärken [29]deinen Willen, und entferne von dir bösen Gedanken und Ratschläge der Bosheit (o. Belials), [30]damit du dich freust am Ende der Zeit, wenn du findest, dass einige von unseren Worten richtig sind, [31]und damit es dir zur Gerechtigkeit angerechnet wird, da du das Rechte und Gute vor ihm tust, für dein [32]und für Israels Bestes.

In diesem Teil von 4QMMT C steht nicht weniger als sechs Mal eine hebräische Zitationsformulierung – „(es steht) geschrieben" (כתוב, *kātûḇ*) –, was für eine bewusste *exegetische* Arbeit des Verfassers spricht. Sie war zwar auch schon in Teil B zutagegetreten, wo aber ausnahmslos (abgesehen vielleicht von B 76) die Tora zu den jeweiligen Spezialfällen zitiert wurde. Nun aber stellt der Verfasser (wie auch in anderen Schriften der Qumrangemeinschaft) die Heilsgeschichte dar. Er tut das anhand von inspirierten Personen, deren Aussagen aktualisiert und eschatologisch gedeutet werden. Die prophezeiten Ereignisse sind eingetreten und werden eintreten. Die Verwendung der Zitate erfolgt hier anders (vgl. zum Folgenden KRATZ 2006): hatten sie in Teil B eine dienende Funktion für die jeweiligen Rechtsfälle, sind sie hier auch für sich genommen von theologischer Bedeutung. Hier wie dort geht es um die korrekte Einhaltung des mosaischen Gesetzes. (Vgl. C 6 mit Zitat von Dtn 7,26/12,31).

Die den folgenden Abschnitt eröffnende Erwähnung der maßgeblichen zugrundeliegenden Schriften stellt freilich ein Problem für sich dar.

Die Formulierung lautet in DJD X (und in vielen anderen Ausgaben): „im Buch des Mose und in den Büchern der Propheten und in David" (C 10f.; ohne eckige Klammern oder sonstige Zeichen einer Unsicherheit). Sollte hier im 2. Jh. v.Chr. bereits der dreigeteilte Kanon (Tora, Propheten, Schriften) vorausgesetzt sein? Es wäre dies der früheste Beleg dafür. Doch die Antwort lässt sich kaum so einfach ermitteln, wie es den Anschein hat – und die Forschung ist sich, wie so oft, uneinig (DJD X, 59: „This is a significant piece of evidence for the history of the tripartite division of the Canon" [in der Folge entsprechend verstanden etwa von Arie VAN DER KOOIJ, Lawrence SCHIFFMAN u.a], dagegen bereits der Titel von Eugene ULRICH: The Non-attestation of a Tripartite Canon in 4QMMT" [CBQ 65, 2003, 202-14; vorsichtiger George BROOKE, Moshe BERNSTEIN u.a.; vgl. bereits o. 2.3.2).

Um ein Bild zu gewinnen, ist zunächst zu fragen, wie die Fakten liegen, die dann so unterschiedlich interpretiert werden können (hier nach Eugene ULRICH und Reinhard KRATZ).

1. Eine kritische Lesung der Fragmente ergibt für 4Q397=4QMMTᵈ f14–21 an der fraglichen Stelle (Z. 10): [...]●●דבו םיא●י[[...]]●●●מ רפסב, „im Buch des m•••[...]•pheten(?) und in d•[...]", sowie in 4Q398=4QMMTe f14–17i,2 ●●●מ ●i[...], „[...]•w m•••". Die Platzierung von 4Q497 f17, das die Buchstaben רפסב, „im Buch" (auch möglich: „in den Büch[ern]") enthält, ist unklar und keineswegs sicher. Zwischen beiden hier kombinierten Handschriften müssen im übrigen in jedem Falle Varianten angenommen werden.

2. „Buch des Mose" kann, wie wohl auch in CD VII,17, durchaus den Pentateuch bezeichnen – wenn man es denn hier lesen darf (ebenso gut wäre auch „Midrasch" o.ä. möglich). Das legt sich auch vom Kontext (4Q MMT B!) nahe. Des weiteren dürften mit den „Büchern der Propheten", wiederum unter der unsicheren Voraussetzung, dass sie auch wirklich genannt sind, die vorderen und hinteren Propheten gemeint sein (4QMMT C verwendet ja entsprechende Beispiele daraus). „In David" hingegen wäre eine singuläre Bezeichnung. Schon die Frage, wofür „David" darin genau steht, wäre ganz unklar – am wahrscheinlichsten wohl nur den Psalter, kaum jedoch bereits ein Kanonteil „Schriften" oder „Hagiographen". Syntaktisch und stilistisch wäre die Formulierung zumindest ungewöhnlich, wenn nicht sogar unmöglich.

3. Die folgende Zeile (C 11) verwendet die Worte „und in dem Buch ist geschrieben" (d.h. Sg. *st. abs.*). Dies kann sich nicht auf die drei Teile (Tora, Propheten, David) beziehen, sondern nur auf *ein* bestimmtes Buch. Entweder wären die beiden anderen Teile hinzugesetzt (so erwogen von KRATZ) oder sie hätten nie dagestanden (ULRICH)!

Es lässt sich mit anderen Worten lediglich festhalten, dass zwar nicht *ausgeschlossen* werden kann, dass die fragliche Stelle im Sinne eines dreigeteilten Kanons zu lesen ist, doch ist die Wahrscheinlichkeit, auch aufgrund anderer Zeugnisse aus der Zeit zwischen dem 2. Jh. v. und dem 2. Jh. n.Chr., überaus gering. Davon ausgehend, dürfte eine Zweiteilung sehr viel wahrscheinlicher sein (vgl. Sirach; NT u.v.m.). Übrigens zeigt sich hier wie an anderer Stelle, dass in Zweifelsfällen immer die Handschrift als solche (am besten im Original, wenigstens aber in photographischer oder digitaler Reproduktion) herangezogen werden sollte, um sich ein eigenes Urteil zu bilden. Einen *belastbaren* Nachweis dürfte man im handschriftlichen Material in diesem Falle leider kaum finden.

Die Aufforderung zum Studium der Schrift(en), ursprünglich vielleicht nur der Tora, jetzt zumindest auch den Propheten (d.h. Geschichtsbücher und Prophetenschriften) in C 10–16 endet gleich mit einem dreifachen Zitat: einer Kombination aus einer unbekannten Stelle zu „vergangenen Dingen", Dtn 31,29 und Dtn 30,1f. Durch die Umstellung und neue Komposition dieser Stellen kommt die Formel „am Ende der Tage" (Dtn 31,29, s. dazu o. 4.4) ans Ende zu stehen (dazu und zum Folgenden vgl. KRATZ 2006). Auf diese Weise sind Vergangenheit (Geschichte der Könige Israels), Gegenwart (Abkehr vom Gesetz) und Zukunft (Segen und Fluch in der Endzeit) in einen geschichtstheologischen Zusammenhang gebracht (KRATZ 2006, 161), oder, auf eine Formel gebracht: „So sind für 4QMMT C Mose und die Propheten alles in einem: Geschichtsbuch, Weissagung und Gesetz" (ebd. 173). Hält der Empfänger des Schreibens sich an dieses Gesetz, so kann er aus der Geschichte (der Könige usw.) erkennen, dass auch er am Ende der Tage unter der positiven Weissagung stehen wird.

Diese mehrfache Deutung autoritativer Schriften findet sich auch an anderen Stellen in Qumran. Beispiele finden sich etwa in der Damaskusschrift (CD), in der (sowohl im „gesetzlichen" als auch im „paränetischen" Teil) Schriftzitate als „Wegweiser" für das praktische Leben verwendet werden (vgl. z.B. CD IV,13f.; 19f.; V,8; IX,2.7–9; X,16), sie sich aber auch auf Vergangenes und in die Zukunft weisendes beziehen können (CD I). Ähnlich, wenngleich in geringerem Maße, ist dies auch in der Gemeinschaftsregel (1QS) der Fall. Dort wird etwa Jes 40,3 zitiert – doch wohl wenigstens auch mit dem Ziel, die Absonderung der Gemeinschaft „biblisch" zu begründen – wobei der Ton ganz auf dem rechten Handeln liegt (1QS VIII,12b–15a):

> [12]... Wenn dies für die Gemeinschaft in Israel geschieht, [13]so sollen sie entsprechend diesen Festsetzungen ausgesondert werden aus der Mitte des Wohnsitzes der Männer des Frevels, um in die Wüste zu gehen, dort den Weg des „Er" zu bereiten, [14]wie geschrieben steht: *„In der Wüste bereitet den Weg des* HERRN, *macht eben in der Steppe eine Bahn unserem Gott"* (*Jes 40,3*). [15]Das ist das Studium des Gesetzes, [welches] er durch Mose befohlen hat ...

Nicht nur die Tora, sondern auch die Bücher der „Propheten" (d.h. der vorderen und hinteren Propheten, vielleicht sogar des ganzen späteren Kanons? s.u.) können herangezogen werden, um Schriftstellen anhand anderer Stellen auszulegen: Das Jesaja-Zitat erläutert hier beispielsweise das mosaische Gebot zum Studium der Tora. Ähnliche Vorstellungen lassen sich schon im Werden der alttestamentlichen Bücher selbst nachweisen, sie finden sich im frühen jüdischen wie auch im rabbinischen Schrifttum, ja in gewisser Weise schließlich sogar im Lutherschen *sacra scriptura „sui ipsius interpres"* (WA VII, 97: Die Schrift legt sich selbst aus).

5.2.2 Weitere halachische Werke

Textausgaben: DJD XXXV (PUECH). ▪ PTSDSSP 3 (VERSCHIEDENE).
Literatur: Joseph M. BAUMGARTEN, The Cave 4 Version of the Qumran Penal Code, JJS 43 (1992) 268–76. ▪ DERS., The Red Cow Purification Rites in Qumran Texts, JJS 46 (1995) 112–19. ▪ DERS., The Purification Liturgies, in: DSSFY 2 (1998/99), 202–12. ▪ Esther ESHEL, 4Q477. The Rebukes by the Overseer, JJS 45 (1994) 111–22. ▪ Vered NOAM, Embryonic Legal Midrash in the Qumran Scrolls, in: The Hebrew Bible in Light of the Dead Sea Scrolls (hg.v. N. DÁVID u.a.; FRLANT 239), Göttingen 2011, 237–62 ▪ Charlotte HEMPEL, Who Rebukes in 4Q477?, RdQ 16/64 (1995) 655–56.

Handschriftlicher Befund

Handschrift	Name	Datierung ca.
4Q251	4QHalakha A	30–1 v.Chr.
4Q265	4QMiscellaneous Rules	30 v.–68 n.Chr.
4Q274	4QTohorot A	30–1 v.Chr.
4Q276	4QTohorot B[a]	30–1 v.Chr.
4Q277	4QTohorot B[b]	30–1 v.Chr.
4Q278	4QTohorot C	74–132 n.Chr.
4Q477	4QRebukes Reported by the Overseer	30 v.–68 n.Chr.

Einführende Bemerkungen
Nur summarisch soll hier auf einige andere halachische Texte aus Qumran eingegangen werden. Die meisten von ihnen sind nur sehr fragmentarisch erhalten; darunter verdienen die Texte mit der Signatur 4Q274 und 4Q276–78 (4QTohorot A, B^a, B^b u. C) besondere Aufmerksamkeit, die allgemein als „Reinheitsvorschriften" (טהרות, ṭåh^{a}rôt) bezeichnet werden. Diese Texte erörtern die Fragen der rituellen Reinheit und Reinigung, etwa bei verschiedenen Krankheiten und Ausflüssen. Die Texte behandeln außerdem das Schlachten der „Roten Kuh" (Num 21, s. auch zu 4QMMT), deren Asche bei Reinigungsritualen benutzt werden sollte. Die Fragmente des Textes 4Q251 (= 4QHalacha A) lassen eine umfassende Rechtssammlung annehmen, vom Sabbat bis zum Wesen gefährlicher Tiere, von Opferfragen bis zu Regelungen von Mahlzeiten, von verschiedenen Fällen von Inzest bis zur Unreinheit von Toten.

Die wenigen erhaltenen Fragmente von 4Q265 (= 4QMiscellaneous Rules, „Verschiedene Regeln", mitunter auch 4QDamascus Rule, „Damaskusregel"), scheinen Elemente der Halacha aus der Damaskusschrift (CD) und Regelungen der Gemeinderegel (QS) zu vereinen. 4Q477 (= 4QRebukes Reported by the Overseer, „Vom Aufseher gemeldete Zurechtweisungen") schließlich zählt Urteile auf, die gegen einige Gemeindemitglieder gesprochen wurden, was als Hinweis auf die tatsächliche Gültigkeit einiger Vorschriften gewertet werden kann.

6 Kalendertexte

Literatur: Le Temps et les Temps dans les littératures juives et chrétiennes au tournant de notre ère (hg.v. Ch. GRAPPE / J.-C. INGELAERE; JSJ.S 112), Leiden 2006.
Martin G. ABEGG, The Calendar at Qumran, in: Judaism in Late Antiquity 5/1. The Judaism of Qumran (hg.v. A.J. AVERY-PECK u.a.), Leiden 2001, 2, 145–71. ▪ Matthias ALBANI, Astronomie und Schöpfungsglaube. Untersuchungen zum Astronomischen Henochbuch (WMANT 68), Neukirchen-Vluyn 1994. ▪ Dominique BARTHÉLEMY, Notes en marge de publications récentes sur les manuscrits de Qumrân, RB 59 (1952) 189–218. ▪ Jonathan BEN-DOV, Head of All Years. Astronomy and Calendars at Qumran in Their Ancient Context (StTDJ 78), Leiden 2008. ▪ DERS., Art. Calendars, in: The Eerdmans Dictionary of Early Judaism, Grand Rapids, Mi. 2010, 457–60. ▪ Christoph BERNER, Jahre, Jahrwochen und Jubiläen (BZAW 363), Berlin 2006. ▪ Uwe GLESSMER, Calendars in the Qumran Scrolls, in: DSSFY 2 (1998/99), 213–78. ▪ Annie JAUBERT, Le calendrier des Jubilés et la secte de Qumrân. Ses origines bibliques, VT 3 (1953) 350–64. ▪ DIES., La date de la Cène. Calendrier biblique et liturgie chrétienne (EtBib), Paris 1957. ▪ Johann MAIER, Die Qumran-Essener: Die Texte vom Toten Meer (UTB 1916), 3 Bde., München 1996, 3, 52–160. ▪ Émile PUECH, Jonathan le Prêtre Impie et les débuts de la Communauté de Qumrân. 4QJonathan (4Q523 et 4QPsAp (4Q448), RdQ 17/65–68 (1996) 241–70. ▪ Shemaryahu TALMON, Art. Calendars and Mishmarot, in: EDSS 1 (2000), 108–17. ▪ James C. VANDERKAM, Calendars in the Dead Sea Scrolls. Measuring Time (The Literature of the Dead Sea Scrolls), London 1998. ▪ DERS., The Origin, Character, and Early History of the 364-Day Calendar. A Reassessment of Jaubert's Hypothesis, in: DERS., From Revelation to Canon. Studies in the Hebrew Bible and Second Temple Literature (JSJ.S 62), Leiden 2000, 81–104. ▪ DERS., 2 Maccabees 6,7a and Calendrical Change in Jerusalem, ebd. 105–27. ▪ Adam S. VAN DER WOUDE, Wicked Priest or Wicked Priests? Reflections on the Identification of the Wicked Priest in the Habakkuk Commentary, JJS 33 (1982) 349–59.

Obwohl sie dem Leser wegen ihres Inhalts auf den ersten Blick sehr einfach erscheinen (und, ebenfalls auf den ersten Blick, auch vergleichsweise trocken), ist die Bedeutung der kalendarischen Texte für das Denken der Qumrangemeinschaft schwer zu überschätzen. Zwei Faktoren mögen diese Bedeutung illustrieren: 1. In Qumran sind mehr als zwanzig Texte erhalten, die sich ausdrücklich mit dem Kalender beschäftigen, was natürlich auf ein hohes Interesse hinweisen dürfte (4Q313c; 4Q317–330; 4Q337; 6Q17). 2. In genuin qumranischen Schriften finden sich ebenfalls immer wieder Abschnitte, die sich mit dem Kalender beschäftigen (z.B. in QS; CD/QD; 4QMMT; 11QPs[a]; QT).

6.1 Die Bedeutung der Kalender und ihre Problematik

Im antiken Judentum (wie überall im alten Orient seit ältester Zeit) kam dem Kalender eine überaus große und vor allem theologische Bedeutung zu. An den

Tempeln der jeweiligen Religionsgemeinschaften wie später auch am Jerusalemer Tempel garantierte seine exakte Einhaltung die richtige Durchführung des Kults und die Teilnahme an den Festen. Auf diese Weise war der Kalender also nicht weniger als die Voraussetzung für die Reinheit des Kults. Laut dem ersten Schöpfungsbericht der Genesis ist sogar die gesamte Schöpfung aus 6+1-Ordnungen aufgebaut, entsprechend den sechs Tagen der Schöpfung und dem darauf folgenden Sabbat, dem Ruhetag. Noch deutlicher wird das in der „kleinen Genesis", dem Jubiläenbuch, gesagt (Jub 2,8f.; vgl. 4Q216 vi,5–8):

> [8]Und am vierten Tag machte er die Sonne und den Mond und die Sterne, und er setzte sie an das Feste (Firmament) des Himmels, damit sie leuchteten über der Erde und um zu beherrschen den Tag und die Nacht und zu scheiden zwischen Licht und Finsternis. [9]Und der Herr machte die Sonne zu einem großen Zeichen über der Erde für Tage und für Sabbate und für Monate und für Feste und für Jahre und für Jahrwochen und für Jubiläen und für alle Zeiten der Jahre.

Nun besteht natürlich die Problematik, dass mehrere Möglichkeiten zur Verfügung stehen, die Zeit zu messen. Aus unterschiedlichen Systemen ergeben sich unterschiedliche Kalender. Auch in Israel scheint in der Zeit vor der Zeitenwende nicht nur ein einziges System in Gebrauch gewesen zu sein. Das bezeugt in den Qumranschriften etwa der Pescher Habakuk (1QpHab XI,2–8):

> [2]... „Wehe dem, der seinem Nächsten zu trinken gibt, der ausgießt [3]seinen Grimm; ja, er macht (sie) trunken, um ihren Festen zuzuschauen." (Hab 2,15) [4]Seine Deutung bezieht sich auf den gottlosen Priester, der [5]den Lehrer der Gerechtigkeit verfolgte, um ihn zu verschlingen in dem Zorn [6]seines Grimms am Ort seiner Verbannung. Und zur Zeit des Festes der Ruhe, [7]am Versöhnungstag, erschien er bei ihnen, um sie zu verschlingen [8]und um sie zu Fall zu bringen am Tage des Fastens, dem Sabbat ihrer Ruhe. ...

Der Verfasser des Pescher interpretiert Hab 2,15. Das letzte Wort des Bibelverses lautet dabei anders als im masoretischen Text: Statt מעוריהם, $m^{e\,c}\hat{o}r\hat{e}h\ae m$ „seine/ihre Blöße"(MT) heißt es hier: מועדיהם, $m\hat{o}^{ca}d\hat{e}h\ae m$: „ihren [festgesetzten Zeiten =] Festen". So gelesen, zielt der Vers direkt auf die Einhaltung von Festzeiten. Was auch immer historisch von den Geschehnissen zu halten ist – der „gottlose Priester" (viele denken an den amtierenden Jerusalemer Hohenpriester) habe versucht, den „Lehrer der Gerechtigkeit" am Versöhnungstag „zu Fall zu bringen" –, das eigentliche Vergehen des „gottlosen Priesters" scheint doch darin zu liegen, eben *diesen* hohen *Feiertag* (das Versöhnungsfest) *zu missachten*: Statt im Tempel seinen Dienst zu tun, habe er den „Lehrer" in böser Absicht in dessen Verbannung aufgesucht – doch das wäre nur möglich, wenn der gottlose Priester und der Lehrer der Gerechtigkeit dieses Fest nicht am gleichen Tag begangen hätten, d.h. zwei *unterschiedliche Kalender* verwendeten!

Im alten Orient wurden über die Jahrtausende und Jahrhunderte verschiedenste Systeme der Zeitrechnung entwickelt und verwendet. In ihren grundsätzlichen Einteilungen (Tag, Monat, Jahr) waren sie im Wesentlichen gleich; Unterschiede sind vor allem bei der Bestimmung der Länge der Monate und Jahre zu beobachten. Die periodische Veränderung des Mondes, nach der die Länge eines „Mond-Monats" bestimmt wird, ist nicht ganz exakt auf ganze Tage festzulegen, sie beträgt etwa 29 Tage 12 ¾ Stunden. Ein Sonnenjahr hat bekanntlich 365 Tage, genauer: 365 Tage 6 Std. (was bekanntlich zur Einführung eines zusätzlichen Schalttags alle vier Jahre führt). Für zwölf „Sonnen-Monate" ergibt sich daher eine Monatsdauer von etwa 30 Tagen und 12 Std., weswegen die Monate unterschiedlich lang sein müssen. Zwölf „Mond-Monate" dauern hingegen nur 354 Tage 8 Std – fast 11 Tage kürzer als ein Sonnenjahr. Während also für ein Sonnenjahr keine gleichmäßigen Monatslängen zustande kommen, kann es nicht gelingen, ein Mondjahr etwa mit den wiederkehrenden Jahreszeiten in Einklang zu bringen. Dieser Problematik versuchte man in den verschiedenen Kulturen des alten Orients auf unterschiedliche Weise Herr zu werden. Die meisten entschieden sich für sog. „lunisolare" Kalender, die durch die Einfügung von Schalteinheiten (Interkalation) versuchten, Sonnenjahr und Mondmonate in Einklang zu bringen. In Babylon wechselten sich z.B. Monate mit 29 und solche mit 30 Tagen ab, zusätzlich wurde nach einer bestimmten Zeit ein Schaltmonat eingefügt. In Ägypten teilte man das Jahr in zwölf Monate à 30 Tage (also nicht am Mond ausgerichtet) und verlängerte es um fünf Ergänzungstage. Aus den biblischen Angaben ist nur schwer ersichtlich, welche(s) System(e) das alte Israel (wann) bevorzugte. Man kann wesentlich auf zwei Typen zurückschließen: den babylonischen Kalender (beginnend mit dem Monat Tischri) und auf einen – wohl lunisolaren – Kalender, der nicht Namen, sondern Zahlen für die Monate verwendete (so in den priesterschriftlichen Abschnitten des Pentateuchs und bei Ezechiel). Wie lang die jeweiligen Monate waren, ist nirgends belegt.

Aus Quellen des 3. Jh.s v.Chr. hingegen, vor allem aus dem 1. Henoch (besonders 1 Hen 72–82) und dem Buch der Jubiläen (vgl. zu den Einzelheiten beider Systeme vor allem BEN-DOV 2008 u. 2010; zu Jub auch BERNER 2006), ist ein kombiniertes System zu erschließen. Seine wichtigste Einheit war die (aus sechs Tagen und dem Sabbat bestehende) Woche. Das Jahr besteht aus 52 Wochen, d.h. 364 Tagen, was recht genau einem Sonnenjahr entspricht. Jedes Jahr ist in Viertel zu je drei Monaten geteilt. Die ersten beiden Monate sind dabei 30-tägig, der letzte 31-tägig. Dieser „Henoch-Jubiläen-Kalender" hat, wie Dominique BARTHÉLEMY (und Annie JAUBERT) gezeigt haben, den Vorteil, dass festgesetzte Tage jedes Jahr in die gleiche Jahreszeit fallen. Somit ist ein priesterlicher bzw. kultischer Kalender gegeben, der die zeitliche „Stabilität" der Festzeiten bewahrt. Das Jahr beginnt immer am 4. Tag der Woche, die Feste fallen dann auf die „liturgischen Tage", den 1., 4. und 6. Tag der Woche. Der 7. Tag, der Sabbat, bleibt als Ruhetag unberührt. Lt. JAUBERT ist dieses System sehr alt, es sei bereits in den priesterschriftlichen Passagen des Pentateuchs verwendet worden (ähnlich VANDERKAM; doch vgl. BEN-DOV). Das 1. Henoch- und das Jubiläenbuch wären dann eher als konservativ einzuschätzen statt als reformerisch. Doch ist das Alter dieses Kalenders keineswegs sicher, denn in den biblischen Texten spielt der Kalender noch keine identitätsbildende Rolle, sondern ist nur von untergeordneter Bedeutung. Man kann also lediglich sagen, dass der 364-Tage-Kalender spätestens um 200 v.Chr. propagiert wurde.

Die folgende Tabelle gibt einen Überblick über die Jahreseinteilung nach diesem Kalendersystem:

Tag	Monat		
	I IV VII X	II V VIII XI	III VI IX XII
4.	1 8 15 22 29	6 13 20 27	4 11 18 25
5.	2 9 16 23 30	7 14 21 28	5 12 19 26
6.	3 10 17 24	1 8 15 22 29	6 13 20 27
Sabbat 7.	4 11 18 25	2 9 16 23 30	7 14 21 28
1.	5 12 19 26	3 10 17 24	1 8 15 22 29
2.	6 13 20 27	4 11 18 25	2 9 16 23 30
3.	7 14 21 28	5 12 19 26	3 10 17 24 31

Lt. JAUBERT lagen nun z.B. alle wichtigen Ereignisse der Patriarchen- oder Exodusgeschichten auf einem liturgischen Tag dieses Kalenders, was ihre Ansicht über das Alter des Kalenders und seine biblischen Wurzeln bestärkt hat. (Beispielsweise ziehen die Israeliten nie an einem Sabbat weiter aus Ägypten.) Doch sind die antiken Übersetzungen gerade in den Datierungen oft uneins, und es lässt sich kein Grund finden, warum die Israeliten einen „eigenen" Kalender (etwa zur Abgrenzung von den Heiden) benötigt haben sollten.

Die große Bedeutung der Einhaltung dieses 364-Tage-Kalenders für die Schriften demonstriert das Buch der Jubiläen, das ihn für göttlich offenbart hält und dessen Hauptabsicht es unter anderem ist, die Übereinstimmung der biblischen Ereignisse mit diesem Kalender nachzuweisen. Jede Abweichung wird entsprechend als Sünde betrachtet (Jub 6,32f.):

> [32]Und du gebiete den Kindern Israels, und sie sollen bewahren die Jahre nach dieser Zahl: 364 Tage! Und es wird ein vollständiges Jahr sein. Und sie sollen seine Zeit nicht verderben von seinen Tagen und von seinen Festen her. Denn alles wird kommen entsprechend ihrem Zeugnis. Und sie sollen keinen Tag auslassen, und sie sollen kein Fest vernichten. [33]Und wenn sie abweichen und nicht tun, wie es ihnen dann von ihm geboten wurde, so werden sie alle ihre Zeiten verderben, und auch die Jahre werden sich entfernen davon (von dieser Ordnung). Und die Zeiten werden sie verderben und auch die Jahre. Sie werden übertreten ihre Ordnung.

Die Fortsetzung des Abschnittes sagt (zweifellos als ein *vaticinum ex eventu*) eines Tages Übertretungen dieses Kalenders voraus (Jub 6,35):

> ³⁵Denn ich weiß, und von jetzt an will ich es dich wissen lassen – und nicht aus meinem Herzen, sondern so, wie ein Buch vor mir geschrieben ist und angeordnet ist auf den Tafeln des Himmels die Einteilung der Tage, damit sie nicht vergessen die Feste des Bundes und wandeln in den Festen der Heiden, hinter ihrem Irrtum und hinter ihrer Unkenntnis.

Im Hintergrund steht die Überlegung, dass der Kalender selbst auch zur Schöpfungsordnung gehört. Menschen dürfen ihn also keinesfalls nach Lust und Laune verändern – ist er doch göttlichen Ursprungs. Zugleich bezeugen Quellen aus der Mitte des 2. Jh.s v.Chr., dass Antiochos IV. mit der Einführung eines von den Seleukiden gebrauchten, vorwiegend auf der Beobachtung des Mondes basierenden Kalenders in Jerusalem auf bedeutenden Widerstand gestoßen ist (vgl. Dan 7,25 und 2 Makk 6,7). Das Zeugnis der Qumran-Texte dagegen ist eindeutig: die Gemeinschaft von Qumran hielt am 364-tägigen Kalender des Jubiläenbuchs fest. Der oben beschriebene Fall aus dem Pescher Habakuk könnte also so erklärt werden, dass die Vertreter des neuen Regimes, die Hasmonäer, die der hellenistischen Seleukidenherrschaft – jedenfalls aber einem anderen Kalender (vgl. MAIER 1996) – folgten (und zu denen dann vielleicht auch der „gottlose Priester" gehört hätte), deren System übernommen hätten und nicht bei der 364-tägigen Zeitrechnung geblieben wären. (vgl. etwa VANDERKAM 2000). Der Vorwurf bestünde dann übrigens weniger in der Hellenisierung, sondern vor allem in der Sündhaftigkeit eines falschen Kalenders angesichts der angebrochenen letzten Tage. Vgl. auch den im Folgenden zitierten Abschnitt aus dem Jubiläenbuch, der diejenigen verurteilt, „die den Mond beobachten" (Jub 6,36f.):

> ³⁶Und es wird Leute geben, die den Mond genau beobachten unter Beachtung des Mondes. Denn er verdirbt die Zeiten und geht von Jahr zu Jahr zehn Tage vor. ³⁷Deswegen werden für sie Jahre kommen, wo sie verderben werden den Tag des Zeugnisses und ihn zum verachteten machen werden und einen unreinen Tag zum Fest. Und alle werden vermengen sowohl heilige Tage mit unreinen wie den unreinen Tag statt des heiligen. Denn sie werden irren in Bezug auf Monate und Sabbate und Feste und Jubiläen.

6.2 Die Kalendertexte aus Qumran

Zunächst seien die Fragmente beschrieben, die explizit nur als Reste kalendarischer Texte gedeutet werden können, anschließend ein Blick auf kalendarische Abschnitte größerer Werke, schließlich auf einige Erwähnungen des Themas in anderen genuinen Qumranschriften geworfen.

6.2.1 Kalender und Mischmarot

Textausgaben und Kommentare: DJD XXI (TALMON / BEN-DOV [4Q320–330, 337, 394 f1–2], GLESSMER [4Q334], BEN-DOV [4Q319]).
Literatur: Martin G. ABEGG, Does Anyone Really Know What Time It Is? A Reexamination of 4Q503 in Light of 4Q317, in: The Provo International Conference on the Dead Sea Scrolls (hg.v. D. PARRY, StTDJ 30), Leiden 1999, 396–406. ▪ DERS., The Calendar at Qumran, in: Judaism in Late Antiquity 5/1 (s.o.), 145–71. ▪ Jonathan BEN-DOV, Head of All Years (s.o.), 2008. ▪ DERS./Wayne HOROWITZ, The Babylonian Lunar Three in Calendrical Scrolls from Qumran, ZA 95 (2005) 104–20. ▪ Christoph BERNER, Jahre, Jahrwochen (s.o.), 2006, 445–65. ▪ Jean-Claude DUBS, 4Q317 et le rôle de l'observation de la Pleine Lune pour la détermination du temps à Qoumrân, in: Le Temps et les Temps (s.o.) 37–54. ▪ Florentino GARCÍA MARTÍNEZ, Calendarios en Qumrán I–II, EstBib 54 (1996) 327–48; 523–52. ▪ Uwe GLESSMER, Die Ideale Kultordnung. 24 Priesterordnungen in den Chronikbüchern, kalendarischen Qumrantexten und in synagogalen Inschriften (StTDJ 24), Leiden 1998. ▪ Mladen POPOVIĆ, Art. דוק dwq, in: ThWQ 1, 659–65. ▪ Michael O. WISE, Second Thoughts on דוק and the Qumran Synchronistic Calendars, in: Pursuing the Text (FS B.Z. WACHOLDER, hg.v. J.C. REEVES u. J. KAMPEN, JSOT.S 184), Sheffield 1996, 98–120.

Handschriftlicher Befund

Handschrift	paläogr. Datierung ca.
4Q319 = 4QOtot	50–25 v.Chr.
4Q320 = 4QCalendrical Document / Mishmarot A	125–100 v.Chr.
4Q321 = 4QCalendrical Document / Mishmarot B	50–25 v.Chr.
4Q321a = 4QCalendrical Document / Mishmarot C	50–25 v.Chr.
4Q322 = 4QMishmarot A	50–25 v.Chr.
4Q323 = 4QMishmarot B	50–25 v.Chr.
4Q324 = 4QMishmarot C	50–25 v.Chr.
4Q324a = 4QMishmarot D	75–50 v.Chr.
4Q324b = 4QpapCalendrical Document A?	*nicht datiert*
4Q324c = 4QMishmarot E	50–25 v.Chr.
4Q325 = 4QCalendrical Document / Mishmarot D	30–1 v.Chr.
4Q326 = 4QCalendrical Document C	50–25 v.Chr.
4Q328 = 4QMishmarot F	50–1 v.Chr.
4Q329 = 4QMishmarot G	50–1 v.Chr.
4Q329a = 4QMishmarot H	175–125 v.Chr.
4Q330 = 4QMishmarot I	50–25 v.Chr.
4Q334 = 4QOrdo	30 v.–20 n.Chr.
4Q337 = 4QCalendrical Document E?	75–50 v.Chr.
4Q394 f1–2 (4Q327) = 4QCalendrical Document D (4QMMT^a f1–2)	50–1 v.Chr.

Einführende Bemerkungen

Die Mehrheit der kalendarischen Werke aus Qumran behandeln die aus dem Kalender folgenden wechselnden priesterlichen Wachdienste (die sog. משמרות, *mišmārôt*, „Wachen, Wachdienste" [Sg. *mišmæræt*]). Darin könnte sich die Abspaltung der Gemeinschaft von Strömungen am Jerusalemer Tempels widerspiegeln. Das erste Buch der Chronik enthält eine Reihenfolge von 24 Priesterfamilien, die im wöchentlichen Wechsel – d.h. zweimal jährlich – am Allerheiligsten ihren Dienst taten. Der Text ist eine einfache Liste mit einer abschließenden Zusammenfassung der Aufgaben und der Herkunft der Aufgezählten (1 Chr 24,7–19):

> [7]Und das erste Los fiel auf *Jojarib*, das zweite auf *Jedaja*, [8]das dritte auf *Harim*, das vierte auf *Seorim*, [9]das fünfte auf *Malkija*, das sechste auf *Mijamin*, [10]das siebente auf *Hakkoz*, das achte auf *Abija*, [11]das neunte auf *Jeschua*, das zehnte auf *Schechanja*, [12]das elfte auf *Eljaschib*, das zwölfte auf *Jakim*, [13]das 13. auf *Huppa*, das 14. auf *Jeschebab*, [14]das 15. auf *Bilga*, das 16. auf *Immer*, [15]das 17. auf *Hesir*, das 18. auf *Pizez*, [16]das 19. auf *Petachja*, das zwanzigste auf *Jeheskel*, [17]das 21. auf *Jachin*, das 22. auf *Gamul*, [18]das 23. auf *Delaja*, das 24. auf *Maasja*. [19]Das sind ihre Dienstgruppen nach ihrem Amt, in das Haus JHWHS zu gehen nach der Vorschrift, die ihnen ihr Vater Aaron gegeben hat, wie ihm JHWH, der Gott Israels, geboten hatte.

Es ist nicht unmöglich, dass solche Tabellen für den Fall erstellt wurden, dass die Qumrangemeinschaft den Wachdienst eines Tages übernehmen könnten, obwohl sie den Tempel in Jerusalemer Tempel wohl als nicht legitim ablehnten. Auch weitere Texte aus Qumran spiegeln Vorstellungen eines zukünftigen Tempels bzw. eines neuen Jerusalem wider (z.B. die Tempelrolle 11QT und das „Neue Jerusalem" 11QNJ). Doch dürfte der Hintergrund viel Grundsätzlicheres beinhalten: Der priesterliche Dienstwechsel wurde als dem Priestertums *von Gott* gegebene Aufgabe betrachtet (vgl. auch den genannten Chroniktext). Der Text mit der Signatur 4Q319 (4QOtot, ursprünglich ein Anhang zu 4Q259 = 4QS[e]) zieht denn auch eine eindeutige Verbindung zwischen den Mischmarot und der Schöpfungsordnung, wenn es dort heißt: „... die] Schöpfung am vierten (Tag) im G[amul ...]" (4Q319 I,11 = 4Q259 V,11) – am vierten Tag der Schöpfung wurden bekanntlich Sonne, Mond und „Lichter an der Feste des Himmels, die da scheiden Tag und Nacht und geben Zeichen, Zeiten, Tage und Jahre" (Gen 1,14) erschaffen. Erst mit diesen konnte die Zeit gemessen werden und ein Kalender erstellt werden. So begann das Jahr am vierten Tag der ersten Woche. Die Gemeinschaft ging offenbar von dieser Mischmarot-Ordnung aus. Es wurde ein Sechs-Jahres-Zyklus eingeführt, nach dessen Ablauf wieder dieselbe Familie mit den Diensten der ersten Jahrwoche beginnt, die sie auch zu Beginn des Zyklus übernommen hatte (Tabelle bei ABEGG 2001, 166–71; vgl. auch die Darstellungen bei Maier III). Von einem solchen sechsjährigen Zyklus berichtet der Abschnitt 4Q320 f4iii–vi („4QCalendrical Document/Mishmarot A). Er zählt die Feste der sechs Jahre nach den diensthabenden Priesterfamilien auf und kennzeichnet die Wochen mit deren Namen (parallel dazu vgl. 4Q321 = 4QMishmarot B f2i,8–iv,69). Nach dieser Liste kam auf jede Familie der Dienst an einem der großen Feste. Als Beispiel sei die Einteilung des ersten Jahres zitiert (4Q320 f4iii,1–9):

> [1]Das erste Jahr. Seine Festtermine:
> [2]Am dritten in der (Dienst-) Woche des *Meosja* (= *Maasja*): das Passah.
> [3]Am ersten [in] (der Dienstwoche) des *Jeda[ja]*: das [Garben]schwingen.
> [4]Am fünften in (der Dienstwoche) des *Seorim*: [das zweite] Passah.
> [5]Am ersten in (der Dienstwoche) des *Jeschua*: das Wochenfest.
> [6]Am vierten in (der Dienstwoche) des *Meosja* (= *Maasja*): der Gedächtnistag.
> [7][Am] sechsten in (der Dienstwoche) des *Jojarib*: der Versöhnungstag.
> [8][Im] siebten [Monat.][...]
> [9][Am vierten in (der Dienstwoche) des *Jeda]ja*: das Laubhüttenfest.

Andere Abschnitte dieses Textes bestimmen Neumond und Vollmond für die Tage der Dienstwoche der genannten Familien. Demnach vertrat die Gemeinschaft eine Position, die neben der solaren Zeitrechnung auch die Stellung des Mondes beachtete. Dafür spricht auch der Inhalt eines in kryptischer Schrift verfassten Textes (4Q317= „4QcryptPhases of the Moon"), der die verschiedenen Mondphasen den jeweiligen Tagen der Monate zuordnet.

6.2.2 Kalendarische Erweiterungen 4QMMT[a] und in 4QS[e]

Textausgaben: *4Q319:* (s.o.) ▪ *4Q327 = 4Q394 f1–2:* (s.o.), außerdem DJD X (QIMRON/STRUGNELL; 4QMMT).
Literatur: Matthias ALBANI, Die lunaren Zyklen im 364-Tage-Festkalender von 4Qmischmerot/4QS[e], Mitteilungen und Beiträge der Forschungsstelle Judentum 4 (1992) 3–47. ▪ Florentino GARCÍA MARTÍNEZ, Dos notes sobre 4QMMT, RdQ 16/62 (1993) 293–97. ▪ DERS., Calendarios en Qumrán II, EstBib 54 (1996) 523–52. ▪ Uwe GLESSMER, The Otot-Texts (4Q319) and the Problem of Intercalations in the Context of the 364-Day Calendar, in: Qumranstudien (hg.v. H.-J. FABRY u.a., SIJD 4), Göttingen 1996, 125–64. ▪ James C. VANDERKAM, The Calendar 4Q327 and 4Q394, in: Legal Texts and Legal Issues (hg.v. Moshe J. BERNSTEIN u.a., StTDJ 23), Leiden 1997, 179–94.

Die Gemeinschaftsregel und „einige Werke der Tora" (4QMMT) sind in Manuskripten erhalten, die verschiedene Textformen und damit Traditionsphasen widerspiegeln (s.o. 5.1.1 u. 5.2.1). Von beiden Texten existiert jeweils eine Variante, in der ein Grundtext um einen kalendarischen Teil erweitert ist.

Einer der Handschriften von 4QMMT (4QMMT[a] = 4Q394) gehören laut den Herausgebern auch zwei Fragmente eines kalendarischen Abschnitts an (4Q394 f1–2). Darin sind die Sabbate und Festtage (ohne Anknüpfung an die Mischmarot) aufgelistet und ihnen die richtigen Tage des Monates zugordnet. Damit haben die Fragmente eine doppelte Bedeutung: einerseits vermitteln sie Informationen über die Feste in der Gemeinschaft, andererseits begönne diese für die Qumrangemeinschaft wichtige Schrift mit einem kalendarischen Teil (4QMMT A). Ganz gleich, ob diese Aufzählung ursprünglich zu 4QMMT gehört hat (so im Composite Text von E. QIMRON u. J. STRUGNELL), oder ob man, was wahrscheinlicher ist, davon ausgeht, dass 4Q394 f1 und f2 nicht zu 4QMMT gehören (so J. STRUGNELL noch in DJD X, später die Re-Editoren Sh. TALMON und J. BEN-DOV), ist festzuhalten, dass die Fragmentkombination f3–7 des Manuskriptes (mit der Einleitung von 4QMMT B) mit drei fragmentarischen Zeilen *kalendarischen Inhalts* beginnen (4Q394 f3–7i,1–3 = 4QMMT A 19–21):

> [19][... und der 28. von ihm (dem zwölften Monat)] ist ein Sabbat. Ihm (dem zwölften Monat) wird nach [dem] Sab[bat, dem zweiten und dem dritten (Tag, d.h. Sonntag und Montag) ein Tag] [20][hinzu]gefügt, und das Jahr ist vollendet – 3[64] [21]Tage. ...

Es bleibt als bezeichnend für das Selbstverständnis der Gemeinschaft von Qumran festzuhalten, dass das wichtige Schreiben 4QMMT mit einer Erörterung über den 364-Tage-Kalender beginnt.

Neben 4QMMT gehört in diese Kategorie auch eine Kopie der Gemeinschaftsregel, nämlich 4Q259 = 4QS[e]. Paläographisch gehört sie zwar in die Zeit zwischen 50 u. 25 v.Chr., literargeschichtlich repräsentiert sie aber einen älteren Text (s.o. 5.1.1). Diese Fassung schließt nicht mit dem aus der Fassung aus Höhle 1 bekannten Hymnus, sondern mit einem kalendarischen Text, der auch unter der Signatur 4Q319 geführt wird, ab (s.o. 6.2.1), 4QOtot (אותות, *ôtôt*, „Zeichen", nach Gen 1,14; zur genauen Bedeutung vgl. J. BEN-DOV in DJD XXI, 208–10). Dieser Text will die Leser über bestimmte, alle drei Jahre wiederkehrende „Zeichen" innerhalb der Dienstjahre der verschiedenen priesterlichen Familien informieren. Uwe GLESSMER ist die Erkenntnis zu verdanken, dass diese „Zeichen" mit den Schaltperioden in Zusammenhang stehen vgl. dazu auch BERNER 2006, 451). Weil das 364-Tage-Jahr in Qumran ja ca. 1,25 Tage kürzer ist als das Sonnenjahr, war es notwendig, Schalttage einzufügen, zumindest wenn der Kalender im täglichen Gebrauch benutzt werden sollte. 4Q319 verwendet dazu eine übergeordnete Struktur aus sechs Jubiläumsjahren (6 mal 49 = 294 Jahre). Die „Zeichen" verweisen auf die gleichen Punkte des Kalenders alle drei Jahre, an denen die Schalttage eingefügt werden müssen (s. die Tabelle von J. BEN-DOV, DJD XXI, 203). Aus praktischer Sicht betrachtet ist die Erklärung GLESSMERS die einzige Lösung für die

Problematik von 4Q319. Zugleich darf nicht außer Acht gelassen werden, dass jede Interkalation die eigentlich ideale Ordnung von 364 Tagen (d.h. auch die göttlichen Mischmarot) stört. Wie die Gemeinschaft und das sonstige sich auf den Henoch-Jubiläen-Kalender beziehende Judentum ihr kalendarisches System in der Praxis eingehalten haben, bleibt leider im Dunkeln. So kann man 4Q319 vielleicht als Versuch, die gottgewollte Einheit von Astronomie und Kultus herzustellen, charakterisieren.

6.2.3 Kalendarische Hinweise in größeren Werken

Neben den schon erwähnten Werken enthalten weitere größere genuine Qumranschriften Hinweise auf kalendarische Themen, ohne dass sie explizite kalendarische Texte enthalten würden. So weisen, wie kaum anders zu erwarten, einige Abschnitte aus den liturgischen Texten auf die Festordnung. Auch der zweite Hauptteil der Tempelrolle (Kol. XIII–XXIX) enthält einen ausführlichen Festkalender. Das 364-Tage-Jahr wird in der Damaskusschrift an einer Stelle erwähnt, an der es im Zusammenhang mit der Zeitrechnung offenbar das Jubiläenbuch zitiert (CD XVI,2–4). Die Kriegsregel (1QM) steht auf den ersten Blick im Widerspruch zum 1. Chronikbuch (s.o.), wenn sie im Zusammenhang mit den Priestern die „26 Häupter der Dienstabteilungen (Mischmarot)" erwähnt (1QM II,2). Hier mussten die jährlichen zwei (zusammen also 24) Priesterdienste mit den 52:2 = 26 Wochen des Jahres harmonisiert werden (vgl. dazu auch 4Q319). Die Sabbatopferlieder (4QShirShab) enthalten 13 Hymnen, entsprechend der Anzahl der Wochen eines Vierteljahres (52:4 = 13). Der prosaische Schluss von 11QPs[a], „David's Compositions", schreibt vom Lieder dichtenden König (11QPs[a] XXVII,4–7):

> [4]... und er (David) schrieb ... [5]... Lieder, zu singen vor dem Altar zum Brandopfer [6]des täglichen Opfers für jeden einzelnen Tag, für alle Tage des Jahres: 364; [7]und für die Opfergabe der Sabbate 52 Lieder ...

Auch diese Zahlen aus der großen Psalmenrolle richten sich nach den Daten des in Qumran gebrauchten 52-wöchigen, 364-tägigen vorwiegend solaren Kalenders.

7 Liturgische und poetische Texte

Literatur: Liturgical Perspectives. Prayer and Poetry in Light of the Dead Sea Scrolls (hg.v. E.G. Chazon u.a.; StTDJ 48), Leiden 2003. ▪ Prayer and Poetry in the Dead Sea Scrolls and Related Literature (FS E. Schuller, hg.v. J. Penner u.a., StTDJ 98), Leiden 2012.
Esther G. Chazon, Hymns and Prayers in the Dead Sea Scrolls, in: DSSFY 2 (1998/99), 244–70. ▪ Daniel F. Falk, Daily, Festival and Sabbath Prayers from Qumran (StTDJ 27), Leiden 1997. ▪ Johann Maier, Zu Kult und Liturgie der Qumrangemeinde, RdQ 14/56 (1990) 543–86. ▪ Bilhah Nitzan, Qumran Prayer and Religious Poetry (StTDJ 12), Leiden 1994. ▪ Jeremy Penner, Patterns of Daily Prayer in Second Temple Period Judaism (StTDJ 104), Leiden 2012. ▪ Shemaryahu Talmon, The Emergence of Institutionalized Prayer in Israel in the Light of the Qumran Literature, in: ders., The World of Qumran from Within, Leiden 1989, 200–243. ▪ Steven Weitzman, Revisiting Myth and Ritual in Early Judaism, DSD 4 (1997) 21–54.

Die Identität einer Religionsgemeinschaft spiegelt sich nicht zuletzt in den Texten, die zu ihrem liturgischen Leben gehören, in mancherlei Hinsicht am tiefsten, mitunter gar in geradezu mystischer Art und Weise. Diese Texte tragen natürlich zugleich poetische Züge, was ihnen eine starke Aussagekraft verleiht. Eine eindeutige Unterscheidung zwischen poetischen und liturgischen Qumrantexten kann deswegen kaum je mit letzter Gewissheit getroffen werden. Es finden sich zahlreiche poetische Werke, von denen einige darüber hinaus einen ausgesprochen liturgischen Charakter tragen. Inwieweit die liturgischen Texte in praktischem Gebrauch standen, oder inwieweit sie Texte eines „idealen Kults" waren, lässt sich nicht mehr sicher klären. Doch ganz gleich, welchen „Sitz im Leben" man den jeweiligen Texten zuweist, spiegeln sie doch alle jedenfalls einen Teil der Vorstellung der rechten Liturgie der Gemeinschaft wider.

7.1 Liturgische Texte

Unter den liturgischen Texten aus Qumran finden sich „[All-]Tägliche Gebete" (*Daily Prayers*), Festliturgien, Rituale, die mit dem Bundesschluss zu tun haben, Dämonenaustreibungen sowie die Schriften einer idealen, mystischen Liturgie, die sogenannten Sabbatopferlieder (Songs of the Sabbath Sacrifice, *Šîrôt ʿÔlat ha-Šabbāt*).

7.1.1 „Tägliche Gebete" (4QpapPrQuot / Daily Prayers = 4Q503)

Textausgaben und Übersetzungen: DJD VII, 105–36 (Baillet). ▪ PTSDSSP 4A, 235–85 (Olson). ▪ James R. Davila, Liturgical Works (ECDSS 6), Grand Rapids/Mich. 2000, 208–38.

Literatur: Martin G. ABEGG, Does Anyone Really Know What Time It Is? A Reexamination of 4Q503 in Light of 4Q317, in: The Provo International Conference on the Dead Sea Scrolls (hg.v. D. PARRY, StTDJ 30), Leiden 1999, 396–406. ▪ Joseph M. BAUMGARTEN, 4Q503 (Daily Prayers) and the Lunar Calendar, RdQ 12/47 (1987) 399–407. ▪ Esther G. CHAZON, The Function of the Qumran Prayer Texts. An Analysis of the Daily Prayers (4Q503), in: DSSFYD (2000), 217–25. ▪ Shemaryahu TALMON, ולוח השמש (4Q503) יום-יום של תפילות (Daily Prayers [4Q503] and the Solar Calendar), in: לשרה יפת ש"י (FS S. JAPHET; hg.v. M. BAR-ASHER u.a.), Jerusalem 2007, 353–67 (hebr.). ▪ Moshe WEINFELD, Prayer and Liturgical Practice in the Qumran Sect, in: The Dead Sea Scrolls. Forty Years of Research (hg.v. D. DIMANT u. U. RAPPAPORT; StTDJ 10), Leiden 1992, 241–58.

Handschriftlicher Befund

Bei 4QDaily Prayers = 4Q503 handelt es sich um nicht weniger als 225 Papyrusfragmente, die jedoch jeweils nur wenig Text enthalten (auf der Rückseite von 4Q512). Die Rekonstruktion ist daher nicht immer gesichert.

Handschrift	paläogr. Datierung ca.
4Q503 = 4QpapPrQuot / Daily Prayers	100–70 v.Chr.

Einführende Bemerkungen

Einige erhaltene Fragmente der Bibliothek von Qumran zeigen, dass die Mitglieder der Gemeinschaft mehrmals täglich regelmäßige gemeinsame Gebete mit festgelegten Texten gesprochen haben dürften. Grundlage dafür werden die Morgen- und Abendgebete gewesen sein, die unter dem Titel „Daily Prayers" (4Q503) herausgegeben wurden. Aufgrund der erhaltenen Fragmente kann man darauf schließen, dass das Werk einmal für jeden einzelnen Tag eines Monates je ein Abend- und ein Morgengebet enthielt. Der Umfang des Werks kann nur annähernd rekonstruiert werden: 39 der Fragmente ermöglichen eine Rekonstruktion von 13 (allerdings sehr fragmentarischen) Kolumnen, die Gebete für die ersten 26 Tage des Monats enthalten. Wenn also in eine Kolumne die Texte für etwa zwei Tage passen, entspräche das 15 bis 17 Kolumnen pro Monat. Die Gebete für den 15. und den 21. Tag sind festlicher Natur, d.h. die Sammlung wurde für einen bestimmten Monat (den ersten oder den siebten) zusammengestellt. Ob darüber hinaus für jeden Monat eine Sammlung bestand, kann aufgrund fehlender weiterer Textfragmente nicht gesagt werden. Die „täglichen Gebete" enthalten zwar kein vollständig erhaltenes Morgen- oder Abendgebet, doch kann aus den Fragmenten erschlossen werden, dass sie bei aller inhaltlichen Vielfalt eine gebundene, offenbar vierstufige Struktur besaßen:

1. Die **Abendgebete** beginnen mit einer *Einleitung*, die zugleich den Tag bezeichnet: „Am fünfzehnten des Monats, am Abend" (4Q503 f1–6ii [iii],6).	1'. Entsprechend die **Morgengebete**, beginnend mit der *Einleitung*. (Der Tag muss hier nicht noch einmal bestimmt werden.) „Und wenn die Sonne aufgeht, um auf der Erde zu leuchten" (Z. 12).
2. Darauf folgt eine *Aufforderung zum Sprechen des Segens*. „da sollen sie preisen und anheben und sprechen: ‚Gepriesen sei der Gott Israels'." (ebd.).	2'. Es folgt auch hier die *Aufforderung zum Sprechen des Segens*. „da sollen sie preisen und anheben und sprechen: ‚Gepriesen sei der Gott Israels'." (Z. 12f.).
3. Danach kommt ein *Gebetsteil* für die Nacht.	3'. Nun wird der *Gebetsteil* für den jeweiligen Morgen ausgeführt.
4. Das Gebet endet mit der *Schlussformel*: „Friede sei über dir, Israel." (Z. 10).	4'. Der Gebetsabschnitt endet mit der *Schlussformel* für das Morgengebet: „Und der Friede sei über dir, Israel." (4Q503 f29–32 [iv],1).

Die zentralen Stellen der Gebete sind jeweils nur sehr fragmentarisch erhalten geblieben. Aufgrund des zur Verfügung stehenden Materials scheint es aber, dass in den Gebeten keine praktischen Themen erwähnt, sondern zu den gegebenen Tageszeiten theologische Reflexionen gesprochen wurden. Einige Beispiele:

> ¹[...] das tägliche Licht zu unserer Erkenntnis [...] ²[...] durch sechs Tore von Lich[t ...] ³[...] Söhne deines Bundes wollen lobsing[en ...] ⁴[mit allen Scharen [von Licht ...] Zungen der Erkenntnis Segnen [...] ⁵Licht des Friedens [...]. ⁶Am siebten des [Monats, am Abend, sollen sie preisen und sie sollen anheben und sprech]en: Gepriesen sei der Gott Is[raels ...] ⁷Gerechtigkeit (?) [... Al]l [d]ies wissen wir durch [...] ⁸[...] Gepriesen sei der [Go]tt [Israels]. (4Q503 f7–9,1–8 [zu Kol. iv]).
>
> ²[... Und am zwö]lften des Monats, am Abend, [sollen sie preisen und sie sollen anheben und sprechen: Gepriesen sei ...] ³[...] und wir, das Volk seiner Heiligkeit, erheben in dieser Nacht [...] ⁴[...] und Zeugen mit uns auf dem täglichen [...] Posten [...] ⁵[...] (vacat). (4Q503 f11,2–5 [zu Kol. v]).
>
> ²Am sech[zehnten des Monats ...] ³sich geheiligt hat [...] ⁴und diese Nacht [...] mit Ged[enken (?) ...] ⁵[...] uns. Frie[d]en [...] ⁶[... Go]tt segne Jeschuru[n ...] ⁷[... ü]ber [der Er]de, sollen sie preisen. [Und sie sollen anheben und sprechen: Gepriesen sei der Gott Israels,] ⁸[der ...] Licht. Sie freuen sich in [...] ⁹[lobsin]gen deinem Namen, Gott der Lichter, der du neu gemacht hast [... sech-] ¹⁰[zehn] Tore von Licht. Und mit un[s] im Jubel deiner Herrlichkeit in [...] ¹¹[Scha]ren der Nacht. Der Friede Gottes sei [ü]ber dir, Israel. Und wenn [die Sonne] aufg[eht ...]. (4Q503 f29–32,2–11 [zu Kol. viii]).

Jedem Tag ist eine bestimmte Anzahl „Tore des Lichts" (שערי אור, *šaʿrê ʾôr*) oder „der Herrlichkeit" (כבוד, *kāḇôd*) zugeordnet, die dem Tag des Monats korrespondieren. Dazu ist von „Losen der Nacht" (גורלות לילה, *gôralôt laylāh*) / „der Dunkelheit" (חושך, *ḥôšæk*) /„des Lichts" (אור, *ʾôr*) die Rede, wohl dem zu- und abnehmenden Mondlicht entsprechend (14 Lose bis 1 Los der Dunkelheit, dann 14 Lose bis 1 Los des Lichts, und so weiter – der 28. Tag etwa hat 1 Los des Lichts und 13 der Dunkelheit). Hinzu kommen „Abteilungen des Lichts" (דגלי אור, *diglê 'ôr*) oder „der Nacht" (לילה, *laylāh*)", deren genaue Bedeutung nicht ganz klar ersichtlich ist.

Die ausgesprochen theologische Grundtendenz der Gebete weist darauf hin, dass der Text in der indirekten Lehre der Mitglieder der Gemeinschaft eine Rolle gespielt haben könnte. Die Gebetstexte präsentieren Gott als einen, der Herr über die Tageszeit ist, sie erneuert, begründet und beherrscht. Die Texte spiegeln auch die Selbstreflexion der Gemeinschaft wider, zum Beispiel mit Ausdrücken wie „heiliges Volk" oder „Söhne der Gerechtigkeit". Der Wortschatz einiger Fragmente verweist auf einen nahezu dualistischen Sprachgebrauch, deutlich besonders im (fragmentarisch erhaltenen) Ausdruck „Herrschaft der Fi[nsternis]" ([ממשל ח̇[ושך, *mimšal ḥ[ôšæk̠]*) in 4Q503 f33–34i [x],19. Doch finden sich keine eindeutigen Hinweise auf eine Herkunft aus der Qumrangemeinschaft, und es ist gut möglich, dass die Entstehungszeit der Gebete hinter die der erhaltenen Handschrift zurückreicht.

7.1.2 „Worte der Himmelskörper" (DibHam, *Dib̠rê ha-Me'orôt*/Words of the Luminaries = 4Q504, 4Q505?, 4Q506)

Textausgaben, Übersetzungen, Kommentare: DJD VII, 137–75 (BAILLET). ▪ PTSDSSP 4A, 107–53 (OLSON). ▪ James R. DAVILA, Liturgical Works (s.o.), 2000, 239–66.
Literatur: Esther G. CHAZON, *4QDibHam*. Liturgy or Literature?, RdQ 15/57–58 (1991) 447–55. ▪ DIES., Is *Divrei ha-Meorot* a Sectarian Prayer?, in: The Dead Sea Scrolls. Forty Years of Research (hg.v. D. DIMANT u. U. RAPAPORT; StTDJ 10), Leiden 1992, 3–17. ▪ DIES., Scripture and Prayer in ‚The Words of the Luminaries', in: Prayers That Cite Scripture (hg.v. J. KUGEL), Cambridge 2006, 25–41. ▪ Manfred R. LEHMAN, A Reinterpretation of 4Q Dib̠rê Ham-Meoroth, RdQ 5/17 (1964) 106–10.

Handschriftlicher Befund
4Q504 und 4Q506 sind in jeweils knapp 50 Fragmenten erhalten, bei 4Q505 und 4Q506 ist das Schreibmaterial Papyrus.

Handschrift	paläogr. Datierung ca.
4Q504 = 4QDibHam[a]	um 150 v.Chr.
4Q505 = 4QDibHam[b]?	70–60 v.Chr.
4Q506 = 4QDibHam[c]	um 50 n.Chr.

Einführende Bemerkungen

Ein den „Daily Prayers" nicht unähnliches Werk sind die דברי המארות, *Dibrê ha-Meʾorôt* (dieser Titel hat sich auf 4Q504 f8 *verso* erhalten), „Worte der Lichter" (d.h. hier nach Gen 1,14–16: Worte der Himmelskörper: Sonne und Mond), 4Q504–4Q506. Der handschriftliche Befund zeigt, dass das Werk über die gesamte Zeit des Bestehens der Qumrangemeinschaft kopiert wurde, was eine gewisse Wertschätzung anzeigen mag. Es handelt sich um täglich zu sprechende Gebete mit wöchentlichem (nicht, wie bei den „Daily Prayers", monatlichem) Rhythmus. Aufbau und Gattung der für die einzelnen Wochentage bestimmten Texte sind sehr ähnlich, es handelt sich um Fürbitten sowie Klagen der betenden Gemeinde. Das siebte Gebet (d.h. für den Sabbat) unterscheidet sich davon, schon formal handelt es sich dabei um einen Hymnus. Der Aufbau der Texte für die Werktage ist folgender:

1. Die Gebete beginnen mit einer kurzen *Einleitung*, der Nennung des Tages.
   „Gebet am vierten Tag."
2. Es folgt eine *Anrufung*.
   „Gedenke, Jhwh […]!"
3. Es folgt ein länger formulierter *Hauptteil des Gebets*. Thematisch handelt es sich meist um einen geschichtlicher Rückblick und eine Fürbitte.
4. Daran schließt sich der *Schlusssegen* an, gefolgt von der *Antwort der Gemeinde*, etwa:
   „Gepriesen sei der Gott […], der uns zur Ruhe gebracht hat" (4Q504 f3ii,2); „Gepriesen sei Jhwh, der kundgetan hat" (4Q504 f4,14). – „Amen, Amen!" (Z. 15)

Der Hauptteil der „alltäglichen" Abschnitte wandert gewissermaßen mit den Tagen durch die Heilsgeschichte des Volkes Israel. Im erhaltenen Material werden am ersten Tag Schöpfung, Sündenfall und Sintflut (4Q504 f3ii) erwähnt, am zweiten Tag das Murren auf der Wüstenwanderung (4Q504 f6), am vierten Gesetzgebung (4Q504 f3ii), am fünften die Ereignisse vom Exodus über die Landnahme bis hin zu David (bes. 4Q504 f1–2iv), am sechsten Exil und Restauration (4Q504 f1–2v). Auf die biblischen Erzählungen der Ereignisse wird nicht in Zitaten, sondern in freieren Anspielungen verwiesen. Die primäre Absicht ist das Sündenbekenntnis. Die Gebete sind verwandt mit den Fürbitten der deuterokanonischen Schriften, von denen manche Formulierung bereits seit langem bekannt waren: aus proto- und deuterokanonischen Texten (vgl. etwa Esr 9,6–15; Neh 1,5–11; 9,5–37; Dan 9 und Bar 1,15–3,8) sowie aus einem anderen Qumrantext, 4Q393 (4QCommunal Confession, *olim* Liturgical Work 2).

Im Folgenden sei die Aufmerksamkeit noch auf drei Abschnitte gelenkt: Der erste, der von der Herrschaft Davids berichtet, zeigt die Art und Weise, in der der Verfasser auf die biblische Geschichte verweist. Der zweite spiegelt die Anerkennung der Strafe Gottes durch die Gemeinde wieder, der dritte ist Teil einer Fürbitte. Hier zeigt sich denn auch die theologische Dynamik des

Werkes: Die Anerkennung des Herrseins der Herrschaft Gottes über die Geschichte, dann die Anerkennung der Gerechtigkeit des Urteils und aus diesem folgend, das Bitten um die Vergebung der Sünden und um Erbarmen:

> ⁴[...] Ja, du liebtest ⁵Israel mehr als alle (anderen) Völker und erwähltest den Stamm ⁶Juda (יאודה, *Yeʾûdāh*). Und deinen Bund hast du aufgerichtet für David, ⁷als Hirtenfürst über dein Volk, dass er sitze auf Israels Thron vor dir ⁸alle Tage. Und alle Völker werden deine Herrlichkeit sehen, ⁹mit der du dich geheiligt hast inmitten deines Volkes Israel, und zwar um deines großen ¹⁰Namens willen. Und sie werden als ihre Gabe bringen: Silber und Gold und Edelsteine ¹¹mit allem Wertvollen ihres Landes, um zu ehren dein Volk und ¹²den Zion, die Stadt deiner Heiligkeit und das Haus deiner Pracht. Und „*es ist weder ein Widersacher* (שׂטן, *śāṭān*) ¹³*noch ein böses Hindernis mehr da*" (*1Kön 5,18*), sondern Frieden und Segen [...]. (4Q504 f2iv,4–13)
>
> ⁴Nur in deinem Namen haben wir [er]innert und zu deiner Herrlichkeit hast Du uns geschaffen, und als Söhne ⁵hast du uns hingestellt für dich vor den Augen aller Völker. Denn du nanntest ⁶[I]srael „*mein erstgeborener Sohn*" (*Ex 4,22*), und hast uns gezüchtigt, wie ein Mann züchtigt ⁷seinen [S]ohn (vgl. *Dtn 8,5*). Und du hast uns gemehrt in den Jahren unserer Generationen ⁸[...] böse Krankheiten, Hungersnot, Durst, Pest und Schwert ⁹[...] deinen Bund, denn *uns* hast du dir erwählt ¹⁰[zum Volk aus der ganzen] Welt. Darum hast du über uns ausgeschüttet deinen Grimm ¹¹[und] dein [Eif]er (wirkt) mit deinem ganzen Zorn. ... (4Q504 f1–2iii,4–11)
>
> ⁷Bitte, [He]rr, handle doch deiner gemäß, gemäß der Größe [dei]ner Kraft, d[enn d]u ha[st] [ver]geben ⁸unseren Vätern, als sie sich deinem Befehl widersetzt hatten. Und du erzürnest dich über sie (vgl. *Dtn 9,8*), um sie zu vertilgen: Jedoch erbarmtest du dich ⁹über sie in deiner Liebe zu ihnen nämlich wegen deines Bundes, denn Mose hatte gesühnt ¹⁰ihr Vergehen. Und wegen der Erkenntnis deiner großen Kraft und der Menge dein[er] Gnadenerweise ¹¹an ewigen Generationen. Möge sich doch abwenden dein Zorn und dein Grimm von deinem Volk Israel ᶠür ᵃˡˡ [ihre] Verge[hen], und mögest du gedenken ¹²deiner Wundererweise, die du vor den Augen von Völkern getan hast, denn dein Name ist ausgeruf[en] über uns. (4Q504 f1ii,7–12)

Im Text finden sich keine Hinweise, dass Mitglieder der Gemeinschaft die Verfasser sind, vielmehr dürfte es von außerhalb stammen: In den geschichtlichen Rückblicken werden die Ereignisse der späthellenistischen Zeit nicht erwähnt. Den „Worten der Lichter" fehlen die aus den Werken der Gemeinschaft bekannten, „genuin qumranischen" Formulierungen gänzlich; auch eine gesamtisraelitische Sichtweise spricht gegen eine qumranische Herkunft.

Das Sabbat- (Schluss-) Gebet der Sammlung unterscheidet sich von den werktäglichen Abschnitten; seine Struktur ist leider nicht mehr rekonstruierbar. Sicher ist nur, dass es mit dem Titel „Lobgebete am Sabbattag" 4Q504 f1–2vii,4) beginnt, dem unmittelbar der Aufruf „Danket" folgt. Es folgt ein Gotteslob der ganzen Schöpfung:

> ⁴[...] Danket [... preiset] ⁵seinen heiligen Namen regelmäßig in/durch [...] ⁶alle Engel der heiligen Feste, und [...] ⁷dem Himmel, der Erde und all ihren kunstvollen Werken [... Urtiefe,

die] ⁸große, und der Abgrund und das Wasser und alles, was [darin ist(?) […] ⁹all seine Geschöpfe regelmäßig für Ewigkeiten […] ¹⁰[*vacat*] ¹¹seiner Heiligkeit! Lasst Jubel erschallen dem Gott […] ¹²Herrlichkeit und […]. (4Q504 f1–2vii,4–12)

7.1.3 Festgebete und Gebete für gelegentliche Anlässe (PrFêtes, Festival Prayers = 1Q34, 1Q34bis, 4Q505?, 4Q507–4Q509)

Textausgaben, Übersetzungen und Kommentare: DJD I, 136.152–55 (MILIK); DJD VII, 175–215 (BAILLET). ▪ PTSDSSP 4A, 46–105 (CHARLESWORTH / OLSON). ▪ James R. DAVILA, Liturgical Works (s.o.), 2000, 15–40.
Literatur: David HAMIDOVIĆ, The First Prayer of Festival Prayers (1Q34+1Q34bis +4Q508+4Q509). A Prayer for the Beginning of the Quarter?, in: Qumran Cave 1 Revisited (StTDJ 91, hg.v. D.K. FALK u.a.), Leiden 2010, 259–75. ▪ Bilhah NITZAN, Qumran Prayer (s.o.), 1994. ▪ Elisha QIMRON, Prayers for the Festivals from Qumran. Reconstruction and Philological Observations, in: Hamlet on a Hill (FS T. MURAOKA, hg.v. M.F. BAASTEN u.a., OLA 118), Leuven 2003, 383–93.

ℹ Handschriftlicher Befund
Bei 1Q34/bis handelt es sich wohl um eine Handschrift. 4Q508 besteht aus 43 Fragmenten, zu 4Q509 u. 505 gehören nicht weniger als 313 z.T. sehr kleine Papyrusfragmente.

Handschrift	paläogr. Datierung ca.
1Q34 1QLitPrᵃ / Festival Prayers⁽ᵃ?⁾	(nicht datiert)
1Q34bis = 1QFestival Prayersᵇ?	(nicht datiert)
4Q505 = 4QpapFestival Prayers? (s.o.)	70–60 v.Chr. (s.o. 6.1.2)
4Q507 = 4QFestival Prayersᵃ?	um 15 n.Chr.
4Q508 = 4QFestival Prayersᵇ	1–30 n.Chr.
4Q509 = 4QpapFestival Prayersᶜ	70–60 v.Chr.

Einführende Bemerkungen
Die auf Hebräisch verfassten Gebete für die Feiertage sind nur sehr fragmentarisch erhalten (1Q34 und 4Q507–509), wahrscheinlich handelt es sich um Handschriften eines einzigen Werks. Auch wenn durchaus möglich ist, dass es von Mitgliedern der Gemeinschaft verwendet wurde, handelt es sich kaum um einen genuinen Qumrantext, wie das Fehlen entsprechender Vorstellungen und Terminologie zeigt.

Die Fragmente der „Festgebete" erwähnen zwei der Feste mit Namen, den Versöhnungstag (*Yôm ha-Kippûrîm*, 1Q34 f1–3i,9, vgl. Lev 23,27; 25,9 und Lev 16) und wohl auch das Wochenfest (*Yôm ha-Bikkûrîm*, „[Tag der] Erstlingsfrüchte", 4Q509 f131–132ii,5, vgl. Num 28,26; Dtn 16,10 und Dtn 26,1–11).

In den Fragmenten sind öfters liturgische Formeln zu finden, wie etwa „Erinnere, Herr", „Gepriesen sei der Herr", „Amen, Amen". Der Gottesname ist fast durchgängig אדוני (*ʾadônāy*, „Herr"), es finden sich verschiedene Formulierungen von Sündenbekenntnissen. Bilhah NITZAN (1994) ist es trotz des schlechten Erhaltungszustandes gelungen, eine strukturelle Analyse einiger Gebete durchzuführen, die den „täglichen Gebeten" und den „Worten der Lichter" sehr nahekommt: Zuerst wird der Name des Festes angegeben, dann folgt ein Teil mit einer Einleitung „Erinnere dich, Herr", danach kommen geschichtliche Erinnerungen und Bitten, dann ein Segensspruch mit der Einleitung „Gepriesen sei der Herr", und schließlich werden die Einheiten mit einem doppelten „Amen, Amen" abgerundet.

7.1.4 Reinigungsrituale (Ritual of Purification A u. B = 4Q414, 4Q512)

Textausgaben, Übersetzungen und Kommentare: DJD VII, 262–86 (BAILLET); DJD XXXV, 123–29.135–54 (E. ESHEL). ▪ James R. DAVILA, Liturgical Works (s.o.), 2000, 267–95.
Literatur: Joseph M. BAUMGARTEN, The Purification Rituals in DJD 7, in: The Dead Sea Scrolls. Forty Years of Research (hg.v. D. DIMANT u. U. RAPAPORT; StTDJ 10), Leiden 1992, 199–209. ▪ DERS., The Purification Liturgies, in: DSSFY 2 (1998/99), 200–12. ▪ Angelika BERLEJUNG, Variabilität und Konstanz eines Reinigungsrituals nach der Berührung eines Toten in Num 19 und Qumran. Überlegungen zur Dynamik der Ritualtransformation, ThZ 65 (2009) 289–331. ▪ Hannah K. HARRINGTON, The Impurity Systems of Qumran and the Rabbis (SBL.DS 143), Atlanta/Ga. 1993. ▪ DIES., Ritual Purity, in: The Dead Sea Scrolls and Contemporary Culture (hg.v. A.D. ROITMAN u.a., StTDJ 93), Leiden 2011, 329–47. ▪ Ian C. WERRETT, Ritual Purity and the Dead Sea Scrolls (StTDJ 72), Leiden 2007.

Handschriftlicher Befund
4Q414, auf der Rückseite von 4Q415 (Instruction^a), besteht aus 36, 4Q512, auf der Rückseite von 4Q503 (Daily Prayers), aus 225 kleinen Fragmenten.

Handschrift	paläogr. Datierung ca.
4Q414 (4QRitPur A)	30 v.–68 n.Chr.
4Q512 (4QpapRitPur B)	100–70 v.Chr.

Einführende Bemerkungen
Unter den sonstigen Gebeten sind noch zwei Gruppen zu erwähnen, die Reinigungsgebete und die Dämonenaustreibungen. Sie besitzen ihre Relevanz als

Zeugnisse einer Vorstellung vom konkreten Ineinandergreifen der immanenten und der transzendenten Welt. Joseph BAUMGARTEN (1999) bemerkt dazu:

> The recitation of extended prayers at the time of immersion is not a practice familiar from biblical or rabbinic sources. Biblical ablution has been characterized as a wordless ceremony, unaccompanied by prayer. In rabbinic halakhah the person undergoing immersion recites a brief blessing על הטבילה ('concerning immersion') after his bath, but there is no mandatory liturgy which dwells on the symbolic aspects of this act. (BAUMGARTEN 1999, 200, mit Verweis auf bBer 51a u. Pes 7b.)

Es scheint, als ob nach diesen Texten nicht nur für die verschiedenen Fälle körperlicher Unreinheit ein Reinigungsritual nötig gewesen wäre, sondern auch für bestimmte Tage, wie etwa den Sabbat. Die Gebete sollten gesprochen werden, wenn sich die Person, die die Reinigung vollzog, im Wasser befand, mit einem Kleidungsstück bedeckt. Die Reinigung könnte durchaus als eine Zeremonie von kollektiver Bedeutung gesehen worden sein – wenngleich in 4Q284 f1,4 wohl nicht „Regel der Reinigungen (הנדות, *ha-niddôt*) Israels" sondern „Regel der Danksagungen (הדות, *hodôt*) Israels" zu lesen ist.

Die Reinheitsvorschriften, die innerhalb der Qumrantexte (auch 4QMMT, CD, usw.) erwähnt werden, enthalten sowohl Übereinstimmungen als auch Unterschiede, so dass sie kaum ein einheitliches System darstellen dürften (WERRETT, andere Bewertung bei HARRINGTON), sondern man zumindest mit Entwicklungen wird rechnen müssen.

Die Hauptquelle für die Reinigungsrituale im engeren Sinne sind die entsprechenden Vorschriften in den Büchern Exodus bis Numeri (vgl. das Ritual der „Roten Kuh" in Num 19 mit 4Q512 f1–6,1–12), die in den Texten ausgelegt werden. So kommt es, dass an der genannten Stelle von einer dritten Waschung am dritten Tag die Rede ist, die sich zwar nicht in Num 19, dafür aber auch in der Tempelrolle (11QT^a XLIX,18) findet. – Sichere Hinweise auf eine Entstehung der Texte innerhalb der Gemeinschaft von Qumran lassen sich nicht finden. Dass beide Texte auf die Rückseite eines anderen geschrieben wurden (sog. Opisthographe) und wohl auch beide Manuskripte erst im 1. Jh. n.Chr. entstanden sind, hat noch keine befriedigende Erklärung gefunden.

7.1.5 Exorzismen und Dämonenaustreibungen (Incantation = 4Q444; Shir/ Songs of the Sage = 4Q510–4Q511; Magical Booklet A/Exorcism = 4Q560; Apocryphal Psalms/„A Liturgy for Healing the Stricken" = 11Q11 Vf.)

Textausgaben und Übersetzungen: 4Q444: DJD XXIX, 367–78 (CHAZON). ▪ **4Q510–511:** DJD VII, 215–62 (BAILLET). ▪ **4Q560:** DJD XXXVII, 291–302 (PUECH). **11Q11:** DJD XXIII, 181–205 (GARCÍA MARTÍNEZ/TIGCHELAAR/VAN DER WOUDE). ▪ PTSDSSP 4A, 216–33 (SANDERS).
Literatur: Philip S. ALEXANDER, The Demonology of the Dead Sea Scrolls, in: DSSFY 2 (1998/99), 331–53. ▪ DERS., Art. Magic and Magical Texts, in: EDSS 1 (2000), 502–4. ▪ Esther ESHEL, Genres of Magical Texts in the Dead Sea Scrolls, in: Die Dämonen. Die Dämonologie der israelitisch-jüdischen und frühchristlichen Literatur im Kontext ihrer Umwelt (hg.v. A. LANGE u.a.), Tübingen 2003, 395–415. ▪ Ida FRÖHLICH, Healing with Psalms, in: Prayer and Poetry in the Dead Sea Scrolls and Related Literature (FS E. SCHULLER; hg.v. J. PENNER u.a.; StTDJ 98), Leiden 2012, 197–215. ▪ DIES., „Invoke at Any Time..." Apotropaic Texts and Belief in Demons in the Literature of the Qumran Community, BN 137 (2008) 41–74. ▪ Matthias HENZE, Psalm 91 in Premodern Interpretation and in Qumran, in: Biblical Interpretation at Qumran (hg.v. DEMS.), Grand Rapids/Mich. 2005, 168–93. ▪ Armin LANGE, The Essene Position on Magic and Divination, in: Legal Texts and Legal Issues (hg.v. Moshe J. BERNSTEIN u.a., StTDJ 23), Leiden 1997, 377–435. ▪ Joseph NAVEH, Fragments of an Aramaic Magic Book from Qumran (1998), in: DERS., Studies in West Semitic Epigraphy, Jerusalem 2009, 167–76. ▪ Hermann LICHTENBERGER, Ps 91 und die Exorzismen in 11QPsAp^a, in: Die Dämonen. Die Dämonologie der israelitisch-jüdischen und frühchristlichen Literatur im Kontext ihrer Umwelt (hg.v. A. LANGE u.a.), Tübingen 2003, 416–421. ▪ Bilhah NITZAN, Hymns from Qumran – 4Q510–4Q511, in: The Dead Sea Scrolls. Forty Years of Research (hg.v. D. DIMANT u. U. RAPAPORT; StTDJ 10), Leiden 1992, 53–63. ▪ Mika S. PAJUNEN, Qumranic Psalm 91. A Structural Analysis, in: Scripture in Transition (FS R. SOLLAMO, hg.v. A. VOITILA u.a., JSJ.S 126), Leiden 2008, 591–605. ▪ DERS., The Land to the Elect and Justice for All (JSJ.S 14), Göttingen 2013, 55ff.70ff. ▪ Douglas L. PENNEYÉS/Michael O. WISE, By the Power of Beelzebub. An Aramaic Incantation Formula from Qumran (4Q560), JBL 113 (1994) 627–50. ▪ Émile PUECH, 11QPsAp^a. Un rituel d'exorcismes. Essai de reconstruction, RdQ 14/55 (1990) 377–408. ▪ DERS., Les deux derniers psaumes davidiques du rituel d'exorcisme 11QPsAp^a iv,4–v,14, in: StTDJ 10 (s.o.), 1992, 64–89. ▪ DERS., Les Psaumes davidiques du rituel d'exorcisme (11Q11), in: Sapiential, Liturgical and Poetical Texts from Qumran (hg.v. D.K. FALK u.a., StTDJ 35), Leiden 2000, 160–81. ▪ Loren T. STUCKENBRUCK, The Demonic World of the Dead Sea Scrolls, in: Evil and the Devil (hg.v. I. FRÖHLICH und E. KOSKENNIEMI, Library of New Testament Studies 481), London/New York 2013, 51–70.

Handschriftlicher Befund

Handschrift	paläogr. Datierung ca.
4Q444 = 4QIncantation	30 v.–68 n.Chr.
4Q510 = 4QShir^a/Songs of the Sage^a	25–1 v.Chr.
4Q511 = 4QShir^b/Songs of the Sage^b	um 0
4Q560 = 4QMagical Booklet ar/Exorcism	(nicht datiert)
11Q11 = 11QapocrPs	50–70 n.Chr.

Einführende Bemerkungen

Im Denken der Qumrangemeinschaft nahmen die „spirituellen Vertreter" der transzendenten Welt einen herausragenden Platz ein. In ihrer Bibliothek lassen sich zahlreiche Reste solcher Werke finden, die sich mit der Natur, den Eigenschaften und Taten der guten und schlechten Wesen – in unserem Sprachgebrauch von Engeln und Dämonen – befassen. Hinzu kommen Texte, die sich ganz „praktisch" mit dem Thema beschäftigen, nämlich mit deren Hilfe Dämonen ferngehalten bzw. ausgetrieben werden sollen, apotropäische und exorzistische Texte.

Ein Fragment des kleinen aramäischen Textes 4Q560 listet zuerst weibliche und männliche Dämonen auf, dann folgen Anfangsworte von Abwehrgebeten gegen diese Dämonen.

Die kleine Fragmentgruppe 4Q444 ist wahrscheinlich genuin qumranischen Ursprungs. Sie enthält einen Teil einer Hymne, innerhalb derer ein „Gottesfürchtiger" Gott für sein Wissen preist und Stärkung gegen die „Seelen der Bösen" sowie Flüche gegen verschiedene Dämonen ausspricht.

Von zwei weiteren Werken sind im Vergleich zu den vorherigen längere Abschnitte erhalten. Unter dem Titel „Lieder des Einsichtigen" („Songs of the Sage") sind zwei Fragmentengruppen (7 und 215 Fragmente) erhalten (4Q510–511). Die größere Fragmentengruppe enthält zusätzlich Reste zweier Kolumnen mit apokryphen Psalmen (zum Material vgl. PAJUNEN 2013). Die „Songs of the Sage" sind mit mehreren mutmaßlich genuinen Qumranschriften verwandt, wie den Sabbatopferliedern, den Berakhot oder den Hodajot. Die Bedeutung des Wortes משכיל, maśkîl, „Maskil" („Sage") ist umstritten.

Es handelt sich um das Partizip Hif'îl der Wurzel śkl, śāḵal: „ein Einsichtiger", „ein einsichtig Machender", „einer, der belehrt"), das in einigen Psalmenüberschriften in der hebräischen Bibel als Gattungsbegriff (Luther 1912: „Maskil", 1984: „Unterweisung" , Zürcher 2007/Einheitsübersetzung: „Weisheitslied"), aber auch – offenbar als Personenbezeichnung – im Titel und in Überschriften verschiedener Werke der Qumrantexte vor.

Üblicherweise wird darunter ein Amtsträger in der Qumrangemeinschaft verstanden, etwa ein „Unterweiser", es ist jedoch ebenso gut möglich, dass es sich einfach um einen „Einsichtigen", d.h. um ein beliebiges Mitglied der Gemeinschaft handelt. In diesem Text hat der „Maskil" jedenfalls die Funktion, Gebete zu sprechen, die Dämonen abschrecken sollen. Gott ist und bleibt natürlich der Herr über die Geisterwelt (4Q510 f1,2–6):

> ²... Und [seine] Herrschaf[t] (liegt) ³auf allen starken Helden, und vor der Stärke seiner Heldenta[te]n erschrecken und zerstreuen sich alle, und sie flüchten vor der Pracht der Stät[te] ⁴der Herrlichkeit seines Königtums. Und ich bin ein Einsichtiger, der die Majestät seiner

Hoheit hören lässt, um in Schrecken und Furcht zu ver[setzen] ⁵alle Geister der Engel der Zerstörung und die Geister der Bastarde, Dämonen, Lilit, Eulen und [...], ⁶und die, die urplötzlich (jemanden) befallen, um einen einsichtigen Geist irrezuführen und um ihr Herz zu verstören. ...

Danach kommen mehrere Lieder, die den Sieg Gottes in Schöpfung und Geschichte preisen, der mit seinem Urteil die verschiedenen Dämonen abschreckt. Das unter dem Titel „11QApokryphe Psalmen" herausgegebene Werk (11Q11) enthält vier Dichtungen, drei von ihnen sind nicht in das Alte Testament eingegangen, eine ist eine Parallele zu Psalm 91. Das Fragment schreibt alle vier Dichtungen David zu. Es ist ebenso verlockend wie unbeweisbar, diese vier Psalmen mit den in „Davids Kompositionen" (11QPsᵃ XXVII,9f.) genannten Liedern, „zu spielen zu „ha-pegû'îm" [„die Besessenen"]: vier", zu identifizieren (so VAN DER PLOEG, PUECH, LANGE u.v.a., vgl. dagegen das Faktum, dass von den Psalmen nur ein einziger David zugerechnet wird, und ausgerechnet bei diesem [Ps 91] trifft das im masoretischen Text *nicht* zu; s. besonders PAJUNEN 2013). Die Dichtungen bereiten sich möglicherweise auf Fälle konkreter Besessenheit vor und unterscheiden sich damit von den vorherigen Texten, die die Taten des Bösen abzuwehren versuchen. Sie benennen den siegreichen Herrn (mit dem Tetragramm YHWH bezeichnet), vielleicht Raphael, den Heilungsengel, und andere Engel, die dem Dämon den Untergang und den Absturz in die Tiefe, in die Totenwelt (šeʾôl), wünschen. Der dritte „apokryphe Psalm" ist fast vollständig erhalten, als typischer Text sei 11Q11 V,4–VI,3 zitiert:

ⱽ,⁴(Ein Psalm) Davids. N[ach/Über ...]. Im Namen JHW[HS... zu je]der Zeit ⁵der Gott des Him[mels ...] Er/s kommt zu dir in der Na[cht?]/Beli[al?] und du sagst zu ihm: ⁶Wer bist du, [... vom] Menschen und vom Samen der Hei[lige]n? Dein Gesicht ist ein Gesicht von ⁷[...], und [deine] Hörner sind Hörner eines Tra[um]s. Finsternis [bi]st du und nicht Licht! ⁸[Unr]echt und nicht Gerechtigkeit! [...] der Heeresoberste JHWHS [...] ⁹[in der] untersten [Totenwe]lt [... To]re von Kupfer [...] ¹⁰[...] Licht und nicht [...] Sonne, d[ie ...] ¹¹[... G]erecht(en) ... und s]agst: [...] ¹²[... G]erecht(er), um zu komm[en ...] ihm Böses [zu]fügt [...] ¹³[...Ger]echtigkeit für/um zu [...] ¹⁴[...] ⱽᴵ,¹[...] ²[...] immer ³[... alle] Söhne Be[lials. Amen, Amen.] Selah.

7.1.6 Die „Sabbatopferlieder" (Songs of the Sabbath Sacrifice, Šîrôt ʿÔlat ha-Šabbāt, ShirShabb; 4Q400–4Q407, 11Q17, [Mas1k])

Textausgaben, Übersetzungen und Kommentare: DJD XI, 173–401 (NEWSOM); DJD XXIII, 259–304 (11Q17; GARCÍA MARTÍNEZ / TIGCHELAAR / VAN DER WOUDE). ▪ Adam S. VAN DER WOUDE, Fragmente einer Rolle der Lieder für das Sabbatopfer aus Höhle XI von Qumran (11QŠirŠabb), in: Von Kanaan bis Kerala (hg.v. W.C. DELSMAN u.a.; AOAT 21/1), Neukirchen-Vluyn 1982, 311–37. ▪ Carol NEWSOM/Yigael YADIN, The Masada Fragment of the Qumran Songs of the Sabbath Sacrifice, IEJ 34 (1984) 77–88. ▪ PTSDSSP 4B (NEWSOM / CHARLESWORTH / STRAWN / RIETZ).

- Carol A. NEWSOM, Songs of the Sabbath Sacrifice. A Critical Edition (HSS 27), Atlanta/Ga. 1985. - James R. DAVILA, Liturgical Works (s.o.), 2000, 83–167.
Literatur: Philip ALEXANDER, The Mystical Texts. Songs of the Sabbath Sacrifice and Related Manuscripts (CQS 7), London 2006. - Dale C. ALLISON, The Silence of the Angels. Reflections on the Songs of the Shabbat Sacrifice, RdQ 13/49–52 (1988) 189–97. - Joseph L. ANGEL, Otherworldly Priesthood in the Songs of the Sabbath Sacrifice. Imago Templi and Liturgical Time at Qumran, in: Otherworldly and Eschatological Priesthood in the Dead Sea Scrolls (hg.v. DEMS.; StTDJ 86), Leiden 2010, 83–106. - Joseph M. BAUMGARTEN, The Qumran Shabbat Shirot and Rabbinic Merkabah Traditions, RdQ 13/49–52 (1988) 199–213. - Ra'anan S. BOUSTAN, Angels in the Architecture. Temple Art and the Poetics of Praise in the Songs of the Sabbath Sacrifice, in: Heavenly Realms and Earthly Realities in Late Antique Religions (hg.v. DEMS. u.a.), New York 2004, 195–212. - Henry CORBIN, Temple and Contemplation, London 1986. - James R. DAVILA, The Macrocosmic Temple, Scriptural Exegesis, and the Songs of the Sabbath Sacrifice, DSD 9 (2002) 1–19. - Crispin H.T. FLETCHER-LOUIS, „Heavenly Ascent or Incarnational Presence? A Revisionist Reading of the Songs of the Shabbat Sacrifice", in: SBL.SP 37 (1998) 367–99. - DERS., All the Glory of Adam. Liturgical Anthropology in the Dead Sea Scrolls (StTDJ 42), Leiden 2002. - Holger GZELLA, Beobachtungen zur Angelologie der Sabbatopferlieder im Spiegel ihrer theologiegeschichtlichen Voraussetzungen, EThL 78 (2002) 468–81. - Hermut LÖHR, Thronversammlung und preisender Tempel. Beobachtungen am himmlischen Heiligtum im Hebräerbrief und in den Sabbatopferliedern aus Qumran, in: Königsherrschaft Gottes und himmlischer Kult (hg.v. M. HENGEL u. A.M. SCHWEMER; WUNT 55), Tübingen 1991, 185–206. - Johann MAIER, Shîrê 'Olat hash-Shabbat. Some Observations on their Calendric Implications and on their Style, in: The Madrid Qumran Congress (hg.v. J. TREBOLLE BARRERA u. L. VEGAS MONTANER; StTDJ 11), Leiden 1992, 543–60. - DERS., Liturgische Funktionen der Gebete in den Qumrantexten, in: Identität durch Gebet (hg.v. A. GERHARDS u.a., Studien zu Judentum und Christentum), Paderborn 2003, 59–112. - Noam MIZRAHI, הלקסיקון והפרזיאולוגיה של שירות עולת השבת. The Lexicon and Phraseology of the Songs of the Sabbath Sacrifice, Diss. Jerusalem 2008 (hebr.). - DERS., שאלת הזיקה בין שירות עולת השבת לספרות ההיכלות. The Supposed Relationship between the Songs of the Sabbath Sacrifice and Hekhalot Literature, Meg VII (2009), 263–98 (hebr.). - DERS., The Songs of the Sabbath Sacrifice and Biblical Priestly Literature. A Linguistic Reconsideration, HThR 104 (2011) 33–58. - Judith H. NEWMAN, Priestly Prophets at Qumran. Summoning Sinai through the Songs of the Sabbath Sacrifice, in: The Significance of Sinai (hg.v. G. BROOKE u.a., Themes in Biblical Narrative 12), Leiden 2008, 29–72. - Carol A. NEWSOM, Merkabah Exegesis in the Qumran Shabbat Shirot, JJS 38 (1987) 11–30. - DIES., „He Has Established for Himself Priests." Human and Angelic Priesthood in the Qumran Shabbat Shirot, in: Archaeology and History in the Dead Sea Scrolls (hg.v. L.H. SCHIFFMAN; JSP.S 8), Sheffield 1990, 101–20. - Peter SCHÄFER, Communion with the Angels. Qumran and the Origins of Jewish Mysticism, in: Wege mystischer Gotteserfahrung (hg.v. DEMS., SHK Kolloquien 65), München 2006, 37–66. - DERS., The Origins of Jewish Mysticism, Tübingen 2009. (= Die Ursprünge der jüdischen Mystik, Berlin 2011). - Stanislav SEGERT, Observations on Poetic Structures in the Songs of the Shabbat Sacrifice, RdQ 13/49–52 (1988) 215–23. - John STRUGNELL, The Angelic Liturgy at Qumrân – 4Q Serek Šîrôt 'Ôlat Haššabbāt, in: Congress Volume Oxford 1959 (VT.S 7), Leiden 1960, 318–45. - Eibert J.C. TIGCHELAAR, Reconstructing 11Q17 Shirot 'Olat ha-Shabbat, in: The Provo International Conference on the Dead Sea Scrolls (hg.v. D. PARRY, StTDJ 30), Leiden 1999, 171–85.

Handschriftlicher Befund

Insgesamt sind 10 Kopien des Werks erhalten, davon 8 aus Höhle 4, eine aus Höhle 11 und eine aus Masada. – 4Q400 besteht aus sieben, 4Q401 aus 38, 3Q402 aus zwölf, 4Q403 aus drei, 4Q404 aus 25, 4Q406 aus fünf, 4Q407 aus zwei und 11Q17 aus 42 Fragmenten (vgl. zu 11Q17 auch die Rekonstruktion in DJD XXIII). Aus Masada stammt ein Fragment (Mas 1k). Am besten erhalten ist die Handschrift 4Q405, bestehend aus 105 Fragmenten, darunter 23 bedeutendere).

Handschrift	paläogr. Datierung ca.
4Q400 = 4QShirShabb^a	75–50 v.Chr.
4Q401 = 4QShirShabb^b	um 25 v.Chr.
4Q402 = 4QShirShabb^c	um 25 v.Chr.
4Q403 = 4QShirShabb^d	30–1 v.Chr.
4Q404 = 4QShirShabb^e	50–25 v.Chr.
4Q405 = 4QShirShabb^f	75–50 v.Chr.
4Q406 = 4QShirShabb^g	(nicht datiert)
4Q407 = 4QShirShabb^h	75–50 v.Chr.
11Q17 = 11QShirShabb	30 v.–50 n.Chr.
Mas 1k = MasShirShabb	20–50 n.Chr. (Newsom/Yadin 1984)

Einführende Bemerkungen

Zusätzlich zu den Festgebeten hat sich eine überaus originelle und charakteristische Komposition erhalten, die Sammlung der „Sabbatopferlieder" (Šîrôt ʿÔlat ha-Šabbāt, vgl. etwa 4Q403 f1i,30; mitunter auch „Angelic Liturgy" o.ä.,). Die Anzahl der Manuskripte könnte ein Hinweis auf die Bedeutung des Werkes für die Qumrangemeinschaft sein. Ob es dort auch entstanden ist, muss offen bleiben, da es außer der wiederkehrenden Überschrift למשכיל, la-maśkîl, „für den Einsichtigen (o. Unterweiser)", die sich oft in genuinen Qumranschriften findet, keine sicheren Anzeichen dafür gibt (anders Dimant, die den Text zu den genuinen Qumranschriften zählt).

Eine der eindrucksvollsten und wahrscheinlich die einflussreichste Interpretation dieser Handschriften stammt von Carol Ann Newsom, die auf der Grundlage der Vorarbeiten von John Strugnell (und Adam S. van der Woude) das Werk materiell rekonstruiert hat (1985). Die großen Schwierigkeiten, die das Material der Analyse bietet, sind von ihr hervorragend gemeistert worden. Es schmälert Newsoms Leistung denn auch in keiner Weise, wenn das abschließende Urteil über die Rekonstruktion – insbesondere der z.T. überaus fragmentarischen (und mitunter zu ergänzenden Texte) aus Höhle 4 – vielleicht noch nicht gesprochen ist und die folgenden Ausführungen unter dem Vorbehalt der Richtigkeit ihrer Theorie stehen.

Nach NEWSOM bestehen die „Songs of the Sabbath Sacrifice" aus 13 einzelnen Kompositionen, die den ersten dreizehn Sabbaten des Jahres (4 × 13 = 52) zugeordnet sind. Jedes Lied beginnt mit einer Anrufung der Engel, Gott zu loben und enthält eine Beschreibung der Engel, ihres Lobes und der himmlischen Sphäre, vgl. das folgende Schema und das darauffolgende Beispiel.

1. *Überschrift*: „Für den *maśkîl*." [s. dazu o. 6.1.5] und genaue Bezeichnung des Liedes.
2. *Aufruf zum Lobpreis*: Lobet (*hallᵉlû*)+ Gottesbezeichnung und Vokativ (Engelbezeichnung)
3. *Weitere(r) Aufruf(e)*: Imperativ(e)
4. *Hauptteil* des Liedes (je nach Stellung stilistisch und inhaltlich unterschiedlich).

⁶Für den Einsich[tigen. Lied für das Opfer] des zwölften Sa[bba]ts, [am einunzwanzigsten (Tag) des dritten Monats. Lobt den Gott der/des ...] ⁷[...], und erhebt ihn gemäß der Herrlichkeit in der Wohns[tatt des Gottes] der Erkenntnis. Die Cheruben fallen vor ihm nieder und preisen, wenn sie aufstehen, ein Schall von Gottesstille ⁸[wird gehört] und eine Menge von Jubel, wenn sie ihre Flügel erheben, ein Schall von Gottesstille ... (4Q405 f20ii-22:6-8)

Der gesamte Zyklus scheint dabei in drei Teile zu zerfallen: a) Lieder 1–5, b) Lieder 6–8 und c) Lieder 9–13. In deren Mitte stellt das 7. Lied (zusammen mit dem 12. u. 13. am Ende) den Höhepunkt dar:

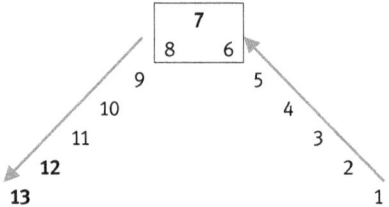

Die ersten fünf Lieder beschreiben die Einsetzung der Priesterengel, ihre Aufgaben und ihren Lobpreis, in Lied 5 im eschatologischen Kontext. In den letzten fünf Liedern wird das himmlische Heiligtum beschrieben, schließend mit zwei längeren Liedern über den göttlichen Thronwagen (Lied 12) vgl. Ez 1; 10; 1Kön 19) und über die Hohepriester-Engel und ihre Opfern (Lied 13).

Die im Zentrum stehenden Lieder 6–8 unterscheiden sich von diesen 10 Liedern. Lied 6 und 8 sind geradezu gespiegelt, sie enthalten formelhafte Lobpreis- und Segensworte der sieben „obersten Anführer" und der sieben „Vizeanführer" (s. gleich). Lied 7 beginnt mit einem Aufruf zum Lobpreis an die sieben „Rat(sversammlung)" (o. „Kreis": סוד, *sôd*) genannten Abteilungen der Engel, so dass die einzelnen Teile und Strukturen des himmlischen Tempels selbst den Preis von sich geben (SCHÄFER 2009, 133 = dt. 2011, 191: „den architektonischen Elementen des Tempels wird Leben eingehaucht, sie werden zu beseelten, preisenden Geschöpfen wie die Engel."). Am Ende des Lieds wird das Innerste des Heiligtums (d^{e}ḇîr) beschrieben, mit Streitwagen, „Rädern (?)" ('ôpannîm) und Cheruben.

Die „göttlichen Engel" werden unterschiedlich bezeichnet, und man wird sich hüten, die verschiedenen Begriffe vorschnell miteinander zu identifizieren: אלים, 'elîm, „Gottwesen", אלהים, ᵃlôhîm, „Götter", מלאכים, mal'ākîm, „Engel (o. Boten)", קדושים, q^{e}dôšîm, „Heilige", רוחות/רוחים, rûḥôt/rûḥîm, „Geister", aber auch כוהנים, kôh^{a}nîm, „Priester", und משרתי פנים, m^{e}šār^{e}tê pānîm, „Diener des Angesichts". Sind dabei immer nicht-menschliche Wesen gemeint? – Die Anführer, wohl dem irdischen Vorbild entsprechend, sind die sieben נשיאי רוש, n^{e}śî'ê rôš, „obersten Anführer", bzw. נשיאי משנה, n^{e}śî'ê mišnæh, „Vizeanführer". Die Engel erscheinen in erster Linie so, als ob sie für das Lob Gottes berufen worden wären und dazu über priesterliche Funktionen verfügen. Ähnlich wie in anderen Qumrantexten finden sich Hinweise darauf, dass die Engel im eschatologischen Krieg eine Rolle spielen werden. Ihre Tätigkeiten umfassen auch auf das Lehren, ja sogar das Darbringen des Opfers im himmlischen Heiligtum (vgl. dazu auch 11QShirShabb f21–22 [= IX],4–9, im Text des Liedes für den 13. Sabbat).

> ³[...] Wohlgefallen/Wille [...] all ih[r]e Werke ⁴[...] für die Schlachtopfer der Heiligen [...] Duft ihrer Speiseopfer ⁵[...] und Du[f]t ihrer Gussopfer nach der Z[ahl ...] Reinheit, in einem heili[gen] Geist ⁶[...] Ewigkeiten in [Prunk und] Pracht für [...] wunderbar, und ein Abbild von Brustschildern von ⁷[...] prächtige Garne [...] buntgewirkt wie Gewe[btes ...] rein gesalzen (s. Ex 30,35/Lev 2,13/Num 18,19), Gefärbtes von ⁸[...] ᴾʳᵘⁿ[ᵏ und] Pracht [...] für Formen [...] Ephod.

Ob, und wenn ja, wie die Sabbatopferlieder in der realen Liturgie der Qumrangemeinschaft rezitiert wurden, muss offen bleiben. Dagegen spricht vielleicht am klarsten das Fehlen der restlichen 39 Sabbatlieder. Auch ob die Lieder anstelle eines Opfers bzw. als dessen Ersatz gesungen wurden (zuerst VAN DER PLOEG, MAIER u.a.), bleibt reine Spekulation. – CORBIN: In den Sabbatopferliedern „[the] celestial *imago templi* arises in a form which accords with the scope of the angelic liturgy and with the hidden reality of a hierohistory that resuscitates from the fallen Temple the figure of the ideal Temple reserved for god, angels, and the righteous." (1986, 298; vgl. in diesem Sinne und weiterführend ANGEL 2010). Was sicher aus ihnen rekonstruiert werden kann, ist die komplexe Vorstellung der Verfasser vom Mit- oder Ineinander des irdischen Gottesdienstes und der himmlisch-transzendenten Gemeinschaft der göttlichen Wesen. Nicht immer ist klar, ob von einem Menschen oder von einem Engelwesen die Rede ist.

Die Sabbatopferlieder weisen verschiedene Parallelen zu anderen Qumrantexten auf, die engsten vielleicht zu den „Words of the Luminaries" (4Q504–506). Sprachliche Hinweise (vgl. zur Sprache allgemein ausführlich die Beiträge von

MIZRAHI) führen dabei durchaus auch auf genuine Qumrantexte, die bei der Abfassung bereits vorgelegen haben könnten (doch s.o. die Einwände von NEWSOM). Einige Vorstellungen finden sich in der späteren jüdischen *Hêkālôt-* [bzw. *Mærkābāh-*] Mystik wieder, an deren Entwicklungsbeginn Werke wie die Sabbatopfer gestanden oder doch zumindest Pate gestanden haben könnten (SCHÄFER). Die Diskussion um die Absicht des ganzen Werkes scheint freilich noch lange nicht abgeschlossen zu sein, vielmehr steht die Diskussion der dahinter stehenden Konzepte in vielem noch an ihrem Beginn.

7.1.7 Segens- und Fluchworte (*B^{e}rākôt*/Berakhot; Blessings [and Curses] 4Q286–4Q290, 4Q280?)

Textausgaben, Übersetzungen und Kommentare: DJD XI, 1–74 (NITZAN). DJD XXIX, 1–8 (4Q280; NITZAN) ▪ James R. DAVILA, Liturgical Works (s.o.), 2000, 41–82.
Literatur: James L. KUGEL, Hatred and Revenge, in: DERS., In Potiphar's House. The Interpretive Life of Biblical Texts, San Francisco/Calif. 1990, 214–46. ▪ Józef T. MILIK, Milki-sedeq et Milki-resha' dans les anciens écrits juifs et chrétiennes, JJS 23 (1972) 97–144. ▪ DERS., 4Q Visions de 'Amram et un citation d'Origène, RB 79 (1972) 77–97. ▪ Bilhah NITZAN, 4QBerakhot[a–e] (4Q286–290). A Covenantal Ceremony in Light of Related Texts, RdQ 16/64 (1995) 487–506. ▪ DIES., The Textual, Literary and Religious Character of 4QBerakhot (4Q286–290), in: The Provo International Conference on the Dead Sea Scrolls (hg.v. D. PARRY, StTDJ 30), Leiden 1999, 636–56.

Handschriftlicher Befund

Handschrift	paläogr. Datierung ca.
4Q280 = 4QCurses (Ber[f]/Blessings[f]?)	um 50 v.Chr.
4Q286 = 4QBer[a]/Blessings[a]	um 50 n.Chr.
4Q287 = 4QBer[b]/Blessings[b]	um 50 n.Chr.
4Q288 = 4QBer[c]/Blessings[c]	um 50 n.Chr.
4Q289 = 4QBer[d]/Blessings[d]	20–50 n.Chr.
4Q290 = 4QBer[e]/Blessings[e]	um 50 n.Chr.

Mutmaßlicher Aufbau der „Segens- und Fluchworte"
Bei dem im Folgenden wiedergegebenen Aufbau der Schrift handelt es sich um den Rekonstruktionsversuch Bilhah NITZANS aus DJD XI:

4Q286 / 4QBer^a f1a, f1bi, f7–8[, f9?]	1. Kollektives Sündenbekenntnis
4Q286 / 4QBer^a f1a, f1bii–6	2. Segensworte:
4Q287 / 4QBer^b f1–5	Gott und seine Sterne – Engel – irdische Geschöpfe –
4Q286 / 4QBer^a f7i	das erwählte Volk
4Q286 / 4QBer^a f7ii	3. Fluchworte:
[= 4Q287 / 4QBer^b f6]	Belial u. sein Gefolge – der „Frevler" und die Söhne
4Q287 / 4QBer^b f7–10	Belials – Engel der Grube, Geist v. Abaddon – die Bekenner des Bösen
4Q286 / 4QBer^a f20a, f20b	
[= 4Q288 / 4QBer^c f1]	4. Gesetzesbestimmungen zum Bund
4Q286 / 4QBer^a f13, f14, f15, f17a, f17b	
4Q289 / 4QBer^d	5. Ausschlusszeremonie
4Q286 / 4QBer^a f9?	der sündigen Mitglieder der Gemeinschaft
4Q290 / 4QBer^e	6. Schluss

Dabei ist u.a. unsicher, wo sich die gesetzlichen Bestimmungen befanden, am Beginn (DAVILA) oder in der Mitte des Werks (NITZAN).

Einführende Bemerkungen

Unter dem Titel „Berakhot", „Segensworte", herausgegeben, handelt es sich bei 4Q286–290 um eine Sammlung von kunstvoll ausgestalteten Segens- und ebenso eindrücklichen Fluchworten. (nicht zu verwechseln mit 1QSb, der „Segensregel", auch nicht mit 11Q14, das mitunter 11QBerakhot genannt wurde). Aufgrund der wiederkehrenden Anrufe „Amen, Amen" zeigt sich ihr liturgischer Charakter, wenngleich es im Text selbst keinerlei Hinweise auf einen „Sitz im Leben" (oder der Literatur?) gibt.

Józef T. MILIK ordnete das Werk aufgrund seines Inhalts dem jährlich stattfindenden Fest der Bundeserneuerung zu, welches auch im Hintergrund von 1QS I–III vermutet wird (weitergehend und wohl zu optimistisch James R. DAVILA: Aus der S und D ähnlichen Sprache folge der genuin qumranische Charakter der Berakhot, Parallelen zu 1QS II wiesen auf einen kultischen Kontext, ja, „The Berakhot is another formulation of the sectarian covenant renewal ceremony celebrated during the Festival of Weeks." Das gilt natürlich nur, wenn man das Fest auch dort findet. – Ähnlichkeiten mit der mystischen *Hêḵālôt*- [bzw. *Mærkāḇāh*-] Literatur eröffnen lt. Davila gar die Möglichkeit, „that the songs sung in the Berakhot were considered to be angelic hymns of mystical significance", vielleicht die Texte der in den „Songs of the Sabbath Sacrifice" [4Q400–407] genannten Gesänge. Vor allem diese letzte Vermutung gehört wohl doch in den Bereich der Spekulation).

Nach Wortschatz und theologischen Kennzeichen gehören die Segens- und Fluchworte eindeutig zu den genuinen Qumranschriften. 4Q287 f7ii,1 erwähnt den „Rat des *Yahad*" (היחד עצת, *ʿaṣat ha-Yaḥad*), 4Q288 f1,1 vielleicht die „[Män]ner des *Yahad*" (היחד שי[אנ], [*ʾan*]*šê ha-Yaḥad*).

Grundlegend für die Bestimmung der Gattung sind natürlich die Kapitel Dtn 27f. (und die Vision Ezechiels, s. gleich), außerdem steht sprachlich und sachlich die S-Tradition (1QS I–III) im Hintergrund, hinzu kommen vergleichbare Abschnitte der Damaskusschrift. Doch auch die Sabbatopferlieder sind den Texten nah verwandt (4Q400–407). Sollten den Berakhot diese Schriften schon vorgelegen haben, was immerhin wahrscheinlich ist, so handelt es sich um eine späte Zusammenstellung verschiedener theologischer Topoi für einen liturgischen Kontext – gleich ob dieser real oder ideal bzw. transzendent gedacht worden ist. Es folgen einige charakteristische Abschnitte aus dem Werk. Zuerst wird ein Fragment zitiert, das die Vision des himmlischen Thronsaals Gottes enthält, eine Paraphrase der bekannten Ezechiel-Vision. Das Textstück ist ein Beispiel für die Art der mystischen Gotteserkenntnis der Gemeinschaft (4Q286 f1ii,1–9):

> ¹[...] der Sitz deiner Glorie und die Fußschemel deiner Herrlichkeit in den [H]öhen deines Standorts, und Trittpla[tz] ²deiner Heiligkeit und Wagen deiner Herrlichkeit. Ihre Cherubim (?) und ihre Räder und all [ihre] Geheimnisse, ³Fundamente von Feuer und Funken von Feuerschein (vgl. Dan 3,22; 7,9) und Lichtstrahlen von Glanz, brennende Lichter und wunderbare Himmelsleuchten, ⁴[Pr]unk und Pracht und Erhabenheit der Ehre, heiliges Fundament und Qu[elle des Licht]glanzes und herrliche Erhabenheit, wunderbare ⁵Gebete, Ansammlung von Machttaten, Pracht von Lobgesängen und Größe von Furchtbaren Dingen und Heilunge[n ...] ⁶und wunderbaren Werken, Fundament von Weisheit und Abbild der Erkenntnis und Quelle der Einsicht, Quelle von Klugheit ⁷und heiliger Ratschluss wahres und Fundament, Schatz des Verstands, Gebäude der Gerechtigkeit und Standort ⁸großer Redlichkeit ⁸Gnadenerweise und Ergebenheit von Güte und wahrhafte Gnadenerweise und ewiges Erbarmen und wun[derbare] Geheimnisse ⁹[...] bei ihrem Erscheinen, und heilige Wochen in ihrer Anordnung ...

Ein anderes Fragment lobt die Schöpfungsordnung. Nach dem doppelten Amen (Z. 8) ist eine Aufzählung vorstellbar, die alle Kreatur zum Gotteslob aufrufen möchte, wie es in manchen biblischen und anderen poetischen Texten zu beobachten ist (4Q286 f5,1–10):

> ¹[...] die Erde und alles, was[s auf ihr ist, der Erdkreis und alle], die darin wohnen, der Erdboden und alle seine Formen ...] ²[die Erde und al]les Lebende (?), [die Berge und al]le Hüg[el, die T]äler und alle Wasserläufe, das trock[ene] Land [...] ³Urtiefe[n,] schattige Wälder und alle trock[enen] Wüsten [...] ⁴Und [...] und Grundfesten ihres B[auw]erks, ⁵[... ihr]e Frucht, hohe Bäume und alle Zedern des Liban[on ...] ⁶[... Neu]wein und Frischöl und alle Er[t]rä[g]e [...] ⁷[...] und alle Weihegaben des Erdkreises in den zw[ölf] Monaten [...] ⁸[... d]ein

> Wort. Amen, Amen! (*vacat*) ⁹[...] und Gebilde des Wassers, Quellen der Urflut [...]¹⁰[...] und alle Flußtäler, tiefe Flüsse [...].

Der Text enthält neben dem Lobpreis mindestens ebenso signifikante Flüche, die sich gegen Belial und sein Gefolge richten. Der folgende Ausschnitt (4Q286 f7ii,1–10) zeigt die dualistische Sichtweise des Werkes und dabei zugleich die Vielfalt in der Benennung des Bösen (vgl. 4QVisAmram ar, darin den Hinweis auf die drei Namen des Gegners: *Malkî-Ræsaʻ*, Belial [?] und Fürst der Finsternis [?], s.o. 3.3.1):

> ¹... Und dann sollen sie Belial verdammen ²und das ganze Los seiner Schuld. Und sie sollen anheben und sprechen: „Verflucht sei [Be]lial wegen des [De]nkens seiner Anfeindung, ³und verdammt sei er wegen der Herrschaft seiner Schuld. Verflucht seien alle Geister seines [Lo]ses wegen des Denkens ihres Frevels, ⁴und verdammt seien sie wegen der Gedanken ihrer sexuellen [U]nreinheit! Denn [sie sind das Lo]s der Finsternis, und ihre Heimsuchung ⁵erfolgt zu ewigem Verderben. Amen, Amen!" (*vacat*) „Und verflucht sei der Frev[ler wegen aller Zeiten] seiner Herrschaften, und verdammt ⁶seien alle Söhne Beli[als] wegen aller Verschuldungen ihres Dienstes, bis sie vertilgt werden [auf immer! Ame]n, Amen!" (*vacat*) ⁷Und [sie sollen fortfahren und sprechen: „Verflucht seist du, Enge]l des Verderbens und Gei[st des Abg]runds, wegen al[l]es Denkens des Sinnes [deiner Sch[uld] ⁸[und wegen ...] und des Rats [deines] Frevels! [Und ver]dammt seist du wegen der Wa[cht deiner Ungerechtigeit(?) ...] ⁹[... und der] Herrschaft [deiner Schuld und Bosheit], wegen aller Befleckungen des Totenreich]s und w[egen der Vorhaltungen der Zerstöru]ng ¹⁰[und wegen der Schan]den der Vernichtung, oh[ne Rest und ohne] Vergebung durch den Zorn des Grimms [Gottes für al]le [Ewigkeit]en. Amen, Amen!"

Der Aufbau stellt einen Fluch gegen Belial (Z. 2–5) zusammen mit einem gegen den „Frevler" (Z. 5–6) und einem gegen den „Engel des Verderbens" (Z. 7–10). Es ist nicht ganz klar, ob es sich bei dem verfluchten „Frevler" um Belial selbst oder um eine andere, irdische Negativfigur handelt. Doch nicht nur böse Geistwesen, sondern auch Engel sind während der Liturgie der Segens- und Fluchworte präsent. Diese halten auch selbst himmlische Gottesdienste (4Q287 f2,3–13, z.T. ergänzt aufgrund 4Q286 f12):

> ³[... die Mauern] ihrer ehrenhaften Vorhallen, ihre wunderbaren Tore ⁴[...] Feuerengel und Wolkengeister [...] ⁵[... Gl]anz des Buntgewirkten von allerheilig[sten] Geistern [...] ⁶[... die aller]heiligsten [Geister bejubeln] alle Festzeit[en ...] ⁸[... und preisen] den herrlichen Namen dein[er] Gottheit [...] ⁹[...] und alle heili[gen] Diener [...] ¹⁰[...] in der Vollkommenheit ih[rer] Taten [...] ¹¹[...] in den Palästen de[iner Gottheit ...] ¹²[...] al[l deine Dien[er ...in] ihrer [glänzenden] Pracht, deine Engel [...] ¹³[... die Geister] deiner Heiligkeit in ihren wunderbaren Wohnungen, deine gerechten Engel [...]

7.2 Poetische Texte nichtliturgischer Art

Unter den Qumrantexten finden sich poetische Bücher, über deren liturgischen Gebrauch wenig bekannt ist. Zu ihnen gehören neben Psalmen, Klagen und weisheitlicher Literatur auch die vielleicht „ureigenste" poetische Äußerung aus Qumran, die Hodajot.

7.2.1 Psalmentexte

Textausgaben und Übersetzungen: *4Q88:* DJD XVI, 85–106 (SKEHAN / ULRICH / FLINT). ▪ PTSDSSP 4A: 201–11 (SANDERS / CHARLESWORTH / RIETZ). ▪ *4Q448:* DJD XI, 403–25 (E. ESHEL / H. ESHEL / YARDENI), und s.o. ▪ *11QPs^a:* DJD IV (SANDERS). ▪ PTSDSSP 4A, 155–215 (SANDERS / CHARLESWORTH / RIETZ). ▪ Eva JAIN, Psalmen oder Psalter? (StTDJ 109), Leiden 2014.
Literatur: Ulrich DAHMEN, Psalmen- und Psalter-Rezeption im Frühjudentum. Rekonstruktion, Textbestand, Struktur und Pragmatik der Psalmenrolle 11QPs^a aus Qumran (StTDJ 49), Leiden u.a. 2003. ▪ Peter W. FLINT, The Dead Sea Psalms Scrolls and the Book of Psalms (StTDJ 17), Leiden 1997. ▪ Eva JAIN, Psalmen oder Psalter (s.o.), 2014. ▪ Matthew MORGENSTERN, The Apostrophe to Zion. A Philological and Structural Analysis, DSD 14 (2007) 178–98. ▪ Robert POLZIN, Notes on the Dating of the Non-Masoretic Psalms of 11QPs^a, HThR 60 (1967) 468–76. ▪ Eric D. REYMOND, New Idioms within Old. Poetry and Parallelism in the Non-Masoretic Poems of 11Q5 (= 11QPs^a) (EJIL 31), Atlanta/Ga. 2011. ▪ James A. SANDERS, Variorum in the Psalms Scroll, HThR 59 (1966) 84–94. ▪ DERS., Cave 11 Surprises and the Question of Canon, in: New Directions in Biblical Archaeology (hg.v. D.N. FREEDMAN und J.C. GREENFIELD), Garden City/N.Y. 1969, 101–16. ▪ Patrick W. SKEHAN, Qumran and Old Testament Criticism, in BEThL 46, 163–82. ▪ Gerald H. WILSON, The Qumran Psalms Scroll Reconsidered. Analysis of the Debate, CBQ 47 (1985) 624–42.

7.2.1.1 Die Psalmenhandschriften, insb. 11QPs^a und Sonderüberlieferungen

Verschiedene Handschriften aus Qumran sind stilistisch eng mit dem biblischen Psalter verwandt und beziehen ihr sprachliches Material offenbar von dort, einige werden sogar unter dem Titel Psalmen überliefert. Bestes Beispiel für den letzteren Fall sind die „apokryphen Psalmen" (11Q11, 11QApocryphal Psalms, mitunter „A Liturgy for Healing the Stricken") oder auch die große Psalmenrolle aus Höhle 11 (11QPs^a = 11Q5). In ihr findet sich neben den bekannten biblischen Psalmen auch einiges bisher unbekanntes Material.

Handschriftlicher Befund

Handschrift	paläogr. Datierung ca.
4QPs^f (non-masoretic Psalms; 4Q88)	um 50 v.Chr.
11QPs^a (11Q5)	30–68 n.Chr.
11QApocryphal Psalms (11Q11)	50–70 n.Chr.

Die Gemeinschaft von Qumran hat offenbar nicht zwischen den später „biblischen" und den übrigen Psalmen der Psalmenrolle unterschieden. Auch wenn mitunter die Position vertreten wird, es handele sich etwa bei 11QPs^a um eine speziell liturgisch angeordnete Handschrift (und also nicht um eine Psalterhandschrift im engeren Sinne), ist es doch überaus wahrscheinlich, dass 11QPs^a ein Beispiel für den sich offenkundig in mancherlei Hinsicht noch herausbildenden Kanon ist (– der sozusagen „offen-geschlossenen" ist: SANDERS 1969, WILSON 1985, FLINT 1997). Der Überschuss von 11QPs^a besteht aus:

i.	11QPs^a XVIII	Psalm 154 (sog. „2. syr. Psalm")
ii.	11QPs^a XIX,1–18	„Plea for deliverance" („Bitte um Erlösung")
iii.	11QPs^a XXI,11–17	Sirach 51,13–20 (+ 11QPs^a XXII,1 = Sir 51,30)
iv.	11QPs^a XXII,1–15	„Apostrophe to Zion" („Apostrophe [„Hinwendung"] zum Zion")
v.	11QPs^a XXIV,1–18	Psalm 155 (sog. „3. syr. Psalm")
vi.	11QPs^a XXVI,9–15	„Hymn to the Creator" („Loblied an den Schöpfer")
vii.	11QPs^a XXVII,2–11	„David's Compositions" („Davids Kompositionen")
viii.	11QPs^a XXVIII,3–12.13f.	Psalm 151 A.B (vgl. LXX, auch „1. syr. Psalm")

Der apokryphe *Ps 151* (*viii.*, zugleich der „1. syrische Psalm") war – in abweichender Textform – bereits in griechischer Sprache aus der Septuaginta bekannt, der „2." und „3. syrische Psalm" (*i.*, *v.*, = *Ps 154–155*) aus späteren syrischen Handschriften. *Sirach 51* (*iii.*) kannte man ebenfalls in griechischer Form, jedoch mit beträchtlichen Abweichungen gegenüber der hier nun gefundenen hebräischen Passage (zu *i.* Ps 154, *iii.* Sir 51, *vi.* „Hymn to the Creator" und *vii.* „David's Compositions vgl. u. 8.1.2.)

Die „Bitte um Erlösung" (*ii.*, *„Plea for Deliverance"*) ist eine zusammengesetzte eigene Dichtung, in der sich Elemente der Danksagung und der Fürbitte finden. Sie wird u.a., wie auch der folgende Abschnitt, außerdem von 4QPs^f = 4Q88 bezeugt.

Bei *iv.*, *„Apostrophe to Zion"*, handelt es sich, wie bei Sir 51, um ein Akrostichon (d.h. die Anfangsbuchstaben der Verse folgen der Buchstabenreihenfolge im Alphabet). „Apostrophe" bezeichnet dabei ein rhetorisches Stilmittel, das die Hinwendung des Sprechers zu einer bestimmten Gestalt oder Gruppe beschreibt, in diesem Falle den Zion. Aufgrund verschiedener Hinweise, darunter vor allem einiger auf das Buch Daniel, wird man die Entstehung des Stücks in ḥasidischen Kreisen, etwa gegen Ende der 160er Jahre v.Chr., vermuten dürfen.

Der kleine „*Hymn to the Creator*" (*vi.*) ist ein Loblied, das an seinem Ende Jer 10,12f. (= 51,15f.) und Ps 135,7 aufnimmt (s.u. 8.1.2).

„Davids letzte Worte" (2 Sam 23,7, zit. in 11QPs^a XXVII,1) schließlich werden gefolgt von einem „*Davids Compositions*" genannten prosaischen Stück (vii.). Die von David verfassten Psalmen begleiten, ja interpretieren geradezu den Opferkult am Tempel, und sie sind genau dem 364-Tage-Kalender zugeordnet. David wird auch als Autor weiterer poetischer Werke angesehen – ist er doch im Besitz der Gabe der Prophetie (נבואה, *n^eḇûʾāh*), so dass seine Dichtungen prophetischen Charakter tragen. Das bedeutet wiederum, dass sie als inspirierte Gottesworte in Form eines Peschers ausgelegt werden können. Hier sei dieses „Werkeverzeichnis" kurz wiedergegeben (11QPs^a XXVII,2–11):

> ²... Und David, der Sohn Isais, war weise und strahlte wie das Sonnenlicht, ein Schreiber, ³[(*vacat*)] verständig und vollkommen auf all seinen Wegen vor Gott und den Menschen. Und es gab ⁴[(*vacat*)] ihm JHWH einen verständigen und strahlenden Geist. Und er schrieb Psalmen: ⁵3600; und Lieder, zu singen vor dem Altar zum regelmäßigen ⁶Brandopfer für jeden einzelnen Tag, für alle Tage des Jahres: 364; ⁷und zur Opfergabe der Sabbate 52 Lieder; zur Opfergabe der Anfänge der ⁸Monate und für alle Festtage und für den Versöhnungstag: 30 Lieder. ⁹Und die Gesamtzahl der Lieder, die er gesagt hatte, betrug 446. Dazu Lieder, ¹⁰zu spielen zu „*ha-p^egûʿîm*" [„die Besessenen"]: vier. So betrug die Gesamtzahl 4050. ¹¹All diese sprach er durch prophetische Gabe, die ihm vom Höchsten her gegeben war.

Ein Teil von Ps 154 (s.u. 8.1.2) steht auch auf einem schwierig zu interpretierenden Fragment aus Höhle 4, 4Q448. Es besteht aus drei Kolumnen, in denen sich apokryphe Psalmen und eine Fürbitte befinden. In Kol I (A) finden sich Verse aus Ps 154. Kol. II–III (B–C) enthalten eine Fürbitte, in der zweimal „König Jonathan" (יונתן המלך, *Yônāṯān ha-mælæḵ*; II,8; III,3) auftaucht – entweder Alexander Jannai (103–76 v.Chr.) oder Jonathan der Makkabäer (160/59–143 v.Chr.), je nach Datierung des Fragments. Vgl. dazu o. 5.2.1 und u. 9.3.3.

7.2.1.2 Die nicht-kanonischen Psalmen (Non-canonical Psalms, 4Q380–4Q381)

Textausgaben, Übersetzungen und Kommentare: DJD XI, 75–172 (SCHULLER). ▪ PTSDSSP 4A, 1–39 (SCHULLER). ▪ Eileen M. SCHULLER, Non-Canonical Psalms from Qumran. A Pseudepigraphic Collection (HSS 28), Atlanta/Ga. 1986.

Literatur: Mika S. PAJUNEN, The Land to the Elect and Justice for All. Reading Psalms in the Dead Sea Scrolls in Light of 4Q381 (JAJ.S), Göttingen 2013. ▪ DERS., The Use of Different Aspects of the Deuteronomistic Ideology in Apocryphal Psalms, in: Changes in Scripture (hg.v. H. VON WEISSENBERG, J. PAKKALA u. M. MARTTILA; BZAW 419), Berlin 2011, 347–67. ▪ Eileen M.

SCHULLER, 4Q380 and 4Q381. Non-Canonical Psalms from Qumran, in: The Dead Sea Scrolls. Forty Years of Research (hg.v. D. DIMANT u. U. RAPAPORT; StTDJ 10), Leiden 1992, 90–100.

Handschriftlicher Befund

Handschrift	paläogr. Datierung ca.
4QNon-Canonical Psalms A (4Q380) (insgesamt 7 Fragmente)	125–50 v.Chr.
4QNon-Canonical Psalms B (4Q381) (insgesamt 110 Fragmente)	um 75 v.Chr.

Einführende Bemerkungen

Die zwei Handschriften 4Q380–4Q381 wurden von der Herausgeberin Eileen SCHULLER unter dem Titel „Nicht-kanonische Psalmen" (zur Problematik der Bezeichnung vgl. PAJUNEN) herausgegeben. Auf den Fragmenten sind Dichtungen im Stil der biblischen Psalmen (SCHULLER: „modeled on the biblical psalter in content, theme, and structure") zu lesen, darunter jedoch kein kanonischer. Für manche Abschnitte sind Titel erhalten, einige schließen mit dem für Psalmen typischen Ausdruck selah. Einmal kommt die Gattungsbezeichnung „Fürbitte" (תפלה, tepillāh) vor (vgl. Ps 17,1 u.ö.), sonst dominiert die Bezeichnung „Loblied" (תהלה, tehillāh; vgl. Ps 145,1 u.ö.). Themen sind unter anderen der Zion, die Schöpfung, Klage und Bitte um Sündenvergebung. Die Entstehung der Lieder dürfte in die Zeit vor der Entstehung der Qumrangemeinde zurückreichen, wofür auch spricht, dass das Tetragramm verwendet wird.

Einen entscheidenden Fortschritt für die Deutung dürfte die jetzt vorliegende materielle Rekonstruktion der Handschrift 4Q381 durch Mika S. PAJUNEN (2013) bedeuten. Die 110 Fragmente bilden die letzten neun Kolumnen (à 20 Zeilen) der Rolle, deren Länge sich leider nur schwer schätzen lässt. Es ergeben sich acht aufeinander folgende Psalmen, deren Schluss fünf Königspsalmen darstellen, die einem „Mann Gottes" (PAJUNEN: David) und den Königen Hiskia, Manasse, Josia und Jojachin zugeschrieben werden. Dabei greift der (vermutlich: eine) Autor nachweislich auf die Bücher der Könige und der Chronik zurück. PAJUNEN vermutet einen didaktischen Zweck im Hintergrund und schließt eine Benutzung in der Qumrangemeinschaft nicht aus, wenngleich sich darauf positiv kein Hinweis finden lässt.

7.2.1.3 „Werke Gottes" und „Bekenntnis der Gemeinschaft" (4QWorks of God, 4Q392; 4QCommunal Confession, 4Q393)

Textausgaben und Übersetzungen: DJD XXIX, 23–61 (FALK). ▪ MAIER II, 359f.
Literatur: Daniel K. FALK, 4Q393. A Communal Confession, JJS 45 (1994) 184–207. ▪ DERS., Biblical Adaptation in 4Q392 Works of God and 4Q393 Communal Confession, in: The Provo International Conference on the Dead Sea Scrolls (hg.v. D. PARRY, StTDJ 30), Leiden 1999, 126–46. ▪ Bilhah NITZAN, Traditional and Atypical Motifs in Penitential Prayers from Qumran, in: Seeking the Favor of God (hg.v. M.J. BODA u.a.; EJIL 25), 3 Bde., Leiden 2007, 2,187–208.

Handschriftlicher Befund

Handschrift	paläogr. Datierung ca.
4QWorks of God (4Q392)	30 v.–20 n.Chr.
4QCommunal Confession (4Q393)	30 v.–20 n.Chr.

Die „Werke Gottes" („Works of God" 4Q392; früher „Liturgical Work 1") und das „Gemeinschaftliche Sündenbekenntnis" („Communal Confession" 4Q393; früher „Liturgical Work 2") sind Teile einer Rolle, die verschiedene poetische Texte enthielt (FALK), so auch biblische Psalmen und Fürbitten und den Hodajot ähnliche Texte.

Einführende Bemerkungen
Der Hymnus 4Q392 enthält zuerst eine – durch das Gegensatzpaar „Licht und Finsternis" geprägte – theologische Darlegung (f1,1–9):

> ¹[...] und Königreiche [...] ²[... G]ott und nicht zu weichen von [...] ³an seinem Bund haftet ihre Seele und [...] Worte [seines] Mundes [...] ⁴oben, und zu erforschen die Wege der Menschensöhne [o]hne Versteck(möglichkeit) für euch. Er schuf Finsternis [und Licht für sich,] ⁵und an seiner Stätte ist vollkommenes Licht und alles Dunkel lagert vor ihm. Nicht ist da zu trennen zwischen dem Licht ⁶und der Finsternis, denn (nur) für [Menschen]söhne hat er sie getrennt, für Li[cht] tagsüber und durch die Sonne, nachts Mond und Sterne. ⁷Bei ihm ist Licht ohne Grenzen und nicht ist zu erkennen [..., d]enn doppelt sind alle Werke Gottes. Wir ⁸sind Fleisch, wir erfassen, was bei uns [...] zu Zeichen und Anzeichen ohne Zahl. ⁹[... Win]dgeister und Blitze [... Di]ener des Allerheiligs[ten]vor ihm, gelagert (?) [...]

Weitere kleinere Fragmente des Textes preisen das Gottes Erbarmen, das sich in seinen Taten in der Geschichte zeigt. Wenn dieser Text von der Qumrangemeinschaft benutzt wurde (was trotz des Fehlens *genuin* qumranischer Merkmale gut möglich ist; vgl. FALK), bildet er einen wichtigen Hintergrund für die so häufigen, vor allem in definitiv dualistisch geprägten Stücken vorkommenden Begriffe

„Licht" (vgl. nur die „Söhne des Lichts") und „Finsternis" sowie ihr Verhältnis zueinander.

Das Sündenbekenntnis ist eine Textgattung, die aus dem Alten Testament bekannt ist, etwa aus Neh 9; Esr 9; Dan 9; Ps 106 oder auch Bar 1,15–3,8 (4Q393). Es ist im Allgemeinen durch vier Merkmale gekennzeichnet: 1. ein Bekenntnis der Sünden der Väter, 2. die Anerkennung des gerechten Gottesurteils, 3. eine Erinnerung an die Barmherzigkeit Gottes in der Geschichte und schließlich 4. Fürbitte um Gottes Erbarmen.

Die Beziehung der beiden Dichtungen zueinander ist unklar, auch deswegen, weil nicht klar ist, wie viele Texte und eigenständige Dichtungen das Manuskript ursprünglich enthielt. Gehört das Sündenbekenntnis 4Q393 wohl nicht zu den genuinen Qumranschriften, könnte das für die „Works of God" 4Q392 hingegen gut möglich sein. Beiden Texten gemeinsam ist das Bemühen der Autoren um ein ehrliches Sündenbekenntnis und ihre Sehnsucht nach dem Erbarmen Gottes.

7.2.2 Die sog. „Barkhi nafshi" (*bārᵃkî napšî*)-Texte (4Q434–4Q438)

Textausgaben und Übersetzungen: DJD XXIX, 254–334 (WEINFELD / SEELY).
Literatur: George BROOKE, Body Parts in Barkhi Nafshi and the Qualification for Membership of the Worshipping Community, in: Sapiential, Liturgical and Poetical Texts from Qumran (hg.v. D.K. FALK u.a.; StTDJ 35), Leiden 2000, 79–94. ▪ Mika S. PAJUNEN, From Poetic Structure to Historical Setting, in: Prayer and Poetry in the Dead Sea Scrolls and Related Literature (FS E. SCHULLER; hg.v. J. PENNER u.a.; StTDJ 98), Leiden 2012, 355–76. ▪ David R. SEELY, The Barki Nafshi Texts (4Q434–439), in: Current Research and Technological Developments on the Dead Sea Scrolls (hg.v. D.W. PARRY u. S.D. RICKS; StTDJ 20), Leiden 1996, 194–214. ▪ DERS., Implanting Pious Qualities as a Theme in the Barki Nafshi Hymns, in: DSSFYD (2000), 322–31. ▪ Barry D. SMITH, „Spirit of Holiness" as Eschatological Principle of Obedience, in: Christian Beginnings and the Dead Sea Scrolls (hg.v. J.J. COLLINS u. C.A. EVANS), Grand Rapids/Mich. 2006, 75–99. ▪ Moshe WEINFELD, Grace After Meals in Qumran, JBL 111 (1992) 427–40.

Handschriftlicher Befund

Handschrift	paläogr. Datierung ca.
4QBarkhi Nafshiᵃ = 4Q434	1–30 n.Chr.
4QBarkhi Nafshiᵇ = 4Q435	30 v.–68 n.Chr.
4QBarkhi Nafshiᶜ = 4Q436	50 v.–68 n.Chr.
4QBarkhi Nafshiᵈ = 4Q437	30 v.–68 n.Chr.
4QBarkhi Nafshiᵉ = 4Q438	50–25 v.Chr.

Zu materiellen Fragen vgl. außerdem DJD XXXIX, 312 (Überlappungen) sowie die Anfragen von PAJUNEN (2012, 356f. mit Anm. 7).

Einführende Bemerkungen

Bei den „Barkhi Nafshi"-Texten handelt es sich um die Sammlung von Dankeshymnen oder -gebeten. Der Name stammt vom Beginn der ersten Zeile des Werkes, 4Q434 f1i: „Lobe den Herrn, meine Seele!" (ברכי נפשי את־אדוני, $bār^ak\hat{i}\ nap\check{s}\hat{i}$ '$æt$-$^{\prime a}dônāy$), in Anlehnung an Ps 103 und 104 (vgl. dazu vor allem PAJUNEN 2012). Die Texte zeigen keine Hinweise auf eine Entstehung in der Qumrangemeinschaft, wenngleich eine solche nicht ausgeschlossen werden kann (so die Hypothese in DJD XXIX: „sectarian origin"). In theologischer Hinsicht ist hier die prominente Verwendung des „beschnittenen Herzens" sowie die – durchaus auch „körperliche" – Instandsetzung des Beters zu nennen (rekurrierend wohl auf die Wiederherstellung des Menschen nach Dtn 30,6; Jer 32f.; Ez 36 u.a.; vgl. SMITH 2006). George BROOKE (2000) hat daher erwogen, ob es sich bei 4Q434ff. um einen Text handeln könnte, der, obgleich seiner Meinung nach nicht-qumranischer Herkunft, sekundär zu den Texten gestellt worden ist, die von der körperlichen Beschaffenheit der Mitglieder der Qumrangemeinschaft sprechen (QS, QM, 4Q186 u.a.), vgl. Joseph und Asenet 16,16; 18,7–11.

Die Sprache der erhaltenen Dichtungen ist jedenfalls zutiefst biblisch; die Texte enthalten lange Zitate, insbesondere aus den Psalmen sowie den Büchern Jesaja und Jeremia. Die Herausgeber des Textes (David R. SEELY und Moshe WEINFELD) vermuten, dass innerhalb des Judentums von einer sog. „Barkhi Nafshi"-Tradition gesprochen werden kann. Ausgangspunkte dieser Tradition dürften Ps 103 und 104 sein; ihre Entwicklung kann bis ins Mittelalter verfolgt werden (FALK, DJD XXIX). Auf einen liturgischen Gebrauch der Sammlung gibt es keinen Hinweis, obwohl ein Stück darunter ist, das der Herausgeber der Entwicklungsgeschichte des jüdischen Gebets zuordnen konnte, 4Q434 f2:

> [1][...] sich zu erbarmen der trauernden armen (Stadt Jerusalem), die [...] [2]Nationen zum [Ver]derben und Völkerschaften rottet er aus, und Gottlose [...] neu [3]die Werke des Himmels und der Erde, und sie jauchzen und seine Herrlichkeit erfüllt [die ganze Erde.] Ihre [Schu]ld [4]wird er vergeben und (mit) viel G̶u̶ Gutem wird er sie trösten, und er und das Gutes des [...] zu essen [5]ihre Frucht und ihr Gutes. [(vacat)] [6]„*Wie einen seine Mutter tröstet, so will* er sie *trösten in/an Jerusal[em*" (*vgl.* Jes 66,13), wie ein Bräutigam] seine Braut. Auf ihr [7][wird auf e]wig einwohn[en ..., den]n sein Thron ist ewig und immerdar und seine Herrlichkeit [...] und alle Nationen [8][...] wird sein [...] und ihr [La]nd eine Wonne. [9][...] Prach[t ...]. Ich will preisen den [10][...]. Gepriesen ist der Name des Höchst[en. ... ? (vacat)] [11][...] Preise [...] deine Gnade über mir [12][...] auf die Tora hast du gegründet [13][...] das Buch deiner Vorschriften.

Laut Moshe WEINFELD (1992) weist dieses Textfragment enge Parallelen zur frührabbinischen Variante des „Tischsegens" („Grace after meals for Mourners") auf; etwa das Thema des Tröstens und der Verweis auf Jes 66,13; die Vernichtung der

Heiden, die Güte Gottes, ihre Folgen oder auch die Beständigkeit des Thrones Gottes (d.h. wohl des davidischen Königtums).

7.2.3 Die Hodajot: Danksagung der Gemeinde (*Hôdāyôt*, 1QH, 4QH)

Textausgaben, Übersetzungen und Kommentare: *1QH:* Eleazar L. SUKENIK, The Dead Sea Scrolls of the Hebrew University, Jerusalem 1955 (DSSHU). ▪ DJD I, 136–38 (MILIK). ▪ LOHSE I, 109–76. ▪ DJD XL (STEGEMANN/SCHULLER/NEWSOM). ▪ *4QH:* DJD XXIX, 69–232 (SCHULLER). ▪ Mathias DELCOR, Les hymnes de Qumrân (Hodayot). Texte Hébreu, introduction, traduction, commentaire, Paris 1962. ▪ Svend HOLM-NIELSEN, Hodayot: Psalms from Qumran (ATDan 2), Aarhus 1960. – Preisgünstige Studienausgabe des DJD-Texts: Eileen M. SCHULLER/Carol A. NEWSOM, The Hodayot (Thanksgiving Psalms). A Study Edition of 1QHª (SBL Early Judaism and Its Literature), Atlanta/Ga. 2012.
Literatur: Joseph L. ANGEL, Otherworldly and Eschatological Priesthood in the Dead Sea Scrolls (StTDJ 86), Leiden 2010. ▪ Jürgen BECKER, Das Heil Gottes. Heils- und Sündenbegriffe in den Qumrantexten und im Neuen Testament (StUNT 3), Göttingen 1963. ▪ Jean CARMIGNAC, Les éléments historiques des 'hymnes' de Qumrân, RdQ 2/6 (1960) 205–22. ▪ DERS., Les citations de l'Ancien Testament, et spécialement des Poèmes du Serviteur, dans les Hymnes de Qumrân, RdQ 2/7 (1960) 357–94. ▪ DERS., Étude sur les procédés poétiques des Hymnes, RdQ 2/8 (1960) 515–32. ▪ John J. COLLINS/Devorah DIMANT, A Thrice-Told Hymn, JQR 85 (1994) 151–55. ▪ Michael C. DOUGLAS, The Teacher Hymn Hypothesis Revisited. New Data for an Old Crux, DSD 6 (1999) 239–66. ▪ DERS., Power and Praise in the Hodayot. A literary critical study of 1QH 9:1–18:14, Diss. Chicago/Ill. 1998. ▪ Angela K. HARKINS, Who is the Teacher of the Teacher Hymns? Re-examining the Teacher Hymns Hypothesis Fifty Years Later, in: A Teacher for All Generations. Essays in Honor of James C. VANDERKAM (hg.v. E.F. MASON, JSJ.S 153), Leiden 2012, 449–67. ▪ DIES., Reading with an „I" to the Heavens. Looking at the Qumran Hodayot through the Lens of Visionary Traditions (Ekstasis 3), Berlin 2012. ▪ Julie A. HUGHES, Scriptural Allusions and Exegesis in the Hodayot (StTDJ 59), Leiden 2006. ▪ J. Philip HYATT, The View of Man in the Qumran 'Hodayot', NTS 2 (1955/56) 276–84. ▪ Gert JEREMIAS, Der Lehrer der Gerechtigkeit (StUNT 2), Göttingen 1963. ▪ Bonnie P. KITTEL, The Hymns of Qumran (SBL.DS 50), Chico/Calif. 1981. ▪ Reinhard G. KRATZ, Gottes Geheimnisse. Vorherbestimmung und Heimsuchung in den Texten vom Toten Meer, in: Vorsehung, Schicksal und göttliche Macht (hg.v. DEMS. u. H. SPIECKERMANN), Tübingen 2008, 125–46. ▪ Heinz-Wolfgang KUHN, Enderwartung und gegenwärtiges Heil. Untersuchung zu den Gemeindeliedern von Qumran (StUNT 4), Göttingen 1966. ▪ Günther MORAWE, Aufbau und Abgrenzung der Loblieder von Qumran, Berlin 1961. ▪ Carol A. NEWSOM, The Self as Symbolic Space. Constructing Identity and Community at Qumran (StTDJ 52), Leiden 2004. ▪ Émile PUECH, Quelques aspects de la restauration du Rouleau des Hymnes (1QH), JJS 39 (1988) 38–55. ▪ DERS., Art. Hodayot, in: EDSS 1 (2000), 365–69. ▪ Eileen M. SCHULLER, A Hymn from a Cave Four Hodayot Manuscript. 4Q427 7 i+ii, JBL 112 (1993) 605–28. ▪ DIES., Some Contributions of the Cave Four Manuscripts (4Q427–432) to the Study of the Hodayot, DSD 8 (2001) 278–87. ▪ DIES./Lorenzo DITOMMASO, A Bibliography of the Hodayot 1948–1996, DSD 4 (1997) 55–101. ▪ Hartmut STEGEMANN, Rekonstruktion der Hodajot, Diss. Heidelberg 1963 (unveröffentlicht). ▪ DERS., The Material Reconstruction of 1QHodayot, in: DSSFYD (2000), 272–84. ▪ DERS., The Number of Psalms in *1QHodayot*ª and Some of their Sections,

in: Liturgical Perspectives. Prayer and Poetry in Light of the Dead Sea Scrolls (hg.v. E.G. CHAZON u.a.; StTDJ 48), Leiden 2003, 191–234. ▪ John STRUGNELL/Eileen SCHULLER, Further *Hodayot* Manuscripts from Qumran?, in: Antikes Judentum und frühes Christentum (FS H. STEGEMANN, hg.v. B. KOLLMANN u.a., BZNW 97), Berlin 1999, 51–72.

ℹ Handschriftlicher Befund

Einer der schon 1947 gefundenen Texte erwies sich als Rest einer aus hymnischen Kompositionen bestehenden, auf Hebräisch verfassten großen Sammlung. Aufgrund der häufig vorkommenden Einleitungsformel (כיא) אודכה אדוני (*'ôdekāh 'adônāy [kî]*, „ich danke dir, Herr, [dass]") erhielt sie den Namen „Hodajot", dt. „Loblieder", engl. meist „Thanksgiving Scroll". Aus den Fragmenten rekonstruierte der Erstherausgeber des Textes, Eleazar SUKENIK, 1955 einen Text mit 18 Kolumnen, weitere 66 Fragmente wurden von ihm nicht eingeordnet. Zwei Schreiberhände konnten identifiziert werden.

Handschrift	paläogr. Datierung ca. (DJD XXXIX/É. PUECH)
1QHodayot^a = 1QH^a (oft: 1QH)	30–1 v.Chr. (2 herod. Hände)/PUECH: um 0
1QH^b = 1Q35	*nicht datiert*/PUECH: um 0
4QH^a = 4Q427	75–1 v.Chr./PUECH: um 50 v.Chr.
4QH^b = 4Q428	125–50 v.Chr./PUECH: 100–75 v.Chr.
4QH^c = 4Q429	um 40 v.Chr./PUECH: um 50 v.Chr.
4QH^d = 4Q430	30–1 v.Chr./PUECH: 50–25 v.Chr.
4QH^e = 4Q431	30–1 v.Chr./PUECH: 50–25 v.Chr.
4QpapH^f = 4Q432	30–1 v.Chr./PUECH: 50–25 v.Chr.
4QHodayot-like Text A = 4Q433	60–10 v.Chr.
4QHodayot-like Text B = 4Q433a	um 75 v.Chr.
4QHodayot-like Text C = 4Q440	30–1 v.Chr.
4QHodayot-like Text D = 4Q440b	75–25 v.Chr.
4QSelf-Glorifica-tion-Hymn = 4Q471b	30–1 v.Chr. (zu 4QH^e?)

Doch erwies sich die SUKENIK'sche *editio princeps* bald als überholt (vgl. CARMIGNAC 1958). Vor allem zwei Namen sind mit der jetzigen Rekonstruktion des Werks verbunden: Hartmut STEGEMANN (Diss. 1963; 2000) und Émile PUECH (1987, 1988, 1995). Beide kamen – unabhängig voneinander – mit Hilfe der maßgeblich von STEGEMANN mitentwickelten Methode der materiellen Rekonstruktion zu praktisch identischen Ergebnissen – ein eindrucksvoller Beweis für die Richtigkeit der Methode. Man rechnet mit sieben Bögen à 4 Kolumnen (zusammen 28), die Länge der Rolle betrug ca. 4,50m. Auf den Ergebnissen STEGEMANNS und PUECHS fußt denn auch die heute maßgebliche Ausgabe in DJD XL, nach dem Tod STEGEMANNS von Eileen SCHULLER herausgegeben. In der Praxis ergibt sich immer wieder die

Schwierigkeit der richtigen Zitierweise – bis zum Erscheinen des DJD-Bandes wurde in der Literatur meist nach SUKENIK, nun wird nach DJD XL zitiert.

Synopse der Hodajot-Zählungen
Zur „Umrechnung" der SUKENIK-Zählung in die neue Edition mag man sich – sehr grob – merken: *SUK. I–XII* = DJD IX–XX und *SUK. XIII–XVI* = DJD V–VIII. Im Einzelnen:

SUKENIK	DJD XL	SUKENIK	DJD XL	SUKENIK	DJD XL
Kolumnen		*f7ii*	*XXVI,26–38*	*f38*	fA6
I,1–39	IX,3–41	*f8*	*XXV,25–36*	*f39*	fA1
II,1–39	X,3–41	*f9*	*XXIV,4–17*	*f40*	fA2
III,1–39	XI,2–40	*f10*	VII,11–21	*f41*	fC8
IV,1–40	XII,2–41	*f11*	III,23–33	*f42*	VII,12–16
V,1–39	XIII,3–41	*f12*	VIII,12–20	*f43*	XII,18
VI,1–36	XIV,4–39	*f13*	VIII,8–16	*f44*	VI,20–24
VII,1–36	XV,4–41	*f14*	IV,13–22	*f45*	*XXIV,21–28*
VIII,1–40	XVI,2–41	*f15a*	V,12–17	*f46i*	*XXV,8–14*
IX,1–36	XVII,1–36	*f15bi*	V,12–20	*f46ii*	*XXVI,10–14*
IX,37–40	XVII,38–41	*f15bii*	VI,17–21	*f47*	*XXII,24–28*
X,1–39	XVIII,3–41	*f16*	II,24–32	*f48*	*XXVIII,11–15*
XI,1–38	XIX,4–42	*f17*	V,15–21	*f49*	fC1
XII,1–36	XX,4–39	*f18*	VI,12–18	*f50*	*XXIV,5–10*
XIII,1–21	V,18–38	*f19*	VI,39–41	*f51*	*XXV,11–16*
XIV,1–28	VI,12–41	*f20*	V,23–28	*f52*	*XXII,17–19*
XV,1–26	VII,14–39	*f21*	III,15–19	*f53*	fC2
XVI,1–20	VIII,18–38	*f22*	VI,16–22	*f54*	XX,4–7
XVII,1–28	IV,12–41	*f23*	II,12–16	*f55i*	*XXV,15*
XVIII,1–16	XXIII,2–17	*f24*	IX,2–6	*f55ii*	*XXVI,15–17*
XVIII,16–33	XXI,2–19	*f25*	XI,40–41	*f56i*	*XXV,7*
XIX,1–7	XIV,9–15	*f26*	XIV,40–41	*f56ii*	*XXVI,6–10*
XIX,8.9.10–12 XX,7.11.13–15		*f27*	fA8	*f57i*	*XXIII,6*
		f28	fA3	*f57ii*	*XXIV,5–9*
Fragmente (1. u. 2. Hand)		*f29*	XIII,31–33	*f58*	fC3
f1	*XXII,3–17*	*f30*	*XVIII,16–19*	*f59*	fC4
f2i	*XXIII,21–38*	*f31*	V,13–15	*f60*	XX,40–42
f2ii	*XXIV,27–39*	*f32*	VII,40–41	*f61*	*XXVII,12–14*
f3	*XXI,21–38*	*f33*	V,38–40	*f62*	*XXVII,12–14*
f4	*XXII,20–39*	*f34*	VII,16–19	*f63*	*XXV,25–27*
f5	*XXV,3–17*	*f35*	fA4	*f64*	fC7
f6	*XXIV,24–37*	*f36*	fA7	*f65*	fC6
f7i	*XXV,29–37*	*f37*	fA5	*f66*	fC5

Grobstruktur der Hodajot 1QH^a	
1QH^a (I–III) IV–VIII/IX	Lieder der Gemeinde
1QH^a IX/X–XVII	„Lehrerlieder"
1QH^a XVII–XXVI (XXVII–XXVIII)	Lieder der Gemeinde

Einführende Bemerkungen

In den 1960er Jahren fand man im Gefolge der drei Heidelberger Forscher Jürgen BECKER, Gert JEREMIAS und Heinz-Georg KUHN unterschiedliche Gattungen von Gebeten. Obwohl das betende „Ich" Gott stets in der 2. Pers. Sg. anspricht, bezeichne es verschiedene Subjekte: entweder ein beliebiges Mitglied der Gemeinschaft (also kollektiv-repräsentativ verstanden, sog. „hymnische Bekenntnislieder" oder „Gemeindelieder", in Kol. IV–IX.XVII–XXIII), oder aber ein offenbar konkretes Individuum, das sich als Bote der Offenbarung Gottes versteht („individuelle Danklieder" oder „Lehrerlieder", in Kol. X–XVI: z.B. Kol. XIII,7–21; XIV,4–39 [o. XIII,22–XV,8]; XV,9–28; XVI,5–41 [o. –XVII,36], evtl. auch X,22–32; XI,6–19; XI,38–XII,5; XII,6–29 [o. –XIII,6]).

Mit der „neuen" Anordnung der Kolumnen ergab sich folgendes Bild: Die „Lehrerlieder" finden sich in Kol. X–XVII, also im „Kern" der Rolle, die „Gemeindelieder" in Kol. IV–IX und XVIII–XXVI, also an den „Rändern". Kol. I–III und XXVII–XXVIII sind zu fragmentarisch, um Aussagen über den Inhalt zu erlauben. Die Handschriften aus Höhle 4 (4Q427; 4Q431: Gemeinde-, 4Q429; 4Q430; 4Q432: Lehrerlieder) und bereits der Sammlungscharakter weisen auf eine literarische Vorgeschichte des Werks, auch wenn sich aus 4Q428 ergibt, dass die Reihenfolge der Lieder bereits kurz nach 100 v.Chr. festgestanden haben dürfte (anders HARKINS 2010: 4Q428 enthält kein Material aus Kol. I–VIII).

Es lag natürlich nahe, als Autor der Hodajot den „Lehrer der Gerechtigkeit" anzunehmen, jedenfalls als Verfasser der „Lehrerlieder" (zuletzt DOUGLAS 1999). PUECH (2000) vermutet auch im Hintergrund der „Gemeindelieder" seine Autorität. Das ist natürlich möglich, doch ist hier Zurückhaltung angesagt, da diese Annahme – wie ja auch im Bereich der biblischen Psalmen – natürlich nicht bewiesen werden kann. Zuletzt hat Angela Kim HARKINS die Hypothese angegriffen, ohne jedoch selbst ein überzeugendes Konzept für die Sammlung der Lieder liefern zu können, die sie für eine Art Visionsberichte hält, und die dabei die engen Parallelen zum biblischen Material herunterspielen muss. Die gesamte Sprache und Vorstellungswelt der Hodajot ist zutiefst auf späte biblische Texte bezogen (vgl. die aufschlussreiche Arbeit von HUGHES) und legt sie aus – was ebenfalls vor einem individualisierenden Verständnis warnen sollte.

Nicht unbekannt aus der Entstehungsgeschichte mancher Bücher der Hebräischen Bibel ist hingegen die Erkenntnis, dass sich im Zentrum der Schrift (Rolle) mitunter älteres Material findet, das in den randständigeren Kapiteln ergänzt und interpretiert wurde – was auch in den Hodajot der Fall sein könnte. So gäbe es ein relatives Recht der Freilegung älteren Materials (in Kol. IX–XVII) – freilich nicht dem „Lehrer" zugeordnet –, innerhalb eines jüngeren Rahmens (I–VIII; VIII–XXVIII) – nicht weniger oder mehr der „Gemeinde" zuzurechnen (ähnlich zuletzt DOUGLAS 1998, der drei „Quellen" findet, deren eine [IX,1–XX,6] die Lehrerlieder enthält – man wird jedoch wohl mit einer größeren Zahl literarischer Interdependenzen der Lieder untereinander rechnen müssen).

Einen innovativen und weiterführenden Ansatz zum Verständnis der Hodajot hat Carol NEWSOM vorgelegt (*The Self as Symbolic Space*, 2004):

> [... T]he Hodayot of the community [d.h. die „Gemeindelieder"] clearly serve as templates fort he distinctive experience of the self cultivated in the sect. Both by hearing others describe themselves in these poetic prayers and by the practice of articulating one's own experience in terms of the shaped story of the self in the Hodayot, the sectarian is drawn into a radical reinterpretation of his identity. (347f.)

Die „Hodayot of the leader" – wobei letzterer hier nach NEWSOM repräsentativ für führende Mitglieder der Gemeinschaft steht – konstruieren darüber hinaus eine „symbolic world", in der gilt:

> [T]he leader defines the boundaries of the sect and is the conduit for many of the spiritual benefits that members of the sect receive. He interprets to the sect the mystery of their rejection by others and exposes the diabolical nature of his rivals and their competing discourse. And he deals with problems of disaffection within the membership of the sect, even as his self-presentation of his own character serves as an appeal for the loyalty of those who remain

– ganz gleich, ob (oder welche) historische Realität sich darin spiegelt (349f.).

Theologisch erinnert manches in den Hodajot an die Gemeinschaftsregel QS (vgl. dazu ebenfalls NEWSOM 2010) und die Kriegsregel QM (vgl. auch den „Cantique de Michel"/„*Self-Glorification Hymn*" [4Q427 f7, 4Q471b], der sich auch im 4Q-*Milḥāmāh*-Material findet [*4Q491 f11*]; zur Frage des Sprechers vgl. ANGEL 2010, 132–46), doch zeigen jene Hymnen ein umfassenderes und mit großer spiritueller Kraft geformtes theologisches Gesamtbild, vielleicht umfassender als manche andere Qumranschrift. Der allmächtige Gott als Schöpfer der ganzen Welt erschafft Gute und Böse, er weiß im Voraus, wie das Ergehen der Gottlosen und der Gerechten ist. Dem entspricht das Wissen des Menschen um sein Verlorensein und seine Niedrigkeit. Ein Beispiel (1QH[a] IX,21–24; SUK. I,19–22):

> [19]... und in der Weisheit deiner Erkenntnis hast du ihre [*sc.* der Menschen] Bestimmung festgesetzt, bevor [20]sie entstanden. Und nach [deinem Willen ent]stand alles, und ohne dich

wird nichts getan. ²¹Dieses erkannte ich (ידעתי, *yādaʿtî*) auf Grund deiner Einsicht; denn du hast mein Ohr aufgetan (גליתה, *gillîtāh*) für wunderbare Geheimnisse. Aber ich bin ein Gebilde von Lehm und mit Wasser Geknetetes, ²²ein Ausbund von Schande und Quelle der Unreinheit, ein Schmelzofen der Schuld und Gebäude der Sünde ...

Die unter der Herrschaft Belials Stehenden weisen den Bund Gottes zurück, die Gerechten erleiden Verfolgungen, aber leben von der Hoffnung auf eine Rettung durch Gott. Dazu ruft der Text die Idee des eschatologischen Kampfes in Erinnerung, in dem Gott und seine Engel das Böse endgültig besiegt. Manches scheint prädestinatorisch gedacht zu sein, bis hin zu einer doppelten Vorherbestimmung, doch geht die hymnische Ausdrucksweise vielleicht nicht ganz so weit wie die Zwei-Geister-Lehre (1QS III,13–IV,26; dazu vgl. vor allem Kratz).

Das Selbstbewusstsein des Beters wird in der Sprache der Hodajot näherhin charakterisiert etwa durch die hebr. Wurzel גלה, *gālāh* (mit Subjekt Gott). Der Empfänger der „Offenbarung" ist der Beter. Er erhält von Gott das „Wissen" (ausgedrückt mit der Wurzel ידע, *yādaʿ*) – wobei umstritten ist, ob es sich um zusätzliche, neue Offenbarungen handelt oder um eine tiefere Schrifteinsicht. Darüber hinaus zeugt die Einsicht in die „Geheimnisse" Gottes und seine „verborgenen Dinge", für ein zumindest intimes theologisches Wissen, welches einer besonderen Tiefe der Gottesbeziehung entstammt. Wohl nur daraus kann ein Selbstbewusstsein abgeleitet werden, wie es sich im folgenden Abschnitt zeigt (1QH^a XV,23–28; Suk. VII,20–25):

²³... und du setztest mich zum Vater für die Söhne der Gnade ²⁴und als Pfleger für die Männer des Zeichens. Sie öffneten den Mund wie ein Säug[ling ...] und wie ein Kind sich ergötzt am Busen ²⁵seiner Pfleger. Und du erhöhtest mein Horn wider alle meine Verächter, und es zer[streute sich der R]est der Männer, die gegen mich kämpfen, und derer, ²⁶die mit mir streiten, wie Spreu vor dem Wind, aber meine Herrschaft ist über [...] Mein [G]ott, du hast meiner Seele geholfen und mein Horn erhöht ²⁷hoch empor, und ich bin erstrahlt in siebenfältigem L[icht], im [Licht, das du auf]gestellt hast zu deiner Ehre. ²⁸Denn du bist mir eine [ew]ige Leuchte und stelltest meinen Fuß auf eine We[ite ohne Ende].

8 Weisheitstexte

Literatur: DSD 4 (1997), Heft 3. ▪ The Wisdom Texts from Qumran and the Development of Sapiential Thought (hg.v. Charlotte HEMPEL u. Hermann LICHTENBERGER; BEThL 159), Leuven 2002. ▪ Wisdom and Apocalypticism in the Dead Sea Scrolls and in the Biblical Tradition (hg.v. F. GARCÍA MARTÍNEZ; BEThL 163), Leuven 2003. ▪ Sapiential Perspectives. Wisdom Literature in Light of the Dead Sea Scrolls (hg.v. J.J. COLLINS u.a.; StTDJ 51), Leiden 2004.
John J. COLLINS, Jewish Wisdom in the Hellenistic Age (OTL), Louisville/Ky. 1997. ▪ Matthew GOFF, Discerning Wisdom. The Sapiential Literature of the Dead Sea Scrolls (VT.S 116), Leiden 2007. ▪ DERS., Wisdom and Apocalypticism, in: The Oxford Handbook of Apocalyptic Literature (hg.v. J.J. COLLINS), Oxford 2014, 52–68. ▪ Daniel J. HARRINGTON, Wisdom Texts from Qumran (The Literature of the Dead Sea Scrolls), London 1996. ▪ John I. KAMPEN, The Diverse Aspects of Wisdom in the Qumran Texts, in: DSSFY 1 (1998/99), 211–43. ▪ DERS., Wisdom Literature (ECDSS 14), Grand Rapids/Mich. 2011. ▪ Armin LANGE, Wisdom and Predestination in the Dead Sea Scrolls, DSD 2 (1995) 340–54. ▪ DERS., Weisheit und Prädestination. Weisheitliche Urordnung und Prädestination in den Textfunden von Qumran (StTDJ 18), Leiden 1995. ▪ DERS., Die Weisheitstexte aus Qumran. Eine Einleitung, in: The Wisdom Texts from Qumran (s.o.), 2002, 3–30. ▪ Lawrence H. SCHIFFMAN, Halakhic Elements in 4QInstruction, in: Qumran and Jerusalem. Studies in the Dead Sea Scrolls and the History of Judaism (hg.v. DEMS.), Grand Rapids/Mich. 2010, 204–15. ▪ Eibert J.C. TIGCHELAAR, Wisdom and Counter-Wisdom in 4QInstruction, Mysteries, and 1 Enoch, in: The Early Enoch Literature (hg.v. G. BOCCACCINI u. J.J. COLLINS; JSJ.S 121), Leiden 2007, 177–93. ▪ Benjamin WOLD, The Universality of Creation in 4QInstruction, RdQ 26/102 (2013) 211–26.

Mehr als ein halbes Jahrhundert nach dem Erscheinen der ersten Qumranhandschriften steht heute das gesamte Korpus auch dieser Schriften zur Verfügung: In den Jahren 1997 und 1999 wurden die beiden DJD-Bände mit „Weisheitsliteratur" herausgegeben (XX und XXXIV). In ihnen finden sich weisheitliche Lehren, Parabelsammlungen, Lehrreden und poetische Texte. Dazu zählen auch einige bereits bekannte Werke (wie etwa die Gemeinschaftsregel oder die Hodajot), die zumindest passagenweise weisheitlich geprägt sind. Außerdem gehören natürlich die Weisheitsbücher der Hebräischen Bibel und der Apokryphen, die ebenfalls gefunden wurden, in diese Kategorie. Der Begriff der „Weisheit" ist schillernd, „je weiter" er „ausgedehnt und angewendet wird, um so weniger vermag er – schon von Haus aus etwas unbestimmt und nicht nur darin den Begriffen Geschichte und Kultus vergleichbar – schließlich zu leisten." (Rudolf SMEND, Die Entstehung des Alten Testaments, ThW 1, Stuttgart ⁴1989, 215).

8.1 Biblische Weisheit

Im engeren Sinne enthält die Hebräische Bibel drei ausgesprochen weisheitliche Schriften: das Buch Hiob (איוב, 'Îyôḇ), das Buch der „Sprüche Salomos" (משלי שלמה, Mišlê Šᵉlomoh; *Proverbia*) und den „Prediger Salomo", Kohelet (קהלת, Qohælæt). Darüber hinaus sind in zahlreichen anderen Schriften weisheitliche Elemente zu finden. Nicht zuletzt ist dabei an die Psalmen (תהלים, Tᵉhillîm) zu denken (etwa Ps 1; 37; 47; 49; 73; 119 u.v.a.).

8.1.1 Proto- und deuterokanonische Weisheitsbücher (Altes Testament und Apokryphen)

Handschriftlicher Befund

Buch	Anzahl	Handschriften	paläogr. Datierung ca.
Sprüche Salomos	2	4Q102 = 4QProvᵃ	50 v.–30 n.Chr.
		4Q103 = 4QProvᵇ	30 v.–50 n.Chr.
Hiob	4	2Q15 = 2QHiob	30–68 n.Chr.
		4Q99 = 4QHiobᵃ	100–50 v.Chr.
		4Q100 = 4QHiobᵇ	50–1 v.Chr.
		4Q101 = 4QpaläoHiobᶜ	225–150 v.Chr.
Psalmen	36*	4Q83 = 4QPsᵃ	um 150 v.Chr.
		11Q5 = 11QPsᵃ (28 Kol., 7 Frg.)	30–68 n.Chr.
		11Q6 = 11QPsᵇ (9 Frg.)	30–1 v.Chr.
		(zus. 23 [22?] Ex. in Höhle 4; 5 [4?] Ex. in Höhle 11; 3 Ex. in Höhle 1, sowie je 1 Ex. in Höhle 2, 3, 5, 6 [pap] u. 8)	
Kohelet	2	4Q109 = 4QQohᵃ	175–150 v.Chr.
		4Q110 = 4QQohᵇ (+ 4Q468l) (vgl. RdQ 19/76, 617–21)	65 v.–10 n.Chr.
Targum Hiob	2	4Q157 = 4QtgHiob (Hi 3,5–9; 4,16–5,4)	20–50 n.Chr.
		11Q10 = 11QtgHiob	30–68 n.Chr.
Sirach	1 Ms., 1 Zitat, 1 Mas.	2Q18 (Sir 6,14f.?; 6,20–31)	50–1 v.Chr.
		11Q5 = 11QPsᵃ XXI,11–XXII,1 (Sir 51,13–30)	1–50 n.Chr.
		Masada: Mas1h = MasSir (Sir 39,27–43,30)	1–68 n.Chr.

Besonders fallen ins Auge 4Q101 = 4QpaleoJob, eine vergleichsweise alte Handschrift in paläohebräischer Schrift. Vom Buch Hiob kamen zwei bis dahin unbekannte aramäische Targumim ans Tageslicht (4Q157 und 11Q10, sonst nur noch einer zum Pentateuch, vgl. 4Q156 oder 4QtgLev). S. dazu o. 2.1.3.

Fragmente dreier Manuskripte bzw. Abschnitte des apokryphen Sirachbuchs fanden sich in Qumran und auf Masada. Das Buch der Weisheit (*Sapientia Salo-*

monis) wurde in Qumran nicht gefunden – wohl kein Zufall, denn der alexandrinisch-hellenistische Ursprung dieses Werkes macht sein Fehlen in Qumran verständlich, schon allein aufgrund der mutmaßlich griechischen Originalsprache.

*Zur Frage der Psalmenhandschriften vgl. jetzt grundlegend JAIN 2014 sowie o. 2.1.

8.1.2 Die große Psalmenrolle (11Q5 = 11QPs^a)

Literatur: Eva JAIN, Psalmen oder Psalter? (StTDJ 109), Leiden 2014.
Studies in the Book of Ben Sira (hg.v. G.G. XERAVITS u. J. ZSENGELLÉR, JSJ.S 127), Leiden 2008. ▪ Grundinformation Altes Testament. Eine Einführung in Literatur, Religion und Geschichte des Alten Testaments (hg.v. J.C. GERTZ; UTB 2745), Göttingen ⁴2010. ▪ Pierre AUFFRET, Structure littéraire et interprétation du Psaume 154 de la Grotte XI de Qumran, RdQ 9/36 (1978) 513–45. ▪ Willem BAARS, Apocryphal Psalms (VTSyr IV:6), Leiden 1972. ▪ Ze'ev BEN-ḤAYYIM /Academy of the Hebrew Languageספר בן סירא – המקור, קונקורדנציה וניתוח אוצר המלים. The Book of Ben Sira. Text, Concordance, and an Analysis of the Vocabulary, Jerusalem 1973 (hebr. mit engl. Einl.). ▪ Mathias DELCOR, Cinq nouveaux psaumes esséniens?, RdQ 1/1 (1958) 85–102. ▪ Celia DEUTSCH, The Sirach 51 Acrostic. Confession and Exhortation, ZAW 94 (1982) 400–409. ▪ André LEMAIRE, Le psaume 154. Sagesse et site de Qoumrân, in: From 4QMMT to Resurrection (FS É. PUECH, hg.v. F. GARCÍA MARTÍNEZ u.a.; StTDJ 61), Leiden 2006, 195–204. ▪ Jean MAGNE, Le Psaume 154 et le Psaume 155, RdQ 9/33 (1977) 95–111. ▪ Takamitsu MURAOKA, Sir 51:13–30. An Erotic Hymn to Wisdom?, JSJ 10 (1979) 166–78. ▪ Marc PHILONENKO, L'origine essénienne des cinq psaumes syriaques de David, Sem 9 (1959) 35–48. ▪ Patrick W. SKEHAN, The Acrostic Poem in Sirach 51:13–30, HThR 64 (1971) 387–400. ▪ DERS. /Alexander A. DI LELLA, The Wisdom of Ben Sira. A New Translation with Introduction and Commentary (AB 39), New York 1987. ▪ Rudolf SMEND, Die Weisheit des Jesus Sirach. Hebräisch und deutsch, Berlin 1906. ▪ James C. VANDERKAM, Studies on „David's Compositions" (11QPs^a 27:2–11), ErIs 26 (1999) 212–20. ▪ Géza G. XERAVITS, Notes sur le 11QPs^a Créat 7–9, RdQ 18/69 (1997) 145–48.
Hilfsmittel zum Studium des Sirachbuchs: Pancratius C. BEENTJES, The Book of Ben Sira in Hebrew (VT.S 68), Atlanta/Ga. 2006 (= 1997, mit Korrekturanhang). ▪ Friedrich V. REITERER, Bibliographie zu Ben Sira (BZAW 266), Berlin 1998. ▪ DERS., Zählsynopse zum Buch Ben Sira (Fontes et Subsidia ad Bibliam pertinentes 1), Berlin 2003. ▪ Vgl. außerdem *www.animabit.de/bibel/sirbibA.htm* sowie *www.bensira.org* (Fotos, Tranksriptionen und Übersetzungen aller hebräischen Manuskripte)

Hier sei zunächst die überaus gut erhaltene Psalmenrolle (11Q5 oder 11QPs^a) erwähnt. Sie enthält 28 Kolumnen, Teile des letzten Drittels des Psalters in einer vom masoretischen Text in abweichenden Reihenfolge, sowie acht nichtkanonische Kompositionen, von denen vier explizit weisheitlicher Natur sind (s. DJD IV). Diese „apokryphen" Psalmen sind zwar gegen Ende der Rolle eingeordnet, aber sie sind nicht von den kanonisch gewordenen Dichtungen getrennt, sondern in sie eingestreut. Das dürfte bedeuten, dass der Schreiber (und die Leser) der Rolle keinerlei Unterschied „kanonischem" und „nichtkanonischem" Material gemacht haben. Die vier weisheitlich geprägten Dichtungen sind – in der Reihenfolge von 11QPs[a] (zu kompositionellen Aspekten vgl. JAIN 2014):

Psalm 154 (11QPs[a] XVIII,1–16, der sog. „2. syrische Psalm")

Dieser Psalm ist eine der Dichtungen, die zunächst nur aus dem syrischen Kanon bekannt waren. Die Vermutung eines hebräischen Originals wurde durch die Überlieferung in Qumran bestätigt, damit zugleich die hohe Qualität der Überlieferung. Der Psalm wechselt zwischen Gebetsabschnitten und weisheitlich geprägten Versen, was auf eine längere Vorgeschichte hindeuten könnte (LÉMAIRE: dreistufige Entstehung: *a)* Gebet in Ps 154,1–4.16–20 [= 11Q5 XVIII,1–3a.13b–16]; *b)* in Ps 154,5–8.12–15 [= 11Q5 XVIII,3b–6a.10b–13a] um weisheitliche Züge erweitert; schließlich *c)* durch Ps 154,9–11 [= 11Q5 XVIII,6b–10a], die Gleichsetzung von Lob und Opfer ergänzt – die beiden letzten Stufen in der „Schule" von Qumran). Der oder die Verfasser haben offensichtlich kulthymnische und weisheitliche Traditionen kombiniert. „Ineinandergeschoben" finden sich die beiden Teile in Z. 1–2.7–9.14–16 und 3–6.10–13. Vor der weisheitlichen Dichtung in 11Q5 XVIII,3–6.10–13 kam die Eröffnung des Kultliedes zu stehen. Der Text der weisheitlichen Verse lautet:

> [3]... Denn um die Herrlichkeit JHWHs kundzutun, wurde Weisheit gegeben, und um zu erzählen [4]die Menge seiner Taten, wurde sie dem Menschen bekannt gemacht, um den Einfältigen seine Stärke kundzutun, [5]um die Unverständigen seine Größe zu lehren – die, die fern ihrer (3. Sg. fem.) Pforten sind, [6]verbannt von ihren Eingängen. ...
>
> [10]... Aus den Eingängen der Gerechten hört man ihre (3. Sg. fem.) Stimme, aus der Versammlung der Frommen [11]ihr Singen. Wenn sie essen im Überfluss, so wird sie genannt; und wenn sie trinken, in Gemeinschaft [12]vereint, so dienen ihre Reden der Tora des Höchsten, ihre Äußerungen, seine Stärke kundzutun. [13]Wie fern ist von den Frevlern ihr Wort, von allen, die so hochmütig sind, sie kennen (zu meinen)!

Der erste Abschnitt betont, dass die *ultima ratio* der von Gott gegebenen/bekannt gemachten Weisheit die Erkenntnis Gottes ist. Der Ursprung der Weisheit und ihr Ziel verweisen auf Gott. Der zweite Abschnitt (V. 10ff.) geht darüber noch hinaus, indem die Weisheit nun personifiziert wird – recht schematisch und wenig ausgearbeitet, aber doch auf dem Hintergrund von Prov 8f.; Sir 15,1–8 (vgl. SapSal 8,2–18) zu verstehen. Diese Verse liefern noch zwei weitere neue Aspekte: Einerseits verbinden sie die Weisheit mit der Tora (V. 12) – obwohl sie nicht miteinander identifiziert werden (wie etwa in Sir 24). Die Betonung liegt – ebenso wie beim Buch Ben Sira – nicht auf der Tora, sondern auf der Weisheit (COLLINS 1997).

Andererseits lassen sich in der ganzen Komposition eine Reihe von Hinweisen auf die Gemeinschaft finden. Mindestens drei Gruppen lassen sich herausarbeiten: die „Gerechten" o. „Frommen" (Z. 3.10), die Einfältigen (Z. 4) und die Frevler (Z. 13). Inmitten der Versammlung der Gerechten (Z. 12 verwendet, wie Z. 1, sogar die spätere [?] Bezeichnung der Qumrangemeinschaft: יחד, *yaḥad*!) ist die Weisheit zugegen. Doch sind diese recht unspezifischen sprachlichen Nähen eher als ein Hinweis darauf zu werten, warum der Psalm in der Gemeinschaft tradiert wurde, der sich insgesamt am ehesten zwischen den späten Psalmen (Vgl. Ps 1) und der Entstehung der genuinen Qumranschriften einordnen lässt. Vgl. auch o. 7.2.1 und u. 9.3.3.

Sirach 51,13–30 (11QPs³ XXI,11–XXII,1)

Das Sirachbuch endet mit einem Gebet und zwei Dichtungen (Sir 51,1–12+12i-xvi +13–30). Das Verhältnis dieser Texte zum Buchganzen ist nicht endgültig geklärt, da bereits die nach dem zweiten großen Abschnitt des Werkes, dem „Lob der Väter" (*Laus Patrum/Praise of the Ancestors* [o. *Fathers*], Sir 44,1–50,24) zu lesende Zusammenfassung das Buch praktisch abschließt. Die darauf folgende Texteinheit knüpft nur lose an das Vorhergehende an. Das könnte sich daraus erklären, dass eine dieser Schlussdichtungen in 11QPs³ *quasi* als eigenständige Komposition zu finden ist. Die kunstvoll konstruierte, akrostichisch-weisheitliche Dichtung beschreibt das Verhältnis der personifizierten Weisheit zum Menschen auf sehr anschauliche Weise. Die Psalmenrolle hat die Verse 13–19.30 des hebräischen Textes des Werkes erhalten:

> (Sir 51,13) 11Q5 XXI,11Ich war ein Knabe, bevor ich umherirrte und sie suchte. (51,14)Sie kam zu mir in ihrer Gestalt, und bis an 12ihr Ende erforschte ich sie. (51,15)Ziehen auch die Blüten sich zurück, wenn die Trauben reifen, erfreuen sie (doch) das Herz./13Mein Fuß trat auf ebenen Grund, denn von Jugend an kannte ich sie. (51,16)Ich neigte kaum 14mein Ohr, da fand ich (schon) reiche Lehre. (51,17)Und eine Amme wurde sie für mich – meinem Lehrer will ich 15meine Ehre geben! (51,18)Ich plane und ergötze mich, ich eiferte nach Gutem und höre nicht auf. (51,19)Ich entzündete 16meine Seele an ihr und wandte mein Gesicht nicht ab./Ich versetze in ihr meine Seele in Aufregung, und in ihren Höhen 17habe ich keine Ruhe./Meine Hand öffne[te ... und] betrachte ihre klugen Vorgaben (?),/meine Handflächen reinigte ich [... (51,30)...] XXII,1euren Lohn zur rechten Zeit.

Diese Dichtung zeigt ein ausgearbeiteteres Bild der personifizierten Weisheit als der oben beschriebene Ps 154. Daran knüpft Bildmaterial der menschliche Liebe an, manchmal mit geradezu erotischen Motiven (DJD IV, 79–85). Im Hintergrund der Bilder stehen Vorstellungen wie etwa in Spr 8,4–36 und 9,4–6.11 – auch dort spricht die personifizierte Weisheit selbst.

Hier ist nicht der Ort für eine ausführliche Einleitung ins Sirachbuch und seine überaus diffizile Textgeschichte, die sich dank der (Wieder-)Entdeckung unbekannter Textfragmente bis in die letzten Jahre fortsetzt; vgl. zu ersterem vor allem die einschlägigen Einleitungen ins Alte Testament (etwa KAISER 2003, 79–90 oder WITTE in GERTZ 2010, 556–67), für letzteres die Ausgabe der hebräischen Akademie (BEN-ḤAYYIM 1973), außerdem SMEND 1906 und SKEHAN/DI LELLA 1987, für neuere Textfunde außerdem hinzunehmen BEENTJES 2006 (1997).

Hymne an den Schöpfer („Hymn to the Creator"; 11QPs^a XXVI,9–15)

Diese kurze Dichtung ist nur aus 11QPs^a bekannt. Die erste Hälfte (Z. 9–13a) kombiniert traditionelle Formulierungen zu einer eindrucksvollen Beschreibung der Königsherrschaft Gottes (Z. 9–11a), dessen Hofstaat bejubelt, was er „nicht wusste": die Ausrichtung der Schöpfung auf die Geschöpfe hin (vgl. zum Ganzen XERAVITS). Das führt die zweite Hälfte (Z. 13b–15) in Form eines partizipialen Lobpreis des Schöpfers aus, der aus biblischem Material (in Zitatform) zusammengesetzt ist (Jer 10,12f. = 51,15f. = Ps 135,7):

> ^{9}Groß und heilig ist JHWH, allerheiligst von Geschlecht zu Geschlecht. Vor ihm kommt Majestät ^{10}einher, hinter ihm das Getöse vieler Wasser. „Gnade und Wahrheit" (Ps 89,15) umgeben ihn vorn; Wahrheit ^{11}„und Recht" und „Gerechtigkeit gründen seinen Thron." (Ps 89,15; 97,2) Er scheidet Licht von Finsternis (vgl. Gen 1,4), Morgenröte richtet er kundigen ^{12}Sinnes ein (vgl. Hos 6,3; Am 4,13). Sehen es seine Engel, so jubeln sie, weil er sie sehen ließ, was sie nicht wussten: ^{13}„er krönt die Berge mit Fruchtertrag" (= 4Q370 f1,1), gutes Essen für alles Lebendige. Gepriesen, „der da gemacht hat ^{14}(die) Erde in seiner Kraft, der den Weltkreis gegründet hat in seiner Weisheit, der in seiner Einsicht den Himmel ausgespannt hat" (Jer 10,12; 51,15), „und der herausführt ^{15}[den Wind] aus [seinen] Scha[tzkammern]". „Die Blitze für den Regen hat er gemacht" (Jer 10,13; 51,16; Ps 135,7), „und ließ Nebel hinaufziehen [vom] Ende [der Erde]" (Jer 10,13; 51,16; Ps 135,7).

Davids-Kompositionen („David's Compositions"; 11QPs^a XXVII,2–11)

Als Viertes lohnt es sich kurz eine prosaische Einlage der Qumran-Psalmenrolle zu erwähnen, die die dichterische Produktivität des Königs David verkündet und – implizit – fast alle Psalmen des Buches ihm zuschreibt (s.o. 6.2.1.1). Folgender Ausschnitt des Textes ist besonders beachtenswert.

> ^{2}... Und David, der Sohn Isais, war weise und strahlte wie das Sonnenlicht, ein Schreiber, ^{3}[(vacat)] verständig und vollkommen auf all seinen Wegen vor Gott und den Menschen. Und es gab ^{4}[(vacat)] ihm JHWH einen verständigen und strahlenden Geist. Und er schrieb Psalmen: ^{5}3600; ... ^{10}... So betrug die Gesamtzahl 4050. ^{11}All diese sprach er durch prophetische Gabe, die ihm vom Höchsten her gegeben war.

In diesem Zusammenhang ist erwähnenswert: David verdankt seine Fähigkeit zur Dichtung zweierlei Faktoren: einerseits seiner Weisheit (Z. 2: חכם, *ḥāḵām*, „weise") bzw. seiner Verständigkeit (Z. 3+4: נבון, *nāḇôn*, „einsichtig, verständig"), die von Gott stammt (Z. 4: ויתן לו *wayyittæn lô* ..., „und er gab ihm ..."), andererseits wiederum der von Gott gegebenen (Z. 11: *ʾašær nittan lô millipnê* ..., „die ihm gegeben war von ... her") prophetischen Inspiration (*nᵉḇûʾāh*, „prophetische Gabe"). David ist also Weiser und Prophet zugleich. Beides wird nachdrücklich auf Gott zurückgeführt: Weisheit und Prophetie sind Gaben JHWHs. Zum Erlangen der Weisheit (wie auch der zur prophetischen Weissagung) sind menschliche Anstrengungen nicht ausreichend, ja, ohne göttliche Zuwendung vergeblich.

8.2 Nichtbiblische Weisheitsschriften

Wie zu Beginn erwähnt, ist das Korpus der nichtbiblischen weisheitlichen Qumranschriften im Blick auf Gattungen überaus gemischt: es finden sich „Instruktionen", Parabelsammlungen, Lehrreden und poetische Texte. Dabei sind Mischgattungen nicht selten.

8.2.1 [4Q]Instruction (*Mûsār le-Meḇîn*, „Unterweisung für den Einsichtigen"; 1Q26, 4Q415–418a, 4Q418c, 4Q423)

Textausgaben und Übersetzungen: DJD I,101f. (MILIK); XXXIV (STRUGNELL / HARRINGTON / ELGVIN). ▪ Esther u. Hanan ESHEL, A Preliminary Report on Seven New Fragments from Qumran, Meg V–VI (2007) 277f. ▪ Émile PUECH / Annette STEUDEL, Un nouveau fragment du manuscrit 4QInstruction (XQ7 = 4Q417 ou 418), RdQ 19/76 (2000) 623–27. – Vgl. außerdem REY 2009 und GOFF 2013. – Zur Rekonstruktion s. E.J.C. TIGCHELAAR, To Increase Learning (s.u.).
Literatur: John J. COLLINS, Jewish Wisdom in the Hellenistic Age (OTL), Louisville/Ky. 1997, 117–27. ▪ Torleif ELGVIN, An Analysis of 4QInstruction (Diss. Jerusalem 1998). ▪ DERS., The Mystery to Come. Early Essene Theology of Revelation, in: Qumran between the Old and New Testaments (hg.v. F.H. CRYER u. T.L. THOMPSON; JSOT.S 290), Sheffield 1998, 113–50. ▪ Crispin H.T. FLETCHER-LOUIS, All the Glory of Adam. Liturgical Anthropology in the Dead Sea Scrolls (StTDJ 42), Leiden 2002. ▪ Matthew GOFF, The Mystery of Creation in 4QInstruction, DSD 10 (2003) 163–86. ▪ DERS., The Worldly and Heavenly Wisdom of 4QInstruction (StTDJ 50), Leiden 2003. ▪ DERS., 4QInstruction (Wisdom Literature from the Ancient Word 2), Leiden 2013. ▪ Daniel J. HARRINGTON, Wisdom Texts from Qumran (The Literature of the Dead Sea Scrolls), London 1996, 40–59. ▪ DERS., The Raz Nihjeh in a Qumran Wisdom Text (1Q26, 4Q415–418, 423), RdQ 17/65–68 (1996) 549–53. ▪ Daryl JEFFERIES, Wisdom at Qumran. A Form-Critical Analysis of the Admonitions in 4QInstruction, Piscataway/N.J. 2002. ▪ John KAMPEN, Wisom Literature (ECDSS 14), Grand Rapids/Mich. 2011. ▪ Reinhard G. KRATZ,

Translatio imperii. Untersuchungen zu den aramäischen Danielerzählungen und ihrem theologiegeschichtlichen Umfeld (WMANT 63), Neukirchen 1991. ▪ Jean-Sébastien REY, 4QInstruction. Sagesse et eschatologie (StTDJ 81), Leiden 2009. ▪ Lawrence H. SCHIFFMAN, Halakhic Elements in 4QInstruction, in: Qumran and Jerusalem. Studies in the Dead Sea Scrolls and the History of Judaism (hg.v. DEMS.), Grand Rapids/Mich. 2010, 204-15. ▪ Eibert J.C. TIGCHELAAR, To Increase Learning for the Understanding Ones. Reading and Reconstructing the Fragmentary Early Jewish Sapiential Text 4QInstruction (StTDJ 44), Leiden 2001. ▪ DERS., Wisdom and Counter-Wisdom in 4QInstruction, Mysteries, and 1 Enoch, in: The Early Enoch Literature (hg.v. G. BOCCACCINI u. J.J. COLLINS; JSJ.S 121), Leiden 2007, 177-93. ▪ DERS., „Spiritual People," „Fleshly Spirit," and „Vision of Meditation". Reflections on *4QInstruction* and 1 Corinthians, in: Echoes from the Caves. Qumran and the New Testament (hg.v. F. GARCÍA MARTÍNEZ; StTDJ 85), Leiden 2009, 103-18. ▪ Benjamin WOLD, The Universality of Creation in 4QInstruction, RdQ 26/102 (2013) 211-26. ▪ Benjamin G. WRIGHT, Praise Israel for Wisdom and Instruction. Essays on Ben Sira and Wisdom, the Letter of Aristeas and the Septuagint (JSJ.S 131), Leiden 2008. ▪ Géza G. XERAVITS, Wisdom Traits in the Qumranic Presentation of the Eschatological Prophet, in: Wisdom and Apocalypticism (s.o.), 2003, 183-92.

Handschriftlicher Befund

Handschrift	paläogr. Datierung ca.
1Q26 = 1QInstruction (*olim* „Wisdom Apocryphon"; Erstedition MILIK: „Un apocryphe")	30 v.- 30 n.Chr. (Reedition in DJD XXXIV, 535-39)
4Q415 = 4QInstruction^a (*olim* 4QSapiential Text A)	30-1 v.Chr.
4Q416 = 4QInstruction^b	50-25 v.Chr.
4Q417 = 4QInstruction^c	30-1 v.Chr.
4Q418 = 4QInstruction^d	40-20 v.Chr. (ca. 300 Fragmente)
4Q418a = 4QInstruction^e	50-1 v.Chr.
4Q418c = 4QInstruction^f (?)	30-1 v.Chr.
4Q423 = 4QInstruction^g	10 v.-50 n.Chr.
XQ7 (?) = 4QInstruction$^{c/d}$ (?)	30 v.-68 n.Chr. (PUECH / STEUDEL: zu 4Q417 oder 4Q418 gehörend; bei LANGE, DJD XXVI, 492f., noch „XQUnidentified Text")

Einführende Bemerkungen

Die acht Manuskripte 1Q26; 4Q415–418a; 4Q418c und 4Q423 haben Reste des gleichen weisheitlichen Werks bewahrt, einer „Unterweisung für den Einsichtigen" (hebr. מוסר למבין, *Mûsār le-Meḇîn*), zumeist mit dem englischen Titel *4QInstruction* bezeichnet. Die Schrift ist nach ihrem vermutlichen Umfang und aufgrund ihres Inhalts eines der bedeutendsten weisheitlichen Werke des frühen Judentums. Die große Zahl der Manuskripte zeigt, dass die Gemeinschaft das Werk sehr hochgeschätzt hat. Die Nähen einiger Abschnitte zur Zwei-Geister-Lehre (1QS III,16–IV,26) sowie zu bestimmten Passagen der Hodajot zeigt, dass der Ursprung dieser Schrift in Kreisen zu suchen ist, die die Theologie und die Weltanschauung der (entstehenden oder bestehenden) Qumrangemeinschaft beeinflusst haben.

Dass 4QInstruction zu den genuinen Qumranschriften gehört, ist aufgrund der geringen terminologischen Berührungen eher unwahrscheinlich (anders Daryl JEFFERIES: „sectarian", aber „extra-Qumranic"; J.-S. REY rechnet mit früh-„essenischem" Ursprung). Einzelne Anklänge an die Texte der Gemeinschaft dürften sich eher der Tatsache verdanken, dass es sich hier um älteres, vorqumranisches Material handelt, dessen theologische Linien von der Qumrangemeinschaft aufgenommen und in ihren eigenen Schriften spezifisch weiterentwickelt wurde. Die Eigenheiten des Werks, unter anderem die Verbindung von weisheitlicher und eschatologisch-apokalyptischer Denkweise, sprechen dafür, dass es kaum vor dem 3. Jh. v.Chr. entstanden sein dürfte, etwa zwischen Proverbien und Ben Sira. Zum letzteren bestehen sehr enge Beziehungen (so vor allem REY [„ces deux auteurs auraient pu suivre une formation commune", 334], der das Werk nach den davon beeinflussten1QS und 1QH^a einordnet; LANGE: Ende 3./Anfang 2. Jh. v.Chr. aufgrund pers. Lehnwörter und theologischer Ausrichtung ausgehend von der Apokalyptik [vgl. G. VON RAD]; TIGCHELAAR: im 2. Jh.v.Chr., Nähe zur Zwei-Geister-Lehre; ebenso vorsichtig GOFF 2007/2013). Ob das Werk das 1. Henochbuch voraussetzt, ist umstritten (dafür ELGVIN: 4QInstruction kennt 1Hen 91–107, vorsichtiger STUCKENBRUCK), zumindest stammen beide wohl aus ähnlichem traditionsgeschichtlichen Milieu.

In literarischer Hinsicht ist besonders die Unterscheidung zwischen „traditionell-weisheitlichen" und „apokalyptisch beeinflussten" Passagen wichtig geworden (GOFF; vgl. auch den Untertitel von REYs Studie: „sagesse et eschatologie"). So vermutet ELGVIN, *4QInstruction* habe sich aus einer älteren Grundlage durch eine jüngere, proto-essenische Redaktion zur jetzigen Form entwickelt, ähnlich rechnet Eibert TIGCHELAAR mit einer zweistufigen Entstehung, deren jüngere zugleich für die Zwei-Geister-Lehre (1QS III,13–IV,26) verantwortlich zeichnet. Die Beobachtungen beider, generell die Nähen z.B. zu den Gemeindeliedern Hodajot (1QH^a V u.a.) oder 1QS (III,13–IV,26, aber auch XI) bedürfen in jedem Falle einer Erklärung, auch wenn sich der Entstehungsprozess möglicherweise komplizierter darstellen mag, als ELGVIN und TIGCHELAAR annehmen.

Über den Aufbau des Werkes ist nur wenig zu sagen. Sicher ist, dass es sowohl konkrete Anweisungen für das alltägliche Leben als auch theoretische theologische Erläuterungen enthält. Die Einleitung des Werkes, die die darauf folgenden praktischen Anweisungen in einen theologischen Horizont stellt, ist erhalten und lautete etwa (4Q416 f1; 4Q418 f1–2):

¹Alle Geist[er (?) ...] ²und um sein Begehren festzustellen [...] ³Termin für Termin [...] ⁴entsprechend ihrem Heer, Herr[schaft für Herrschaft ... und Königsherrschaft] ⁵für Königsherrschaft, Provinz [für Provinz, Mann für Mann ...] ⁶gemäß dem Bedarf ihres Heeres [...]. ⁷Und das Heer des Himmels hat er aufgestellt [... Himmelskörper] ⁸als ihre Vorzeichen und Zeichen für [ihre Feste ...] ⁹einer dem andern und all ihre Heimsuchungen [...] erzählen sie [...]. ¹⁰Vom Himmel her richtet er über die frevelhafte Arbeit, aber alle Söhne seiner Wahrheit werden erfreut werden [...] ¹¹zu seinem Zeitpunkt. Und sich fürchten und beben werden alle, die sich damit befleckt haben, denn der Himmel [...] ¹²Wasser und Urtiefen fürchten sich, jeglicher fleischliche Geist erbebt, und die Söhne des Him[mels ...]. ¹³[Er r]ichtet sie und alles Unrecht wird beendet werden, bis die Zeit der Wahrheit vollendet ist [...] ¹⁴in allen ewigen Zeiten. Denn er ist ein wahrer Gott und von uralten Jahre[n ...] ¹⁵um Gerechtigkeit aufzurichten zwischen Gut und Bös[e (*4Q418: damit die Gerechten unterscheiden können zwischen Gut und Böse*) ...] jedes Ger[icht ...] ¹⁶Ein fleischlicher Trieb ist er und [...] Einsicht [...]. ¹⁷[...] ¹⁸[...]

Zwei Hauptcharakteristika sind ersichtlich: Die erste Hälfte (Z. 1–9) ist kosmologisch ausgerichtet und ruft die Schöpfungsordnung in Erinnerung. Die Betonung liegt dabei auf den Himmelskörpern und ihrer Rolle für die Zeitrechnung (vgl. Gen 1,14f.). Das dürfte kaum Zufall sein, insbesondere, wenn man auf die zweite Hälfte des Textes schaut (Z. 10ff.). Der eschatologische Ton ist im Rahmen einer weisheitlichen Schrift zunächst überraschend, weniger hingegen in Qumran (vgl. z. B. 4Q521 und 11Q13, XERAVITS 2003). Ein zentrales Thema ist hier das Endgericht, vor allem die Bestrafung der Bösen. Diese wird für die letzte Epoche der Zeit erwartet – festgelegt von Gott, sichtbar anhand der Himmelskörper. Ein gewisser Widerspruch besteht zwischen der festgelegten „Gehorsamkeit" der Himmelskörper und dem Ungehorsam der Bösen: Ausdrücke wie die „frevelhafte Arbeit" (עבודת רשעה, *ᵃḇôdat rišʿāh*) dürften auf aktives Handeln sowie eine dem Menschen mögliche Unterscheidung zwischen Gut und Böse hinweisen, womit die Norm ethischer Handlungen vor einen eschatologischen Hintergrund gestellt wird. Auch wenn das Verhältnis der Einleitung zum Rest des Werks nicht ganz leicht zu bestimmen ist (sekundäre Hinzufügung oder genuiner Bestandteil?), so ist anhand anderer Abschnitte festzuhalten, dass sie wesentliche Charakteristika der Schrift wiedergeben dürfte.

Ein Beispiel für die apokalyptische Sichtweise von 4QInstruction findet sich in dem vieldiskutierten Stück 4Q417 f1i,13–18, der sog. „Vision Hagus" (zum Text vgl. TIGCHELAAR 2009):

¹³... Und du, ¹⁴Einsichtiger, erhalte deinen Lohn im Gedenken an die Z[eit, die] kommt (o. gekommen ist). Eingraviert ist ~~dein~~ ᵈᵃˢ Gebot, und angeordnet ist die ganze Heimsuchung. ¹⁵Denn eingraviert ist das von Gott Angeordnete über alle Sch[uld] der Söhne Seths (o. der Verdammnis), und ein Buch des Gedenkens ist geschrieben vor ihm ¹⁶von denen (o. für die), die sein Wort bewahren. Und dies ist die Vision des Nachsinnens (*ḥᵃzôn ha-hāḡûy*) über das (o. und des, o. des) Buch(s) des Gedenkens. Und er ließ es den Menschen (o. Enosch, o. die

Menschen) erben zusammen mit ^{einem Volk} des Geistes, de[n]n ¹⁷gemäß dem Modell der Heiligen ist seine Gestalt (o. hat er ihn gebildet), und auch Nachsinnen (*hāgûy*) hat er dem fleischlichen Geist nicht gegeben, denn nicht unterscheidet es zwischen ¹⁸[Gu]t und Böse nach dem Recht seines [Gei]stes.

Wie immer dieser Text im Einzelnen auszulegen ist (vgl. zu den verschiedenen Positionen TIGCHELAAR 2009), so ist doch deutlich, dass hier apokalyptische Motive wie ein verborgenes Buch, in das nur bestimmte Personen Einsicht – in einer „Vision" – erhalten können, und das den Verlauf der Geschichte und der Endzeit enthält, die hier zum Kriterium für das Handeln gemacht wird. (Oder sollte mit dem „Buch der Erinnerung" gar die Tora gemeint sein?) – Das Fleisch ist von sich aus zur Unterscheidung zwischen Gut und Böse nicht fähig (Z. 17f.). Die Gegenüberstellung von „Volk des Geistes" (himmlische Wesen?) und „fleischlichem Geist" interpretiert REY so, dass der „fleischliche Geist" nicht fähig ist, die Unterscheidung zwischen Gut und Böse zu treffen. Erst durch Ergründen des „Geheimnisses des Gewordenen" (s. dazu gleich) ist das möglich und kann der Mensch im Gericht gerettet werden – auch eine Auferstehung ist wahrscheinlich in Aussicht gestellt (REY 2009, 337f.).

In diesem Zusammenhang ist ein weiterer Ausdruck erwähnenswert, weil er an zahlreichen Stellen innerhalb von 4QInstruction – und nur hier (und in den verwandten *Mysteries*)! – vorkommt und ebenfalls eschatologische Züge trägt, nämlich רז נהיה, *rāz nihyæh* – hier möglichst wörtlich wiedergegeben mit „das Geheimnis des Gewordenen" (auch möglich: „das Geheimnis dessen, was geschieht"). Es ist nicht leicht, ja geradezu unmöglich, die Bedeutung dieses Ausdrucks mit einer angemessenen Formulierung in einer modernen Sprache wiederzugeben. Dementsprechend vielfältig zeigt sich an dieser Stelle deutlich der Aspekt der Interpretation einer jeden Übersetzung – und eines jeden Übersetzers.

Das Wort *rāz* ist im Aramäischen ein Lehnwort aus dem Mittelpersischen (*rāž/za*). Biblisch kommt es nur in den aramäischen Partien des Buches Daniel vor (8× Dan 2; 1× Dan 4; vgl. Sir 8,18; 12,11), wo es die *Träume* des Königs Nebukadnezar bezeichnet, die den *verborgenen Plan* Gottes beinhalten. Gegenstand seiner Träume sind die aufeinanderfolgenden Weltreiche (d.h. deren von Gott festgelegte Abfolge) in Dan 2 sowie der Verlauf und das Scheitern des Königtums Nebukadnezars in Dan 4 und der folgende Wahnsinn des Königs. Im Hintergrund beider Träume steht der Gedanke vom weltweitem Königtum JHWHs, der alle menschliche Königsherrschaft bestimmt (מלכו/מלכות, *malkû*/*malkût*, o. שלט, *šāltān*). Ursprünglich ist dabei noch nicht eschatologisch/apokalyptisch gedacht, doch bereits erste Zusätze im Danielbuch tragen diesen zusätzlichen Gedanken ein (vgl. zum Vorhergehenden insb. KRATZ). Man übersetzt das Wort meist zurecht mit „Geheimnis" (*mystery, secret*), wobei nach dem eben Gesagten ein feststehender Plan im Hintergrund steht, der aufgedeckt (und gedeutet) werden muss.

Nihyæh hingegen ist das Partizip *Nipʿal* des Verbums *hāyāh*, das im Grundstamm (*Qāl*) „sein, werden, geschehen" bedeutet, im *Nipʿal* meist mit „eintreten/geschehen/existieren" oder „veranlasst/verursacht werden" (nur mit der Präposition ל, *lᵉ*-: „zu etwas werden") übersetzt wird (GESENIUS[18]). Dementsprechend kann die Nominalform präterital („das, was eingetreten / geschehen ist, existiert hat"; „das, was veranlasst / verursacht wurde"), präsentisch („das, was eintritt / geschieht / existiert"; „das, was veranlasst / verursacht wird") oder futurisch („das, was eintreten / geschehen / existieren wird"; „das, was veranlasst / verursacht werden wird") übersetzt werden – am sichersten ginge man freilich, die Verbindung einfach unübersetzt zu lassen. Doch schon aufgrund des Kontexts kann man sich einer Entscheidung nicht entziehen. In der Literatur liest man, wie zu erwarten, „das Geheimnis des Seins" (*the mystery of [our] being/existence*: WACHOLDER / ABEGG; KAMPEN), „das Geheimnis des Werdens" (LANGE) und „das Geheimnis des Gewordenen" (*the secret of the way things are*: WISE / ABEGG / COOK) neben „dem kommenden Geheimnis" (*the mystery [that is] to come*: HARRINGTON / STRUGNELL; ELGVIN; *le mystère futur*: MILIK; *the approaching mystery*: VERMES; *le mystère d'avenir*: CAQUOT).

Unter Verweis auf 4Q418 f69ii,6 und 1Q27 f1i,3f. kommt Torleif ELGVIN (1998a, 80f.) zu dem Schluss, dass „*raz nihyeh* is a comprehensive word for God's mysterious plan for creation and history, His plan for man and for redemptionof the elect. It is ‚salvation history' in a wider meaning". Ähnlich John COLLINS (1997, 122) „*raz nihyeh* seems to encompass the entire divine plan, from creation to eschatological judgment" (vgl. auch HARRINGTON 1996; WOLD). Darin ist eine (vorherbestimmte) „Welt- bzw. Schöpfungsordnung" enthalten (so bes. Armin LANGE), die Formulierung erschöpft sich jedoch nicht in dieser Ordnung. Bedenkenswert ist die These LANGES (1995, 60), dass sich in diesem Begriff „die ethisch-sittlichen Elemente der weisheitlichen Urordnung mit der Vorstellung einer prädestinatianischen, auf das Eschaton zulaufenden Geschichtsordnung zu vereinigen" beginnen.

4QInstruction gibt dem Inhalt dieses „Geheimnis des Gewordenen" weiter Raum. Obwohl der Text ihn mit praktisch-weisheitlichen Hinweisen ergänzt, lässt der Inhalt des Geheimnisses immer die Schöpfungswirklichkeit und das Gericht erahnen. So sind einerseits zwei Themen zu beobachten, die auch die Einleitung der Schrift betont, andererseits umspannt der Begriff die ganze Heilsgeschichte, von der Schöpfung bis zum Gericht. Damit hat dieser Text sozusagen eine umfassendere Sicht auf die Heilsgeschichte als das Buch Daniel.

Es folgen zwei weitere Abschnitte. (In beiden Fällen dient 4QInstruction[c] [4Q417] als Grundlage, ggf. um Texten aus parallelen Fragmenten ergänzt.)

> 4Q417 f1ii,7–12a: [7](*vacat*)] Und einen Mann von Unrecht halte nicht für Hilfe, und auch gibt es keinen Hasser [in deinem Freundeskreis – es sei denn, um Böses zu veranlassen ...] [8]Frevel seiner Taten mit seiner Heimsuchung. Und wisse, wie du mit ihm verfährst [...] [9][...] nicht soll sie weichen aus deinem Herzen, und nicht nur für dich allein mach weit [deine Seele durch deine Bedürftigkeit ...] [10]denn wer ist geringer als ein Bedürftiger? Und freue dich nicht, wenn du trauern (sollst), dass du dich nicht abmühen musst in deinem Leben. [... Schau an das Geheimnis!] [11]des Gewordenen und erfasse die Ursprünge des Heils, und wisse, wer Ehre oder Schaden ererbt. Hat er nicht [Freude bereitet für die, die gebrochenen Geistes sind,] [12]und für ihre Trauernden ewige Freude? ...
>
> 4Q417 f1i,6–11a: [6][... tags und nachts studiere das Geheimnis des Ge]wordenen und forsche jederzeit, dann wirst du erkennen Wahrheit und Unrecht, Weisheit [und Torhei]t [...] [7]Wer[k ...] auf allen ihren Wegen mit ihrer Heimsuchung für alle Zeiten (der) Ewigkeit und Heimsuchung [8]immerdar. Und dann wirst du den Unterschied zwischen [Gu]t und B[öse

erkennen gemäß ihren] Tat[en], denn der Gott der Erkenntnisse ist ein Grund der Wahrheit, und im Geheimnis des Gewordenen ⁹hat er sein Fundament zugeteilt und sein Werk [...] und alle Weis[heit ...] und für all ihr Urteilsvermögen, Neigung und Herrschaft ihrer Werke ¹⁰für al[l]e [... d]ie g[a]nz [... te]ilte er zu nach ihrer Eins[ich]t nach jeglichem W[er]k, um zu wandeln ¹¹in der [Neigung] seiner Einsicht.

Der erste Abschnitt verdeutlicht, wie das „Geheimnis des Gewordenen" (*rāz nihyæh*) mit praktisch-ethischen Hinweisen für das tägliche Leben zusammenhängt. Was das Geheimnis selbst betrifft, so steht es parallel zum Erfassen der „Ursprünge des Heils" (מולדי ישע, *môlᵉdê yešaʻ*) und mit dem Gericht, das Ehre oder Schaden zuteilt und so wieder das eschatologische Moment in Erinnerung ruft.

Im zweiten Abschnitt bezieht sich das „Geheimnis des Gewordenen" hingegen auf die Vergangenheit, zurück auf das Schöpfungsgeschehen. Es scheint beinahe, als ob die Zeit im Blick ist, in der Gott die „präexistenten" Grundlagen der jetzigen (auch ethischen) Ordnung erschuf. Außerdem erörtern beide Textabschnitte den Umgang mit der eschatologischen Wirklichkeit. Hier wie dort muss man über das „Geheimnis des Gewordenen" „nachsinnen" (הגה, *hāgāh*, „darüber murmeln"), es „suchen" (דרש, *dāraš*), auf es „schauen" (נבט, *nābaṭ*), es auch „erfassen" (לקח, *lāqaḥ*, hier etwa: „verstehen"), „prüfen" (בחן, *bāḥan*), es wird „den Ohren offenbart" (גלה אזן, *gālāh ʼozæn*) – all dies sind Ausdrücke, die im Hebräischen zum Wortschatz weisheitlicher Unterweisung und Lehre gehören.

Das von Gott dem weisen Menschen offenbarte „Geheimnis des Gewordenen" betrifft keineswegs nur seine Zukunft, sondern auch sein gegenwärtiges Handeln. Die Partien der Unterweisung, die dieses Handeln praktisch beschreiben, unterscheiden sich sachlich kaum von anderen jüdischen Weisheitstexten dieser Zeit; man mag sie geradezu als „konventionell" bezeichnen. Auffällig ist lediglich die Aufnahme von Themen und Motiven aus dem rechtlichen Bereich, die sonst eher selten zu finden ist; vgl. z.B. das Gelübde der Frau aus Num 30 in 4Q416 fiv,6ff. oder Dtn 22,10f. in 4Q418 f103ii,7f.).

Bemerkenswert ist, dass ein Abschnitt Hinweise speziell für Frauen (die Ehefrauen der Weisen – STRUGNELL/HARRINGTON, weise Frauen? – WRIGHT) enthält (4Q415 f2ii,1–9). Die Verben (in 2. Sg. fem.) regeln offenbar familiäre Verhältnisse, mahnen die Frau zur Ehrfurcht gegenüber ihrem Vater und weisen darauf hin, dass die Frau „den heili[gen] Bund" (*bᵉrît qôd[æš]*) nicht außer Acht lassen soll –ein möglicher Hinweis auf die Ehe. Die Frau möge vielmehr ein „Lob (*tᵉhillāh*) [im Mu]nd (?) aller Männer" sein. Diese Zeilen stimmen einen ähnlichen Ton an, wie er auch aus den Ermahnungen des Paulus klingt.

Abschließend sei noch auf ein Charakteristikum von *4QInstruction* hingewiesen, das im Vergleich zur sonstigen bekannten Weisheitsliteratur ungewöhnlich ist:

Das Werk erwähnt mehrfach Engel. Dabei werden nicht bloß Parallelen zwischen dem Handeln der (irdischen) Gerechten und den (himmlischen) Engeln hergestellt, bzw. die Engel als vorbildliche Wesen dargestellt, sondern mitunter hat man geradezu den Eindruck, dass der Weise eine Teilhabe an der Engelssphäre bereits unter irdischen Verhältnissen innehat (Ein Hinweis auf priesterliche Adressaten? Zur Frage s. KAMPEN, 55–59). So heißt es in 4Q418 f81+81a,1–14:

> ¹Öffne (o. er öffnete) deine Lippen als Quelle, um Heilige zu preisen. Und du: wie eine ewige Quelle lobsinge! [... Da]mals hat er dich abgesondert von jedem ²fleischlichen Geist. Und du: sondere dich ab von allem, was er hasst, und enthalte dich von allen Gräueln der Seele! [... De]nn er hat alles gemacht, ³und er hat jedem von ihnen sein Erbteil gegeben. Und er selbst ist „dein Teil und dein Erbteil inmitten" (Num 18,20) der Menschheit [... und in] seinem [Erb]teil lässt er dich herrschen. Und du: ⁴dadurch ehre ihn, wenn du dich für ihn heiligst, gleichwie er dich zum Allerheiligsten gemacht hat [für den ganzen] Erdkreis und unter allen [göttlichen] We[sen]. ⁵Er hat dein Los werfen lassen und deine Ehre überaus gemehrt. Und er setzte dich als Erstgeborenen für sich ein, in [...]. ⁶[...] Und mein Gutes gebe ich dir. Und du: gilt nicht dir mein Gutes? Und in meiner Zuverlässigkeit wandle (o. wandelte er) vollkommen. ⁷[...] deine Taten. Und du: erforsche seine Rechtssätze anhand jedem, der mit dir streitet über all [...]. ⁸[...] Liebe ihn (o. seine Liebe), und in ~~ewiger~~ Treue und in Erbarmen über alle, die sein Wort und seinen Eifer bewahren. ⁹[...] Und du: Verstand hat er dir [eröf]fnet, und über seine Schatzkammern ließ er dich herrschen, und ein ʾÊpāh (d.i. ein Trockenmaß) Wahrheit vertraute er [dir an ...]. ¹⁰[...] mit dir sind sie, und in deiner Hand, um Zorn abzuwenden von den Menschen des Wohlgefallens, und um heimzusuchen ¹¹[...] mit dir. Bevor du dein Erbteil aus seiner Hand nimmst, ehre seine Heiligen, und bev[or ...] ¹²öffnete er (o. öffne) [...] Lied (?) für all seine Heiligen, und jeder, der bei seinem Namen gerufen wird, ist heilig ¹³[...] bei allen Zeiten, seine Pracht, seine Zierde für die ewi[ge] Pflanzung [...] ¹⁴[...] Erdkreis. In ihm werden alle wandeln, die die Erde erben, denn im Him[mel ...]

In diesem Text bezeichnen die Begriffe „Heilige" (קדושים, qᵉdôšîm) und „göttliche Wesen" (אלים, ʾelîm? In Z. 4 ist nur ein ל erhalten!) aller Wahrscheinlichkeit nach Engel (ähnliche Formulierungen finden sich auch in anderen Qumrantexten). Mit dem Singen eines „Liedes" für Gottes Heilige (so wohl Z. 12 zu lesen) stellt sich der Weise in die Gemeinschaft der Engel hinein. Darauf könnte auch deuten, dass Gott den Menschen auf der Erde „zum Allerheiligsten" gemacht hat (שמכה לקדוש קודשים, śamᵉḵāh liqdôš qôdāšîm), ebenso das Losverfahren (הפיל גורל, hippîl gôrāl).

Die Sprache des Abschnitts erinnert hin und wieder an die der Zwei-Geister-Lehre (1QS III,13–IV,26) bzw. an bestimmte dualistische Abschnitte aus den Hodajot, so etwa die scharfe Scheidung von Gut und Böse, das Vorkommen des Begriffspaars „hassen"/„lieben" (שנא/אהב, śāneʾ/ʾāhab), die Formulierungen von „Erbe" (נחלה, naḥᵃlāh), „Los werfen" (s.o) oder auch „Heimsuchung" (פקודה, pᵉqûdāh). Je nach Einschätzung der Zwei-Geister-Lehre (s.o. 5.1.1 u.ö.) findet hier die von alters her überlieferte dualistische Prägung der Qumrangemeinschaft ihren Ausdruck – oder ist hier der strenge Dualismus, der sich später in der Zwei-Geister-Lehre zeigen wird (zu den Parallelen vgl. LANGE 1995, 148–70), im Kontext weisheitlicher Erörterungen in seiner Entstehung zu beobachten?

8.2.2 4Q Buch der Geheimnisse („4Q[Book of]Mysteries"; 1Q27, 4Q299–301)

Textausgaben, Übersetzungen: DJD I, 102–7 (MILIK); DJD XX, 33–133 (SCHIFFMAN).
Literatur: Torleif ELGVIN, The Use of Scripture in 1Q/4QMysteries, in: New Perspectives on Old Texts (hg.v. E. CHAZON u.a.; StTDJ 88), Leiden 2010, 117–31. ▪ DERS., 4QMysteries^c. A New Edition, in: From 4QMMT to Resurrection (FS É. PUECH, hg.v. F. GARCÍA MARTÍNEZ u.a.; StTDJ 61), Leiden 2006, 75–85. ▪ Armin LANGE, Die Endgestalt des protomasoretischen Psalters und die Toraweisheit, in: Der Psalter in Judentum und Christentum (hg.v. E. ZENGER; HBS 18), Freiburg 1998, 101–36. ▪ Eibert J.C. TIGCHELAAR, Notes on the Readings of the DJD Editions of 1Q and 4QMysteries, RdQ 21/81 (2003) 99–107. ▪ DERS., Your Wisdom and your Folly. The Case of 1–4QMysteries, in: Wisdom and Apocalypticism (s.o.), 2003, 69–88.

Handschriftlicher Befund

Handschrift	paläogr. Datierung ca.
1Q27 = 1QMysteries	(undatiert; herodianisch)
4Q299 = 4QMysteries^a	20–50 n.Chr.
4Q300 = 4QMysteries^b	30–68 n.Chr.
4Q301 = 4QMysteries^c (?)	30–68 n.Chr.

Die Zugehörigkeit von 4Q301 zu den übrigen Manuskripten ist umstritten (dafür LANGE, umsichtig TIGCHELAAR, anders SCHIFFMAN), da sich keine Textüberschneidung sicher nachweisen lässt. Vor allem weisen 4Q301 f2 und f3 eine deutliche Nähe zur insgesamt später entstandenen *Hêḵālôt*-Literatur auf (SCHIFFMAN).

Einführende Bemerkungen
Das Werk, dessen vier Manuskripte 1Q27 und 4Q299–301 nur sehr fragmentarisch erhalten sind, erinnert in mancher Hinsicht an *4QInstruction*. Doch enthält es kaum praktische Hinweise, dafür mehr theoretisch-theologisch bestimmte Erörterungen (etwa zum „Verstehen"). Zu seinen Schlüsselbegriffen gehören ebenfalls „Geheimnisse" (רזים, *rāzîm*), insbesondere wiederum das „Geheimnis des Gewordenen" (s.o.). Das spricht für eine gewisse Verwandtschaft beider Schriften. – Von den 118 Erwähnungen eines „Geheimnisses" in den nichtbiblischen Qumranschriften entfallen 27 auf die Wendung „Geheimnis des Gewordenen".

Nur ein einziges Vorkommen dieser Wendung ist *nicht* in *4QInstruction* oder dem „Buch der Geheimnisse" zu finden (nämlich 1QS XI,3f.).

Drei Manuskripte des Buchs der Geheimnisse enthalten eine (mehr oder weniger) zusammenhängende Texteinheit, die die Herausgeber als Anfang des Werkes ansehen (das hieße, das das „Buch der Geheimnisse" seine praktische Lehre ähnlich wie *4QInstruction* mit einem theoretischen „Vorbau" begänne). Auch hier findet sich wieder die bekannte charakteristische Verbindung von Weisheit und Eschatologie: Der Abschnitt erwähnt das Gericht und stellt das vorherbestimmte Schicksal von Guten und Bösen in dualistischer Manier scharf gegeneinander (1Q27 f1i,1–12, vgl. 4Q299 f1 und 4Q300 f3).

> ¹[...] alle [...] ²[... Wahr]heit [...] Geheimnisse des Frevels ³[...] und sie erkannten nicht das Geheimnis des Gewordenen. Und die vorzeitigen Dinge haben sie nicht bedacht, und nicht ⁴wissen sie, was über sie kommen wird. Und sie rett(et)en ihre Seele nicht vor dem Geheimnis des Gewordenen. ⁵Und das ist für euch das Zeichen, dass es geschehen wird beim Verschließen der Ursprünge der Bosheit, und dass der Frevel offenbar wird angesichts der Gerechtigkeit wie das Offenbarwerden von [Fi]nsternis vor ⁶Licht. Und wie sich Rauch verzieht, so dass er nic[ht] mehr ist, so verzieht sich der Frevel auf immer. Und die Gerechtigkeit wird offenbar wie die Sonne. Fest steht ⁷der Weltkreis. Und alle, die sich an die Geheimnisse [<des Frevels>] halten, sind nicht mehr. Erkenntnis erfüllt die Welt und es ist dort auf ewig keine Bosheit mehr. ⁸Fest steht das Wort, um einzutreffen, und wahr ist die Weissagung. Und daraus sei euch bekannt, dass er nicht(s) zurücknehmen wird: Haben nicht all ⁹die Völker Bosheit gehasst? Doch durch s[ie] wurde es begangen! Kommt nicht aus aller Völkerschaften Mund wahre Kunde? ¹⁰Gibt es (aber) eine Lippe oder Zunge, die daran festhält? Welche Nation möchte, dass eine stärkere sie bedrückt? Wer ¹¹möchte, dass sein Besitz durch Frevel geraubt wird? Welche Nation gibt es, die nicht [ihren] Nächsten bedrückt? Wo ist ein Volk, das nicht ¹²Besi[tz] geraubt hat von einem [anderen? ...] und die Folgen [...]

Das Fragment besteht aus zwei Hauptteilen. Im ersten stellt der Verfasser fest: Obwohl der Mensch zwischen Gut und Böse unterscheiden könnte (d.h. wohl Einsicht in das Geheimnis des Gewordenen, jedenfalls im Vergleich mit *4QInstruction*), tut er dies nicht und steht damit unter dem Gericht, das das Verschwinden der Bösen und die Offenbarung der Guten beinhaltet. Dieses Bild steht der Eschatologie der genuinen Qumrantexte sehr nahe. Auch das Begriffspaar „Licht"/ „Dunkelheit" (אור/חושך, *ʾôr*/*ḥôšæk*; Z. 5f.) weist in diese Richtung. Das „Geheimnis des Gewordenen" wird weiter präzisiert, indem es in Parallele zu den „vorzeitigen Dingen" (קדמוניות, *qadmônîyôt*) gestellt wird und damit ein deutliches Schwergewicht auf der eschatologischen Bedeutung erhält (ähnlich Z. 4: die Seele der Bösen rettet sie nicht vor dem „Geheimnis des Gewordenen" – und damit doch wohl dem Endgericht). Die Zeilen 8 bis 12 betonen die Hinfälligkeit der Welt im Gericht, aufgrund ihres verdorbenen Zustands. Es scheint kein Zufall zu sein, dass hier nicht von Individuen oder ethisch abgrenzbaren Gruppen die Rede ist, sondern von Völkern und Nationen im Allgemeinen (עמים, *ʿammîm*, לאומים, *leʾûmmîm* und גוים, *goyîm*). Das Gericht ist also universal und nicht partikular.

Parallel dazu existiert ein weiteres Fragment des Werkes, in dem – wahrscheinlich beeinflusst von den Danielerzählungen (vgl. Dan [1,17.20;] 2,2.27; 4,7.9; 5,11; außerdem 12,9)– die Mängel der die Weisheit interpretierenden Wissenschaft der „Wahrsager" (חר[טמים, [*ḥar*]*ṭummîm*) betont werden (4Q300 f1a+bii,1–6).

> ¹[… ihr Wahr]sager, Lehrer von Abtrünnigkeit, sagt den Spruch und verkündet das Rätsel, bevor wir reden, und dann werdet ihr erkennen, ob ihr (etwas) erblickt habt, ²und die Zeugnisse des Himm[els …] eurer Torheit, denn versiegelt ist vor euch das [Si]egel der Vision, und ewige Geheimnisse habt ihr nicht erblickt und Einsicht habt ihr nicht begriffen. ³Da[nn] werdet ihr sagen […] und […], dass ihr nicht erblickt habt die Wurzel der Weisheit. Und wenn ihr die Vision eröffnen wollt, ⁴bleibt sie verschlo[ssen vor euch … al]l eu[r]e Weisheit, denn für euch […] gehört, denn [w]as ist das, Weisheit? ⁵verleugnet [… wei]ter nicht sollst du (o. soll sie) […] ⁶[Vi]sion […]

Parallele Begriffe zur Weisheit sind in diesem kurzen Fragment nicht nur die weisheitliche „Einsicht" (בינה, *bînāh*), sondern auch aus der prophetischen und der apokalyptischen Tradition stammende Ausdrücke wie die „Zeugnisse des Himmels" (תעודות השמים, *teʿûdôt ha-šāmayim*), die „ewigen Geheimnisse" (רזי עד, *rāzê ʿad*) oder die „Vision" (חזון, *ḥāzôn*). Am Ende des Fragments wird die Verborgenheit (סתם/ר, *sāta*[*m*] o. *sāta*[*r*], „verschließen", כחד, *kāḥad*, „verbergen", Ggs. פתח, *pātaḥ*, „öffnen") der Weisheit betont, was – im Gesamtzusammenhang des Fragments – wieder an einen apokalyptischen Hintergrund erinnert (s. Dan 12,9). Die „Wurzel der Weisheit" (שורש חוכמה, *šôræš ḥôḵmāh*) ist dem Verfasser zufolge etwas, was die gebildeten Magier nicht zu erreichen können. Mit der Parallele Dan 2 im Hinterkopf wird sofort deutlich, dass diese „Wurzel" nur durch die von Gott gegebene Einsicht erkennbar ist.

Entstehungsgeschichtlich wird man nicht ganz falsch liegen, das Werk kurz nach *4QInstruction* (doch vgl. ELGVIN: zwei unterschiedliche Traditionsstränge – aber vor der ausgebildeten Zwei-Geister-Lehre? So LANGE) einzuordnen, d.h. etwa in die Mitte des 2. Jh.s v.Chr. Eine Entstehung innerhalb der Qumrangemeinschaft ist schon deswegen eher unwahrscheinlich, wenngleich die theologischen Grundideen (schon?) näher verwandt sind, als dies in *4QInstruction* erkennbar war, und vielleicht sogar auf eine bestimmte Gruppe hinweisen (mit allgemeinen Argumenten: COLLINS).

8.2.3 4QBeatitudes („Seligpreisungen"; 4Q525) und 4QSapiential Work („Weisheitswerk"; 4Q185)

Textausgaben, Übersetzungen, Kommentare: DJD V, 85–87 (Allegro) + RdQ 7/26 (1970), 269–73, 257 pl. I (Strugnell); DJD XXV, 115–78 (Puech). ▪ Elisa Uusimäki, Turning Proverbs towards Torah. 4Q525 in the Context of Late Second Temple Wisdom Literature, Diss. Univ. Helsinki 2013. ▪ Hermann Lichtenberger, Der Weisheitstext 4Q185. Eine neue Edition, in: Wisdom Texts from Qumran and the Development of Sapiential Thought (BEThL 159), Leuven 2002, 127–50.

Literatur: George Brooke, The Wisdom of Matthew's Beatitudes, in: Ders., The Dead Sea Scrolls and the New Testament, Minneapolis 2005, 217–34. ▪ Hermann Lichtenberger, Eine weisheitliche Mahnrede in den Qumranfunden (4Q185), in: Qumrân. Sa piété, sa théologie et son milieu (hg.v. M. Delcor, BEThL 46), Leuven 1978, 151–62. ▪ Ders., Der Weisheitstext 4Q185 – Eine neue Edition (s.o.). ▪ Mika S. Pajunen, 4QSapiential Admonitions B (4Q185). Unsolved Challenges of the Hebrew Text, in: The Mermaid and the Partridge (hg.v. G.J. Brooke u. J. Høgenhaven, StTDJ 96), Leiden 2011, 191–220. ▪ Émile Puech, Un hymne essénien en partie retrouvé et les Béatitudes, RdQ 13/49–52 (1988) 59–88. ▪ Ders., 4Q525 et les péricopes des Béatitudes en Ben Sira et Matthieu, RB 98 (1991) 80–106. ▪ Ders., The Collection of Beatitudes in Hebrew and in Greek (4Q525 1–4 and Mt 5,3–12), in: Early Christianity in Context, Monuments and Documents (hg.v. F. Manns u. E. Alliata), Jerusalem 1993, 353–68. ▪ Elisha Qimron, Improving the Editions of the Dead Sea Scrolls, Meg I (2003) vi.135–45 (Hebr.). ▪ Jacqueline C. de Roo, Is 4Q525 a Qumran Sectarian Document?, in: The Scrolls and the Scriptures. Qumran Fifty Years After (hg.v. S.E. Porter und C.A. Evans; JSP.S 26), Sheffield 1997, 338–67. ▪ Eibert J.C. Tigchelaar. Lady Folly and her House in Three Qumran Manuscripts. On the Relation between 4Q525 15, 5Q16, and 4Q184 1, RdQ 23/91 (2008) 371–81. ▪ Thomas H. Tobin, 4Q185 and Jewish Wisdom Literature, in: Of Scribes and Scrolls (FS J. Strugnell, hg.v. H.W. Attridge u.a.), Lanham 1990, 145–52. ▪ Elisa Uusimäki, Use of Scripture in 4QBeatitudes. A Torah-Adjustment to Proverbs 1–9, DSD 20 (2013) 71–97 (= 2013a). ▪ Dies., Turning Proverbs towards Torah (s.o.; = 2013b). ▪ Dies., „Happy Is the Person to Whom She Has Been Given". The Continuum of Wisdom and Torah in *4QSapiential Admonitions B* (4Q185) and *4QBeatitudes* (4Q525), RdQ 26/103 (2014) 345–60. ▪ Vgl. auch die Lit. zu 7.2.4.

Die beiden Weisheitstexte 4Q185 und 4Q525 werden aufgrund ihres engen inhaltlichen Zusammenhangs gemeinsam behandelt, insbesondere finden sich in beiden Texten sowohl Seligpreisungen (Makarismen) als auch die Vorstellung der personifizierten Weisheit (vgl. auch o. 7.2.4 zu 4Q184). 4Q185 besteht aus 3 Kolumnen, vertreten durch die vier Fragmente f1–2.3.7, 4Q525 aus insgesamt 50 Fragmenten, von denen insb. f2 und f3 recht gut erhalten sind (materielle Rekonstruktion bei Elisa Uusimäki 2013b). Eibert Tigchelaar (2008) konnte im Anschluss an Elisha Qimron zeigen, dass 4Q525 f15 in 5Q16 f1, f2 und f5 (sonst „unidentified") eine Parallele besitzt, was bedeuten dürfte, dass diese Komposition in zwei Handschriften erhalten ist (Qimron: „Words of Solomon", 4Q184 als Kopie desselben Werks wie 4Q525; vgl. vorsichtiger Tigchelaar).

Handschriftlicher Befund

Handschrift	paläogr. Datierung ca.
4QSapiential Work = 4Q185	75–25 v.Chr.
4QBeatitudes = 4Q525	50–1 v.Chr.
5QBeatitudes? = 5Q16 f1+2.5	1–100 n.Chr.

Einführende Bemerkungen

Der Titel der Schrift *4Q525* („Seligpreisungen") geht auf die Makarismen in f2ii zurück. Es handelt sich primär um einen Weisheitstext – möglicherweise enthielt sein Titel einmal die Worte „[... die er gespro]chen hat durch Weisheit, die Got[t] ihm gegeben hat" (4Q525 f1,1). Doch die „Beatitudes" enthalten auch eschatologische Elemente sowie Kennzeichen von Schriftinterpretation (o. -verarbeitung, insbesondere von Prov 1–9! Dazu ausführlich und differenziert UUSIMÄKI 2013a u. b, 2014, die – wohl zutreffend – von „rewriting processes as they manifest in poetical literature" spricht; im direkten Vergleich mit 4Q185 von einem „continuum"), so dass die Gattungsfrage nicht ganz eindeutig beantwortbar ist. Eschatologische Hinweise, etwa auf die Vorstellung von der Belohnung der Gerechten, finden sich an anderer Stelle im Text, von dem hier die Seligpreisungen wiedergegeben werden (4Q525 f2ii,1–9).

> ⁰[... Wohl dem, der redet] ¹mit reinem Herzen ' und nicht üble Nachrede übt! Wohl denen, die ihre Vorschriften einhalten ' und sich nicht an ²unrechte Wege halten! Woh[l denen,] die über sie jauchzen, ' und nicht schwätzen auf törichten Wegen! Wohl denen, die sie suchen ³mit reinen Händen ' und nicht mit einem trügerischen [He]rz nach ihr streben! Wohl dem, der Weisheit erlangt hat! Er wandelt ⁴in der Tora des Höchsten ' und richtet sein Herz nach ihren Wegen aus. Er bezwingt sich durch ihre Tadel, ' und an ihren Plagen hat er st[e]ts Gefallen. ⁵Er gibt sie nicht auf in den Qualen seiner Prüfung, ' und in der Notzeit verlässt er sie nicht. Er vergisst sie nicht [am Tag] des Schreckens ' ⁶und in der Demut seiner Seele verwirft er [sie] nicht. Sondern er sinnt jederzeit über ihr, ' und in seiner Not meditiert er [über sie (?) .... Und mit al]l seinem Sein ⁷[gewinnt er Einsicht] in sie [... ' und er stellt sie] seinen Augen gegenüber, um nicht zu wandeln auf [...] Wegen [...]. ⁸[...] sie zusammen, ' und er gibt ihr sein Herz ganz hin [...] ⁹[... Und eine Krone aus gediegenem G]old [setzt du auf] sein [Hau]pt ' und mit Königen lässt du ihn sitz[en (?) ...]

Der Verfasser betrachtet die Weisheit und das Gesetz (die Tora) beinahe so, als würde er sie miteinander identifizieren (vgl. 1Q185, und oben Ps 154). Im Unterschied etwa zu Sir 24 ist die Tora nicht genauer bestimmt, und so bleibt auch das Verhältnis der beiden Größen zueinander letztlich etwas unklar (vgl. TIGCHELAAR, begründet anders UUSIMÄKI 2013b). Der Abschnitt stellt dem Leser die Idealfigur eines Weisen beispielhaft vor Augen. Um diesen „Idealzustand" zu erreichen, braucht man hier keine besondere Offenbarung oder apokalyptisches Wissen;

darin ist das Werk in gewisser Weise viel traditioneller als das Buch der Geheimnisse (4QMysteries). Das Erreichen der Weisheit und deren Bewahren sind vom ausdauernden und beharrlichen richtigen Handeln abhängig.

Der Weisheitstext *4Q185* (auch *Wisdom Composition*) ist den „Seligpreisungen" eng verwandt. Seine Wegweisungen sind ähnlich, er hat das Verhältnis von Weisheit und Gesetz zum Thema und verwendet die literarische Form der Seligpreisungen. Auf die Tora verweist er interessanterweise zweifach: Sie sei JHWHs Wort (*diḇrê YHWH*) und – in „deuteronomistischer" Weise – eine Sammlung von Beispielen der heilsgeschichtlichen Taten Gottes (4Q185 f1–2i,13–ii,4; (zum Text vgl. hier und im Folgenden STRUGNELL 1970; außerdem PAJUNEN 2011).

> i,13... Und nun: hört doch, mein Volk, und werdet verständig ¹⁴durch mich, Einfältige! Werdet weise aus den Machterweisen unseres Gottes, und erinnert euch seiner Wunder, die er getan hat ¹⁵in Ägypten, und seiner Wunderzeichen [...]. Lasst erschrecken euer Herz vor seinem Schrecken. ii,¹Und tut den Will[en ...] euch [se]lbst gemäß Seiner gütigen Gnadenerweise, erforscht euch einen Weg ²zum Leben, eine Bahn [...] für den Rest eurer Söhne nach euch. Warum wollt ihr hingeben ³euer[...] für umsonst [... Ge]richt?
>
> Hört, meine Söhne, und widersetzt euch nicht den Worten JHWHs! ⁴Und schreitet nicht in [... Ja]kob, einen Pfad schrieb er ein für Isaak.

Danach folgen im Text zwei Seligpreisungen. Diesmal handelt es sich aber nicht um die eben in 4Q525 beobachtete (und in den Evangelien vorkommende) zweigliedrige Formel, sondern um länger ausgeführte Passagen. Wie bereits an den grammatischen Formen ersichtlich ist, bezieht sich der Autor auf eine 3. Person Sg. fem., also wahrscheinlich auf die Weisheit (oder die damit eng zusammengehörende, wenn nicht sogar identisch gedachte) Tora selbst:

> 4Q185 f1–2 ii,8–15: ⁸... Wohl dem, dem sie (Weisheit? Tora?) gegeben ist! ⁹So [... lasst nicht ... die Bö]sen und lasst nicht die Frevler sich rühm[en], wenn sie sagen: „Nicht wurde sie mir gegeben ¹⁰und nicht [...] für Israel, und mit dem Ma[ß der G]üte wird er sie messen, und sein ganzes Volk wird er erlösen. ¹¹Aber er wird die töten, die seine Weisheit hassen [...] er zerstört [und nicht soll] der Selbstgerechte sagen: So haben wir sie gefunden. Such sie ¹²und finde sie und halte an ihr fest und ererbe sie! Fürwahr, mit ihr kommt [hohes Al]ter (w. Länge der Tage) und Wohlstand (w. Fettigkeit von Knochen), und herzliche Freude. ¹³Ihre Jugend wird die Gnadenerweise für ihn vermehren, und Erlösung [...]
>
> Wohl dem, der sie (d.h. Weisheit) tut und nichts gegen [sie] unternimmt [und ...] mit [einem Geist von] ¹⁴Trug sie nicht sucht und mit Glattheiten sie nicht festhält. So wie sie seinen Vätern gegeben wurde, so wird er sie ererben [...] ¹⁵mit aller Stärke seiner Kraft und mit all seinem unermesslichen [Vermögen], und er wird sie seinen Sprösslingen vererben.

Die erste Seligpreisung hebt hervor, dass die Weisheit erstrangig ein Geschenk an Israel ist. Zugleich aber eröffnet die Anrede „Mensch[ensöhne]" ([*bᵉnê*] *'ādām*;

[f1–2i,9]; f1–2ii,8) eine weitere Perspektive. Der Besitz von Weisheit bedeutet einerseits Prosperität o. Wohlstand im Hier und Jetzt (vgl. den plastischen Ausdruck „dicke Knochen", *dæšæn ʿæṣæm*, vgl. Prov 15,30)[11], andererseits erreicht sie jedoch ihre Erfüllung erst im Gericht. – Die Nähen zu Matthäus 5 sind augenfällig (dazu vgl. vor allem BROOKE).

Die zweite Seligpreisung ist insofern einzigartig, als sie Ausdrücke verwendet, die dem charakteristischen Vokabulat der genuinen Qumranschriften nahestehen, wie z.B. „Glattheit/glatte Dinge" (*ḥᵃlāqôt*) oder „trügerische Seele" (*rûᵃḥ mirmāh*). Das könnte auf einen Ursprung des Werkes in der Gemeinschaft hinweisen. Das war im Fall der vorherigen Texte nicht immer so eindeutig zu sagen; – an diesem Text kann man möglicherweise sehen, dass die Gemeinschaft Texte, die die Phänomene von Weisheit und Eschatologie in einen Zusammenhang bringen, nicht nur einfach übernommen und kopiert hat, sondern in ihrem Sinne bearbeitet oder sogar selbst entsprechende Werke verfasst hat. Der Anfang des folgenden Textfragments aus Kol. i mag das illustrieren (4Q185 f1–2i,4–13):

> ⁴[...] rein und heilig [...] ⁵[...] sein [...] und nach seinem Grimm [...] ⁶[...] und bis zu zehnmal [...] ⁷[...] und keine Kraft, vor ihr zu stehen, und keiner, der erträgt (o. keine Hoffnung), ⁸die Entrüstung [...]. Und wer vermag es, vor seinen Engeln zu stehen? Denn mit flammendem ⁹Feuer werden [sie] richten [die ...] seiner Geister. Doch ihr, Menschensöhne, we[he euch]! Denn siehe, ¹⁰wie Gras sprosst er (der Mensch) aus seiner Erde, und seine Güte geht wie eine Blüte auf. Sein Hauch hat sie angeweht ¹¹und sein Kraut(?) vertrocknet und seine Blüte trägt der Wind fort bis ..., so dass sie dahin[geht wie ein Name, der ver]geht ¹²und nicht mehr gefunden wird, denn sie ist nur ein Windhauch. Man wird ihn suchen, aber nicht finden, und es gibt keine Hoffnung; ¹³aber er, wie ein Schatten sind [seine Tage] auf der Er[de!]

Diese Einleitung, der der Beginn des Deuterojesajabuchs (Jes 40–55) zugrundeliegt (vgl. Jes 40,6–8.21ff.), zeichnet ein lebendiges Bild des Gerichts, in dem Gott im Feuer seines Zorns zusammen mit den Engeln das Gottlose verurteilt. Der Wehruf in Z. 9 (wenn die Rekonstruktion so richtig ist) erinnert in seiner Kombination mit den folgenden Seligpreisungen in Kol. ii an die lukanische Feldrede, wo sich ebenfalls Wehrufe (Lk 6,24–26) und Makarismen (Lk 6,20–22, vgl. V. 27ff.) abwechseln.

Zwingende Hinweise, die beiden Texte den genuinen Qumranschriften zuzuweisen, finden sich – trotz aller Nähe etwa zur Zwei-Geister-Lehre und auch den Hodajot – nicht; doch kann man, wie oben bereits erwogen, vielleicht einen stetigen Fortschreibungsprozess erahnen, hinter dem eine sukzessive Aneignung weisheitlicher Schriften durch die Gemeinschaft steht. So könnte man etwa mit

---

11 So mit STRUGNELL, RdQ 7/26 (דשן עצם, vgl. Prov 15,30); ALLEGRO liest רשף עינים, *ræšæp ʿênayim*, und übersetzt „sparkling eyes" (DJD V, 86), wörtlich „Blitz der Augen".

É. Puech annehmen, dass z.B. 1QS IV,7f. den Wortlaut von 4Q525 f11–12 aufgenommen und verarbeitet hat. Die Möglichkeit ist attraktiv, wenngleich auch dann noch nicht ausgemacht sein dürfte, ob die Annahme einer einfachen literarischen Abhängigkeit die jeweiligen Texte hinreichend erklären kann.

8.2.4 The Evil Seductress (4Q184), „Die böse Verführerin" („Wiles of the Wicked Woman", „Die Verlockungen der boshaften Frau")

Textausgaben und Übersetzungen: DJD V, 82–85 (Allegro) + RdQ 7/26 (1970), 263–68 (Strugnell).
Literatur: Melissa Aubin, „She is the beginning of all the ways of perversity". Femininity and Metaphor in 4Q184, Women in Judaism 2 (2001) 1–23. ▪ Joseph M. Baumgarten, On the Nature of the Seductress in 4Q184, RdQ 15/57–58 (1991) 133–43. ▪ Jean Carmignac, Poème allegorique sur la secte rivale, RdQ 5/19 (1965) 361–74. ▪ Michael Mach, Art. Demons, in: EDSS 1 (2000), 189–92. ▪ Eibert J.C. Tigchelaar, The Poetry of The Wiles of the Wicked Woman (4Q184), RdQ 25/100 (2012) 621–33. ▪ Sidnie White Crawford, Lady Wisdom and Dame Folly at Qumran, DSD 5 (1998) 355–66. ▪ Vgl. auch die Lit. zu 7.2.3.

Handschriftlicher Befund

Handschrift	paläogr. Datierung ca.
4Q184 = 4QEvil Seductress (4QWiles of the Wicked Woman)	30 v.–20 n.Chr.

Einführende Bemerkungen
Wie schon gesehen, kommt es in der weisheitlichen Literatur mitunter zu einer Personifizierung der Weisheit als (weibliche) Gestalt. Das ist auch im jetzt zu behandelnden Text (4Q184) der Fall, doch wird hier eine „Gegenperson" beschrieben, die der der Weisheit entgegengesetzen „Frau Torheit" (אשת כסילות, 'ešæt k^{e}sîlût) aus Prov 9 verwandt sein dürfte (V. 13: „Frau Torheit ist ein unbändiges Weib, eine Verführerin, und kann sonst nichts."; zu vergleichen ist auch das Kapitel Prov 7). In 4Q184 f1,1–17 heißt es:

> ¹[...] bringt sie Nichtiges hervor, und in/mit [...] Unnützes. Sie sucht stets Fehler, [und mit ihrer Zunge] schärft sie [ihre] Worte [...]. ²Und mit Scherzen schmeich[el]t sie, und um zu spot[te]n gemeinsam mit den Lip[pen] des Unrechts. Ihr Herz stellt Leichtfertiges (als feststehend) hin, und ihr Innerstes [...] ³in/mit Unrecht verunreinigt. Ihre Hände halten das Verderben, ihre Füße gehen zum Freveln hinab und zum Wandeln in Sünde [...]. ⁴Fundamente der Finsternis. Viele Vergehen sind in ihren Gewändern. Ihr [...] Tiefen der Nacht [...], ⁵ihre Verhüllungen sind zwielichtiges Dunkel, und ihre Schmuckstücke Plagen der Grube. Ihre Lager ~~ihre Betten~~ sind Betten der š$^{e\,}$ô[l (d.h. des Totenreichs) ...] ⁶Tiefen der Kuhle. Ihre

Herbergen sind Liegen der Finsternis, und inmitten der Nach[t] sind [...] ihre [Mac]htbereiche. Aus den Gründen der Finsternis ⁷schlägt sie ihr Wohnzelt auf und weilt in lautlosen Zelten inmitten von ewigen Bränden. Kein Erbteil hat sie bei [...] und all [...] ⁸helles Leuchten.

Und sie ist der Anfang aller unrechten Wege. Wehe allen, die sie ererbt haben, und Zerstörung al[len,] ⁹die sie unterstützen! Denn ihre Wege sind tödliche Wege, und ihre Pfade sind sündige Pfade. Ihre Bahnen sind unrechte ¹⁰Irrwege, und ihre Ste[ig]e sündige Schuld. Ihre Tore sind tödliche Tore, im Eingang ihres Hauses schweift sie umher. In die šeʾôl (s.o.)] ¹¹kommen [al]l ihre Besucher [ohne] Rückkehr, und all ihre Erben steigen hinab in die Grube.

S[i]e aber lauert im Verborgenen auf [...] ¹²al[l ...]. Auf den Plätzen der Stadt versteckt sie sich und in den Toren der Dörfer steht sie bereit. Es gibt nichts, was sie ruh[igstellen könnte ...]. ¹³[...] Ihre Augen schweifen hierhin und dahin, und ihre Wimpern schlägt sie lüstern auf, um einen Ma[nn] zu se[hen] – ¹⁴einen gerechten, damit sie ihn erreiche, einen [star]ken Mann, damit sie ihn zum Straucheln bringe –, um Gerechte vom Weg abzubringen, und gerecht Erwählte ¹⁵vom Einhalten des Gebots; um Gefestigte [...] zur Lüsternheit zu bringen, und redlich Wandelnde zum Missbrauch des Re[cht]s zu bringen; um zu verführen ¹⁶Arme zum Abfall von Gott, und um ihre Schritte von den gerechten Wegen abzubringen; um A[nmaß]ung [in ihr H]erz zu bringen, damit sie nicht wandeln ¹⁷auf gerechten Pfaden; um einen Menschen abzubringen auf die Wege der Grube, und um [jeden] einzelnen Mann mit Glattheiten zu ködern.

Unmittelbar stellt sich die Frage: Wer ist diese Verführerin, diese mächtige Frau, vor der der Verfasser seine Leser warnt? In der Forschung finden sich mehrere Identifikationsversuche. John M. ALLEGRO, der Herausgeber des Textes meint z.B., die Passage hätte keine übertragene Bedeutung, er mache also auf die moralischen Gefährdungen durch Vertreterinnen des Prostituiertenberufs aufmerksam. Doch mag man sich fragen, ob es in der Qumrangemeinschaft wirklich notwendig war, so deutlich vor dem Umgang mit diesem Berufsstand (o. auch allgemein mit Frauen) zu warnen. Deshalb wurde immer wieder nach einer hinter der Textoberfläche verborgenen, tieferen Bedeutung des Textes gesucht. Nach Meinung einiger soll die Schrift vor der Verführung durch eine reale andere *Gruppe* oder Sekte warnen (so etwa J. CARMIGNAC u.a.), andere wiederum meinen, er sei eine Warnung vor *Rom*, wiederum andere sehen die Zeilen gegen die regierende Hasmonäerdynastie gerichtet (A. BURGMANN: Simon der Makkabäer). Einiges spricht dafür, dass es sich weder um eine reale Frau noch um ein Bild für eine bestimmte, derjenigen des Verfassers entgegengesetzte Sichtweise oder soziale Perspektive überhaupt handelt, vielmehr der Verfasser nicht an der weiblichen Figur als solcher interessiert ist, sondern diese vor allem anderen als *stilistisches Mittel* (zum Zweck der Verdeutlichung seiner Ansichten) einsetzt (Melissa AUBIN).

Keineswegs ist darüber hinaus sicher, dass es sich bei 4Q184 um eine genuine Qumranschrift handelt, oder ob eine vorqumranische Komposition vorliegt –

die freilich auch dann in Qumran tradiert wurde. Es erscheint daher ratsam, zunächst den einzelnen Formulierungen und Parallelen nachzugehen. Sogleich wird man an die personifizierte Weisheit des Proverbienbuches gewiesen, zu der nun eine Gegenfigur gebildet wird (vgl. J. STRUGNELL) – in einer Art und Weise, die derjenigen nicht unähnlich ist, die sich – obschon deutlich radikaler ausgeprägt – im Dualismus einiger genuiner Qumranschriften ausgebildet hat.

Die weibliche Hauptfigur ist überaus farbig geschildert und wird in drei kleineren Abschnitten beschrieben: Körper, Aufenthaltsort, „Folgen". Im *ersten Abschnitt* (4Q184 f1,1–8) finden sich ausschließlich „dämonische" Charakteristika. Die Erwähnung der „Flügel" (*kan*^{e}*pæhā*) der Frau zeichnet das Bild eines dämonischen Wesens (vgl. J. BAUMGARTEN). Auch die überaus enge Beziehung zur Unterwelt weist in diese Richtung (vgl. z.B. שחת, *šaḥat*, „Grube"; מות, *māwæt*, „Tod"; מוקדי עולם, *môq*^{e}*dê ʿôlām*, „ewige Brände"; בור, *bôr*, „Kuhle"; שאול, *š*^{e}*ʾôl*, „Scheol, Totenreich").

Der *zweite Abschnitt* (Z. 8–11) bedient sich vor allem eines Vokabulars, das auf Prostituierte hindeutet. Der Text fokussiert in gewisser Weise die verstreuten Hinweise aus Prov 1–9 auf die furchteinflößende, sexuell konnotierte Macht der verführerischen Frau (zur Metaphorik vgl. vor allem AUBIN). Zugleich wird hier schon darauf verwiesen, dass die Folge ihres Tuns letztlich eine Wendung gegen Gott darstellt.

Der *dritte Abschnitt* des Textes (Z. 11–17) beschreibt die Auswirkungen des Handelns der Frau. Nicht etwa die bloße Überschreitung bestimmter moralischer Grenzen durch die, die ihr folgen, ist verwerflich, sondern vor allem die sich darin äußernde Abkehr von Gott. Der „gerechte Mann" (איש צדיק, *ʾîš ṣaddîq*), „die Aufrechten" (ישרים, *y*^{e}*šārîm*), „die gerecht Erwählten" (בחורי צדק, *b*^{e}*ḥûrê ṣædæq*), „die Armen/Demütigen" (ענוים, *ʿanāwîm*) sind es, die vom Weg der Gebote (vgl. מצוה, *miṣwāh*, „Gebot"; חוק, *ḥôq*, „Satzung") abgebracht werden – eine Verführung in erster Linie weg von der Tora, d.h. der wahren Weisheit. Die verführerische Frau bietet „glatte Dinge" (חלקות, *ḥ*^{a}*lāqôt*, Z. 17) statt der strengen Einhaltung des Gesetzes (vgl. die in einigen genuinen Qumrantexten häufige Bezeichnung der Gegner als דורשי החלקות, *dôršê ha-ḥ*^{a}*lāqôt*, „diejenigen, die glatte Dinge suchen").

Die Nähen zu den genuinen Qumrantexten sind, zusammenfassend betrachtet, zwar vorhanden – manches erinnert einmal mehr an die „Zwei-Geister-Lehre" (1QS III,16–IV,26) –, aber wohl nicht gänzlich hinreichend, um 4Q184 zu dieser Gruppe hinzuzuzählen. Eher hat man es mit einem vorqumranischen Text (etwa aus einer Vorläuferin der Gruppe o.ä.) zu tun. Er steht im Stil und Form den unter 7.2.3 besprochenen Texten 4Q525 und 4Q185 nahe, was Elisha QIMRON (und Eibert TIGCHELAAR) veranlasst hat, hier drei Kopien eines von ihm „Words of Solomon" genannten Werkes zu anzunehmen (2003 bzw. 2008, s.o.). Dies hätte für die Interpretation dieses poetischen Fragments (vgl. hierzu genauer TIGCHELAAR 2012) natürlich nicht unwesentliche Konsequenzen. Da jedoch keine direkten Überschneidungen vorliegen, muss die Annahme eine Vermutung bleiben.

8.3 Schluss und Ausblick

Das Kapitel konnte natürlich – schon aufgrund des Umfangs dieser Einführung – lediglich einen unvollkommenen, geschweige denn erschöpfenden Überblick über die in Qumran gefundene weisheitliche Literatur bieten. Neben den behandelten sind noch manch weitere, z.T. sehr fragmentarisch erhaltene Schriften zu erwähnen: 4Q257 (*4QpapS^c*, eine Parallele zur „Zwei-Geister-Lehre" 1QS III,13–IV,26); 4Q298 (*4QcryptA Words of the Maskil to All Sons of Dawn*, „Worte des *maskîl* an alle Söhne der Finsternis"); 4Q302–305 (*4QMeditation on Creation A–C*, „Meditation über die Schöpfung"); 4Q411–413 (früher zu *Sapiential Work*, „Weisheitliches Werk", gerechnet, jetzt *4QSapiential Hymn*, „Weisheitlicher Hymnus" / *4QSapiential-Didactic Work A*, „Weisheitlich-didaktisches Werk" / *4QComposition concerning Divine Providence*, „Komposition über die göttliche Vorsehung"); 4Q420–421 (*4QWays of Righteousness^{a-b}*, „Wege der Gerechtigkeit"; 4Q424 (*4QInstruction-like Composition B*, „*4QInstruction* ähnliche Komposition B"); 4Q425 (*4QSapiential-Didactic Work B*, „Weisheitlich-didaktisches Werk"); 4Q426 (*4QSapiential-Hymnic Work A*, „Weisheitlich-hymnisches Werk") und 4Q473 (*4QThe Two Ways*, „Die zwei Wege"). Aus dem bisher Gesagten dürfte dennoch die Bedeutung hervorgehen, die die Gemeinschaft dem weisheitlichen Denken zuschrieb. Das ist besonders an der Art und Weise erkennbar, in der sie die weisheitlichen Anweisungen und ihre eschatologischen Sichtweise miteinander kombinierte – einerseits abgeleitet aus der endzeitlich-apokalyptisch verstandenen Wirklichkeit („das Geheimnis des Gewordenen"), andererseits, indem Gültigkeit und Dringlichkeit angesichts des nahen Gerichts erkannt waren. Damit ging die Qumrangemeinschaft – dem frühen Christentum nicht unähnlich – einen wichtigen Schritt in Richtung einer eschatologisch bestimmten Ethik.

9 Historische Texte

Eine weitere Gruppe innerhalb des Korpus der Qumranschriften bilden die Texte, die historische Aufzeichnungen enthalten oder in Art von Erzählungen geschichtlichen Charakter aufweisen. Zu dieser Gruppe gehören zwar nur wenige eigenständige Werke, denen aber manch historischer Hinweis aus anderen Qumranschriften an die Seite gestellt werden kann.

9.1 „Historische Texte" aus Qumran (4Q248; 4Q331–33; 4Q468e–f; 4Q578)

Textausgaben und Übersetzungen: *4Q248:* DJD XXXVI, 192–200 (E. ESHEL / BROSHI). ▪ *4Q331-333:* DJD XXXVI, 275–89 (FITZMYER). ▪ *4Q468e–f:* DJD XXXVI, 406–13 (BROSHI / LANGE).
Literatur: Kenneth ATKINSON, Representations of History in 4Q331 (4QPapHistorical Text C), 4Q332 (4QHistorical Text D), 4Q333 (4QHistorical Text E), and 4Q468e (4QHistorical Text F). An Annalistic Calendar Documenting Portentous Events?, DSD 14 (2007) 125–51. ▪ Magen BROSHI, Ptolas and the Archelaus Massacre (4Q468ᵍ = Historical Text B), JJS 49 (1998) 341–45. ▪ DERS. / Esther ESHEL, The Greek King is Antiochus IV (4QHistorical Text = 4Q248), JJS 48 (1997) 120–29. ▪ Tal ILAN, The Greek Names of the Hasmoneans, JQR 78 (1987) 1–20. ▪ DIES., Josephus and Nicolaus on Women, in: Geschichte – Tradition – Reflexion (FS Martin HENGEL, hg.v. H. CANCIK u.a.), 2 Bde., Tübingen 1996, 1, 221–62. ▪ DIES., Art. Shelamzion Alexandra, in: EDSS 2 (2000), 872f. ▪ DIES., Shelamzion in Qumran. New Insights, in: Historical Perspectives. From the Hasmoneans to Bar Kokhba in Light of the Dead Sea Scrolls (hg.v. D. GOODBLATT u.a., StTDJ 37), Leiden 2001, 57–68. ▪ Daniel R. SCHWARTZ, Art. Aemilius Scaurus, Marcus, in: EDSS 1 (2000), 9f. ▪ DERS., Antiochus IV Epiphanes in Jerusalem, in: Historical Perspectives (s.o.), 45–56. ▪ John STRUGNELL, The Historical Background to 4Q468g (= 4QHistorical Text B), RdQ 19/73 (1999) 137–38. ▪ Michael O. WISE, Thunder in Gemini and Other Essays on the History, Language and Literature of Second Temple Palestine (JSP.S 15), Sheffield 1994, 186–221.

Manche Fragmente der Bibliothek von Qumran von minimaler Größe haben ihre Herausgeber unter dem Titel „Historische Werke" (*Historical Works*) veröffentlicht. Einige von ihnen wurden ursprünglich in die Gruppe der *Mišmārôt* eingeordnet, der Texte also, die sich mit dem priesterlichen „Wachwechsel" beschäftigen, dann aber aus verschiedenen Gründen als selbständige Kompositionen publiziert. Das Hauptcharakteristikum dieser Fragmente ist, dass in ihnen nur sehr wenige Texte erhalten sind, die im engeren Sinne als „historisch" zu bestimmen sind, weil sie konkrete Personennamen oder Hinweise auf historische Ereignisse enthalten.

Handschriftlicher Befund

Handschrift	paläogr. Datierung ca.
4Q248 = 4QHistorical Text A	30–1 v.Chr.
4Q331 = 4QpapHistorical Text C	um 50 v.Chr.
4Q332 = 4QHistorical Text D	um 25 v.Chr.
4Q333 = 4QHistorical Text E	30–1 v.Chr.
4Q468e = 4QHistorical Text F	30 v.–30 n.Chr.
4Q468f = 4QHistorical Text G	30–68 n.Chr.
4Q578 = 4QHistorical Text B	um 125 v.Chr.

Einführende Bemerkungen

Die zehn Papyrusfragmente von 4Q331 = 4QpapHistorical Text C enthalten nur wenige Buchstaben und einige aus verschiedenen *Mišmārôt* bekannte Personennamen: *Yôḥānān*, [*Yᵉḥæs*]*keʾl*, *ʾÆlyāš*[*îḇ*]. Das Fragment f1ii,7 enthält den Namen *Šᵉlamṣiyô*[*n*] (s.u.), die jüdische Namensform von Salome Alexandra, die zunächst Aristobul I., dann seinen Bruder Alexander Jannai heiratete und die von 76 bis 67 v.Chr. die Führungsposition bei den Hasmonäern innehatte.

Vom Text 4Q332 (4QHistorical Text D) sind nur drei Fragmente erhalten geblieben, dafür mit mehr erhaltenem Text, darunter Personennamen und Ereignisse. Der Rahmen der Erzählung der Ereignisse erinnert wieder an die *Mišmārôt*: zweimal wird die Dienstzeit des Priesters *Yᵉdaʿyāh* erwähnt. Fragment 2 (4Q332 f2,1–7) lautet:

¹[... um] ihm Ehre zu geben unter den Arab[ern ...] ²[... am ne]unten (Tag) des *Šᵉḇāṭ*, das ist [...] ³[...] von dem gilt: er ist der [zw]anzigste (Tag) im Monat [...] ⁴[...] insgeheim kam *Šᵉlamṣiyôn* [...] ⁵[...] um vorzugehen [...] ⁶[...] Hyrkan (הרקנוס, *Hrqnws*) rebellierte [gegen Aristobul ...] ⁷[...] um vorzugehen [...]

Wenn der Name *Šelamṣiyôn* Salome Alexandra bezeichnet – was sehr wahrscheinlich ist –, dann ist mit der Person in Z. 6 Hyrkan II. gemeint, der älteste Sohn der Königin. Josephus berichtet über die nach dem Tod Salome Alexandras ausgebrochenen Thronstreitigkeiten zwischen Hyrkan II. und seinem jüngeren Bruder Aristobul II., die zunächst zu Gunsten des letzteren verlief und als deren Ergebnis Aristobul von 67 bis 63 v.Chr. herrschte. Nach der römischen Besetzung von Judäa (63 v.Chr.) hingegen kam Hyrkan II. an die Macht (63–40 v.Chr.; Ant.Jud. XIII xvi 2; Bell.Jud. I v 1). Auch die Erwähnung der „Araber" (בערבים, *bāʿarᵉḇ*[*îm*], „inmitten der Araber", Z.1) könnte auf ein von Josephus beschriebenes Ereignis hinweisen (Ant.Jud. XIV i 4; Bell.Jud. I vi 2), nämlich auf das Verhältnis Hyrkans II. zu Aretas III., dem Herrscher der Nabatäer, bei denen er Zuflucht vor seinem jüngeren Bruder gesucht hatte. In f3,2 finden sich außerdem die Reste אים[...], [...]y/w/î'îm, was zu הגואים, ha-gô'îm, „die Nationen" oder zu הכתיאים, ha-Kitti'îm, „die Kittäer" ergänzt werden kann. Im letzteren Fall würde der Text unmittelbar vom Auftauchen der Römer berichten. Im strengen Sinne beweisen lässt sich all dies freilich nicht.

In 4Q333 (4QHistorical Text E) ist zweimal davon die Rede, dass ein „Aemilius (אמליוס, 'mlyws) ihn (o. sie) getötet" habe (4Q333 f1,4.8). Es ist gut möglich, dass das Marcus Aemilius Scaurus (Skaúros) d.J. ist, der erste römische Statthalter der Provinz Syrien, der nach der Schilderung des Josephus in die Kämpfe zwischen den beiden Söhnen Salome Alexandras eingegriffen hat (Ant.Jud. XIV ii und v; Bell.Jud. I vii).

Zwei weitere Fragmente, in denen sich keine *Mišmārôt*-artige Rahmung findet, sind 4Q468e (4QHistorical Text F) und 4Q468f (4QHistorical Text G). Auf 4Q468e sind zwei Zeilen zu lesen. Sie berichten von der „Ermordung vieler Menschen" und erwähnen dabei den Namen פוטלאיס, Pwtl'ys (oder Pytl'ys?). Das dürfte den bei Josephus erwähnten *Peithólaos* (Πειθόλαος) bezeichnen, einen jüdischen militärischen Anführer in Jerusalem, der Aristobul II. unterstützte (Ant.Jud. XIV vi 1).

Zum Schluss ist noch 4Q248 (4QHistorical Text A) zu erwähnen. Der Charakter dieses kleinen Fragments ist bis heute nicht geklärt. Obwohl es eindeutig von historischen Ereignissen berichtet, könnte es sich dennoch um einen Teil einer Apokalypse handeln – in diesem Fall wäre der Text ein *vaticinium ex eventu*. Dieses Phänomen ist in der apokalyptischen Literatur oft zu beobachten. Darauf könnten auch die Verbformen im Imperfekt (futurisch) hinweisen, vor allem aber das wörtliche Zitat aus Dan 12,7b in Z. 8–10:

> [1][...] [2][... und er regiert in] Ägypten und in Griechenland. Und [über den Gott] [3][der Gött]er erheb[t] er sich (vgl. *Dan 11,36*). [Und] auf diese Weise werden sie verzehren [4][das Fleisch] ihrer [Söhne] und ih[re]r Töchter bei der Belagerung (vgl. *Jer 19,9*) von [No-Amon.] [5][... Und] JHWH wird [s?]einen Geist ihre Länder durchziehen lassen, und dann keh[rt er um von No] [6][und] kommt nach Ägypten und verkauft ihren (f.sg.) Staub. Und er wird komm[en] [7]in die Stadt des Heiligtums (Jerusalem) und sie einnehmen mit al[l ihren Schätzen,] [8]und er führt Umstürze in den Ländern der Nationen durch, und wendet sich wieder nach Ägypt[en. „Und wenn abgeschlossen ist] [9]die Zerschlagung der Kraft des heil[igen] Volkes, [dann wird vollendet werden] [10]all dies" (*Dan 12,7*); die Söhne [Israels] werden umkehren [...].

Die Herausgeber meinen, in diesen Resten das in fünf Stufen zusammengefasste militärische Handeln des Antiochos IV. Epiphanes zu erkennen (BROSHI u. ESHEL 1997; DJD XXXVI): seinen Einfall in Ägypten, die Belagerung Alexandrias 170 v.Chr., den Verkauf des Landes Ägypten, die Besetzung Jerusalems (vgl. 1Makk 1,20–24 und 2Makk 5,1–16) und schließlich – vermutlich – die Eroberung Zyperns. Entsprechend wurde das Werk lt. den Herausgebern kurz nach den geschilderten Ereignissen (170–168 v.Chr.) verfasst, der Autor habe aus dem ebenfalls von ihm redigierten Buch Daniel den Vers 12,7b eingefügt. Das ist natürlich schon angesichts der erhaltenen Textmenge überaus hypothetisch; die Tatsache, *dass* die Figur Antiochos IV. für die jüdischen Theologen eine große Herausforderung darstellte und sie schwer damit gerungen haben, die Geschehnisse unter ihm zu verstehen, ist auf der anderen Seite selbstverständlich – spätestens seit den letzten Phasen der Entstehung des Danielbuchs, aber ebenso sicher auch noch längere Zeit danach.

Zusammenfassend kann man feststellen, dass in den Qumranhöhlen nur sehr wenige konkrete historische Texte erhalten geblieben sind. Die meisten scheinen eher Teile von Werken anderer Gattungen zu sein (4Q248: Apokalypse?; 4Q331–333: *Mišmārôt?*). Sie zeugen jedoch von Ereignissen und Personen aus der Mitte des 1. Jh.s v.Chr. und scheinen den Ereignissen zeitlich durchaus nahezustehen.

9.2 „Erzählungen" historischer Art (*Historical Tales*)

Armin Lange und Ulrike Mittmann-Richert listen in DJD XXXIX unter den „historischen Texten und Erzählungen" drei Werke auf, die sie der Kategorie *Historical Tales*, „historische Erzählungen", zuordnen. Dabei gehören 4Q242 (4QPrNab ar) und 4Q550/4Q550a–e (4QProto-Esther = 4QPrEsther[a–f] ar / 4QJuden am persischen Hof = 4QJews at the Persian Court ar) zu den *Court Tales*, „Erzählungen vom Königshof", und die Tobit-Erzählung wird als *Didactic Tale*, „Lehrerzählung" verstanden. Alle drei Werke sind jedoch nur bei oberflächlicher Betrachtung als „historisch" einzustufen, jedenfalls sollten sie, ihrer eigenen Intention entsprechend, zuvörderst *theologisch* gedeutet werden (s. auch DJD XXXIX, 120).

9.2.1 Das Buch Tobit (4Q196–4Q200)

Textausgaben, Übersetzungen, Kommentare: DJD XIX, 1–76 (Fitzmyer). ▪ ATTM I,298–300; ATTM.E, 134–37. ▪ Beate Ego, Das Buch Tobit (JSHRZ II/6), Gütersloh 1999, 871–1007. ▪ Joseph A. Fitzmyer, Tobit (CEJL), Berlin 2003. ▪ Carey A. Moore, Tobit (AB 40A), New York 1996. ▪ Helen Schüngel-Straumann, Tobit (HThK.AT), Freiburg i.Br. 2000. ▪ **Griechischer Text:** Robert Hanhart, Tobit (Septuaginta. Vetus Testamentum Graecum auctoritate Academiae Scientiarum Gottingensis editum, VIII,5), Göttingen 1983.
Literatur: The Book of Tobit. Text, Tradition, Theology (JSJ.S 98, hg.v. G.G. Xeravits u. J. Zsengellér), Leiden 2005.

Paul DESELAERS, Das Buch Tobit. Studien zu seiner Entstehung, Komposition und Theologie (OBO 43), Freiburg u.a. 1982. ▪ DERS., Das Buch Tobit (GSL.AT 11), Düsseldorf 1990. ▪ Devorah DIMANT, The Book of Tobit and Qumran Halakha, in: The Dynamics of Language and Exegesis in Qumran (hg.v. DERS. u. R.G. KRATZ, FAT 35), Tübingen 2009, 121–43. ▪ Helmut ENGEL, Das Buch Tobit, in: E. ZENGER u.a., Einleitung in das Alte Testament, hg.v. C. FREVEL, Kohlhammer Studienbücher Theologie 1,1, Stuttgart ⁸2012, 350–61. ▪ Joseph A. FITZMYER, The Dead Sea Scrolls and Christian Origins (StDSSRL), Grand Rapids/Mich. 2000, 131–235.
▪ Michaela HALLERMAYER, Text und Überlieferung des Buches Tobit (Deuterocanonical and Cognate Literature Studies 3), Berlin 2008. ▪ DIES. / Torleif ELGVIN, Schøyen ms. 5234. Ein neues Tobit-Fragment vom Toten Meer, RdQ 22/87 (2006) 451–61. ▪ Robert HANHART, Text und Textgeschichte des Buches Tobit (AAWG.PH 3,139 / MSU 17), Göttingen 1984. ▪ Otto KAISER, Grundriß der Einleitung in die kanonischen und deuterokanonischen Schriften des Alten Testaments. Bd. 1. Die erzählenden Werke, Gütersloh 1992, 170–76. ▪ DERS., Die alttestamentlichen Apokryphen. Eine Einleitung in Grundzügen, Gütersloh 2000, 32–40.
▪ Ingo KOTTSIEPER, „Look, son, what Nadab did to Ahikaros". The Aramaic Ahiqar Tradition and its Relationship to the Book of Tobit, in: The Dynamics of Language and Exegesis at Qumran (s.o.), 2009, 145–67. ▪ Tobias NICKLAS / Christian WAGNER, Thesen zur textlichen Vielfalt im Tobitbuch, JSJ 34 (2003) 141–59. ▪ Merten RABENAU, Studien zum Buch Tobit (BZAW 220), Berlin 1994. ▪ Richard A. SPENCER, The Book of Tobit in Recent Research, Currents in Research. Biblical Studies 7 (1999) 147–180.

i Handschriftlicher Befund

Handschrift	paläogr. Datierung ca.	Textumfang
4Q196 = 4QpapTobᵃ ar	um 50 v.Chr.	f1: Tob 1,17; f2: Tob 1,19–2,2; f3: Tob 2,3; f4: Tob 2,10–11; f5: Tob 3,5; f6: Tob 3,9–15; f7: Tob 3,17; f8: Tob 4,2; f9: Tob 4,5; f10: Tob 4,7; f11: Tob 4,21–5,1; f12: Tob 5,9; f13: Tob 6,6–8; f14i: Tob 6,13–18; f14ii: Tob 6,18–7,6; f15: Tob 7,13; f16: Tob 12,1; f17i: Tob 12,18–13,6; f17ii: Tob 13,6–12; f18: Tob 13,12–14,3
4Q197 = 4QTobᵇ ar	15 v.–15 n.Chr.	f1: Tob 3,6–8; f2: Tob 4,21–5,1; f3: Tob 5,12–14; f4i: Tob 5,19–6,12; f4ii: Tob 6,12–18; f4iii: Tob 6,18–7,10; f5: Tob 8,17–9,4; f6: ?; f7: ?
4Q198 = 4QTobᶜ ar	um 50 v.Chr.	f1: Tob 14,2–6; f2: Tob 14,10?
4Q199 = 4QTobᵈ ar	um 100 v.Chr.	f1: Tob 7,11; f2: Tob 14,10
4Q200 = 4QTobᵉ	30 v.–20 n.Chr.	f1i: Tob 3,6; f1ii: Tob 3,10–11; f2: Tob 4,3–9; f3: Tob 5,2; f4: Tob 10,7–9; f5: Tob 11,10–14; f6: Tob 12,20–13,4; f7i: Tob 13,13–14; f7ii: Tob 13,18–14,2; f8: ?; f9: Tob 3,3–4?
Schøyen Ms. 5234	um 50 v.Chr.	Tob 14,3–5 (zu 4Q196 gehörend)

Einführende Bemerkungen

Eines der drei in der Einleitung genannten *Tales* ist das apokryphe Tobitbuch (Luther: Tobias), das in Qumran in fünf Exemplaren erhalten ist. Der Herausgeber, Joseph FITZMYER (dessen Edition durch die inzwischen erschienene in HALLERMEYER 2008 nicht ersetzt sein dürfte) weist, wohl mit Recht, darauf hin, dass schon anhand der Manuskripte erkennbar sein dürfte, dass das Buch Tobit ursprünglich auf Aramäisch verfasst wurde (s. die Tabelle).

Bis zu den Qumranfunden vermutete man zwar immer ein semitisches Original, kannte aber lediglich spätere Textfassungen, vor allem griechische. Ihr Verhältnis untereinander und zum semitischen Urtext ist nicht eben einfach zu bestimmen. Man unterscheidet im Allgemeinen zwei griechische Rezensionen, eine kürzere (G^I, Codex Vaticanus B und Cod. Alexandrinus A) und eine längere Fassung (G^{II}, Cod. Sinaiticus ℵ). Außerdem gibt es eine „Mischfassung" (G^{III}; verschiedene Minuskeln). Auch die lateinische Textüberlieferung ist nicht einlinig verlaufen – die verschiedenen Fassungen stellen auch nicht einfach Übersetzungen aus dem bekannten Griechischen dar. Die meisten Textzeugen aus anderen Sprachen dürften Übersetzungen der griechischen bzw. lateinischen Form darstellen. Vgl. zur Textgeschichte neben HALLERMEYER 2008 vor allem HANHART 1984 und EGO 1999.

Grob gesagt, stehen die Qumran-Fragmente der längeren griechischen Version am nächsten, was die Mehrheit der Forscher dazu bewogen hat, diesen Langtext als ursprünglich anzusehen (ausführlich HANHART 1984; FITZMYER 2003 u.v.a., DIMANT 2009). Die ältere Forschung hatte sich hingegen zumeist für die Ursprünglichkeit des Kurztexts ausgesprochen (seit P.A. DE LAGARDE).

An diesem Punkt stellt sich einmal mehr die methodische Frage nach der Textgenese (d.h. Text- und Literargeschichte) eines Werkes. Uwe BECKER (Exegese des Alten Testaments, Tübingen ³2011, 22) bemerkt zur Suche nach einem ursprünglichen Text treffend, zumal für das Tobitbuch: „Den Urtext gab es nicht." Und tatsächlich dürfte auch der Kurztext das Ergebnis einer längeren Entstehungsgeschichte sein (DESELAERS 1982; RABENAU 1994; vgl. auch NICKLAS u. WAGNER 2003, insb. 154–56). Unabhängig davon besagt für die Beschreibung des Verhältnisses der Text*formen* ein hohes Alter der (Qumran-) Handschriften *per se* ja noch nichts über ihren eigentlichen Wert (auch eine jüngere Handschrift kann durchaus ältere Lesarten bewahren! Vgl. die Faustregel *Manuscripta ponderantur non numerantur*), so dass man sich vor Pauschalurteilen der einen oder anderen Richtung besser hütet und stattdessen eklektisch vorgeht, d.h. für jede einzelne Abweichung die Kriterien der Textkritik zu Rate zieht und anwendet. Nicht selten wird dabei vermutlich die *kürzere* Fassung – wie in der alten Forschung – als die ältere erscheinen (dagegen, freilich ohne Begründung, ENGEL 2012), aber auch Kürzungen im Sinne der neueren Hypothesen sind natürlich möglich. Auch ist durchaus vorstellbar, dass sich – wie etwa beim Jeremiabuch – in Qumran mehrere Textformen nebeneinander erhalten haben (NICKLAS u. WAGNER 2003).

Hier kann und soll nicht weiter den Einzelheiten und dem Inhalt des Werkes nachgegangen werden, dafür sind die Einleitungen in die Apokryphen bzw. deuterokanonischen Bücher heranzuziehen (etwa KAISER 1994 u. 2000; vgl. auch

SPENCER 1999). Der in Qumran gefundene Anteil liegt unter einem Fünftel des Buches.

Das Buch Tobit teilt zwar zahlreiche interessante geographische Einzelheiten und geschichtliche Bezüge mit. Diese sind aber sämtlich entweder als theologische Akzentuierungen oder aus der Übernahme antiker Quellen (z.B. der aram. ʾAḥîqar-Erzählung, vgl. dazu KOTTSIEPER 2009) zu verstehen. Die Gattung des Tobitbuchs als „Erzählung" historischer Art ist insofern irreführend. Die Qumranfunde haben jedoch gezeigt, dass „Tobit" sich bereits im antiken Judentum einer größeren Beliebtheit erfreute und dass die immer vermutete Verwurzelung der Erzählung im Semitischen nun auf feste Füße gestellt werden konnte.

9.2.2 Geschichten vom persischen Hof (4QJews at the Persian Court ar [olim Proto-Esther^{a-f} ar]; 4Q550a–e)

Textausgaben, Übersetzungen, Kommentare: DJD XXXVII, 1–46 (PUECH). ▪ Józef T. MILIK, Les modèles araméens du Livre d'Esther dans la grotte 4 de Qumrân, RdQ 15/59 (1992) 321–99.
Literatur: John J. COLLINS / Deborah A. GREEN, Tales from the Persian Court (4Q550^{a-e}), in: Antikes Judentum und Frühes Christentum (FS H. STEGEMANN; hg.v. B. KOLLMANN u.a.; BZNW 97), Berlin 1999, 39–50. ▪ Ida FRÖHLICH, Stories from the Persian King's Court. 4Q550 (4QprEsther^{a-f}), Acta Antiqua 38 (1998) 103–14. ▪ Pierre GRELOT, Documents araméens d'Égypte (LAPO 5), Paris 1972. ▪ Shemaryahu TALMON, Was the Book of Esther known at Qumran?, DSD 2 (1995) 249–67. ▪ Emanuel TOV, The Dimensions of the Qumran Scrolls, DSD 5 (1998) 69–91. ▪ Michael WECHSLER, Two Para-Biblical Novellae from Qumran Cave 4. A Reevaluation of 4Q550, DSD 7 (2000) 130–72. ▪ Sidnie White CRAWFORD, Has Esther been found at Qumran? 4QProto-Esther and the Esther Corpus, RdQ 17/65-68 (1996) 307–25. ▪ DIES., 4QTales of the Persian Court (4Q550^{a-e}) and Its Relation to Biblical Royal Courtier Tales, especially Esther, Daniel and Joseph, in: The Bible as Book. The Hebrew Bible and the Judaean Desert Discoveries (hg.v. E.D. HERBERT u- E. TOV), London 2002, 121–37. ▪ Géza G. XERAVITS, Interreligiosity as a Literary Fiction in the „Court Tales" of the Old Testament, in: Reflecting Diversity (hg.v. P. LOSONCZI u. G.G. XERAVITS; Schnittpunkte – Intersections 1), Wien 2007, 1–11.

Handschriftlicher Befund

Handschrift	paläogr. Datierung ca.
4Q550a–e = 4QJuifs à la cour perse ar / 4QJews at the Persian Court / 4QJuden am persischen Hof (von PUECH zu einer Handschrift gerechnet)	um 50 v.Chr.

Einführende Bemerkungen

Mit einer kleinen Sensation überraschte Józef T. MILIK im Frühling 1992 die Forscher, als er sechs Manuskripte eines aramäischen Werkes veröffentlichte (4Q550, 4Q550a–e), die Reste der Vorform eines aramäischen „Modells" für das Buch Ester seien („Proto-Esther"). Da dieses Buch als einziges nicht in Qumran gefunden wurde, hätte sein Fehlen keine theologischen oder ideengeschichtlichen Hintergründe. Doch hat die weitere Forschung gezeigt, dass es sich vermutlich weder um sechs Manuskripte, noch um Vorformen des Estherbuches handelt, vielmehr dürften alle erhaltenen Fragmente zu einer einzigen Handschrift gehören (Begründung bei PUECH, DJD XXXVII, 1–3; anders WECHSLER 2000). Betitelt hat man dieses Werk daher zunächst „Erzählungen (*Tales*) vom persischen Hof". Damit ist zugleich auf mehrere Charakteristika des Textes hingewiesen.

Zum Ersten ist anzumerken, dass man es hier mit *Geschichten* zu tun hat, nicht mit einer zusammenhängenden Novelle. Nicht einmal die Identität der Beteiligten ist in den Fragmenten miteinander verknüpft, weswegen bereits Milik von drei Geschichten ausging, die er als verschiedene „Ester-Urschriften" charakterisierte (4Q550a–c; 4Q550d+f ; 4Q550e). Motive aus dem Umfeld des Buchs Esther finden sich in den Fragmenten sicherlich (CRAWFORD 1996, COLLINS u. GREEN 1999), verdanken sich jedoch kaum einer literarischen, sondern eher einer gattungsmäßigen Verwandtschaft.

Michael WECHSLER hat nachgewiesen, dass 4Q550 und das Buch Ester weder aufgrund der gebrauchten Namen noch aufgrund sprachlicher und literarische Parallelen miteinander verwandt sind. Die Gruppierung und Identifizierung der Geschichten innerhalb von 4Q550 nahm er folgendermaßen vor: 4Q550d–e seien ein aramäischer Anhang zu den Esra-Nehemia-Geschichten (nicht den Büchern!), 4Q550a–c seien eine Art Vorgeschichten der Esther-Erzählungen (nicht des Buches!). 4Q550f schließlich sei ein eigenständiges Manuskript, das eine freiere aramäische Übersetzung von Jes 14,31b–32 und eine dazugehörende Interpretation oder Fortschreibung enthalte.

Zum Zweiten handelt es sich um Geschichten vom persischen *Hof*. Damit gehört der Text zu einer beliebten Gattung im alten Orient, den Hoferzählungen. Diese Gattung ist von den Erzählungen über ʾAḥîqar bis hin zu verschiedenen Spätschriften des Alten Testaments zu verfolgen (XERAVITS 2007). Die besondere Beliebtheit dieser Geschichten bezeugt vielleicht auch die Form, in der Qumran-Manuskripte von 4Q550 überliefert worden sind: Diese sind nämlich sog. „Mini-Rollen", nach MILIK leicht tragbare, sowas wie Taschenausgaben dieser beliebten Werke, die ihre Leser überall mit sich nehmen und lesen konnten (dazu vgl. noch TOV 1998).

Zum Dritten beschäftigen sich die Geschichten mit den (historischen?) *Ereignissen* am persischen Hof. So erwähnt 4Q550a–c mehrfach König Darius, dazu weitere persische Personennamen. Ein spezifischer Bezug zum Judentum ist in diesen Passagen hingegen nicht feststellbar, was – teilt man die Handschrift wie etwa WECHSLER – auf eine persische Herkunft des Stoffes schließen lassen könnte. Darauf könnte auch die Verbreitung der Gattung sprechen. Weiterhin enthält 4Q550a–c die Geschichte eines gewissen *Patirêzā'*, Beamter der königlichen Kleidersammlung. 4Q550d–e beschreibt den Konflikt zwischen zwei Hofbeamten, dem Juden *Bagasrawa* (o. *Bagasrô*; pers. *Baga-srava*) und dem Nichtjuden *Bagôšî* (o. *Bagôšê*; pers. *Baga-Uši*). Höhepunkt der Erzählung sind Fall und Hinrichtung des letzteren im Kontrast zur Vergöttlichung des ersteren. Interessanterweise sind die Personennamen auch aus anderen Quellen bekannt: *Bagôšî* war laut Josephus (Ant. Jud. XI, 297–301) und einem Papyrus aus Elephantine Hauptmann unter Artaxerxes und Statthalter von Judäa, der die Juden unterdrückt haben soll (GRELOT 1972, Nr. 102f.; vgl. darin auch den bekannteren *Bagôhî*). *Bagasrawa* kommt in drei aramäischen Briefen aus dem 5. Jh. v.Chr. als führender persischer Beamter vor (GRELOT 1972, Nr. 65,4; 67,7 u. 70,1).

So mag man also den Teil von 4Q550, der die Fragmente von „4Q550d–e" umfasst, eine „Erzählung geschichtlicher Art" nennen – wenn auch ein historischer „Quellen"-Wert kaum zu ermitteln ist. Spezifisch „Qumranisches" findet sich im gesamten Werk übrigens nicht.

9.2.3 Das Gebet des Nabonid (4Q242 = 4QPrNab ar)

Textausgaben und Übersetzungen: DJD XXII, 83–93 (COLLINS). ▪ LOHSE II, 159–66 (A. STEUDEL).
Literatur: Frank M. CROSS, Fragments of the Prayer of Nabonidus, IEJ 34 (1984) 260–64. ▪ Mathias DELCOR, Le Testament de Job, la prière de Nabonide et les traditions targoumiques, in: Bibel und Qumran (hg.v. S. WAGNER), Berlin 1968, 57–74. ▪ John J. COLLINS, Daniel. A Commentary on the Book of Daniel (Hermeneia), Minneapolis 1993. ▪ Lorenzo DITOMMASO, The Book of Daniel and the Apocryphal Daniel Literature (SVTP 20), Leiden 2005. ▪ Peter W. FLINT, The Daniel Tradition at Qumran, in: The Book of Daniel. Composition and Reception (hg.v. J.J. COLLINS und P.W. FLINT; VT.S 83), 2 Bde., Leiden 2001, 2, 329–67. ▪ Florentino GARCÍA MARTÍNEZ, Qumran and Apocalyptic. Studies on the Aramaic Texts from Qumran (StTDJ 9), Leiden 1992, 116–36. ▪ Pierre GRELOT, La prière de Nabonide (4QOrNab). Nouvel essai de restauration, RdQ 9/36 (1978) 483–95. ▪ Mathias HENZE, The Madness of King Nebuchadnezzar. Ancient Near Eastern Origins and Early History of Interpretation of Daniel 4 (JSJ.S 61), Leiden 1999. ▪ Reinhard G. KRATZ, Nabonid in Qumran, in: Babylon. Wissenskultur in Orient Und Okzident (hg.v. E. CANCIK-KIRSCHBAUM u.a.; Topoi. Berlin Studies of the Ancient World 1), Berlin 2011, 253–70. ▪ Armin LANGE/Marion SIEKER, Gattung und Quellenwert des Gebets des Nabonid, in: Qumranstudien (hg.v. H.-J. FABRY u.a.; SIJD 4), Göttingen 1996, 4–34. ▪ Józef T. MILIK, „Prière de Nabonide" et autres écrits d'un cycle de Daniel. Fragments araméens de Qumrân, RB 63 (1956) 407–11. ▪ Émile PUECH, La Prière de Nabonide (4Q242), in: Targumic and Cognate Studies (FS M. MCNAMARA; hg.v. K.J. CATHCART u. M. MAHER; JSOT.S 230), Sheffield 1996, 208–27. ▪ Hanspeter SCHAUDIG, Die Inschriften Nabonids von Babylon

und Kyros' des Großen samt den in ihrem Umfeld entstandenen Tendenzschriften. Textausgabe und Grammatik (AOAT 256), Münster 2001. ▪ Adam S. VAN DER WOUDE, Bemerkungen zum Gebet des Nabonid, in: BEThL 46, 121–29.

Handschriftlicher Befund

Handschrift	paläogr. Datierung ca.
4Q242 = 4QPrayer of Nabonidus ar	75–50 v.Chr.

Einführende Bemerkungen

Das in fünf Fragmenten erhaltene „Gebet des Nabonid" (4Q242), ist eng mit Dan 4 verwandt, aber vor dem Danielbuch entstanden. Am ehesten kann man es für eine traditionsgeschichtliche Vorform von Dan 4 halten. Auch die Tatsache, dass das später kanonisch gewordene Danielbuch zur Zeit der Abschrift des Textes bereits vorlag, hat offenbar, so kann man hier wie anderswo beobachten, das Interesse an verwandten Traditionen nicht gemindert. Der Text lautet (4Q242 I; f4,1–4; zu den textlichen und materiellen Problemen vgl. vor allem KRATZ 2011; für die Übersetzung vgl. STEUDEL in LOHSE II u. KRATZ 2011):

> ^{I,1}Worte des Ge[be]ts, das Nabunay, der König von [Babe]l, der [Groß]könig, gebetet hat, [als er geschlagen war] ^{2} mit einem bösartigen Geschwür auf Befehl G[ott]es in Teman: [Ich, Nabunay, mit einem bösartigen Geschwür] ^{3}war ich geschlagen sieben Jahre lang. Und nach[dem] G[ott sein Angesicht über mich] erhoben hatte, [heilte er mich] ^{4}und meine Sünde(n), er hat sie vergeben. Ein Wahrsager/Deuter – er war ein Judäer v[on den Exilierten – kam zu mir und sprach:] ^{5}Tu es kund und schreib es auf, um Ehre und Gr[öße] zu geben dem Namen G[ottes, des Höchsten / des Himmels. (Und) so habe ich geschrieben / so schreibe ich hiermit: Ich,] ^{6}geschlagen war ich mit einem b[ösartigen] Geschwür in Teman [auf Befehl des höchsten Gottes] ^{7}sieben Jahre lang, ich betete [zu] den Göttern aus Silber und Gold [Bronze, Eisen] ^{8}Holz, Stein (und) Ton, denn/solange [ich dacht]e, dass s[ie] Götter seien [...]
> ^{8}von Holz, von Stein (und) von Ton, weil [ich der Mein]ung war, s[ie] seien Götter, [die meine Stimme] ^{9}erhören könnten. Ich [erba]t ihre [Bar]mherzigkeit [vor ihnen ...] $^{9a-}$ [es] wurden gebra[cht (?)/ umgebra[cht (?) Stiere als] Heilsopfer vo[r sie/ ihnen –]
> ^{f4,1}[...] fern von ihnen (o. ihnen zu dienen,) träumte/gesundete/suchte ich Heilung ^{2}[bei einem Judäer von den Exilierten (?) ...] von ihm ging ich vorüber / ließ er vorübergehen (oder: ein Geschenk brachte er), das Wohlbefinden [meiner] Ru[he ...] ^{3}[...] (und) plötzlich kamen meine Freunde (o. mein Erbarmen), ich konnte nicht [...] ^{4}[...] wie ähnlich bist du dem [...] ^{5}[...]

Die kleine Komposition gehört zu den Traditionen, die dem Danielbuch (Dan 4.5f.) vorausgehen und läuft den dortigen Erzählungen in vielem parallel – auch, wenn es sich hier um Nabonid und nicht (wie bei Daniel) um Nebukadnezar handelt. In beiden Fällen lässt Gott einen babylonischen Herrscher – der während der Erzählung die Geschichte in Form einer direkten Rede einleitet – sieben Jahre lang wegen der Vergötterung des Königs mit einer Krankheit bestrafen (Dan 4,22.29f.; 5,21). In beiden Geschichten spielt eine jüdische Person eine Hauptrolle, durch die Gott sich dem König offenbart. Der jüdische Deuter (etwas anders: Dan 4,4f.; 5,7) zeigt dem König den Grund seiner Heilung, nämlich die Tat Gottes (hier: JHWHS) in seinem Leben (s. Dan 4,24). Die Götzen werden überwunden (in Dan aber von Belsazar; vgl. Dan 5,4.23). Die Abweichungen: Der Name des Königs ist hier Nabonid, dort Nebukadnezar. Die jüdische Figur ist hier anonym (oft auf Daniel gedeutet, was jedoch nicht im Text steht, vgl. etwa STEUDEL 2001, 265), dort Daniel. Die Erkrankung des Königs ist hier „ein böses Geschwür", dort eine Persönlichkeitsstörung.

Nabonid, der letzte Herrscher des neubabylonischen Reiches (555–539 v.Chr.), verursachte er eine tiefe Spaltung im Land, da er einseitig den Kult des Mondgottes Sin förderte und damit den Widerstand der Marduk-Priesterschaft herausforderte (Marduk war der Stadtgott Babylons). Er verließ Babylon und lebte einige Jahre in der Wüstenoase Tema (s. Z. 6 und vgl. die babylonischen Inschriften aus Harran, H1 und H2 [SCHAUDIG 2001]). Währenddessen führte sein Sohn Belsazar das Reich weiter, womit Nabonid das Missfallen der Bewohner Babylons auslöste. Die Eroberung durch den persischen Kyros brachte ihn um seine Herrschaft, seine Untertanen empfanden darüber Freude.

Die jüdische Hauptfigur in 4Q242 ist anonym, nur seine jüdische Herkunft wird betont. Das weist darauf hin, dass es Judäer hier durchaus möglich ist, wichtige Positionen, sogar in führenden Gesellschaftskreisen, zu übernehmen. Die Frage nach dem höchsten Gott, im Babylonischen für Marduk und gegen Sin entschieden, kann in der „judäischen" Version natürlich nur JHWH sein. Die Krankheit Nabonids ist „ein böses Geschwür". Ein Geschwür kommt in der Bibel sechsmal vor, sein Vorkommen hat fünfmal, also in den meisten Fällen, entweder mit einem Urteil Gottes (Ex 9 [Plagen], Dtn 28 [Fluch]) oder mit der Offenbarung der wundertätigen Größe JHWHS (2 Kön 20, Jes 39, Hiob 2 [vgl. 11QtgHi XVI,2) zu tun. Die einzige Ausnahme ist Lev 13 (vgl. 4Q365 f18–19), wo die kultische Vorgehensweise zur Wiederherstellung der Reinheit beschrieben wird. Für die Krankheit Nabonids bedeutet das: Er wird wegen seines Götzendienstes durch das Geschwür bestraft, zugleich – weil er fähig ist, im Höchsten den wahren Gott zu erkennen, – erlangt er durch die gütige Macht Gottes die Heilung.

Die Abweichungen des Danielbuches vom Gebet des Nabonid in diesen drei Punkten erklärt sich am besten so: Die letzte Redaktion des Danielbuchs fand höchstwahrscheinlich zu Beginn der Makkabäerzeit statt. Nabonid war zu weit entfernt, für ihn wurde der babylonische Herrscher *par exellence*, Nebukadnezar, auf die Bühne gestellt. Dass die Krankheit von einem Geschwür zur Geisteskrankheit hin verändert wird, weist auf die Hybris Nebukadnezars hin. Im Motiv der Ausstoßung in die Wüste kann man die Erinnerung an Nabonid entdecken. Zum Schluss ist die Konkretisierung des Namens der Hauptfigur wieder auf die Rechnung der endredaktionellen Schichten des kanonischen Buches zu setzen. Die Parallelen zwischen dem Gebet des Nabonid und Dan 4 sind zweifelsfrei, die Abweichungen lassen auf die Ursprünglichkeit des Ersteren schließen (MILIK, KRATZ 1991/2011, GARCÍA MARTÍNEZ 1992, COLLINS u.v.a.; umgekehrt z.B. DUPONT-SOMMER in seiner Ausgabe der Qumrantexte 1960). Es ist gut vorstellbar und überaus wahrscheinlich, dass der Verfasser der kanonischen Form von Dan 4 die Nabonid-Tradition gekannt (anders: LANGE/SIEKER 1996: die Stücke sind unabhängig voneinander), sie verarbeitet und seinem Kontext angepasst hat. Auch weil die historischen Informationen des Danielbuchs genauer sind als die von 4Q242, kann daher die Bezeichnung „Novelle historischer Art" nur mit Vorbehalt gebraucht werden, wie Vorsicht ebenso im Falle des Tobit-Buches und von 4Q550a–c geboten ist.

9.3 Die Qumrangemeinschaft und die Dynastie der Hasmonäer

Die zweite Hälfte dieses Kapitels bietet eine konkrete Fallstudie. Es wird untersucht, wie die Mitglieder der Gemeinschaft einen bestimmten Aspekt der Geschichte und Politik ihrer Zeit beurteilt haben, nämlich die Dynastie der Hasmonäer in Jerusalem, aus der während des 1. und 2. Jh.s v.Chr. die führenden Persönlichkeiten des palästinischen Judentums stammten.

9.3.1 Historische Einleitung

Literatur: Early Judaism. A Comprehensive Overview (hg.v. J.J. COLLINS u. D.C. HARLOW), Grand Rapids/Mich. 2012.
Charles E. CARTER, The Emergence of Yehud in the Persian Period. A Social and Demographic Study (JSOT.S 294), Sheffield 1999. ▪ Jonathan A. GOLDSTEIN, I Maccabees (AB 41), Garden City/N.Y. 1976. ▪ DERS., II Maccabees (AB 41A), Garden City/N.Y. 1984. ▪ Jan W. VAN HENTEN, The Honorary Decree for Simon the Maccabee (1 Macc 14:25–49) in Its Hellenistic Context, in: Hellenism in the Land of Israel (hg.v. J.J. COLLINS und G.E. STERLING; CJAS 13), Notre Dame 2001, 116–45. ▪ Kenneth G. HOGLUND, Achaemenid Imperial Administration in Syria-Palestine and the Missions of Ezra and Nehemiah (SBL.DS 125), Atlanta/Ga. 1992. ▪ Reinhard G. KRATZ, Historisches und biblisches Israel. Drei Überblicke zum Alten Testament, Tübingen 2013. ▪ Edgar KRENTZ, The Honorary Decree for Simon the Maccabee, in: Hellenism in the Land of Israel (s.o.), 2001, 146–53. ▪ Johann MAIER, Zwischen den Testamenten. Geschichte und Religion in der Zeit des zweiten Tempels (NEB.E 3), Würzburg 1990. ▪ Doron MENDELS,

The Rise and Fall of Jewish Nationalism (ABRL), New York 1992. ▪ Paolo SACCHI, The History of the Second Temple Period (JSOT.S 285), Sheffield 2000.

Das Königtum war die Staatsform Israels und Judas vom 10. bis zum 6. Jh. v.Chr. Die alttestamentlichen Berichte erheben König David zum idealen Referenzpunkt und konstruieren unter ihm ein Großreich, das sich nach dem Tod seines Sohnes und Nachfolgers Salomo in zwei Staaten aufspaltet. Im Nordreich Israel und im Südreich Juda herrschen fortan eigene Könige, bis der Verlust der Unabhängigkeit beiden Landesteilen ein Ende setzte: im Norden herbeigeführt durch die Assyrer (722/1 v.Chr.), im Süden 587/6 v.Chr. durch die Babylonier. Die Deportation der oberen Schichten ins babylonische Exil führte zu der späteren Darstellung, das Land sei leer gewesen (KRATZ 2013). Nach dem Sieg der Perser über die Babylonier durch Kyros (539 v.Chr.) wurde das bisherige Staatsgebiet zur Provinz Jehud. Ein Königtum konnte nicht wieder errichtet werden (ALBERTZ 2000; CARTER 1999; HOGLUND 1992). Das blieb durch die gesamte persische Zeit so, und auch nach den Eroberungen Alexanders des Großen, unter der Diadochenherrschaft der Ptolemäer und längere Zeit danach, unter den Seleukiden, gab es kein Bestreben, wieder ein Königtum zu errichten.

Erst die religionspolitischen Maßnahmen des Antiochos IV. (169–167 v.Chr.), der den Aufstand der Makkabäer (167–164 v.Chr.) auslöst, führen dazu, dass sowohl die religiöse als auch die politische Führung schließlich in die eine Hand gelangen. Weite Teile Palästinas werden erobert. im richtigen Augenblick würde man den Anführer zum König machen (MENDELS 1992: bes. 55–79). War Judas Makkabäus, der älteste Sohn des Mattathias, noch schlicht als militärischer Anführer aufgetreten, und hatte nach seinem Tod sein Bruder Jonatan die Führung des Aufstandes übernommen, änderte sich die Lage im Jahr 152 v.Chr.: Jonatan übernimmt das Amt des Hohepriesters in Jerusalem, bestätigt durch den seleukidischen Herrscher Alexander Balas. Auch Jonatans Nachfolger, sein Bruder Simon, ist als Hohepriester tätig – und dürfte sich dazu als König verstanden haben (vgl. 1Makk 14,27–45, VAN HENTEN 2001 und KRENTZ 2001, außerdem GOLDSTEIN 1976, 470–480; KRATZ 2013). Dessen Nachfolger, Johannes Hyrkan I. (134–104 v.Chr.) und Aristobul I. (104–103 v.Chr.) beanspruchten Hohepriester- und Königstitel und begründeten damit quasi das hasmonäische Reich, das unter Alexander Jannai (103–76 v.Chr.) seine größte Ausdehnung erlebte. Bis zum Fall der Dynastie (63 v.Chr.) trugen seine Herrscher den Königstitel.

Als historische Quellen für diese Geschehnisse lagen lange Zeit nur das 1. und 2. Makkabäerbuch sowie die Berichte des Josephus Flavius vor. Beider historische Zuverlässigkeit ist jedoch zumindest umstritten: Das 1. Makkabäerbuch entstand nach allgemeinem Dafürhalten als prohasmonäische Propagandaschrift, und auch der Verfasser von 2Makk zeigt deutliche Sympathie mit der regierenden Dynastie (GOLDSTEIN 1984, 3–27). Die Beschreibungen des Josephus entfalten hingegen ein etwas farbigeres Bild, das auch von ernsthaftem innerjüdischen Widerstand gegen die Hasmonäer berichtet.

Im Folgenden werden einige Texte von Fragmenten aus den Höhlen von Qumran untersucht, die möglicherweise ein zusätzliches Licht darauf werfen könnten, welchen Stand die Hasmonäerdynastie bei ihren Zeitgenossen hatte – kaum so eindeutig positiv, wie es aus den Makkabäerbüchern den Anschein haben könnte. Doch kommt man nicht umhin, auch diese Texte als Quellen sorgfältiger historischer Kritik zu unterziehen.

9.3.2 Die Zeitgeschichte im Licht der Schriftinterpretation

Literatur: Historical Perspectives. From the Hasmoneans to Bar Kokhba in Light of the Dead Sea Scrolls (StTDJ 37, hg.v. D. GOODBLATT u.a.), Leiden 2001.
Joseph D. AMUSIN, Éphraim et Manassé dans le Pésher de Nahum (4QpNahum), RdQ 4/15 (1963) 389–96. ▪ DERS., A propos de l'interprétation de 4Q161 (Fragments 5–6 et 8), RdQ 8/31 (1974) 381–92. ▪ DERS., The Reflection of Historical Events of the First Century B.C. in Qumran Commentaries (4Q161; 4Q169; 4Q166), HUCA 48 (1978) 123–52. ▪ Shani L. BERRIN/TZOREF, The Pesher Nahum Scroll from Qumran. An Exegetical Study of 4Q169 (StTDJ 53), Leiden 2004. ▪ George J. BROOKE, What Makes a Text Historical? Assumptions behind the Classification of Some Dead Sea Scrolls, in: DERS., Reading the Dead Sea Scrolls. Essays in Method (Early Judaism and Its Literature 39), Atlanta/Ga. 2013, 193–210. ▪ William H. BROWNLEE, The Midrash Pesher of Habakkuk. Text, Translation, Exposition. With an Introduction (SBL.MS 24), Missoula/Ma. 1979. ▪ John J. COLLINS, Reading for History in the Dead Sea Scrolls, DSD 18 (2011) 295–315. ▪ DERS., Prophecy and Fulfillment in the Qumran Scrolls, in: DERS., Seers, Sybils and Sages in Hellenistic-Roman Judaism (JSJ.S 54), Leiden 1997, 301–14. ▪ Frank M. CROSS, The Ancient Library of Qumran (BS 30), Sheffield ³1995. ▪ Philipp R. DAVIES, What History Can We Get from the Scrolls, and How, in: The Dead Sea Scrolls. Texts and Context (hg.v. C. HEMPEL, StTDJ 90), Leiden 2010, 31–46. ▪ Ida FRÖHLICH, Le genre littéraire des Pesharim de Qumrân, RdQ 12/47 (1986) 383–98. ▪ Maurya P. HORGAN, Pesharim. Qumran Interpretations of Biblical Books (CBQ.MS 8), Washington/D.C. 1979. ▪ Daniel A. MACHIELA, The Qumran Pesharim as Biblical Commentaries. Historical Context and Lines of Development, DSD 19 (2012) 313–62. ▪ Adam S. VAN DER WOUDE, Wicked Priest or Wicked Priests? Reflections on the Identification of the Wicked Priest in the Habakkuk Commentary, JJS 33 (1982) 349–59. ▪ Géza G. XERAVITS, Considerations on Canon and the Dead Sea Scrolls, QC 9/2-4 (2000) 165–78.

Die oben bereits behandelten „Pescharim" sind oft nur schwer mit Hilfe des zitierte (nicht selten auch schon schwer verständlichen) Textes aus der Schrift oder den Anspielungen auf andere biblische Schriften zu erleuchten. Der „Qumran-Autor", der sich selbst im Besitz einer besonderen göttlichen Gabe sieht (1QpHab

VII,4f.; 1QH XV,26f.), offenbart in seinen Interpretationen seinen Lesern, wie sich die prophezeiten Ereignisse in der historischen Gegenwart erfüllten. Die Gemeinschaft akzeptierte diese Einschätzung und die durch den „Lehrer der Gerechtigkeit" erschaffene Matrix diente als Grundlage ihres Geschichtsverständnisses (COLLINS 1997; XERAVITS 2000). Entsprechend kulminieren die Ereignisse der Heilsgeschichte in der Geschichte der Gemeinschaft, auch die biblischen Prophezeiungen bezogen sich auf ihre Zeit (s.o. zu pHab VII). Kennt man diesen Hintergrund und deutet man so ihren geheimnisvollen Sprachgebrauch (AMUSIN; FRÖHLICH), bieten die Pescharim durchaus geschichtliche Informationen über die ersten zwei Jahrhunderte v.Chr., d.h. auch die Hasmonäerzeit – nur ist die Grenzziehung zwischen Schriftauslegung und historischen Ereignissen, zwischen literarischer Interpretation im Rahmen auch der Qumranschriften und den realgeschichtlichen Fakten, außerordentlich schwer (und erlaubt möglichweise viel weniger Aussagen, als man lange Zeit dachte; vgl. noch etwa die Arbeit von STEGEMANN zur Gemeinschaft). Die Hinweise der Pescharim liefern jedenfalls eine differenzierte Vorstellung von der palästinischen Geschichte, in der die Herrschaftsansprüche der Hasmonäer und ihr gottloses Tun offenbar eine Rolle spielen.

Zwei Texte sind vor allem erwähnenswert: Zuerst der in Höhle 4 gefundene Nahum-Pescher (4Q169). Für die Beleuchtung des historischen Hintergrundes dieses Textes war es eine große Hilfe, dass er konkrete Personennamen enthält, nämlich „Demetrios, der König der Griechen" (s.o.). Oben wurde bereits ausgeführt, dass der Verfasser in Kol. 1 einen Feldzug dieses Herrschers gegen Jerusalem beschreibt. Von ihm wurde die Gruppe angestachelt, die als „die nach den glatten Dingen suchen" bezeichnet wird, also wohl die Pharisäer. Auf ihr Drängen hin begann nur ein Seleukidenherrscher namens Demetrios einen Feldzug gegen Israel: Demetrios III. Eukairos (88 v.Chr.), während der Herrschaft Alexander Jannais in Jerusalem. Dieser überstand den Angriff, begann dann aber mit dem rücksichtslosen Zerschlagen der Opposition (Jos. Ant. XIII 14,1f. und Bell. I 4,4f.). Der Verfasser des Peschers bezeichnet Alexander Jannai im Hinblick darauf als „Löwe des Zorns" und bemerkt, dass er seine Gegner erbarmungslos und die Juden gar auf verbotene Weise getötet habe: er habe sie nämlich gekreuzigt (4Q169 I,6–8).

> [6][... *Und er füllte mit Raub*] *seine Höhle und sein Lager mit Beute* (*Nah 2,13*). Seine Deutung bezieht sich auf den Löwen des Zorns, [7][... Ra]che an denjenigen, die nach glatten Dingen suchen, als er Menschen lebendig aufhängte [8][...] in Israel vorher.

Anschließend zitiert der Verfasser Nah 2,14 mit dem Drohwort JHWHS: „Siehe, ich gehe gegen dich vor, spricht JHWH Zebaoth". Den König von Jerusalem beschreibt der Verfasser als eine Person, die den göttlichen Befehl außer Acht lässt (vgl. Dtn 21,22f.).

Der zweite Text ist der Pescher zum Habakukbuch aus Höhle 1 (1QpHab). Sein Verfasser stellt in der Interpretation des Buches Habakuk zwei gegensätzliche Charaktere vor, den einen nennt er „Lehrer der Gerechtigkeit", den anderen den „gottlosen Priester". Zumeist nimmt man an, dass der „Lehrer der Gerechtigkeit" die Führungsfigur der Qumrangemeinschaft bezeichnet, der „gottlose Priester" hingegen einen der Hasmonäerherrscher (CROSS 1995; HORGAN 1979; VAN DER WOUDE 1982). Folgendes erfährt man von letzterem in der Deutung von Hab 2,5f. (1QpHab VIII,8–11a):

> [8]… Seine Deutung bezieht sich auf den gottlosen Priester, der [9]nach dem Namen der Wahrheit genannt wurde, als er sein Amt antrat. Aber als er zur Herrschaft gelangt war [10]in Israel, erhob sich sein Herz, und er verließ Gott und handelte t[re]ulos gegen die Gebote [11]um des Reichtums willen. …

Weiter berichtet 1QpHab, dass der „gottlose Priester" versucht habe, die Ruhe des „Lehrers" am Versöhnungstag zu stören (1QpHab XI,4–8). Das könnte auf unterschiedliche Kalender in der Qumrangemeinschaft und in Jerusalem hindeuten, was wiederum dem gottlosen Priester ermöglicht hätte, während der kultischen Feier seines Gegners an dessen Wohnort zu sein. Der Verfasser von 1QpHab berichtet auch vom Tod des gottlosen Priesters durch Krankheit oder eine Tat der Gegner (vgl. 1QpHab IX,1–2.9–12). Diese Hinweise lassen sich als Berichte über das Ende von Simon Makkabäus und von Jonatan verstehen. Damit würden sie darauf hindeuten, dass die Qumrangemeinschaft von Anfang an gegen die Herrschaftsansprüche der Hasmonäer war. Für eine Hoffnung auf Frieden mit den Hasmonäern findet der Autor von 1QpHab keinen Hinweis mehr und prophezeit stattdessen (1QpHab IX,2–7):

> … Und wenn [3]es heißt: *Denn du hast viele Völker geplündert, darum werden dich plündern alle* [4]*übrigen Nationen* (Hab 2,8), so bezieht sich seine Deutung auf die letzten Priester von Jerusalem, [5]die Reichtum und Gewinn aus der Beute der Völker sammeln. [6]Aber am Ende der Tage wird ihr Reichtum mitsamt ihrer Beute in die Hand [7]der Streitmacht der Kittäer gegeben werden. Denn sie sind die übrigen Nationen.

9.3.3 Eine Lobrede auf Jonatan (4QApocryphal Psalm and Prayer, 4Q448)

Textausgaben und Übersetzungen: DJD XI, 403–25 (E. ESHEL / H. ESHEL / YARDENI). ▪ Esther ESHEL u.a., A Qumran Composition Containing Part of Ps. 154 and a Prayer for the Welfare of King Jonathan and his Kingdom, IEJ 42 (1992) 199–229. – S.o. 5.2.1 u. 7.2.1.1.

Literatur: Hanan u. Esther Eshel, 4Q448, Psalm 154 (Syriac), Sirach 48:20, and 4QpIsaᵃ, JBL 119 (2000) 645–59. ▪ André Lemaire, Attestation textuelle et critique littéraire. 4Q448 col. A et Psalm 154, in: DSSFYD (2000), 12–18. ▪ Ders., Le roi Jonathan à Qoumrân (4Q448, B–C), in: Qoumrân et les manuscrits de la mer Morte. Une cinquantenaire (hg.v. E.M. Laperrousaz), 2 Bde., Paris 2000, 2, 55–68. ▪ Emmanuelle Main, For King Jonathan or Against? The Use of the Bible in 4Q448, in: Biblical Perspectives. Early Use and Interpretation of the Bible in the Light of the Dead Sea Scrolls (hg.v. M.E. Stone und E.G. Chazon; StTDJ 28), Leiden 1998, 113–35. ▪ Émile Puech, Jonathan le prêtre impie et les débuts de la communauté de Qumrân. 4QJonathan (4Q448) et 4QPsAp (4Q523), RdQ 17/65–68 (1996) 241–70. ▪ James A. Sanders, Psalm 154 Revisited, in: Biblische Theologie und gesellschaftlicher Wandel (hg.v. G. Braulik u.a.), Freiburg 1993, 296–306. ▪ Annette Steudel, 4Q448 – The Lost Beginning of MMT?, in: From MMT to Resurrection (s.o.) 247–63.

Handschriftlicher Befund

Handschrift	paläogr. Datierung ca.
4Q448	100–76 v.Chr.

Einführende Bemerkungen und mögliche Deutungen

Ein Fragment aus Höhle 4 scheint die negative Beurteilung der hasmonäischen Herrscher durch die Qumrangemeinschaft zu bestärken, die eine „Lobrede auf König Jonatan" enthält (neutraler die neuere Bezeichnung 4QApocryphal Psalm and Prayer). Es handelt sich den Anfang einer Schriftrolle; die Befestigung des schließenden Lederriemens ist noch zu erkennen. Die erste der drei Kolumnen (A oder I, oben angeordnet) enthält den Teil einer Fassung von Psalm 154, die unteren zwei Kolumnen (davon eine sehr schmal [B o. II] und eine mit unbekannter Breite [C o. III]) eine Fürbitte (daher auch 4QApocryphal Psalms and Prayer). Im Text der Fürbitte kommt zweimal „Jonatan, der König" (יונתן המלך, *Yônātān ha-mælæk*; II,2; III,8?) vor. Kol. II beginnt (Z. 1–9):

> ¹Mache dich auf, Heiliger, ²für Jonatan, den König, ³und die ganze Versammlung deines Volkes, ⁴Israel, ⁵das in die vier ⁶Himmelsrichtungen (zerstreut) ist. ⁷Friede sei ihnen allen, ⁸und deinem Königreich/deiner Königsherrschaft. ⁹Gepriesen werde dein Name.

Es handelt sich um einen Teil eines Gebets, das wohl mit Kol. I begonnen hat. Die erste Zeile ruft Gott zum Einschreiten für König Jonatan (Z. 2.8f.) und das Gottesvolk (Z. 3–7) auf.

Das Fragment ist nicht ganz leicht lesbar, so dass manche der Lesungen umstritten sind. Davon ist auch die zweite Erwähnung Jonatans betroffen: E. Eshel/H. Eshel/A. Yardeni) in DJD lesen ליונתן המל[ך, *lᵉ-Yônātān ha-mæl[æk*, „für Jonatan den König"; Puech 1996 (mit ausführlicher Begründung)]יונתן וכל עמ[ךָ, *Yônātān wᵉ-kāl ʿammᵉkā*, „Jonatan und all dein Volk".

Umstritten ist auch die paläographische Datierung des in Semikursive geschriebenen Fragments, für das es nur wenige Vergleichstexte gibt: Eshel/Eshel/Yardeni plädieren für die erste Hälfte des 1. Jh.s v.Chr., setzen dabei jedoch – methodisch durchaus fragwürdig – bereits voraus, dass es sich bei dem genannten König um Alexander Jannai (103–76 v.Chr.) handelt (Jannai = Jonatan). Puech 1996 spricht sich vorsichtig für die zweite Hälfte des 2. Jh.s v.Chr. aus, wobei dann jedoch nicht Alexander Jannai gemeint sein könnte.

Diese Unsicherheit führt sogleich zum dritten Problem: Um wen handelt es sich bei „Jonatan, dem König"? Nur zwei historische Persönlichkeiten kommen in Frage:

1. Der *Hasmonäerkönig Alexander Jannai* (s.o.), dessen Königstitel in den Quellen sicher bezeugt ist, oder

2. *Jonatan, der Makkabäer*, Bruder und ab ca. 160 v.Chr. Nachfolger des makkabäischen Anführers Judas, der 152 v.Chr. auch zum Hohenpriester ernannt wurde (ist er der „Frevelpriester" der Qumrantexte? So Stegemann u.v.a.), – von dem jedoch nirgends gesagt wird, dass er „König" genannt wurde. (Lt. Puech zu III,8 in 4Q448 ja auch nur einmal.)

Damit scheint auf den ersten Blick die Frage entschieden zu sein, und für die Mehrheit der Forschung ist sie das auch. Aber: Jonatan, der Makkabäer, taucht in den Quellen zwar „nur" als στρατηγός, *stratēgós*, „Feldherr", auf (1 Makk 10,65). Einen ähnlicher Rang hatten jedoch wohl auch Hi 15,24 und Dan 10,13 (Plural!) vor Augen – und geben es beide mit מלך, *mælæk*, wieder! Das Wort muss demnach nicht notwendigerweise einen „König" im engeren Sinne bezeichnen (Puech 1996)! Beide Möglichkeiten sind sozusagen wieder „im Spiel".

Sollte es sich beim genannten König um Alexander Jannai handeln, so passt der Text freilich bestens in das Bild, das sich die Qumrangemeinschaft nach allgemeiner Auffassung von den Hasmonäern gemacht hat (vgl. o. 4.3.2 und die Bezeichnung Alexander Jannais als „Löwe des Zorns", כפיר החרון, *kᵉpîr ha-ḥārôn*, 4QpNah II,2.8; 4QpHos^b f2,1).

Genau deshalb ist es interessant, dass mehrere Forscher, unter ihnen auch die Herausgeber des Textes, die Fürbitte interpretieren, als sei sie nicht gegen den König Jonatan, sondern *für* den König formuliert worden (siehe weiter Puech 1996). Dazu nutzen sie das Argument, dass die Präposition (על, *ʿal*) vor dem Namen Jonatan eine Einleitung von ähnlichen Fürbitte-Formeln ist, die anderweitig zahlreichbelegt sind, und die auf die Person hinweist, zu deren Gunsten die Fürbitte gesprochen wird (DJD XI, 410–12). Weiterhin, so merken die Herausgeber an, kommt das Bindewort (ו, *Wāw*), das die dritte Zeile einleitet, hier eher in der Bedeutung „und" als in der von „denn/aber" vor, denn im letzteren Fall müsse – ihrer Meinung nach – das Verbum des nächsten Satzes unmittelbar nach diesem Bindewort stehen (und nicht später in Z. 7, wie es jetzt ist). Demnach würde die Fürbitte beiden, dem König Jonatan und seinem Volk Israel, positiv gegenüberstehen und für sie um das Wohlergehen und um Gottes Segen bitten. Die Vertreter dieser Ansicht müssen aber in Kauf nehmen, dass der so interpretierte Inhalt des Fragments mit der allgemein negativen Haltung der Qumrangemeinschaft gegenüber den Hasmonäern schwer in Einklang zu bringen ist. Die Herausgeber sind daher der Meinung, dass die Fürbitte *entweder* während eines Feldzugs des Alexander Jannai außerhalb des Landes entstanden sei und eine Art „normale" nationale Loyalität widerspiegelt, *oder* dass der Verfasser ein Anhänger Alexander Jannais war, und der Text von außen in die Bibliothek von Qumran gelangt ist. Eine neue Möglichkeit bringt hier noch die Vermutung Steudels (2006) ins Spiel, dass es sich bei 4Q448 um den verlorenen Beginn von 4QMMT handeln könnte.

Gegen die Interpretation der Herausgeber gibt es aber mehrere Argumente. Einerseits gibt es im biblischen Hebräisch zwar öfter die Wendung „aufstehen gegen jemanden" (עור על, *ʿûr ʿal*). Dabei ist die Präposition *ʿal* stets dem Verbum zugeordnet (LEMAIRE). Andererseits kommt in den Gebeten, die die Herausgeber zitieren, die Präposition *ʿal* nirgends in dieser Funktion vor. Darüber hinaus ist der Einwand der Herausgeber bezüglich der *Wāw*-Kopula am Anfang von Z. 3 nicht begründet. Es scheint auch allgemein schwer vorstellbar, dass diese Gruppierung, in deren Augen Alexander Jannai, der „Löwe des Zorns", eine eindeutig negative historische Figur war, in ihrer Bibliothek als einzige diese Fürbitte mit einer von ihrer Position völlig verschiedenen Fürbitte in ihrer Bibliothek zugelassen hätte.

In einem weiteren Aufsatz versuchen die Herausgeber ihre Interpretationen mit neuen Argumenten zu unterstützen, die sie aus dem vermuteten Zusammenhang zwischen dem Psalm in der oberen Spalte und der Fürbitte in den unteren Spalten ableiten möchten (ESHEL/ESHEL). Die Überschrift des *syrischen* Textes von Ps 154 ordnet den Psalm nämlich dem Gebet Hiskias zu, als die Assyrer Jerusalem umringt hatten. Die kürzere Fassung von 4Q448 könnte als Urtext des Psalms betrachtet werden, das sich in dieser Form dem Gebet Hiskias angeschlossen hätte. Dementsprechend rekonstruieren sie den Anfang von Z. 5: „Und sie erschraken vor Sanherib und schrien". Danach vermuten die Herausgeber, dass die Fürbitte der ersten zwei Kolumnen eine Pescher-Exegese dieses Urtextes von Ps 154 wäre und sich die Erwähnung der Befreiung Jerusalems von den *Assyrern* auf die Befreiung Jerusalems während des Angriffes des *Ptolemaios Lathyros* beziehen würde (vgl. 4Q161 f5–6). Also wäre das verbindende Thema der drei fragmentarischen Kolumnen die Befreiung Jerusalems von den fremden Angreifern. Der Text stamme nicht aus Qumran, sondern von außerhalb.

Dieser letztere Gedankengang der Herausgeber ist nicht frei von grundsätzlichen Problemen. Es gibt keinen Beweis dafür, dass der Psalm in Qumran mit dem Gebet Hiskias verbunden war oder wurde. Die Rekonstruktion „Und sie erschraken vor Sanherib" ist äußerst hypothetisch, und auch die vermutete Lesart „[Jene, die Dich] hass[en] sollen fürchten" ist nicht frei von Zweifeln. Dass die Fürbitte auf den zwei unteren Kolumnen des Fragments eine Exegese des Psalms im Pescher-Stils ist, scheint überaus fraglich. Es findet sich keines der Kennzeichen dieser Gattung. Die Fürbitte scheint sogar überhaupt nicht exegetischer Art zu sein oder eine konkrete Verbindung zu Jerusalem zu zeigen. Auch wenn 4Q161 die Befreiung Jerusalems während des Angriffs Ptolemaios Lathyros' als Erfüllung biblischer Texte interpretiert, zeigt gleichzeitig der hier diskutierte Text kaum Sympathie für den dabei befreiten Alexander Jannai. Die zwei Texte, die in den drei Kolumnen von 4Q448 zu lesen sind, hätten demnach nicht viel miteinander zu tun. Ist es nötig, dieses kleine Fragment als einheitliche literarische Komposition zu verstehen? Die Schreibweise und seine ungewohnte Einteilung lässt vielmehr darauf schließen, dass es sich um eine „nicht offizielle" Aufzeichnung oder Skizze eines Schreibers handelt.

Nach all dem ist auf dem Stand des jetzigen Zustands des Fragments mit der Signatur 4Q448 eines sicher zu sagen: Obwohl die ersten drei Zeilen der Fürbitte grammatikalisch, lexikalisch und syntaktisch auch als Rede von Jonatan zu interpretieren sind, schwächen weder die Argumente noch die allgemeinen historischen Überlegungen die Interpretation, nach der die Fürbitte der 4Q448 gegen den König Jonatan formuliert wurde. Anders wäre die Interpretation freilich, wenn es sich bei Jonatan um den Makkabäer gleichen Namens handelte (PUECH, STEUDEL)

9.3.4 Eine Liste von Falschpropheten (4QList of False Prophets ar; 4Q339)

Textausgaben: DJD XIX, 77–79 (BROSHI/ YARDENI).
Literatur: James E. BOWLEY, Prophets and Prophecy at Qumran, in: DSSFY 2 (1998/99), 354–78.
▪ Shaye J.D. COHEN, False Prophets (4Q339), Netinim (4Q340) and Hellenism at Qumran, in: The Significance of Yavneh and Other Essays in Jewish Hellenism (hg.v. DEMS., TSAJ 136), Tübingen 2012, 93–102. ▪ Armin LANGE, „The False Prophets Who Arose against our God" (4Q339 1), in: Aramaica Qumranica (hg.v. K. BERTHELOT u. D. STÖKL BEN EZRA; StTDJ 94), Leiden 2010, 205–24. ▪ Géza G. XERAVITS, From the Forefathers to the „Angry Lion". Qumran and the Hasmonaeans, in: The Books of the Maccabees. History, Theology, Ideology (hg.v. DEMS. u. József ZSENGELLÉR; JSJ.S 118), Leiden 2007, 211–21.

Handschriftlicher Befund

Handschrift	paläogr. Datierung ca.
4Q339 = 4QList of False Prophets ar	30 v.–68 n.Chr.

Einführende Bemerkungen – mögliche Deutungen
Zur Frage der Beurteilung der Hasmonäerdynastie in Qumran ist noch ein Text zu erwähnen, der als „Liste falscher Propheten" herausgegeben worden ist. Es handelt sich um eine aramäische Aufzählung, möglicherweise nur als „Notizzettel" oder „Skizze" einer längeren Schrift gedacht. Auf eine Überschrift folgen sieben (o. acht) Zeilen mit Namen:

> ¹[Lü]genpropheten, die in [Israel] aufgetreten sind: ²Bileam, [Sohn des] Beor. ³[Der] alte Mann aus Bethel. ⁴[Zede]kia, Sohn des [Kena]ana. ⁵[Aha]b, Sohn des Ko[la]ja. ⁶[Zede]kia, Sohn des Ma[a]seja. ⁷[Schemaja, derNe]helamiter. ⁸[Hananja, Sohn des As]ur. ⁹[...]ʽôn. (s.u.)

Die Namen der Propheten sind aus den Schriften bekannt; alle wurden aufgrund ihres Handelns negativ beurteilt (Z. 2–8): *Bileam, Sohn des Beor* (Num 22–24; zu dessen zunehmend negativer Beurteilung im frühen Judentum und entstehenden Christentum vgl. ZSENGELLÉR), der (namenlose) *„alte Mann" aus Bet-El* (1Kön 13,11–31), *Zedekia, Sohn des Kenaana* (1Kön 22 par. 2Chr 18), *Ahab, Sohn des Kolaja*, und *Zedekia, Sohn des Maaseja* (Jer 29,21–24), *Schemaja, der Nehelamiter* (Jer 29,24–32) und *Hananja, Sohn des Asur* (Jer 28,17).

Ein Problem stellt Z. 9 dar. Im ganzen Alten Testament ist nämlich kein Falschprophet zu finden, dessen Name auf -ʽôn endet. Die wichtigsten Möglichkeiten der Ergänzung sind folgende: 1. Es handelt sich um „Johanan, Sohn des Simeon" (יוחנן בן־שמ[עון], [*Yôḥānān bæn-Šim*]ʽôn, so die Herausgeber Magen BROSHI und Ada YARDENI zunächst). Dann hätte die Liste der falschen Propheten quasi „in der Gegenwart", mit dem Hasmonäerherrscher Johannes Hyrkan, geendet. 2. Es ist aber auch möglich, zu ergänzen: „der Prophet, der aus Gibeon stammte" (aram: נביאה די]

מן גב[עון, [nᵉḇîʾāh dî min Giḇ]ʿôn), wodurch der in Z. 8 genannte Hananja genauer bezeichnet würde: eben als „der Prophet, der aus Gibeon stammte" (so Jer 28,1, wo es hebr. wörtlich heißt: הנביא אשר מגבעון, ha-nāḇîʾ ʾᵃšær mi-Giḇʿôn). Für beide Lesarten gibt es Argumente und Gegenargumente. Im Fall der zweiten Alternative würde die Struktur der Liste durch die hinzugefügte Bemerkung nicht streng durchgehalten (Warum ausgerechnet Hananja?). Im ersten Fall beruft man sich gern auf eine Bemerkung bei Josephus (Ant. Jud. XIII,300 und Bell. Jud. I,68f.):

> Drei der höchsten Würden vereinigte er in seiner Person: die Herrschaft über sein Volk, das Hohepriestertum und die Prophetenwürde.

Der prophetische Anspruch Johannes Hyrkans war demnach wohl nicht unbekannt. Hinter der Bemerkung des Josephus mag man das Bestreben des Hasmonäers erkennen, seine Macht nach allen Seiten hin – religiös wie auch profan – zu verteidigen (zum hellenistischen Kontext vgl. COHEN). Nimmt man hinzu, was anderen Schriften über die Qumrangemeinschaft und ihr Verständnis der Prophetie entnommen werden kann (s.o. 3.2.1 sowie BOWLEY; vgl. auch die Position des „Lehrers der Gerechtigkeit"), so liegt es nahe, dass die Gemeinschaft derartige prophetische Ansprüche abgelehnt haben dürfte und sie die entsprechenden Personen durchaus auch als „Falsch-" oder „Lügenpropheten" angesehen haben dürften.

Die drei Buchstaben in Z. 9 sind weder für die eine noch für die andere Schlussfolgerung – Näherbestimmung Hananjas oder Nennung des Johannes Hyrkan – ausreichend und kaum dazu geeignet, weiterreichende Hypothesen auf sie zu bauen. Es gibt zwar kein schlagendes Argument dagegen, in der letzten Zeile einen Hinweis auf Johannes Hyrkan zu vermuten (vgl. zur Interpretation XERAVITS 2007), aber ebenso wenig dafür, dass das vermeintlich in Z. 2–8 erkannte Schema auch für die weitere Liste in voller Strenge und Kürze durchzuhalten wäre.

9.3.5 Ein hoffnungsvoller Beginn? – 4QMMT

Textausgaben: s.o. 5.2.1.
Literatur: From 4QMMT to Resurrection. Mélanges qumraniens en hommage à Émile Puech (StTDJ 61, hg.v. F. GARCÍA MARTÍNEZ u.a.), Leiden 2006. ▪ Reading 4QMMT. New Perspectives on Qumran Law and History (SBL.SympS 2, hg.v. J. KAMPEN u. M.J. BERNSTEIN), Atlanta/Ga. 1996. ▪ Carolyn J. SHARP, Phinehan Zeal and Rhetorical Strategy in 4QMMT, RdQ 18/70 (1997) 207–22. – S. außerdem die Literatur zu o. 5.2.1.

Handschriftlicher Befund und einführende Bemerkungen
Siehe oben 5.2.1.

Mögliche Deutungen

Am Ende dieses Kapitelteils schauen wir zu den mutmaßlichen Anfängen der Gemeinschaft, d.h. auf die Mitte des 2. Jh.s v.Chr, zurück. In diesen Jahren schickten die Anführer der Qumrangemeinschaft einen Brief an die Jerusalemer Führung (4QMMT). Der letzte Teil dieses Werkes, das schon oben im Kapitel zu den halachischen Texten behandelt wurde, liefert einige wichtige Hinweise. Zwei Abschnitte des Epilogs sammeln, wie gesehen Beispiele aus der Heiligen Schrift, woraus man schließen kann, der Empfänger des Briefes sei eine führende Persönlichkeit des zeitgenössischen Israel (4QMMT C 17–20a und 25b–26a):

> [17][Es steht geschrieben im Buch des] Mose und in den B[üchern der Prophe]ten, dass ... kommen werden [... von [18]den Se]gnu[ngen, die gekommen sind in [...] in den Tagen Salomos, des Sohnes Davids, als auch die Flüche, [19][die] gekommen sind in den Ta[gen Jer]obeams, des Sohnes Nebats, und bis zur Wegfü[hru]ng Jerusalems und Zedekias, des Königs von Jud[a], [20][dass] er sie br[in]gen wird ...
>
> [25]... Gedenke David[s], der ein Mann frommer Taten war, und der auch [26]aus vielen Nöten ger[et]tet wurde, ihm wurde vergeben. ...

Dass sich der Brief an eine hervorgehobene Persönlichkeit richtet, ergibt sich daraus, dass die Beispiele sämtlich historische Könige von Israel nennen. Positiv oder negativ bewertet, sind sie im vorliegenden Text Vorgänger des Empfängers. Ihr Handeln nach dem Gesetz und die entsprechende Belohnung oder Bestrafung hängen voneinander ab. Dies könnte für einen frühen Hasmonäer als Empfänger sprechen. Die Bedeutung des Werkes läge dann nicht zuletzt im Tonfall, d.h. der Art, wie es sich an seinen Empfänger wendet. Hier ist eher eine respektvolle Distanz zu spüren als eine grundsätzliche Ablehnung. Möglicherweise war die zeitgenössische Führung in Jerusalem zu diesem Zeitpunkt im Denken der Gemeinschaft noch immer akzeptiert. Beachtenswert ist besonders der Schlusssatz des Briefes, in dem der/die Verfasser einen biblischen Hinweis von großer Bedeutung in die Schrift aufnimmt/aufnehmen (4QMMT C 31–32):

> [31]Und es wird dir zur Gerechtigkeit gerechnet werden, dass du das Rechte und das Gute vor ihm getan hast, dir [selbst] zugute [32]und Israel.

Hier erscheint der Empfänger als jemand, der die Gesamtheit des Volkes repräsentiert und dessen Entscheidungen weitreichende Folgen haben. Ihm wird sogar verheißen, dass das Tun des Rechten ihm „zur Gerechtigkeit angerechnet" werde.

Diese Wendung kommt in der hebräischen Bibel nur zweimal, an je besonderer Stelle vor:

Zum ersten handelt es sich um einen zentralen Begriff im Kapitel *Genesis 15*, das die göttliche Erwählung ʾAḇrā(hā)ms, ja, in V. 6, wenn man so will, den gesamten Abraham-Zyklus zusammenfasst und theologisch deutet: „Abram glaubte JHWH (אמן, ʾāman Hipʿîl), und das rechnete er ihm zur Gerechtigkeit."

Zugleich ist damit aber auch auf *Psalm 106* (V.31) hingewiesen, genauer auf den Eifer des Pînḥās, Sohn des Eleazar (vgl. Num 25,6–13): sein Eingreifen wurde ihm nämlich „gerechnet zur Gerechtigkeit von Geschlecht zu Geschlecht ewiglich."

So setzen die Absender des Briefes den Empfänger ihrer Schrift – möglicherweise also den amtierenden Jerusalemer Hohepriester –, in Parallele zum Erzvater Abraham und dem ersten im „Bund des ewigen Priestertums" (ברית כהנת עולם, bᵉrît kᵉhunnat ʿôlām; Num 25,13) stehenden Pinhas, und machen jenen damit in gewissem Sinne zum einenden Vertreter ganz Israels und der religiösen Führungselite des Volkes.

9.3.6 Zusammenfassung: Theologie und Geschichte in den Texten aus Qumran

Manche dieser Texte, die aus der Bibliothek der Qumrangemeinschaft erhalten geblieben sind, liefern aus erster Hand Hinweise darauf, dass die Hasmonäer – trotz aller Propaganda zur Legitimierung ihrer Herrschaft – bei ihren Zeitgenossen nicht überall gleich willkommen waren. Die Mitglieder der Qumrangemeinschaft schienen ihnen gegenüber jedenfalls eher feindselig gesinnt zu sein. Sollte es sich bei 4QMMT um ein Dokument aus der Frühzeit der Gemeinschaft handeln, das versuchte, in verschiedenen Streitpunkten eine Einigung zu erzielen, so hätte eine Ablehnung dieses Angebots die Fronten verhärtet und die Trennung „Qumrans" von „Jerusalem" entsprechend verschärft. So mag es kommen, dass die Qumrangemeinschaft die Hasmonäer eher als „Löwen des Zorns" denn als einen neuen Abraham oder Pinhas betrachteten.

10 Eschatologische und apokalyptische Texte

10.1 Eschatologisch – apokalyptisch: Definitionen

Die Begriffe „eschatologisch" und „apokalyptisch" sind unter Theologen geläufige Begriffe, gewissermaßen Teil der „Alltagssprache", nicht zuletzt auch derjenigen, die sich mit der Hebräischen Bibel und den Schriften des antiken Judentums befassen. Verwendet werden diese Begriffe – mehr oder weniger reflektiert – von vielen Forschern, genauer definiert von einigen (wenigen), aber nur sehr wenige legen Rechenschaft darüber ab, was sie mit „eschatologisch" und/oder „apokalyptisch" genau meinen. Das führt nicht selten zu Missverständnissen, weswegen zu Beginn dieses Kapitels einen Blick auf das Bedeutungsspektrum der beiden Begriffe geworfen werden soll.

10.1.1 Eschatologisch/Eschatologie

Literatur: The Oxford Handbook of Eschatology (hg.v. Jerry L. WALLS), Oxford 2008. ▪ Eschatology, Messianism, and the Dead Sea Scrolls (hg.v. Craig A. EVANS u. Peter W. FLINT; StDSSRL 1), Grand Rapids/Mich. 1997
Rainer ALBERTZ, Religionsgeschichte Israels in alttestamentlicher Zeit, 2 Bde., Göttingen 1992. ▪ John J. COLLINS, Art. Eschatology. Second Temple Period, in: The Cambridge Dictionary of Judaism and Jewish Culture (hg.v. J.R. BASKIN), Cambridge 2011, 158f. ▪ Philip R. DAVIES, Eschatology at Qumran, in: Sects and Scrolls (hg.v. DEMS.; SFSHJ 134), Atlanta/Ga. 1996, 61–78. ▪ Ernst Michael DÖRRFUSS, Art. Theokratie, in: Das wissenschaftliche Bibellexikon im Internet (WiBiLex; alttestamentlicher Teil hg.v. M. BAUKS u. K. KOENEN.); *www.bibelwissenschaft.de/stichwort/33351*), 2009. ▪ Michael A. KNIBB, Eschatology and Messianism in the Dead Sea Scrolls, in: DERS., Essays on the Book of Enoch and Other Early Jewish Texts and Traditions (StVTP 22), Leiden 2009, 327–48 (= DSSFY 1 [1998/99], 379–402). ▪ Klaus KOENEN, Art. Eschatologie (AT), in: WiBiLex (s.o.; *www.bibelwissenschaft.de/stichwort/20917*), 2007. ▪ Hans-Peter MÜLLER, Art. Eschatologie. II. Altes Testament, in: RGG⁴ 2 (1999) 1546–53. ▪ Otto PLÖGER, Theokratie und Eschatologie (WMANT 2), Neukirchen-Vluyn (1959) ³1968. ▪ David S. RUSSELL, The Method and Message of Jewish Apocalyptic. 200 BC–AD 100 (OTL), Philadelphia 1964. ▪ Annette STEUDEL, The Development of Essenic Eschatology, in: Apocalyptic Time (hg.v. A.I. BAUMGARTEN, SHR 86), Leiden 2000, 79–86. ▪ Cana WERMAN, מגילות קומראן: מבואות ואחרית הימים בהגות עדת קומראן. (Eschatology at Qumran), in: ומחקרים (The Qumran Scrolls and Their World), (hg.v. M. KISTER u.a.; Between Bible and Mishnah), 2 Bde., Jerusalem 2009, 529–49.

Im Israel der nachexilischen Zeit lassen sich, grob gesagt, zwei wesentliche theologische Anschauungen unterscheiden, eine „eschatologische" und eine „theokratische" (PLÖGER 1968). Der Begriff der „Eschatologie" geht dabei zurück auf gr.

τὰ ἔσχατα, *ta és-chata*, „die äußersten, letzten Dinge", bezeichnet also wörtlich die „Lehre bzw. Gesamtheit religiöser Vorstellungen von den Letzten Dingen, d.h. vom Endschicksal des einzelnen Menschen und der Welt" (so der Duden).

Voraussetzung insbesondere für die „theokratische" Anschauung (gr. θεοκρατία, *theokratía*, „Gottesherrschaft"; aus θεός, *theós*, „Gott" u. κρατεῖν, *kratein*, „herrschen") ist der Verlust eines realen Königtums, an dessen Stelle die Herrschaft des Königsgottes tritt (vgl. etwa 1 Sam 8). Charakteristisch ist die Erkenntnis, dass die Heilszeit im Grunde bereits angebrochen ist (so etwa in der Chronik): der neue Tempel steht und ist in Betrieb, der Kultbetrieb läuft (ideal), das Gottesreich realisiert sich darin bereits. Man kann das vereinfacht vielleicht als „Gegenwartsbezug" beschreiben. Viel stärker auf die Zukunft ist hingegen die andere Sichtweise bezogen – wenngleich eine solche Trennung nicht zu schroff vorgenommen werden sollte (vgl. DÖRRFUSS 2009).

Im engeren Sinne „eschatologisch" ist all das, was mit der „eschatologischen Zeit" zu tun hat oder sich darauf bezieht. Dieses sog. Eschaton bezeichnet die Endzeit (der Heilsgeschichte), in der die jetzige Zeit ihre Erfüllung erreicht. Aber: „Man erwartet nicht das Ende der Zeit, sondern eine Wende der Zeit, die zur Vollendung der Schöpfung führt; keine andere Welt, sondern diese Welt anders [...]" (KOENEN 2007; vgl. auch u. zur Apokalyptik, die eher zu einem Ende und einer Neuschöpfung tendiert). Das Eschaton wird im jüdisch-christlichen Denken vielfältig charakterisiert, wie z.B. als Gericht Gottes über die Welt, Gottes Sieg, Vernichtung des Bösen und Durchbruch der zu Gott gehörenden Wirklichkeit usw. (vgl. die Übersicht bei KOENEN 2007). Man hat gemeint, dass das Thema der Eschatologie im israelitischen Denken erst mit der apokalyptischen Sichtweise zusammen entstanden ist (RUSSELL; ALBERTZ), doch ist das wenig wahrscheinlich (vgl. etwa KOENEN 2007), nicht zuletzt deswegen, weil die Apokalyptik die Eschatologie in gewisser Hinsicht zur Voraussetzung hat.

In vielen jüngeren Texten des Alten Testaments, allen voran prophetischen, finden sich verschiedene Ausdrücke einer Zukunftshoffnung. Sie hat wahrscheinlich zwei Wurzeln: Einerseits dürfte die Eschatologie Folge eines *geschichtstheologischen* Denkens sein, andererseits gaben die Herausforderungen nach der Katastrophe des Exils einen starken Impuls, dass *Prophetie* mehr und mehr eschatologischen Charakter trug (ALBERTZ 1994, 438–58). Im israelitischen Denken sind Vergangenheit und Gegenwart Israels eine Reihe von Taten Gottes, in Richtung auf eine vorherbestimmte Zukunft. Dem zukünftigen Sieg JHWHs wurde – in der prophetischen Terminologie – auch das Gericht zugeordnet. Die Zeit der Erfüllung prophetischer Vorhersagen verschiebt sich immer weiter in die Zukunft, zugleich wurde aber der Glaube, *dass* Gott in der Zukunft siegreich zum Wohl seines Volkes sein wird, zu einem immer wichtigeren Element des Glaubens des alten Israel.

Hier wie auch in der Apokalyptik handelt es sich wesentlich um eine immer neue Interpretation der Tradition: Kündigt die älteste Fassung des Deuterojesajabuchs ursprünglich vielleicht das Ende des Exils an (Jes 40* – Jes 52*), so sprechen spätere Autoren bereits von einer universalen Völkerwallfahrt zum Zion (Jes 60 u.a.), ja sogar von der Erwartung eines neuen Himmels und einer neuen Erde (z.B. Jes 65,17ff. und dann Offb 21). Auch messianische Weissagungen (vgl. etwa die Ankündigung des „Sprosses" Jes 11,1f.5 mit der Ankündigung eines Friedensreichs V. 6–8.9) gehören in diesen Zusammenhang.

10.1.2 „Apokalyptisch"/Apokalyptik

Literatur: Apocalypticism in the Mediterranean World and the Near East (hg.v. David HELLHOLM), Tübingen (1983) ²1989. ▪ Apokalyptik und kein Ende? (hg.v. Bernd U. SCHIPPER u. Georg PLASGER; BThS 29), Göttingen 2007. ▪ Apokalyptik und Qumran (hg.v. Jörg FREY u. Michael BECKER; Einblicke 10), Paderborn 2007. ▪ The Oxford Handbook of Apocalyptic Literature (hg.v. John J. COLLINS), Oxford 2014.
Stefan BEYERLE, Die Gottesvorstellungen in der antik-jüdischen Apokalyptik (JSJ.S 103), Leiden 2005. ▪ Christfried BÖTTRICH, Art. Apokalyptik (NT), in: Das wissenschaftliche Bibellexikon im Internet (WiBiLex; neutestamentlicher Teil hg.v. S. ALKIER; www.bibelwissenschaft.de/de/stichwort/49908), 2014. ▪ John J. COLLINS, Introduction: Towards the Morphology of a Genre, in: Apocalypse. The Morphology of a Genre (hg.v. DEMS.; Semeia 14), Atlanta/Ga. 1979, 1–20. ▪ DERS., Seers, Sibyls and Sages in Hellenistic-Roman Judaism (JSJ.S 54), Leiden 1997, bes. 25–127. ▪ DERS., Apocalypticism in the Dead Sea Scrolls (The Literature of the Dead Sea Scrolls), London 1997. ▪ Klaus KOCH, Ratlos vor der Apokalyptik. Eine Streitschrift über ein vernachlässigtes Gebiet der Bibelwissenschaft und die schädlichen Auswirkungen auf Theologie und Philosophie, Gütersloh 1970. ▪ DERS., Vor der Wende der Zeiten (Ges. Aufs. 3; hg.v. U. GLESSMER), Neukirchen-Vluyn 1996. ▪ Reinhard G. KRATZ, Art. Apokalyptik. II. Altes Testament, in: RGG⁴ 1 (1998) 591f. ▪ Paolo SACCHI, Jewish Apocalyptic and its History (JSP.S 20), Sheffield 1996. ▪ Adela YARBRO COLLINS, Apocalypse Now. The State of Apocalyptic Studies Near the End of the First Decade of the Twenty-First Century, HThR 104 (2011) 447–57. ▪ DIES., Introduction: Early Christian Apocalypticism, in: Early Christian Apocalypticism. Genre and Social Setting (hg.v. DERS.; Semeia 36), Decatur/Ga. 1986, 1–12.

Wie „Eschatologie" geht auch das Substantiv „Apokalyptik" auf das Griechische zurück (ἡ ἀποκάλυψις, *hē apokálypsis*, „die Enthüllung, Offenbarung"), damit ist entweder die „Deutung von Ereignissen im Hinblick auf ein nahendes Weltende" oder die „Gesamtheit der Apokalypsen", das „apokalyptische Schrifttum", gemeint, also die Schriften, „die sich in Visionen, Träumen, Abschiedsreden, Weissagungen mit dem kommenden Weltende" befassen (so wieder der Duden).

Im Vergleich zur Eschatologie ist „Apokalyptik" der enger gefasste Ausdruck. Im Alten Testament ist die Apokalyptik ein Randphänomen, je nach Definition wird ihr Umfang darin unterschiedlich bestimmt. Für viele Forscher gehören neben dem Danielbuch als einzig sicherem Zeugnis auch Jes 24–27 (die sogenannte „(große) Jesaja-Apokalypse"; die „kleine" findet sich in Jes 34f.), Jes 56–66 („Tritojesaja") und Sach 9–11.12–14 (mitunter „Deutero"- und „Tritosacharja" genannt) hinzu. Doch dürften letztere, samt und sonders Fortschreibungen älteren Materials, keine Stufen der Entwicklung der Apokalyptik repräsentieren, sondern lediglich spätapokalyptisches Material rezipieren (KRATZ 1998).

Die Vorläufer und Anfänge der Apokalyptik liegen außerhalb des hebräischen bzw. alttestamentliche Kanons, jedoch in den Schriften des antiken Judentums, beginnend in Kompositionen wie dem Henochmaterial (s. 3.1.1), d.h. ab dem 3. Jh. v.Chr. Einen Schub und wohl auch ihre eigentliche „Geburt" erlebt die Apokalyptik in den Wirren der seleukidischen Eingriffe in Palästina, voran der Religionsgesetzgebung unter Antiochos IV. (169–167 v.Chr.). In voll ausgeprägter Form kann man sie dann, neben zahlreichen anderen Repräsentanten, auch im griechischen (Tob 13f.) und im lateinischen Kanon (4. Esra, um 100 n.Chr.) finden, das Neue Testament enthält bekanntlich ebenfalls eine Apokalypse, nämlich die Offenbarung des Johannes (gr. Ἀποκάλυψις Ἰωάννου, *Apokálypsis Jō[h]ánnu*), auf die die Gattungsbezeichnung zurückgeht. Die Johannesoffenbarung gehört freilich zu den eher späteren Vertretern des Genres.

Wie schon die Bedeutung des griechischen Verbums ἀποκαλύπτω (*apokalýptō*, „ich enthülle, offenbare"), zeigt, bildet den Rahmen eines apokalyptischen Werks (o. Abschnitts) immer der Empfang einer göttlichen Offenbarung an die Hauptfigur. Der Inhalt des Offenbarten ist demnach mit „irdischer" Weisheit oder irdischen Kenntnissen nicht erkennbar. Apokalypsen verfügen darüber hinaus über zahlreiche weitere gemeinsame charakteristische Eigenschaften, die zusammen das Bild einer gewachsenen Gattung zeigen. Die *Society of Biblical Literature* hat in den 1970er Jahren ein „Gattungsprojekt" unter der Koordination von John J. COLLINS initiiert (*SBL Apocalypse Group*), dessen Ergebnisse 1979 veröffentlicht wurden. COLLINS liefert darin die folgende, vielzitierte Definition der Gattung „Apokalypse" (COLLINS 1979, 9):

> 'Apocalypse' is a genre of revelatory literature with a narrative framework, in which a revelation is mediated by an otherworldly being to a human recipient, disclosing a transcendent reality which is both temporal, insofar as it envisages eschatological salvation, and spatial, insofar as it involves another, supernatural world.

Diese Definition ist freilich gänzlich losgelöst von den sozialen und historischen Umständen und enthält auch keine Definition einer Funktion der Apokalyptik. Deswegen schlug Adela YARBRO COLLINS 1986 eine Erweiterung dieser Definition um die folgenden Sätze vor (YARBRO COLLINS 1986, 7):

[...]; such a work is intended to interpret present, earthly circumstances in light of the supernatural world and of the future, and to influence both the understanding and the behavior of the audience by means of divine authority.

Die Vermittlung der Offenbarung kann dabei etwa durch eine *Vision*, eine himmlische *Reise* („Verzückung"), durch die direkte Mitteilung eines himmlischen *Wesens* („Engel"), oder auch durch die Lektüre eines himmlischen *Buches* geschehen. Obwohl das grundsätzliche Charakteristikum der offenbarten transzendenten Wirklichkeit entweder zeitlich oder räumlich sein kann, kommt es praktisch immer zum Gericht und der Vernichtung des Bösen.

Die Gattungsforschung unterscheidet außerdem „geschichtliche Apokalypsen" und „Reisen ins Jenseits":

1. Beispiele für „geschichtliche Apokalypsen" sind Dan 2, Baruch, 4 Esra, das Jubiläenbuch und aus dem Henoch-Korpus die Siebener- und die Tierapokalypse. Im Mittelpunkt steht der Ablauf der Geschichte, die daran beobachtbaren Regelmäßigkeiten und die theologischen Perspektiven.

2. „Reisen ins Jenseits" finden sich zum Beispiel im astronomischen Henoch, den Proverbien, 2 Henoch, TestLevi 2–5 und dem Testament Abrahams. Hier tritt nicht die Betrachtung der Geschichte in den Vordergrund, sondern kosmologische Fragen.

Im Denken der Verfasser der entsprechenden Schriften zeigt sich eine Art gemeinsame Weltsicht, eben die „apokalyptische" Weltsicht. Klaus KOCH (1972) und John J. COLLINS (1998) bestimmen folgende Punkte als wichtigste Charakteristika dieser apokalyptischen Weltsicht, die weiter gefasst ist als die Apokalyptik im engeren Sinne:
- Die *Erwartung des nahen Endes*, an das sich das Bild einer
- *kosmischen Katastrophe* anschließt,
- die *Periodisierung der Weltgeschichte*,
- *göttliche Vorherbestimmung* (*Prädestination*),
- die *Anwesenheit von Engeln und Dämonen* als aktiv Handelnde,
- eine neue, paradiesische Zustände ergebende *Erlösung*,
- die Erwartung der *Offenbarung der Gottesherrschaft* und das
- *Auftreten eines* (königlichen) *Vermittlers*.

Dabei wird gerne sogar das genaue Datum des Endes berechnet (s. auch Dan 9,20ff.). Nun kann es aber für die Bestimmung der Gattung nicht angehen, einen derartigen Katalog von Kennzeichen „abzuhaken" und im Falle der Vollständigkeit das Etikett „Apokalypse" zu vergeben. Vielmehr haben solche heuristischen Zusammenstellungen „dienende Funktion" (KRATZ 1998, vgl. auch zum Folgenden) bei der eigentlichen Aufgabe der bzw. dem Wesen der Apokalyptik, der *Neuinterpretation* der einst offenbarten, aber durch äußere Umstände (Antiochos IV.!) fraglich gewordenen *Überlieferung* (vgl. explizit z.B. Daniel 9,2 mit dem Verweis auf Jeremia 25,11f.) In der Form der himmlischen Offenbarung ist dabei die Überbietung der Prophetie enthalten.

Solche und ähnliche Vorstellungen sind im antiken Judentum weit verbreitet, auch in anderen Formen als denen der Apokalypse im strengen Sinne. Man mag dann von apokalyptischen Zügen sprechen, im engeren Sinne entscheidend ist hingegen das Offenbarungsproblem. Ein nicht unwesentlicher Teil der Literatur der Qumrangemeinschaft wird deswegen oft als „apokalyptisch" bezeichnet. Auch hier sind die Grenzen keineswegs so einheitlich gezogen, wie es die Einteilung der Schriften in derartige Kategorien glauben machen könnte.

10.1.3 Eschatologie und Apokalyptik in den Texten aus Qumran

Das Material der Bibliothek von Qumran teilt – allgemein formuliert – die eschatologischen Ansichten der späteren biblischen Literatur. Zahlreiche Werke enthalten charakteristische Elemente der eschatologischen Denkweise, wie Urteil Gottes, Sieg über die Bösen und Triumph der Gerechten. Sogar in ihrer jetzigen Form überraschen zahlreiche gemeindliche Schriften, wie beispielsweise die Gemeinschaftsregel und „Anhänge" (1QSa und 1QSb), die Damaskusschrift, die Hodajot, die Kriegsrolle oder die Pescharim, die Leser mit richtigen Schatzkisten voller eschatologischer Motive. Obwohl sich manchmal bei diesen Schriften die eschatologischen Abschnitte als sekundär erwiesen, bildet die eschatologische Sicht einen grundsätzlichen und unumgänglichen Teil der geschichtstheologischen Ansichten der Damaskusschrift, der Kriegsrolle und der Pescharim. Das Entstehungsmilieus der Qumran-Gemeinde war eine eschatologisch denkende Bewegung. Die Art und Weise, wie die Gemeinde ihre eschatologischen Ansichten zum Ausdruck gebracht hat (Dualismus, Auserwählungslehre, Offenbarung, die Periodisierung der Heilsgeschichte), steht in enger Verbindung zu einer gut definierbaren Gruppe der frühjüdischen Literatur: mit dem Henoch-Korpus, mit dem Buch der Jubiläen und mit dem Daniel-Buch. Diese Werke gehören zur gleichen geistigen Strömung des Judentums in 3. bis 2. Jh. v.Chr. In ihnen wurde zuerst mit strenger Konsequenz das Bildmaterial der Apokalyptik zum Ausdruck ihrer Ansichten benutzt. Diese Bewegung durchdrang mit der Tiefe ihres apokalyptischen Nachlasses und mit den Ansichten ihrer Schriften die Theologie der entstehenden Gemeinde in Qumran. 1 Henoch, das Buch der Jubiläen und Daniel haben sich in der Gemeinde einer hohen Wertschätzung erfreut, man kann auch sagen, sie wurden für autoritäre Schriften gehalten. Es ist aber auch anzumerken, dass in den Qumran-Schriften eschatologische Motive trotz ihrer Fülle oft nicht zum zentralen Kern der Werke gehören, in denen sie zu finden sind. Der Hauptton dieser Werke liegt meistens auf anderen Themen: vorwiegend der Halacha, dem Kalender oder auf liturgischen Motiven. Diese Tatsache ist beachtenswert, damit die Eschatologie als grundlegende Ansicht der Theologie der Qumran-Gemeinschaft nicht überbewertet wird.

10.2 Eschatologische und apokalyptische Qumranschriften

Literatur: Randall A. ARGALL, 1 Enoch and Sirach. A Comparative Literary and Conceptual Analysis of the Themes of Revelation, Creation and Judgement (SBL.EJL 8), Atlanta/Ga. 1995. ▪ Gabriele BOCCACCINI, Beyond the Essene Hypothesis. The Parting of the Ways between Qumran and Enochic Judaism, Grand Rapids/Mich. 1998. ▪ John J. COLLINS, Was the Dead Sea Sect an Apocalyptic Movement?, in: Archaeology and History in the Dead Sea Scrolls (hg.v. L.H. SCHIFFMAN; JSP.S 8), Sheffield 1990, 25–51. ▪ DERS., Apocalypticism in the Dead Sea Scrolls (Library of the Dead Sea Scrolls), London 1997. ▪ DERS., Apocalypticism and Literary Genre in the Dead Sea Scrolls, in: DSSFY 2 (1998/99), 403–30. ▪ Gene L. DAVENPORT, The Eschatology of the Book of Jubilees (SPB 20), Leiden 1971. ▪ Jean L. DUHAIME, Dualistic Reworking in the Scrolls from Qumran, CBQ 49 (1987) 32–56. ▪ Charlotte HEMPEL, The Place of the Book of Jubilees at Qumran and Beyond, in: The Dead Sea Scrolls in Their Historical Context (hg.v. T.H. LIM u.a.), Edinburgh 2000, 187–96. ▪ Michael KNIBB, Apocalypticism and Messianism, in: The Oxford Handbook of the Dead Sea Scrolls (hg.v. Timothy H. LIM), Oxford 2010, 403–32. ▪ George W.E. NICKELSBURG, 1 Enoch and Qumran Origins. The State of Question and Some Prospects for Answers, SBL.SP 25 (1986) 341–60. ▪ DERS., The Nature and Function of Revelation in 1 Enoch, Jubilees, and Some Qumranic Documents, in: Pseudepigraphic Perspectives (hg.v. E.G. CHAZON u. M.E. STONE; StTDJ 31), Leiden 1999, 91–119. ▪ Hartmut STEGEMANN, Die Bedeutung der Qumranfunde für die Erforschung der Apokalyptik, in: Apocalypticism in the Mediterranean World and the Near East (s.o.), 1989, 495–530. ▪ James C. VANDERKAM, Enoch Traditions in Jubilees and Other Second-Century Sources, SBL.SP (1976) 229–52. ▪ DERS., Authoritative Literature in the Dead Sea Scrolls, DSD 5 (1998) 382–402.

Grundsätzlich apokalyptische Schriften der Qumran-Gemeinde sind das Buch Henoch und das Buch der Jubiläen, die bereits im Kapitel zu den parabiblischen Werken unseres Buches behandelt wurden. Hier sei nur noch einmal an die Anzahl der Manuskripte und den Einfluss der Werke auf andere, auch genuine, Qumranschriften erinnert, die bedeutende Stellung im Korpus der Qumranschriften zeigen. Ähnliches gilt für die Pseudo-Daniel-Schriften (s.o. 3.2.3).

10.2.1 Die Worte des Engels Michael (Words of Michael ar, Paroles de Michel ar, 4Q529 u. 6Q23)

Textausgaben: DJD III, 131 (BAILLET: 6Q23); XXXI, 1–8 (PUECH: 4Q529). ▪ ATTM.E 127f.
Literatur: André CAQUOT, Les prodromes du déluge: Légendes araméennes de Qoumrân, RHPhR 83 (2003) 41–59. ▪ Lorenzo DITOMMASO, The Dead Sea New Jerusalem Text. Contents and

Contexts (TSAJ 110), Tübingen 2005, 165–67. ▪ David HAMIDOVIĆ, La transtextualité dans le livre de Michel (4Q529; 6Q23), Sem. 55 (2013) 117–37. ▪ Józef T. MILIK, The Books of Enoch. Aramaic Fragments of Qumrân Cave 4, Oxford 1976.

Handschriftlicher Befund

Handschrift	paläogr. Datierung ca.
4Q529 (4QWords of Michael ar)	um 50 v.Chr.
6Q23 (6QpapWords of Michael; *olim* 4QpapUnclassified Fragments ar)	1–100 n.Chr.

Einführende Bemerkungen

Den Anfang macht ein Werk, das zwar nur durch wenige Fragmente bezeugt ist, aber aufgrund der Art der darin erwähnten Offenbarung ein schönes Beispiel für die Gattung der Apokalypse ist, nämlich die Worte des Engels Michael (4Q529). Józef MILIK (1976, 91) und Klaus BEYER (ATTM.E 127) haben es wahrscheinlich machen können, dass auch das Papyrusfragment 6Q23 eine Abschrift dieser Worte darstellt. Das größte Fragment enthält den Anfang des Werkes, zusammen mit seinem Titel: „Worte des Buches (כתבא, *kᵉṯāḇā᾿*, „Buch, Schrift, Schreiben"), das Michael zu den Engeln sprach [...]" (f1,1). Der Herausgeber Émile PUECH bestimmt dieses Fragment als Vision Henochs, in der ihm die Engel Michael und Gabriel erscheinen. Gabriel ist dabei quasi der „mustergültige" *angelus interpres* (Deuteengel), wenngleich er hier zu Engeln spricht (f1,1). Ein Beispiel (4Q529 f1,2–5):

> ²Er sagte: Scharen von Feuer fand ich dort [...] ³[...] neun Berge, zwei im Ost[en, zwei im Norden, zwei im Westen und zwei] ⁴[im Sü]den. Dort sah ich Gabriel, den Engel [...] ⁵entsprechend der Vision. Und ich zeigte ihm die Vision. Und er sagte zu mir: [...]

Die Vision – soweit sie denn aus diesem fragmentarischen Text beurteilt werden kann – beschäftigt sich mit der Auflösung der Welt, mit den Frevlern und mit der Fürsorge Gottes. Sie erwähnt den Bau einer Stadt im Namen Gottes, in der das Böse herrscht, was als Kritik an den Verhältnissen im zeitgenössischen Jerusalem aufgefasst werden kann (4Q529 f1,9–12):

> ⁹Und siehe, eine Stadt wird gebaut für den Namen meines Herrn, des Her[rschers ... nicht] ¹⁰soll etwas Böses getan werden angesichts meines Herrn, des Herrsc[hers ...] ¹¹Und mein Herr, der ewige Herrscher, wird sich seiner Schöpfung erinnern, um [...] ¹²meinem Herrn, dem ewigen Herrscher, ihm gehört Barmherzigkeit und ihm gehört [...]

Gegenstand der Offenbarung des Engels ist also ein zukünftiges Ereignis: Gottes Erbarmen Gottes über die Stadt wird am Ende stehen. Darin dürften sich die konkreten Erwartungen des Verfassers widerspiegeln. Die Form der Apokalypse dient dazu, die Leser zum Durchhalten in einer anfechtungsreichen historischen Lage aufzurufen und zu motivieren.

10.2.2 Das Neue Jerusalem (1Q32, 2Q24, 4Q554, 4Q554a, 4Q555, 5Q15, 11Q18)

Textausgaben: DJD I, 134f. (MILIK: 1Q32); III, 84–89 (BAILLET: 2Q24).184–93 (MILIK: 5Q15); XXIII, 305–55 (GARCÍA MARTÍNEZ / TIGCHELAAR: 11Q18); XXXVII, 91–152 (PUECH 2009). ▪ ATTM 1, 214–22, ATTM.E 95–104. ▪ Lorenzo DITOMMASO, The Dead Sea New Jerusalem Text. Contents and Contexts (TSAJ 110), Tübingen 2005. Vgl. außerdem Florentino GARCÍA MARTÍNEZ, More Fragments of 11QNJ, in: The Provo International Conference on the Dead Sea Scrolls (hg.v. D.W. PARRY u.a.; StTDJ 30), Leiden 1999, 186–98.

Literatur: Hugo ANTONISSEN, The Visionary Architecture of New Jerusalem in Qumran, in: Qumran und die Archäologie. Texte und Kontexte (hg.v. J. FREY u.a., WUNT 278), Tübingen 2011. ▪ Magen BROSHI, Visionary Architecture and Town Planning in the Dead Sea Scrolls, in: Time to Prepare the Way in the Wilderness (hg.v. D. DIMANT u. L. SCHIFFMAN, StTDJ 16), Leiden 1995, 9–22. ▪ Michael CHYUTIN, The New Jerusalem Scroll. A Comprehensive Reconstruction (JSP.S 25), Sheffield 1997. ▪ Lorenzo DITOMMASO, The New Jerusalem Texts (Library of Second Temple Studies), Sheffield 2015. ▪ DERS., The Dead Sea New Jerusalem Text (s.o.), 2005. ▪ Jörg FREY, The New Jerusalem Text in Its Historical and Traditio-Historical Context, in: DSSFYD (2000), 800–816. ▪ Armin LANGE, Between Zion and Heaven. The New Jerusalem Text from Qumran as a Paratext, in: Biblical Figures in Deuterocanonical and Cognate Literature (hg.v. H. LICHTENBERGER u. U. MITTMANN-RICHERT), Berlin 2009, 397–412. ▪ Johann MAIER, Die Tempelrolle vom Toten Meer und das „Neue Jerusalem". 11Q19 und 11Q20; 1Q32, 2Q24, 4Q554–555, 5Q15 und 11Q18. Übersetzung und Erläuterung (UTB 829), München ³1997. ▪ Florentino GARCÍA MARTÍNEZ, The „New Jerusalem" and the Future Temple of the Manuscripts from Qumran, in: DERS., Qumran and Apocalyptic (StTDJ 9), Leiden 1992, 180–213. ▪ DERS., The Temple Scroll and the New Jerusalem, in: DSSFY 2 (1998/99), 431–60. ▪ Émile PUECH, À propos de la Jérusalem nouvelle d'après les manuscrits de la Mer Morte, Sem. 43–44 (1995) 87–102. ▪ DERS., The Names of the Gates of the New Jerusalem (4Q554), in: VT.S 94, 379–92. ▪ Peter SÖLLNER, Jerusalem, die hochgebaute Stadt (TANZ 25), Tübingen 1998. ▪ Eibert TIGCHELAAR, The Character of the City and the Temple of the Aramaic New Jerusalem, in: Other Worlds and Their Relation to this World (hg.v. T. NICKLAS u.a.; JSJ.S 143), Leiden 2010, 117–31. ▪ DERS., The Imaginal Context and the Visionary of the Aramaic New Jerusalem, in: Flores Florentino (FS F. GARCÍA MARTÍNEZ; hg.v. A. HILHORST u.a.; JSJ.S 122), Leiden 2007, 257–70. ▪ Michael O. WISE, A Critical Study of the Temple Scroll from Qumran Cave 11 (SAOC 49), Chicago/Ill. 1990, insb. 64–86.

Handschriftlicher Befund

Handschrift	paläogr. Datierung ca.
1QNJ⁽?⁾ ar = 1Q32 (23 kleine Fragmente)	30 v.–68 n.Chr.
2QNJ ar = 2Q24 (11 Fragmente)	um 15 n.Chr.
4QNJ^a ar = 4Q554 (14 Fragmente)	50–25 v.Chr.
4QNJ^b ar = 4Q554a (1 Fragment)	75–50 v.Chr.
4QNJ^c ar = 4Q555 (4 Fragmente)	30–1 v.Chr.
5QNJ = 5Q15 (16, [kleine] Fragmente)	30 v.–68 n.Chr.
11QNJ ar = 11Q18 (37 Fragmente sowie ca. 50 winzige [nicht publiziert])	30 v.–10 n.Chr.

Einführende Bemerkungen

Die unter der Bezeichnung „Neues Jerusalem" (New Jerusalem) herausgegebene aramäische Schrift, von der sich 7 Exemplare (z.T. sehr fragmentarisch und noch nicht mit großer Sicherheit rekonstruiert – vgl. CHYUTIN 1997 [fehlerhaft: PUECH 2009: „On ne comprend pas la reconstruction du rouleau proposée par M. Chyutin"], DITOMMASO 2005, PUECH in DJD XXXVII) erhalten haben, beschreibt, wie der Titel erahnen lässt, ein neues, „ideales" Jerusalem in all seinen Maßen und Details. Es ist darin mit Ezechiel Kap. 40–48 (dem sog. „Verfassungsentwurf" Ezechiels), der Tempelrolle (QT), als auch der neutestamentlichen Offenbarung des Johannes (Offb 21f.) verwandt (aber wahrscheinlich nicht direkt oder gar literarisch abhängig [MAIER 1997]). Das Motiv eines zukünftigen oder idealen Heiligtums (bzw. der Stadt des Heiligtums) erscheint auch in anderen jüdischen Schriften der Zeit, wird dort aber nicht eigens zum Thema gemacht.

Im Unterschied zur Tempelrolle beschreibt das „Neue Jerusalem" vor allem die heilige Stadt, d.h. den Tempel mit zugehörigen Wohnbezirken (Abb. 1). Bereits diese Flächen sind überaus üppig dimensioniert. (Abb. 2)

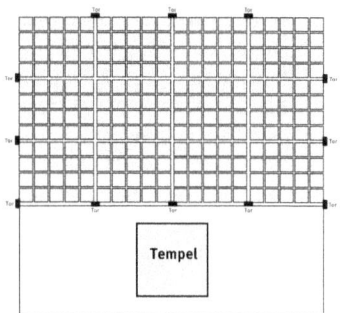

Abb. 1: Der Tempel- und Wohnbezirk (Kantenlänge etwa 4 km, nach CHYUTIN 1997)

Dabei finden sich keine genuin qumranischen Themen oder Termini, auch die aramäische Sprache spricht eher dafür, dass es sich nicht um ein Werk handelt, das vor der Entstehung der Qumrangemeinschaft verfasst sein dürfte. Die älteste Handschrift datiert auf das zweite Viertel des 1. Jh.s v.Chr. (terminus ad quem), doch kann das Material älter sein. Es steht der Tempelrolle nahe, ob beides zu einem gemeinsamen Gesamtentwurf gehört, sei dahingestellt, ist aber eher unwahrscheinlich (vgl. GARCÍA MARTÍNEZ in DJD XXIII; PUECH in DJD XXXVII, MAIER 1997; anders WISE 1990. Dagegen spricht auch die andere Anordnung der Tore in QT und NJ, vgl. PUECH 2003). Das Spektrum der Datierungen reicht von der ersten Hälfte des 1. Jh.s v.Chr. (BEYER) über „zwei bis drei Generationen" vor der Entstehung der Tempelrolle (BROSHI 1992) bis hin zum 3./4. Jh. v.Chr. (STEGEMANN ¹⁰2007). Vielleicht darf man mit aller Vorsicht von einer Art „Vorform" des Materials sprechen, in deren Tradition schließlich auch die Tempelrolle steht. Eine Datierung etwa auf den Beginn des 2. Jh.s v.Chr. scheint aufgrund sprachlicher (PUECH 2009) und architektonischer Hinweise (BROSHI 1992 im Vergleich mit hellenistischer Architektur; anders CHYUTIN 1997, der ägyptische Einflüsse vermutet) am wahrscheinlichsten (etwas anders und genauer DITOMMASO 2005, der an eine Reaktion auf die makkabäisch-hasmonäische Krise denkt).

Die Tempelrolle setzt das „Neue Jerusalem" an keiner Stelle direkt voraus, wie wahrscheinlich auch umgekehrt das „Neue Jerusalem" auf den Entwurf der Tempelrolle nicht angewiesen ist (MAIER 1997; die Tempelrolle dürfte dennoch ein späteres Traditionsstadium repräsentieren). Das mag auch mit dem Hauptunterschied beider Schriften zusammenhängen: Während die Tempelrolle sich als Tora bzw. Auslegung der Tora gibt, handelt es sich beim „Neuen Jerusalem" um eine *Vision* (wie Ez 40ff.), in der ein deutender Engel erklärt und Anweisungen gibt (daher die Einordnung bei den „apokalyptischen" Schriften und nicht bei den Gesetzestexten). Nichtsdestotrotz wird man schon aufgrund des Interesses am Tempelkult (insb. 11QNJ) priesterliche Kreise hinter diesem Werk vermuten dürfen.

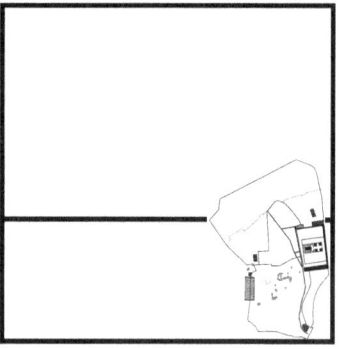

Abb. 2: Größe des Tempel- und Wohnbezirks im Vergleich mit dem historischen Jerusalem (z.Zt. des Zweiten Tempels; nach CHYUTIN 1997).

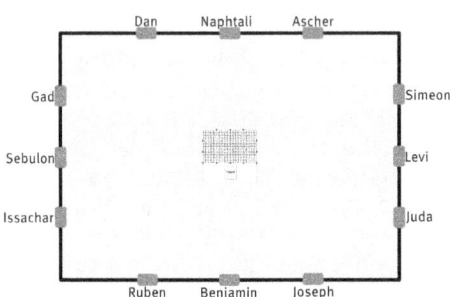

Abb. 3: Das „Neue Jerusalem" mit seinen Toren; (ca. 26,5 km × 19 km; nach CHYUTIN 1997)

„Nebenbei" erfährt man auch von einem göttlichen Sieg über die Völker (u.a. der Kittäer, ohne besondere Betonung) und deren Unterwerfung unter eine pluralisch bezeichnete Gruppe (4Q554 f13+14 *olim* f2iii, vgl. insb. Z. 20–22).

¹⁴werden kommen i[n (*o. ge*[*gen*]) das Land (*o. ge*[*gen dein Volk*) ...] ¹⁵nach ihm, und das Königreich Me[dien ... und das Königreich]¹⁶der Kittäer nach ihm, sie alle. Am Ende all dieser [...] ¹⁷[...], zahlreich und stark, mit ihnen der Kö[nig von (*o. das Kö*[*nigreich*) ...] ¹⁸mit ihnen Edom und Moab und die Söhne Ammon. [... der König] ¹⁹von Babylon das ganze Land, so dass [darin] nichts übrig [bleibt]. [Die] Herrscher [...] ²⁰und sie werden Schlechtes tun deinen Nachkommen, bis zu der Zeit, da aufstehen werden in (großer) Zahl [...] ²¹gegen alle Völker [ihrer] Königreiche, so dass ni[cht ...] die

Könige der (o. i[hrer]) Völker [...] ²²und Völker werden mit ihnen [Krieg] füh[ren (o. ihnen die[nen) ...] in ihre(r) Hand [...].

Die Ausmaße der visionären Stadt sind monumental, ja gewaltig (s. die Abbildungen). Die Maße der Stadt sind mit 140 × 100 Stadien (רֵ[אֹ]סִין, re[ʼ]sîn) angegeben (PUECH 2003 u.a., anders DiTOMMASO 2005), d.h. ca. 26,5 km × 19 km oder 500 km². Es ist fraglich, ob sie für realisierbar gehalten wurden (wie es beim Heiligtum der Tempelrolle immerhin denkbar erscheint), offenbar handelt es sich um eine *Utopie*, zugleich aber nicht um eine rein himmlische Wirklichkeit (so Offb 21f.). Eschatologische Bedeutung hat diese Stadt in jedem Fall: Sie ist der Mittelpunkt des Universums, der Platz der Ehrfurcht des Volkes, Ort der rituell richtig durchgeführten Opfer und die zentrale Kultstätte für ganz Israel (zu einem eventuellen Zusammenhang mit den Anfangskolumnen der Kriegsregel vgl. die Veröffentlichungen von GARCÍA MARTÍNEZ).

10.2.3 Die Kriegsregel (1Q[*Særæk ha-*]*Milḥāmāh*, 1QM, 4QM, M)

Textausgaben und Übersetzungen: 1QM: Eleazar SUKENIK, The Dead Sea Scrolls of the Hebrew University, Jerusalem 1955, 16–34 (DSSHU; mit Tafeln). ▪ PTSDSSP 2, 80–141 (DUHAIME). ▪ LOHSE I, 177–225. ▪ **4QM:** DJD VII, 12–74 (BAILLET). ▪ PTSDSSP 2, 142–203 (DUHAIME). Martin ABEGG, The War Scroll from Cave 1 and 4. A Critical Edition, Diss. Cincinnati (Hebrew Union College) 1992.
Kommentare: Jean CARMIGNAC, La Règle de la Guerre des fils de lumière contre les fils de ténèbres, Paris 1958. ▪ Giovanni IBBA, Il „Rotolo della Guerra". Edizione critica, QH 10, Turin 1998. ▪ Yigael YADIN, The Scroll of the War of the Sons of Light against the Sons of Darkness, Oxford 1962. Yishay, Rony. "The literature of war at Qumran." Ph.D. Diss, University of Haifa, 2006.
Literatur: Martin ABEGG, The War Scroll (s.o.), 1992. ▪ Philip S. ALEXANDER, The Evil Empire. The Qumran Eschatological War Cycle and the Origins of Jewish Opposition to Rome, in: Emanuel. Studies in Hebrew Bible, Septuagint and Dead Sea Scrolls (FS E. Tov; hg.v. Sh. M. PAUL u.a.; VT.S 94) Leiden 2003, 17–31. ▪ Jean CARMIGNAC, Les citations de l'Ancien Testament dans la guerre des fils de lumière contre les fils de ténèbres, RB 63 (1956) 234–60. 375–90. ▪ John J. COLLINS, The Mythology of Holy War in Daniel and the Qumran War Scroll. A Point of Transition in Jewish Apocalyptic, VT 25 (1975) 596–612. ▪ Philip R. DAVIES, 1QM. The War Scroll from Qumran. Its Structure and History (BibOr 32), Rom 1977. ▪ Jean DUHAIME, La rédaction de 1QM XIII et l'évolution du dualisme à Qumrân, RB 84 (1977) 210–38. ▪ DERS., Dualistic Reworking in the Scrolls from Qumran, CBQ 49 (1987) 32–56. ▪ DERS., The War Scroll from Qumran and the Greco-Roman Tactical Treatises, RdQ 13/49–52 (1988) 133–51. ▪ DERS., The War Texts. 1QM and Related Manuscripts (CQS 6), London 2004. ▪ Esther u. Hanan ESHEL, Recensions of the War Scroll, in: DSSFYD (2000), 351–63. ▪ Jörg FREY, Different Patterns of Dualistic Thought in the Qumran Library. Reflections on Their Background and History, in: Legal Texts and Legal Issues (hg.v. Moshe J. BERNSTEIN u.a., StTDJ 23), Leiden 1997, 275–335. ▪ Russell GMIRKIN, The War Scroll and Roman Weaponry Reconsidered, DSD

3 (1996) 89–129. ▪ DERS., Historical Allusions in the War Scroll, DSD 5 (1998) 172–214. ▪ Claus-Hunno HUNZINGER, Fragmente einer älteren Fassung des Buches Milḥama aus Höhle 4 von Qumrān, ZAW 69 (1957) 131–51. ▪ Shanon L. MATTILA, Two Contrasting Eschatologies at Qumran (4Q246 vs 1QM), Bib. 75 (1994) 518–38. ▪ Peter VON DER OSTEN-SACKEN, Gott und Belial. Traditionsgeschichtliche Untersuchungen zum Dualismus in den Texten aus Qumran (StUNT 6), Göttingen 1969. ▪ Brian SCHULTZ, Conquering the World. The War Scroll (1QM) Reconsidered (StTDJ 76) Leiden 2009. ▪ Hartmut STEGEMANN, Die Essener, Qumran, Johannes der Täufer und Jesus, Freiburg [10]2007, 145–47. ▪ Annette STEUDEL, The Eternal Reign of the People of God – Collective Expectations in Qumran Texts (4Q246 and 1QM), RdQ 17/65–68 (1996) 507–25. ▪ YISHAY, Rony, ןארמוק תורפסב ץקה תמחלמ ראית לש םגדה (The Model of the Eschatological War Descriptions in Qumran Literature), Meg 4 (2006), 121–39.

Handschriftlicher Befund

Die Kriegsregel ist einer der am besten erhaltenen Qumrantexte. Das Manuskript aus Höhle 1 enthält die oberen 14 bis 19 Zeilen (je nach Erhaltungszustand) der ersten 19 Kolumnen des Texts. Hinzu kommen sechs fragmentarische Manuskripte aus Höhle 4 (4Q491–96=4QM^{a-f}).

Martin ABEGG hat in seiner Dissertation (1992) den Versuch unternommen, aus inhaltlichen, paläographischen und materiellen Gründen das fragmentarische Material von 4QM^a=4Q491 auf drei verschiedene Handschriften aufzuteilen, die er mit 4Q491a, b und c bezeichnet. 4Q491a (entspr. 4Q491 f8–10; f11ii; f13–15; f18; f22; f24–28; f31–33; f35) weist dabei nahe Parallelen zu 1QM auf, 4Q491b (entspr. 4Q491 f1–3; f4; f5–6; f7; f16; f17; f19–21; f23) nur thematische und entferntere Verwandtschaft, bei 4Q491c (entspr. 4Q491 f11i, f12; „Self-Glorification Hymn") handelt es sich s.E. um einen Teil einer *Hôdāyôt*-Handschrift. Bei dieser beliebten, wenngleich wohl nicht zweifelsfrei zu beweisenden These ist zumindest richtig gesehen, dass die Kombinationen der Teilfragmente durch Maurice BAILLET (DJD VII) einer kritischen Überprüfung bedürfen.

Handschrift	paläogr. Datierung ca.
1QM (+ 1Q33)	30–1 v.Chr.
4Q491 = 4QM^a	30–1 v.Chr.
4Q492 = 4QM^b	50–1 v.Chr.
4Q493 = 4QM^c	50–30 v.Chr.
4Q494=4QM^d	1–30 n.Chr.
4Q495=4QM^e	um 50 v.Chr.
4Q496=4QM^f	um 50 v.Chr.

❗ Aufbau der Kriegsregel 1QM

1QM I+II,1–9	„Proömium" und Beginn des Kriegs	I,1–Ende	Eschatologisch-dualistischer Rahmen (im Anschluss an Dan 11f.): Krieg der „Söhne des Lichts" (בני אור, $b^e n\hat{e}$ '$\hat{o}r$) gegen die „Söhne der Finsternis" (בני חושך, $b^e n\hat{e}$ $\d{h}\hat{o}\check{s}æk$) – Einleitung und Kriegsbeginn (I,1–7) – Charakterisierung des Krieges gegen Belial (I,8–Ende) – darin: Dauer des Krieges: 3+3+1=7 „Lose" (גורלות, $g\hat{o}r\={a}l\hat{o}t$)
		II,1–9	Bestimmungen für das Heiligtum – Einteilung der Dienstabteilungen (משמרות, $mi\check{s}m\={a}r\hat{o}t$) für die 6+29+5=40 Jahre (שנים, $\check{s}\={a}n\hat{i}m$) des Krieges (II,1–9)
1QM II,10–IX	Ordnung und Taktik	II,10–14	Beginn des „Krieges der Abteilungen"
		II,15–III,11	Ordnung der Trompeten
		III,13–V,2	Ordnung der Feldzeichen – darin: der Schild des Fürsten der Gemeinde (V,1–2)
		V,3–VII,7	Ordnung für die Aufstellung der Kampfabteilungen – Beschaffenheit der Waffen (V,3–14) – Bestimmungen über die Kavallerie (VI,8–Ende) – Ermittlung der Kampffähigkeit (VII,1–7)
		VII,9–IX,9	Aufstellung der Schlachtreihen – Ausstattung der Priester (VII,9–Ende) – Ertönen der Trompeten (VIII,1–Ende) – Reinheit im Kampfgeschehen (IX,1–9)
		IX,10–Ende	Ordnung für die Veränderung der Kampfabteilungen/-türme
1QM X–XIV	Hymnen	IX,Ende–XII,Ende	Priesterliches Gebet vor dem Krieg („Kriegstora") – Die Unvergleichbarkeit Gottes angesichts seiner Schöpfung (IX,Ende–X,Ende) – Gottes Machterweise in der Geschichte seines Volkes (XI,1–12) – Die Herrschaft des Volkes Gottes (XI,13–Ende) – Die Herrlichkeit Gottes in seiner Wohnstatt (XII,1–5) – Aufforderung zum göttlichen Eingreifen („Und du, Gott..."; XII,7–Ende)
		XII,Ende–XIV,1	Segen und Fluch. Priesterliches Gebet während des Kriegs – Segen und Fluch durch Priester und Leviten (XII,Ende–XIII,6) – Preis Gottes, des Herrschers über Licht und Finsternis („Und du, Gott..."; XIII,7–XIV,1[?])
		XIV,2–Ende	Priesterliches Gebet nach dem gewonnenen Krieg – Handlungsanweisungen (XIV,2–4) – Lobpreisgebet der zurückgekehrten Kampftruppen (XIV,4–15) – Aufforderung zum göttlichen Eingreifen („Erhebe dich..."; XIV,16–Ende)
1QM XV–XIX	„Kriegsagende": Der letzte Kampf	XIV,Ende–XVI,9	Kampf der ersten Truppe – Kittäer und Belial – Aufstellung in der Zeit der Drangsal (XIV,Ende–XV,3) – Stärkendes Gebet des Hauptpriesters (XV,4–XVI,1)

gegen die Kittäer	XVI,11–XVII,*Ende*	– Handlungsanweisungen für den Kampf(XVI,3–10) Kampf der zweiten Schlachtreihe – Handlungsanweisungen (XVI,11–14) – Zwei Mahnreden (XVI,15–XVII,3; XVII,4–*Ende*)
	XVII,*Ende*–XIX,*Ende*	Kampf der übrigen Truppen. Sieg über die Kittäer – Anweisungen für die Schlacht (XVIII,1–6) – Dankgebet (XVIII,6–8 / XVIII,10–XIX,8; darin Dublette: XIX,1–8 = XII,8–16!) – Siegeszeremonie (XIX,9–*Ende*) – *Das Ende der Rolle ist nicht erhalten!*

Einführende Bemerkungen

Das Werk in seiner vorliegenden Form beschreibt den eschatologischen Kampf zweier Gruppen, der „Söhne des Lichtes" (manchmal „Israel") und der „Söhne der Finsternis" (manchmal „Völker"), oft mit den „Kittäern" identifiziert. Der Text enthält offensichtlich verschiedenes Material: Detaillierte Regelungen und taktische Beschreibungen zum Krieg (Kol. II–IX, SCHULTZ nach II,10: „War of the Divisions"), ausführliche Gebete, vor allem der teilnehmenden Priester, für die verschiedenen Abschnitte des Kampfes (Kol. X–XIV, vgl. die Gebete mit mannigfaltigen biblischen Bezügen und Zitaten), sowie einen erzählerischen Teil mit der Beschreibung bestimmter Abschnitte des Krieges (Kol. XV–XIX; das Ende der Rolle ist nicht erhalten.) Es handelt sich dabei nicht um eine Apokalypse; seiner Gattung nach steht es eher einem hellenistisch-römischen „Kriegshandbuch" nahe. Yigael YADIN (1962) und ihm folgend Jean DUHAIME (1988) konnten zwischen diesen (unter den Namen Asklepiodotus, Aelianus und Arrianus erhaltenen) taktischen Studien aus dem 1.Jh. v.Chr. bis zum 2. Jh. n.Chr. und der Kriegsrolle eine enge Verwandtschaft nachweisen. Doch fußt bereits dieses Material auf biblischen Vorschriften (Num 10). Die Qumrangemeinschaft selbst hat mit aller Wahrscheinlichkeit das Werk als „Gesetz" für die Endzeit überliefert. Aufgrund ihres grundsätzlichen eschatologischen Bezugs wird die Kriegsrolle in diesem Kapitel erörtert.

Dass das Werk eine literarische Entwicklung durchgemacht hat, konnte bereits Claus-Hunno HUNZINGER (1957) anhand der Fragmente aus Höhle 4 nachweisen. Die Entstehungsgeschichte der Kriegsrolle 1QM lässt sich grob recht gut bestimmen. Freilich gibt es dazu verschiedene Modelle, deren überzeugendstes vielleicht das von Philip DAVIES (1977; vgl. bereits VON DER OSTEN-SACKEN 1969) darstellt. Es wurde mit einigen Modifikationen auch von anderen übernommen (etwa Jean DUHAIME). DAVIES' Meinung nach ist das Werk ein Zusammenschluss dreier unabhängiger Vorlagen mit je eigenständiger Vorgeschichte. Die Kolumnen II–IX enthalten in erster Linie eine Sammlung militärischen Materials, der Text der Kolumnen XV–XIX vereint erzählerische und liturgische Abschnitte. Das relativ frei geordnete Material der Kolumnen X–XII (XIII–XIV) ist ausgesprochen liturgisch.

Auffällig ist die unterschiedliche Beschreibung des Kriegsgeschehens in Kol. I und II: Offenbar handelt es sich bei Kol. I um eine dualistische, „qumranische" Überarbeitung des älteren Materials (anders SCHULTZ: Kol. I–II sind einheitlich aufeinander hin formuliert). Die erste Kolumne des Werkes, die nun die Sicht der ganzen Rolle bestimmt, dürfte (mit Retuschen im restlichen Material) die Arbeit des letzten Herausgebers des erhaltenen Textes der Kriegsrolle sein.

Zur *Entstehungszeit* der Schrift gibt es verschiedene Meinungen. Hier spielen vor allem der Zusammenhang mit anderen Schriften, geschichtliche Hinweise im Text sowie die Art und Beschaffenheit der gebrauchten Waffen eine Rolle. Sicher ist, dass die Verfasser der verschiedenen Teile der Kriegsrolle das Buch Daniel (Kol. I zitiert Dan 11,40–44) und das Jubiläenbuch kannten. Damit ist als *terminus post quem* die Mitte des 2. Jh.s v.Chr. gegeben. Das früheste Manuskript der Kriegsrolle stammt wie bereits erwähnt aus der ersten Hälfte des 1. Jh.s v.Chr. Zwischen diesen beiden Zeitpunkten (ca. 160–50 v.Chr.) liegen denn auch die in der Forschung vertretenen grundsätzlichen Theorien zur Frage der Datierung.

Ein großer Teil der Forscher legt die Entstehung der Schrift auf die frühe Hasmonäerzeit. Die früheste Datierung mit 170 v.Chr. vertritt Hartmut STEGEMANN, der die Kriegsrolle für ein „prä-essenisches" Werk hält (s.u.); andere denken an die Zeit zwischen 163 und 157 v.Chr. (Russell GMIRKIN, Giovanni IBBA). Ein anderer Teil der Forscher datiert das Werk erst auf das 1. Jh. v.Chr.: YADIN etwa analysiert 22 verschiedene militärische Motive der Kriegsregel und kommt zu dem Ergebnis, dass sie die Kampfgewohnheiten der römischen Zeit widerspiegeln. Daher datiert er die Entstehung des Werkes nach 63 v.Chr. (ähnlich Philip ALEXANDER 2003). DAVIES wiederum plädiert mit guten Gründen dafür, dass das Material des Werkes in einem stetigen Prozess von der Makkabäerzeit bis zur Mitte des 1. Jh.s v.Chr. entstanden ist. Hier spielt nicht zuletzt die Identifikation der häufig vorkommenden Gegner, der *Kittäer*, eine wichtige Rolle, die sich anders als etwa in den Pescharim nicht einfach auf die Römer beziehen lassen (SCHULTZ: Kol. XV–XIX als Antwort auf die Römische Eroberung nach Ez 38f.?).

Charakteristisch für das Weltbild der Kriegsrolle in der vorliegenden Gestalt ist ihre dualistische Sichtweise. Sie teilt die transzendente und immanente Welt in zwei sich gegenüberstehende Sphären, die in einem ununterbrochenen Kampf gegeneinander stehen. Die Einleitung der Schrift erinnert sofort an die irdische Abbildung dieses Kampfes. Zuerst zählt der Verfasser dabei die Teilnehmer des Kampfes auf, dann stellt er dem Leser in seiner deterministischen Sichtweise den Untergang des Bösen und den endgültigen Sieg des Guten vor (1QM I,6b–9a):

⁶[...] damit Gottlosigkeit gedemütigt werde ohne Rest und es Rettung nicht gebe ⁷[für alle Söh]ne der Finsternis.
⁸[Erkenntnis und Gerechtig]keit werden alle Enden des Erdkreises erleuchten in immer hellerem Licht, bis alle Zeiten der Finsternis zu Ende sind. Aber zur Zeit Gottes wird seine erhabene Größe leuchten für alle Zeiten ⁹[der Ewigkeiten] zu Frieden und Segen, Ehre und Freude und Länge der Tage für alle Söhne des Lichtes.

Im liturgischen Teil des Werkes findet sich außerdem eine Darstellung der Selbstdeutung und der Gottesbeziehung der Gewinner des Kampfes, der Söhne des Lichtes. Es fällt nicht schwer, hinter diesem Lobpreis des idealen Israel die Vorstellung eines „heiligen Rests" zu erkennen, den das Werk an anderen Stellen „Volk Gottes", „Söhne seines Bundes" oder „Erbe deiner Treue" nennt (1QM X,8b–11a):

⁸[...] Wer ist wie du, Gott Israels, im Hi[mm]el und auf Erden, der es deinen großen Werken gleichtäte ⁹und deiner mächtigen Stärke? Und wer_____ ¹² ist wie dein Volk Israel, das du dir erwählt hast aus allen Völkern der Länder? ¹⁰Das Volk der Heiligen des Bundes und derer, die im Gesetz belehrt sind, der einsichtigen Weisen [...], die die Stimme des Geehrten hören und ¹¹die heiligen Engel schauen, deren Ohr geöffnet ist und die Unergründliches vernehmen [...].

Dieser Abschnitt ist auch deshalb interessant, weil er die Auserwählten und die Engel nebeneinander stellt, also die himmlische und die irdische Welt in direkte Beziehung setzt. Die spirituellen Wesen sind ähnlich wie in der irdischen Welt in sich gegenüberstehende Parteien aufgeteilt und stehen mit den irdischen Gegnern in Verbindung. Das Böse stellt der Verfasser des Werkes gleich als „Los Belials" vor.

Zum Schluss sei die ausschließlich kollektiv gedachte Existenz in der eschatologischen Anschauung der Kriegsrolle erwähnt. In einigen Teilen des Werkes erscheinen zwar Priester (der Hohepriester, einmal sogar indirekt eine königliche Figur, der Fürst der Gemeinde), dennoch sind sie nicht die Hauptfiguren der Ereignisse, sondern eher ausführende Gehilfen. Die Betonung liegt dafür auf den Taten Gottes und der Gemeinschaft: sie sind die eigentlichen positiven Protagonisten des Geschehens. Einzelpersonen der Gemeinschaft spielen nur eine untergeordnete Rolle. Damit nähert sich die Kriegsrolle (im Vergleich zu anderen eschatologischen Qumranschriften) mit einem breiteren Überlieferungskreis (vgl. Mattila; Steudel) einer eigenständigen, später wohl überholten Ansicht an.

---

12 Das Manuskript weist hier eine längere horizontale Linie auf, wie sie sich sonst in keinem weiteren Qumrantext findet.

10.2.4 Der Kriegsregel verwandte Texte (*Sefær ha-Milḥāmāh*)

Textausgaben und Übersetzungen: *4Q285:* DJD XXXVI, 228–46 (GARCÍA MARTÍNEZ / TIGCHELAAR / VAN DER WOUDE). ▪ ***11Q14:*** DJD XXIII, 243–51 (ALEXANDER / VERMES).
Literatur: Philip S. ALEXANDER, A Reconstruction and Reading of 4Q285 (4QSefer ha Milhamah), RdQ 19/75 (2000) 333–48. ▪ DERS., The Evil Empire (s.o.) 17–31. ▪ Robert EISENMAN / Michael O. WISE, The Dead Sea Scrolls Uncovered, Rockport/Mass. 1992, 24–29. ▪ Robert P. GORDON, The Interpretation of „Lebanon" and 4Q285, JJS 43 (1992) 92–94. ▪ Timothy H. LIM, 11QMelch, Luke 4 and the Dying Messiah, JJS 43 (1992) 90–92. ▪ William J. LYONS, Possessing the Land. The Qumran Sect and the Eschatological Victory, DSD 3 (1996) 130–51. ▪ DERS., Clarifications Concerning 4Q285 and 11Q14 Arising from Discoveries in the Judean Desert 23, DSD 6 (1999) 37–43. ▪ Józef T. MILIK, „Milkî-sedeq et Milkî-resa" dans les anciens écrits juifs et chrétiens, JJS 23 (1972) 95–144. ▪ Bilhah NITZAN, Benedictions and Instructions for the Eschatological Community (11QBer; 4Q285), RdQ 16/61 (1993) 77–90. ▪ Jonathan NORTON, Observations on the Official Material Reconstruction of Sefer ha-Milhamah (11Q14 and 4Q285), RdQ 21/81 (2003) 3–28. ▪ Brian SCHULTZ, Re-Imagining the Eschatological War – 4Q285 / 11Q14, in: „Go Out and Study the Land" (Judges 18:2), (FS H. ESHEL; hg.v. A.M. MAEIR u.a.; JSJ.S 148), Leiden 2011, 197–212 ▪ Hartmut STEGEMANN, Die Essener (s.o.) 146f. ▪ James D. TABOR, A Pierced or Piercing Messiah? – The Verdict Is Still Out, BAR 1992/6, 58f. ▪ Eibert J.C. TIGCHELAAR, Working with Few Data. The Relation between 4Q285 and 11Q14, DSD 7 (2000) 49–56. ▪ Geza VERMES, The Oxford Forum for Qumran Research. Seminar on the Rule of War from Cave 4 (4Q285), JJS 43 (1992) 85–90. ▪ DERS., Counterpoint. Geza Vermes Replies, BAR (1992) Nr. 6, 59.

Neben der großen Kriegsrolle aus Höhle 1 und den Fragmenten aus Höhle 4 ist bei einigen Qumrantexten eine mehr oder weniger enge Beziehung zur Kriegsrolle festzustellen, gleichzeitig aber ihr konkretes Verhältnis schwer zu beurteilen (dies zeigt sich etwa bei 4Q497 „War Scroll-like Text A" u. 4Q471 „War Scroll-like Text B", die hier nicht behandelt werden, schon in der Namengebung). Dazu gehört auch die in zwei fragmentarischen Manuskripten (4Q285; 11Q14) erhaltene Schrift, die in der heutigen Forschung meistens den Namen „Buch des Krieges" (ספר המלחמה, *Sefær ha-Milḥāmāh*), mitunter auch „Krieg des Messias" trägt.

ℹ Handschriftlicher Befund

4QSefær ha-Milḥāmāh liegt in zehn Fragmenten vor, von der Fassung aus Höhle 11 sind insgesamt vier Fragmente erhalten.

Handschrift	paläogr. Datierung ca.
4QSefær ha-Milḥāmāh = 4Q285	50–1 v.Chr.
11QSefær ha-Milḥāmāh = 11Q14	20–50 n.Chr.

Einführende Bemerkungen

Die Schrift behandelt das Thema des eschatologischen Krieges, ohne jedoch einen Teil des bekannten Texts der Kriegsrolle zu enthalten. Sie erzählt vom endgültigen Sieg über das Böse. Es scheint, dass sie bestimmte Einzelheiten der Lehre der Kriegsrolle „präzisieren" will. Jozef MILIK, der im Jahr 1972 als erster über die Schrift gearbeitet hat, meint, dass sie ursprünglich das Ende der Kriegsrolle enthalten hätte. Hartmut STEGEMANN vertritt die Ansicht (es sei daran erinnert, dass seiner Meinung nach die Kriegsrolle ein „prä-essenisches" Werk ist), dass der „Krieg des Messias" die qumranische Bearbeitung der Kriegsrolle darstellt (also eine spätere, „essenische" Fassung). Das Werk ist eine genuine Qumranschrift, aufgrund seiner Theologie ist es später als die Entstehung der Kriegsrolle zu datieren.

4Q285 teilt sich seiner Gattung nach in zwei Teile: Erzählungen und Segenssprüche (ברכות, *berākôt*). Einige Forscher (z.B. Lyons) meinen, das Werk sei eine Art eschatologische Liturgie für die Mitglieder der Gemeinde nach dem endgültigen Kampf.

Im Folgenden werden beispielhaft zwei Abschnitte zur *Theologie* aufgeführt. Der erste (4Q285 f4,5–10) beschreibt den Sieg über den Anführer der Gegner, der zweite dessen Verurteilung:

> ⁵[...] Kittäer [...]. ⁶[... F]ürst der Gemeinde bis zum Meer [...]. ⁷[...] vor Israel. Zu dieser Zeit [...]. ⁸[...] wird er sich ihnen gegenüber hinstellen und sie werden in Unordnung ihnen gegenüber gebracht. [...] ⁹[...] kehren zum Festland zurück. Zu dies[er] Zeit [...] ¹⁰[...] sie werden ihn bringen vor den Fürsten [der Gemeinde ...].

Dieser Text ist offenbar eine Interpretation des Abschnittes Ez 38,3f. (vgl. Z. 3f.), der vom Sieg über Gog erzählt. Die bösen Mächte, die in Ezechiel erwähnt werden, entsprechen hier den Kittäern, das „ihn" in Z. 10 bezieht sich auf deren Anführer. Eine weitere Passage erzählt vom Urteil über den gefangen genommenen Fürsten (4Q285 f7,1–6):

> ¹[...] der Prophet Jesaja: „Umgehau[en] ²[werden wird der dichte Wald mit dem Eisen, und der Libanon wird durch einen Mächtigen] fallen. Und es wird ein Reis hervorgehen aus dem Stamm Isais ³[und ein Zweig aus seiner Wurzel Frucht bringen" (Jes 10,34–11,1) ...] Spross Davids, und sie führen einen Prozess gegen den ⁴[...]. Und der Fürst der Gemeinde lässt ihn töten, der Spr[oss] ⁵[Davids? ...] und mit Verwundungen. Und ein Priester befiehlt ⁶[...] die Verwundeten der Kittäer [...].

Die Verbform והמיתו (*whmytw*), mit der die 4. Zeile beginnt, ist aufgrund des unvokalisierten Textes mehrdeutig: Einerseits könnte es sich um die 3. Pers.c.pl. *Hifʿil* Perf. von מות (*mût*) handeln („und den Fürsten der Gemeinde lassen sie töten, den Sp[ross Davids (?) ...]"): nach dieser Lesart ist der Fürst der Gemeinde, d.h. der Spross Davids, das Objekt des Satzes. So würde der Text von der Ermordung des eschatologischen Gemeindefürsten berichten. Die Verfasser, die diese Lesart für wahrscheinlich halten (Eisenman / Wise; Tabor), ziehen darüber hinaus zumeist eine Parallele zwischen diesem Text und den neutestamentlichen Erzählungen der Jesusereignisse. Dies hat jedoch keinen Anhalt im Text.

Andererseits kann das Verb auch als Singular (mit Suffix der 3. Pers.m.sg.) verstanden werden (so oben). So ist der „Fürst der Gemeinde" Subjekt des Satzes, der Anführer der getöteten Gegner. Grammatikalisch sind beide Lesarten möglich, die hebräische Syntax entspricht jedoch eher der zweiten Lesart. Zugleich macht der Inhalt des oben zitierten Fragments 4 die erste der Lesarten unwahrscheinlich: Z. 10 berichtete ja davon, dass eine Einzelperson vor den „Fürsten der Gemeinde" gebracht wird, nachdem sie – obwohl wahrscheinlich zur selben Gruppe gehörend – vor Israel geflohen war.

10.3 Die der Gemeinschaftsregel beigegebenen Texte (1QSa, 1QSb)

Textausgaben und Übersetzungen: *1QSa:* DJD I, 108–18 (BARTHÉLEMY). ▪ DJD XXXVI, 515–72. (PFANN) ▪ PTSDSSP 1, 108–17 (CHARLESWORTH / STUCKENBRUCK). ▪ LOHSE I, 45–51. ▪ *1QSb:* DJD I, 118–30 (MILIK). ▪ DJD XXVI, 227–33 (BROOKE). ▪ PTSDSSP 1, 119–31 (CHARLESWORTH / STUCKENBRUCK). ▪ LOHSE I, 53–61. ▪ Farbige Fotoausgabe: James H. CHARLESWORTH u.a. (Hgg.), The Dead Sea Scrolls Community Rule. Photographic Multi-Language Edition, Philadelphia/Penn. 1996 (dt. Übers. darin von H. LICHTENBERGER).
Literatur: Martin G. ABEGG, 1QSb and the Elusive High Priest, in: Emanuel. Studies in Hebrew Bible, Septuagint and Dead Sea Scrolls (FS E. Tov, hg.v. Sh.M. PAUL u.a.; VT.S 94), Leiden 2003, 3–16. ▪ John M. ALLEGRO, Further Messianic References in Qumran Literature, JBL 75 (1956) 174–87. ▪ George J. BROOKE / James M. ROBINSON, A Further Fragment of 1QSb. The Schoyen Collection MS 1909, JJS 46 (1995) 120–33. ▪ Craig A. EVANS, A Note on the „First-Born Son" of 4Q369, DSD 2 (1995) 185–201. ▪ Charlotte HEMPEL, The Earthly Essene Nucleus of 1QSa, DSD 3 (1996) 253–69. ▪ Émile PUECH, Préséance sacerdotale et Messie-Roi dans la Règle de la Congregation (1QSa ii 11–22), RdQ 16/63 (1994) 351–65. ▪ H.N. RICHARDSON, Some Notes on 1QSa, JBL 76 (1957) 108–22. ▪ Lawrence H. SCHIFFMAN, The Eschatological Community of the Dead Sea Scrolls. A Study of the Rule of the Congregation (SBL.MS 38), Atlanta/Ga. 1989. ▪ DERS., The Damascus Document and the Serakhim. (ספר ברית דמשק ומגילת הסרכים), in: The Qumran Scrolls and their World. (מגילות קומראן. מבואות ומחקרים) (hg.v. M. KISTER), 2 Bde., Jerusalem 2009, 275–98. ▪ Hartmut STEGEMANN, Some Remarks to 1QSa, to 1QSb, and to Qumran Messianism, RdQ 17/65–68 (1996) 479–505. ▪ Yigael YADIN, A Crucial Passage in the Dead Sea Scrolls. 1QSa ii.11–17, JBL 78 (1959) 238–41.

Bereits im Kapitel, das sich mit den gesetzlichen Texten und Regelungen beschäftigt, wurden die zwei „Erweiterungen" der aus der ersten Höhle stammenden großen Rolle der Kriegsrolle erwähnt. Diese beiden Texte, die Gemeinschaftsregel

(1QSa) und die Segenssprüche (1QSb), sind – in ihrer jetzigen Form – eschatologisch ausgerichtet. Als Teile der Rolle 1QS haben die Hauptaussagen der Kriegsrolle die Absicht einer Perspektive der kommenden Tage.

10.3.1 Die Gemeinderegel (*Særæḵ ha-ʿEdāh*, 1QSa = 1Q28a)[13]

Handschriftlicher Befund, Aufbau
S.o. 5.1.2.

Einführende Bemerkungen
In 5.1.2 wurde bereits darauf hingewiesen, dass der Grundbestand des Textes der Gemeinderegel (1QSa I,6–II,11) kurze nicht-eschatologische Regelungen enthalten hat, die Fragen der Lebensordnung der Gemeinde behandelten (HEMPEL). Diese wurden dann um Material erweitert, das – wie die einleitende Überschrift andeutet – für die Zeit des „Endes der Tage" (באחרית הימים, *bᵉ-ʾaḥᵃrît ha-yāmîm*) als Regelung für „die ganze Gemeinde Israels" (לכול עדת ישראל, *lᵉ-kôl ʿᵃdat Yiśrāʾel*) dient (1QSa I,1).

Auf diese Weise stellt die neue Überschrift das frühere Material unter den eschatologischen Aspekt und interpretiert es in diesem Sinne neu. Eschatologische Anteile sind vor allem in 1QSa I,1–6 und II,11–22 zu finden. Den Hauptteil der zweiten Kolumne bildet das gemeinsame Mahl der Versammelten, dem in der Endzeit zwei Figuren beiwohnen werden: ein Priester und ein (nicht-priesterlicher) „Gesalbter" (משיח, *māšîᵃḥ*) oder „Gesalbter Israels" (s. dazu unten).

Der zentrale Abschnitt des eschatologischen Teils beginnt folgendermaßen (1QSa II,11–12a):

> ¹¹[...] [Dies ist die Sit]zung der angesehenen Männer, [geladen] zur Versammlung für den Rat der Gemeinschaft, wenn [Gott] geb[oren werden lässt?] ¹²d[en] Messias unter ihnen. [...]

Die Interpretation dieses Textabschnitts ist ein überaus umstrittener Punkt in der Qumranforschung. Das Leder ist nämlich am Ende von Z. 11 so stark beschädigt, dass das letzte Wort nicht mit Sicherheit ermittelt werden kann.

Die Varianten, die in der Forschung diskutiert werden, sind sich lediglich in Bezug auf den ersten Buchstaben י (*yôd*) und das vorangehende אם *ʾim*, „wenn", einig. Die oben wiedergegebene Lesung יוליד (*yôlîd*, „wenn er zeugen wird / geboren werden lässt") bieten etwa Eduard LOHSE, die Study Edition (GARCÍA MARTÍNEZ/

---
[13] Zum Namen vgl. den Hinweis o. 5.1.

TIGCHELAAR), ALLEGRO sowie bereits DJD I (BARTHÉLEMY, der mit Józef MILIK die Form jedoch für einen Schreibfehler für יוליך [yôlîk], „wenn er führen [o. senden] wird", hält); Larry SCHIFFMAN bevorzugt י[תוע]ד (yitwaʿed, „wenn er versammeln wird"), STEGEMANN hingegen liest יוכלו̇ (yôḵelû, „wenn sie [gemeinsam] essen"), YADIN יועדו (yiwwaʿadû, „wenn sie versammelt werden"), Émile PUECH schließlich plädiert für יתגלה (yitgallæh, „wenn er offenbart werden [o. sich offenbaren] wird").

Die oben übersetzte Lösung hat überdies den grammatikalische Schwierigkeit, dass das am Ende der Satzeinheit stehende אתם (ʾittām) üblicherweise „mit ihnen (zusammen)" übersetzt werden müsste, was aber wenig Sinn ergibt, weswegen man gerne zu einem – nicht unmöglichen – „(bei =) unter ihnen" greift. Was auch immer hier einmal gestanden hat: Größere Hypothesen sollte man darauf nicht bauen.

Wenn die Lesart „gezeugt" freilich richtig sein sollte (dagegen v.a. PUECH 1994: die Vorstellung ist den Qumrantexten sonst fremd) so könnte sie an alttestamentliche Tradition wie etwa Psalm 2 anschließen, wo Gott in Form einer direkten Rede zum für das Herrschen gesalbten König sagt: „Du bist mein Sohn, heute habe ich dich gezeugt" (Ps 2,7). Dafür mag außerdem sprechen, dass die christliche Tradition diesen Psalmvers ebenfalls eschatologisch-messianisch auf Jesus bezogen hat (Apg 13,33; Hebr 1,5f.). Auch rabbinischem Denken war eine messianische Interpretation dieses Verses nicht unbekannt (EVANS 1995). Auf diese Weise würde die enge Verbindung zwischen Gott und Messias angedeutet (Vgl. im Alten Testament die ähnliche Rede von Gott als Vater der davidischen Dynastie oder des Volkes 2 Sam 7; Ps 89; 110). Doch scheint es ratsam, mit allzu weitreichenden Schlüssen aus dieser Passage bereits aufgrund der unsicheren Lesung vorsichtig zu sein.

Im weiteren Text von Kol. II ist die Beschreibung des eschatologischen Mahls zu lesen. Die beiden Anführer, die „Vorsitzenden", stehen in hierarchischer Beziehung zueinander: Der „weltliche" Messias ist – mindestens in kultischen Dingen – dem Priester untergeordnet (1QSa II,12–15.18–21a):

> [12][...] Es trete [der Priester] an der Spitze der ganzen Gemeinde Israel ein und alle [13][seine] Brüder, die Söhne Aarons, die Priester, [die] zur Versammlung [Geladenen], die angesehenen Männer. Und sie sollen sich setzen [14]v[or ihm, jeder] entsprechend seiner Würde. Und danach se[tze sich der Mes]sias Israels. Und es sollen sich vor ihm setzen die Häupter [15]der T[ausendschaften Israels, jed]er entsprechend seiner Würde, nach [seiner Stellung] in ihren Lagern und nach ihren Stationen. [...]
>
> [18][... so darf keiner] seine Hand [ausstrecken] nach dem Erstling [19]des Brotes und [des Mostes] vor dem Priester; denn [er soll] den Segen sprechen über dem Erstling des Brotes [20]und des Most[es. Und er soll] zuerst seine Hand [ausstrecken] nach dem Brot, und dana[ch soll] der Messias Israels seine Hände [21]nach dem Brot ausstrecken. [...]

Dieser gesamte Abschnitt ist offenbar eine Neuinterpretation einer Passage aus der Gemeinschaftsregel (1QS VI,2b–6), die dort vom alltäglichen Gemeinschaftsmahl handelt und hier auf das Ende der Tage bezogen wird.

10.3.2 Die Segensregel (*Særæḵ ha-Bᵉrāḵôt*, 1QSb = 1Q28b)

Handschriftlicher Befund

Die Segensregel 1QSb ist, wie auch die Gemeinderegel, nur einmal am Ende der Rolle 1QS bezeugt. Ein weiteres, offensichtlich dazugehörendes Fragment konnte William BROWNLEE identifizieren. Es wurde von seinem Schüler George BROOKE herausgegeben (Schøyen Collection, MS 1909; s. DJD XXVI, 227–33).

Handschrift	paläogr. Datierung ca.
1QSb	um 85 v.Chr.
Schøyen MS 1909	125–75 v.Chr.

Aufbau der „Segensregel" 1QSb

	„Segensworte für den Einsichtigen, um… zu segnen…"
	(...את לברך למשכיל הברכה דברי, *Diḇrê ha-bᵉrāḵāh lᵉ-maśkîl lᵉ-ḇāreḵ ʾæt…*)
1QSb I,1–II,20[?]	1. Segensspruch über den „[Gottes-]fürchtigen"
1QSb II,21[?]–III,21	2. Segensspruch über einen Unbekannten (o. die Gemeinschaft? – III,3: עדתכה, *ʿedatᵉḵāh*), vgl. Num 6,24–26 (bes. V. 25b–26)
1QSb III,22–IV,18[?]	3. Segensspruch über „die zadokidischen Priester" (בני צדוק הכוהנים, *bᵉnê Ṣādôq ha-kôhānîm*)
1QSb IV,18[?]–V,19	4. Segensspruch über einen Unbekannten (den Hohepriester?)
1QSb V,20–[?]	5. Segensspruch über den „Fürsten der Gemeinde" (נשיא העדה, *nāśîʾ ha-ʿedāh*), vgl. Jes 11,1–5

Einführende Bemerkungen

Dieses Werk mit dem im Text vorkommenden Titel „Segensworte" (I,1), zur Unterscheidung von 4Q286–290 „Segensregel" genannt (s.u.), ist der zweite „Anhang" zum Manuskripts der Gemeinderegel aus Höhle 1. Wegen seiner Position am Ende der Rolle (d.h. außen) ist 1QSb stärker beschädigt als 1QS und 1QSa (s.o.). Die Segenssprüche sind, wie der Sprachgebrauch und die theologischen Vorstellungen zeigen, eine genuine Schrift der Qumrangemeinschaft. Die paläographische Datierung um 100 v.Chr. bildet zugleich den *terminus ante quem* für die *Entstehungszeit* des Werkes. Man wird, schon wegen der ausgeprägten endzeitlichen Erwartungen, kaum weit dahinter zurückgehen müssen.

Die Handschrift enthält mehrere, wahrscheinlich fünf, Segenssprüche, die sich auf Einzelpersonen oder Gruppen beziehen. Deren jeweilige Adressaten sind offenbar genannt, haben sich aber nur teilweise im Text erhalten (Spruch 1: die „[Gottes]fürchtigen", Spruch 3: „die zadokidischen Priester", Spruch 5: „der Fürst der Gemeinde"). Teilweise sind sie durch Beschädigung ausgefallen und deshalb kaum mehr sicher zu identifizieren (Spruch 2 u. 4). Die einzelnen Sprüche knüpfen eng an verschiedene biblische Passagen an, etwa – sachlich freilich naheliegend – den aaronitischen Segen (Num 6,24–26; vor allem in 1QSb II,22–III,19). Hinter dem fünften Segensspruch (V,20–[?]) stehen offensichtlich die Aussagen aus Jes 11,1–5 über den Messias und sein Friedensreich.

Innerhalb dieses Schemas beziehen sich die ersten zwei Segenssprüche auf die Mitglieder größerer Gruppen, die letzten zwei hingegen auf einzelne Personen. In der Mitte der Komposition steht eine selbstständige Gruppe, die „Söhne Zadoks", die demnach zur Zeit der Entstehung des Komplexes 1QSa / 1QSb eine wichtige Rolle in der Vorstellungswelt der Qumrangemeinschaft spielten. Die Betonung ihres priesterlichen Charakters weist innerhalb des Werkes möglicherweise auf eine konzentrische Komposition mit priesterlichen Figuren im Zentrum hin, umgeben von Sprüchen über „Laien". Von besonderem Interesse sind die für die beiden Einzelfiguren gesprochenen Segen. Die Person des eschatologischen Priesters stellt der Verfasser dar, als stünde sie auf einer Stufe mit den (Angesichts-) Engeln. Mit ihnen zusammen dient sie im eschatologischen Tempel (1QSb IV,24–28):

> [24][...] Und du [25][mögest dienen] wie ein Engel des Angesichtes in der heiligen Wohnung zur Ehre Gottes der Heerscha[ren in Ewigkeit. Und] rings umher mögest du sein ein Diener im Palast [26]des Königtums und das Los werfen zusammen mit den Engeln des Angesichtes. Und gemeinsamer Rat [mit den Heiligen] für ewige Zeit und für alle andauernden Zeiten; denn [27][Wahrheit sind alle] seine Gerichte. Und er mache dich heili[g] unter seinem Volk und zu einer [großen] Leuchte, [zum Licht] für den Erdkreis in Erkenntnis und zu erleuchten das Angesicht vieler [28][durch Einsicht des Lebens, und er mache dich] zu einem Diadem für das Allerheiligste; denn [du] sollst ihn [hei]ligen und seinen Namen verherrlichen und seine Heiligen.

Der Schlussabschnitt, der vom Fürsten der Gemeinde handelt, ist eine Auslegung des messianischen Abschnittes Jes 11,1–5. Der Verfasser zitiert in den fünf Zeilen (1QSb V,22–26) nicht weniger als fünf Passagen daraus. Der Fürst wird als eine kriegerische Figur vorgestellt, deren Aufgabe es ist, für die Gerechtigkeit zu kämpfen und über alle Völker zu siegen. Damit ist angedeutet, dass es sich beim Fürsten der Gemeinde um die eschatologische Darstellung eines alttestamentlichen idealen Königs handelt.

Die Regel der Segenssprüche 1QSb (LOHSE: „Segenssprüche" [von *Diḇrê ha-Beraḵāh* 1QSb I,1], MAIER: „Benediktionen", STEGEMANN: „Segensordnung"; hebr. *Særæḵ ha-Beraḵôt*, engl. „Rule of Benedictions" o. „Rule of Blessings") ist nicht zu verwechseln mit den (hier hebr. bezeichneten) *Beraḵôt* (4Q286–90, MAIER: „Berakot", engl. „Blessings").

10.4 Die „messianische Apokalypse" (4Q521 = 4QMessianic Apocalypse)

Textausgaben und Übersetzungen: DJD XXV, 1–38 (PUECH). ▪ Émile PUECH, Une apocalypse messianique (4Q521), RdQ 15/60 (1992) 475–522.
Literatur: Michael BECKER, 4Q521 und die Gesalbten, RdQ 18/69 (1997) 73–96. ▪ John J. COLLINS, The Works of the Messiah, DSD 1 (1994) 98–112. ▪ DERS., A Herald of Good Tidings. Isaiah 61:1–3 and its Actualization in the Dead Sea Scrolls, in: The Quest for Context and Meaning. Studies in Biblical Intertextuality (FS J.A. SANDERS; hg.v. C.A. EVANS u. Sh. TALMON; BIS 28), Leiden 1997, 225–40. ▪ Florentino GARCÍA MARTÍNEZ, Notas al margen de The Dead Sea Scrolls Uncovered, RdQ 16/61 (1993) 123–50. ▪ Årstein JUSTNES, The Time of Salvation. An Analysis of 4QApocryphon of Daniel ar (4Q246), 4QMessianic Apocalypse (4Q521 2), and 4QTime of Righteousness (4Q215a) (EHS.T 893), Frankfurt/M. 2009. ▪ H. KVALBEIN, The Wonders of the End-Time. Metaphoric Language in 4Q521 and the Interpretation of Matthew 11.5 par., JSP 18 (1998) 87–110. ▪ K.-W. NIEBUHR, 4Q 521, 1 II — Ein eschatologischer Psalm, in: Mogilany 1995 (FS A. KLAWEK; hg.v. Z.J. KAPERA), Kraków 1998, 151–68. ▪ Émile PUECH, La croyance des Esséniens en la vie future. Immortalité, résurrection, vie éternelle? (EtBib 21–22), 2 Bde., Paris 1993. ▪ DERS., Some Remarks on 4Q246 and 4Q521 and Qumran Messianism, in: The Provo International Conference on the Dead Sea Scrolls (hg.v. D. PARRY, StTDJ 30), Leiden 1999, 545–65. ▪ James D. TABOR/Michael O. WISE, 4Q521 ‚On Resurrection' and the Synoptic Gospel Tradition. A Preliminary Study, JSP 10 (1992) 149–62. ▪ Géza G. XERAVITS, King, Priest, Prophet. Positive Eschatological Protagonists of the Qumran Library, StTDJ 47 (2003), 98–109. ▪ Johannes ZIMMERMANN, Messianische Texte aus Qumran (WUNT II/104), Tübingen 1998.

Handschriftlicher Befund
Insgesamt 16 Fragmente dieses auf Hebräisch verfassten Textes – als 4Q521 gezählt – wurden in Höhle 4 gefunden.

Handschrift	paläogr. Datierung ca.
4Q521	125–75 v.Chr. (^{14}C: 39 v.Chr.–66 n.Chr.?)

Übersicht über die Fragmente von 4Q521
Aufgrund des fragmentarischen Charakters der Handschrift ist eine genaue Gliederung nicht möglich. Die Fragment(kombinationen) f2ii+4 und f7+5ii, daneben

noch f2iii (s.u.), f5i+6, und f8 enthalten immerhin so viel Material, dass hier eine kurze Inhaltsangabe erfolgen kann. f1i–ii, f2i+3 und f9–16 finden hier keine Berücksichtigung.

4Q521 f2ii+4	1–3: Der „Gesalbte" Gottes (?)		Himmel und Erde sollen auf Gottes (למשיחו *l^e-m^ešîḥô* „seinen"/משיחו *l^e-m^ešîḥâw* „seine [pl.]") Gesalbte/n hören, auf die heiligen Gebote
	4–Ende: Die eschatologischen Taten Gottes	4–6	Der Herr belohnt Fromme und Gerechte, die Demütigen/Elenden und die Treuen
		7–8	Fromme werden auf dem Thron der Herrschaft Gottes sitzen, *Gefangene befreit, Blinde sehend gemacht, Niedergeschlagene aufgerichtet* (Ps 146,7–8!)
		9–11	Der Lohn der Frommen
		12–Ende	Verwundete werden geheilt, Tote lebendig gemacht, *Elenden/Demütigen wird gute Botschaft gebracht* (Jes 61,1!), Niedrige werden gesättigt, Verlassene geleitet und Hungernden wird geholfen
4Q521 f2iii		1–3	Die (Herzen der) *Väter* kommen *zu den Söhnen* (vgl. Mal 3,24, Sir 48,10)
		4ff.	Das Jauchzen (גיל, *gîl*) der Schöpfung und Jakob/Israels
4Q521 f7+5ii		1–3	Lob der Schöpfung
		4–6	Das Gericht: Die das Gute tun, haben das Leben, die Frevler den Tod: Gott macht die Toten seines Volkes lebendig
		7–Ende	Bekenntnis und Lob der Gerechtigkeitserweise Gottes
4Q521 f8		1–5	(zu wenig erhalten)
		6–9	Adam (Z. 6), Jakob (Z. 7), die heiligen (Tempel-) Geräte (Z. 8), „und all dessen (o. deren) Gesalbte [משיחיה, *m^ešîḥǣhā*, d.h. mit Suff. der 3.f.Sg.!]" (Z. 9)
		10–Ende	Das Wort des Herrn

Einführende Bemerkungen

In den *Discoveries in the Judaean Desert* erschien das Werk unter dem Titel *Apocalypse messianique*, „messianische Apokalypse", der hier deswegen übernommen wird, obwohl er aus zwei Gründen problematisch ist: Erstens handelt es sich bei 4Q521 formal nicht um eine Apokalypse im engeren Sinn: Zwar weist der Text verschiedene Merkmale einer apokalyptischen Weltsicht auf, ihm fehlen jedoch notwendige Elemente der Gattung „Apokalypse" (so auch der Herausgeber Émile PUECH mit Verweis auf den fragmentarischen Charakter). Dass es sich um ein eschatologisches Werk handelt, unterliegt hingegen keinem Zweifel, weswegen das Werk in diesem Kapitel behandelt wird. Zweitens kommt im Text zwar oft das Wort „Gesalbter" (משיח, *māšîᵃḥ*, „Messias") vor, dennoch ist es möglicherweise nicht ganz präzise, ihn als Schlüsselbegriff des Werkes zu bestimmen. Sein Verfasser gebraucht den Ausdruck nämlich in verschiedenen Bedeutungsnuancen, dabei aber vielleicht sogar nie im Sinne eines *terminus technicus*, d.h. er spricht nicht über „den" zukünftigen „Messias", sondern einfach nur über den oder die „Gesalbten" (im Alten Testament werden bekanntlich Priester, Könige und Propheten[?] gesalbt). 4Q521 ist sowohl wegen seines ursprünglichen Umfangs als auch wegen seiner Theologie eine der zentralen eschatologischen Qumranschriften.

In der Frage nach dem *Ursprung* von 4Q521 sind die Forscher geteilter Meinung. Die größere Wahrscheinlichkeit dürften dabei diejenigen auf ihrer Seite haben, die das Werk für nicht in der Qumrangemeinschaft entstanden halten (anders PUECH). Zwei zentrale Topoi – die Auferstehung der Toten und die eschatologische Wiederkunft Elias – finden sich zwar auch in anderen Qumrantexten (z.B. 4Q385 [4QpsEz/4QApocrJer] und 4Q558 [4QpapVision^b ar]), aber sind diese nicht genuin innerhalb der Gemeinschaft enthalten. Darüber hinaus kommen die Vorstellungen auch im Alten Testament selbst vor (vgl. Dan 12; Mal 3 u.a.). So dürfte die Beweislast bei denen liegen, die das Werk für eine genuine Qumranschrift halten. Unabhängig davon dürfte die Entstehungszeit des Werks (nicht der Handschrift!) frühestens in die Mitte oder in die zweite Hälfte des 2. Jh.s v.Chr. fallen (vgl. die Erwägungen PUECHS; außerdem die Korrekturen im Text).

Im Folgenden wird das am besten erhaltene Fragment des Werkes wiedergegeben, das eine zusammenfassende Aufstellung der eschatologischen Taten Gottes enthält (4Q521 f2ii+4,1–15):

[1][... der Hi]mmel und die Erde werden hören auf seine/n *māšîᵃḥ/mᵉšîḥîm*, [2][und alles, w]as in darin ist, wird nicht vom Gebot Heiliger weichen. [3]Nehmt euch zusammen, Sucher des Herrn, in seinem Dienst! (*vacat*)

[4]Findet ihr nicht darin den Herrn, alle, die da hoffen in ihrem Herzen, [5]dass der Herr sich um Fromme kümmert und Gerechte mit Namen ruft, [6]dass über Demütigen/Elenden sein Geist schwebt und er Getreue neu stärkt durch seine Kraft, [7]Fromme auf einem Thron ewiger Herrschaft ehrt, [8]*die Gefangenen frei macht, die Blinden sehend macht und aufrichtet, die ni[edergeschlagen sind]* (*Ps 146,7f.*). [9]Und (so) will für [im]mer ich anhaf[ten den Ho]ffenden und auf/in seine/r Huld [...] [10]und die Fruch[t guter Ta]t wird sich einem Mann nicht verzögern, [11]und glorreiche Dinge, die (so noch) nicht gewesen, wird der Herr tun, wie er ges[agt hat.]

¹²Dann heilt er Durchbohrte und Tote belebt er, *den Demütigen/Elenden bringt er gute Botschaft* (*Jes 61,1*), und ¹³[Niedrig]e wird er sät[tigen, Ve]rlassene wird er leiten und Hungernde rei[ch machen (?).] ¹⁴Und [...]. und sie alle wie [...] ¹⁵und [...]

Das auffallendste Charakteristikum dieses Textabschnittes, der mit einer Mahnung beginnt und dann in eine große dichterische Hymne übergeht, ist seine stark „biblisch" verwurzelte Sprache. Verschiedene Zeilen zitieren mehr oder weniger wortwörtlich die Verse Ps 146,7b–8; Jes 61,1–2: Texte, die die Macht des sein Volk heilenden und wiederherstellenden Gottes JHWH feiern. Beachtenswert ist das Verb, das die Gegenwart des Geistes des Herrn zeigt. Der Geist „schwebt" über den Armen; die verwendete Wurzel (רחף, *rāḥap̄ Pi'el*) verweist auf den in Gen 1,2 über den Wassern schwebenden Geist JHWHs. Auf diese Weise wird die Zeit des Anfangs mit den Ereignissen der zukünftigen Zeit verbunden. Die eschatologische Güte bedeutet nicht nur Heilung, sondern – für die Frommen – auch eine Verherrlichung (er wird sie „auf einem Thron ewiger Herrschaft ehren", Z. 7). Damit erweitert der Verfasser die alttestamentlichen Verse, die als Grundlage seines Gedankengangs dienen, und fügt ein wichtiges Element seiner apokalyptischen Weltsicht ein. Obwohl einer der Bezugstexte, Jes 61,1–2, von den Taten des durch JHWH gesalbten Propheten erzählt, bleibt der Handelnde doch JHWH selbst (anders COLLINS). Selbst die Verkündigung der eschatologischen Freudenbotschaft (Z. 12) übernimmt JHWH selbst. Zugleich aber lässt der Autor den/die „Gesalbten" Gottes auftreten. Über seine Person oder seine Taten gibt er jedoch nichts Näheres preis. Aus dem Bezug auf den Jesajatext kann man lediglich schließen, dass es sich um eine prophetische Figur handelt (vgl. ZIMMERMANN, anders PUECH, der aufgrund seines Verständnisses von Jes 61 mit einer priesterlichen Gestalt rechnet). Darf man davon ausgehen, dass in f2iii dieselbe Gestalt beschrieben wird? Dann hülfe diese Kolumne bei der Definition weiter (4Q521 f2iii,1–6):

¹Und die Vorschrift deiner Gnaden. Und ich will sie ausforschen durch [...] ²es steht fest: Väter kommen zu Söhnen [...] ³wovon gilt: der Segen des Herrn in seinem Wohlgefallen [...] ⁴und es frohlockt das Land an jedem Or[t ...] ⁵weil ganz Israel in Frohl[ocken? ...] ⁶und [die] Stämm[e, und] sie werden erhöht [...]

Das Zueinanderkommen von Vätern zu Söhnen spielt auf Mal 3,24a an („Der soll das Herz der Väter bekehren zu den Söhnen und das Herz der Söhne zu ihren Vätern"): das ist der Vorläufer des Tages JHWHs, das Ergebnis der Erscheinung Elias. Die hebräische Fassung des Sirachbuchs zitiert im „Lob der Väter" (Sir 44–49), eingeleitet ebenfalls mit dem Ausdruck „es steht fest" (נכון, *nāḵôn*), diese Maleachistelle (Sir 48,10: „das Geschriebene, es steht fest"). Der Verfasser des Fragments zielt also in die Mitte der Heilsoffenbarung: zuerst kommt die ganze

Erde, dann Israel. Dass die zwei Wirklichkeiten dem Ausdruck gleicher Gedankens dienen, zeigt deutlich, dass sich bei beiden das Bild des „Freuens" anschließt. Zum Schluss sei ein längeres Fragment des Textes zitiert. Es enthält eine Paränese mit dualistischem Hintergrund, die vom „endgültigen Schicksal" des Einzelnen spricht (4Q521 f7+5ii,1–15):

> [1][...] sahen all [d]as, w[as getan] [2][... Er]de, und alles, was auf ihr ist, [3][...] Meere [und alles,] [was in ihnen ist?], und alle Wasserquellen und Bäche. (vacat) – [4][...] die das Gute tun vor dem Herr[n] [5][... und nich]t wie jene flu[chen] und des Todes werd[en, wenn] [6][... der], welcher die Toten seines Volkes lebendig macht. (vacat) – [7]Doch wir be[kenn]en und verkünden euch die Gerechtig[keit]serweise des Herrn, da [...] [8]Söh[ne von Sterb]lichkeit, und er öffnet[...] [9]und [...] [10]und[...] [11]und das Tal des Todes in [...] [12]und Brücke [...] [13]es erstarrten Verfluch[te ...] [14]und es traten vor Himmel [15][... und al]le Engel [...]

Die Bedeutung dieses Fragments liegt darin, dass es zu den wenigen Abschnitten der Bibliothek von Qumran gehört, die die Vorstellung der Auferstehung nach dem Tod erhalten (zu diesem Thema vgl. vor allem PUECH 1993). Die Bezeichnung Gottes als „der, welcher lebendig macht" (המחיה, ha-m^{e}ḥayyeh) ist aus dem Neuen Testament (Röm 4,17; 8,11; Joh 5,21, vgl. Röm 4,24; 2 Kor 1,9) und aus der rabbinischen Literatur (z.B. bKet 8b, vgl. das Š^{e}monæh ʿÆśreh) bekannt. In 4Q521 kommt dieser Begriff das erste Mal vor. Der Autor stellt das Schicksal der Gerechten und der Bösen scharf gegeneinander: Die kommende Zeit bedeutet für die einen das (ewige) Leben, für die anderen den (ewigen) Tod.

In der Vorstellung von 4Q521 ist die Voraussetzung für den Anteil an der eschatologischen Güte die dem Willen Gottes entsprechende Lebensführung, die sich anhand der in 4Q521 f2ii,6 vorkommenden Ausdrücke wie „demütig", „gerecht", „arm" und „treu" kennzeichnen lässt. Wahrscheinlich beziehen sie sich hier nicht auf bestimmte Gruppen und deren Mitglieder, sondern dienen vielmehr allgemein als Bezeichnungen der Gläubigen (dazu vgl. Mt 11,4–5 und Lk 7,22). Für die Demütigen (o. Elenden) ist das wichtigste Ereignis der eschatologischen Zeit die Wiederherstellung aus ihrer schweren Situation heraus. Das erreicht die Vollkommenheit in der Auferstehung und in der Teilhabe an Gottes Reich. Das Besondere und Neue in 4Q521 ist nun, dass diese Themen mit einer (oder mehreren, so u.a. PUECH) positiven eschatologischen Hauptfigur (eben dem māšîʿḥ) verknüpft werden. Obwohl, wie schon gesagt, der Handelnde JHWH ist, bereitet die gesalbte prophetische Gestalt das Kommen Gottes vor. Das Bild eines Propheten, der Gottes Willen verwirklicht, ist in nachexilischer Zeit zu einem immer wichtigeren Element der eschatologischen Erwartung geworden. Im Text von 4Q521 dürfte der Prophet Elia gemeint sein: Die Hinweise des Textes auf Mal 3 sind eindeutig (XERAVITS, anders PUECH, der die priesterlichen Züge Elias betont und so priesterlichen und königlichen Messias in diesem Text findet). Dazu sei noch angemerkt, dass auch noch ein anderer Qumrantext von Elia als einem eschatologischen Propheten redet, und zwar das winzige Papyrusfragment 4Q558 (4QpapVision^b ar).

10.5 Weitere eschatologische Werke (4Q215a, 4Q475, 4Q462)

Textausgaben und Übersetzungen: 4Q215a: DJD XXXVI, 172–84 (CHAZON / STONE). ▪ **4Q475:** DJD XXXVI, 464–73 (ELGVIN, korr. 2004). ▪ **4Q462:** DJD XIX, 197–209 (SMITH).
Literatur: Martin G. ABEGG, The Time of Righteousness (4Q215a). A Time of War or a Time of Peace?, in: Prayer and Poetry in the Dead Sea Scrolls and Related Literature (FS E. SCHULLER; hg.v. J. PENNER u.a.; StTDJ 98), Leiden 2012, 1–12. ▪ Esther G. CHAZON, A Case of Mistaken Identity. Testament of Naphtali (4Q215) and Time of Righteousness (4Q215a), in: The Provo International Conference on the Dead Sea Scrolls (hg.v. D. PARRY, StTDJ 30), Leiden 1999, 110–25. ▪ Torleif ELGVIN, Renewed Earth and Renewed People. 4Q475, in: StTDJ 30 (s.o.), 1999, 576–91. ▪ Årstein JUSTNES, The Time of Salvation. An Analysis of 4QApocryphon of Daniel ar (4Q246), 4QMessianic Apocalypse (4Q521 2), and 4QTime of Righteousness (4Q215a) (EHS.T 893), Frankfurt/M. 2009. ▪ Mark S. SMITH, 4Q462 (Narrative), Frg. 1. A Preliminary Edition, RdQ 15/57–58 (1991) 55–77. ▪ Jaime Vázquez ALLEGUE, El segundo exodo en Qumrán (4Q462), Salamanticensis 47 (2000) 61–83. ▪ Michael SEGAL, 4Q46 בין פרשנות במגילה ובירושלים במצרים וחושך אור: לכיתתיות (Between Exegesis and Sectarianism. „Light and Darkness" in Egypt and in Jerusalem according to 4Q462), Meg VII (2009) 129–43.

Am Ende des Kapitels sei die Aufmerksamkeit noch auf drei fragmentarisch erhaltene Werke gelenkt, die zum Kennenlernen der eschatologischen Ansichten der Gemeinschaft von Qumran nicht unerheblich sind.

Zu den eschatologischen Qumrantexten werden üblicherweise noch 4QWords of Judgment (= 4Q238), 4Qpap cryptA Prophecy? (= 4Q249p), 4QEschatological Hymn (= 4Q457b), 4QEschatological Work B (= 4Q472) gerechnet. Aus den parabiblischen Texten wäre außerdem der Brief des Henoch zu nennen (vgl. Henoch 92–108: 4QEn^c ar [= 4Q204 f5i–ii], 4QEn^g ar [= 4Q212] f1ii,21–v,26, 7QpapEn gr? [7Q4, 7Q8, 7Q11–14]).

Handschriftlicher Befund

Handschrift	paläogr. Datierung ca.
4QTime of Righteousness = 4Q215a	30 v.–20 n.Chr.
4QRenewed Earth = 4Q475	30–1 v.Chr.
4QNarrative C = 4Q462	30–1 v.Chr.

10.5.1 Ein Text über die „Zeit der Gerechtigkeit" (4QTime of Righteousness = 4Q215a)

In DJD XXXVI haben Esther G. CHAZON und Michael E. STONE eine hebräische Handschrift veröffentlicht, die in einem größeren und drei kleineren Fragmenten (in späthasmonäischer oder frühherodianischer Schrift) erhalten blieb; ihr Titel ist „Zeit der Gerechtigkeit" (4QTime of Righteousness = 4Q215a).

Einführende Bemerkungen

Die literarische Form dieses Werkes ist schwer zu bestimmen. Es ähnelt in der poetischen Form einerseits 4Q521, mit dem es auch Elemente der apokalyptischen Eschatologie gemeinsam hat. Formal sind die erhaltenen Partien andererseits sicher nicht als Apokalypse einzustufen. Die einzige einigermaßen rekonstruierbare Kolumne (4Q215a f1ii) erzählt von der Wende der Zeiten, die für die nahe Zukunft erwartet wird (4Q215a f1ii,4–10):

> ⁵Gekommen ist (dann) die Zeit der [Gerech]tigkeit und die Erde wird voll sein von Erkenntnis und Gotteslob [...] ⁶gekommen ist die Zeit des Friedens und der Wahrheitsvorschriften und der Bezeugung der Gerechtigkeit, um zu unterrichten [jedermann] ⁷in den Wegen Gottes und in Seinen mächtigen Werken. [... a]uf immerwährend. Jedes Ge[schöpf] ⁸wird ihn preisen und jeder Mensch ihm huldigen, [und es wird] ihr [Her]z ein[s] sein. Denn er hat [festgesetzt] ihr Wirken, bevor sie geschaffen wurden, und den Dienst der Gerechtigkeit verteilte er als ihre Gebiete[...] ⁹in ihren Generationen. Denn gekommen ist die Herrschaft {der Gerechtigkeit} des Guten und hoch erhebt sich der Thron der/s[...] ¹⁰und überaus hoch. [...]

Die Betonung des Abschnitts liegt auf der Erwartung des nahen Eschatons, dessen Eintreffen zum (bereits vor aller Zeit festgelegten) Plan Gottes gehört. Der Verfasser vertritt offenbar die auch sonst öfter begegnende (dualistische) Weltsicht, deren letzte Sanktionierung durch Gott geschieht, weil er die Handlungen eines jeden Menschen bereits mit der Schöpfung bestimmt hat (Determination). Die Schlusszeile des Zitats berichtet wahrscheinlich von der Wiederherstellung der davidischen Dynastie als Erfüllung Weissagungen an Israel.

Die paläographische Datierung liefert den *terminus ante quem* für die *Entstehungszeit* des Werkes. Eine Verwandtschaft zu anderen genuinen Qumranschriften (1QS, 1QH, CD), darunter die Vorstellung von Gottes Vorherwissen und einer Prädestination machen es wahrscheinlich, dass das Werk innerhalb der Qumrangemeinschaft entstanden ist (vgl. 1QS III,13–IV,26). Doch ist damit nicht ausgeschlossen, dass die ähnlichen Vorstellungen auch auf eine gemeinsame ältere Tradition zurückgehen (vgl. 1 Henoch 1–5, Zehn-Wochen-Apokalypse [1 Henoch 93,1–10; 91,11–17], 4QInstruction).

10.5.2 Die „erneuerte Erde" (4QRenewed Earth = 4Q475)

Ebenfalls ein poetisch-eschatologisches Werk ist der auf Hebräisch verfasste und nur in einem einzigen Fragment erhaltene Text, der als „Die erneuerte Erde" (4QRenewed Earth = 4Q475, früher auch „Sapiential Work" genannt) herausgegeben wurde. Aufgrund des fragmentarischen Zustands ist nicht mehr feststellbar, ob es sich um einen genuinen Qumrantext handelt oder nicht.

Einführende Bemerkungen
4QRenewed Earth ist verwandt mit dem eben behandelten Text 4QTime of Righteousness. Nichtsdestotrotz ist eine eindeutige Zuordnung zu den genuinen Qumranschriften nur schwer möglich. Während die erhaltenen Teile von 4Q215a die allgemeinen eschatologischen Charakteristika der (Heils-) Geschichte erörtern, lenkt 4Q475, die „erneuerte Erde", die Aufmerksamkeit praktisch ausschließlich auf Israel. Das sich wiederholende Wort ארץ (ʼæræṣ) bezeichnet hier das „Land", genauer: das Land Israel (4Q475 f1,1–7). Der Text zeichnet das Bild einer verwandelten, von Sünde befreiten und ruhigen Welt. Der Bezugsrahmen des kurzen Abschnittes dürfte in der göttlichen Erwählung und Adoption Israels zu finden sein. Beide Topoi sind sowohl aus dem Alten Testament als auch aus Qumran bekannt. Die Terminologie des „Suchens" und „Nicht-Suchens" erinnert außerdem an 4Q521, einen Text, der aufgrund seiner eschatologischen Ansichten und seiner Gattung auch mit diesem Text verwandt sein dürfte.

10.5.3 Ein eschatologischer Erzähltext (4QNarrative C = 4Q462)

Zum Schluss sei noch ein in zwei Fragmenten erhaltenes hebräisches erzählendes Werk erwähnt: 4QNarrative C (= 4Q462). Es wurde ebenfalls in der 2. Hälfte des 1. Jh.s v.Chr. kopiert.

Einführende Bemerkungen
In dem sehr fragmentarischen und in vielem rätselhaften Text wechseln sich – durch einen Hymnus (Z. 6–8) unterbrochen – offenbar frei Zitate vergangener Geschehnisse und in die Zukunft schauende Äußerungen ab. Diese werden in den Horizont der Zeitenwende gestellt, der Befreiung und der „Zeit des Lichtes" Israels (4Q462 f1,6–12.19). In ihr wird Israel, dem Volk JHWHS, die ewige Herrschaft übertragen (Z. 10).

⁶[...] zu Knechten für Jakob. In Lᶦeb[e? ...] ⁷[...] für viele zu einem Erbteil. JHWH¹⁴, der da hᵉrrscht [...]; ⁸[...] seine Herrlichkeit; der da dauernd(?) das Wasser und die Erde auffüllt [...]; ⁹[...] die Herrˢᶜʰaft. Sie nahmen sein Volk gefangen. Das Licht war mit ihnen, und über uns war [Finsternis? ...] ¹⁰[... die Ze]it der Finsternis, und die Zeit das Lichtes kommt/ist gekommen und sie treten/traten die Herrschaft an für ewig. Daher sagen [sie ...] ¹¹[...] für [I]srael, denn in unserer Mitte war das Volk des geliebten Jak[ob ...] ¹²[...] und sie leisteten Fronarbeit und sie erhoben (ihre Stimme) und sie schrien zu JHWH [...].

¹⁹(vacat) Und er gedachte ~~Israe~~ Jerusalems [...]

Sprache und Inhalt erinnern stark an das Exodusgeschehen (explizit ist dann in Z. 13 von einer zweiten Gefangenschaft in Ägypten die Rede), aber auch an das Schema des Richterbuches. Kommen hier Gegner (Israels oder der Frommen als des eigentlichen Israel?) zu Wort? – Das Fragment schließt mit einer heilvollen Antwort auf den Hilfeschrei des Volkes: „Da gedachte [Gott seiner Versprechen für] Jerusalem [verbessert aus: Israel]." Die Verwendung der Licht-/Finsternis-Metaphorik auf der einen Seite, das Fehlen spezifisch „qumranischer" Vorstellungen andererseits mögen dafür sprechen, dass das Werk zwischen exegetischen Texten im weiteren Sinn und genuinen Qumrantexten einzuordnen ist (SEGAL 2009).

---

14 In der Handschrift ist der Gottesname durch vier Punkte wiedergegeben, die das Tetragramm repräsentieren.

Anhang: Liste der Qumranhandschriften

Qumrantext	DJD (u.a.)	LOHSE I u. II (STEUDEL)	CHARLESWORTH, PTSDSSP	DSSR (¹1–3=²1; ¹4–6=²2)
1Q1 (1QGen) 1QGenesis	I, 49f. (BARTHÉLEMY)			
1Q2 (1QExod) 1QExodus	I, 50f. (BARTHÉLEMY)			
1Q3 (1QpaleoLev-Num) 1QLeviticus–Numbers	I, 51–54 (BARTHÉLEMY)			
1Q4 (1QDeutᵃ) 1QDeuteronomyᵃ	I, 54–57 (BARTHÉLEMY)			
1Q5 (1QDeutᵇ) 1QDeuteronomyᵇ	I, 57–62 (BARTHÉLEMY)			
1Q6 (1QJudg) 1QJudges	I, 62–64 (BARTHÉLEMY)			
1Q7 (1QSam) 1QSamuel	I, 64f. (BARTHÉLEMY); cf. Schøyen 5233			
1QIsaᵃ 1QIsaiahᵃ	DSSSMM, pl. I–LIV (BURROWS), DJD XXXII (ULRICH, FLINT, ABEGG)			
1Q8 (1QIsaᵇ) 1QIsaiahᵇ	DSSHU, 30–34, pl. I–XV (SUKENIK); DJD I, 66–68 (BARTHÉLEMY); XXXII (ULRICH, FLINT, ABEGG)			
1Q9 (1QEzek) 1QEzekiel	I, 69f. (BARTHÉLEMY)			
1Q10 (1QPsᵃ) 1QPsalmsᵃ	I, 69f. (BARTHÉLEMY)			
1Q11 (1QPsᵇ) 1QPsalmsᵇ	I, 71 (BARTHÉLEMY)			
1Q12 (1QPsᶜ) 1QPsalmsᶜ	I, 71f. (BARTHÉLEMY)			
1Q13 (1QPhyl) 1QPhylactery	I, 72–76 (BARTHÉLEMY)			
1Q14 (1QpMic) 1QPesher to Micah	I, 77–80 (MILIK)	II, 215–24 (STEUDEL, BREDEREKE)	6B, 133–39 (HORGAN)	3
1QpHab 1QPesher to Habakkuk	DSSSMM, pl. LV–LXI (BURROWS)	I, 227–44	6B, 157–85 (HORGAN)	2 (ABEGG)
1Q15 (1QpZeph) 1QPesher to Zephaniah	I, 80 (MILIK)		6B, 191–93 (HORGAN)	3
1Q16 (1QpPs) 1QPesher to Psalms (olim 1QpPs68)	I, 81f. (MILIK)		6B, 25–29 (HORGAN)	3
1Q17 (1QJubᵃ) 1QJubileesᵃ (Jubiläenbuch)	I, 82f. (MILIK)		10	3
1Q18 (1QJubᵇ) 1QJubileesᵇ (Jubiläenbuch)	I, 83f. (MILIK)		10	3
1Q19 (1QNoah) 1QBook of Noah (Noah Apocryphon)	I, 84–86 (MILIK), TSAJ 63, 219f.233 (STUCKENBRUCK)		7	3
1Q19bis (1QNoah) 1QBook of Noah (Noah Apocryphon)	I, 152 (MILIK); RdQ 5/19, 323–44 (TREVER)		7	3
1Q20 (1QapGen ar) 1QGenesis Apocryphon ar	I, 86f. (MILIK); AVIGAD/YADIN, Genesis Apocryphon; MACHIELA, Genesis Apocryphon; BibOr 18/B (FITZMYER); AbrN 33, 30–54 (MORGENSTERN/QIMRON/SIVAN)		8	3
1Q21 (1QTLevi ar) 1QTestament of Levi	I, 87–91 (MILIK), ATTM.E 71–78		10	3
1Q22 (1QDM) 1QWords (Sayings) of Moses (apocrMosesᵃ?)	I, 91–97 (MILIK)		8	3
1Q23 (1QEnGiantsᵃ ar) 1QEnoch Giantsᵃ (Buch der Giganten)?	I, 97–98 (MILIK); XXXVI, 49–66 (STUCKENBRUCK)		10	3
1Q24 (1QEnGiantsᵇ? ar) 1QEnoch Giantsᵇ	I, 99 (MILIK); XXXVI, 67–72 (STUCKENBRUCK)		10	3
1Q25 1QApocryphal Prophecy (Prophetic Apocryphon)	I, 100f. (MILIK)		7	6
1Q26 1QInstruction [olim Wisdom Apocryphon] (A Wisdom Instruction)	I, 101f. (MILIK); XXXIV, 535–39 (STRUGNELL, HARRINGTON)		8	4
1Q27 (1QMyst) 1QMysteries (Book of the Mysteries)	I, 102–7 (MILIK)		7	4
1Q28 1QS title (enthält nur der Titel der Rolle)	I, 107f. (MILIK)			
1QS (1QS) 1QRule of the Community (Manual of Discipline; Gemeinschaftsregel)	DSSSMM II (BURROWS); SQC 126–47 (TREVER)	I, 1–44	1, 1–52 (QIMRON, CHARLESWORTH)	1, 4 (III,16–IV,24; ABEGG)
1Q28a (1QSa) 1QRule of the Congregation (Gemeinderegel)	I, 108–18 (BARTHÉLEMY)	I, 45–52	1, 108–18 (CHARLESWORTH, STUCKENBRUCK)	
1Q28b (1QSb) 1QRule of Benedictions (Blessings; Segensregel)	I, 118–30 (MILIK); XXVI, 227–33 (BROOKE)	I, 53–62	1, 119–31 (CHARLESWORTH, STUCKENBRUCK)	5
1Q29 (1QapocrMosesᵇ?) 1QApocryphon of Mosesᵇ? [olim Liturgy of Three Tongues of Fire]				

Qumrantext	DJD (u.a.)	LOHSE I u. II (STEUDEL)	CHARLESWORTH, PTSDSSP	DSSR (^{1}1–3=^{2}1; ^{1}4–6=^{2}2)
1Q29a [olim 1Q29 f13–17] 1QTwo Spirits Treatise?	I, 130–32 (MILIK); RdQ 21/84, 543–45 (TIGCHELAAR)	8		3
1Q30 1QLiturgical Text? A („Holy Messi[ah] Fragment")	I, 132f. (MILIK)		5	6
1Q31 1QLiturgical Text? B (Men of the Covenant Fragment)	I, 133f. (MILIK)		5	6
1Q32 (1QNJ? ar) 1QNew Jerusalem? ar	I, 134f. (MILIK); ATTM.E, 95–104	8		6
1Q33 (1QM) 1QWar Scroll (Kriegsregel, Kriegsrolle, *Milḥamah*)	DSSHU XVI–XXXIV, XLVII (SUKENIK); I, 135f. (MILIK); vgl. RdQ 19/73, 65–67 (TIGCHELAAR)	I, 177–226	2, 80–141 (DUHAIME)	1 (ABEGG)
1Q34 (1QLitPr^a) 1QFestival Prayers^a (Prayers for Festivals)	I, 136 (MILIK)		4A, 46–106 (CHARLESWORTH, OLSON)	5
1Q34bis (1QLitPr^b) 1QFestival Prayers^b (= 1Q34?)	I, 152f. (MILIK)		4A, 46–106 (CHARLESWORTH, OLSON)	5
1QH^a (1QH^a) 1QHodayot^a (Loblieder, Hodajot, Thanksgiving Scroll/Hymns)	DSSHU XXXV–LVIII (SUKENIK); DJD XL (STEGEMANN, SCHULLER, NEWSOM)	I, 109–76	5	5 (ABEGG)
1Q35 (1QH^b) 1QHodayot^b	I, 136–38 (MILIK)		5	5
1Q36 1QHymns (Liturgical Fragment 1)	I, 138–41 (MILIK)		5	5
1Q37 1QHymnic Composition? (Elect of Israel Fragment)	I, 141 (MILIK)		5	6
1Q38 1QHymnic Composition? (Liturgical Fragment 2)	I, 142 (MILIK)		5	6
1Q39 1QHymnic Composition? (Liturgical Fragment 3)	I, 142f. (MILIK)		5	5
1Q40 1QHymnic Composition? (Liturgical Fragment 4)	I, 143 (MILIK)		5	6
1Q41–1Q62 1QUnclassified Fragments (1Q41 All the Land; 1Q42 Famine; 1Q43 All te Angel[s]; 1Q45 Poor; 1Q46 Just Weight; 1Q49 Your Strength; 1Q50 Tree; 1Q51 Eternal; 1Q52 Your Signs; 1Q53 Worm; 1Q54 Covenant of His Glory; 1Q55 Nations; 1Q56 Resting Places; 1Q57 In Your Statutes; 1Q58 [Is]rael 1; 1Q62 Moses 1 Fragments)	I, 144–47 (MILIK)		7 (1Q44. 47f. 59–61: 9; 1Q51: 2, 217f. [CHARLESWORTH]; 1Q62: 8)	
1Q63–1Q68 1QUnclassified Fragments ar (1Q63 On their Standards; 1Q64 In the Bitterness; 1Q65 [I]srael 2; 1Q66 Teacher; 1Q67 Your Blotting Out; 11Q68 Who is She? Fragments)	I, 147f. (MILIK)		7	
1Q69 1QUnclassified Fragments (Evil Ones Fragment ar)	I, 148 (MILIK)		7	
1Q70 1QpapUnclassified Fragments (r. + v.)	I, 148f. (MILIK)		9	
1Q70bis 1QpapUnclassified Fragments	I, 155 (MILIK); ATTM, 301–4		9	
1Q71 (1QDan^a) 1QDaniel^a	I, 150f. (BARTHÉLEMY); vgl. RdQ 5/19 (TREVER)			
1Q72 (1QDan^b) 1QDaniel^b	I, 150f. (BARTHÉLEMY); vgl. RdQ 5/19 (TREVER)			
2Q1 (2QGen) 2QGenesis	III, 48f. (BAILLET)			
2Q2 (2QExod^a) 2QExodus^a	III, 49–52 (BAILLET)			
2Q3 (2QExod^b) 2QExodus^b	III, 52–55 (BAILLET)			
2Q4 (2QExod^c) 2QExodus^c	III, 55 (BAILLET)			
2Q5 (2QpaleoLev) 2QLeviticus	III, 56f. (BAILLET)			
2Q6 (2QNum^a) 2QNumbers^a	III, 57f. (BAILLET)			
2Q7 (2QNum^b) 2QNumbers^b	III, 58f. (BAILLET)			
2Q8 (2QNum^c) 2QNumbers^c	III, 59 (BAILLET)			
2Q9 (2QNum^d?) 2QNumbers^d?	III, 59f. (BAILLET)			
2Q10 (2QDeut^a) 2QDeuteronomy^a	III, 60 (BAILLET)			
2Q11 (2QDeut^b) 2QDeuteronomy^b	III, 60f. (BAILLET)			
2Q12 (2QDeut^c) 2QDeuteronomy^c	III, 61f. (BAILLET)			
2Q13 (2QJer) 2QJeremiah	III, 62–69 (BAILLET)			
2Q14 (2QPs) 2QPsalms	III, 69–71 (BAILLET)			
2Q15 (2QJob) 2QJob	III, 71 (BAILLET)			
2Q16 (2QRuth^a) 2QRuth^a	III, 71–74 (BAILLET)			
2Q17 (2QRuth^b) 2QRuth^b	III, 74f. (BAILLET)			

Qumrantext	DJD (u.a.)	LOHSE I u. II (STEUDEL)	CHARLESWORTH, PTSDSSP	DSSR (^{1}1–3=^{2}1; ^{1}4–6=^{2}2)
2Q18 (2QSir) 2QBen Sira (Sirach)	III, 75–77 (BAILLET)			3
2Q19 (2QJub^a) 2QJubilees^a (Jubiläenbuch)	III, 77f. (BAILLET)		10	3
2Q20 (2QJub^b) 2QJubilees^b	III, 78f. (BAILLET)		10	3
2Q21 (2QapocrMoses?) 2QApocryphon of Moses?	III, 79–81 (BAILLET)		8	3
2Q22 (2QapocrDavid?) 2QApocryphon of David? (Narrative and Poetic Composition, vgl. 4Q371–74)	III, 81f. (BAILLET)		7	3
2Q23 (2QapocrProph) 2QApocryphal Prophecy (Prophetic Apocryphon)	III, 82–84 (BAILLET)		7	6
2Q24 (2QNJ ar) 2QNew Jerusalem	III, 84–89 (BAILLET); ATTM.E, 95–104		8	6
2Q25 2QJuridical Text/Fragment	III, 90 (BAILLET)		2, 219f. (CHARLESWORTH)	6
2Q26 (2QEnGiants ar) 2QBook of Giants ar [olim Fragment of Ritual?] (Buch der Giganten)	III, 90f. (BAILLET); XXXVI, 73–75 (STUCKENBRUCK)		10	3
2Q27–2Q33 2QUnclassified Fragments (2Q28 Verdict; 2Q33 Niniv[eh] Fragments)	III, 91–93 (BAILLET)		9 (2Q28: 2, 211–13 [CHARLESWORTH]; 2Q33: 7)	
3Q1 (3QEzek) 3QEzekiel	III, 94 (BAILLET)			
3Q2 (3QPs) 3QPsalms	III, 94 (BAILLET)			
3Q3 (3QLam) 3QLamentations	III, 95 (BAILLET)			
3Q4 (3QpIsa) 3QIsaiah Pesher	III, 95f. (BAILLET)		6B, 35–37 (HORGAN)	2
3Q5 (3QJub) 3QJubilees [olim apProph] (Jubiläenbuch)	III, 96–98 (BAILLET)		10	3
3Q6 3QHymn (Hymn of Praise)	III, 98 (BAILLET)		5	5
3Q7 (3QTJud?) 3QTestament of Judah?	III, 99 (BAILLET)		10	3
3Q8 3QUnidentified Text (Angel of Peace Fragment)	III, 100 (BAILLET)		7	6
3Q9 3QSectarian Text (Our Congregation Fragment)	III, 100f. (BAILLET)		7	6
3Q10–3Q11 3QUnclassified Fragments	III, 101f. (BAILLET)		9	
3Q12–3Q13 3QUnclassified Fragments ar	III, 102 (BAILLET)		9	
3Q14 3QUnclassified Fragments	III, 102–4 (BAILLET)		9	
3Q15 3QCopper Scroll (Kupferrolle)	III, 199–302 (MILIK); StTDJ 55 (PUECH)		9	6
4Q1 (4QGen-Exod^a) 4QGenesis-Exodus^a	XII, 7–30 (DAVILA)			
4Q2 (4QGen^b) 4QGenesis^{b-g}	XII, 31–38 (DAVILA)			
4Q3 (4QGen^c) 4QGenesis^c	XII, 39–42 (DAVILA)			
4Q4 (4QGen^d) 4QGenesis^d	XII, 43–45 (DAVILA)			
4Q5 (4QGen^e) 4QGenesis^e	XII, 47–52 (DAVILA)			
4Q6 (4QGen^f) 4QGenesis^f	XII, 53–55 (DAVILA)			
4Q7 (4QGen^g) 4QGenesis^g	XII, 57–60 (DAVILA)			
4Q8 (4QGen^{h1}) 4QGenesis^{h1}	XII, 61f. (DAVILA)			
4Q8a (4QGen^{h2}) 4QGenesis^{h2}	XII, 62 (DAVILA)			
4Q8b (4QGen^{h-para}) 4QGenesis^{h-para}	XII, 62f. (DAVILA)			
4Q8c (4QGen$^{h-title}$) 4QGenesis$^{h-title}$	XII, 63f. (DAVILA)			
4Q9 (4QGen^j) 4QGenesis^j	XII, 65–73 (DAVILA)			
4Q10 (4QGen^k) 4QGenesis^k	XII, 75–78 (DAVILA)			
4Q11 (4QpaleoGen-Exod^l) 4QGenesis-Exodus^l	IX, 17–50 (SKEHAN, ULRICH, SANDERSON)			
4Q12 (4QpaleoGen^m) 4QGenesis^m	IX, 51f. (SKEHAN, ULRICH, SANDERSON)			
4Q13 (4QExod^b) 4QExodus^b	XII, 79–95 (CROSS)			
4Q14 (4QExod^c) 4QExodus^c	XII, 97–125 (SANDERSON)			
4Q15 (4QExod^d) 4QExodus^d	XII, 127f. (SANDERSON)		6	
4Q16 (4QExod^e) 4QExodus^e	XII, 129–31 (SANDERSON)		6	
4Q17 (4QExod-Lev^f) 4QExodus-Leviticus^f	XII, 133–44 (CROSS)			
4Q18 (4QExod^g) 4QExodus^g	XII, 145f. (SANDERSON)			
4Q19 (4QExod^h) 4QExodus^h	XII, 147f. (SANDERSON)			
4Q20 (4QExod^j) 4QExodus^j	XII, 149f. (SANDERSON)			
4Q21 (4QExod^k) 4QExodus^k	XII, 151 (SANDERSON)			
4Q22 (4QpaleoExod^m) 4QExodus^m	IX, 53–130 (SKEHAN, ULRICH, SANDERSON)			
4Q23 (4QLev-Num^a) 4QLeviticus-Numbers^a	XII, 153–76 (ULRICH)			
4Q24 (4QLev^b) 4QLeviticus^b	XII, 177–87 (ULRICH)			
4Q25 (4QLev^c) 4QLeviticus^c	XII, 189–92 (TOV)			
4Q26 (4QLev^d) 4QLeviticus^d	XII, 193–95 (TOV)			
4Q26a (4QLev^e) 4QLeviticus^e	XII, 197–201 (TOV)			
4Q26b (4QLev^g) 4QLeviticus^g	XII, 203f. (TOV)			

Qumrantext	DJD (u.a.)	LOHSE I u. II (STEUDEL)	CHARLESWORTH, PTSDSSP	DSSR (^{1}1–3=^{2}1; ^{1}4–6=^{2}2)
4Q27 (4QNum^b) 4QNumbers^b	XII, 205–67 (JASTRAM)			
4Q28 (4QDeut^a) 4QDeuteronomy^a	XIV, 7f. (WHITE CRAWFORD)			
4Q29 (4QDeut^b) 4QDeuteronomy^b	XIV, 9–14 (DUNCAN)			
4Q30 (4QDeut^c) 4QDeuteronomy^c	XIV, 15–34 (WHITE CRAWFORD)			
4Q31 (4QDeut^d) 4QDeuteronomy^d	XIV, 35–38 (WHITE CRAWFORD)			
4Q32 (4QDeut^e) 4QDeuteronomy^e	XIV, 39–44 (DUNCAN)			
4Q33 (4QDeut^f) 4QDeuteronomy^f	XIV, 45–54 (WHITE CRAWFORD)			
4Q34 (4QDeut^g) 4QDeuteronomy^g	XIV, 55–59 (WHITE CRAWFORD)			
4Q35 (4QDeut^h) 4QDeuteronomy^h	XIV, 61–70 (DUNCAN)			
4Q36 (4QDeut^i) 4QDeuteronomy^i	XIV, 71–74 (WHITE CRAWFORD)			
4Q37 (4QDeut^j) 4QDeuteronomy^j	XIV, 75–91 (DUNCAN)			6
4Q38 (4QDeut^{k1}) 4QDeuteronomy^{k1}	XIV, 93–98 (DUNCAN)			6
4Q38a (4QDeut^{k2}) 4QDeuteronomy^{k2}	XIV, 99–105 (DUNCAN)			
4Q38b (4QDeut^{k3}) 4QDeuteronomy^{k3}	XIV, 107 (DUNCAN)			
4Q39 (4QDeut^l) 4QDeuteronomy^l	XIV, 109–12 (DUNCAN)			
4Q40 (4QDeut^m) 4QDeuteronomy^m	XIV, 113–16 (DUNCAN)			
4Q41 (4QDeut^n) 4QDeuteronomy^n	XIV, 117–28 (WHITE CRAWFORD)			6
4Q42 (4QDeut^o) 4QDeuteronomy^o	XIV, 129–33 (WHITE CRAWFORD)			
4Q43 (4QDeut^p) 4QDeuteronomy^p	XIV, 135f. (WHITE CRAWFORD)			
4Q44 (4QDeut^q) 4QDeuteronomy^q	XIV, 137–42 (SKEHAN, ULRICH)			6
4Q45 (4QpaleoDeut^r) 4QDeuteronomy^r	IX, 131–52 (SKEHAN, ULRICH, SANDERSON)			
4Q46 (4QpaleoDeut^s) 4QDeuteronomy^s	IX, 153f. (SKEHAN, ULRICH, SANDERSON)			
4Q47 (4QJosh^a) 4QJoshua^a	XIV, 143–52 (ULRICH)			
4Q48 (4QJosh^b) 4QJoshua^b	XIV, 153–60 (TOV)			
4Q49 (4QJudg^a) 4QJudges^a	XIV, 161–64 (TREBOLLE BARRERA)			
4Q50 (4QJudg^b) 4QJudges^b	XIV, 165–69 (TREBOLLE BARRERA)			
4Q51 (4QSam^a) 4QSamuel^a	XVII, 1–216 (CROSS, PARRY, SALEY)			
4Q51a 4QpapUnclassified Fragments	XVII, 217 (CROSS, PARRY, SALEY)			
4Q52 (4QSam^b) 4QSamuel^b	XVII, 219–46 (CROSS, PARRY, SALEY)			
4Q53 (4QSam^c) 4QSamuel^c	XVII, 247–67 (ULRICH)			
4Q54 (4QKgs) 4QKings	XIV, 171–83 (TREBOLLE BARRERA)			
4Q55 (4QIsa^a) 4QIsaiah^a	XV, 7–18 (SKEHAN, ULRICH)			
4Q56 (4QIsa^b) 4QIsaiah^b	XV, 19–43 (SKEHAN, ULRICH)			
4Q57 (4QIsa^c) 4QIsaiah^c	XV, 45–74 (SKEHAN, ULRICH)			
4Q58 (4QIsa^d) 4QIsaiah^d	XV, 75–88 (SKEHAN, ULRICH)			
4Q59 (4QIsa^e) 4QIsaiah^e	XV, 89–97 (SKEHAN, ULRICH)			
4Q60 (4QIsa^f) 4QIsaiah^f	XV, 99–111 (SKEHAN, ULRICH)			
4Q61 (4QIsa^g) 4QIsaiah^g	XV, 113–15 (SKEHAN, ULRICH)			
4Q62 (4QIsa^h) 4QIsaiah^h	XV, 117–19 (SKEHAN, ULRICH)			
4Q62a (4QIsa^i) 4QIsaiah^i	XV, 121f. (SKEHAN, ULRICH)			
4Q63 (4QIsa^j) 4QIsaiah^j	XV, 123 (SKEHAN, ULRICH)			
4Q64 (4QIsa^k) 4QIsaiah^k	XV, 125–27 (SKEHAN, ULRICH)			
4Q65 (4QIsa^l) 4QIsaiah^l	XV, 129f. (SKEHAN, ULRICH)			
4Q66 (4QIsa^m) 4QIsaiah^m	XV, 131f. (SKEHAN, ULRICH)			
4Q67 (4QIsa^n) 4QIsaiah^n	XV, 133f. (SKEHAN, ULRICH)			
4Q68 (4QIsa^o) 4QIsaiah^o	XV, 135–37 (SKEHAN, ULRICH)			
4Q69 (pap4QIsa^p) 4QIsaiah^p	XV, 139 (SKEHAN, ULRICH)			
4Q69a (4QIsa^q) 4QIsaiah^q	XV, 141 (SKEHAN, ULRICH)			
4Q69b (4QIsa^r) 4QIsaiah^r	XV, 143 (SKEHAN, ULRICH)			
4Q70 (4QJer^a) 4QJeremiah^a	XV, 145–70 (TOV)			
4Q71 (4QJer^b) 4QJeremiah^b	XV, 171–76 (TOV)			
4Q72 (4QJer^c) 4QJeremiah^c	XV, 177–201 (TOV)			
4Q72a (4QJer^d) 4QJeremiah^d	XV, 203–5 (TOV)			
4Q72b (4QJer^e) 4QJeremiah^e	XV, 207 (TOV)			
4Q73 (4QEzek^a) 4QEzekiel^a	XV, 209–14 (SANDERSON)			
4Q74 (4QEzek^b) 4QEzekiel^b	XV, 215–18 (SANDERSON)			
4Q75 (4QEzek^c) 4QEzekiel^c	XV, 219f. (SANDERSON)			
4Q76 (4QXII^a) 4QMinor Prophets^a (Kleine Propheten)	XV, 221–32 (FULLER)			
4Q77 (4QXII^b) 4QMinor Prophets^b	XV, 233–36 (FULLER)			
4Q78 (4QXII^c) 4QMinor Prophets^c	XV, 237–51 (FULLER)			
4Q79 (4QXII^d) 4QMinor Prophets^d	XV, 253–56 (FULLER)			

Qumrantext	DJD (u.a.)	LOHSE I u. II (STEUDEL)	CHARLESWORTH, PTSDSSP	DSSR (^{1}1–3=^{2}1; ^{1}4–6=^{2}2)
4Q80 (4QXII^e) 4QMinor Prophets^e	XV, 257–65 (FULLER)			
4Q81 (4QXII^f) 4QMinor Prophets^f	XV, 267–70 (FULLER)			
4Q82 (4QXII^g) 4QMinor Prophets^g	XV, 271–318 (FULLER, MURPHY, NICCUM)			
4Q83 (4QPs^a) 4QPsalms^a	XVI, 7–22 (SKEHAN, ULRICH, FLINT)			
4Q84 (4QPs^b) 4QPsalms^b	XVI, 23–48 (SKEHAN, ULRICH, FLINT)			
4Q85 (4QPs^c) 4QPsalms^c	XVI, 49–61 (SKEHAN, ULRICH, FLINT)			
4Q86 (4QPs^d) 4QPsalms^d	XVI, 63–71 (SKEHAN, ULRICH, FLINT)			
4Q87 (4QPs^e) 4QPsalms^e	XVI, 73–84 (SKEHAN, ULRICH, FLINT)			
4Q88 (4QPs^f) 4QPsalms^f (Non-Masoretic Psalms)	XVI, 85–106 (SKEHAN, ULRICH, FLINT)		4A, 155–233 (SANDERS, CHARLESWORTH, RIETZ)	5
4Q89 (4QPs^g) 4QPsalms^g	XVI, 107–12 (SKEHAN, ULRICH, FLINT)			
4Q90 (4QPs^h) 4QPsalms^h	XVI, 113–15 (SKEHAN, ULRICH, FLINT)			
4Q91 (4QPs^j) 4QPsalms^j	XVI, 117–21 (SKEHAN, ULRICH, FLINT)			
4Q92 (4QPs^k) 4QPsalms^k	XVI, 123–25 (SKEHAN, ULRICH, FLINT)			
4Q93 (4QPs^l) 4QPsalms^l	XVI, 127–29 (SKEHAN, ULRICH, FLINT)			
4Q94 (4QPs^m) 4QPsalms^m	XVI, 131–33 (SKEHAN, ULRICH, FLINT)			
4Q95 (4QPs^n) 4QPsalms^n	XVI, 135–37 (SKEHAN, ULRICH, FLINT)			
4Q96 (4QPs^o) 4QPsalms^o	XVI, 139–41 (SKEHAN, ULRICH, FLINT)			
4Q97 (4QPs^p) 4QPsalms^p	XVI, 143f. (SKEHAN, ULRICH, FLINT)			
4Q98 (4QPs^q) 4QPsalms^q	XVI, 145–49 (SKEHAN, ULRICH, FLINT)			
4Q98a (4QPs^r) 4QPsalms^r	XVI, 151f. (SKEHAN, ULRICH, FLINT)			
4Q98b (4QPs^s) 4QPsalms^s	XVI, 153f. (SKEHAN, ULRICH, FLINT)			
4Q98c (4QPs^t) 4QPsalms^t	XVI, 155 (SKEHAN, ULRICH, FLINT)			
4Q98d (4QPs^u) 4QPsalms^u	XVI, 157 (SKEHAN, ULRICH, FLINT)			
4Q98e (4QPs^v) 4QPsalms^v	XVI, 159 (SKEHAN, ULRICH, FLINT)			
4Q98f (4QPs^w) 4QPsalms^w	XVI, 161f. (FITZMYER)			
4Q98g (4QPs^x) 4QPsalms^x	XVI, 163–67 (SKEHAN, ULRICH, FLINT)			
4Q99 (4QJob^a) 4QJob^a	XVI, 171–78 (ULRICH, METSO)			
4Q100 (4QJob^b) 4QJob^b	XVI, 179f. (ULRICH, METSO)			
4Q101 (4QpaleoJob^c) 4QJob^c	IX, 155–57 (SKEHAN, ULRICH, SANDERSON)			
4Q102 (4QProv^a) 4QProverbs^a	XVI, 181f. (SKEHAN, ULRICH)			
4Q103 (4QProv^b) 4QProverbs^b	XVI, 183–86 (SKEHAN, ULRICH)			
4Q104 (4QRuth^a) 4QRuth^a	XVI, 187–89 (ULRICH, MURPHY)			
4Q105 (4QRuth^b) 4QRuth^b	XVI, 191–94 (ULRICH, MURPHY)			
4Q106 (4QCant^a) 4QCanticles^a	XVI, 199–204 (TOV)			
4Q107 (4QCant^b) 4QCanticles^b	XVI, 205–18 (TOV)			
4Q108 (4QCant^c) 4QCanticles^c	XVI, 219 (TOV)			
4Q109 (4QQoh^a) 4QQohelet^a	XVI, 221–26 (ULRICH)			
4Q110 (4QQoh^b) 4QQohelet^b	XVI, 227 (ULRICH)			
4Q111 (4QLam) 4QLamentations (Klagelieder)	XVI, 229–37 (CROSS)			
4Q112 (4QDan^a) 4QDaniel^a	XVI, 239–54 (ULRICH)			
4Q113 (4QDan^b) 4QDaniel^b	XVI, 255–67 (ULRICH)			
4Q114 (4QDan^c) 4QDaniel^c	XVI, 269–77 (ULRICH)			
4Q115 (4QDan^d) 4QDaniel^d	XVI, 279–86 (ULRICH)			
4Q116 (4QDan^e) 4QDaniel^e	XVI, 287–89 (ULRICH, NICCUM)			
4Q117 (4QEzra) 4QEzra	XVI, 291–93 (ULRICH)			
4Q118 (4QChr) 4QChronicles	XVI, 295–97 (TREBOLLE BARRERA)			
4Q119 (4QLXXLev^a) 4QSeptuagint Leviticus^a	IX, 161–65 (SKEHAN, ULRICH, SANDERSON)			
4Q120 (4QpapLXXLev^b) 4QSeptuagint Leviticus^b	IX, 167–86 (SKEHAN, ULRICH, SANDERSON)			
4Q121 (4QLXXNum) 4QSeptuagint Numbers	IX, 187–94 (SKEHAN, ULRICH, SANDERSON)			
4Q122 (4QLXXDeut) 4QSeptuagint Deuteronomy	IX, 195–97 (SKEHAN, ULRICH, SANDERSON)			
4Q123 (4QpaleoParaJosh) 4QParaphrase of Joshua (Parabiblical Joshua paleo)	IX, 201–3 (SKEHAN, ULRICH, SANDERSON)		6	6
4Q124–4Q125 (4QpaleoUnid1 u. 2) 4QUnidentified Text 1 u. 2	IX, 205–14 (SKEHAN, ULRICH, SANDERSON)		6	
4Q126 (4QUnid gr) 4QUnidentified Text	IX, 219–21 (SKEHAN, ULRICH, SANDERSON)		6	
4Q127 (4Qpap paraExod gr) 4QParaphrase of Exodus	IX, 223–42 (SKEHAN, ULRICH, SANDERSON)		6	3
4Q128 (4QPhyl A) 4QPhylactery A	VI, 48–51 (MILIK)			
4Q129 (4QPhyl B) 4QPhylactery B	VI, 51–53 (MILIK)			

Qumrantext	DJD (u.a.)	LOHSE I u. II (STEUDEL)	CHARLESWORTH, PTSDSSP	DSSR (^{1}1–3=^{2}1; ^{1}4–6=^{2}2)
4Q130 (4QPhyl C) 4QPhylactery C	VI, 53–55 (MILIK)			
4Q131 (4QPhyl D) 4QPhylactery D	VI, 56 (MILIK)			
4Q132 (4QPhyl E) 4QPhylactery E	VI, 56f. (MILIK)			
4Q133 (4QPhyl F) 4QPhylactery F	VI, 57 (MILIK)			
4Q134 (4QPhyl G) 4QPhylactery G	VI, 58–60 (MILIK)			
4Q135 (4QPhyl H) 4QPhylactery H	VI, 60–62 (MILIK)			
4Q136 (4QPhyl I) 4QPhylactery I	VI, 62f. (MILIK)			
4Q137 (4QPhyl J) 4QPhylactery J	VI, 64–67 (MILIK)			
4Q138 (4QPhyl K) 4QPhylactery K	VI, 67–69 (MILIK)			
4Q139 (4QPhyl L) 4QPhylactery L	VI, 70 (MILIK)			
4Q140 (4QPhyl M) 4QPhylactery M	VI, 71f. (MILIK)			
4Q141 (4QPhyl N) 4QPhylactery N	VI, 72–74 (MILIK)			
4Q142 (4QPhyl O) 4QPhylactery O	VI, 74f. (MILIK)			
4Q143 (4QPhyl P) 4QPhylactery P	VI, 75f. (MILIK)			
4Q144 (4QPhyl Q) 4QPhylactery Q	VI, 76 (MILIK)			
4Q145 (4QPhyl R) 4QPhylactery R	VI, 77f. (MILIK)			
4Q146 (4QPhyl Q) 4QPhylactery S	VI, 78 (MILIK)			
4Q147 (4QPhyl T) 4QPhylactery T	VI, 79 (MILIK)			
4Q148 (4QPhyl U) 4QPhylactery U	VI, 79 (MILIK)			
4Q149 (4QMez A) 4QMezuzah A	VI, 80f. (MILIK)			
4Q150 (4QMez B) 4QMezuzah B	VI, 81 (MILIK)			
4Q151 (4QMez C) 4QMezuzah C	VI, 82f. (MILIK)			
4Q152 (4QMez D) 4QMezuzah D	VI, 83 (MILIK)			
4Q153 (4QMez E) 4QMezuzah E	VI, 83 (MILIK)			
4Q154 (4QMez F) 4QMezuzah F	VI, 83f. (MILIK)			
4Q155 (4QMez G) 4QMezuzah G	VI, 84f. (MILIK)			
4Q156 (4QtgLev) 4QTargum of Leviticus	VI, 86–89 (MILIK)		6	
4Q157 (4QtgJob) 4QTargum of Job	VI, 90 (MILIK)		6	
4Q158 (4QRP^a) 4QReworked Pentateuch^a	V, 1–6 (ALLEGRO); RdQ 7/26, 168–75, 257 pl. I (STRUGNELL)		6	3
4Q159 (4QOrd^a) 4QOrdinances^a	V, 6–9 (ALLEGRO); RdQ 7/26, 175–79 (STRUGNELL)		1, 151–58 (SCHIFFMAN)	1
4Q160 (4QVisSam) 4QVision of Samuel	V, 9–11 (ALLEGRO); RdQ 7/26, 179–83, 257 pl. I (STRUGNELL)		7	3
4Q161 (4QpIsa^a) 4QIsaiah Pesher^a	V, 11–15 (ALLEGRO); RdQ 7/26, 183–86, 257 pl. I (STRUGNELL)		6B, 1–193 (HORGAN)	2
4Q162 (4QpIsa^b) 4QIsaiah Pesher^b	V, 15–17 (ALLEGRO); RdQ 7/26, 186–88 (STRUGNELL)	II, 225–32 (STEUDEL, BREDEREKE)	6B, 1–193 (HORGAN)	2
4Q163 (4Qpap pIsa^c) 4QIsaiah Pesher^c	V, 17–27 (ALLEGRO); RdQ 7/26, 188–95, 259 pl. III (STRUGNELL)		6B, 358–61 (CHARLESWORTH, ELLEDGE)	2
4Q164 (4QpIsa^d) 4QIsaiah Pesher^d	V, 27f. (ALLEGRO); RdQ 7/26, 195f. (STRUGNELL)	II, 233–36 (STEUDEL, BREDEREKE)	6B, 1–193 (HORGAN)	2
4Q165 (4QpIsa^e) 4QIsaiah Pesher^e	V, 28–30 (ALLEGRO); RdQ 7/26, 197–99, 257 pl. I (STRUGNELL)		6B, 1–193 (HORGAN)	2
4Q166 (4QpHos A) 4QHosea Pesher A	V, 31f. (ALLEGRO); RdQ 7/26, 199–201 (STRUGNELL)	II, 237–44 (VIELHAUER)	6B, 1–193 (HORGAN)	2
4Q167 (4QpHos B) 4QHosea Pesher B	V, 32–36 (ALLEGRO); RdQ 7/26, 201–3, 259 pl. III (STRUGNELL)	II, 245–54 (VIELHAUER)	6B, 1–193 (HORGAN)	2
4Q168 (4QpMic?) 4QMicah Pesher?	V, 36 (ALLEGRO); RdQ 7/26, 204, 258f. pl. IIf. (STRUGNELL)		6B, 1–193 (HORGAN)	2
4Q169 (4QpNah) 4QNahum Pesher	V, 37–42 (ALLEGRO); RdQ 7/26, 204–10 (STRUGNELL)	I, 261–70 (STEUDEL, GASSER)	6B, 1–193 (HORGAN)	2
4Q170 (4QpZeph) 4QZephaniah Pesher	V, 42 (ALLEGRO); RdQ 7/26, 210f. (STRUGNELL)		6B, 1–193 (HORGAN)	2

Qumrantext	DJD (u.a.)	LOHSE I u. II (STEUDEL)	CHARLESWORTH, PTSDSSP	DSSR (^{1}1–3=^{2}1; ^{1}4–6=^{2}2)
4Q171 (4QpPs^a) 4QPsalms Pesher^a (Pescher zu Ps 37)	V, 42–50 (ALLEGRO); RdQ 7/26, 211–18, 259 pl. III (STRUGNELL)	I, 271–80 (STEUDEL, GASSER)	6B, 1–193 (HORGAN)	2
4Q172 (4QpUnid) 4QUnidentified Pesher Fragments	V, 50f. (ALLEGRO); RdQ 7/26, 218f. (STRUGNELL)		6B, 195–201 (CHARLESWORTH, ELLEDGE)	2
4Q173 (4QpPs^b) 4QPsalms Pesher^b	V, 51–53 (ALLEGRO); RdQ 7/26, 219f. (STRUGNELL)		6B, 1–193 (HORGAN); f5: 6B, 363–65 (HORGAN)	2
4Q174 4QMidrEschat^a (*olim* 4QFlor 4QFlorilegium) (Midrasch zur Eschatologie^a)	V, 53–57 (ALLEGRO); RdQ 7/26, 220–25 (STRUGNELL)	I, 255–60; II, 187–214 (STEUDEL)	6B, 248–63 (MILGROM)	2
4Q175 (4QTest) 4QTestimonia	V, 57–60 (ALLEGRO); RdQ 7/26, 225–29 (STRUGNELL)	I, 249–54	6B, 308–27 (CROSS)	2
4Q176 (4QTanh) 4QTanhumim	V, 60–67 (ALLEGRO); RdQ 7/26, 229–36, 258 pl. II (STRUGNELL)		6B, 329–49 (LICHTENBERGER)	2
4Q176a (4QJub$^?$) 4QJubilees$^?$ (=4Q176 f19–21)	RdQ 12/48, 529–36 (KISTER)		10	2
4Q177 4QMidrEschat^b (*olim* 4QCatena A) (Midrasch zur Eschatologie^b)	V, 67–74 (ALLEGRO); RdQ 7/26, 236–48, 260f. pl. IVf. (STRUGNELL)	II, 187–214 (STEUDEL)	6B, 286–303 (MILGROM)	2
4Q178 4QUnclassified Fragments (4QMidrEschat^d?)	V, 74f. (ALLEGRO); RdQ 7/26, 248f., 257 pl. I (STRUGNELL)		9	2
4Q179 (4QapocrLam A) 4QApocryphal Lamentations A	V, 75–77 (ALLEGRO); RdQ 7/26, 250–52 (STRUGNELL)		9	5
4Q180 (4QAgesCreat A) 4QAges of Creation A (Wicked and Holy)	V, 77–79 (ALLEGRO); RdQ 7/26, 252–54, 262 pl. VI (STRUGNELL)		2, 204–14 (ROBERTS)	2
4Q181 (4QAgesCreat B) 4QAges of Creation B (Wicked and Holy)	V, 79f. (ALLEGRO); RdQ 7/26, 254f. (STRUGNELL)		2, 204–14 (ROBERTS)	2
4Q182 4QMidrEschat^c? (*olim* 4QCatena B)	V, 80f. (ALLEGRO); RdQ 7/26, 256 (STRUGNELL)		6B, 305–7 (MILGROM)	2
4Q183 4QMidrEschat^e? (*olim* 4QHistorical Work)	V, 81f. (ALLEGRO); RdQ 7/26, 256.263, 259 pl. III (STRUGNELL)		6	2
4Q184 4QWiles of the Wicked Woman	V, 82–85 (ALLEGRO); RdQ 7/26, 263–68 (STRUGNELL)		8	4
4Q185 4QSapiential Work	V, 85–87 (ALLEGRO); RdQ 7/26, 269–73, 257 pl. I (STRUGNELL)		8	4
4Q186 4QHoroscope	V, 88–91 (ALLEGRO) ; RdQ 7/26, 274–76 (STRUGNELL)		9	6
4Q187–4Q195	(nicht vergeben)			
4Q196 (4QpapTob^a ar) 4QTobit^a	XIX, 7–39 (FITZMYER)		10	6
4Q197 (4QTob^b ar) 4QTobit^b	XIX, 41–56 (FITZMYER)		10	6
4Q198 (4QTob^c ar) 4QTobit^c	XIX, 57–60 (FITZMYER)		10	6
4Q199 (4QTob^d ar) 4QTobit^d	XIX, 61f. (FITZMYER)		10	6
4Q200 (4QTob^e) 4QTobit^e	XIX, 63–76 (FITZMYER)		10	6
4Q201 (4QEn^a ar) 4QEnoch^a (Henochbuch)	BE, 139–63, 340–43 (MILIK); DJD XXXVI, 3–7 (STUCKENBRUCK)		10	3
4Q202 (4QEn^b ar) 4QEnoch^b	BE, 164–78, 344–46 (MILIK)		10	3
4Q203 (4QEnGiants^a ar) 4QBook of Giants^a (Buch der Giganten)	BE, 310–17 (MILIK); DJD XXXVI 8–41 (STUCKENBRUCK); XXXI, 17–18 (PUECH)		10	3
4Q204 (4QEn^c ar) 4QEnoch^c	BE, 178–217.346–53 (MILIK)		10	3
4Q205 (4QEn^d ar) 4QEnoch^d	BE, 217–25.353–55 (MILIK)		10	3
4Q206 (4QEn^e ar) 4QEnoch^e (f2–3 = EnGiants^f?)	BE, 225–44.355–59 (MILIK); (f2 u. 3) DJD XXXVI, 42–48 (STUCKENBRUCK)		10	3
4Q207 (4QEn^f ar) 4QEnoch^f	BE, 244f.359 (MILIK)		10	3
4Q208 (4QEnastr^a ar) 4QAstronomical Enoch^a (astronomisches Henochbuch)	XXXVI, 104–31 (TIGCHELAAR, GARCÍA MARTÍNEZ)		10	3

Qumrantext	DJD (u.a.)	LOHSE I u. II (STEUDEL)	CHARLESWORTH, PTSDSSP	DSSR (^{1}1–3=^{2}1; ^{1}4–6=^{2}2)
4Q209 (4QEnastr^b ar) 4QAstronomical Enoch^b	BE, 278–84.288–96 (MILIK); DJD XXXVI, 132–71 (TIGCHELAAR, GARCÍA MARTÍNEZ)		10	3
4Q210 (4QEnastr^c ar) 4QAstronomical Enoch^c	BE, 284–88 (MILIK)		10	3
4Q211 (4QEnastr^d ar) 4QAstronomical Enoch^d	BE, 296f. (MILIK)		10	3
4Q212 (4QEn^g ar) 4QLetter of Enoch (Brief Henochs)	BE, 245–72.360–62 (MILIK)		10	3
4Q213 4QLevi^a ar [olim part of Levi^a] (auch ALD = Aramaic Levi Document, Aram. Levi)	XXII, 1–24 (STONE, GREENFIELD)		10	3
4Q213a 4QLevi^c ar [olim part of Levi^a]	XXII, 25–36 (STONE, GREENFIELD)		10	3
4Q213b 4QLevi^c ar [olim part of Levi^a]	XXII, 37–41 (STONE, GREENFIELD)		10	3
4Q214 4QLevi^d ar [olim part of Levi^b]	XXII, 43–51 (STONE, GREENFIELD)		10	3
4Q214a 4QLevi^e ar [olim part of Levi^b]	XXII, 53–60 (STONE, GREENFIELD)		10	3
4Q214b 4QLevi^f ar [olim part of Levi^b]	XXII, 61–72 (STONE, GREENFIELD)		10	3
4Q215 (4QTNaph) 4QTestament of Naphtali	XXII, 73–82 (STONE)		10	3
4Q215a 4QTime of Righteousness [olim part of TNaph]	XXXVI, 172–84 (STONE, CHAZON)		10	3
4Q216 (4QJub^a) 4QJubilees^a (Jubiläenbuch)	XIII, 1–22 (VANDERKAM, MILIK)		10	3
4Q217 (4QpapJub^b?) 4QJubilees^b?	XIII, 23–33 (VANDERKAM, MILIK)		10	3
4Q218 (4QJub^c) 4QJubilees^c	XIII, 35–38 (VANDERKAM, MILIK)		10	3
4Q219 (4QJub^d) 4QJubilees^d	XIII, 39–53 (VANDERKAM, MILIK)		10	3
4Q220 (4QJub^e) 4QJubilees^e	XIII, 55–61 (VANDERKAM, MILIK)		10	3
4Q221 (4QJub^f) 4QJubilees^f	XIII, 63–85 (VANDERKAM, MILIK)		10	3
4Q222 (4QJub^g) 4QJubilees^g	XIII, 87–94 (VANDERKAM, MILIK)		10	3
4Q223-4Q224 (4QpapJub^h) 4QJubilees^h	XIII, 95–140 (VANDERKAM, MILIK)		10	3
4Q225 (4QpsJub^a) 4QPseudo-Jubilees^a (Pseudo-Jubiläen)	XIII, 141–55 (VANDERKAM, MILIK); RdQ 26/102, 169–209 (PUECH)		10	3
4Q226 (4QpsJub^b) 4QPseudo-Jubilees^b	XIII, 157–69 (VANDERKAM, MILIK); f7: RdQ 26/102, 285–90 (PUECH)		10	3
4Q227 (4QpsJub^c?) 4QPseudo-Jubilees^c?	XIII, 171–75 (VANDERKAM, MILIK)		10	3
4Q228 4QText with a Citation of Jubilees	XIII, 177–85 (VANDERKAM, MILIK)		10	6
4Q229 4QPseudepigraphic Work in Mishnaic Hebrew	(Verbleib unklar)		8	6
4Q230 4QCatalogue of Spirits^a (Katalog der Geister)	(Verbleib unklar)		8	
4Q231 4QCatalogue of Spirits^b	(Verbleib unklar)		8	
4Q232 (4QNJ2) 4QNew Jerusalem?	(Verbleib unklar)		8	
4Q233 4QFragments with Place Names	(Verbleib unklar)		9	
4Q234 4QExercitium Calami A (Genesis 27:19–21)	XXXVI 185f. (YARDENI)		9	6
4Q235 4QUnidentified Fragments nab [olim Book of Kings]	XXVII, 288 (vgl. 4Q343) (YARDENI)			6
4Q236	(nicht vergeben), vgl. 4Q98g		4A, 40–45 (FLINT)	
4Q237	(nicht vergeben), vgl. 4Q97		6	
4Q238 4QWords of Judgement (Gerichtsworte, zuerst 4Q468d)	XXVIII, 119–23 (FLINT)		6	6
4Q239 4QPesher on the True Israel	(Verbleib unklar)		6	
4Q240 4QCommentary on Canticles?	(Verbleib unklar)		5	
4Q241	(nicht vergeben), vgl. 4Q282h u. 4Q282i		5	
4Q242 (4QPrNab ar) 4QPrayer of Nabonidus (Gebet des Nabonid, Oratio Nab.)	XXII, 83–93 (COLLINS)	II, 129–66 (STEUDEL)	5	6
4Q243 (4QpsDan^a ar) 4QPseudo-Daniel^a	XXII, 97–121 (COLLINS, FLINT)		6	6
4Q244 (4QpsDan^b ar) 4QPseudo-Daniel^b	XXII, 123–31 (COLLINS, FLINT)		6	6
4Q245 (4QpsDan^c ar) 4QPseudo-Daniel^c	XXII, 153–64 (COLLINS, FLINT)		6	6
4Q246 4QSon of God (olim 4QapocrDan ar; 4QAramaic Apocalypse) („Gottessohn-Text")	XXII, 165–84 (PUECH)	II, 167–74 (STEUDEL)	7	6
4Q247 (4QpApWeeks) Apocalypse of Weeks?	XXXVI, 187–91 (BROSHI)		10	2
4Q248 4QHistorical Text A [olim Acts of a Greek King]	XXXVI, 192–200 (E. ESHEL, BROSHI)		9	6
4Q249 (4QpapcryptA MSM) 4QcryptA Midrash Sefer Moshe	XXXV, 1–24 (PFANN)		3	2
4Q249a–4Q249i (4QpapcryptA SE^{a-i}) 4QcryptA Serekh ha-'Edah^a (krypt. Fassung der Gemeinderegel?)	XXXVI, 547–74 (PFANN)			1
4Q249j (4QpapcryptA Lev^h?) 4QcryptA Leviticus^h?	XXXVI, 575–77 (PFANN)			6
4Q249k–l 4QpapcryptA Text Quoting Leviticus A–B	XXXVI, 578–82 (PFANN)			6
4Q249m 4QpapcryptA Hodayot-like Text E	XXXVI, 583f. (PFANN)			6
4Q249n–o 4QpapcryptA Liturgical Work E?–F?	XXXVI, 585–87 (PFANN)			6
4Q249p 4QpapcryptA Prophecy?	XXXVI, 588f. (PFANN)			6

Qumrantext	DJD (u.a.)	LOHSE I u. II (STEUDEL)	CHARLESWORTH, PTSDSSP	DSSR (^{1}1–3=^{2}1; ^{1}4–6=^{2}2)
4Q249q 4QpapcryptA Frag. Mentioning the Planting	XXXVI, 590f. (PFANN)			6
4Q249r–4Q249y 4Qpapcrypt A–H Unid. Text A–H	XXXVI, 592–602 (PFANN)			
4Q249z 4QpapcryptA Miscellaneous Texts A	XXXVI, 603–77 (PFANN)			
4Q250 4QpapcryptA Text Concerning Cultic Service A	XXXVI, 678f. (PFANN)		9	6
4Q250a 4QpapcryptA Text Conc. Cultic Service B?	XXXVI, 680f. (PFANN)			6
4Q250b 4QpapcryptA Text Related to Isaiah 11	XXXVI, 682 (PFANN)			6
4Q250c–4Q250i 4QpapcryptA Unidentified Text I–O	XXXVI, 683–93 (PFANN)			
4Q250j 4QpapcryptA Miscellaneous Texts B	XXXVI, 694–96 (PFANN)			
4Q251 (4QHalakhah A) 4QHalakhah A	XXXV, 25–51 (LARSON, LEHMANN, SCHIFFMAN)		3, 271–85 (CHARLESWORTH, CLAUSSEN)	1
4Q252 (4QcommGen A) 4QCommentary on Genesis A (olim Patriachal Blessings; Patriarchensegen)	XXII, 185–207 (BROOKE); RdQ 7/26, 227–52 (STRUGNELL)	I, 245–48	6B, 203–19 (TRAFTON)	2
4Q253 (4QcommGen B) 4QCommentary on Genesis B	XXII, 209–12 (BROOKE)		6B, 220–23 (BROOKE)	2
4Q253a (4QcommMal) 4QCommentary on Malachi	XXII, 213–15 (BROOKE)		6B, 244–47 (BROOKE)	2
4Q254 (4QcommGen C) 4QCommentary on Genesis C	XXII, 217–32 (BROOKE)		6B, 224–33 (BROOKE)	2
4Q254a (4QcommGen D) 4QCommentary on Genesis D	XXII, 233–36 (BROOKE)		6B, 235–39 (BROOKE)	2
4Q255 (4QpapS^a) 4QRule of the Community^a (Gemeinschaftsregel)	XXVI, 27–38 (ALEXANDER, VERMES)		1	1
4Q256 (4QS^b) 4QRule of the Community^b (olim Rule of the Community^d)	XXVI, 39–64 (ALEXANDER, VERMES)		1	1
4Q257 (4QpapS^c) 4QRule of the Community^c	XXVI, 65–82 (ALEXANDER, VERMES)		1	1
4Q258 (4QS^d) 4QRule of the Community^d (olim Rule of the Community^b)	XXVI, 83–128 (ALEXANDER, VERMES)		1	1
4Q259 (4QS^e) 4QRule of the Community^e	XXVI, 129–52 (ALEXANDER, VERMES)		1, 53–104 (QIMRON, CHARLESWORTH)	1
4Q260 (4QS^f) 4QRule of the Community^f	XXVI, 153–67 (ALEXANDER, VERMES)		1, 53–104 (QIMRON, CHARLESWORTH)	1
4Q261 (4QS^g) 4QRule of the Community^g	XXVI, 169–87 (ALEXANDER, VERMES)		1, 53–104 (QIMRON, CHARLESWORTH)	1
4Q262 (4QS^h) 4QRule of the Community^h	XXVI, 189–95 (ALEXANDER, VERMES)		1, 53–104 (QIMRON, CHARLESWORTH)	1
4Q263 (4QS^i) 4QRule of the Community^i	XXVI, 197–200 (ALEXANDER, VERMES)		1, 53–104 (QIMRON, CHARLESWORTH)	1
4Q264 (4QS^j) 4QRule of the Community^j	XXVI, 201–6 (ALEXANDER, VERMES)		1, 53–104 (QIMRON, CHARLESWORTH)	1
4Q264a (4QHalakhah B) 4QHalakhah B (olim Rule of the Community^c)	XXXV, 53–56 (BAUMGARTEN)		3, 286–89 (CHARLESWORTH, CLAUSSEN)	1
4Q265 4QMiscellaneous Rules (olim Serekh Damascus)	XXXV, 57–78 (BAUMGARTEN)		3, 253–69 (BAUMGARTEN, NOVACOVIC)	1
4Q266 (4QD^a) 4QDamascus Document^a (olim Damascus Document^b) (Damaskusschrift)	XVIII, 23–93 (BAUMGARTEN)		3, 1–185 (BAUMGARTEN)	1
4Q267 (4QD^b) 4QDamascus Document^b (olim Damascus Document^d)	XVIII, 95–113 (BAUMGARTEN)		3, 1–185 (BAUMGARTEN)	1
4Q268 (4QD^c) 4QDamascus Document^c (olim Damascus Document^a)	XVIII, 115–21 (BAUMGARTEN)		3, 1–185 (BAUMGARTEN)	1
4Q269 (4QD^d) 4QDamascus Document^d (olim Damascus Document^f)	XVIII, 123–36 (BAUMGARTEN) XXXVI, 201–11 (STEGEMANN)		3, 1–185 (BAUMGARTEN)	1

Qumrantext	DJD (u.a.)	LOHSE I u. II (STEUDEL)	CHARLESWORTH, PTSDSSP	DSSR (¹1–3=²1; ¹4–6=²2)
4Q270 (4QDᵉ) 4QDamascus Documentᵉ	XVIII, 137–68 (BAUMGARTEN)		3, 1–185 (BAUMGARTEN)	1
4Q271 (4QDᶠ) 4QDamascus Documentᶠ (olim Damascus Documentᶜ)	XVIII, 169–83 (BAUMGARTEN)		3, 1–185 (BAUMGARTEN)	1
4Q272 (4QDᵍ) 4QDamascus Documentᵍ	XVIII, 186–91 (BAUMGARTEN)		3, 1–185 (BAUMGARTEN; 4Q472a: ebd. 291–93 [CHARLESWORTH, CLAUSSEN])	1
4Q273 (4QpapDʰ) 4QDamascus Documentʰ	XVIII, 193–98 (BAUMGARTEN)		3, 1–185 (BAUMGARTEN)	1
4Q274 (4QTohorot A) 4QPurification Rules A (Reinigungsvorschriften)	XXXV, 99–110 (BAUMGARTEN)		5	1
4Q275 4QCommunal Ceremony (olim Tohorot Bᵃ)	XXVI, 209–16 (BAUMGARTEN)		5	1
4Q276 (4QTohorot Bᵃ) 4QPurification Rules Bᵃ (olim Tohorot Bᵇ)	XXXV, 111–13 (BAUMGARTEN)		5	1
4Q277 (4QTohorot Bᵇ) 4QPurification Rules Bᵇ (olim Tohorot Bᶜ)	XXXV, 115–19 (BAUMGARTEN)		5	1
4Q278 (4QTohorot C?) 4QPurification Rules C	XXXV, 121f. (BAUMGARTEN)		5	1
4Q279 4QFour Lots [olim Torohot D?] (Vier Lose)	XXVI, 217–23 (ALEXANDER, VERMES)		5	1
4Q280 4QCurses (olim Blessingsᶠ) (Flüche)	XXIX, 1–8 (NITZAN)		5	6
4Q281a–4Q281f 4QUnidentified Fragments A	XXXVI, 212–15 (FITZMYER)		5	
4Q282a–4Q282t 4QUnidentified Fragments B	XXXVI, 216–27 (FITZMYER)		5	
4Q283	(nicht vergeben)		5	
4Q284 4QPurification Liturgy (olim Torohot G + Leqet)	XXXV, 123–29 (BAUMGARTEN)		3	5
4Q284a 4QHarvesting	XXXV, 131–33 (BAUMGARTEN)		3, 295–97 (CHARLESWORTH, CLAUSSEN)	1
4Q285 (4QSM) 4QSefer ha-Milhamah (olim Serekh ha-Milhamah)	XXXVI, 228–46 (VERMES, ALEXANDER)		6	1
4Q286 (4QBerᵃ) 4QBlessingsᵃ (Segensworte)	XI, 7–48 (NITZAN)		5	5
4Q287 (4QBerᵇ) 4QBlessingsᵇ	XI, 49–60 (NITZAN)		5	5
4Q288 (4QBerᶜ) 4QBlessingsᶜ	XI, 61–65 (NITZAN)		5	5
4Q289 (4QBerᵈ) 4QBlessingsᵈ	XI, 67–71 (NITZAN)		5	5
4Q290 (4QBerᵉ) 4QBlessingsᵉ	XI, 73f. (NITZAN)		5	5
4Q291 4QWork Containing Prayers A	XXIX, 9–14 (NITZAN)		5	5
4Q292 4QWork Containing Prayers B	XXIX, 15–18 (NITZAN)		5	5
4Q293 4QWork Containing Prayers C	XXIX, 19–22 (NITZAN)		5	5
4Q294 4QSapiential-Didactic Work C	XXXVI, 247f. (TIGCHELAAR)		3	6
4Q295–4Q297	(nicht vergeben)		3	
4Q298 4QcryptA Words of the Maskil to All Sons of Dawn (Worte des maskîl an alle Söhne der Finsternis)	XX, 1–30 (PFANN, KISTER)		8	4
4Q299 (4QMystᵃ) 4QMysteriesᵃ	XX, 33–97 (SCHIFFMAN)		8	4
4Q300 (4QMystᵇ) 4QMysteriesᵇ	XX, 99–112 (SCHIFFMAN)		8	4
4Q301 (4QMystᶜ?) 4QMysteriesᶜ?	XX, 113–23 (SCHIFFMAN)		8	4
4Q302 4QpapAdmonitory Parable (olim Praise of God)	XX, 125–49 (NITZAN)		5	4
4Q303 4QMeditation on Creation A (olim MedCread Aᵃ) (Meditation über die Schöpfung)	XX, 151–53 (LIM)		8	4
4Q304 4QMeditation on Creation B (olim MedCread Aᵇ)	XX, 155 (LIM)		8	6
4Q305 4QMeditation on Creation C (olim MedCread B)	XX, 157f. (LIM)		8	4
4Q306 4QMen of People who Err (olim SapB)	XXXVI, 249–54 (LIM)		8	6
4Q307 4QText Mentioning Temple (olim Sapiential Work E)	XXXVI, 255–58 (LIM)		8	6
4Q308 4QSapiential Fragments	(Verbleib unklar)		8	
4Q309 4QCursive Work ar	(Verbleib unklar)		9	
4Q310 4QpapText ar	(Verbleib unklar)		8	
4Q311 4QpapUnclassified Text	(Verbleib unklar)		9	
4Q312 4QHebrew Text in Phoenician Cursive?	(Verbleib unklar)		9	
4Q313 4QcryptA MMTᵉ?	XXXVI, 697–99 (PFANN)		9	1

Qumrantext	DJD (u.a.)	LOHSE I u. II (STEUDEL)	CHARLESWORTH, PTSDSSP	DSSR (^{1}1–3=^{2}1; ^{1}4–6=^{2}2)
4Q313a–4Q313b 4Qcrypt Unidentified Text P–Q	XXXVI, 700–701 (PFANN)			
4Q313c 4QcryptA Calendrical Document B	XXVIII (nur Foto) (PFANN)			
4Q314–4Q316	(nicht vergeben)			
4Q317 4QcryptA Lunisolar Calendar [olim AstrCrypt, Phases of the Moon]	BE, 68f. (MILIK); DJD XVIII (nur Foto) (PFANN)		10	4
4Q318 (4QBr ar) 4QZodiology and Brontology ar	XXXVI, 259–74 (SOKOLOF, GREENFIELD)		9	6
4Q319 (4QOtot) 4QOtot [olim 4QS^b + 4QS^e; 4Q260b]	XXI, 195–244 (BEN-DOV)		10	4
4Q320 4QCalendrical Document/Mishmarot A [olim Mishmarot A]	XXI, 37–63 (TALMON, BEN-DOV)		9	4
4Q321 4QCalendrical Document/Mishmarot B [olim Mishmarot B^a]	XXI, 65–79 (TALMON, BEN-DOV)		9	4
4Q321a 4QCalendrical Document/Mishmarot C [olim Mishmarot B^b]	XXI, 81–91 (TALMON, BEN-DOV)		9	4
4Q322 4QMishmarot A [olim Mishmarot C^a]	XXI, 93–97 (TALMON, BEN-DOV)		9	4
4Q322a 4QHistorical Text H? [olim Mishmarot C^b]	XXVIII, 125–28 (TIGCHELAAR)		9	6
4Q323 4QMishmarot B [olim Mishmarot C^b]	XXI, 99–101 (TALMON, BEN-DOV)		9	4
4Q324 4QMishmarot C [olim Mishmarot C^c]	XXI, 103–6 (TALMON, BEN-DOV)		9	4
4Q324a 4QMishmarot D [olim Mishmarot C^d]	XXI, 107–11 (TALMON, BEN-DOV)		9	4
4Q324b 4QpapCalendrical Document A? [olim Mishmarot C^e]	XXI, 113–17 (TALMON, BEN-DOV)		9	4
4Q324c 4QMishmarot E [olim Mishmarot C^f f3]	XXI, 119–22 (PFANN)		9	4
4Q324d–4Q324f 4QcryptA Liturgical Calendar$^{a,b,c?}$	XXVIII (nur Foto) (PFANN)			4
4Q324g–4Q324h 4QcryptA Calendrical Doc. F?/G?	XXVIII (nur Foto) (PFANN)			4
4Q324i 4QcryptA Mishmarot J	XXVIII (nur Foto) (PFANN)			4
4Q325 4QCalendrical Document/Mishmarot D [olim Mishmarot D]	XXI, 123–31 (TALMON, BEN-DOV)		9	4
4Q326 4QCalendrical Document C [olim Mishmarot E^a]	.XXI, 133–38 (TALMON, BEN-DOV)		9	4
4Q327 4QCalendrical Document E^b (= 4Q394 f1-2)	– vgl. X, 7 (TALMON, BEN-DOV)		9	
4Q328 4QMishmarot F [olim Mishmarot F^a]	XXI, 139–41 (TALMON, BEN-DOV)		9	4
4Q329 4QMishmarot G [olim Mishmarot F^b]	XXI, 143–46 (TALMON, BEN-DOV)		9	4
4Q329a 4QMishmarot H [olim Mishmarot G]	XXI, 147–50 (TALMON, BEN-DOV)		9	4
4Q330 4QMishmarot I [olim Mishmarot H]	XXI, 151–54 (TALMON, BEN-DOV)		9	4
4Q331 4QpapHistorical Text C	XXXVI, 275–80 (FITZMYER)		9	6
4Q332 4QHistorical Text D	XXXVI, 281–86 (FITZMYER)		9	6
4Q332a 4QUnidentified Text	XXVIII, 129 (TIGCHELAAR)			
4Q333 4QHistorical Text E	XXXVI, 287–89 (FITZMYER)		9	6
4Q334 (4QOrdo) 4QOrder of Divine Office	XXI, 167–94 (GLESSMER)		9	4
4Q335–4Q336 4QAstronomical Fragments?	(Verbleib unklar)		10	
4Q337 4QCalendrical Document E?	XXI, 155f. (TALMON, BEN-DOV)		9	4
4Q338 4QGenealogical List?	XXXVI, 290 (TOV)		9	6
4Q339 4QList of False Prophets ar (Liste falscher Propheten)	XIX, 77–79 (BROSHI, YARDENI)		8	2
4Q340 4QList of Netinim	XIX, 81–84 (BROSHI, YARDENI)		8	6
4Q341 4QExercitium Calami C [olim Ther; List of Proper Names]	XXXVI, 291–93 (NAVEH)		9	6
4Q342 4QLetter? ar (Herkunft unsicher)	XXVII, 285 (YARDENI)		9	6
4Q343 4QLetter nab (Herkunft unsicher)	XXVII, 286–88 (YARDENI)		9	6
4Q344 4QDebt Acknowledgement ar (Herkunft unsicher)	XXVII, 289–91 (YARDENI)		9	6
4Q345 4QDeed A ar or heb (Herkunft unsicher)	XXVII, 292–95 (YARDENI)		9	6
4Q346 4QDeed of Sale (Herkunft unsicher)	XXVII, 296–98 (YARDENI)		9	6
4Q346a 4QUnid. Fragment A (Herkunft unsicher)	XXVII, 299 (YARDENI)			6
4Q347 4QpapDeed F ar (part of XHev/Se32)	XXVII, 106f. (YARDENI)		9	6
4Q348 4QDeed B heb? (Herkunft unsicher)	XXVII, 300–303 (YARDENI)		9	6
4Q349	(nicht vergeben)		9	
4Q350 4QAccount of Cereal gr	XXXVI, 294f. (COTTON)		9	6
4Q351 4QAccount of Cereal A ar (Herkunft unsicher)	XXVII, 304 (YARDENI)		9	6
4Q352 4QpapAccount of Cereal B ar or heb (Herkunft unsicher)	XXVII, 305f. (YARDENI)		9	6
4Q352a 4QpapAccount A ar or heb (Herkunft unsicher)	XXVII, 307f. (YARDENI)			6

Qumrantext	DJD (u.a.)	LOHSE I u. II (STEUDEL)	CHARLESWORTH, PTSDSSP	DSSR (¹1–3=²1; ¹4–6=²2)
4Q353 4QpapAccount of Cereal or Liquid ar or heb (Herkunft unsicher)	XXVII, 309 (YARDENI)		9	6
4Q354 4QAccount B ar or heb (Herkunft unsicher)	XXVII, 310 (YARDENI)		9	6
4Q355 4QAccount C ar or heb	XXXVI, 296 (YARDENI)		9	6
4Q356 4QAccount D ar or heb (Herkunft unsicher)	XXVII, 311 (YARDENI)		9	6
4Q357 4QAccount E ar or heb (Herkunft unsicher)	XXVII, 312 (YARDENI)		9	6
4Q358 4QpapAccount F? ar or heb (Herkunft unsicher)	XXVII, 313 (YARDENI)		9	6
4Q359 4QpapDeed C? ar or heb (Herkunft unsicher)	XXVII, 314 (YARDENI)		9	6
4Q360 4QExercitium Calami B	XXXVI, 297 (YARDENI)		9	6
4Q360a 4QpapUnidentified Fragments B ar (Herkunft unsicher)	XXVII, 315–17 (YARDENI)			
4Q360b 4QpapUnidentified Fragment C (Herkunft unsicher)	XXVII (nur Foto) (YARDENI)			
4Q361 4QpapUnidentified Fragment gr (Herkunft unsicher)	XXVII (nur Foto) (COTTON)		9	
4Q362–4Q363 4QcryptB Unidentified Text A–B	XXXVI (nur Foto) (PFANN)		9	
4Q363a 4QcryptC Unidentified Religious Text	XXXVI (nur Foto) (PFANN)		9	
4Q363b 4Qcrypt Miscellaneous Texts	XXXVI (nur Foto) (PFANN)			
4Q364 (4QRP^b) 4QReworked Pentateuch^b	XIII, 197–254 (TOV, WHITE)		6	3
4Q365 (4QRP^c) 4QReworked Pentateuch^c	XIII, 255–318 (TOV, WHITE)		6	3
4Q365a (4QTemple^a?) 4QReworked Pentateuch^c	XIII, 319–33 (TOV, WHITE)		7, 235–45 (CHARLESWORTH, VAN KIRK)	3
4Q366 (4QRP^d) 4QReworked Pentateuch^d	XIII, 335–43 (TOV, WHITE)		6	3
4Q367 (4QRP^e) 4QReworked Pentateuch^e	XIII, 345–51 (TOV, WHITE)		6	3
4Q368 (4QapocrPent A) 4QApocryphal Pentateuch A	XXVIII, 131–49 (VANDERKAM, BRADY)		6	3
4Q369 (4QPEnosh) 4QPrayer of Enosh (Gebet Henochs; 4QPrayer Concerning God of Israel?)	XIII, 353–62 (ATTRIDGE, STRUGNELL)		5	3
4Q370 4QExhortation Based on the Flood [olim apocrFlood]	XIX, 85–97 (NEWSOM)		7	3
4Q371 4QNarrative and Poetic Composition^a	XXVIII, 155–63 (SCHULLER, BERNSTEIN)		5	3
4Q372 4QNarrative and Poetic Composition^b	XXVIII, 165–97 (SCHULLER, BERNSTEIN)		5	3
4Q373 4QNarrative and Poetic Composition^c	XXVIII, 199–204 (SCHULLER, BERNSTEIN)		5	3
4Q373a 4QNarrative and Poetic Composition^d				3
4Q374 4QDiscourse on the Exodus/Conquest Tradition [olim apocrMoses A]	XIX, 99–110 (NEWSOM)		8	3
4Q375 (4QapocrMoses^a) 4QApocryphon of Moses^a [olim apocrMoses B]	XIX, 111–19 (STRUGNELL)		8	3
4Q376 (4QapocrMoses^b?) 4QApocryphon of Moses^b? [olim Tongues of Fire]	XIX, 121–36 (STRUGNELL)		8	3
4Q377 (4QapocrPent B) 4QApocryphon Pentateuch B [olim apocrMoses C]	XXVIII, 205–17 (VANDERKAM, BRADY)		8	3
4Q378 (4QapocrJoshua^a) 4QApocryphon of Joshua^a [olim Psalms of Joshua^a]	XXII, 241–62 (NEWSOM)		5	3
4Q379 (4QapocrJoshua^b) 4QApocryphon of Joshua^b [olim Psalms of Joshua^b]	XXII, 263–88 (NEWSOM)		5	3
4Q380 4QNon-Canonical Psalms A (Nichtkanonische Psalmen)	XI, 75–85 (SCHULLER)		4A, 1–39 (SCHULLER)	5
4Q381 4QNon-Canonical Psalms B	XI, 87–172 (SCHULLER)		4A, 1–39 (SCHULLER)	5
4Q382 (4Qpap paraKings u.a.) 4QParaphrase of Kings [olim papTehilot Ha-Avot]	XIII, 363–416 (OLYAN)		6	3
4Q383 (4QapocrJer A) 4QApocryphon of Jeremiah A	XXX, 117–27 (DIMANT)		8	6
4Q384 (4Qpap apocrJer B?) 4QApocr. of Jeremiah B?	XIX, 137–52 (SMITH)		8	6
4Q385 (4QpsEzek^a) 4QPseudo-Ezekiel^a	XXX, 17–51 (DIMANT)		8	3
4Q385a (4QapocrJer C^a) 4QApocryphon of Jeremiah C^a [olim psMos^a]	XXX, 129–71 (DIMANT)		8	6
4Q385b (4QpsEzek^c) 4QPseudo-Ezekiel^c [olim 4Q385 f24, apocrJer C]	XXX, 71–75 (DIMANT)		8	3
4Q385c 4QpsEzek Unidentified Fragments	XXX, 85–88 (DIMANT)			3
4Q386 (4QpsEzek^b) 4QPseudo-Ezekiel^b	XXX, 53–69 (DIMANT)		8	3

Qumrantext	DJD (u.a.)	LOHSE I u. II (STEUDEL)	CHARLESWORTH, PTSDSSP	DSSR (¹1–3=³1; ¹4–6=²2)
4Q387 4QapocrJer C^b [olim psMos^b]	XXX, 173–99 (DIMANT)		8	6
4Q387a 4QapocrJer C^f	XXX, 255–60 (DIMANT)		8	6
4Q388 (4QpsEzek^d) 4QPseudo-Ezekiel^d	XXX, 77–84 (DIMANT)		8	3
4Q388a (4QapocrJer C^c) 4QApocryphon of Jeremiah C^c [olim psMos^c]	XXX, 201–17 (DIMANT)		8	6
4Q389 (4QapocrJer C^d) 4QApocryphon of Jeremiah C^d [olim psMos^d]	XXX, 219–34 (DIMANT)		8	6
4Q390 (4QapocrJer C^e) 4QApocryphon of Jeremiah C^e [olim psMos^e]	XXX, 235–53 (DIMANT)		8	6
4Q391 (4Qpap psEzek^e) 4QPseudo Ezekiel^e	XIX, 153–93 (SMITH)		8	3
4Q392 4QWorks of God [olim Liturgical Work 1] (Taten Gottes)	XXIX, 25–44 (FALK)		5	5
4Q393 4QCommunal Confession [olim Liturg. Work 2]	XXIX, 45–61 (FALK)			5
4Q394 (4QMMT^a) 4QHalakhic Letter^a (Miqṣat Ma'aseh ha-Torah, MMT, Some Deeds of the Tora, Einige Werke der Tora, Lehrbrief)	X, 3–13 (QIMRON, STRUGNELL); f1–f2: XXI, 157–66 (TALMON, BEN-DOV)		3, 187–251 (QIMRON)	1 (f1–f2: 4)
4Q395 (4QMMT^b) 4QHalakhic Letter^b	X, 14f. (QIMRON, STRUGNELL)		3, 187–251 (QIMRON)	4
4Q396 (4QMMT^c) 4QHalakhic Letter^c	X, 15–21 (QIMRON, STRUGNELL)		3, 187–251 (QIMRON)	1
4Q397 (4QMMT^d) 4QHalakhic Letter^d	X, 21–28 (QIMRON, STRUGNELL)		3, 187–251 (QIMRON)	1
4Q398 (4QMMT^e) 4QHalakhic Letter^e	X, 28–38 (QIMRON, STRUGNELL)		3, 187–251 (QIMRON)	1
4Q399 (4QMMT^f) 4QHalakhic Letter^f	X, 38–40 (QIMRON, STRUGNELL)		3, 187–251 (QIMRON)	1
4Q400 (4QShirShabb^a) 4QSongs of the Sabbath Sacrifice^a (Sabbatopferlieder)	XI, 173–96 (NEWSOM)		4B, 1–115 (NEWSOM, CHARLESWORTH, STRAWN, RIETZ)	5
4Q401 (4QShirShabb^b) 4QSongs of the Sabbath Sacrifice^b	XI, 197–219 (NEWSOM)		4B, 1–115 (NEWSOM, CHARLESWORTH, STRAWN, RIETZ)	5
4Q402 (4QShirShabb^c) 4QSongs of the Sabbath Sacrifice^c	XI, 221–37 (NEWSOM)		4B, 1–115 (NEWSOM, CHARLESWORTH, STRAWN, RIETZ)	5
4Q403 (4QShirShabb^d) 4QSongs of the Sabbath Sacrifice^d	XI, 253–92 (NEWSOM)		4B, 1–115 (NEWSOM, CHARLESWORTH, STRAWN, RIETZ)	5
4Q404 (4QShirShabb^e) 4QSongs of the Sabbath Sacrifice^e	XI, 293–305 (NEWSOM)		4B, 1–115 (NEWSOM, CHARLESWORTH, STRAWN, RIETZ)	5
4Q405 (4QShirShabb^f) 4QSongs of the Sabbath Sacrifice^f	XI, 307–93 (NEWSOM)		4B, 1–115 (NEWSOM, CHARLESWORTH, STRAWN, RIETZ)	5
4Q406 (4QShirShabb^g) 4QSongs of the Sabbath Sacrifice^g	XI, 395–98 (NEWSOM)		4B, 1–115 (NEWSOM, CHARLESWORTH, STRAWN, RIETZ)	5
4Q407 (4QShirShabb^h) 4QSongs of the Sabbath Sacrifice^h	XI, 399–401 (NEWSOM)		4B, 1–115 (NEWSOM, CHARLESWORTH, STRAWN, RIETZ)	5
4Q408 4QApocryphon of Moses^c? [olim Morning and Evening Prayer]	XXXVI, 298–315 (STEUDEL)		8	3
4Q409 4QLiturgical Work A	XXIX, 63–67 (QIMRON)		5	5

Qumrantext	DJD (u.a.)	LOHSE I u. II (STEUDEL)	CHARLESWORTH, PTSDSSP	DSSR (²1–3=²1; ¹4–6=²2)
4Q410 4QVision and Its Interpretation [olim Sapiential Work]	XXXVI, 316–19 (STEUDEL)	8		6
4Q411 4QSapiential Hymn [olim Sapiential Work]	XX, 159–62 (STEUDEL)	8		4
4Q412 4QSapiential-Didactic Work A [olim Sapiential Work]	XX, 163–67 (STEUDEL)	8		4
4Q413 4QComposition concerning Divine Providence [olim Sapiential Work]	XX, 169–71 (QIMRON)	8		4
4Q414 (4QRitPur A) 4QRitual of Purification A [olim Baptismal Liturgy]	XXXV, 135–54 (E. ESHEL)	5		5
4Q415 4QInstructionª [olim Sapiential Work Aᵈ]	XXXIV, 41–72 (STRUGNELL, HARRINGTON)	8		4
4Q416 4QInstructionᵇ [olim Sapiential Work Aᵇ]	XXXIV, 73–141 (STRUGNELL, HARRINGTON)	8		4
4Q417 4QInstructionᶜ [olim Sapiential Work Aᶜ]	XXXIV, 143–210 (STRUGNELL, HARRINGTON)	8		4
4Q418 4QInstructionᵈ [olim Sapiential Work Aª]	XXXIV, 211–474 (STRUGNELL, HARRINGTON)	8		4
4Q418a 4QInstructionᵉ	XXXIV, 475–96 (STRUGNELL, HARRINGTON)			4
4Q418b 4QText with Quotation from Psalm 107?	XXXIV, 497–500 (STRUGNELL, HARRINGTON)			6
4Q418c 4QInstructionᶠ?	XXXIV, 501–3 (STRUGNELL, HARRINGTON)			4
4Q419 4QInstruction-like Composition A	XXXVI, 320–32 (TANZER)	8		6
4Q420 4QWays of Righteousnessª [olim Sapiential Work Dª]	XX, 173–82 (ELGVIN)	8		1
4Q421 4QWays of Righteousnessᵇ [olim Sapiential Work Dᵇ]	XX, 183–202 (ELGVIN)	8		1
4Q422 4QParaphrase of Genesis and Exodus	XIII, 417–41 (ELGVIN, TOV)	6		3
4Q423 4QInstructionᵍ [olim Sapiential Work Aᵉ and E; Tree of Knowledge]	XXXIV, 505–33 (ELGVIN)	8		4
4Q424 4QInstruction-like Composition B	XXXVI, 333–46 (TANZER)	8		4
4Q425 4QSapiential-Didactic Work B [olim Sapiential Work C]	XX, 203–10 (STEUDEL)	8		4
4Q426 4QSapiential-Hymnic Work A [olim Sap. Work]	XX, 211–24 (STEUDEL)	8		4
4Q427 (4QHª) 4QHodayotª (Loblieder, Hodajot, Thanksgiving Scroll)	XXIX, 77–123 (STEGEMANN, SCHULLER, NEWSOM)	5		5
4Q428 (4QHᵇ) 4QHodayotᵇ	XXIX, 125–75 (STEGEMANN, SCHULLER, NEWSOM)	5		5
4Q429 (4QHᶜ) 4QHodayotᶜ	XXIX, 177–94 (STEGEMANN, SCHULLER, NEWSOM)	5		5
4Q430 (4QHᵈ) 4QHodayotᵈ	XXIX, 195–98 (STEGEMANN, SCHULLER, NEWSOM)	5		5
4Q431 (4QHᵉ) 4QHodayotᵉ	XXIX, 199–208 (STEGEMANN, SCHULLER, NEWSOM)	5		5
4Q432 (4QHᶠ) 4QpapHodayotᶠ	XXIX, 209–32 (STEGEMANN, SCHULLER, NEWSOM)	5		5
4Q433 4QHodayot-like Text A	XXIX, 233–36 (STEGEMANN, SCHULLER, NEWSOM)	5		5
4Q433a 4QHodayot-like Text B	XXIX, 237–45 (STEGEMANN, SCHULLER, NEWSOM)			5
4Q434 (4QBarki Napshiª) 4QBless, Oh My Soulª	XXIX, 267–86 (WEINFELD, SEELY)	5		5
4Q435 (4QBarki Napshiᵇ) 4QBless, Oh My Soulᵇ	XXIX, 287–93 (WEINFELD, SEELY)	5		5
4Q436 (4QBarki Napshiᶜ) 4QBless, Oh My Soulᶜ	XXIX, 295–305 (WEINFELD, SEELY)	5		5
4Q437 (4QBarki Napshiᵈ) 4QBless, Oh My Soulᵈ	XXIX, 307–25 (WEINFELD, SEELY)	5		5
4Q438 (4QBarki Napshiᵉ) 4QBless, Oh My Soulᵉ	XXIX, 327–34 (WEINFELD, SEELY)	5		5
4Q439 4QLament by a Leader [olim Work Similar to Barki Nafshi; cf. 4Q469]	XXIX, 335–41 (WEINFELD, SEELY)	5		5
4Q440 4QHodayot-like Text C	XXIX, 247–54 (STEGEMANN, SCHULLER, NEWSOM)	5		5
4Q440a 4QHodayot-like Text D [olim 4QHª f14]	XXXVI, 347f. (LANGE)			5
4Q440b 4QFragment Mentioning a Court	XXXVI, 349f. (LANGE)			6
4Q441 4QIndividual Thanksgiving A	XXIX, 343f. (CHAZON)	5		5
4Q442 4QIndividual Thanksgiving B	XXIX, 345 (CHAZON)	5		5
4Q443 4QPersonal Prayer	XXIX, 347–66 (CHAZON)	5		5
4Q444 4QIncantation	XXIX, 367–78 (CHAZON)	5		6
4Q445 4QLament A	XXIX, 379–84 (TIGCHELAAR)	5		5
4Q446 4QPoetic Text A	XXIX, 385–88 (TIGCHELAAR)	5		5
4Q447 4QPoetic Text B	XXIX, 389f. (TIGCHELAAR)	5		6

Qumrantext	DJD (u.a.)	LOHSE I u. II (STEUDEL)	CHARLESWORTH, PTSDSSP	DSSR (^{1}1–3=^{2}1; ^{1}4–6=^{2}2)
4Q448 4QApocryphal Psalm and Prayer	XI, 403–25 (E. ESHEL, H. ESHEL, YARDENI)	5		5
4Q449 4QPrayer A	XXIX, 391–93 (CHAZON)	5		5
4Q450 4QPrayer B?	XXIX, 395–97 (CHAZON)	5		5
4Q451 4QPrayer C	XXIX, 399–400 (CHAZON)	5		5
4Q452 4QPrayer D?	XXIX, 401 (CHAZON)	5		6
4Q453 4QLament B	XXIX, 403 (CHAZON)	5		6
4Q454 4QPrayer E?	XXIX, 405f. (CHAZON)	5		6
4Q455 4QDidactic Work C [olim Prayer F]	XXXVI, 351f. (CHAZON)	5		6
4Q456 4QHalleluyah	XXIX 407f. (CHAZON)	5		5
4Q457a 4QCreation?	XXIX, 409–19 (CHAZON)			6
4Q457b 4QEschatological Hymn [olim Prayer]	XXIX, 409–19 (CHAZON)			6
4Q458 4QNarrative A	XXXVI, 353–65 (LARSON)	8		6
4Q459 4QNarrative Work Mentioning Lebanon [olim Pseudepigraphical Work]	XXXVI, 366–68 (LARSON)	8		6
4Q460 4QNarrative Work and Prayer [olim Pseudepigraphical Work]	XXXVI, 369–86 (LARSON)	8		3
4Q461 4QNarrative B	XXXVI, 387–93 (LARSON)	8		6
4Q462 4QNarrative C	XIX, 195–209 (SMITH)	8		2
4Q463 4QNarrative D	XIX, 211–14 (SMITH)	8		3
4Q464 4QExposition on the Patriarchs	XIX, 215–30 (STONE, E. ESHEL)		6B, 274–85 (CHARLESWORTH, ELLEDGE)	3
4Q464a 4QNarrative E	XIX, 231f. (STONE, E. ESHEL)		6B, 351–53 (CHARLESWORTH, ELLEDGE)	6
4Q464b 4QUnclassified Fragments	XIX, 233f. (STONE, E. ESHEL)		6B, 355–57 (CHARLESWORTH, ELLEDGE)	
4Q465 4QpapText Mentioning Samson?	XXXVI, 394f. (LARSON)	9		6
4Q466 4QText Ment. the Congregation of the Lord	XXXVI, 396f. (PIKE)	8		6
4Q467 4QText mentioning Light to Jacob	XXXVI, 398–400 (PIKE)	8		6
4Q468a–4Q468c 4QUnidentified Fragments C	XXXVI, 401–5 (BROSHI)			
4Q468d [olim 4QUnidentified Fragments C]	– XXXVI, 405 (BROSHI), vgl. 4Q238			
4Q468e 4QHistorical Text F	XXXVI, 406–11 (BROSHI)			6
4Q468f 4QHistorical Text G	XXXVI, 412f. (LANGE)			6
4Q468g 4QEschatological Work A?	XXXVI, 414f. (LANGE)			6
4Q468h	(nicht vergeben)			
4Q468i 4QSectarian Text?	XXXVI, 417f. (LANGE)			6
4Q468j 4QpapUnclassified Fragments	XXXVI, 418f. (LANGE)			
4Q468k 4QHymnic Text B?	XXXVI, 420f. (LANGE)			6
4Q468l (4QQoh^b?) 4QFragment Mentioning Qoh 1:8–9	XXXVI, 422 (LANGE)			6
4Q468m–4Q468z; aa–dd 4QUnid. Fragments D	XXXVI, 423–32 (ERNST, LANGE)			
4Q468cc–4Q468dd 4QUnidentified Fragments D	XXVIII, 219–22 (TIGCHELAAR)			
4Q469 4QNarrative I	XXXVI, 433–38 (LARSON)	8		5
4Q470 4QText Mentioning Zedekiah	XIX, 235–44 (LARSON, SCHIFFMAN, STRUGNELL)	8		3
4Q471 4QWar Scroll-like Text B [olim 4QM^h]	XXXVI, 439–45 (E. ESHEL, H. ESHEL)			1
4Q471a 4QPolemical Fragment	XXXVI, 446–49 (E. ESHEL, KISTER)	8		6
4Q471b 4QSelf-Glorification Hymn^a	XXIX, 421–32 (E. ESHEL)	5		
4Q471c Prayer Concerning God and Israel? [olim 4Q471 f3]	XXIX, 433–35 (E. ESHEL)			5
4Q472 4QEschatological Work B	XXXVI, 450–55 (ELGVIN)	8		6
4Q472a 4QHalakha C	XXXV, 155f. (ELGVIN)			1
4Q473 4QThe Two Ways	XXII, 289–94 (ELGVIN)	8		4
4Q474 4QText Concerning Rachel and Joseph [olim apocrJoseph A; Sapiential Work]	XXXVI, 456–63 (ELGVIN)	8		3
4Q475 4QRenewed Earth (4QSapiential Work)	XXXVI, 464–73 (ELGVIN)	8		6
4Q476 4QLiturgical Work B	XXIX, 437–43 (ELGVIN)	8		6
4Q476a 4QLiturgical Work C	XXIX, 445f. (ELGVIN)			
4Q477 4QRebukes Reported by the Overseer	XXXVI, 474–83 (E. ESHEL)	8		6
4Q478 4QpapFragment Mentioning Festivals	XXII, 295f. (LARSON, SCHIFFMAN)	10		6
4Q479 4QText Mentioning Descendants of David	XXII, 297–99 (LARSON, SCHIFFMAN)	9		6

Anhang: Liste der Qumranhandschriften — 313

Qumrantext	DJD (u.a.)	LOHSE I u. II (STEUDEL)	CHARLESWORTH, PTSDSSP	DSSR (¹1–3=²1; ¹4–6=²2)
4Q480 4QNarrative F	XXII, 301f. (LARSON, SCHIFFMAN)	9		6
4Q481 4QText Mentioning Mixed Kinds	XXII, 303f. (LARSON, SCHIFFMAN)	9		6
4Q481a (4QapocrElisha) 4QApocryphon of Elisha [olim Fragment Mentioning Elisha]	XXII, 305–9 (TREBOLLE BARRERA)	9		6
4Q481b 4QNarrative G	XXII, 311f. (LARSON, SCHIFFMAN)	9		6
4Q481c 4QPrayer for Mercy	XXII, 313f. (LARSON, SCHIFFMAN)	9		6
4Q481d 4QFragments with Red Ink	XXII, 315–19 (LARSON, SCHIFFMAN)	9		6
4Q481e 4QNarrative H	XXII, 321f. (LARSON, SCHIFFMAN)	9		6
4Q482 (4QpapJubᶦ?) 4QJubileesᶦ?	VII, 1f. (BAILLET)	10		6
4Q483 (4QpapGenᵒ or papJubᵒ?) 4QGenesisᵒ or Jubilees?	VII, 2 (BAILLET)	10		6
4Q484 (4QpapTJud?) 4QTestament of Judah?	VII, 3 (BAILLET); RdQ 19/74, 261–64 (PUECH)	10		3
4Q485 (4QpapProph) 4QProphecy	VII, 4 (BAILLET)	8		6
4Q486 (4QpapSap A?) 4QSapiential Work A?	VII, 4f. (BAILLET)	8		6
4Q487 (4QpapSap B?) 4QSapiential Work B?	VII, 5–10 (BAILLET)	8		6
4Q488 4QpapApocryphon ar	VII, 10 (BAILLET)	9		6
4Q489 4QApocalypse ar	VII, 10f. (BAILLET)	9		6
4Q490 4QpapFragments ar + heb	VII, 11 (BAILLET)	9		
4Q491 (4QMᵃ) 4QWar Scrollᵃ (Kriegsregel)	VII, 12–44 (BAILLET)		2, 142–97 (DUHAIME)	1
4Q492 (4QMᵇ) 4QWar Scrollᵇ	VII, 45–49 (BAILLET)		2, 142–97 (DUHAIME)	1
4Q493 (4QMᶜ) 4QWar Scrollᶜ	VII, 49–53 (BAILLET)		2, 142–97 (DUHAIME)	1
4Q494 (4QMᵈ) 4QWar Scrollᵈ	VII, 53f. (BAILLET)		2, 142–97 (DUHAIME)	1
4Q495 (4QMᵉ) 4QWar Scrollᵉ	VII, 54–56 (BAILLET)		2, 142–97 (DUHAIME)	1
4Q496 (4QMᶠ) 4QWar Scrollᶠ	VII, 56–68 (BAILLET)		2, 142–97 (DUHAIME)	1
4Q497 4QWar Scroll-like Text/Fragment A [olim War Scrollᵍ?]	VII, 69–72 (BAILLET)		2, 198–203 (DUHAIME)	1
4Q498 (papSaplHymn) 4QHymnic or Sapiential Frags.	VII, 73f. (BAILLET)		5	6
4Q499 (4QPEnoshᵇ?) 4QPrayer of Enoshᵇ?	VII, 74–77 (BAILLET)		5	5
4Q500 (4QpapBened) 4QBenediction	VII, 78f. (BAILLET)		5	5
4Q501 (4QapocrLam B) 4QApocryphal Lamentations B	VII, 79f. (BAILLET)		5	5
4Q502 (4QpapRitMar) 4QRitual of Marriage	VII, 81–105 (BAILLET)		5	5
4Q503 (4QpapPrQuot) 4QDaily Prayersᵃ	VII, 105–36 (BAILLET)		4A, 235–86 (OLSON)	5
4Q504 (4QDibHamᵃ) 4QWords of the Luminariesᵃ („Worte der Lichter")	VII, 137–68 (BAILLET)		4A, 107–54 (OLSON)	5
4Q505 (4QpapDibHamᵇ?) 4QWords of the Luminariesᵇ?	VII, 168–70 (BAILLET)		4A, 107–54 (OLSON)	5
4Q506 (4QpapDibHamᶜ) 4QWords of the Luminariesᶜ	VII, 170–75 (BAILLET)		4A, 107–54 (OLSON)	5
4Q507 (4QPrFetesᵃ?) 4QFestival Prayersᵃ?	VII, 175–77 (BAILLET)		4A, 46–106 (CHARLESWORTH, OLSON)	5
4Q508 (4QPrFêtesᵇ) 4QFestival Prayersᵇ	VII, 177–84 (BAILLET)		4A, 46–106 (CHARLESWORTH, OLSON)	5
4Q509 (4QpapPrFêtesᶜ) 4QFestival Prayersᶜ	VII, 184–215 (BAILLET)		4A, 46–106 (CHARLESWORTH, OLSON)	5
4Q510 (4QShirᵃ) 4QSongs of the Sageᵃ	VII, 215–19 (BAILLET)		5	6
4Q511 (4QShirᵇ) 4QSongs of the Sageᵇ	VII, 219–62 (BAILLET)		5	6
4Q512 (4QpapRitPur B) 4QRitual of Purification B	VII, 262–86 (BAILLET)		5	5
4Q513 (4QOrdᵇ) 4QOrdinancesᵇ	VII, 287–95 (BAILLET)		1, 159–76 (SCHIFFMAN)	1

Qumrantext	DJD (u.a.)	LOHSE I u. II (STEUDEL)	CHARLESWORTH, PTSDSSP	DSSR (^{1}1–3=^{2}1; ^{1}4–6=^{2}2)
4Q514 (4QOrd^c?) 4QOrdinances^c	VII, 295–98 (BAILLET)		1, 177–79 (MILGROM)	1
4Q515–4Q520 4QUnclassified Papyrus Fragments	VII, 299–312 (BAILLET)		9 (4Q516: 7)	(4Q515: 2)
4Q521 4QMessianic Apocalypse	XXV, 1–38 (PUECH)		7	6
4Q522 (4QapocrJoshc?) 4QProphecy of Joshua [olim Work with Place Names]	XXV, 39–74 (PUECH); XVI, 169f. (SKEHAN, ULRICH, FLINT)		8	3
4Q523 4QJonathan	XXV, 75–83 (PUECH)		9	6
4Q524 (4QT) 4QTemple Scroll	XXV, 85–114 (PUECH)	II, 1–158 (STEUDEL)	7, 247–65 (CHARLESWORTH, VAN KIRK)	3
4Q525 (4QBeat) 4QBeatitudes [olim Wisdom Text with Beatitudes] (Seligpreisungen)	XXV, 115–78 (PUECH)		5	4
4Q526 4QTestament? [olim Hebrew Fragment C]	XXV, 179–81 (PUECH)		9	6
4Q527 4QLiturgical Work D? [olim Hebrew Fragment D]	XXV, 183–85 (PUECH)		9	6
4Q528 4QHymnic or Sapiential Work B [olim Hebrew Fragment E]	XXV, 187–90 (PUECH)		9	5
4Q529 4QWords of Michael ar	XXXI, 1–8 (PUECH)		8	6
4Q530 (4QEnGiants^b ar) 4QBook of Giants^b (Buch der Giganten)	XXXI, 19–47 (PUECH)		10	3
4Q531 (4QEnGiants^c ar) 4QBook of Giants^c	XXXI, 49–94 (PUECH)		10	3
4Q532 (4QEnGiants^d ar) 4QBook of Giants^d	XXXI, 95–104 (PUECH)		10	3
4Q533 (4QEnGiants^e ar) 4QEschatalogical Vision?	XXXI, 105–15 (PUECH)		10	3
4Q534 4QBirth of Noah^a ar [olim Elect of God]	XXXI, 129–52 (PUECH)		7	3
4Q535 4QBirth of Noah^b ar [olim Aramaic N]	XXXI, 152–59 (PUECH)		9	3
4Q536 4QBirth of Noah^c ar [olim Aramaic C]	XXXI, 161–170 (PUECH)		9	3
4Q537 (4QTJacob? ar) 4QTestament of Jacob?	XXXI, 171–190 (PUECH)		8	3
4Q538 (4QTJud ar) 4QTestament of Judah	XXXI, 191–99 (PUECH)		7	3
4Q539 4QTestament of Joseph ar [olim apocrJoseph B]	XXXI, 201–11 (PUECH)		7	3
4Q540 (4QapocrLevi^a? ar) 4QApocryphon of Levi^a? [olim 4QAhA bis = 4QTLevi^g?]	XXXI, 217–23 (PUECH)		10	3
4Q541 (4QapocrLevi^b? ar) 4QApocryphon of Levi^b? [olim 4QAhA = 4QTLevi^h?]	XXXI, 225–56 (PUECH)		10	3
4Q542 (4QTQahat ar) 4QTestament of Qahat	XXXI, 257–82 (PUECH)		8	3
4Q543 4QVisions of Amram^a ar (Visionen Amrams)	XXXI, 289–318 (PUECH)		8	3
4Q544 4QVisions of Amram^b ar	XXXI, 319–29 (PUECH)		8	3
4Q545 4QVisions of Amram^c ar	XXXI, 331–49 (PUECH)		8	3
4Q546 4QVisions of Amram^d ar	XXXI, 351–74 (PUECH)		8	3
4Q547 4QVisions of Amram^e ar	XXXI, 375–90 (PUECH)		8	3
4Q548 4QVisions of Amram^f? ar	XXXI, 391–98 (PUECH)		8	3
4Q549 4QVisions of Amram^g? ar [olim Work Mentioning Hur and Miriam]	XXXI, 399–405 (PUECH)		8	3
4Q550 4QJews at the Persian Court ar [olim Proto-Esther^{a-f}] (Juden am persischen Hof)	XXXVII, 1–46 (PUECH)		5	6
4Q551 4QAccount ar (4QDanSuz?)	XXXVII, 47–56 (PUECH)		10	6
4Q552 4QFour Kingdoms^a ar	XXXVII, 57–72 (PUECH)		8	6
4Q553 4QFour Kingdoms^b ar	XXXVII, 73–80 (PUECH)		8	6
4Q553a 4QFour Kingdoms^c ar	XXXVII, 81–90 (PUECH)			
4Q554 (4QNJ^a ar) 4QNew Jerusalem^a	XXXVII, 91–138 (PUECH)		8	6
4Q554a (4QNJ^b ar) 4QNew Jerusalem^b	XXXVII, 139–46 (PUECH)			6
4Q555 (4QNJ^c ar) 4QNew Jerusalem^c	XXXVII, 147–52(PUECH)		8	6
4Q556 4QProphecy^a ar	XXXVII, 153–58 (PUECH)		8	6
4Q556a 4QProphecy^b ar	XXXVII, 159–74 (PUECH)			
4Q557 4QVision^a ar	XXXVII, 175–78 (PUECH)		8	6
4Q558 4QpapVision^b ar	XXXVII, 179–258 (PUECH)		8	6
4Q558a 4QpapUnidentified ar	XXXVII, 259–62 (PUECH)			
4Q559 (4QpapBibChronology ar) 4QBiblical Chronology	XXXVII, 263–90 (PUECH)		8	2
4Q560 4QMagical Booklet ar (Exorcism)	XXXVII, 219–302 (PUECH)		8	6
4Q561 (4QHor ar) 4QHoroscope ar (Physiognomy/Horoscope)	XXXVII, 301–22 (PUECH)		9	6

Qumrantext	DJD (u.a.)	LOHSE I u. II (STEUDEL)	CHARLESWORTH, PTSDSSP	DSSR (^{1}1–3=^{2}1; ^{1}4–6=^{2}2)
4Q562 4QUnidentified Text A ar	XXXVII, 323–34 (PUECH)	9		
4Q563 4QWisdom Composition ar	XXXVII, 335–40 (PUECH)	9		
4Q564 4QUnidentified Text B ar	XXXVII, 341f. (PUECH)	9		
4Q565 4QVision^c? ar [olim Unidentified Text D]	XXXVII, 343f (PUECH)	9		
4Q566 4QProphecy^c? ar [olim Unidentified Text E]	XXXVII, 345–48 (PUECH)	9		
4Q567 4QUnidentified Text C ar	XXXVII, 349f. (PUECH)	9		
4Q568 4QProphecy^d ar [olim Unidentified Text G]	XXXVII, 351f. (PUECH)	9		
4Q569 4QProverbs ar	XXXVII, 353–62 (PUECH)	9		6
4Q570 4QUnidentified Text D ar	XXXVII, 363–98 (PUECH)	9		
4Q571 4QWords of Michael^a ar [olim Unid. Text I]	XXXVII, 399–404 (PUECH)	9		
4Q572–4Q574 4QUnidentified Text E ar–G ar	XXXVII, 405–10 (PUECH)	9		
4Q575 4QVision^d ar [olim Unidentified Text M]	XXXVII, 411f. (PUECH)	9		
4Q575a 4QUnidentified Text H ar	XXXVII, 413f. (PUECH)			
4Q576 (4QGen^n) 4QGenesis^n [olim part of 4Q524]	XXV, 191–93 (PUECH)			
4Q577 4QText Mentioning the Flood	XXV, 195–203 (PUECH)			3
4Q578 4QHistorical Text B	XXV, 205–8 (PUECH)			6
4Q579 4QHymnic Work?	XXV, 209–11 (PUECH)			6
4Q580 4QTestament^a ar [olim Unidentified Text N]	XXXVII, 415–30 (PUECH)			
4Q581 4QTestament^b? ar	XXXVII, 431–40 (PUECH)			6
4Q582 4QTestament^c? ar [olim Unidentified Text O]	XXXVII, 441–46 (PUECH)			
4Q583 4QProphecy^e ar	XXXVII, 447–52 (PUECH)			
4Q584a–x 4QUnidentified Fragments ar A	XXXVII, 453–74 (PUECH)			
4Q585a–z 4QUnidentified Fragments ar B	XXXVII, 475–90 (PUECH)			
4Q586a–n 4QUnidentified Fragments ar C	XXXVII, 491–500 (PUECH)			
4Q587 4QTestament^d ar	XXXVII, 501–6 (PUECH)			
5Q1 (5QDeut) 5QDeuteronomy	III, 169–71 (MILIK)			
5Q2 (5QKgs) 5QKings	III, 171f. (MILIK)			
5Q3 (5QIsa) 5QIsaiah	III, 173 (MILIK)			
5Q4 (5QAmos) 5QAmos	III, 173f. (MILIK)			
5Q5 (5QPs) 5QPsalms	III, 174 (MILIK)			
5Q6 (5QLam^a) 5QLamentations^a	III, 174–77 (MILIK)			
5Q7 (5QLam^b) 5QLamentations^b	III, 177f. (MILIK)			
5Q8 (5QPhyl) 5QPhylactery	III, 178 (MILIK)			
5Q9 5QWork with Place Names [olim apocrJosh?] (Toponyms)	III, 179f. (MILIK)		7	3
5Q10 5QApocryphon of Malachi	III, 180 (MILIK)		6B, 240–43 (BROOKE)	6
5Q11 (5QS) 5QRule of the Community (Gemeinschaftsregel)	III, 180f. (MILIK)		1, 105–7 (CHARLESWORTH)	1
5Q12 (5QD) 5QDamascus Document (Damaskusschrift)	III, 181 (MILIK)		2, 76f. (BAUMGARTEN, DAVIES)	1
5Q13 5QRule (Sectarian Rule)	III, 181–83 (MILIK)		1, 132–144 (SCHIFFMAN)	1
5Q14 5QCurses (Verfluchungen)	III, 183f. (MILIK)		5	6
5Q15 (5QNJ ar) 5QNew Jerusalem ar	III, 184–93 (MILIK)		8	6
5Q16–5Q23 5QUnclassified Fragments (5Q16 His Couches; 5Q20 Lebanon; 5Q22 Abraha[m]; 5Q23 Land Fragments)	III, 193–96 (MILIK)		9 (5Q16.20.22f.: 7)	
5Q24 5QUnclassified Fragment ar	III, 196 (MILIK)		9	
5Q25 5QUnclass. Fragment (Sons of Jacob Fragment)	III, 196f. (MILIK)		7	
6Q1 (6QpaleoGen) 6QGenesis	III, 105f. (BAILLET)			
6Q2 (6QpaleoLev) 6QLeviticus	III, 106 (BAILLET)			
6Q3 (6QpapDeut?) 6QDeuteronomy?	III, 106f. (BAILLET)			
6Q4 (6QpapKgs) 6QKings	III, 107–12 (BAILLET)			
6Q5 (6QpapPs?) 6QPsalm 78?	III, 112 (BAILLET)			
6Q6 (6QCant) 6QCanticles	III, 112–14 (BAILLET)			
6Q7 (6QpapDan) 6QDaniel	III, 114–16 (BAILLET)			
6Q8 6QpapGiants ar [olim apocrGen, papEnGiants] (Genesis Apocryphon ar; Buch der Giganten)	III, 116–19 (BAILLET); XXXVI, 76–94 (STUCKENBRUCK)		8	3

Qumrantext	DJD (u.a.)	LOHSE I u. II (STEUDEL)	CHARLESWORTH, PTSDSSP	DSSR (^{1}1–3=^{2}1; ^{1}4–6=^{2}2)
6Q9 (6Qpap apocrSam-Kgs) 6QApocryphon on Samuel-Kings	III, 119–23 (BAILLET)	7		3
6Q10 (6QpapProph) 6QProphecy (Prophetic Text)	III, 123–25 (BAILLET)	7		6
6Q11 6QAllegory of the Vine	III, 125f. (BAILLET)	7		6
6Q12 (6QapocrProph) 6QApocryphal Prophecy (Prophetic Apocryphon)	III, 126 (BAILLET)	7		6
6Q13 (6QPriestProph) 6QPriestly Prophecy	III, 126f. (BAILLET)	7		6
6Q14 (6QApoc ar) 6QApocalypse (Apocalyptic Text)	III, 127f. (BAILLET)	8		6
6Q15 (6QD) 6QDamascus Document (Damaskusschrift)	III, 128–31 (BAILLET)		2, 76f. (BAUMGARTEN, DAVIES)	1
6Q16 6QpapBenediction	III, 131f. (BAILLET)	5		5
6Q17 6QpapCalendrical Document (Calendar Text)	III, 132f. (BAILLET)	9		4
6Q18 6QpapHymn	III, 133–36 (BAILLET)	5		6
6Q19 6QText Related to Genesis ar (Bibl. Paraphrase)	III, 136 (BAILLET)	6		6
6Q20 (6QDeut?) 6QDeuteronomy? (Bibl. Paraphrase)	III, 136f. (BAILLET)	6		6
6Q21 6QProphetic Text? (Prophetic Fragment)	III, 137 (BAILLET)	7		6
6Q22 6QpapUnclass. Frags. (Mose[s] Fragment 2)	III, 137 (BAILLET)	8		
6Q23 6QpapUnclass. Frags. ar (Words of Michael?)	III, 138 (BAILLET)	9		
6Q24, 6Q25 6QpapUnclassified Fragments	III, 138 (BAILLET)	9		
6Q26 6QpapAccount or Contract (M[en] of the House Fragment)	III, 138f. (BAILLET)	7		6
6Q27 6QpapCursive Unclassified Fragments	III, 139 (BAILLET)	9		
6Q28–6Q29 6QpapCursive Unclassified Fragments	III, 140 (BAILLET)	9		
6Q30 6QpapProv [olim Cursive Unclass. Fragments] ([Congrega]tion of the Faithless Fragment)	III, 140 (BAILLET)	7		
6Q31 6QpapUnclassified Fragments	III, 141 (BAILLET)	9		
7Q1 (7QpapLXXExod) 7QSeptuagint Exodus	III, 142f. (BAILLET)			
7Q2 (7QpapEpJer gr) 7QEpistle/Letter of Jeremiah (Epistula Jeremiae)	III, 143 (BAILLET)	10		
7Q3 7QpapUnclassified Fragments gr	III, 143–45 (BAILLET)	9		
7Q4 (7QpapEn gr) 7QEnoch?	III, 144f. (BAILLET)	9		3
7Q5–7Q7 7QpapUnclassified Fragments gr	III, 143–45 (BAILLET)	9		
7Q8 (7QpapEn gr) 7QEnoch?	III, 144f. (BAILLET)	9		3
7Q9–7Q10 7QpapUnclassified Fragments gr	III, 143–45 (BAILLET)	9		
7Q11–7Q14 (7QpapEn gr) 7QEnoch?	III, 144f. (BAILLET)	9		3
7Q15–7Q18 7QpapUnclassified Fragments gr	III, 143–45 (BAILLET)	9		
7Q19 7QpapImprint gr	III, 145f. (BAILLET)	9		
8Q1 (8QGen) 8QGenesis	III, 147f. (BAILLET)			
8Q2 (8QPs) 8QPsalms	III, 148f. (BAILLET)			
8Q3 (8QPhyl) 8QPhylactery (Phylakterium)	III, 149–57. (BAILLET)			
8Q4 (8QMez) 8QMezuzah (Mesusa)	III, 158–61. (BAILLET)			
8Q5 8QHymn (A Hymn)	III, 161f. (BAILLET)	5		6
9Q1 9QpapUnclassified Fragment	III, 163 (BAILLET)	9		
10Q1 (10QOstr?) 10QOstracon	III, 164 (BAILLET)	9		
11Q1 (11QpaleoLev^a) 11QLeviticus^a	PHLS, pl. 1–20 (FREEDMAN, MATTHEWS); RB 96, 176 (PUECH)			
11Q2 (11QLev^b) 11QLeviticus^a	XXIII, 1–9 (GARCÍA MARTÍNEZ, TIGCHELAAR, VAN DER WOUDE)			
11Q3 (11QDeut) 11QDeuteronomy	XXIII, 11–14 (GARCÍA MARTÍNEZ, TIGCHELAAR, VAN DER WOUDE)			
11Q4 (11QEz) 11QEzekiel	XXIII, 15–28 (HERBERT)			
11Q5 (11QPs^a) 11QPsalms^a	IV (SANDERS); XXIII, 29–36 (GARCÍA MARTÍNEZ, TIGCHELAAR, VAN DER WOUDE)		4A, 155–233 (SANDERS, CHARLESWORTH, RIETZ)	5
11Q6 (11QPs^b) 11QPsalms^b	XXIII, 37–47 (GARCÍA MARTÍNEZ, TIGCHELAAR, VAN DER WOUDE)		4A, 155–233 (SANDERS, CHARLESWORTH, RIETZ)	5
11Q7 (11 QPs^c) 11QPsalms^c	XXIII, 49–61 (GARCÍA MARTÍNEZ, TIGCHELAAR, VAN DER WOUDE)			
11Q8 (11QPs^d) 11QPsalms^d	XXIII, 63–76 (GARCÍA MARTÍNEZ, TIGCHELAAR, VAN DER WOUDE)			
11Q9 (11QPs^e) 11QPsalms^e?	XXIII, 77–78 (GARCÍA MARTÍNEZ, TIGCHELAAR, VAN DER WOUDE)			
11Q10 (11QtgJob) 11QTargum of Job (Targum zu Hiob)	XXIII, 79–180 (GARCÍA MARTÍNEZ, TIGCHELAAR, VAN DER WOUDE)	6		

Qumrantext	DJD (u.a.)	LOHSE I u. II (STEUDEL)	CHARLESWORTH, PTSDSSP	DSSR (^{1}1–3=^{2}1; ^{1}4–6=^{2}2)
11Q11 (11QapocrPs) 11QApocryphal Psalms (A Liturgy for Healing the Stricken; apokr. Psalmen)	XXIII, 181–205 (GARCÍA MARTÍNEZ, TIGCHELAAR, VAN DER WOUDE)		4A, 216–34 (SANDERS)	6
11Q12 (11QJub) 11QJubilees (Jubiläenbuch)	XXIII, 207–20 (GARCÍA MARTÍNEZ, TIGCHELAAR, VAN DER WOUDE)		10	3
11Q13 (11QMelch) 11QMelchizedek (Melchisedek-Midrasch)	XXIII, 221–41 (GARCÍA MARTÍNEZ, TIGCHELAAR, VAN DER WOUDE)	II, 175–87 (STEUDEL)	6B, 264–73 (ROBERTS)	2
11Q14 (11QSM) 11QSefer ha-Milhamah (Benediction 1; Buch des Krieges)	XXIII, 243–51 (GARCÍA MARTÍNEZ, TIGCHELAAR, VAN DER WOUDE)		5	1
11Q15 (11QHymns^a) 11QHymns^a	XXIII, 253–56 (GARCÍA MARTÍNEZ, TIGCHELAAR, VAN DER WOUDE)		5	5
11Q16 (11QHymns^b) 11QHymns^b	XXIII, 257f. (GARCÍA MARTÍNEZ, TIGCHELAAR, VAN DER WOUDE)		5	5
11Q17 (11QShirShabb) 11QSongs of the Sabbath Sacrifice (Angelic Liturgy; Sabbatopferlieder, Shirot 'Olat ha-Shabbat)	XXIII, 259–304 (GARCÍA MARTÍNEZ, TIGCHELAAR, VAN DER WOUDE)		4B, 116–31 (NEWSOM, CHARLESWORTH, STRAWN, RIETZ)	5
11Q18 (11QNJ ar) 11QNew Jerusalem (Neues Jerusalem)	XXIII, 305–55 (GARCÍA MARTÍNEZ, TIGCHELAAR, VAN DER WOUDE)		8	6
11QT (11Q19) 11QTemple^a (Tempelrolle)	TS, pl. 16–82 (YADIN)	II, 1–158 (STEUDEL)	7, 1–173 (SCHIFF-MAN, CHARLESWORTH, GROSS)	3
11Q20 (11QT^b) 11QTemple^b (Tempelrolle)	XXIII, 357–409 (GARCÍA MARTÍNEZ, TIGCHELAAR, VAN DER WOUDE)	II, 1–158 (STEUDEL)	7, 175–225 (CHARLESWORTH, GROSS, DAVIS, RAND)	3
11Q21 (11QT^c?) 11QTemple^c (Unidentified Fragment; Tempelrolle)	XXIII, 411–14 (GARCÍA MARTÍNEZ, TIGCHELAAR, VAN DER WOUDE)	II, 1–158 (STEUDEL)	7, 227–33 (CHARLESWORTH, GROSS)	3
11Q22 (11QpalUnid) 11QpaleoUnidentified Text	XXIII, 415–18 (GARCÍA MARTÍNEZ, TIGCHELAAR, VAN DER WOUDE)		9	
11Q23 (11QcryptAUnid) 11QcryptA Unidentified Text	XXIII, 419f. (GARCÍA MARTÍNEZ, TIGCHELAAR, VAN DER WOUDE)		9	
11Q24 (11QUnid ar) 11QUnidentified Text	XXIII, 421f. (GARCÍA MARTÍNEZ, TIGCHELAAR, VAN DER WOUDE)			
11Q25 (11 QUnid A) 11 QUnidentified Text A	XXIII, 423–26 (GARCÍA MARTÍNEZ, TIGCHELAAR, VAN DER WOUDE)			
11Q26 (11QUnid B) 11QUnidentified Text B	XXIII, 427f. (GARCÍA MARTÍNEZ, TIGCHELAAR, VAN DER WOUDE)			
11Q27 (11QUnid C) 11QUnidentified Text C	XXIII, 429f. (GARCÍA MARTÍNEZ, TIGCHELAAR, VAN DER WOUDE)			
11Q28 (11QpapUnid D) 11QUnidentified Text D	XXIII, 431 (GARCÍA MARTÍNEZ, TIGCHELAAR, VAN DER WOUDE)			
11Q29 11QFragment related to Serekh ha-Yahad (Fragment mit Bezug zur Gemeinschaftsregel S)	XXIII, 433f. (GARCÍA MARTÍNEZ, TIGCHELAAR, VAN DER WOUDE)			6
11Q30 11QUnclassified Fragments	XXIII, 435–44 (GARCÍA MARTÍNEZ, TIGCHELAAR, VAN DER WOUDE)			
11Q31 11QUnidentified Wads	XXIII, 445f. (GARCÍA MARTÍNEZ, TIGCHELAAR, VAN DER WOUDE)			

Kairoer g^{e}nîzāh (in Auswahl)

Text	DJD (u.a.)	LOHSE I u. II (STEUDEL)	CHARLESWORTH, PTSDSSP	DSSR (^{1}1–3=^{2}1; ^{1}4–6=^{2}2)
CD Damascus Document (Cairo Document, Damaskusschrift)	DDR (QIMRON, BROSHI; CD) QIMRON I (CD/4QD Composite Text)	I, 63–107	2, 4–58 (BAUMGARTEN, SCHWARTZ)	1
CSir Ben Sira (Sirach)	SEGAL, Sepær Bæn Sîrā'			
CWis (Weisheitsschrift)	BERGER, Weisheitsschrift			
CTLevi ar (Testamentum Levi ar)	COWLEY, Source			

Masada (in Auswahl)

Text	DJD (u.a.)	LOHSE I u. II (STEUDEL)	CHARLESWORTH, PTSDSSP	DSSR (^{1}1–3=^{2}1; ^{1}4–6=^{2}2)
Mas 1, 1a–f (Biblische Handschriften) (MasGen, MasLev^{a-b}, MasDeut; MasEzek; MasPs^{a-b})	Masada VI, 31–97 (TALMON)			
Mas 1h (MasSir) Ben Sira (Sirach)	Masada VI, 151–252 (YADIN, QIMRON, GARCÍA MARTÍNEZ)			
Mas 1j MasJub ([ps?]Jub) (Pseudo-) Jubilees ([Pseudo?]-Jubiläenbuch)	Masada VI, 117–19 (TALMON)			
Mas 1k (MasShirShabb) Songs of the Sabbath Sacrifice (Sabbatopferlieder)	DJD XI, 239–52 (NEWSOM); Masada VI, 120–32 (NEWSOM/YADIN)			
Mas 1l (MasapocrJosh) Apocryphon of Joshua (Josua-Paraphrase)	Masada VI, 105–16 (TALMON)			

Unklarer Fundort

Text	DJD (u.a.)	LOHSE I u. II (STEUDEL)	CHARLESWORTH, PTSDSSP	DSSR (^{1}1–3=^{2}1; ^{1}4–6=^{2}2)
XQ1 XQPhyl 1 (Phylactery)	TfQ (YADIN)			
XQ2 XQPhyl 2 (Phylactery)	TfQ (YADIN)			
XQ3 XQPhyl 3 (Phylactery)	TfQ (YADIN)			
XQ4 XQPhyl 4 (Phylactery)	TfQ (YADIN)			
XQ5a XQText A (= 11QJub f7a)	XXXVI, 485f. (TALMON)			3
XQ5b XQText B (= 11QHymns^b f2)	XXXVI, 487–89 (TALMON)			5
XQ6 XQOffering ar	XXXVI, 490f.(LEMAIRE)			6
XQ7 XQUnidentified Text (=4Q418?)	XXXVI, 492–94 (LANGE)			
XQ8 XQpapEn (=X26; Henoch)	DSD 12, 134–57 (E. ESHEL, H. ESHEL)			3
KhQ1 KhQOstr 1 (Ostracon 1)	XXXVI, 497–507 (CROSS, E. ESHEL)			6
KhQ2 KhQOstr 2 (Ostracon 2)	XXXVI, 508 (CROSS, E. ESHEL)			6
KhQ3 KhQOstr 3 (Ostracon 3)	XXXVI, 509–12 (E. ESHEL)			6
KhQ4 KhQOstr 4 (Ostracon 3)	StTDJ 57 (MAGEN/PELEG)			6
KhQ5 Inscription on Weight	Judea and Samaria Research Studies 10, 33f. (E. ESHEL)			6

www.ingramcontent.com/pod-product-compliance
Lightning Source LLC
Chambersburg PA
CBHW070808300426
44111CB00014B/2454